THE MAPS OF
BUSINESS
INVESTMENT

투 자 처 가   한 눈 에   보 이 는 | 한국비즈니스정보 지음 |

업계지도

어바웃어북

CONTENTS

권두특집

투자 고수들의 업종별 재무제표 독해법

Chapter 5

화학·바이오·에너지

Chapter 6

건설·기계·철강

Chapter 7

유통·생활

None

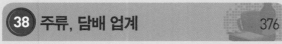

34 소매 유통 (백화점·면세점·대형마트·편의점) 업계 340

투자 리포트 ▶▶▶
백화점과 편의점 맑음, 대형마트와 면세점 흐림

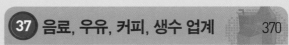

35 TV홈쇼핑, 온라인쇼핑몰 업계 352

투자 리포트 ▶▶▶
과연 쿠팡과 마켓컬리는 흑자전환할 수 있을까?

36 가공식품, 라면, 제과 업계 360

투자 리포트 ▶▶▶
시장점유율보다 영업이익률이다!

37 음료, 우유, 커피, 생수 업계 370

투자 리포트 ▶▶▶
우유 시장 먹구름, 탄산과 커피, 생수 시장은 쾌청!

38 주류, 담배 업계 376

투자 리포트 ▶▶▶
하이트진로와 KT&G, 이보다 더 좋을 수 없다!

39 패션 업계 382

투자 리포트 ▶▶▶
밀레니얼과 스트리트 패션, 그리고 무신사

40 화장품 업계 388

투자 리포트 ▶▶▶
화장품 주가, 중국 사업에 달렸다!

일 러 두 기 ▶▶▶

▶ '최우선 투자기업' 파트의 아이콘 안에 표기한 기업의 매출액/영업이익/순이익은 2018년 연간 실적이다.

▶ 수록 기업의 매출 및 영업이익의 경우, 2019년 실적은 잠정치(E), 2020년 이후 실적은 전망치(F)이므로 훗날 확정치와 다를 수 있다.

▶ 수록 기업에 출자한 주요 출자자(주주)의 지분율은 별도 표기가 없으면 2019년 2분기를 기준으로 했다.

▶ 종속기업, 자회사, 관계사, 투자사 등의 출자 지분율은 별도 표기가 없으면 2019년 2분기를 기준으로 했다.

▶ 회사법인 형태를 나타내는 주식회사, 유한회사 등의 표기는 대부분 생략했다.

▶ 다음 표기는 아이콘으로 대신했다.
  KOSPI, 유가증권시장 → **KP**   KOSDAQ, 코스닥시장 → **KQ**

▶ 일부 국가명은 외래어표기법을 따르지 않고, 간략하고 익숙한 표기법을 따랐다.
  예) 타이완 → 대만, 오스트레일리아 → 호주, 타일랜드 → 태국

▶ 외화 단위 표기 가운데 달러는 별도 표기가 없으면 미국 달러(USD)를 뜻한다.

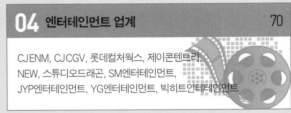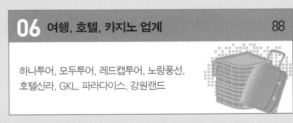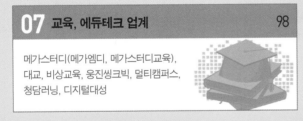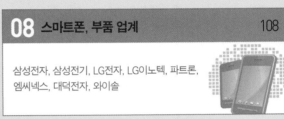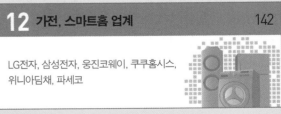

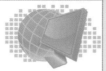

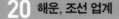

투자 고수들의
업종별 재무제표 독해법

김수헌 글로벌모니터 대표
(『하마터면 회계를 모르고 일할 뻔했다!』·『이것이 실전회계다』 공저자)

회계사나 기업의 회계 실무자가 아닌 일반인이 회계를 공부하는 이유는 결국 재무제표를 잘 해석하기 위해서입니다. 재무제표에 나타나는 수치는 하늘에서 갑자기 '뚝' 떨어진 것이 아니라, 회계의 결과물이기 때문입니다.

어떤 사람들은 재무제표를 보고 이해할 수 있으면 되지, 굳이 회계까지 알 필요는 없다고 말하기도 합니다. 매우 잘못된 생각입니다. 재무제표에 기재된 숫자가 어떻게 산출된 것인지를 잘 알아야 재무제표를 제대로 해석할 힘이 생깁니다.

예를 들어 현금흐름표의 영업현금흐름을 한번 생각해봅시다. 영업현금흐름이라는 게 무엇이고, 어떤 의미가 있는지 정도만 알면 될까요? 그렇지 않습니다. 영업현금흐름을 어떤 방식으로 산출하는지 정도는 알아야 합니다. 수익과 비용 계정들은 어떻게 더하고 빼며, 회사가 보유하고 있는 자산과 부채 증감을 현금흐름에 어떻게 더하고 빼는지를 알아야 영업현금흐름을 정복할 수 있습니다. 남들보다 훨씬 넓고 깊게 재무제표를 분석할 힘이 생깁니다.

완성된 요리를 맛보고 "맛있다" "맛없다" "달다" "짜다" "맵다"고 평가하는 건 어지간한 사람은 다 할 수 있습니다. 남보다 더 날카롭게 요리를 평가하려면 요리 재료와 양념, 조리 방식이 어떻게 어우러질 때 어떤 맛이 나는지를 잘 알고 있어야 합니다. 그래야 혀가 느끼는 단순한 맛이 아니라 우러나는 깊은 맛, 남들이 느끼지 못하는 풍미를 이야기할 수 있게 되는 것입니다.

필자는 회계와 재무제표도 비슷하다고 생각합니다. 회계원리를 이해하고, 재무제표 각 항목이 어떤 회계 처리를 거쳐 나온 결과물인지를 알아야 합니다. 여기에 한 가지를 더하면 금상첨화입니다. 바로 개별 업종의 특성과 이 특성이 재무제표에서 어떻게 나타나는지를 이해하는 것입니다.

우리가 일반산업이라고 부르는 영역의 재무제표는 공통점이 많습니다. 하지만 개별 업종만의 독특한 비즈니스 모델이 존재하고, 이 때문에 업종별 재무제표에 차이가 존재하는 것도 사실입니다. 업종의 특성을 무시하고 하나의 잣대로 모든 업종의 재무제표를 평가해서는 오류를 범할 수밖에 없습니다. 재무제표를 업종별로 이해할 수 있어야, 기업을 올바로 분석했다고 할 수 있습니다.

눈덩이 같은 영업적자에도 불구하고 바이오 기업이 상한가인 이유

2019년 12월 코스닥 시장에 상장한 브릿지바이오테라퓨틱스(이하 브릿지바이오)라는 기업이 있습니다. 이 기업은 외부 연구기관이나 업체가 발굴한 신약 후보 물질을 도입해 임상시험을 진행합니다. 약효와 안전성이 어느 정도 증명되면, 다시 대형 제약사나 바이오 기업에 신약 물질 기술을 판매(기술이전, 라이선스 아웃)하는 일이 주 사업입니다.

2019년 7월 브릿지바이오가 깜짝 놀랄 뉴스를 하나 전했습니다. 글로벌제약사 베링거인겔하임에 'BBT-877'이라는 이름이 붙은 폐섬유증 치료 물질 기술을 넘기고 1조5,000억 원을 받기로 했다는 소식이었습니다. 그즈음의 브릿지바이오 재무제표를 한번 볼까요?(일부 중요하지 않은 항목은 필자가 삭제하는 등 재편집했습니다.)

가장 최근 재무제표인 2019년 반기 재무제표부터 한번 보지요(14쪽 표). 일단 자본총계가 마이너스로 자본완전잠식 상태라는 것이 눈에 들어옵니다. 자본총계(자산총계 - 부채총계 = 312억 원 - 835억 원)가 마이너스 522억 원입니다. 회사 자산이 312억 원인데 부채는 무려 835억 원에 달합니다. 자산을 다 팔아도 부채를 갚을 수 없는 상황이라는 거지요. 부채 가운데서도 1년 안에 상환해야 하는 유동부채만 399억 원입니다.

이 회사가 설립된 게 2015년 9월이니까, 만 4년쯤 되었네요. 일반 기업이 영업을 시작한 지 4년 만에 재무 상태가 이런 지경에 빠졌다면 자금 위기로 벌써 문을 닫았을 겁니다. 그러나 이런 바이오 기업

과목	2019년 반기 (제5기)	2018년 (제4기)	2017년 (제3기)
회계처리 기준	K-IFRS	K-IFRS	K-IFRS
자산총계	312억 원	116억 원	190억 원
현금 및 현금성자산	17억 원	74억 원	102억 원
기타 유동금융자산	251억 원	8억 원	60억 원
부채총계	835억 원	575억 원	298억 원
유동부채	399억 원	358억 원	736억 원
자본총계	(522억 원)	(459억 원)	(108억 원)
결손금	(596억 원)	(526억 원)	(119억 원)
⋮			
매출액	–	–	–
영업이익(손실)	(117억 원)	(158억 원)	(80억 원)
당기순이익(손실)	(69억 원)	(407억 원)	(97억 원)

은 외부 투자자들이 자금을 대 주는 경우가 많습니다. 이들은 회사의 기술력과 성장성을 믿고 투자합니다.

투자금을 회사에 밀어 넣고 단순히 이자를 받겠다는 게 아닙니다. 투자금을 주식으로 전환할 수 있는 권리를 확보해 두지요. 외부 투자자들은 회사의 가치가 더 커지면 투자금을 주식으로 전환합니다. 그리고 기업이 증권시장에 상장한 이후 주식을 매각해 대규모 차익 실현을 노립니다.

바이오 기업은 회사가 설립된 지 5년 이상 되었어도 재무제표에 나타난 숫자가 좋지 않은 경우가 많습니다. 그래서 일반 기업과는 다른 기준으로 봐야 할 때가 있습니다. 그렇다면 브릿지바이오 같은 바이오 기업들의 재무 상태는 왜 대개 이런 모습일까요?

간단합니다. 투자자들로부터 끌어오는 자금은 주식전환권이 내재되어 있는 '빚'입니다. 그리고 적자가 계속되면서 결손금이 쌓여만 갑니다. 외부 투자금은 연구개발 비용으로 계속 소진되는 반면, 단기간에 매출을 올리기 어려운 사업구조이기 때문에 손익계산서는 망가

바이오 기업이 투자자로부터 끌어오는 자금은 주식전환권이 내재된 '빚'이다.

지지요.

　회사 재무제표에도 나타났듯 브릿지바이오는 설립 이래 2019년 상반기 결산 때까지 매출을 한 푼도 올리지 못했습니다. 매출이 없으니 당연히 매출원가도 없습니다. 직원 인건비와 임상 비용 등은 계속 지출해야 해서 이런 비용들이 고스란히 영업적자가 됩니다. 해마다 당기순손실이 나니까, 누적된 결손금이 596억 원이나 됩니다.

적자기업에도 상장 기회를 주는 상장 특례

그런데 말입니다. 브릿지바이오처럼 적자투성이 회사도 코스닥 시장에 상장할 수 있을까요? 그렇습니다. 적자기업도 회사의 기술력이나 성장성을 인정받으면 상장할 수 있습니다.

　2019년 11월에 상장한 ㈜제테마를 한번 보겠습니다. 이 회사는 안면 미용에 사용되는 히알루론산(Hyaluronic acid) 필러, 보툴리눔 독소(botulinum toxin)를 활용한 바이오의약품, 조직 봉합 및 안면 고정 리프팅실 등을 개발해 판매하는 회사입니다.

　상장 전인 2019년 상반기, 그리고 2017~2018년의 재무제표를 한번 봅시다.

| ㈜제테마 재무제표 |

	2019년 상반기 (제11기 반기)	2018년도 (제10기)	2017년도 (제9기)
자산총계	559억 원	512억 원	189억 원
부채총계	506억 원	563억 원	151억 원
유동부채	412억 원	493억 원	102억 원
자본총계	53억 원	(50억 원)	37억 원
주식발행초과금	273억 원	121억 원	58억 원
이익잉여금	(270억 원)	(200억 원)	(38억 원)
매출액	63억 원	112억 원	81억 원
영업이익(손실)	(43억 원)	(45억 원)	(40억 원)
당기순이익(손실)	(69억 원)	(157억 원)	(55억 원)

매출은 꽤 발생했습니다. 하지만 영업이익과 당기순이익은 계속 적자입니다. 2019년 상반기 말 기준 누적된 결손금(마이너스 이익잉여금)이 270억 원에 이릅니다.

2018년 말에는 자본완전잠식 상태입니다(자본총계 마이너스). 2019년 상반기 기준으로 자본총계가 플러스로 돌아선 것은 유상증자를 해 주식발행초과금(자본잉여금)이 대거 증가(2018년 말 121억 원 → 2019년 반기 말 273억 원)했기 때문입니다. 회사가 이익을 많이 냈기 때문은 아니라는 거지요. 영업 측면에서 보면 당기순손실이 계속 나면서 이익잉여금 항목의 마이너스 숫자가 해마다 커지고 있습니다 (2017년 말 -38억 원 → 2018년 말 -200억 원 → 2019년 상반기 -270억 원).

이 회사 역시 일반 상장 요건을 충족시키지는 못했지만, 상장을 주관한 증권사가 미래 성장성과 기술력 등을 믿고 추천하는 이른바 '테슬라 상장 특례'로 증시에 입성한 케이스입니다.

테슬라 상장 특례는 현재 이익이 없더라도 일정 수준의 시가총액과 성장성을 갖춘 기업은 상장할 수 있도록 한 제도입니다. 테슬라 상장 특례는 미국 전기차 제조업체인 테슬라에서 유래했습니다. 미국 나스닥시장은 2010년 적자 상태였던 테슬라의 성장 가능성을 높이 평가해 상장을 허용했습니다. 테슬라는 상장을 통해 조달한 자금을 활용해 혁신적인 전기차를 내놓을 수 있었습니다.

(주)제테마가 투자설명서에서 제시한 미래 추정 손익을 한번 볼까요?

| (주)제테마 미래 추정 손익 |

	2016년	2017년	2018년	2019년 (추정)	2020년 (추정)	2021년 (추정)
매출액	126억 원	81억 원	112억 원	168억 원	377억 원	622억 원
영업이익	20억 원	(40억 원)	(45억 원)	(43억 원)	104억 원	303억 원
당기순이익	25억 원	(55억 원)	(157억 원)	(53억 원)	77억 원	262억 원

회사는 2019년 이후 매출 급증, 흑자 전환과 함께 이익이 가파르게 성장하는 걸 예상하고 있습니다. 회사의 자체 추정치라 낙관적 시나리오가 많이 반영되기는 했겠지만, 2019년 이전의 재무제표와는 완전히 달라진 모습입니다.

바이오 기업이 장밋빛 투자설명서를 작성하는 근거

브릿지바이오로 다시 되돌아가 보겠습니다. 2019년 12월 상장에 앞서 브릿지바이오가 공시한 〈투자설명서〉를 보면 자체 추정한 미래손익은 다음과 같습니다(회사는 2019~2023년까지 5개년 추정치를 제시했으나 여기서는 3개년 치만 보겠습니다).

| 브릿지바이오 투자설명서 중 미래손익 추정치 |

구분	2019년(추정)	2020년(추정)	2021년(추정)
매출액	559억 원	826억 원	572억 원
매출원가	391억 원	407억 원	58억 원
매출총이익	167억 원	418억 원	513억 원
판매비 및 관리비 (연구개발비 포함)	173억 원	121억 원	201억 원
영업이익	(6억 원)	297억 원	312억 원
당기순이익	(118억 원)	240억 원	251억 원

어떻습니까? 2019년 상반기 재무제표상 확정매출은 0이었고, 영업이익은 117억 적자였습니다. 그런데 2019년 연간 예상 매출은 559억 원입니다. 즉 하반기에 559억 원의 매출이 발생한다는 이야기입니다. 그리고 그 영향으로 연간 영업적자 규모가 6억 원 수준으로 감소한다는 겁니다. 상반기 제로에서 하반기에 대규모 매출이 발생한 원인이 바로 베링거인겔하임과의 기술이전 계약입니다.

일반적으로 기술이전 계약을 하면 라이선스 인(Lisence In : 기술 도입)하는 업체(베링거인겔하임)가 라이선스 아웃(Lisence Out : 기술수출) 하는 업체(브릿지바이오)에게 계약금을 줍니다. 베링거인겔하임은 임상시험(1~3단계)을 진행하고, 최종 신약 허가를 받으려 노력하겠지요. 이렇게 임상과 신약 신청·허가를 받는 단계마다 베링거인겔하임이 브릿지바이오에 계속해 기술료를 지급합니다. 이것을 마일스톤(Miletone : 단계별 기술료)이라고 합니다. 브릿지바이오가 베링거인겔하임과 맺은 총기술이전료가 1조5,000억 원입니다. 1조5,000억 원에는 계약금과 마일스톤이 다 포함되어있습니다.

마일스톤은 미래에 유입되는 것이 불확실하기 때문에 회사가 재무제표에 반영하지 않습니다. 브릿지바이오가 재무제표에 반영하는 것은 약 600억 원입니다. 여기에는 반환의무가 없는 계약금과 단기기술료가 포함되어 있습니다.

바이오 기업이 기술이전 계약을 하면 계약금과 마일스톤이 포함된 총 계약 규모를 공시합니다. 이때 언론이 '8,000억 원 기술수출 대박', '1조 원 기술수출 잭팟 터뜨렸다'라는 식으로 보도합니다.

기술이전 계약금은 신약 후보 물질이 어느 단계에 있는가(예컨대 전(前)임상 단계인가, 임상 몇 상인가 등)에 따라 총계약액의 3~10% 안팎에 불과합니다. 나머지는 마일스톤이라는 거지요. 예컨대 계약 규모가 1조 원이라고 해도 실제로 즉시 유입되는 계약금은 몇 백 억 원 수준인 경우도 많습니다. 그러니 미래에 어떻게 될지 모르는 마일스톤까지 포함된 계약 규모를 두고 확정된 금액인 것처럼 '잭팟', '대박' 운운하는 것에는 좀 신중할 필요가 있습니다.

물론 바이오 기업은 재무제표로만 판단해서는 안 됩니다. 마일스톤에 대한 기대가 기업가치에 반영되는 것은 바이오 기업이 가진 속성상 어쩔 수 없는 부분입니다. 그러나 마일스톤을 확정적인 금액인 양 생각하는 것은 매우 위험할 수 있습니다.

이미 우리나라 제약사가 글로벌 제약사와 체결한 몇 건의 대형 기술이전 사례에서 임상 실패 등 여러 가지 이유로 라이선스가 반환된 일이 있습니다. 바이오 업계에서는 마일스톤이 물거품 되는 일이 비일비재합니다.

브릿지바이오의 추정 재무제표를 보면 2020년부터는 영업흑자로 전환해 해마다 수백억 원의 영업이익, 당기순이익을 창출할 것이라고 제시하고 있습니다.

아마 여기엔 베링거인겔하임과의 계약으로 유입되는 마일스톤이 포함되어 있을 겁니다. 또 회사가 현재 보유 중인 몇 개의 신약 후보 물질에 대한 라이선스 아웃이 성사되어 계약금이 유입되는 것을 전제로 한 시나리오로 보입니다.

겉으로 드러난 바이오 기업의 재무제표와 회사 측이 제시하는 미래 추정 손익계산서, 증권사 애널리스트들이 제시하는 바이오 기업 밸류에이션의 특성 등을 종합적으로 잘 이해하는 것이 중요합니다.

**비즈니스 모델에 따라
달라지는
매출, 매출원가,
매출총이익**

신약 개발에 매달리는 바이오 기업이라고 해서 비즈니스 모델이 모두 같지는 않습니다. 대부분 바이오 기업은 신약 후보 물질을 스스로 개발해 기술이전을 추진합니다. 기술수출(기술이전)을 하지 않고 후속 임상시험을 진행하고 글로벌 신약 허가와 판매 단계까지 나아갈 계획을 갖고 있는 경우도 있습니다. 하지만 임상에는 워낙 많은 자금을 투입해야 하기 때문에 전임상 단계나 임상 1상 정도에서 기술이전을 추진하는 경우가 많습니다.

그런데 브릿지바이오는 신약 후보 물질을 스스로 개발하기보다는 외부에서 발굴한 물질을 도입하는 데 주력합니다. 도입한 물질에 대해 임상시험을 진행해 어느 정도 효과와 안전성이 검증되면 임상 1상 정도 단계에서 좋은 조건으로 기술이전을 추진하는 비즈니스 모델을 갖고 있습니다. 이 회사가 베링거인겔하임에 기술이전한 'BBT-877'도 레고켐바이오사이언스(이하 레고켐바이오)가 개발한 물질입니다.

브릿지바이오는 레고켐바이오로부터 신약 물질을 도입할 때, 앞으로 기술이전 계약이 발생하면 수익을 나누기로 계약합니다. 브릿지바이오와 레고켐바이오의 수익 분배 비율은 55대 45로 알려졌습니다. 베링거인겔하임으로부터 600억 원을 받으면 브릿지바이오가 330억 원, 레고켐바이오가 270억 원으로 나눈다는 이야기입니다.

| **바이오 기업 신약 개발 과정** |

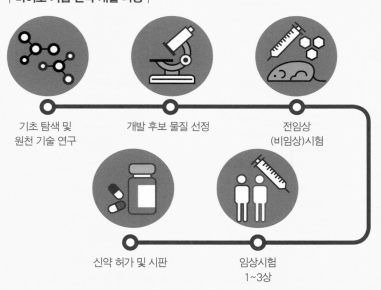

기초 탐색 및
원천 기술 연구 | 개발 후보 물질 선정 | 전임상
(비임상)시험

신약 허가 및 시판 | 임상시험
1~3상

브릿지바이오는 600억 원을 기술수출에 따른 영업수익(매출)로 인식하면서, 레고켐바이오에 분배해주는 270억 원을 매출원가로 반영합니다. 그럼 매출총이익은 330억 원(660억 원 – 270억 원)이 됩니다. 여기서 회사의 판매비 및 관리비(300억 원으로 가정)를 빼면해 영업이익이 30억 원으로 산출됩니다.

만약 브릿지바이오가 자체 개발한 물질이라면 수익을 배분 하지 않아도 되니까 매출은 600억 원, 매출원가는 0, 따라서 매출총이익은 600억 원이 되겠지요.

한미약품의 경우 지주회사 한미사이언스와 기술이전 수익을 나누는 사업 구조를 갖고 있습니다. 배분 비율은 대략 7대 3 정도인 것으로 알려졌습니다.

국내 제약사 중 최근 들어 부쩍 기술수출에서 두각을 나타내는 회사가 있습니다. 바로 유한양행입니다. 유한양행은 2018년 7월 스파인바이오파마, 11월 얀센, 2019년 1월 길리어드, 7월 베링거인겔하임 등의 글로벌 제약·바이오 기업들과 총 4건의 기술이전 계약을 체결했습니다. 4건의 계약에서 유한양행이 받은 계약금은 1,200억 원 정도입니다. 이것이 2019년부터 매출로 잡히기 시작했습니다.

"2019년에 매출로 잡혔다"라고 말하지 않고 "매출로 잡히기 시작했다"라고 말하는 데는 이유가 있습니다. 계약금이 유입되는 즉시 전액 매출에 반영되는 경우도 있지만, 일정한 기간 분할해 반영하는 경우도 많기 때문입니다. 예컨대 계약금 200억 원을 2년 분할 반영한다면 연 100억 원씩, 분기마다 25억 원씩이 매출로 잡힙니다.

기술이전 계약금을 한번에 또는 분할해 매출로 인식하는가는 계약 조건에 따라 달라진다.

계약금을 어떨 때 한번에, 어떨 때 분할해 매출로 인식하는가는 계약 조건에 달려 있습니다. 유한양행이 일정 기간 수행해야 할 의무가 계약금에 붙어 있다면, 그 동안 계약금을 분할해 매출로 반영하는 것이 맞습니다.

다음 표는 유한양행의 연결재무제표 주석에 나타난 매출 분류입니다. 보시다시피 2018년까지만 해도 없던 매출 종류가 생겼습니다. 바로 '라이선스 수익'입니다.

| 유한양행 연결재무제표 주석 중 |

구분	2017년	2018년	2019년 3분기 (1~9월)
제품매출	6,545억 원	6,680억 원	4,612억 원
상품매출	7,964억 원	8,387억 원	5,966억 원
용역수익	73억 원	86억 원	69억 원
라이선수 수익			199억 원
합 계	1조4,622억 원	1조5,188억 원	1조866억 원

2019년 1~9월까지 매출로 반영된 라이선스 수익 199억 원이 바로 기술이전 계약금입니다. 4건의 계약에서 발생한 계약금이 1,200억 원 정도 되니까, 남은 잔액이 앞으로 계속 매출(영업수익)로 잡힐 거라는 사실을 짐작할 수 있습니다. 시간이 지나면서 마일스톤까지 일부 유입된다면 라이선스 수익은 훨씬 더 커질 수 있을 겁니다.

다음의 그림은 한미약품 기술수출 수익 추이입니다.

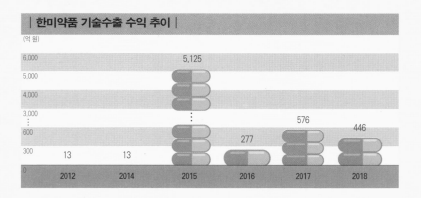

| 한미약품 기술수출 수익 추이 |

2014년 이전에는 기술수출 수익이 10억 원 안팎 수준에 머물렀습니다. 2015년 초대형 계약을 터뜨리며 무려 5,125억 원에 달하는 계약금을 매출로 반영했습니다. 2016년 이후부터는 해마다 200억 원~500억 원대의 기술수출 수익을 기록 중입니다. 이러한 기술수출 수익은 여러 건의 계약에서 발생한 계약금을 분할 인식하고 있는 금액이 대부분일 것으로 추정됩니다. 마일스톤 수익은 아직은 적은 금액이라는 이야기입니다. 시간이 지나면서 임상 진행에 따라 마일스톤 수익이 지금보다는 더 큰 금액으로 발생할 가능성이 있다고 보입니

다. 그렇게 된다면 기술수출과 관련한 매출(영업수익)은 급증할 수도 있습니다.

영업적자에도 불구하고 당기순이익이 증가하는 미스터리

아마 2015년쯤이었던 것 같습니다. 프리드라이프(주)라는 상조회사가 2017년에 증권시장에 상장하겠다고 선언했습니다. 한 대형 증권사와 IPO(기업공개) 주관계약을 체결했다고도 밝혔습니다. 프리드라이프의 재무제표를 한번 볼까요?

| 프리드라이프(주) 재무제표 |

	2015년	2016년	2017년	2018년
영업수익	630억 원	678억 원	668억 원	687억 원
영업이익(손실)	13억 원	(70억 원)	(98억 원)	(122억 원)
당기순이익	15억 원	31억 원	17억 원	71억 원

공시된 프리드라이프 연결재무제표를 보면 2016~2018년까지 계속 영업손실이 났습니다. 손실 규모도 계속 확대되는 추세입니다. 그런데 이 기간에 영업적자에도 불구하고 꾸준히 당기순이익을 기록했습니다. 영업 외 항목에서 비용보다 수익이 훨씬 컸기 때문에 영업손실을 메우면서 당기순이익까지 냈다는 이야기가 됩니다.

프리드라이프의 '영업 외 수익'은 '영업 외 비용'과는 비교되지 않을 정도로 큽니다. 2018년에는 영업 외 수익이 233억 원인데 비해 영업 외 비용은 27억 원에 불과합니다. 영업 외 수익 가운데 가장 금액이 큰 항목은 이자수익입니다. 다음으로 부금해약이익이 자리 잡고 있습니다. 이자수익은 해마다 100억 원 안팎을 기록 중입니다.

| 프리드라이프(주) 재무제표 |

	2015년	2016년	2017년	2018년
영업외수익	148억 원	175억 원	157억 원	233억 원
이자수익	84억 원	101억 원	97억 원	120억 원
부금해약이익	49억 원	48억 원	36억 원	31억 원
영업외비용	118억 원	55억 원	34억 원	27억 원

막대한 이자수익이 가능한 이유는 회원들로부터 받은 부금선수금 덕분입니다. 상조회사는 회원으로부터 매월 또는 정해진 기간 회비(부금)를 납입 받습니다. 이 부금선수금은 상조회사에 현금으로 유입되는 자산이면서 동시에 부채(상조 서비스 제공 의무)로 기록됩니다. 회원들에게 장례가 발생하면 상조회사는 약정된 서비스를 제공하고, 이 부금선수금을 매출(영업수익)로 전환합니다.

프리드라이프 같은 회사는 현금으로 들어온 부금선수금의 상당 부분을 금융상품에 투자해 이자수익을 얻습니다. 회사의 재무상태표를 한번 볼까요?

| 프리드라이프 재무상태표 |

	2015년	2016년	2017년	2018년
자산	7,081억 원	7,795억 원	8,692억 원	8,850억 원
단기금융상품	1,228억 원	1,445억 원	1,694억 원	1,379억 원
유동자산 중 매도가능증권	1,233억 원	1,269억 원	860억 원	842억 원
비유동 자산 중 매도가능증권	578억 원	417억 원	655억 원	1,358억 원
부채	6,966억 원	7,653억 원	8,586억 원	8,643억 원
부금선수금	6,618억 원	7,305억 원	8,180억 원	8,235억 원

자산 항목에서 매도가능증권은 대부분 국채나 회사채입니다. 부채 대부분이 부금선수금이라는 사실을 알 수 있습니다.

종합적으로 보면, 프리드라이프는 회사 본연의 사업인 장례서비스에서 영업이익을 내고 있지 못합니다. 부금선수금을 금융상품에 투자하거나 장단기 대여해 발생시킨 이자수익과 회원들이 중간에 부금을 해약할 때 발생한 이익에 의지해 겨우 당기순이익을 창출하고 있습니다. 그래서 오래전 증시 상장을 선언해 놓고도 아직 이렇다 할 작업을 진행하지 못하고 있는 것으로 보입니다.

상조회사 프리드라이프는 회사 본연의 사업인 장례서비스에서는 영업이익을 내지 못하고, 회원들로부터 받은 부금선수금을 금융상품에 투자하거나 대여해 막대한 이자수익을 내고 있다.

스타벅스 vs. 이디야, 같은 업종 간 재무제표 비교 착시

같은 업종 안에 있는 기업 간 재무제표를 비교할 때 발생하는 착시에 관해 살펴보겠습니다. 2019년 11월 KB금융그룹 경영연구소가 내놓은 〈커피전문점 현황 및 시장여건 분석〉 보고서를 다룬 보도 내용 중 이런 부분이 있습니다.

> 2018년 기준 스타벅스커피코리아의 연간 매출액(1조5,223억 원)은 국내 5대 커피 프랜차이즈(가맹점수 기준)의 추정 매출액을 전부 합친 금액(1조3,547억 원)을 웃도는 수준이다.

국내 5대 커피 프랜차이즈의 2018년 말 기준 매장수는 5,385개 정도 됩니다. 이 가운데 이디야가 2,399개로 가장 많습니다. 스타벅스코리아의 매장수는 1,262개로, 이디야의 절반 수준, 국내 5대 프랜차이즈 합계의 4분의 1 수준입니다.

스타벅스의 인기와 매장 위치 · 규모, 판매 제품 단가 등을 종합적으로 고려하더라도 국내 5대 프랜차이즈 매출의 합을 넘는다는 게 쉽게 이해되지 않습니다.

스타벅스코리아와 커피 프랜차이즈 국내 1위 이디야를 직접 비교

| 주요 커피 전문점 매출과 매장 수 |

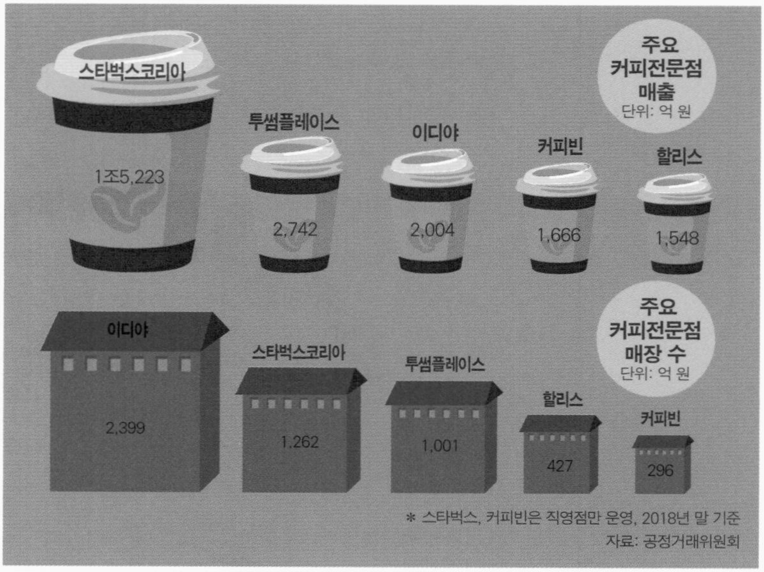

주요
커피전문점
매출
단위: 억 원
스타벅스코리아
1조5,223
투썸플레이스
2,742
이디야
2,004
커피빈
1,666
할리스
1,548
주요
커피전문점
매장 수
단위: 억 원
이디야
2,399
스타벅스코리아
1,262
투썸플레이스
1,001
할리스
427
커피빈
296
* 스타벅스, 커피빈은 직영점만 운영, 2018년 말 기준
자료: 공정거래위원회

해볼까요? 2018년 스타벅스코리아의 매출은 1조5,223억 원입니다. 매장수가 두 배인 이디야의 매출은 2,004억 원입니다. 이디야 매출은 투썸플레이스(매장수 1001개)의 2,742억 원보다 작고, 스타벅스코리아의 13%에 불과합니다.

왜 이렇게 차이가 나는 걸까요? 이디야가 엄청 싼 값으로 커피를 팔기 때문일까요? 아니면 매장 수만 많았지 장사가 안되기 때문일까요? 장사가 안되는 데 매장수가 저렇게 증가할 수 있을까요?

답은 간단합니다. 스타벅스코리아는 모든 매장이 본사 직영매장이고, 이디야는 거의 대부분 가맹점 매장이기 때문입니다.

두 회사의 손익계산서를 좀 더 구체적으로 살펴보겠습니다.

스타벅스코리아의 모든 매장에서 만들어 파는 커피류는 '제품'입니다. 제조해 판매하는 것이니까요. 외부에서 사 와서 판매만 하는 머그잔이나 기타 음료 같은 것들은 '상품'입니다. 매장에서 파는 모든 제품이나 상품이 스타벅스코리아의 매출이 됩니다.

| 스타벅스커피코리아 2018년 손익계산서 |

	2018년
매출액	1조5,223억 원
매출원가	(6,742억 원)
매출총이익	8,480억 원
판매비와관리비	(7,052억 원)
영업이익	1,428억 원
당기순이익	1,119억 원

| 이디야 2018년 손익계산서 |

	2018년
매출액	2,004억 원
매출원가	1,238억 원
매출총이익	766억 원
판매비와관리비	589억 원
영업이익	176억 원
당기순이익	108억 원

반면 이디야의 경우 가맹점 매장에서 제조해 판매하는 커피류는 이디야 매출로 잡지 않습니다. 가맹점 매출입니다. 이디야 본사가 외부에서 일괄구매하거나 OEM(주문자납품방식)으로 납품받아 가맹점에 공급하는 커피재료(로스팅 원두), 음료, 고객 판매용 커피믹스 같은 것들만 이디야 본사 매출이 됩니다.

| 스타벅스코리아와 이디야 매출 인식 차 |

그러니 이디야 매장수가 아무리 많아도 스타벅스코리아와 매출 차이가 벌어질 밖에 없는 겁니다. 하지만 이익률에는 별 차이가 없을 수 있지요. 매출 대비 원가율(매출원가율)은 스타벅스코리아가 월등하게 낮습니다. 스타벅스코리아가 44.3%, 이디야가 61.8%입니다. 스타벅스는 매장에서 직접 만들어 파는 커피류가 주력이기 때문에 매출원가율이 크게 낮을 수밖에 없습니다.

그렇지만 매출 대비 판매비 및 관리비 비율(판관비율)은 스타벅스코리아가 46.3%인데 비해 이디야는 29.4%에 불과합니다. 스타벅스코리아 판관비에는 전체 매장 직원 인건비, 목 좋은 곳에 넓게 자리 잡고 있는 매장 임차료, 각종 지급수수료 등이 다 들어있습니다. 스타벅스코리아의 영업비용(매출원가 + 판관비) 구성 내역은 재무제표 주석에 잘 나와 있습니다. 한번 봅시다(주요 항목만 재편집했습니다).

| 스타벅스코리아 재무제표 주석 중 |

구분	2018년
사용된 원재료	2,240억 원
상품의 판매	2,097억 원
종업원 관련 원가	4,279억 원
임차료	2,456억 원
지급수수료	1,392억 원
합계	1조3,795억 원

영업비용을 금액이 높은 순서로 보면 종업원 급여, 임차료, 원재료, 판매한 상품원가(상품매입가격), 지급수수료 순입니다.

영업이익율(영업이익/매출액×100)을 보면 스타벅스코리아는 9.4%(1,428억 원/1조5,223억 원×100), 이디야는 8.8%(176억 원/2,004억 원 ×100)입니다. 2017년에는 각각 9.1%, 10.9%로 이디야의 영업이익률이 더 높았습니다.

참고로 제품과 상품 간 매출 비중을 한번 비교해 보겠습니다. 스타벅스코리아는 제품매출액 비중이 77%로 압도적입니다.

| 스타벅스코리아 재무제표 주석 중 |

구분	항목	2018년
매출액	제품매출액	1조1,712억 원
	상품매출액	3,511억 원
합계		1조5,223억 원

이디야는 제품과 상품 매출액을 구분해서 밝히지 않았지만, 매출원가는 재무제표 주석에서 공개하고 있습니다. 전체 매출원가(1,238억 원)에서 상품매출원가(954억 원)가 차지하는 비중이 77%입니다. 스타벅스코리아와는 정반대입니다. 상품매출원가가 절대적으로 높은 것으로 미루어 보건대, 이디야는 매출액 비중 역시 상품이 제품을 압도할 것으로 판단됩니다. 가맹점 중심 구조에서는 당연합니다. 이디야 본사가 상품을 구매하고 적절한 이윤을 붙여 상품을 가맹점에 판매하는 구조니까요.

| 이디야 재무제표 주석 |

구분	2018년
상품매출원가	954억 원
제품매출원가	87억 원
기타매출원가	196억 원
합계	1,238억 원

그런데 앞으로는 이디야의 매출 구성에 변화가 생길 가능성이 높습니다. 다음의 기사를 한번 보지요. 〈한국경제신문〉 2019년 2월 19일자 기사를 요약한 것입니다.

이디야의 통 큰 베팅…350억 들여 '커피공장'

이디야커피가 350억 원을 투자해 자체 원두 로스팅 공장과 커피 연구개발(R&D) 센터를 짓는다. 연면적 1만3064㎡에 지하 1층, 지상 2층으로 건립되는 이 공장은 2020년 4월 준공돼 연간 6,000톤의 원두를 생산할 예정이다.

지금까지 이디야커피에서 사용하는 원두는 주로 OEM(주문자상표부착생산) 방식이었다. 이디야 본사가 동서식품 등에 원두를 발주하고, 로스팅된 원두를 본사가 받아 가맹점에 납품하는 방식이었다.

이디야커피 드림팩토리에는 세계 최고 수준의 로스터와 플랜트 설비가 도입될 예정이다. 이디야커피는 이곳에서 스틱 커피 '비니스트'는 물론 각종 음료 파우더 등을 자체 생산한다는 계획이다.

자체 생산을 통해 커피 원두의 원가 경쟁력을 확보하면 가맹점에 더 낮은 가격에 좋은 품질의 원두를 납품할 수 있다는 게 회사 설명이다.

이디야가 외부에서 구매해 가맹점에 공급해왔던 로스팅 원두를 자체 공장에서 제조·공급하는 방식으로 바꾸면 상품매출이 제품매출로 바뀌게 될 것입니다. 비용 절감 효과가 발생해 수익성이 개선될 여지가 큽니다.

스타벅스코리아와 이디야 간 비교에서처럼 같은 업종 내 기업이라도 사업 방식의 차이를 이해하지 못하고 단순하게 수치만 비교할 경우 착시에 빠질 가능성이 있습니다.

**이커머스 기업,
비즈니스 구조 따라
매출 천양지차**

유통업체의 재무제표를 놓고 외형을 비교할 때도 착시 현상이 나타날 수 있습니다. 이커머스 기업을 예로 들어보겠습니다. 2017년 쿠팡 매출은 2조6,846억 원입니다. 위메프는 4,730억 원, 티몬은 3,572억 원입니다. 쿠팡이 위메프보다 5.7배, 티몬보다는 7.5배 물건을 더 많이 팔았다고 할 수 있을까요?

그렇게 말하기는 어렵습니다. 왜냐면, 쿠팡은 물건을 직접 매입해 판매하는 데 주력합니다. 반면 위메프나 티몬은 직매입 판매보다는 플랫폼 입주업체들로부터 받는 판매수수료 위주의 사업을 하기 때문입니다.

쿠팡이 정수기 1대를 8만 원에 매입하여 10만 원에 팔면 10만 원의 매출과 8만 원의 매출원가가 잡힙니다. 2만 원의 매출이익이 발생하는 거지요.

위메프나 티몬은 입점한 판매업자가 정수기 1대를 10만원에 판매하면 판매수수료를 받습니다. 수수료율을 15%(수수료율은 업체마다 차이가 있으며 필자가 제시하는 수치가 정확하지는 않습니다)로 가정하면 위메프나 티몬이 매출로 잡는 것은 판매수수료인 1만5,000원입니다. 직매입이 아니므로 매출원가는 없습니다. 그래서 매출이익은 1만5,000원이됩니다.

| 쿠팡 vs 위메프와 티몬 매출이익|

정수기 1대 10만 원

coupang
직매입방식

정수기 1대 판매

위메프
TMON
판매수수료 15%

상품매출
10만 원
├ 매출원가: 8만 원
└ 매출이익: 2만 원

수수료매출
1만 5천 원
├ 매출원가: 0원
└ 매출이익: 1만 5천 원

다음의 표는 쿠팡, 위메프, 티몬의 2017년 매출 구분입니다.

| 쿠팡 2017년 매출 구분 |

구분	2017년
상품매출액	2조4,591억 원
수수료 및 기타매출액	2,254억 원
합계	2조6,846억 원

| 위메프 2017년 매출 구분 |

구분	2017년
상품매출액	2,583억 원
제품매출액	1,234억 원
수수료 수익 및 기타매출액	2,179억 원
합계	4,730억 원

| 티몬 2017년 매출 구분 |

구분	2017년
수수료매출액	1,520억 원
상품매출액	2,052억 원
합계	3,572억 원

세 회사의 매출을 비교하려면 수수료매출액도 모두 직매입 상품매출액으로 전환하는 것이 좋습니다. 판매수수료율에 약간 차이가 있겠지만 15%로 동일하게 가정해보겠습니다. 쿠팡의 수수료매출 2254억 원은 상품매출 기준으로 전환하면 1조5,000억 원(2,25억 원÷15%)이 됩니다. 그렇다면 쿠팡 상품매출은 '2조4,591억 원 + 1조5,000억 원'으로 3조9,591억 원 정도인 셈이지요. 같은 방법으로 계산하면 위메프는 1조8,343억 원, 티몬은 1조2,185억 원이 됩니다.

쿠팡의 상품 거래 규모가 위메프와 티몬 대비 각각 2.2배, 3.25배가 되는 셈이지요. 여전히 쿠팡이 압도적이긴 하지만 거래 방식을 고려하지 않고 재무제표상 매출액을 단순 비교할 때보다는 배수가 크게 낮아집니다.

직매입 위주 사업을 하면 재고부담을 떠안아야 합니다. 판매중개만 하는 경우 재고 부담은 입점업체들의 몫입니다. 직매입에는 상품을 보관할 대규모 물류센터와 자체 배송 인력이 필요합니다. 인건비와 감가상각비, 운영비 부담이 발생합니다. 하지만 배송 인력을 자체적으로 육성하고 통제해 배송 품질을 높일 수 있습니다. 당연히 소비자 만족도를 높일 수 있지요. 충성고객 기반이 탄탄해지고 규모의 경제를 달성하면, 경쟁업체들을 제압할 수 있습니다. 쿠팡이 수익성 하락을 무릅쓰고 직매입 중심으로 전환한 것도 이런 이유라고 짐작해볼 수 있습니다.

이마트 부채 규모 급증, 리스 회계 기준 변경 탓?

요즘 일반 유통업체 재무제표를 볼 때도 한 가지 주의할 점이 있습니다. 바로 부채비율입니다. 최근 롯데그룹, 신세계그룹을 비롯해 대형유통업체들이 잇따라 점포 부동산(백화점이나 대형마트, 할인점의 토지와 건물)을 유동화해 현금을 마련하고 있습니다. 예컨대 '세일 앤 리스백(Sale and Lease back: 매각 후 재임대)' 방식입니다. 외부투자자(부동산전문 사모펀드나 리츠 등)에게 점포 부동산을 매각하고, 부동산을 다시 장기임차(리스)해 영업을 계속하는 방식입니다.

| 세일 앤 리스백 개념도 |

예전에는 이렇게 장기임차를 할 경우 임차료를 매년 결산 때마다 영업 외 비용으로 반영하면 되었습니다. 그런데 2019년부터 새로운 리스 회계 기준이 적용되면서 장기 임차기간 동안 내야 할 총임차료를 리스부채로 반영해야 합니다. 이렇게 되면 부동산 유동화로 현금

은 확보하게 되지만 부채비율이 올라갈 수 있습니다.

　부동산 유동화 리스부채는 금융회사 대출금이나 회사채 채무 같은 일반 차입금과는 성격이 좀 다릅니다. 그러나 신용평가사들은 리스부채도 어차피 정해진 기간 갚아야 할 금액으로 보고, 차입금의 범주에 포함해 재무안정성을 측정하는 지표로 활용합니다.

**항공사를 위기에
빠뜨릴 수 있는
자산유동화증권**

항공 업계를 예로 들어 자산 유동화 부채에 관해 한번 짚어보겠습니다. 항공회사들의 항공운송료 수입은 업황에 따라 변화가 있기는 하겠지만, 대체로 일정 금액 이상 늘 발생합니다. 그래서 항공회사들은 자금 조달이 필요하면 앞으로 들어올 항송운송료 수입을 담보로 제공하고 투자자들로부터 돈을 빌리는 경우가 있습니다. 이런 거래를 할 때는 항공회사에 문제가 생겨도 회사로 유입되는 항공운송료가 우선하여 투자자들에 대한 원리금 지급에 사용될 수 있게끔 하는 안전장치들이 마련됩니다.

　이러한 자산유동화채무증권을 발행하면 회사는 당연히 부채로 반영하겠지요. 대한항공의 재무제표 주석에 자산유동화채무증권에 대해 어떻게 기재되어 있는지 보겠습니다(항목이 많아 중간에 일부 내용을 생략했습니다).

　장래 발생할 매출채권(항공운송료 수입)을 담보로 제공하고 자산유동화증권을 발행해 투자자들로부터 빌린 돈이 2018년 말 총 1조9,993억 원이었고, 2019년 3분기말 기준으로는 1조9,229억 원(1년 내 만기도래분 6417억 원 포함)입니다. 2019년 3분기 말 기준으로 1년 이후 만기가 오는 금액은 1조2,811억 원입니다. 대한항공 재무상태표 부채 항목에 '자산유동화 차입금'으로 기록되어있습니다.

　이런 자산유동화 차입금은 장래에 매출이 발생하고 매출채권이 회수되면 갚아가면 됩니다. 그런데 이런 유동화 차입금이 많을 경우 아주 위험한 상황에 빠질 수 있습니다. 조기상환 조항에 걸리는 경우입니다. 회사의 재무 상태가 나빠지거나 영업이 악화하는 등 특정 조건에 부합하는 상황이 발생하면 투자자들이 조기상환을 요구할 수 있게 하는 장치들이 자산유동화증권에 담겨있는 경우입니다.

| 대한항공 재무제표 주석 중 자산유동화 차입금 내역 |

종류	만기	이자율	2019년 3분기 말	2018년 말	비고
자산유동화증권(ABS11)	2019-02-14	–	–	200억 원	칼제십일차/십일차비이/십일차씨이유동화전문유한회사
자산유동화증권(ABS12)	2019-05-07	–	–	150억 원	칼제십이차유동화전문유한회사
⋮					
자산유동화증권(ABS22)	2023-01-26	4.36%	3,100억 원	3,500억 원	칼제이십이차유동화전문유한회사
자산유동화증권(ABS23)	2021-10-27	3.95%	3,000억 원	3,800억 원	칼제이십삼차유동화전문유한회사
자산유동화증권(ABS24)	2024-09-23	2.77%	5,000억 원	–	칼제이십사차유동화전문유한회사
합계			1조9,229억 원	1조9,993억 원	
1년 이내 만기도래분			(6,417억 원)	(7,949억 원)	
차감 잔액			1조2,811억 원	1조2,043억 원	

　예를 들면 아시아나항공의 경우 2018년 결산 재무제표에 대해 외부감사인(회계법인)이 '한정'이라는 감사의견을 주었습니다. 항공사는 항공기를 임차(리스)해 사용하는 경우 정비에 필요한 금액을 회계장부에 포함해야 합니다. 항공기 정비충당부채 등 몇몇 부문에서 외부감사인과 회사 간 이견이 있었고, 이를 해소하지 못했습니다. 이후 회사의 과다한 차입금 등 악화된 재무 상태가 부각되고 항공 업황에 대한 부정적 전망이 대두하면서 신용평가사에서 아시아나항공 신용등급을 내릴 수도 있다는 소문이 돌았습니다. 아시아나항공의 자산유동화 채무 금액 가운데 수천억 원이 '회사의 신용등급이 BBB- 이하로 떨어지는 경우' 조기상환 하는 조건에 걸려있었다고 합니다.

　아시아나항공은 그렇지 않아도 유동성이 좋지 않은데, 조기상환에 걸리면 걷잡을 수 없는 위기로 치달을 수 있는 상황에 처한 것이지요. 일단 산업은행이 긴급 자금을 지원하고 금호그룹이 아시아나항공 매각을 추진하면서 위기가 현실화되지는 않았습니다.

건설 업종도 장래 공사대금 채권을 담보로 유동화 증권을 발행하는 경우가 있습니다. 그러나 항공업의 경우 과거에 발행해 앞으로 만기가 계속 이어질 자산유동화 부채 규모가 이미 상당히 큰 편입니다. 항공업은 이러한 유동화가 다른 업종에 비해 상대적으로 자주 일어나기 때문에 주의해서 볼 필요가 있습니다.

원유 가격이 오르는데 정유사 이익이 왜 증가할까?

원유 가격이 정유사 재무제표에 미치는 영향을 살펴보겠습니다. 원유 가격이 오르면 정유사 이익이 증가한다고 합니다. 왜 그러냐고 물어보면 재고자산평가이익이 크게 증가하기 때문이라고 이야기하는 사람들이 있습니다. 매체에 그런 보도들이 나오기도 하고요.

예컨대, 중동에서 원유를 10배럴(배럴당 50달러) 구매해 배로 이동한다고 해 봅시다. 원유가 우리나라로 들어오는 데 두 달 정도 걸리는데, 이동 중에 원유 가격이 배럴당 65달러가 되었다면 정유사는 150달러(배럴당 인상분 15달러×10배럴)의 재고자산평가이익을 얻는다는 주장입니다. 이런 분석은 틀렸습니다!

또 이렇게 말하기도 하지요. 배럴당 50달러에 10배럴을 구매해 국내 저유탱크에 저장해 놓았는데, 원유 가격이 65달러가 되었으므로 150달러의 재고자산평가이익을 보게 되었다고 말입니다. 마찬가지로 틀린 분석입니다.

정유사 재무제표나 주석에서 재고자산평가이익을 찾아보십시오. 아무리 검색해도 찾을 수가 없을 겁니다. 재고자산의 가치가 오른다고 해도 그 평가이익을 반영하지는 않는 것이 회계 기준입니다. 재고자산의 가치가 떨어지면 재고자산평가손실은 반영합니다. 매출원가에 재고자산평가손실을 더해주기 때문에 이익이 줄어들게 되지요.

원유 가격이 오르면 정유사 이익이 증가할 가능성이 높다는 건 맞습니다. 그것은 주로 '래깅 효과(Lagging Effect: 원재료 투입 시차 효과)' 때문입니다. 원유 가격이 오르면 석유제품(휘발유 경유 등)의 가격도 오르는 경우가 많습니다. 정유회사는 과거에 매입해 놓은 싼 원유를 투입해 석유제품을 뽑아내는 데, 원유 시세가 상승하면서 제품 가격도

| 정제마진 계산법 |

오르면 당연히 마진이 커지겠지요. 이른바 정제마진(판매가격에서 원료비와 운영비 등 비용을 뺀 가격)이 커지면서 정유사 이익이 증가하는 겁니다. 원유 도입과 제품 출하 시기 차이에 따른 효과를 래깅 효과라고 합니다.

또 이런 효과도 일부 있습니다. 원유 가격이 크게 떨어지면서 재고자산평가손실을 반영했다고 해 봅시다. 그런데 원유 가격이 오르면 손실처리분 중 일부를 다시 수익으로 환입시킬 수 있습니다. 당연히 이익을 늘려주는 효과가 있겠지요?

정유사들은 원유 가격이 서서히 오르는 걸 좋아합니다. 그래야 자연스럽게 제품 가격도 인상되면서 래깅효과를 만끽할 수 있기 때문입니다. 원유 가격이 단기간에 급등하면 오히려 정제마진이 떨어지는 부작용이 발생할 수도 있다고 합니다.

업종마다 재무제표도 서도 다르게 생겼습니다. 제조업과 서비스업이 다르고, 같은 유통업이라도 어떤 비즈니스 모델을 가졌는지에 따라 다릅니다. 업종별 특성에 맞는 유의미한 지표를 적용함으로써 동종 업계를 비교하고 기업 가치를 평가해야 정확한 분석이 가능합니다. 투자 성공률을 높이고 싶다면, 업종별 차이를 이해하며 재무제표를 분석할 수 있어야 합니다.

Chapter 1

인터넷·미디어·엔터테인먼트·교육

인터넷 비즈니스의 끝없는 진화

▶ 인터넷서비스 사업자 비즈니스 전개도

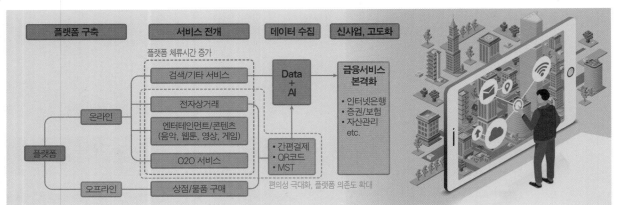

자료: 대신증권

- 인터넷 비즈니스 모델이 정보 검색과 커뮤니케이션 수단에서 엔터테인먼트와 금융 서비스로 빠르게 이동 중.
- 인터넷서비스 업계는 다양한 콘텐츠 제공과 핀테크로 MAU 및 트래픽 확산을 이끌어 막대한 광고 수익 창출.
- 금융, 미디어, 엔터테인먼트, 관광, 의료, 교육 등 전방위 산업군으로 공격적인 침투 지속.

▶ 인터넷서비스 이용 변화

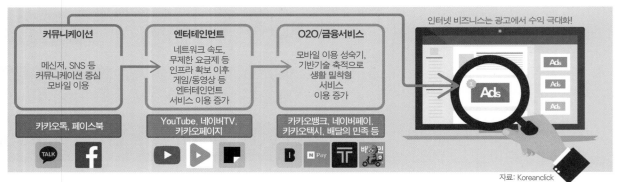

자료: Koreanclick

총 이용시간 부문별 비중

단위: %

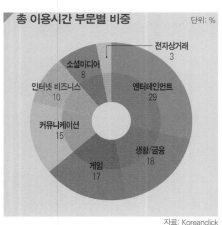

자료: Koreanclick

인터넷(모바일) 서비스별 이용시간 비중 및 변화 추이

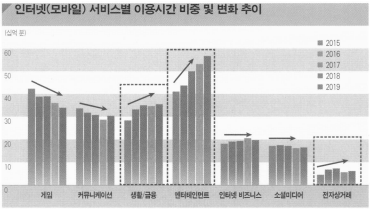

자료: Koreanclick

- 모바일 디바이스는 메신저나 SNS와 같이 커뮤니케이션 중심으로 이용되어오다 2011년 LTE 상용화로 네트워크 속도가 획기적으로 개선되면서 동영상, 게임 등 다양한 콘텐츠 서비스로 진화.
- 태어나면서부터 디지털에 친숙한 밀레니얼 세대를 중심으로 금융 및 다양한 생활(O2O) 서비스로 확산 중.

┌─ 66쪽 엔터테인먼트 업계 참조

3大 인터넷서비스: 핀테크 콘텐츠 광고

└─ 56쪽 광고 업계 참조

▶ 핀테크 사업 구조도

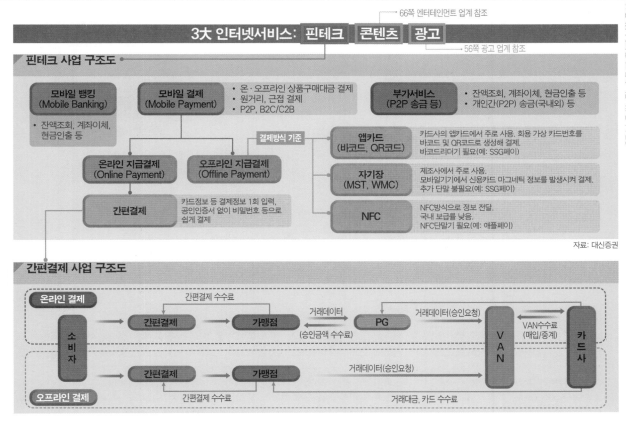

모바일 뱅킹 (Mobile Banking)
• 잔액조회, 계좌이체, 현금인출 등

모바일 결제 (Mobile Payment)
• 온·오프라인 상품구매대금 결제
• 원거리, 근접 결제
• P2P, B2C/C2B

부가서비스 (P2P 송금 등)
• 잔액조회, 계좌이체, 현금인출 등
• 개인간(P2P) 송금(국내외) 등

온라인 지급결제 (Online Payment)

오프라인 지급결제 (Offline Payment)

결제방식 기준

간편결제
카드정보 등 결제정보 1회 입력, 공인인증서 없이 비밀번호 등으로 쉽게 결제

앱카드 (바코드, QR코드)
카드사의 앱카드에서 주로 사용. 회용 가상 카드번호를 바코드 및 QR코드로 생성해 결제. 바코드리더기 필요(예: SSG페이)

자기장 (MST, WMC)
제조사에서 주로 사용. 모바일기기에서 신용카드 마그네틱 정보를 발생시켜 결제. 추가 단말 불필요(예: SSG페이)

NFC
NFC방식으로 정보 전달. 국내 보급을 낮음. NFC단말기 필요(예: 애플페이)

자료: 대신증권

▶ 간편결제 사업 구조도

온라인 결제
소비자 → 간편결제 → 가맹점 ⇄ PG → VAN ⇄ 카드사
간편결제 수수료 / (승인금액 수수료) / 거래데이터 / 거래데이터(승인요청) / VAN수수료 (매입/중계)

오프라인 결제
소비자 → 간편결제 → 가맹점 → VAN → 카드사
간편결제 수수료 / 거래데이터(승인요청) / 거래대금, 카드 수수료

▶ 간편결제 서비스 현황

	네이버페이	카카오페이	페이코(PAYCO)	삼성페이
사업자	네이버	카카오	NHN	삼성전자
분류	포털	메신저	PG사	제조사
출시일	2015.6.25	2014.9.5	2015.8.1	2015.8.20
가입자	2,600만 명 (2018년 기준)	2,800만 명 (2019년 6월 기준)	960만 명 (2019년 4월 기준)	1,040만 명 (2018년 12월 기준)
거래액 (2018년 기준)	11조 원	20조 원	4.5조 원	12조 원
가맹점	27.7만 개	19만 개 (오프라인)	온라인: 10만 개, 오프라인: 270만 개	카드 결제 가능한 대부분의 매장
특이점	네이버와 연계, 일본 라인과 연계	카카오톡과 연계	광고Biz, 금융Biz	휴대폰을 이용한 결제
결제 방법	오프라인: QR코드 온라인: 간편비밀번호	오프라인: QR코드 온라인: 간편비밀번호	오프라인: QR코드 온라인: 간편비밀번호	오프라인: MST단말기, NFC단말기, 온라인: 간편비밀번호

▶ 간편결제 시장점유율 단위: %

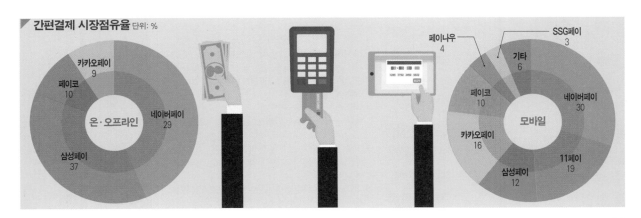

온·오프라인
- 카카오페이 9
- 페이코 10
- 네이버페이 29
- 삼성페이 37

모바일
- 페이나우 4
- SSG페이 3
- 기타 6
- 페이코 10
- 네이버페이 30
- 카카오페이 16
- 11페이 19
- 삼성페이 12

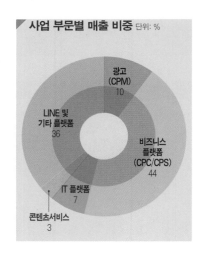

네이버 KP

매출액	5조5,869억 원
영업이익	9,425억 원
순이익	6,279억원

국민연금	10.53%
BlackRock Fund Advisors	5.03%

▶ 투자포인트

- 금융 및 전자상거래 사업 가치 주목 → 검색-구매-결제-배송조회로 이어지는 원스톱 서비스 제공.
- 네이버페이와 쇼핑 연계, 판매자 혜택 강화로 구매자/광고주 잠금효과(lock-in) 극대화.
- 네이버페이 월이용자 1천만 명, 거래액 1조 원 돌파 → 거래액의 80% 이상 쇼핑에서 창출.
- 네이버페이 물적분할 통한 '네이버파이낸셜(가칭)' 설립 예정 → 쇼핑, 광고 등 기존 주력 사업간 연계 수단에서 나아가 본격적인 금융 사업 전개.
- 페이코 투자 유치 및 거래액 기반 '파이낸셜' 기업 가치 1.8조 원 추정.
- 신사업의 적극적인 론칭에 따른 기업가치 제고와 라인 적자 폭 축소로 향후 안정적인 주가 흐름 예상.

▶ 사업 부문별 매출 비중 단위: %

광고(CPM) 10
LINE 및 기타 플랫폼 36
비즈니스 플랫폼 (CPC/CPS) 44
IT 플랫폼 7
콘텐츠서비스 3

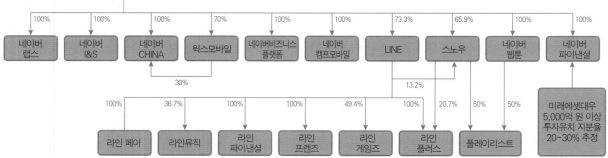

자회사	지분율
네이버랩스	100%
네이버 I&S	100%
네이버CHINA	100%
웍스모바일	70%
네이버비즈니스플랫폼	100%
네이버캠프모바일	100%
LINE	73.3%
스노우	65.9%
네이버웹툰	100%
네이버파이낸셜	100%

네이버CHINA 30% / 스노우 13.2%

하위 자회사	지분율
라인 페이	100%
라인뮤직	36.7%
라인파이낸셜	100%
라인프렌즈	100%
라인게임즈	49.4%
라인플러스	100%
(스노우)	20.7%
플레이리스트	50%
	50%

미래에셋대우 5,000억 원 이상 투자유치 지분율 20~30% 추정

▶ 사업 부문별 매출 추이 및 전망

(억 원) ■ LINE 및 기타 ■ 비즈니스 ■ 광고 ■ IT플랫폼 ■ 콘텐츠

	2018	2019E	2020F
합계	6조2,870	6조5,080	7조1,870
	1,260	1,610	1,770
	3,560	4,430	5,320
	5,730	6,190	6,500
	2조4,760	2조8,240	3조0,500
	2조7,560	2조4,600	2조7,780

▶ 영업이익 추이 및 전망

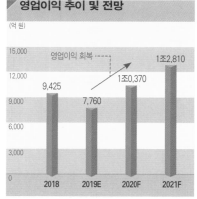

(억 원)

영업이익 회복

2018	2019E	2020F	2021F
9,425	7,760	1조0,370	1조2,810

▶ 자기자본이익률(ROE) 추이 및 전망

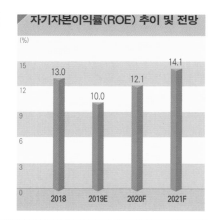

(%)

2018	2019E	2020F	2021F
13.0	10.0	12.1	14.1

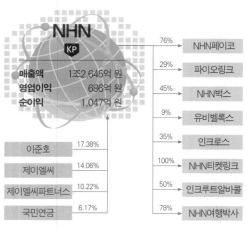

NHN KP

매출액	1조2,645억 원
영업이익	686억 원
순이익	1,047억 원

이준호	17.38%
제이엘씨	14.06%
제이엘씨파트너스	10.22%
국민연금	6.17%

자회사	지분율
NHN페이코	76%
파이오링크	29%
NHN벅스	45%
유비벨록스	9%
인크로스	35%
NHN티켓링크	100%
인크루트알바콜	50%
NHN여행박사	78%

▶ 투자포인트

- 결제, 광고, 콘텐츠, 커머스 등 비게임 사업 부문이 골고루 성장.
- 결제 사업인 '페이코'의 경우, 거래액이 꾸준히 증가하고 있으며, 중금리 맞춤 대출 추천 사업인 '맞춤대출', 생애주기별 금융상품 추천 사업인 '마이데이터' 등이 기대감 높으며 주가에 긍정적 영향.
- '마이데이터'의 경우 정부 국책 사업과 맞물려 주관당국인 금융위원회로부터 사업자로 선정될 경우, 기업가치에 크게 기여.
- 페이코는 2019년 7월 한화생명보험, 너브 등으로부터 투자 유치를 통해 7,350억 원의 가치 부여받음.
- 페이코의 동사 가치 기여분은 1.05조 원(지분율 76.2%) 정도로 산정.

▶ 사업 부문별 매출 추이 및 전망

(억 원) ■ 게임 ■ 결제, 광고 ■ 콘텐츠 ■ 커머스 ■ 기술 ■ 기타

	2019E	2020F
합계	1조5,142	1조6,501
	4,424	4,892
	5,123	5,387
	1,996	2,300
	2,034	2,268
	1,120	1,247
	444	408

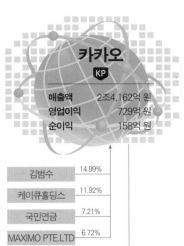

카카오
KP

매출액	2조4,162억 원
영업이익	729억 원
순이익	158억 원

김범수	14.99%
케이큐홀딩스	11.92%
국민연금	7.21%
MAXIMO PTE.LTD	6.72%

▶투자포인트

- 신규 상품 '톡비즈보드' 통한 카카오톡 마케팅 채널화 진행 → 매출 연동 대행사 수수료(15%) 감안시 OPM 50% 이상 추정.
- 향후 수요 증가에 따른 단가(CPM), 노출(Impression) 확대 및 톡보드의 다양한 랜딩 페이지 효과로 페이와 커머스 시너지 기대.
- 콘텐츠 허브인 카카오페이지 2018년 매출 58%, 영업이익 281% 고성장 → 이용자(MAU)와 인당 지출 동반 상승 지속.
- 카카오페이지, 스토리(IP)에서 제작과 유통으로 이어지는 미디어 생태계 구축 → 2020년 상장 예정.
- 금융 사업(페이/뱅크) 확장 본격화 → 간편결제 수익 모델 발굴 위해 투자, 보험, 배송 등 서비스 확대.
- 카카오 대주주 적격성 심사 통과, 카카오뱅크 최대주주(34%) 등극 예정 → 페이와 뱅크 기반 종합 금융 플랫폼으로 도약.

▶사업 부문별 매출 비중 단위: %

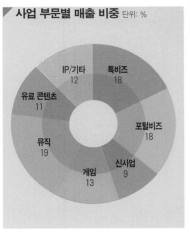

- IP/기타 12
- 톡비즈 18
- 유료 콘텐츠 11
- 포털비즈 18
- 뮤직 19
- 신사업 9
- 게임 13

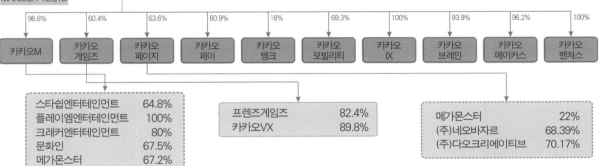

	96.8%	60.4%	63.6%	60.9%	18%	69.3%	100%	93.9%	96.2%	100%
	카카오M	카카오게임즈	카카오페이지	카카오페이	카카오뱅크	카카오모빌리티	카카오IX	카카오브레인	카카오메이커스	카카오벤처스

스타쉽엔터테인먼트	64.8%
플레이엠엔터테인먼트	100%
크래커엔터테인먼트	80%
문화인	67.5%
메가몬스터	67.2%

프렌즈게임즈	82.4%
카카오VX	89.8%

메가몬스터	22%
(주)네오바자르	68.39%
(주)다오크리에이티브	70.17%

▶사업 부문별 매출 추이 및 전망

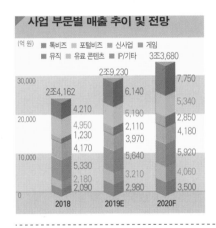

(억 원)
■ 톡비즈 ■ 포털비즈 ■ 신사업 ■ 게임
■ 뮤직 ■ 유료 콘텐츠 ■ IP/기타

	2018 (2조4,162)	2019E (2조9,230)	2020F (3조3,680)
	4,210	6,140	7,750
	4,950	5,190	5,340
	1,230	2,110	2,850
	4,170	3,970	4,180
	5,330	5,640	5,920
	2,180	3,210	4,060
	2,090	2,980	3,500

▶영업이익 추이 및 전망

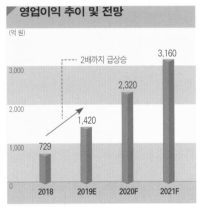

(억 원)
---- 2배까지 급상승

2018	2019E	2020F	2021F
729	1,420	2,320	3,160

▶카카오뱅크 여·수신 추이

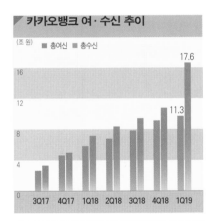

(조 원)
■ 총여신 ■ 총수신

3Q17	4Q17	1Q18	2Q18	3Q18	4Q18	1Q19
					11.3	17.6

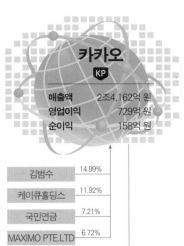

아프리카TV
KQ

매출액	1,266억 원
영업이익	271억 원
순이익	213억 원

쎄인트인내셔널	25.33%
국민연금	7.67%
MORGAN STANLEY AND CO INTERNATIONAL PLC	6.06%
UBS Hana Asset Management Co., Ltd.	5.05%

▶투자포인트

- 1996년 나우콤으로 설립해 2003년 12월 기업공개, 2006년 3월 '아프리카' 서비스 정식 오픈 후 2012년 4월 서비스명을 '아프리카TV'로 변경.
- 누구나 PC/모바일을 통해 언제 어디서든 라이브 방송을 진행할 수 있는 국내 대표 1인 방송 플랫폼.
- 아이템은 방송을 진행하는 BJ에게 시청자들이 후원하는 서비스로, '별풍선'이 대표적임.
- 동사의 생방송 콘텐츠는 오랜 업력을 쌓은 기존 유저들의 충성도가 높음 → 롱테일 기반의 견고한 사업 모델을 바탕으로 후발 주자가 쉽게 진입하기 어려운 높은 진입장벽 형성.
- 연예인의 1인 미디어 진출 및 크리에이터의 방송 진출 등 1인 미디어 시장 성장 가속화로 최대 수혜를 받을 전망.

▶사업 부문별 매출 추이 및 전망

(억 원)
■ 아이템 ■ 광고 ■ 멀티플랫폼/기타

	2018	2019E	2020F
	1,266	1,689	2,096
아이템	1,002	1,278	1,598
광고	192	256	327
멀티플랫폼/기타	71	155	170

시장의 문지기(portal)에서 지배자(ruler)가 되다

'혁신'이란 이름의 침투

국내 인터넷서비스 업계를 이끄는 네이버와 카카오가 추구하는 혁신(innovation)은 아마도 '시장의 침투'를 가리키는 지도 모르겠다. 네이버와 카카오는 더 이상 '정보 검색'과 '접속', '쌍방향 소통' 같은 인터넷 고유의 정체성에 갇혀 있지 않았다. 과감한 크로스오버(Cross Over)를 통해 다른 업종들을 잠식해나가고 있는데, 그 대표적인 것이 광고, 금융, 콘텐츠, 커머스다. 이 4가지 업종은 어느덧 네이버와 카카오의 핵심 사업군이 되었다.

그런 이유로 네이버와 카카오는 인터넷서비스 업계를 넘어 업계지도가 다루는 다양한 업종에 등장하는 진풍경을 연출한다. 광고와 엔터테인먼트 업계는 물론이고, 게임과 온라인쇼핑몰 업계에서도 네이버와 카카오의 존재감을 무시할 수 없다. 심지어 금융 산업에서도 네이버와 카카오의 시장 침투력은 꽤 위력적이다. 결국 그들은 시장으로 들어가는 관문(포털,

portal)에 머무르지 않고 시장을 장악하는 지배자가 된 것이다.

인터넷 플레이어들의 침투력 혹은 정복력은 비단 네이버와 카카오만의 전유물은 아니다. 구글과 페이스북, 유튜브, 아마존, 에어비앤비, 넷플릭스 등 글로벌 플레이어들도 저마다 다양한 산업으로 깃발꽂기 경쟁에 전력을 쏟고 있다. 인터넷 플레이어들의 공격적인 사업 전략에 의해 산업의 생태계가 격변하고 있는 것이다.

인터넷 금융 산업의 시작, '전자결제'

광고와 금융, 콘텐츠, 커머스에서 네이버와 카카오가 특히 힘을 쏟는 사업군은 금융이다. IT 기술과 금융을 접목시킨 핀테크(Fin Tech) 중 하나인 간편결제는 네이버와 카카오의 전략 사업으로 자리매김하고 있다. 간편결제는 게임이나 음원, 웹툰, TV프로그램, 영

▌ 글로벌 인터넷 플레이어들의 스팩트럼

▌ 광고, 금융, 커머스, 콘텐츠 산업으로의 침투

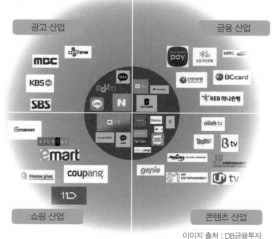

이미지 출처 : DB금융투자

화 등 콘텐츠를 구입하는 중요한 수단이 된다. 아울러 이커머스 등 온라인쇼핑몰 사업에서 없어서는 안 되는 중요한 결제 수단이기도 하다.

네이버와 카카오가 간편결제 시장에 뛰어든 것은, 우리나라의 비현금거래(cashless) 비율이 전세계에서 가장 높기 때문이다. 가까운 일본만 해도 현금거래 비율이 80% 이상을 차지하는 데 반해, 우리나라는 비현금거래 비율이 96%에 이른다. 여기에 전국민적인 스마트폰 보급률을 감안하건대, 앞으로 신용카드를 모바일 간편결제 앱이 대체할 것이라고 판단한 것이다.

네이버와 카카오는 각각 포털과 메신저라는 국민 플랫폼 지위를 바탕으로 충분한 수의 이용자를 확보해 놓고 있다. 여기에 편리하고 보안성 높은 간편결제 시스템을 구축해 두었다. 이를 바탕으로 플랫폼에서 제공되는 서비스 간 연결을 통해 금융, 유통, 엔터테인먼트 등 다양한 영역에 걸친 메가 플랫폼으로의 진화를 꾀하는 중이다.

네이버의 간편결제 서비스는 '네이버페이'다. 네이버 가맹점에서 추가적인 로그인이나 회원가입 없이 네이버 아이디만으로 결제가 이뤄진다. 이후 배송 현황, 반품, 교환 진행 및 적립, 충전을 통한 통합 포인트 관리까지 가능하다. 네이버페이 자체의 결제 수수료는 높지 않으며, 그마저도 이용자 혜택으로 돌려주기 때문에 당장의 수익성은 높지 않다. 반면, 쇼핑과 O2O, 콘텐츠 등 다양한 서비스에서 사용 가능한 포인트를 제공함으로써 플랫폼 이용자의 충성도를 높이고 체류 시간을 늘린다.

간편결제를 통한 수수료 수익이 아닌, 이용자 편의성과 리텐션(retention) 강화를 통한 플랫폼 경쟁력 강화가 목적이다. 소비자가 네이버페이를 통해 결제시 적립되는 포인트는 재구매 또는 서비스 재사용으로 이어지고, 그 과정에서 축적된 데이터를 기반으로 커머스 플랫폼으로서의 경쟁력을 높임과 동시에 광고 솔루션 고도화가 가능해진다.

네이버는 상품 정보 탐색(검색)과 구매, 결제까지 이어지는 원스톱 쇼핑 플랫폼을 구축했으며, 빅데이터와 인공지능(AI) 기술을 더해 사용자 편의성을 극대화한 '생활 플랫폼'으로 거듭 난다는 복안이다.

▼ 전세계 주요국 비현금거래 비율 현황 단위: %

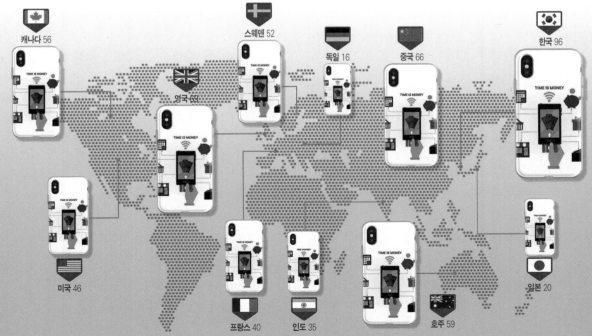

캐나다 56 · 스웨덴 52 · 독일 16 · 중국 66 · 한국 96 · 영국 62 · 미국 46 · 프랑스 40 · 인도 35 · 호주 59 · 일본 20

카카오는 간편결제 서비스로 카카오페이를 운영한다. 카카오페이의 가장 큰 강점은 MAU(월 이용자 수, Monthly Active Users) 4,000만 이상의 메가 트래픽을 보유한 국민 매신저 카카오톡을 기반으로 하는 것이다. 카카오페이 전체 거래액은 20조 원에 이르고, 이용자는 2,600만 명이다(2018년 기준). 대한민국 국민 2명 중 1명은 카카오페이를 이용한다는 얘기다.

결제 시장을 넘어 종합 금융 플랫폼으로!

네이버는 최근 CIC(사내 독립 기업) 형태의 네이버페이 물적분할을 통해 네이버파이낸셜(가칭)을 설립했다. 여기서 주목할 것은 사명이 '페이(pay)'에서 '파이낸셜(financial)'로 바뀌었다는 점이다. 간편결제 서비스에서 기술금융(Tech Fin)으로 사업을 확장할 것임을 공식 선언한 것이다.

네이버파이낸셜은 대출과 보험, 투자 등 다양한 금융 상품을 취급한다는 계획이다. 금융업 전문성과 경쟁력 확보를 위해 미래에셋과 전략적 파트너십을 맺기도 했다. 커머스 플랫폼과 결제 이용자 기반 빅데이터를 보유한 네이버와 증권, 보험, 자산운용 등 전통 금융업의 경험을 갖춘 미래에셋이 결합해 어떤 시너지가 나올지 기대된다.

네이버페이는 월 결제자 수가 1천만 명으로 국내 최대 규모다. 거래액은 7조 원 수준이다(2018년 기준). 이를 기반으로 설립되는 네이버파이낸셜의 기업가치는 1.8조 원으로 추정된다.

업계에서는 네이버파이낸셜의 롤모델로 중국 전자상거래 기업 알리바바를 지목한다. '테크핀'이란 용어 자체를 알리바바의 마윈 회장이 주창했고, 알리페이를 기반으로 다양한 금융 사업으로 스펙트럼을 넓혀나간 점을 감안하건대, 네이버파이낸셜이 알리바바의 성공 궤적을 벤치마킹하는 것은 당연한 일이다.

카카오 역시 금융 사업에서 간편결제에 머무르지 않겠다는 확고한 의지를 공표했다. 카카오페이는 국내외 주식, 채권, 펀드 등 다양한 투자 상품 판매에 나섰다. 뿐만 아니라 스타트업 기업 '인바이유'를 인수하여 보험업에도 뛰어들었다. 인바이유는 보험서비스 플랫폼으로, 국내외 보험사와의 제휴를 통해 다양한 미니보험 상품을 판매한다.

카카오 금융 사업의 핵심은 당연히 인터넷전문은행 카카오뱅크다. 2017년 4월 은행업 인가 이후 신규 계좌 1,000만 개를 돌파했고, 2019년 6월 말 기준 수신 17.6조 원, 여신 11.3조 원 규모로 성장했다.

한편, NHN의 인터넷 금융 사업 행보도 주목을 끈다. NHN은 2015년 출시된 간편결제 서비스 페이코를 운영하고 있다. 온·오프라인에서 사용 가능한 간편금융 플랫폼 페이코의 총 이용자(PU)는 960만 명으로 1,000만 명 돌파를 눈 앞에 두고 있다. 거래액은 연 4.5조 원으로, 이 역시 꾸준히 증가하고 있다(2018년 기준). 페이코는 온라인 10만 가맹점, 오프라인 270만 스토어 가맹점을 보유하고 있으며, 삼성페이의 270만 오프라인 가맹점과 연동하면서 거래 규모를 확장해 나가고 있다.

NHN페이코 역시 다양한 금융 상품을 취급하면서 인터넷 금융 시장에 본격적으로 뛰어들었다. 무엇보다 금융위원회 심사를 거쳐 금융 회사의 핵심 업무를 위탁받아 수행하는 지정대리인으로 선정되면서 다양한 금융 서비스 운영이 가능하다.

인터넷서비스 업체들의 금융 산업 진출은 이제 선택이 아닌 필수가 되어버렸다. 인터넷서비스 업체들로서는 기존 광고나 콘텐츠와 달리 금융 시장에서 적지 않은 투자와 위험을 감내해야만 한다. 금융은 태생적으로 변수가 많은 산업이다. 그들에게 금융이 엄청난 수익을 창출하는 기회가 될지 아니면 존폐를 가르는 위기가 될지는 좀 더 지켜봐야 할 듯하다.

콘텐츠 사업 중 웹툰에 주목해야 하는 이유

인터넷 플레이어들의 침투 산업 가운데 금융만큼 주목을 끄는 분야는 콘텐츠다. 사실 인터넷 포털에서 콘텐츠서비스 제공의 주된 목적은 이용자의 플랫폼 체류시간을 늘리기 위함이었다. 플랫폼에 머무르는 이용자가 많아지고 또 체류시간이 길어질수록 광고

수익에 직결되기 때문이다. 하지만 최근 들어 콘텐츠의 유료화가 이뤄지면서 그 자체로 막대한 수익을 창출하는 역할을 하고 있다.

콘텐츠 가운데 인상적인 섹터는 웹툰이다. 웹툰의 효용가치는 단순한 만화에 그치지 않는다. 드라마나 영화를 비롯한 영상 콘텐츠 및 게임이나 굿즈 등으로 활용도가 상당히 넓어지고 있다. 이른바 OSMU(One Source Multi Use)가 가능한 콘텐츠가 바로 웹툰이다.

웹툰 사업을 향한 네이버와 카카오의 행보도 대단히 적극적이다. 네이버가 운영하는 네이법웹툰은 독점 작가를 통해 자사 플랫폼에서만 구독이 가능한 콘텐츠를 보유하고 있다. 네이버웹툰 MAU는 5.5천만 명을 넘어섰다. 트래픽 기준 국내 1위 규모다. 플랫폼 안에서 웹툰 앱을 통해 서비스를 운영한다. 최근에는 기존 네이버북스를 시리즈 앱으로 개편해 웹툰과 디지털만화, 웹소설을 동시에 제공한다. 미국과 동남아 시장에서 미리보기 유료 서비스도 시작했다. 해외 사업은 아직 투자 단계에 있어 수익을 내기에는 시간이

좀 더 필요하다.

카카오는 카카오페이지와 다음웹툰을 통해 웹툰과 웹소설을 제공한다. 아울러 플랫폼에 다양한 방송 프로그램이나 영화 등 동영상 기능을 추가했다. 카카오 역시 제작사 인수 및 지분 투자를 통해 콘텐츠 제작과 유통, 플랫폼 운영과 광고까지 이어지는 미디어 생태계를 구축했다.

카카오페이지는 출범 초기인 2014년에 거래액이 130억 원에 머물다 2018년 2,200억 원으로 급증했다. 매출도 2015년 연평균 84%씩 성장하고 있다. 영업이익은 2016년에 흑자전환 했다.

네이버와 카카오의 웹툰 콘텐츠 사업이 특히 주목을 끄는 이유는 일본 시장 진출 때문이다. 일본은 글로벌 만화 시장의 절반을 차지할 정도로 규모가 크다. 네이버는 라인을 통해 2013년에 라인망가를 출시한 이후 일본 웹툰 애플리케이션 점유율 1위를 영위하고 있다. 카카오는 카카오재팬의 픽코마를 통해 일본 웹툰 시장에 진출해 라인을 뒤쫓고 있다.

▶ **국내 웹툰 시장 애플리케이션 점유율 및 체류시간**

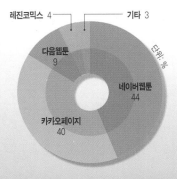

레진코믹스 4 — 기타 3
다음웹툰 9
단위: %
네이버웹툰 44
카카오페이지 40

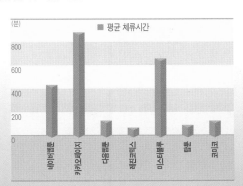

■ 평균 체류시간
(분) 800 / 600 / 400 / 200 / 0

▶ **일본 웹툰 시장 애플리케이션 점유율 및 매출**

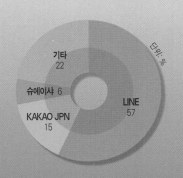

기타 22
슈에이샤 6
단위: %
KAKAO JPN 15
LINE 57

■ 애플리케이션 매출
(억 엔) 200 / 150 / 100 / 50 / 0

OTT(Over The Top): 방송 업계의 지형을 바꾸다!

▼ OTT MAU* 현황 단위: 만 명

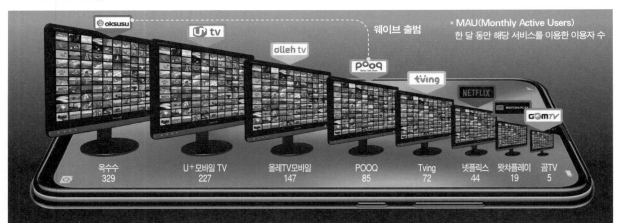

* MAU(Monthly Active Users)
  한 달 동안 해당 서비스를 이용한 이용자 수

옥수수	U+모바일 TV	올레TV모바일	POOQ	Tving	넷플릭스	왓챠플레이	곰TV
329	227	147	85	72	44	19	5

자료 : 공정거래위원회

- 인터넷을 통한 유료 방송 서비스인 OTT(Over The Top) 시장이 전세계 방송 산업의 판도를 바꿈.
- 통신 재벌 SK텔레콤은 국내 지상파 3사와 협업으로 거대 OTT 회사 웨이브(WAVVE, POOQ + 옥수수)를 출범시킴.
- 유료 방송 시장의 수익 규모는 4조 원을 넘는 것으로 추산되는 바, 기존 수신료와 광고 매출에 의존한 방송 업계의 지형을 바꿀 것으로 전망됨.

▼ 국내 OTT서비스 플레이어 현황

▶ wavve 웨이브

- 지상파 3사가 출범시킨 콘텐츠연합플랫폼의 푹(POOQ)과 SK텔레콤의 옥수수가 통합
  → 통신사의 대리점 마케팅 등을 통해 가입자를 확보 유도할 전망.
- 오리지널 콘텐츠 제작 후 자체 플랫폼과 더불어 IPTV, 케이블 등에도 보급
  → 방송 중심의 VOD와 라이브 방송을 넘어 영화, 미드, 중드 등의 콘텐츠 보강.

tving 티빙

- CJENM이 운영하는 디지털 동영상 플랫폼으로, SVOD에서 AVOD로 플랫폼을 확장시키며 이용자 확보.
- 실시간 무료보기, 프로야구 중계, 인기 예능 및 드라마 다시보기 서비스 제공.
- KT, LG유플러스의 OTT 연합체 구성 제안을 거절하고 디지털 콘텐츠 강화해 독자 운영.

WATCHA PLAY 왓챠플레이

- 한국의 벤처회사 프로그램스가 운영 → 사용자의 별점 평가를 바탕으로 데이터를 모은 뒤 추천엔진을 통해 맞춤형 콘텐츠 추천에 강점.
- 〈왕좌의게임〉, 〈체르노빌〉 등 넷플릭스와 차별화된 외화 시리즈 구축.
- KT, KT스카이라이프와 협업 진행 중.

NETFLIX 넷플릭스

- 전세계적으로 가입자 1억5,000만 명 보유한 글로벌 1위 SVOD OTT 사업자.
- 2019년 8월 기준 국내 사용자 수 223만 명으로 추정 → 2019년 한국 매출은 약 1,800억 원 추정. 같은 기간 한국 드라마 구매 금액은 약 1,500억 원 추정.
- 한국을 아시아 시장 공략 전초기지 정도로 판단.

olleh tv 올레TV

- KT가 운영하는 온라인 동영상 서비스 플랫폼.
- tvN, JTBC, YTN, 국내 프로야구 생중계 등 100여 개의 실시간 채널과 18만 편의 VOD 제공.
- 독점 대표 예능 콘텐츠 〈아미고TV〉, 웹드라마 등 오리지널 콘텐츠 다수 제작.
- VR 콘텐츠, 아프리카TV 콘텐츠, 키즈 콘텐츠 등 제공.

U+tv U+ TV

- LG유플러스가 운영하는 온라인 동영상 서비스 플랫폼.
- 100여 개 실시간 채널, 영화, 해외 드라마 시리즈, 다큐 등 20만 편의 콘텐츠 제공.
- 5G 상용화를 앞두고 〈U+프로야구〉, 〈U+골프〉, 〈U+아이돌 Live〉를 배치하였으며, 팟빵, 아프리카TV 등과 콘텐츠 협업.

자료: 한국투자증권

▼ 주요국 OTT 보급률 현황 단위: %, 2018년 기준

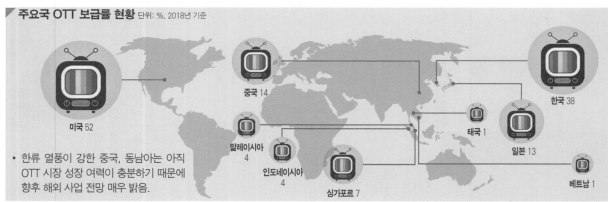

- 미국 52
- 중국 14
- 한국 38
- 태국 1
- 말레이시아 4
- 일본 13
- 인도네시아 4
- 싱가포르 7
- 베트남 1

- 한류 열풍이 강한 중국, 동남아는 아직 OTT 시장 성장 여력이 충분하기 때문에 향후 해외 사업 전망 매우 밝음.

자료: eMarketer, Media Partners, 한국투자증권

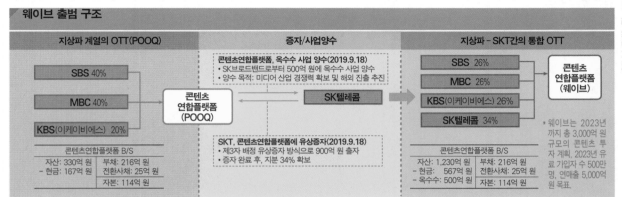

웨이브, CJ를 넘어 넷플릭스의 경쟁자가 될 수 있을까?

웨이브 출범 구조

| 지상파 계열의 OTT(POOQ) | 증자/사업양수 | 지상파 - SKT간의 통합 OTT |

콘텐츠연합플랫폼, 옥수수 사업 양수(2019.9.18)
- SK브로드밴드로부터 500억 원에 옥수수 사업 양수
- 양수 목적: 미디어 산업 경쟁력 확보 및 해외 진출 추진

SBS 40%
MBC 40%
KBS(이케이비에스) 20%
→ 콘텐츠연합플랫폼(POOQ)

SKT, 콘텐츠연합플랫폼에 유상증자(2019.9.18)
- 제3자 배정 유상증자 방식으로 900억 원 출자
- 증자 완료 후, 지분 34% 확보

SK텔레콤

→ SBS 26% / MBC 26% / KBS(이케이비에스) 26% / SK텔레콤 34% → 콘텐츠연합플랫폼(웨이브)

콘텐츠연합플랫폼 B/S
자산: 330억 원
- 현금: 167억 원
부채: 216억 원
전환사채: 25억 원
자본: 114억 원

콘텐츠연합플랫폼 B/S
자산: 1,230억 원
- 현금: 567억 원
- 옥수수: 500억 원
부채: 216억 원
전환사채: 25억 원
자본: 114억 원

* 웨이브는 2023년까지 총 3,000억 원 규모의 콘텐츠 투자 계획, 2023년 유료 가입자 수 500만 명, 연매출 5,000억 원 목표.

자료: 유안타증권

SK텔레콤 vs. CJ그룹 콘텐츠 밸류체인 비교

SKT 진영 기업명	내용	항목	내용	CJ 진영 기업명
콘텐츠연합플랫폼 (WAVVE)	1,423억 원	연매출(2018)	500억 원 내외	CJ ENM (TVING)
	120만 명	유료 가입자(2019.6)	70만 명	
	476만 명	MAU(2019.6)	82만 명	
	지상파, 케이블/종편	주요 콘텐츠	케이블, 종편	
	SKT 30%, 지상파 70%	주주 구성	미디어 사업부	
드림어스컴퍼니 (FLO)	1,378억 원	연매출(2018)	1,714억 원	지니뮤직 (Genie)
	177만 명	MAU(2019.6)	228만 명	
	19.7%	시장점유율(2019.6)	25.3%	
	FLO 33%, 유통/MD 45%	매출 구성	지니 80%, 유통 20%	
	SKT 52.4%, SM 15.6%	주주 구성		
인크로스	358억 원	연매출(2018)	451억 원	메조미디어
	86억 원	순이익(2018)	49억 원	
	16%	캡티브 매출 비중	6%	
	SKT 34.6%	주주 구성	CJ ENM 51%	
SBS	9,530억 원	연매출(2019E)	4,807억 원	스튜디오드래곤
	97억 원	영업이익(2019E)	503억 원	
	210억 원	순이익	442억 원	
	배가본드, 더킹	2019E/2020E 기대작	사랑의 불시착, 시그널2	
SM	6,457억 원	연매출(2019E)	3,694억 원	CJ ENM
	314억 원	영업이익(2019E)	219억 원	
	EXO, TVXQ, 레드벨벳	주요 아티스트	아이즈원	
	554만 장/293만 명	음반/음원/모객	275만 장/49만 명	

자료: 각 사, 메리츠종금증권

웨이브 콘텐츠 투자 계획

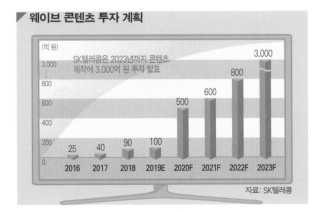

(억 원)

SK텔레콤은 2023년까지 콘텐츠 제작에 3,000억 원 투자 발표

2016	2017	2018	2019E	2020F	2021F	2022F	2023F
25	40	90	100	500	600	800	3,000

자료: SK텔레콤

2000년 이후 방송사별 방영 드라마 개수

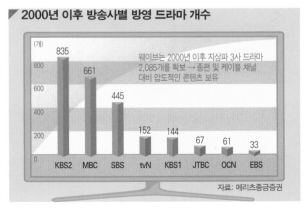

(개)

웨이브는 2000년 이후 지상파 3사 드라마 2,085개를 확보 → 종편 및 케이블 채널 대비 압도적인 콘텐츠 보유

KBS2	MBC	SBS	tvN	KBS1	JTBC	OCN	EBS
835	661	445	152	144	67	61	33

자료: 메리츠종금증권

유료방송 시장점유율 단위: %

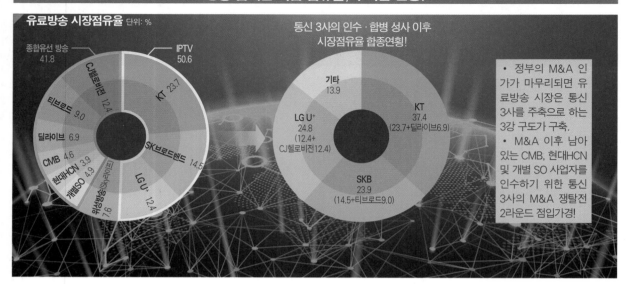

통신 3사의 인수·합병 성사 이후
시장점유율 합종연횡!

종합유선 방송 41.8 / IPTV 50.6
CJ헬로비전 12.4
티브로드 9.0
딜라이브 6.9
CMB 4.6
현대HCN 3.9
개별SO 4.9
위성방송(SKY라이프) 7.6
KT 23.7
SK브로드밴드 14.5
LG U+ 12.4

기타 13.9
LG U+ 24.8 (12.4+ CJ헬로비전12.4)
KT 37.4 (23.7+딜라이브6.9)
SKB 23.9 (14.5+티브로드9.0)

- 정부의 M&A 인가가 마무리되면 유료방송 시장은 통신 3사를 주축으로 하는 3강 구도가 구축.
- M&A 이후 남아 있는 CMB, 현대HCN 및 개별 SO 사업자를 인수하기 위한 통신 3사의 M&A 쟁탈전 2라운드 점입가경!

방송 채널별 시청점유율 2019년 6월 말 기준

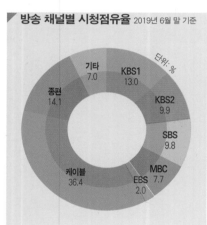

단위: %

기타 7.0
KBS1 13.0
KBS2 9.9
SBS 9.8
MBC 7.7
EBS 2.0
케이블 36.4
종편 14.1

방송 매출 비중 단위: %, 2018년 기준

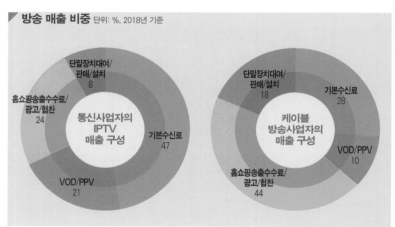

통신사업자의 IPTV 매출 구성
단말장치대여/판매/설치 8
홈쇼핑송출수수료/광고/협찬 24
기본수신료 47
VOD/PPV 21

케이블 방송사업자의 매출 구성
단말장치대여/판매/설치 18
기본수신료 28
VOD/PPV 10
홈쇼핑송출수수료/광고/협찬 44

자료: 방송통신위원회, KB증권 정리
주: VOD(Video on Demand), PPV(Pay Per View)

방송 콘텐츠 수익 유통 구조

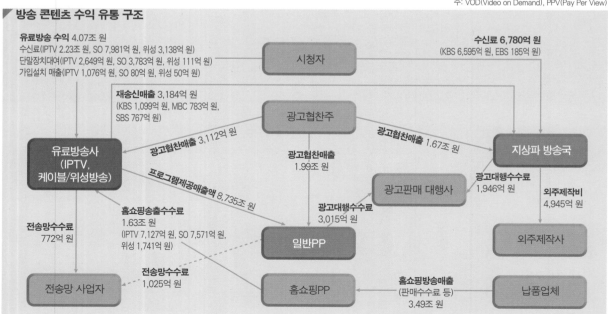

유료방송 수익 4.07조 원
수신료(IPTV 2.23조 원, SO 7,981억 원, 위성 3,138억 원)
단말장치대여(IPTV 2,649억 원, SO 3,783억 원, 위성 111억 원)
가입설치 매출(IPTV 1,076억 원, SO 80억 원, 위성 50억 원)

수신료 6,780억 원
(KBS 6,595억 원, EBS 185억 원)

시청자

재송신매출 3,184억 원
(KBS 1,099억 원, MBC 783억 원, SBS 767억 원)

광고협찬주

광고협찬매출 1.67조 원

지상파 방송국

유료방송사
(IPTV, 케이블/위성방송)

광고협찬매출 3,112억 원

광고협찬매출 1.99조 원

광고판매 대행사

광고대행수수료 1,946억 원

외주제작비 4,945억 원

프로그램제공매출액 8,735조 원

광고대행수수료 3,015억 원

일반PP

외주제작사

전송망수수료 772억 원

홈쇼핑송출수수료 1.63조 원
(IPTV 7,127억 원, SO 7,571억 원, 위성 1,741억 원)

전송망 사업자

전송망수수료 1,025억 원

홈쇼핑PP

홈쇼핑방송매출 (판매수수료 등) 3.49조 원

납품업체

자료: 방송통신위원회

방송사들, 경영 성적표: 지상파 영업손실 지속, 유료방송 성숙기 진입

지상파 방송사 매출/영업이익 및 영업이익률 추이

(억 원) ■ 방송매출 ■ 영업이익 ○ 영업이익률(우) (%)

연도	방송매출	영업이익률
2014	4조0,049	-1.8
2015	4조1,007	1.9
2016	3조9,987	0.9
2017	3조6,837	-0.9
2018	3조7,965	-5.0

지상파 방송사 : KBS, MBC, SBS, EBS, 지역MBC, 지역민방 등

지상파 3사 매출/영업이익 비교 2018년 기준

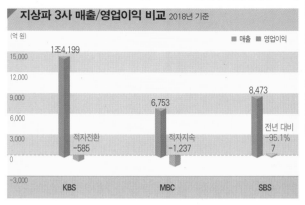

(억 원) ■ 매출 ■ 영업이익

	매출	영업이익
KBS	1조4,199	적자전환 -585
MBC	6,753	적자지속 -1,237
SBS	8,473	전년 대비 -95.1% 7

지상파 방송사 광고 매출 추이

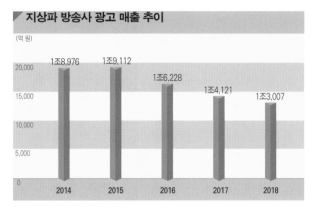

(억 원)

연도	광고 매출
2014	1조8,976
2015	1조9,112
2016	1조6,228
2017	1조4,121
2018	1조3,007

지상파 3사 광고 매출 비교 괄호 안은 전년 대비 증감률(%)

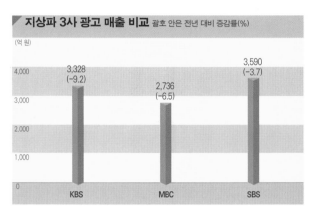

(억 원)

	광고 매출 (증감률)
KBS	3,328 (-9.2)
MBC	2,736 (-6.5)
SBS	3,590 (-3.7)

종합유선방송사업자(SO) 매출/영업이익 및 영업이익률 추이

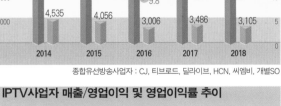

(억 원) ■ 방송매출 ■ 영업이익 ○ 영업이익률(우) (%)

연도	방송매출	영업이익	영업이익률
2014	2조3,462	4,535	13.2
2015	2조2,590	4,056	12.5
2016	2조1,692	3,006	9.8
2017	2조1,307	3,486	11.4
2018	2조0,898	3,105	10.2

종합유선방송사업자 : CJ, 티브로드, 딜라이브, HCN, 씨엠비, 개별SO

주요 SO 사업자 매출/영업이익 비교 2018년 기준

(억 원) ■ 매출 ■ 영업이익

	매출	영업이익
CJ	6,375	684
티브로드	5,129	1,117
딜라이브	3,718	458
HCN	2,065	462
씨엠비	1,286	127

IPTV사업자 매출/영업이익 및 영업이익률 추이

(억 원) ■ 방송매출 ■ 영업이익 ○ 영업이익률(우) (%)

연도	방송매출	영업이익	영업이익률
2014	1조4,872		-0.2
2015	1조9,088	1조5,739	5.2
2016	2조4,277	1조8,971	6.0
2017	2조9,251	1조9,237	5.9
2018	3조4,358	1조8,795	5.8

IPTV 사업자 : KT, LG유플러스, SK브로드밴드

IPTV사업자 3사 방송 매출/영업이익 비교 2018년 기준

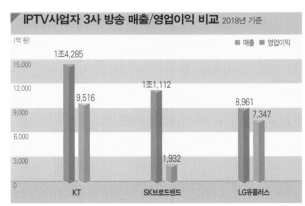

(억 원) ■ 매출 ■ 영업이익

	매출	영업이익
KT	1조4,285	9,516
SK브로드밴드	1조1,112	1,932
LG유플러스	8,961	7,347

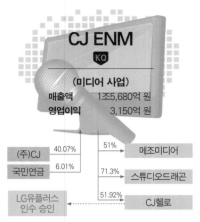

CJ ENM
KQ

(미디어 사업)
매출액	1조5,680억 원
영업이익	3,150억 원

- (주)CJ 40.07%
- 국민연금 6.01%
- 51% 메조미디어
- 71.3% 스튜디오드래곤
- 51.92% CJ헬로
- LG유플러스 인수 승인

▌투자포인트

- 종합 미디어/콘텐츠 회사로, 방송, 영화(투자·배급), 음악(음반·콘서트), 홈쇼핑 사업 영위.
- 방송 사업에서 사업 부문 간 시너지 주도.
- CJ헬로 매각 대금(8,000억 원 규모)이 일부 차입금 상환 후 콘텐츠와 미디어 커머스 분야로 재투자 예상.
- 자회사 스튜디오드래곤 통해 드라마 콘텐츠 제공 받음.
- 자체 OTT인 티빙을 통해 유료방송 수익 창출.
- 방탄소년단 소속사인 빅히트엔터테인먼트와 합작으로 빌리프랩 회사 설립.

▌미디어 사업 실적 추이 및 전망

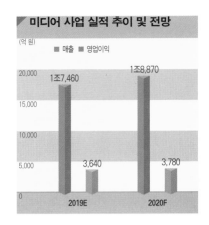

(억 원)
■ 매출 ■ 영업이익

- 2019E: 매출 1조7,460, 영업이익 3,640
- 2020F: 매출 1조8,870, 영업이익 3,780

▌동사의 방송광고 단가 상승 추이

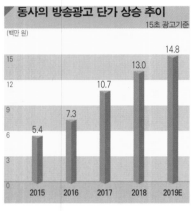

15초 광고기준
(백만 원)

- 2015: 5.4
- 2016: 7.3
- 2017: 10.7
- 2018: 13.0
- 2019E: 14.8

▌디지털광고 매출 추이 및 전망

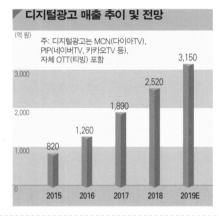

(억 원)
주: 디지털광고는 MCN(다이아TV), PIP(네이버TV, 카카오TV 등), 자체 OTT(티빙) 포함

- 2015: 820
- 2016: 1,260
- 2017: 1,890
- 2018: 2,520
- 2019E: 3,150

▌TV와 디지털광고 취급고 추이 및 전망

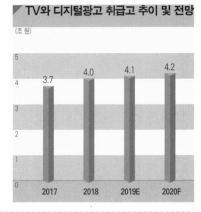

(조 원)

- 2017: 3.7
- 2018: 4.0
- 2019E: 4.1
- 2020F: 4.2

SBS
KP

매출액	9,140억 원
영업이익	508억 원
순이익	583억 원

- SBS미디어홀딩스 36.92%
- 국민연금 13.5%
- 대한제분 5.6%
- 7.61%
- 태영건설 61.42%
- 귀뚜라미 8.76%

- 65% SBS콘텐츠허브 (유통, 웹에이전시)
- 26% 웨이브 (OTT 사업)
- 100% 더스토리웍스 (드라마 사업)
- 40% SBS M&C (미디어렙)
- 100% SBS디지털뉴스랩 (뉴스 사업)
- 99.6% SBS A&T (리소스)

▌투자포인트

- 지상파 재송신료(CPS)를 25% 인상할 경우, 2020년 실적 향상 기대.
- 지상파 중간광고 허용될 경우, 2020년 실적 향상 기대.
- CPS 인상과 중간광고 허용 효과로 동사의 2020년 PER 10배 미만 하락 예상.
- 2020년 도쿄 올림픽 흥행에 따른 광고 수익 특수 기대.
- 드라마 제작 스튜디오 출범이 현실화될 경우 동사 주가 향상에 기여.
- 웨이브를 통한 OPP 사업에서 상승효과 기대.
- 채널 다변화에 따른 지상파 광고 수익 감소를 어떻게 대체하느냐가 동사가 해결해야 할 핵심 과제.

▌매출 및 영업이익

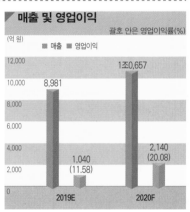

(억 원)
괄호 안은 영업이익률(%)
■ 매출 ■ 영업이익

- 2019E: 매출 8,981, 영업이익 1,040 (11.58)
- 2020F: 매출 1조0,657, 영업이익 2,140 (20.08)

▌재송신 매출 추이

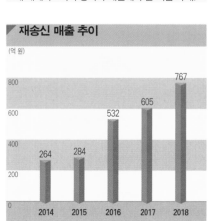

(억 원)

- 2014: 264
- 2015: 284
- 2016: 532
- 2017: 605
- 2018: 767

▌광고 매출 추이

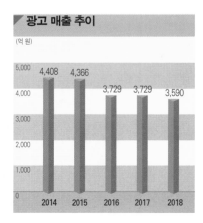

(억 원)

- 2014: 4,408
- 2015: 4,366
- 2016: 3,729
- 2017: 3,729
- 2018: 3,590

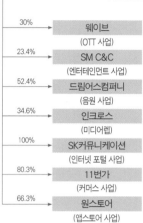

SK브로드밴드
비상장

매출액	3조2,537억 원
영업이익	1,756억 원
순이익	1,367억 원

SK텔레콤 100%

- SK스토어 100%
- 홈앤서비스 100%

- 웨이브 30% (OTT 사업)
- SM C&C 23.4% (엔터테인먼트 사업)
- 드림어스컴퍼니 52.4% (음원 사업)
- 인크로스 34.6% (미디어렙)
- SK커뮤니케이션 100% (인터넷 포털 사업)
- 11번가 80.3% (커머스 사업)
- 원스토어 66.3% (앱스토어 사업)

▶ 투자포인트
- SK텔레콤의 주요 자회사들 대부분 5년 이내 상장 혹은 재상장 계획 중 → 기업가치만 놓고 평가할 경우 동사도 재상장 가능성 충분함.
- 동사의 IPTV 가입자 수는 500만 명 돌파한 것으로 파악.
- 티브로드와 합병 승인이 완료된 후에는 단기 가입자 유입 속도가 더욱 빨라질 전망.
- IPTV 매출액은 과거 대비 성장세가 다소 둔화됐으나, 그럼에도 여전히 20%대의 높은 성장률 유지.
- 향후 10기가 인터넷 상용화와 VOD 등 부가 서비스 위주의 IPTV 성장으로 수익성 개선 전망.
- 웨이브 사업이 정상 궤도에 진입할 경우, 계열 회사인 동사가 가장 큰 수혜 입을 것으로 기대.

▶ 영업이익 추이 및 전망

(억 원)
- 2018: 1조1,112
- 2019E: 1조4,906
- 2020F: 1조7,013

▶ IPTV 가입자 수 추이 및 전망
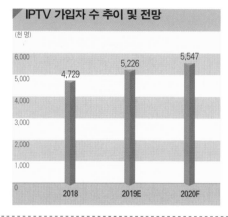
(천 명)
- 2018: 4,729
- 2019E: 5,226
- 2020F: 5,547

▶ 모바일TV 가입자 수 추이 및 전망
(천 명)
- 2018: 9,691
- 2019E: 10,346
- 2020F: 10,851

KT
KP

(IPTV 사업 부문)

매출액	1조4,285억 원
영업이익	9,516억 원

- KT스카이라이프 50.3% (위성방송 사업)
- 지니뮤직 36.0% (음원 사업)
- 나스미디어 42.8% (미디어렙)
- KTH 63.7% (커머스 사업)

▶ 투자포인트
- 동사의 미디어 사업에 있어서 가장 큰 이슈는 딜라이브 인수 건.
- 동사가 딜라이브를 인수하면 유료방송 시장점유율 37% 이상 확보 → 2위와의 격차 커짐.
- 관건은 합산 규제 정책으로 전체 유료방송 시장에서 IPTV, CATV, 위성방송 등을 합한 특정 유료방송 사업자의 점유율이 33.3%를 초과할 수 없다는 정책 → 해당 정책이 폐기될 경우, KT의 딜라이브 인수 가능성이 다시 열리게 됨.
- 초고화질 UHD 방송과 구글의 최신 영화 및 게임을 동시에 이용할 수 있는 'Android TV' 출시.
- 2018년 6월에 UHD 방송 가입자 100만 명 돌파함으로써 UHD 방송 시장 선도.

▶ IPTV 시장점유율 2019년 6월 말 기준
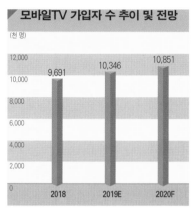
단위: %
- KT 46.8
- SK브로드밴드 28.5
- LG유플러스 24.5

LG유플러스
KP

(IPTV 사업 부문)

매출액	8,961억 원
영업이익	7,345억 원

- 지니뮤직 13.0% (음원 사업)
- 미디어로그 100% (CMVNO 사업)
- 데이콤크로싱 51.0% (기간통신 사업)

▶ 투자포인트
- 동사 미디어 사업의 최대 이슈는 CJ헬로 인수 → CJ헬로 인수가 성공적으로 마무리될 경우 동사의 주가 상승 견인.
- CJ헬로 인수로 유료방송 시장점유율 24.8%로, KT에 이어 업계 2위로 올라섬.
- 정부는 2019년 12월 15일 동사의 CJ헬로 인수에 대해 조건부 승인.
- 동사는 경쟁사 대비 높은 무선 ARPU를 보이며, 아울러 IPTV 가입자 증가세도 꾸준히 이어지고 있음.
- 동사의 IPTV 가입자 수의 꾸준한 증가는 동사의 스마트홈 사업 수익에 기여.
- 동사의 IPTV 가입자 수 증가 추세는 동사의 IPTV에 탑재된 넷플릭스의 가입자 견인 효과라는 분석.

▶ LG유플러스의 CJ헬로 인수 후 지배구조
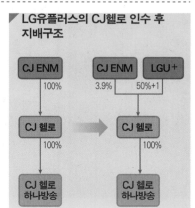

- CJ ENM → (100%) → CJ 헬로 → (100%) → CJ 헬로 하나방송
- CJ ENM (3.9%), LGU+ (50%+1) → CJ 헬로 → (100%) → CJ 헬로 하나방송

방송사의 전파를 차단한
통신사의 초고속인터넷망

그들이 방송 업계에 뛰어든 이유

미국에는 AT&T라는 거대한 통신사가 있다. Verizon과 함께 미국의 통신 업계를 이끈다. AT&T는 2016년 10월 미디어 Time Warner 인수 계획을 발표했다. Time Warner는 미국의 종합 유선방송(CATV) 다중 시스템 운영자(MSO)로, 미국 전역에 많은 CATV 시스템을 운영하고 있으며 광케이블 또는 위성통신을 이용해서 CATV 방송 프로그램이나 유료영화 프로그램 등을 CATV 시스템에 분배하는 사업을 하는 회사다. 미국 법무성은 거대 통신사와 유선방송사의 합병 사안을 면밀히 조사했고, 클레이튼 법(Clayton Act) 위반을 근거로 연방법원에 인수를 금지해달라는 소송을 제기했다. 뜨거운 법정공방이 이어졌고, 연방법원은 AT&T의 Time Warner 인수가 법에 저촉되지 않는다고 판결했다. 이로써 2018년 6월 두 회사의 합병이 완료됐고, AT&T는 Time Warner의 사명을 Warner Media로 변경해 재출범했다.

이후 AT&T의 미디어 사업을 향한 행보는 거칠 것이 없었다. 그 중에서도 가장 두드러진 분야는 HBO Max라는 브랜드로 2020년 4월 론칭하는 OTT 사업이다. HBO Max는 2020년 넷플릭스와의 계약이 종료되는 최고 인기 드라마 시리즈 〈프렌즈〉를 배타적으로 서비스한다. 여기에 〈프리티 리틀 라이어스〉 〈더 후레쉬 오브 벨 에어〉 등 인기 콘텐츠들을 포진시켜 놓고 있다. HBO Max의 월간 이용가격은 15달러로 예상된다.

지난한 인수 과정을 겪어오면서 AT&T의 주가는 하락을 이어갔다. AT&T의 주가는 법원에서의 인수 금지 요청 거부 판결 이후 회복하고 있다. 미국 증권가에서는 AT&T의 주가가 2020년 4월 HBO Max 사업 개시 시점에 크게 반등할 것으로 전망한다.

AT&T는 Warner Media 출범으로 통신과 방송을

본방 사수를 외치며 거실에 앉아 TV로 드라마를 시청하는 시대는 지났다. 스마트폰으로 넷플릭스 같은 OTT 플랫폼에 접속해 TV프로그램을 보는 이들이 늘고 있다. 콘텐츠가 방송사의 전파에서 통신사의 초고속인터넷으로 옮겨간 것이다. 이미지는 넷플릭스에서 절찬 스트리밍 중인 미국 드라마 시리즈 〈프렌즈〉의 한 장면.

아우르는 거대한 밸류체인을 구축하게 됐다. AT&T 뿐 아니라 COMCAST와 Verizon 등 미국의 주요 통신사들이 저마다 미디어 투자에 적극 나서고 있다.

지금 당장 TV 코드 선을 잘라라!

방송 업계의 지면에 미국의 통신사 AT&T의 인수 이야기를 소개하는 게 전혀 낯설지 않다. 그만큼 미디어 산업의 판도가 크게 변한 것이다. 우리나라도 다르지 않다. 방송 산업을 다루면서 지상파 3사인 KBS, MBC, SBS를 중심에 두고 광고료와 수신료 이야기만을 하는 시대는 갔다. 통신사의 방송 시장 침투와 OTT 사업은 이제 거스를 수 없는 패러다임이 됐다.

OTT는 'Over The Top'의 이니셜을 딴 조어로, 인터넷으로 보는 TV프로그램을 말한다. 'Top'은 TV에 연결되는 셋톱박스를 의미하지만, 넓게는 셋톱박스가 있고 없음을 떠나 '인터넷' 기반의 동영상 서비스 모두를 포괄하는 의미가 담겨 있다.

OTT의 등장은 초고속 인터넷과 궤를 같이 한다. 인터넷 속도가 보장되어야 동영상을 제대로 감상할 수 있기 때문이다. OTT 사업의 주도권을 방송사가 아닌 통신사가 쥘 수밖에 없는 이유다. 조금 과장해서 말한다면 방송사의 콘텐츠가 통신사의 초고속 인터넷에 굴복하고 만 것이다.

넷플릭스를 가리켜 '코드 커팅(Cord Cutting)' 신드롬을 일으킨 주인공이라 일컫는다. 코드 커팅이란 기존의 유료방송 시청자가 가입을 해지하고 OTT 등 새로운 플랫폼으로 이동하는 현상을 뜻한다. 기존 케이블 방송 등에 가입하지 않는 것을 두고 '선을 끊는다'는 식으로 표현했던 데서 생긴 말이다.

그만큼 넷플릭스는 단연 OTT의 글로벌 리더라 할 만하다. 넷플릭스는 TV프로그램 뿐 아니라 영화까지 마음껏 볼 수 있는 유료 동영상 스트리밍 서비스다. 인터넷이 연결돼 있는 거의 모든 플랫폼에서 넷플릭스를 이용할 수 있다.

넷플릭스는 1997년 비디오와 DVD를 우편이나 택배로 배달하는 서비스로 창업했고, 그로부터 10년 뒤인 2007년부터 인터넷 스트리밍 서비스를 시작했다. 넷플릭스는 온라인 서비스를 시작한 지 얼마 되지 않아 유료 가입자만 5,700만 명을 모았다. 지금은 미국 내에만 유료 가입자가 6천만 명을 넘어섰고, 글로벌 가입자는 무려 1억5천만 명에 이른다.

넷플릭스는 물론 한국에서도 서비스를 시작했다. 2018년 6월 63만 명 수준이던 국내 가입자가 1년 뒤인 2019년 6월 기준 160만 명으로 3배 가까이 증가했다. 넷플릭스가 한국 사업에서 가장 힘겨워하는 것은 콘텐츠 확보다. 넷플릭스는 봉준호 감독의 영화 〈옥자〉의 독점상영권을 따내는 등 콘텐츠 확보에 힘을 기울이고 있지만 녹록치 않은 실정이다.

넷플릭스에 맞선 국내 OTT 서비스들의 견제도 만만치 않다. CJENM의 OTT 플랫폼인 티빙은 계열 TV 채널인 tvN, OCN, Olive, Mnet 등이 제공하는 콘텐츠를 주도적으로 스트리밍 한다. CJENM은 JTBC와 공동으로 새로운 OTT를 출범시킬 계획을 발표하는 등 OTT 서비스에 힘을 쏟고 있다. 국내 또 다른 OTT 플랫폼인 왓챠는 신작보다는 구작 위주로 서비스하는 게 특징이다. 출범 초기에 HBO, 디즈니, BBC 등 해외 유수의 방송/제작사와 콘텐츠 공급 계약을 체결했고, 할리우드 6대 메이저 제작사와도 국내 OTT

▌국내 주요 OTT 서비스 비교

운영사	▶ wavve SKT	NETFLIX 넷플릭스	WATCHA PLAY 왓챠	tving CJ ENM
특징	지상파 3사 콘텐츠 제공	오리지널 영화 / 드라마 다수 독점 제공	사용자 기반 큐레이션 제공	CJ ENM, JTBC 콘텐츠 제공
TV채널 실시간 감상	○	×	×	○
킬러 콘텐츠	지상파 3사의 오리지널 콘텐츠	킹덤, House of the Cards, Stranger Things	The Game of the Thrones	미스터 선샤인, 호텔 델루나
월 구독료	7,900원	9,500원	7,900원	5,900원

스트리밍 서비스 계약을 따내 주목을 받았다. 현재 500만 명 가까이 가입자를 확보했고, 2019년 매출은 200억 원 정도로 추산된다.

웨이브의 미래를 주목해야 하는 이유

국내 OTT 시장에서 가장 주목을 끄는 이슈는 누가 뭐래도 웨이브(WAVVE)의 출범이다. 지상파 3사(KBS, MBC, SBS)의 합작 서비스 브랜드인 POOQ와 SK텔레콤의 '옥수수'의 합병으로 탄생한 웨이브는 넷플릭스의 가장 강력한 대항마가 될 것으로 예상된다.

웨이브는 SK텔레콤이 출범 초기에 투자한 900억 원에 더해 전환사채 2,000억 원을 발행해 콘텐츠 투자금으로 약 3,000억 원을 확보해 놓고 있다. 웨이브의 가장 큰 강점은 지상파 3사의 막강한 콘텐츠 지원이다. 지상파 3사가 2000년 이후 제작한 드라마를 합하면 2,000편이 넘는다. 여기에 예능과 다큐멘터리까지 더해지면서 거대한 방송 콘텐츠 스토리지가 탄생하는 것이다.

웨이브의 높은 성장성은 SK텔레콤이라는 거대 통신사가 든든한 배경이 되어주고 있다는 점에서 좀 더 확신을 갖게 한다. SK텔레콤은 과거 이동통신 요금제와 음원 플랫폼 서비스를 결합한 가입자 유치 효과를 입증한 바 있다. SK텔레콤 요금제와 '멜론' 서비스가 결합해 MAU를 2012년 2백만 명에서 1년 만인 2013년 5백만 명으로 급증시켰던 사례가 있다. SK텔레콤은 기존 '뮤직메이트'를 개편하여 2018년 12월에 신규 음원 플랫폼인 '플로'를 출시했는데, 출시 후 3개월 무료 프로모션을 통해 MAU를 63만 명에서 157만 명으로 늘리기도 했다.

웨이브는 현재 유료 가입자 110만 명을 확보하고 있는데, 유료 가입자가 500만 명 이상은 되어야 오리지널 콘텐츠 투자금을 회수할 수 있을 것이라 자체 분석했다. 웨이브의 단기 목표는 2023년 유료 가입자 500만 명 돌파와 매출액 5,000억 원을 설정해 놓고 있다. SK텔레콤이라는 든든한 서포터를 감안하건대 목표 달성이 무난해 보인다. 단기 목표 달성 시 웨이브의 영업이익은 약 660억 원으로 추산된다.

높은 성장성이 예상되는 글로벌 OTT 사업자들은 당장의 수익성보다는 외형 확장에 치중하는 분위기다. 넷플릭스는 시가총액이 1,185억 달러 규모인데, 연 매출액은 약 202억 달러로 추산된다. 넷플릭스의 PSR(주가매출비율)은 5.9배다.

이에 비추어 가정하건대 웨이브가 2023년 매출액 5,000억 원을 달성할 경우 PSR 4.2배로 계산해서 시가총액 2.1조 원으로 추산된다. 머지않아 기업가치 2조 원이 넘는 거대 OTT 사업자가 탄생하는 것이다.

통신사든 방송사든 미디어 소비 환경의 변화에 선제적으로 대응하기 위해서는 OTT 투자와 시장 선점이 중요하다. 미디어 플랫폼 주도권이 케이블TV에서 IPTV로, 다시 OTT로 이동하고 있는 것이다. 경쟁 방식도 케이블TV와 IPTV의 결합상품(bundling) 경쟁에서 콘텐츠 및 초고속인터넷 환경 경쟁으로 바뀌고 있다.

방송통신위원회의 조사에 다르면, 국내 OTT 소비의 90% 이상이 스마트폰을 통해 이뤄지고 있다고 한

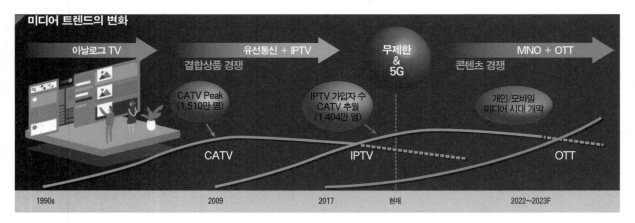

미디어 트렌드의 변화

아날로그 TV | 유선통신 + IPTV | 무제한 & 5G | MNO + OTT

결합상품 경쟁 | 콘텐츠 경쟁

CATV Peak (1,510만 명)

IPTV 가입자 수 CATV 추월 (1,404만 명)

개인/모바일 미디어 시대 개막

CATV | IPTV | OTT

1990s | 2009 | 2017 | 현재 | 2022~2023F

다. 결국 초고속인터넷망을 보유한 통신사가 미디어 산업에서 우위에 설 수 밖에 없는 것이다.

통신 3사의 M&A로 바람 잘 날 없는 유료방송 시장

2020년 방송 업계의 화두는 OTT 서비스와 더불어 유료방송 시장에 불고 있는 M&A 이슈가 될 것이다. 유료방송 시장의 구조조정은 이미 2019년 들어 빠르게 진행되어왔다. 유료방송 시장이 지금의 1강 4중 5약 체제에서 3강 체제로 재편되는 것이다. 여기서 3강은 통신 3사인 KT와 SK텔레콤, 그리고 LG유플러스다. 통신사들의 융단폭격이 유료방송 시장으로 이어지는 것이다.

2019년 초 공정거래위원회는 유료방송 시장 규제 완화를 언급한 바 있다. 이는 곧 유료방송 시장의 구조조정을 앞당기는 계기가 됐다. 2016년 당시 공정거래위원회는 SK텔레콤의 CJ헬로 인수를 허락하지 않았는데, 그로부터 3년 만에 규제 환경이 바뀐 것이다.

공정거래위원회의 언급이 나오자마자 LG유플러스는 CJENM이 보유한 CJ헬로 지분 53.9% 중 50%를 8,000억 원에 인수하기로 의결했다. 이어서 SK텔레콤의 자회사 SK브로드밴드는 티브로드와의 합병 계획을 발표했다. IPTV 시장점유율 1위인 KT도 보고만 있지 않았다. KT는 딜라이브를 겨냥했다.

하지만, KT의 딜라이브 인수 건은 LG유플러스, SK브로드밴드와 달리 쉽지 않아 보인다. KT의 딜라이브 인수는 국회의 합산 규제 및 사후 규제안이 관건이다. KT와 스카이라이프는 2015년 6월부터 3년간 한시적으로 합산 점유율 33.3% 규제를 받은 바 있다. 그러다 2018년 6월에 이르러 합산 규제가 사라졌다. 그런데 2019년 들어 국회에서 합산 규제에 대한 논란이 다시 붉어져 나왔다. 그러자 정부는 그 대안으로 사후 규제 방안을 제시한 것이다.

유료방송 합산 규제는 전체 유료방송 시장에서 IPTV, CATV, 위성방송 등을 합한 특정 유료방송 사업자의 시장점유율이 33.3%를 초과할 수 없다는 규제 정책이다. 사후 규제는 합산 규제 폐지에 따른 고육지책이다. 즉, 정부당국이 요금인가제 대신 신고제로, 그리고 시장지배적 사업자 지정을 각각 사후 규제 방안으로 마련한 것이다. 결국 KT의 딜라이브 인수는 사후 규제 방안에 따라 결정될 전망이다.

정부의 M&A 인가가 마무리되는 대로 유료방송 시장은 3강 구도로 새롭게 편재될 전망이다. LG유플러스는 CJ헬로 인수로 시장점유율이 12.4%에서 24.8%로 늘어나게 된다. SK브로드밴드 역시 티브로드와의 합병으로 시장점유율이 14.4%에서 23.9%로 상승하게 된다. KT(31.2%)에 이어 LG유플러스, SK브로드밴드 순으로 바뀌는 것이다. 만약 KT가 딜라이브를 인수하게 되면, 시장점유율이 지금의 31.2%에서 37.4%로 올라가 2위와의 격차를 더욱 벌리게 된다.

통신 3사의 유료방송 시장점유율 경쟁은 M&A가 일단락되고 난 다음에 곧바로 2라운드에 진입할 것으로 보인다. 즉, 케이블TV 시장점유율 기준 1~3위 사업자인 CJ헬로, 티브로드, 딜라이브에 대한 M&A가 마무리되는 대로 4위 CMB, 5위 현대HCN 및 9개 개별 SO의 인수로 이어질 것이란 얘기다.

이동통신, 유선전화, 초고속인터넷 등 통신 서비스는 3강 구도가 정착된 데 반해 유료방송은 사업자별 점유율이 낮아 홈쇼핑 및 콘텐츠 업체와의 협상력이 낮다. 통신 3사로서는 M&A를 통해 규모의 경제를 확보해 협상력을 높이기 위해 남아 있는 유료방송 사업자에까지 욕심을 부리지 않을 수 없다는 분석이다. 국내 유료방송 시장은 당분간 바람 잘 날 없을 전망이다.

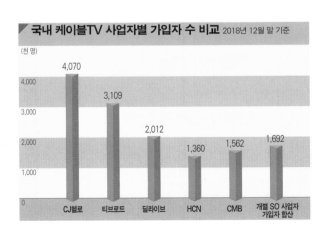

■ 국내 케이블TV 사업자별 가입자 수 비교 2018년 12월 말 기준

(천 명)

CJ헬로	티브로드	딜라이브	HCN	CMB	개별 SO 사업자 가입자 합산
4,070	3,109	2,012	1,360	1,562	1,692

03 광고 업계

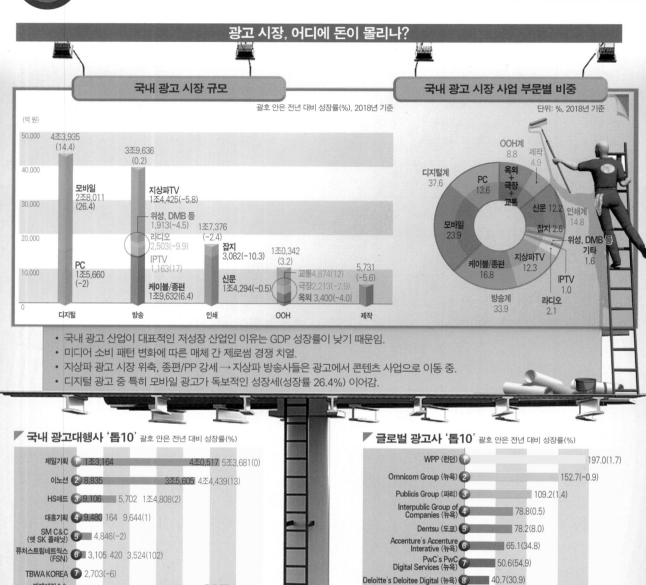

광고 시장, 어디에 돈이 몰리나?

국내 광고 시장 규모

괄호 안은 전년 대비 성장률(%), 2018년 기준

(억 원)

- 모바일 2조8,011 (26.4)
- 4조3,935 (14.4)
- PC 1조5,660 (-2)
- 3조9,636 (0.2)
- 지상파TV 1조4,425(-5.8)
- 위성, DMB 등 1,913(-4.5)
- 라디오 2,503(-9.9)
- IPTV 1,163(17)
- 케이블/종편 1조9,632(6.4)
- 1조7,376 (-2.4)
- 잡지 3,082(-10.3)
- 신문 1조4,294(-0.5)
- 1조0,342 (3.2)
- 교통4,874(12)
- 극장2,213(-2.9)
- 옥외 3,400(-4.0)
- 5,731 (-5.6)

디지털 / 방송 / 인쇄 / OOH / 제작

국내 광고 시장 사업 부문별 비중

단위: %, 2018년 기준

- 디지털계 37.6
- PC 13.6
- 모바일 23.9
- OOH계 8.8
- 옥외+극장+교통
- 제작 4.9
- 신문 12.2
- 인쇄계 14.8
- 잡지 2.6
- 케이블/종편 16.8
- 지상파TV 12.3
- 위성, DMB 등 기타 1.6
- IPTV 1.0
- 방송계 33.9
- 라디오 2.1

- 국내 광고 산업이 대표적인 저성장 산업인 이유는 GDP 성장률이 낮기 때문임.
- 미디어 소비 패턴 변화에 따른 매체 간 제로섬 경쟁 치열.
- 지상파 광고 시장 위축, 종편/PP 강세 → 지상파 방송사들은 광고에서 콘텐츠 사업으로 이동 중.
- 디지털 광고 중 특히 모바일 광고가 독보적인 성장세(성장률 26.4%) 이어감.

국내 광고대행사 '톱10' 괄호 안은 전년 대비 성장률(%)

- 제일기획 ① 1조3,164   4조0,517 5조3,681(0)
- 이노션 ② 8,835   3조5,605 4조4,439(13)
- HS애드 ③ 9,106   5,702 1조4,808(2)
- 대홍기획 ④ 9,480   164 9,644(1)
- SM C&C (옛 SK 플래닛) ⑤ 4,846(-2)
- 퓨처스트림네트웍스 (FSN) ⑥ 3,105 420 3,524(102)
- TBWA KOREA ⑦ 2,703(-6)
- 맥켄에릭슨& IPG Mediabrands ⑧ 2,061(14)
- 레오버넷 ⑨ 1,890 1,917(-11)
- 오리콤 ⑩ 1,881 1,881(16)

■ 국내 사업
■ 해외 사업
■ 국내+해외 사업

2018년 취급고 기준

(억 원) 0   10,000   20,000   30,000   40,000   50,000   60,000

자료: 한국광고총연합회

- 국내 '톱10' 광고대행사 중 대기업 계열은 제일기획(삼성), 이노션(현대차), HS애드(KG), 대홍기획(롯데), 오리콤(두산) 및 SK그룹이 SM엔터테인먼트에 양도한 SMC&C(옛 SK플래닛)까지 6개 업체로, 합산 취급고가 4.7조 원으로 국내 전체 광고 시장의 약 40% 차지.
- 국내 '톱10' 광고대행사 중 글로벌 업체는 TBWA, 맥켄에릭슨, 레오버넷 등 3개 사로, 합산 취급고가 6,000억 원대로 국내 전체 시장의 6% 수준임.

글로벌 광고사 '톱10' 괄호 안은 전년 대비 성장률(%)

- WPP (런던) ① 197.0(1.7)
- Omnicom Group (뉴욕) ② 152.7(-0.9)
- Publicis Group (파리) ③ 109.2(1.4)
- Interpublic Group of Companies (뉴욕) ④ 78.8(0.5)
- Dentsu (도쿄) ⑤ 78.2(8.0)
- Accenture's Accenture Interative (뉴욕) ⑥ 65.1(34.8)
- PwC's PwC Digital Services (뉴욕) ⑦ 50.6(54.9)
- Deloitte's Deloitee Digital (뉴욕) ⑧ 40.7(30.9)
- Cognizant's Cognizant Interative (뉴욕) ⑨ 39.4(28.7)
- IBM Corp.'s IBM iX (뉴욕) ⑩ 34.9(18.1)
- 제일기획 (서울) ⑲ 9.0(4.9)

2018년 영업수익 기준

0   50   100   150   200(억 달러)

자료: Adventising Age, 유안타증권

글로벌 '톱5' 광고주 2017년 광고비 기준

순위	광고주	본사	업종	2017년 광고비 (억 달러)
1	삼성전자	한국	IT	112
2	P&G	미국	개인용품	105
3	로레알	프랑스	개인용품	86
4	유니레버	영국/네덜란드	개인용품	85
5	레슬레	스위스	식음료	72
톱5				461
톱100				2,790

디지털 광고 : 모바일로 광고가 몰린다!

▼ 국내 광고 시장 매체별 비중 추이 및 전망 단위: %

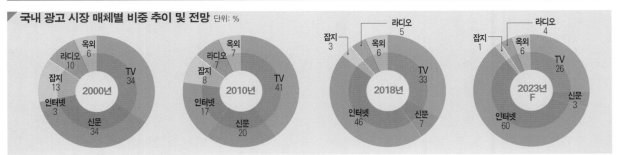

자료: 제일기획

▼ 국내 디지털 광고 시장 규모 전망

▼ 국내 모바일 광고 시장 규모 추이

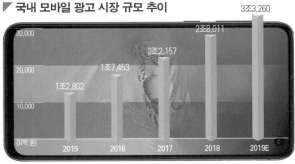

- 디지털 광고는 광고투자효과(ROI: Return On Investment)에 대한 측정기법 발전, 빅데이터의 활성화, 타깃팅 광고 기술 향상, 사물인터넷 진화에 따른 신규 광고 지면 생성 등으로 광고 시장 내에서 유일하게 성장 중.
- 디지털 광고의 성장으로 2010년 17%에 불과하던 인터넷 매체 광고 비중이 2023년에 전체 광고의 60%를 상회할 전망.
- 인터넷 안에서도 PC를 통한 광고 성장세는 꺾이고 모바일 및 동영상 매체를 통한 광고 성장세가 매우 높을 것으로 전망.

동영상 광고의 블루칩 : 유튜브

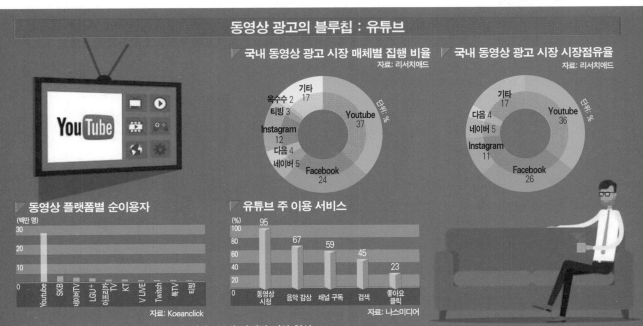

- 국내 동영상 광고 시장에서 유튜브와 페이스북이 과점적 지위 형성.
- 특히 유튜브는 국경 없는 생산자와 소비자의 자율성 및 모바일과 PC, TV로 이어지는 접근성의 확장으로 독보적 시장지배적 지위 차지.

▼ 지상파TV vs. 종편/케이블TV 광고 시장 규모 추이

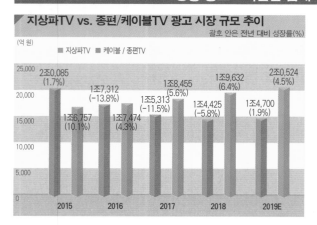

▼ 지상파TV 3사 및 케이블/종편TV 광고 매출 증감률 비교

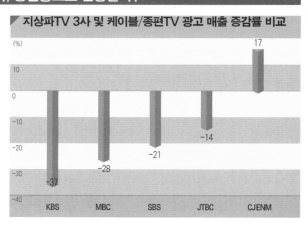

▼ 방송사의 드라마 관련 광고 슬롯

자료: 유안타증권

▼ 드라마 제작비 대비 방송사 광고 수익 비교

자료: 유안타증권

- 지상파 및 종편/케이블 TV의 광고단가는 15초 당 평균 1,300만 원 수준이지만, 제작비가 많이 소요되고 시청률이 높은 드라마는 2,000만 원을 상회하기도 함.
- 중간광고를 금지하고 있는 지상파 드라마의 경우, 종편/케이블 드라마에 비해 광고 횟수가 적어 광고 수익이 떨어짐.
- 지상파 드라마 광고 수익은 회당 6.5억 원(50개 슬롯×1,300만 원) 내외인데 비해, tvN의 드라마 광고 수익은 회당 7.3억 원(56개 슬롯×1,300만 원)으로 높음.
- 드라마 회당 평균 제작비가 5.6억 원 소요되므로, 지상파 드라마는 광고 수익으로 제작비를 충당하기가 현실적으로 어려운 실정.

미디어렙 vs. 프로그래매틱 광고 : win win 전략 찾기

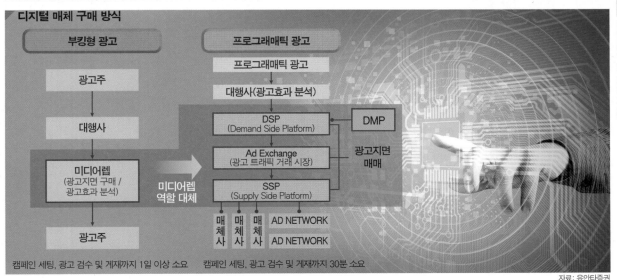

디지털 매체 구매 방식

부킹형 광고
- 광고주 → 대행사 → 미디어렙 (광고지면 구매 / 광고효과 분석) → 광고주
- 캠페인 세팅, 광고 검수 및 게재까지 1일 이상 소요

프로그래매틱 광고
- 프로그래매틱 광고 → 대행사(광고효과 분석)
- DSP (Demand Side Platform) → DMP
- Ad Exchange (광고 트래픽 거래 시장) → 광고지면 매매
- SSP (Supply Side Platform)
- 매체사 매체사 매체사 AD NETWORK / AD NETWORK
- 미디어렙 역할 대체
- 캠페인 세팅, 광고 검수 및 게재까지 30분 소요

자료: 유안타증권

- 미디어렙(media rep.)은 광고주/대행사와 매체의 중간에 위치해 광고지면의 거래를 중개 → 광고주/대행사에는 ROI 분석 서비스를 제공하고, 매체에는 광고지면의 판매 기회 제공. 미디어렙은 양자 간의 원활한 거래를 위해 매체 측에 일정 금액의 현금을 선지급하고 광고지면을 부킹.
- 프로그래매틱(programmatic) 광고는 광고지면을 매매하는 모든 과정을 시스템화 → 광고대행사는 광고주 및 외부 정보 플랫폼에서 수집한 빅데이터를 기반으로 원하는 광고지면 구매 수량 및 호가를 입찰 프로그램(DSP)에 입력하면, 매체의 경매프로그램(SSP)과 중개소(Ad Exchange)를 통해 실시간 경쟁입찰 방식으로 광고지면을 구매해 광고 집행. 인기 광고지면은 비싸게, 비인기 광고지면은 저렴한 가격으로 거래 → 광고주의 효용 증가와 매체의 수익 극대화를 동시에 추구.

▼ 프로그래매틱 광고 시장 규모 추이

글로벌 프로그래매틱 광고 시장 추이
(억 달러) / (%)
■ 프로그래매틱 광고(좌) / ─ DA 시장 내 비중(우)
2018 / 2019E / 2020F
자료: Zenith

미국 프로그래매틱 광고 시장 추이
(억 달러) / (%)
■ 프로그래매틱 광고(좌) / ─ YoY(우) / ─ DA 시장 내 비중(우)
2016 / 2017 / 2018E / 2019E / 2020F
자료: EMarketer

국내 프로그래매틱 광고 시장 추이
(억 원) / (%)
■ 시장 규모(좌) / ─ YoY(우)
2015 / 2016 / 2017 / 2018
자료: DMC미디어

▼ 국내 디지털 미디어렙 시장점유율

2018년 말 기준
단위: %
- 기타 21
- 나스미디어 30
- DMC미디어 10
- 인크로스 15
- 메조미디어 24

▼ 국내 미디어렙 사업 현황

사업 영역		나스미디어	메조미디어	인크로스	DMC미디어	메이블	M2디지털	크로스미디어
온라인	인터넷	○	○	○	○	○	○	○
	모바일	○	○	○		○	○	○
옥외광고 (디지털 사이니지)								
방송	IPTV	○	○	○	○			
	CATV	○	○					
비고		KT 계열	CJ 계열	SKT 계열	SBS 계열	사업명 변경 후 나스미디어에 편입	-	-

- 국내 4대 미디어렙(나스미디어, 메조미디어, 인크로스, DMC미디어)은 전체 미디어렙 시장점유율 79%를 차지하며 과점 시장 형성.
- 국내 4대 미디어렙은 국내 주요 방송/통신사들의 계열 회사란 공통점을 지님 → 나스미디어는 KT, 메조미디어는 CJ ENM, DMC미디어는 SBS의 자회사. 인크로스의 경우, SK텔레콤이 NHN의 인크로스 지분을 전량 양수함에 따라 SK 계열로 편입.

제일기획
KP

매출액	3조4,779억 원
영업이익	1,811억 원
순이익	1,319억 원

- 67.5% → 삼성라이온즈
- 100% → 수원삼성축구단
- 5.4% → 미라콤아이앤씨
- 5.2% → 에스코어

투자포인트

- 삼성전자의 닷컴 사이트 제작, 운영, 자문 역할 등을 수행하면서 삼성전자의 마케팅 예산과 별개의 IT/컨설팅 일감을 획득.
- 동사의 닷컴 사업은 2018년 매출총이익 기준 300억 원 수준의 일감으로 성장했는데, 이는 동사 디지털 물량의 8% 수준에 해당.
- 닷컴과 연계되는 각종 서비스 일감을 합칠 경우 매출총이익 기준 1,000억 원 수준에 달하는 큰 사업으로 성장 기대.
- 삼성전자 닷컴 사업과 해외 비계열의 동반 성장에 따른 양호한 외형 성장에 더해, 해외 오피스 통폐합 등을 통해 전체 판관비의 30%에 달하는 경비에 대한 효율적인 관리가 이뤄지면서 이익 레버리지 극대화 예상.

제일기획 취급고 비중 변화

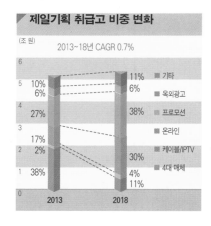

2013~18년 CAGR 0.7%

■ 기타 ■ 옥외광고 ■ 프로모션 ■ 온라인 ■ 케이블/IPTV ■ 4대 매체

주주단 구성

단위: %

- 기타 122만 주 (10.6)
- 삼성전자 2,904만 주 (25.2)
- 기타 외국인 4,031만 주 (35.0)
- 발행주식주 1.15억 주
- 자사주 1,376만 주 (12.0)
- Matthews 691만 주 (6.0)
- 국민연금 936만 주 (8.1)
- 삼성카드 350만 주 (3.0)

국내외 주요 광고대행사 배당성향 비교

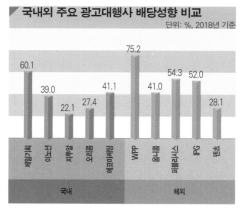

단위: %, 2018년 기준

취급고 추이

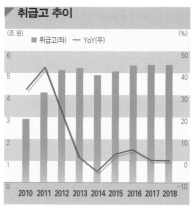

■ 취급고(좌) — YoY(우)

이노션
KP

매출액	1조2,392억 원
영업이익	1,182억 원
순이익	924억 원

- 28.31% → 메이트커뮤니케이션즈
- 29.08% → 인스파이어코프
- 14.79% → 디메이트커뮤니케이션즈

투자포인트

- 동사는 2015년 IPO 이후 미주 지역에서 실적 급상승 → 2015년 10월 호라이즌 미디어와 함께 설립한 JV인 캔버스월드와이드와 2018년 1월에 인수한 D&G가 각각 2016년과 2018년의 동사 호실적 견인.
- 동사의 2018년 연결실적에서 미주 사업 비중은 매출총이익 기준 50%, 영업이익 기준 44%에 이름 → 사실상 한국과 미주 사업 실적이 전사 실적의 방향성을 좌우함에 따라 한미 무역협상 및 북미 정치 상황, 미중 무역마찰에 영향 받음.
- 향후 미주 디지털 관련 기업에 대한 인수 검토 중 → 인수 확정시 2020년 실적 컨센서스 상향 조정 기대.
- 동사의 취급고에서 디지털 부문이 차지하는 비중은 2013년 2%에서 2018년 21%로 급상승.

이노션 취급고 비중 변화

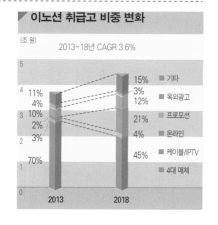

2013~18년 CAGR 3.6%

■ 기타 ■ 옥외광고 ■ 프로모션 ■ 온라인 ■ 케이블/IPTV ■ 4대 매체

주주단 구성

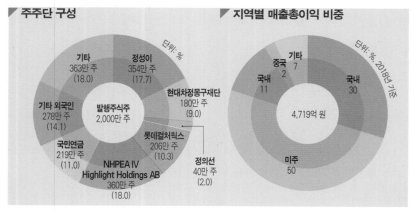

단위: %

- 기타 363만 주 (18.0)
- 정성이 354만 주 (17.7)
- 기타 외국인 278만 주 (14.1)
- 발행주식주 2,000만 주
- 현대차정몽구재단 180만 주 (9.0)
- 국민연금 219만 주 (11.0)
- 롯데컬처웍스 206만 주 (10.3)
- NHPEA IV Highlight Holdings AB 360만 주 (18.0)
- 정의선 40만 주 (2.0)

지역별 매출총이익 비중

단위: %, 2018년 기준

- 기타 7
- 중국 2
- 국내 11
- 국내 30
- 4,719억 원
- 미주 50

취급고 추이

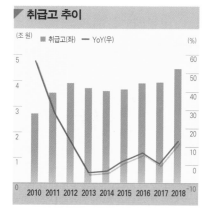

■ 취급고(좌) — YoY(우)

나스미디어
KQ

매출액	1,066억 원
영업이익	249억 원
순이익	206억 원

KT 42.75% → 66.67% → 플레이디
정기호 17.01% → 19.05% → 얼라이언스
인터넷

▶ 투자포인트

- 동사는 설립 이후 2005년부터 지속적으로 미디어렙 업계 국내 시장점유율 1위 영위 → 대주주 KT로부터 안정적인 수익 창출.
- 경쟁력 입증으로 많은 매체사 및 광고대행사와 견고한 네트워크 형성.
- 동사의 사업은 광고 매체 판매 대행을 통한 렙 수수료가 주 수익원 → 인터넷 포털 및 기타 중소 인터넷 매체사, IPTV, 모바일 네트워크사, 옥외 매체사 등의 광고 상품을 판매하고, 광고 캠페인 집행 관리 담당.
- 동사의 영업은 광고대행사 대상의 광고 영업 및 광고 효과 분석 서비스, 매체사 대상의 광고 매체 판매대행 서비스가 공존함으로써 수익이 발생하는 구조.

▶ 연간 실적 대비 영업이익률 추이 및 전망

(억 원) ■ 매출 ■ 영업이익 ○ 영업이익률(%)

	2015	2016	2017	2018	2019E	2020F
영업이익률(%)	25.7	22.1	28.5	23.4	24.3	24.9

인크로스
KQ

매출액	358억 원
영업이익	111억 원
순이익	88억 원

100% → 인프라
커뮤니케이션즈
SK텔레콤 34.59% → 50% → 마인드노크

▶ 투자포인트

- 국내 미디어렙 시장점유율 3위 업체로, 2019년 6월 대주주가 NHN에서 SK텔레콤으로 변경.
- 동사는 SK텔레콤의 디지털 광고 집행 뿐 아니라 보유 플랫폼들의 데이터를 수집해 통합 관리·분석하는 업무 담당.
- 2020년부터 SK텔레콤의 5G 광고 물량 집행이 늘 것으로 예상.
- 동사의 동영상 광고 네트워크인 다윈의 매출 하락세가 이어지는 부분은 다소 우려되는 사항 → MAU 3,271만 명을 기록한 유튜브의 폭발적인 영향력으로 국내 동영상 광고 매체들 고전.
- SK텔레콤이 출자·운영하는 '웨이브(WAVVE)'가 오픈하면 동사의 역할과 일감 증가 기대.

▶ 매출 및 영업이익

괄호 안은 영업이익률(%)

(억 원) ■ 매출 ■ 영업이익

	2019E	2020F	2021F
매출	367	400	440
영업이익	122 (33.2)	140 (35)	160 (36.3)

에코마케팅
KQ

매출액	621억 원
영업이익	169억 원
순이익	76억 원

100% → 그로스해커스
그룹
김철웅 50.43% → 54% → 데일리앤코

▶ 투자포인트

- 동사는 2003년에 설립된 온라인 광고대행사로, 데이터 분석 기반의 퍼포먼스 마케팅에 강점 보유 → 퍼포먼스 마케팅은 구매 가능성이 높은 고객(Right Target)만을 타깃팅하여, 그들이 필요한 시점(Right Time)에 필요한 정보(Right Content)를 보여주는 캠페인 최적화 기법을 통해 최소의 비용으로 광고주의 직접적인 매출 증대를 도모하는 마케팅 기법.
- 자회사 데일리앤코가 2018년 3분기에 미니 마사지기 '클럭'을 메가히트시킴으로써 매출액 128억 원 (+176% QoQ) 달성.
- 네이버와 카카오의 일부 광고지면에 프로그래매틱 광고 기술 도입 → 국내 광고 시장이 프로그래매틱 광고로 재편되는 변화의 최대 수혜 광고사로 동사 주목.

▶ 수수료(영업수익) 기준 월 매출 5,000만 원 이상 광고주 추이

■ 5천만 원 이상 집행액 비율(좌)
■ 5천만 원 이하 집행액 비율(좌)
○ 5천만 원 이상 광고주 수(우)

(%) / (개사)

	2011	2012	2013	2014	2015	2016	2017	2018
광고주 수	19	21	26	35	39	30	39	51

이엠넷
KQ

매출액	316억 원
영업이익	55억 원
순이익	45억 원

김영원 40.84% → 100% → 네프미디어
trans
cosmos
Ins. 25.14% → 64.14% → 이엠넷재팬

▶ 투자포인트

- 데이터 기반의 퍼포먼스 광고 사업 영위 → 주로 디스플레이, 검색, 소셜미디어 광고 대행.
- 자회사 이엠넷재팬이 2018년 일본 도쿄 마더스 시장 상장(시가총액 400억 원).
- 이엠넷재팬은 일본 광고 시장 내 온라인 광고대행사 중 10위권 이내에 드는 유일한 해외 업체.
- 이엠넷재팬이 확보한 월 예산 100만 엔 이상 중대형 광고주 수가 2015년 119개에서 2018년 196개로 급증.
- 국내 대비 일본 광고 시장의 수익성이 좋기 때문에 엔화 강세시 이엠넷재팬의 이익 기여도 확대될 듯.
- 국내에서도 중대형 광고주 광고 취급액이 2018년 기준 780억 원으로 전년 대비 36% 증가.

▶ 이엠넷재팬 영업실적 추이 및 전망

(억 엔) ■ 영업수익 ○ 영업이익률(우) (%)

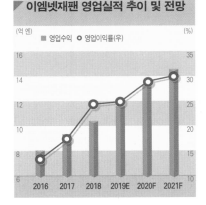

2016 2017 2018 2019E 2020F 2021F

광고 시장에 부는 디지털 이노베이션

대표적인 저성장 산업

국내 광고 산업은 대표적인 저성장 산업이다. 광고 시장은 광고주인 기업들의 실적과 밀접하게 연결되어 있고, 실물경기에 민감하게 반응한다. 광고에 적지 않은 마케팅 비용을 책정하는 국내 대기업들의 실적이 예년 같지 않고, 실물경기도 지난 수 년 동안 침체를 이어가자, 광고 시장도 저성장 기조에서 벗어나지 못하고 있는 형국이다.

광고 시장의 규모가 크지 않은 것도 성장의 저해 요인으로 꼽힌다. 방송 및 인터넷과 밀접한 광고는, 최근 미디어 소비 패턴의 변화로 매체간 제로썸 경쟁이 한창이다. 지상파TV 광고 수익은 내리막길에서 좀처럼 반등할 기미가 보이지 않는다. 신문·잡지 등 전통적인 매체의 광고 수익도 힘든 건 매 한 가지다. 반면, 디지털 광고, 특히 모바일 환경에서의 광고 시장은 폭발적인 성장을 이어가고 있다.

지상파TV 광고 수익은 앞으로도 줄어들 것으로 업계는 관측하고 있다. 향후 지상파TV에도 중간광고 시장이 열리기를 기대하고 있지만, 그것만으로는 부족해 보인다. 결국 지상파 방송 3사는 영업의 중심을 광고에서 콘텐츠 사업으로 전환하려는 움직임을 보이고 있다. 방송사들이 드라마 제작 스튜디오 설립에 적극 나서고 있는 것도 같은 이유다.

저성장인 국내 광고 시장에서 유일하게 상승곡선을 타는 사업 부문은 디지털 광고다. PC와 모바일 환경을 주 무대로 삼고 있는 디지털 광고는 유튜브 등 동영상 플랫폼들의 폭발적인 확산으로 매머드급 시장으로 성장했다. 스마트폰 보급이 정점에 오르면서 PC보다는 모바일 환경에서의 광고 수익이 훨씬 높다.

광고 환경을 바꾸는 4차 산업혁명 기술들

디지털 광고 시장은 빅데이터와 사물인터넷 등 4차 산업혁명 시대의 신기술과 결합해 디지털 환경에서

열일하는 프로그래매틱 광고

빅데이터를 통한 광고 효과 분석

광고 매체 수익 창출

인터넷 이용자의 소비 행태 예측

디지털 광고 컨설팅

광고 비용 효용성 증대

광고 타깃팅 서치

사물인터넷으로 새로운 광고지면 개발

새로운 광고지면을 만들어내고, 아울러 과학적인 광고 효과 분석법을 창출하면서 많은 광고주들로부터 주목을 받고 있다. 이 가운데 향후 높은 성장이 기대되는 사업 분야로 프로그래매틱 광고와 MCN이 있다.

프로그래매틱(programmatic) 광고는 단어 뜻 그대로 프로그램이 자동으로 이용자의 검색 경로, 검색어 등의 빅데이터를 분석해 이용자가 필요로 하는 광고를 띄워주는 광고 기법이다. 인터넷 이용자가 사이트에 접속하면서 생긴 방문기록(쿠키)으로 이용자의 소비 행태를 예측해 이용자가 원할 것 같은 광고를 선택하여 보여 주는 방식이다. 애드테크(ad tech), 하이테크(high-tech) 광고라고도 부른다. 프로그래매틱 광고는 개인정보를 활용하지 않아 프라이버시 침해 우려가 없으며 쿠키를 활용하기 때문에 개인 맞춤형 광고를 제공할 수 있다.

프로그래매틱 광고는 이미 글로벌 노출형 광고 시장에서 대세로 자리잡는 중이다. 광고지면을 매매하는 모든 과정을 시스템화한다. 프로그래매틱 광고는 아직 국내에서는 채택 비중이 낮은 편이지만, 최근 유튜브와 페이스북으로의 광고 쏠림 현상, 네이버 및 카카오의 프로그래매틱 거래 시스템 도입 등으로 인해 성장 잠재력이 매우 클 것으로 평가받는다.

한편 국내에서 프로그래매틱 광고 시장이 성장할 경우, 미디어렙은 시장의 상당 부분을 잃을 수도 있다. '퍼포먼스 마케팅'에 강점을 가진 광고대행사가 프로그래매틱 광고 시장의 가장 큰 수혜자로 꼽힌다. '퍼포먼스 마케팅'이란 구매 가능성이 높은 고객(Right Target)만을 선별하여, 그들이 필요한 시점(Right Time)에 필요한 정보(Right Content)를 보여주는 기법을 통해 최소의 비용으로 광고주의 직접적인 매출 증대를 도모하는 광고·홍보 전략이다.

MCN(Multi Channel Network)은 다중 채널 네트워크를 의미하는 개념으로, 쉽게 말해서 1인 방송 창작자들을 종합적으로 관리하는 인터넷 방송 서비스를 뜻한다. MCN은 유튜브를 떠나서는 생각할 수 없다.

MCN의 출범은 유튜브 생태계에서 비롯되었기 때문이다. 유튜브는 사용자가 직접 제작한 동영상이 주류를 이루는 OTT(Over The Top) 플랫폼이다. 유튜브는 광고를 기반으로 동영상을 공유하는 서비스를 제공한다. 유튜브가 광고 기반이다 보니 콘텐츠 제공자에게 광고 수익의 일부를 배분하는 정책을 펼치고 있다. 이런 수익 보상 모델에 따라 유튜브에서 경쟁력 있고 인기가 높은 채널들은 의미 있는 광고 수익을 올릴 수 있게 되었다. 그러자 이런 채널 여러 개를 묶어 1인 방송 창작자들의 동영상 제작을 지원하고 관리해 주는 대신, 그 수익을 나눠 갖는 서비스가 생겼는데, 이것이 바로 MCN이다.

1인 방송의 천문학적 마케팅 매직
MCN은 인플루언서 마케팅, 비디오 커머스 등과의 협업을 통해 광고주를 비롯한 투자자들의 관심을 받고 있다. 인플루언서 마케팅(Influencer Marketing)은 일반 대중에게 영향력이 있는 유명인을 활용한 마케팅인데, 이러한 인플루언서 및 1인 방송 창작자(크리에이터)를 다수 보유한 MCN의 마케팅적 가치가 주목을 끌고 있다.

비디오 커머스(Video Commerce)는 말 그대로 크리에이터가 물건의 사용을 시연하는 과정과 사용후기를 동영상으로 찍어 판매 촉진에 기여하는 마케팅 기법이다. 스마트폰으로 동영상을 보거나 물건을 사는 소비자가 늘어나면서 모바일 동영상을 마케팅에 활용하는 새로운 전자상거래 유형이다. 패션이나 뷰티 제품을 중심으로 비디오 커머스가 활성화되고 있는 추세다.

MCN의 주 수익원은, 크리에이터의 유튜브 수익, 브랜드 마케팅 수익, IP 수익 등으로 구성된다. 유튜브 수익은 유튜브 채널의 영상조회로 발생하는 프리롤 광고 수익으로 크리에이터가 대부분을 가져간다. 전통 미디어 콘텐츠와 달리, 유튜브 콘텐츠는 크리에이터가 콘텐츠 제작과 관련한 아이디어 구상부터 제작비 부담, 촬영 및 편집까지 대부분 자체적으로 수행하기 때문이다.

MCN은 브랜드 마케팅 사업에서 수익을 창출한다. MCN은 광고주를 위한 브랜드 채널 개설, 콘텐츠 제작, 광고 운영, 통합 관리 및 리포팅의 과정을 통해 브랜디드 콘텐츠 또는 PPL 콘텐츠를 제작하고, 브랜드에 적합한 크리에이터를 선별해 팬미팅, 이벤트, 신제품 발표회 등과 같은 다양한 오프라인 마케팅을 수행한다. 브랜드 마케팅은 유튜브 콘텐츠 제작과 달리 크리에이터 단독으로 수행할 수 없기 때문에 MCN의 수익 분배 몫이 커지는 구조다.

MCN의 수익 중 고부가가치인 IP 수익도 무시할 수 없다. IP 수익은 크리에이터의 인기를 활용한 굿즈(캐릭터상품), 2차 창작물, 출판물 등에서 발생한다.

국내 대표적인 MCN 채널로는 다이아TV, 샌드박스네트웍스, 트레져헌터 등이 꼽힌다. 이 가운데 CJ ENM의 다이아TV는 2018년 매출액이 500~600억 원대로 추정되는 국내 최대 규모의 MCN이다. CJ ENM의 미디어 본부에 소속되어 있으며, 별도 법인이 아니어서 특별히 공개된 재무정보는 없다. 다이아TV는 국내 최대 PP겸 콘텐츠 사업자의 계열 MCN인 관계로 저작권 문제가 모두 해결된 음원과 폰트를 대량으로 보유하고 있으며, 최고 수준의 제작 스튜디오, 전문 인력 및 장비를 갖추고 있다. CJ ENM이 '방송-디지털-글로벌-오프라인'을 통합한 마케팅 솔루

션을 제공하는 사업자인 덕분에, 광고주 유치 능력에 강점을 갖고 있다.

CJ ENM은 '옛 CJ오쇼핑'과의 합병을 통해 미디어-커머스 사업을 강화하고 있기 때문에, 다이아TV의 크리에이터들은 CJ ENM의 콘텐츠와 연계된 멀티 IP 기반의 디지털 커머스 사업에서 수익 창출의 기회가 열려 있다. 비디오 커머스 사업을 주도하는 다다스튜디오 및 티빙과 같은 OTT도 다이아TV 소속의 크리에이터들에겐 호재가 아닐 수 없다. 현재 다이아TV의 크리에이터는 1,400여 개팀, 유튜브 구독자 수는 2억 3천만 명, 월간 조회 수는 35억 뷰에 이른다. 또 다이아TV의 다국적 크리에이터는 40개 국 350개 팀으로 전체 크리에이터의 25%에 달하며, 월간 조회 수 35억 뷰의 60% 이상은 해외 시장에서 발생되고 있다.

다채로운 디지털 광고 채널들이 저성장 광고 시장을 반등시키기에는 시간이 좀 더 필요해 보인다. 하지만 MCN 사업자들이 영업적자를 이어가는 것은 시장에 연착륙하기 위한 통과의례다. 업계에서는 머지 않아 흑자로 전환하는 MCN 사업자들이 속속 등장할 것으로 전망한다. CJ NEM 같은 미디어 거물이 자체 MCN 사업 채널인 다이아TV를 운영하고 있음은 이를 방증한다.

광고 업계 대장주들, 모두 안녕하신가요?

디지털 광고 시장은 4차 산업혁명 기술 도입, 프로그

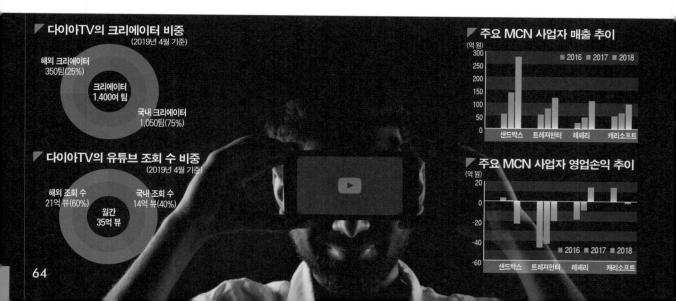

다이아TV의 크리에이터 비중 (2019년 4월 기준)
해외 크리에이터 350팀(25%)
크리에이터 1,400여 팀
국내 크리에이터 1,050팀(75%)

다이아TV의 유튜브 조회 수 비중 (2019년 4월 기준)
해외 조회 수 21억 뷰(60%)
국내 조회 수 14억 뷰(40%)
월간 35억 뷰

주요 MCN 사업자 매출 추이
(억 원)
2016 2017 2018
샌드박스   트레져헌터   레페리   캐리소프트

주요 MCN 사업자 영업손익 추이
(억 원)
2016 2017 2018
샌드박스   트레져헌터   레페리   캐리소프트

래매틱 광고, MCN, 인플루언서 마케팅, 비디오 마케팅, 퍼포먼스 마케팅 등 새로운 개념과 방식의 도입으로 분주하지만, 국내 대형 광고대행사들은 여전히 인하우스(In-House) 방식을 고수하고 있다. 일감몰아주기 혐의에 공정거래위원회의 날카로운 눈초리에도 꿋꿋하게 버티고 있다.

국내 광고 업계 대장주 제일기획과 이노션의 2018년 취급고는 각각 5.4조 원, 4.4조 원으로 독보적인 1위와 2위 지위를 영위하고 있다. 물론 그 뒤에는 만형격인 삼성전자와 현대·기아차가 있다. 결국 제일기획의 향후 경영실적을 전망하기 위해서는 삼성전자의 마케팅비 예산 계획을 살펴보지 않을 수 없다. 이노션도 마찬가지다. 현대·기아차의 신차 론칭 계획 및 광고·홍보 전략은 이노션의 사업 계획과 크게 다르지 않다.

삼성전자의 마케팅비는 광고선전비와 판매촉진비로 구성된다. 순수 광고선전비는 연간 4~5조 원, 판매촉진비는 7조 원 수준으로 합산 마케팅비는 11조 원에 이른다. 제일기획의 삼성그룹 관련 취급고는 대부분 삼성전자 마케팅비 11조 원 중의 일부. 삼성전자의 광고선전비는 제일기획과 Publicis 등 해외 광고대행사들에 나눠서 집행된다. 제일기획은 삼성전자 글로벌 대행 관련 디지털과 리테일 사업에 집중하고 있다.

제일기획의 삼성전자향 사업 가운데 특히 주목을 끄는 부문은 삼성전자 닷컴사이트 운영대행이다. 삼성닷컴 일감은 마케팅 일감과 달리 삼성전자 매출액과 연동되지 않는 성장형 일감이다. IT/컨설팅 관련 일감인 관계로 취급고에는 포함되지 않는다. 삼성전자는 닷컴사이트 관련 비용을 자체 이커머스 플랫폼 구축을 위한 투자 개념으로 접근하고 있다. 따라서 닷컴사이트 일감은 제일기획의 계열 물량 증가를 견인할 핵심 사업이라 할 만하다. 과거 삼성전자 닷컴사이트 대행은 삼성SDS와 IBM이 운영하던 사업이었으나, 닷컴이 이커머스 관점에서의 중요성이 커지면서 서버 관리보다는 잠재고객들의 트래픽 및 체류시간을 늘리고 실질적인 구매를 유도하는 전략과 크리에이티브가 중요해졌다. 이로 인해 기존 IBM의 역할

이 축소되면서 제일기획이 이를 대체하게 된 것이다. 삼성전자 닷컴사이트에 속한 다양한 크리에이티브는 전세계 각국의 언어와 문화에 맞게 제작되고 있어 많은 노동력이 투입되는 일감이다. 제일기획의 삼성 닷컴 관련 순수 매출총이익은 2018년 300억 원에 이른다. 닷컴 관련 각종 파생 업무들을 포함할 경우 제일기획의 삼성닷컴 관련 매출총이익은 1천억 원 수준에 육박한다.

이노션은 현대·기아차의 신차 브랜드 론칭 전략에 집중하고 있다. 현대·기아차가 글로벌 시장에서 가장 집중하는 브랜드는 제네시스(G70, G80, G90, GV80) 신형 시리즈다. 2020년 제네시스 시리즈 Capa는 30만 대 이상이 예상된다. 적지않은 규모다. 당연히 마케팅 예산도 늘어날 수밖에 없다. 광고선전을 전담할 이노션의 역할이 매우 중요해지는 것이다.

광고대행사 가운데 상장한 곳은 제일기획과 이노션, 오리콤 정도다. 증권가 애널리스트들은 단연 제일기획과 이노션에 주목한다. 광고 종목의 주식을 사는 투자자들이 첫 번째로 찾는 회사도 제일기획과 이노션이다. 투자자들로서는 삼성전자와 현대·기아차의 마케팅비 예산과 계획까지 들여다보지 않으면 안 된다. 신제품 론칭 전략도 빠트려선 곤란하다. 애널리스트들이 내놓는 제일기획과 이노션의 리포트에 삼성전자와 현대·기아차 마케팅 이야기가 비중 있게 다뤄지는 것은 그 때문이다. 비록 공정위의 날선 눈치 탓에 아버지를 아버지라 부를 수 없고 형을 형이라 부를 수 없는 운명이지만, 투자자들은 계열 간의 관계를 꼼꼼히 살펴봐야만 한다.

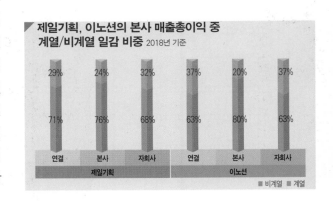

■ 제일기획, 이노션의 본사 매출총이익 중 계열/비계열 일감 비중 2018년 기준

	제일기획			이노션		
	연결	본사	자회사	연결	본사	자회사
비계열	29%	24%	32%	37%	20%	37%
계열	71%	76%	68%	63%	80%	63%

■ 비계열 ■ 계열

2억 관객 돌파! 국내 영화 시장 大해부

▶ **영화 배급사 '톱10' 시장점유율** 2019년 상반기 관객 수 기준, 괄호 안은 관객점유율/상영편수

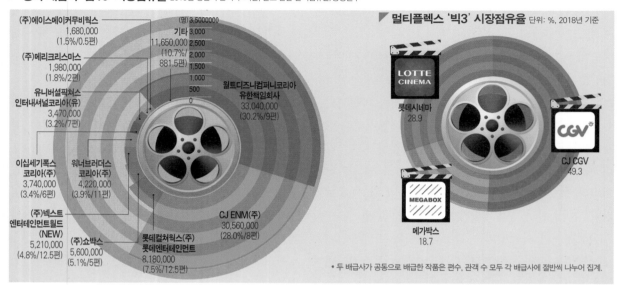

(주)에이스메이커무비웍스
1,680,000
(1.5%/0.5편)

(주)메리크리스마스
1,980,000
(1.8%/2편)

유니버셜픽처스
인터내셔널코리아(유)
3,470,000
(3.2%/7편)

기타
11,650,000
(10.7%/
881.5편)

월트디즈니컴퍼니코리아
유한책임회사
33,040,000
(30.2%/9편)

이십세기폭스
코리아(주)
3,740,000
(3.4%/6편)

워너브라더스
코리아(주)
4,220,000
(3.9%/11편)

(주)넥스트
엔터테인먼트월드
(NEW)
5,210,000
(4.8%/12.5편)

(주)쇼박스
5,600,000
(5.1%/5편)

롯데컬처웍스(주)
롯데엔터테인먼트
8,180,000
(7.5%/12.5편)

CJ ENM(주)
30,560,000
(28.0%/8편)

▶ **멀티플렉스 '빅3' 시장점유율** 단위: %, 2018년 기준

롯데시네마
28.9

CJ CGV
49.3

메가박스
18.7

* 두 배급사가 공동으로 배급한 작품은 편수, 관객 수 모두 각 배급사에 절반씩 나누어 집계.

▶ **국내 영화 시장 규모 추이** 2018년 기준, 괄호 안은 비중(%)

(억 원) ■ 극장매출 ■ 부가매출 ■ 해외매출

연도	극장매출	부가매출	해외매출	합계
2014	1조6,641 (82.1)	2,971 (14.7)	664 (3.3)	2조0,276
2015	1조7,154 (81.2)	3,349 (15.8)	628 (3.0)	2조1,131
2016	1조7,432 (76.7)	4,125 (18.1)	1,173 (5.2)	2조2,730
2017	1조7,566 (75.5)	4,362 (18.7)	1,343 (5.8)	2조3,271
2018	1조8,140 (76.3)	4,739 (19.9)	885 (3.7)	2조3,764

▶ **국내 영화 관객 수 추이** 2018년 한국영화+외국영화 기준, 괄호 안은 증감률(%)

(만 명) ■ 한국영화 ■ 외국영화

연도	한국영화	외국영화	합계
2014	10,770 (-15.4)	10,736 (24.8)	21,506 (0.8)
2015	11,293 (4.9)	10,436 (-2.8)	21,729 (1.0)
2016	11,655 (3.2)	10,047 (-3.7)	21,702 (-0.1)
2017	11,390 (-2.3)	10,597 (5.5)	21,987 (1.3)
2018	11,015 (-3.3)	10,624 (0.3)	21,639 (-1.6)

▶ **한국영화 제작편수 / 외국영화 수입편수, 개봉편수** 2018년 기준, 괄호 안은 개봉편수

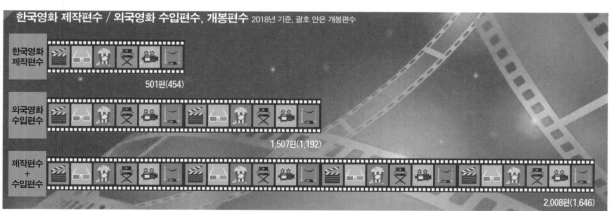

한국영화
제작편수
501편(454)

외국영화
수입편수
1,507편(1,192)

제작편수
+
수입편수
2,008편(1,646)

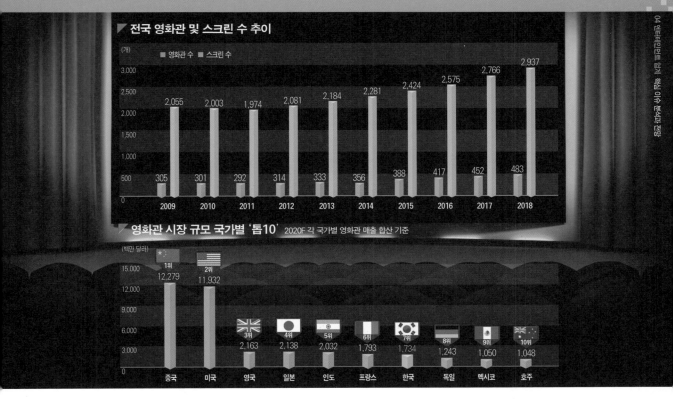

▶ 전국 영화관 및 스크린 수 추이

(개)　■ 영화관 수　■ 스크린 수

	2009	2010	2011	2012	2013	2014	2015	2016	2017	2018
스크린 수	2,055	2,003	1,974	2,081	2,184	2,281	2,424	2,575	2,766	2,937
영화관 수	305	301	292	314	333	356	388	417	452	483

▶ 영화관 시장 규모 국가별 '톱10' 2020F 각 국가별 영화관 매출 합산 기준

(백만 달러)

순위	국가	금액
1위	중국	12,279
2위	미국	11,932
3위	영국	2,163
4위	일본	2,138
5위	인도	2,032
6위	프랑스	1,793
7위	한국	1,734
8위	독일	1,243
9위	멕시코	1,050
10위	호주	1,048

▶ 한국영화 평균 총제작비 추이

(억 원)　■ 마케팅비　■ 순제작비

	2014	2015	2016	2017	2018
합계	20.1	19.9	24.0	26.3	26.8
마케팅비	5.2	5.4	6.9	7.3	6.8
순제작비	14.9	14.5	17.1	19.1	20.0

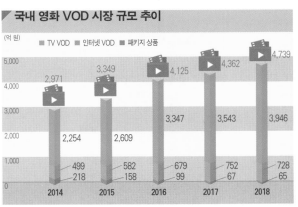

▶ 국내 영화 VOD 시장 규모 추이

(억 원)　■ TV VOD　■ 인터넷 VOD　■ 패키지 상품

	2014	2015	2016	2017	2018
합계	2,971	3,349	4,125	4,362	4,739
TV VOD	2,254	2,609	3,347	3,543	3,946
인터넷 VOD	499	582	679	752	728
패키지 상품	218	158	99	67	65

▶ 한국영화 해외 시장(수출국) '톱10' 단위: 달러

순위	국가	금액
10위	독일	624,567
4위	중국	3,934,860
3위	일본	4,591,124
1위	대만	7,153,277
5위	미국	3,319,603
8위	스페인	1,158,017
7위	베트남	1,121,508
6위	싱가포르	2,871,726
9위	필리핀	670,400
2위	홍콩	6,075,720

기타 10,086,445
합계 41,607,247

▶ 글로벌 음악 시장, 과거-현재-미래 10년간 추이 및 전망

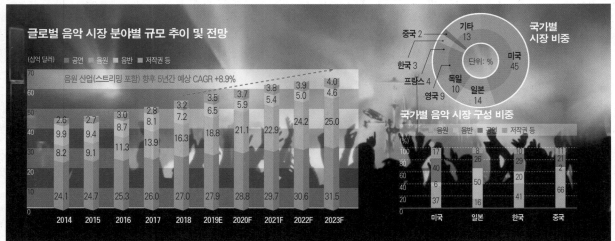

글로벌 음악 시장 분야별 규모 추이 및 전망

(십억 달러) ■ 공연 ■ 음원 ■ 음반 ■ 저작권 등

음원 산업(스트리밍 포함) 향후 5년간 예상 CAGR +8.9%

	2014	2015	2016	2017	2018	2019E	2020F	2021F	2022F	2023F
저작권 등	2.6	2.7	3.0	2.8	3.2	3.5	3.7	3.8	3.9	4.0
										4.6
음반	9.9	9.4	8.7	8.1	7.2	6.5	5.9	5.4	5.0	25.0
음원	8.2	9.1	11.3	13.9	16.3	18.8	21.1	22.9	24.2	
공연	24.1	24.7	25.3	26.0	27.0	27.9	28.8	29.7	30.6	31.5

국가별 시장 비중

단위: %

기타 13 · 미국 45 · 일본 14 · 독일 10 · 영국 9 · 프랑스 4 · 한국 3 · 중국 2

국가별 음악 시장 구성 비중

■ 음원 ■ 음반 ■ 공연 ■ 저작권 등

(%)

	미국	일본	한국	중국
저작권 등	17	8	10	11
공연	40	26	29	21
음반	6	50	20	2
음원	37	16	41	66

자료: PWC

▶ K-POP 국가별 소비 비중 단위: %

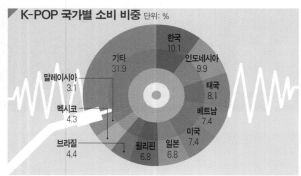

한국 10.1 · 인도네시아 9.9 · 태국 8.1 · 베트남 7.4 · 미국 7.4 · 일본 6.8 · 필리핀 6.8 · 브라질 4.4 · 멕시코 4.3 · 말레이시아 3.1 · 기타 31.9

자료: Youtube, Kpopradar, SK증권

▶ K-POP 국가별 체감지수

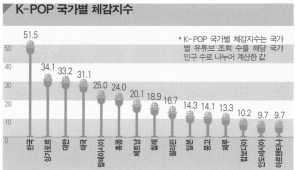

* K-POP 국가별 체감지수는 국가별 유튜브 조회 수를 해당 국가 인구 수로 나누어 계산한 값

한국 51.5 · 싱가포르 34.1 · 홍콩 33.2 · 대만 31.1 · 말레이시아 25.0 · 태국 24.0 · 네덜란드 20.1 · 호주 18.9 · 필리핀 16.7 · 캐나다 14.3 · 스웨덴 14.1 · 미국 13.3 · 인도네시아 10.2 · 아르헨티나 9.7 · 브라질 9.7

자료: Youtube, Kpopradar

▶ 국내 음원 스트리밍 플랫폼 시장점유율 단위: %

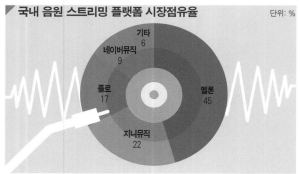

멜론 45 · 지니뮤직 22 · 플로 17 · 네이버뮤직 9 · 기타 6

자료: 코리안클릭

▶ 글로벌 음원 스트리밍 플랫폼 시장점유율 단위: %

Spotify 35 · 기타 24 · Apple Music 21 · Amazon Music 12 · Tencent Music 8

자료: MiDia Research

▶ 엔터테인먼트 회사별 음반 시장점유율 단위: %

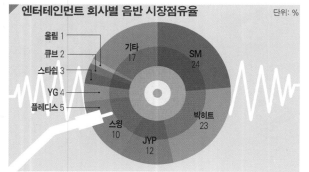

SM 24 · 빅히트 23 · 기타 17 · JYP 12 · 스윙 10 · 플레디스 5 · YG 4 · 스타쉽 3 · 큐브 2 · 울림 1

자료: 가온챠트

▶ 엔터테인먼트 회사별 음원 시장점유율 단위: %

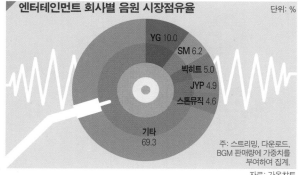

YG 10.0 · SM 6.2 · 빅히트 5.0 · JYP 4.9 · 스톤뮤직 4.6 · 기타 69.3

주: 스트리밍, 다운로드, BGM 판매량에 가중치를 부여하여 집계.

자료: 가온챠트

K-POP is YOUTUBE: 엔터주 투자는 유튜브에서!

◤ K-POP 아이돌 유튜브 조회 수 세계지도

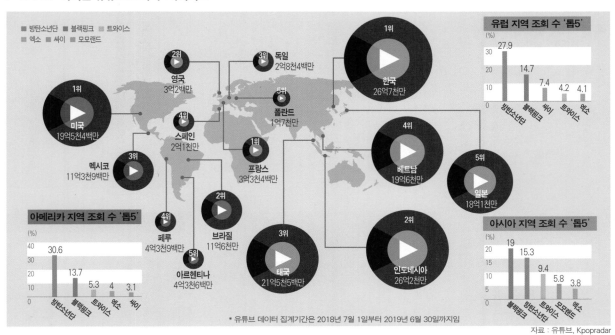

■ 방탄소년단 ■ 블랙핑크 ■ 트와이스
■ 엑소 ■ 싸이 ■ 모모랜드

1위 미국 19억5천4백만
3위 멕시코 11억3천9백만
2위 영국 3억2백만
4위 스페인 2억1천만
1위 프랑스 3억3천4백만
4위 페루 4억3천9백만
2위 브라질 11억6천만
5위 아르헨티나 4억3천6백만
3위 독일 2억8천4백만
5위 폴란드 1억7천만
1위 한국 26억7천만
4위 베트남 19억6천만
5위 일본 18억1천만
3위 태국 21억5천5백만
2위 인도네시아 26억2천만

유럽 지역 조회 수 '톱5'
(%)
- 방탄소년단 27.9
- 블랙핑크 14.7
- 싸이 7.4
- 트와이스 4.2
- 엑소 4.1

아메리카 지역 조회 수 '톱5'
(%)
- 방탄소년단 30.6
- 블랙핑크 13.7
- 트와이스 5.3
- 엑소 4
- 싸이 3.1

아시아 지역 조회 수 '톱5'
(%)
- 블랙핑크 19
- 방탄소년단 15.3
- 트와이스 9.4
- 모모랜드 5.8
- 엑소 3.8

* 유튜브 데이터 집계기간은 2018년 7월 1일부터 2019년 6월 30일까지임

자료 : 유튜브, Kpopradar

◤ K-POP 아이돌 유튜브 조회 수 순위

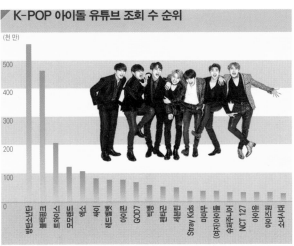

(천 만)

방탄소년단 / 트와이스 / 블랙핑크 / 모모랜드 / 엑소 / 여자친구 / 레드벨벳 / 세븐틴 / GOT7 / 워너원 / 마마무 / 트와이스(재아) / 슈퍼주니어 / NCT 127 / 에이핑크 / 몬스타엑스 / 샤이니

자료: Youtube, Kpopradar

◤ K-POP 아이돌 유튜브 '빅3' 인기국가

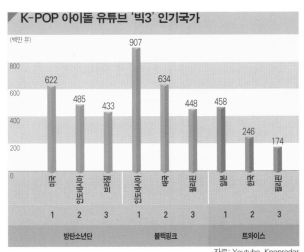

(백만 뷰)

	방탄소년단			블랙핑크			트와이스		
	1	2	3	1	2	3	1	2	3
	미국 622	인도네시아 485	브라질 433	인도네시아 907	태국 634	브라질 448	태국 458	한국 246	브라질 174

자료: Youtube, Kpopradar

◤ 엔터 3사 유튜브 예상 매출 추이 및 전망

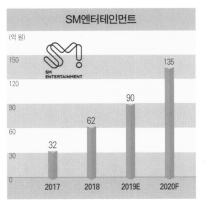

SM엔터테인먼트
(억 원)
- 2017: 32
- 2018: 62
- 2019E: 90
- 2020F: 135

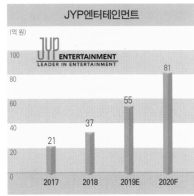

JYP엔터테인먼트
(억 원)
- 2017: 21
- 2018: 37
- 2019E: 55
- 2020F: 81

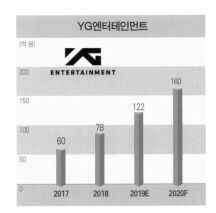

YG엔터테인먼트
(억 원)
- 2017: 60
- 2018: 78
- 2019E: 122
- 2020F: 160

CJ ENM
KQ

매출액 (영화) 2,130억 원
(음악) 2,330억 원

영업이익 (영화) -10억 원
(음악) -110억 원

- 71.30% 스튜디오드래곤
- 51% 스윙엔터테인먼트
- 51% 젤리피쉬 엔터테인먼트
- 60% 아메바컬처
- 100% 스톤뮤직 엔터테인먼트
- 70% 제이에스픽쳐스
- 52% 빌리프랩
- 41.35% 아트서비스
- 51% 메로미디어
- 53.92% CJ헬로
- LG유플러스 인수 승인

- 1.82% 이재현
- 40.07% CJ(주) 46.84%
- 6.01% 국민연금 7.48%

▶ 투자포인트

- 동사가 제작한 〈극한직업〉(이병헌 감독)이 1,600만 명 관객 동원하여 한국 영화사상 최고 흥행작으로 등극.
- 〈극한직업〉에 이어 〈엑시트〉(이상근 감독)도 940만 명 관객을 동원하여 연타석 흥행 홈런 기록.
- 〈기생충〉(봉준호 감독)은 프랑스 칸 영화제 그랑프리 수상 이후 1,000만 관객 동원에 성공. 이어 2020년 미국 오스카상 시상식에서 작품상, 감독상, 국제영화상(외국어영화상) 등 4개 부문 수상으로 배급사인 동사의 글로벌 브랜드 가치 급등.
- 연이은 영화 메가히트로 2018년 영화 사업 영업손실에서 2019년 흑자전환 예상.
- 동사 오디션 예능 〈프로듀스 재팬〉을 일본 지상파 TBS에서 방영.
- 방탄소년단 소속사 빅히트와 합작으로 빌리프랩 설립하여 글로벌 사업 계획.

▶ 영화, 음악 사업 매출 추이 및 전망

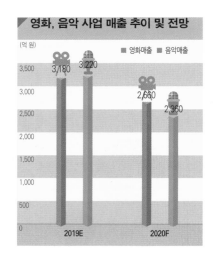

사업 부문	사업 내용
미디어	방송 채널(tvN/OCN/Mnet 등 17개) 및 방송 콘텐츠, 디지털 유통, 광고 등
커머스	TV 홈쇼핑 채널(Live, T커머스), 온라인 CJ몰(PC, 모바일)을 통한 상품 판매
영화	영화 제작, 투자 및 배급, 뮤지컬 사업
음악	음반 제작, 음원 유통, 콘서트 등
유선방송(CJ헬로)	케이블TV, 초고속인터넷, 광고 및 기타 부가 서비스
드라마(스튜디오드래곤)	드라마 제작, 편성, 판매

2019년 상반기 한국영화 흥행 성적표

배급사	전국 관객 수 (만 명)	점유율 (%)
(주)CJ ENM	3,037	53.4
롯데컬처웍스 (주)롯데엔터테인먼트	674	11.8
(주)쇼박스	556	9.8
(주)넥스트엔터테인먼트월드(NEW)	518	9.1
(주)메리크리스마스	198	3.5
기타	705	12.4
합계	5,688	100.0

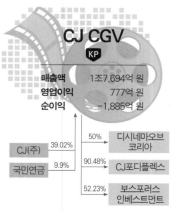

CJ CGV
KP

매출액 1조7,694억 원
영업이익 777억 원
순이익 -1,885억 원

- CJ(주) 39.02% 50% 디시네마오브코리아
- 국민연금 9.9% 90.48% CJ포디플렉스
- 52.23% 보스포러스 인베스트먼트

▶ 투자포인트

- 멀티플렉스 운영 사업을 영위하는 동사의 매출은 국내와 해외에서 균형 있게 분포.
- 중국, 베트남, 터키, 인도네시아의 멀티플렉스 사업 순조롭게 연착륙.
- 최근에는 추가 출점보다는 ATP(Average Ticket Price) 인상 및 경비 효율화를 통한 수익성 증진.
- 2019년 베트남, 인도네시아 매출이 각각 29.6%, 35.7%로 큰 폭으로 상승.
- 터키 CGV의 ATP가 무려 43.2% 급증 → 터키의 대작이 몰린 4분기 성수기 수익 기대.
- 국내외 사업이 순조롭게 이어지고 있지만, 과도한 순차입금(7,300억 원)은 여전히 동사의 주가 상승에 부정적인 요인으로 작용.

▶ 매출 및 영업이익

▶ CGV ATP(Average Ticket Price) 상승세 추이

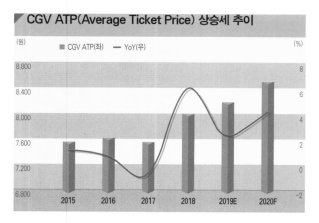

▶ 해외 사업 국가별 매출 추이 및 전망

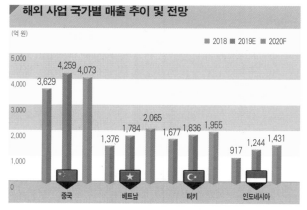

롯데컬처웍스
비상장

매출액	4,763억 원
영업이익	328억 원
순이익	256억 원

- 50% → 디시네마오브코리아
- 86.37% → 롯데쇼핑
- 멀티플렉스 운영: 롯데시네마
- 영화 제작 보급: 롯데엔터테인먼트

▶ 투자포인트
- 멀티플렉스 롯데시네마를 통해 영화관 사업 및 롯데엔터테인먼트를 통해 영화 제작, 투자, 배급 사업 영위.
- 천만관객 영화인 〈신과 함께〉 시리즈 제작하면서 배급 메이저사로 등극.
- 인도네시아, 베트남 등 해외에 롯데시네마 운영.
- 롯데시네마 세계 최대 LED 스크린 기네스 인증 및 세계 최대 스크린 '수퍼플렉스G' 기네스 인증.
- 2018년 국내 영화 시장 한국영화 + 외국영화 합산 배급사별 시장점유율 1위 영위(관객점유율 17.1%, 매출액 점유율 16.9%).
- 2018년 국내 영화 시장 한국영화 배급사별 시장점유율 1위 영위(관객점유율 25.9%, 매출액 점유율 25.8%).
- 동사는 호텔롯데 등과 함께 상장 뉴스가 끊임없이 제기되는 롯데 계열사 가운데 하나.

▶ 2018년 배급사별 영화 관객 수 비교
(만 명)

롯데컬처웍스	월트디즈니코리아	CJ ENM	NEW
3,698	3,015	2,875	2,091

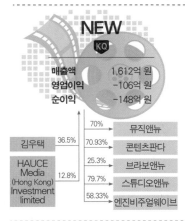

제이콘텐트리
KP

매출액	5,113억 원 (3,172억 원)
영업이익	347억 원 (214억 원)
순이익	256억 원

*괄호 안은 영화 사업 실적

- 영화: 멀티플렉스(메가박스) 운영, 영화제작
- 방송: 프로그램 제작 및 유통

▶ 투자포인트
- 동사는 각종 IP 투자, 드라마 제작·유통(자회사 JTBC콘텐트허브) 그리고 국내 3위 멀티플렉스 '메가박스'(자회사 메가박스중앙)를 통한 영화 상영 및 배급업 영위.
- 동사는 영화 부문 사업의 높은 수익성이 돋보이는 바, 수도권 중심의 출점으로 경쟁사 대비 높은 영업이익률을 내고 있음.
- 멀티플렉스 사업에서 추가적인 수익성 개선을 위해 인건비 효율화, 실적 악화 사이트 폐점, 광고의 내재화 진행 중.
- 2020년 영화 관람객의 보수적 추정(2.17억 명)에도 불구하고, 영화 부문 매출액과 영업이익은 3,469억 원(+1.9% YoY), 491억 원(+6.9% YoY), 영업이익률은 14.1%(+0.7%p YoY)에 달할 것으로 전망.
- 동사는 Captive 채널(JTBC)을 통해 연간 10편 이상의 드라마를 안정적으로 공급.

▶ 제이콘텐트리 지배구조도
jcontentree

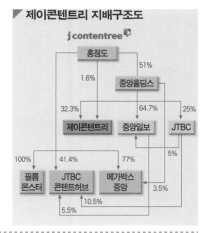

NEW
KQ

매출액	1,612억 원
영업이익	-106억 원
순이익	-148억 원

- 김우택 36.5%
- HAUCE Media (Hong Kong) Investment limited 12.8%
- 70% → 뮤직앤뉴
- 70.93% → 콘텐츠판다
- 25.3% → 브라보앤뉴
- 79.7% → 스튜디오앤뉴
- 58.33% → 엔진비주얼웨이브

▶ 투자포인트
- 동사는 영화 〈7번방의 선물〉 및 드라마 〈태양의 후예〉 이후 지난 2년 간의 실적 부진에도 불구하고, 2019년 드라마, 스포츠(골프, 동계 스포츠, 당구 등), 영화관 등 사업 포트폴리오 다각화를 통한 실적 회복 이룸.
- 동사의 자회사 콘텐츠판다는 400편 이상의 작품을 유통하고 있으며, 2019년에는 약 600여 편에 육박할 전망 → 최근 넷플릭스와 WW(World Wide)판권 거래를 성공적으로 진행.
- 동사의 음악 사업 담당 뮤직앤뉴는 김건모, M.C THE MAX, 바이브 등 국내 실력파 가수들의 음원을 포함해 약 600여 곡의 음원을 국내에 독점적으로 유통.

▶ 주요 사업 부문별 매출 추이 및 전망
(억 원) ■영화 ■드라마 ■스포츠

	2018	2019E	2020F	2021F
영화	877	706	876	957
드라마	254	315	310	355
스포츠	189	275	350	550

스튜디오드래곤
KQ

매출액	3,796억 원
영업이익	399억 원
순이익	358억 원

- CJ ENM 71.3%
- 100% → 화앤담픽쳐스
- 100% → 문화창고
- 100% → 케이피제이
- 100% → 지티스트

▶ 투자포인트
- 동사는 국내 1위 드라마 제작사로 강력한 크리에이터 라인업을 확보하고 있으며, '작가 – 연출 – PD'의 시스템화를 통해 드라마 제작편수가 2019년 29편에서 2020년 35편까지 확대될 전망.
- tvN, OCN 등 Captive 편성매출이 호조를 보이는 가운데 해외 판매 매출이 실적 성장을 견인할 전망.
- 글로벌 OTT의 국내 진출로 40% 이상의 작품이 동시 방영 및 방영권 판매 등의 방식으로 수출 → 동사는 자체적으로도 글로벌 유통 역량을 보유하고 있어 경쟁사 대비 OTT와의 협상에서 우위에 있음.
- 최근 영화 사업 진출 적극 모색 → 수년간 쌓아온 드라마를 영화화할 경우, 새로운 IP(지적재산권) 수익 모델로서 성장이 기대됨.

▶ 매출 및 영업이익
괄호 안은 영업이익률(%)
(억 원) ■매출 ■영업이익

	2019E	2020F	2021F
매출	4,960	6,150	6,810
영업이익	430 (9.47)	770 (11.4)	860 (12.62)

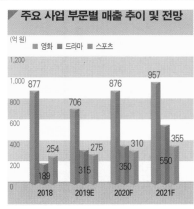

SM엔터테인먼트 KQ

매출액	6,122억 원
영업이익	109억 원
순이익	-47억 원

18.77%	이수만
9.23%	국민연금
7.59%	KB자산운용

투자포인트

- 동사는 국내 대형 연예 매니지먼트사 중에서 가장 다양한 연예인 포트폴리오 보유.
- 소속 연예인 계약 파기 및 만료에 따른 리스크가 적기 때문에 안정적인 수익 구조 장점.
- 경쟁사 대비 수익화에 유리한 팬덤 구조 구축.
- 남성 아이돌 유닛으로 구성된 '슈퍼M' 데뷔 론칭에 따른 신규 수익 창출 기대.
- 간판 아이돌 그룹 엑소(EXO)와 키이스트 소속 배우 김수현 복귀로 인한 동사 주가 상승 예상.
- 국내외 대규모 공연 매출이 성황리에 진행됨에 따른 상승효과 톡톡히 누림.
- 동방신기, 슈퍼주니어 등 데뷔 10년 내외의 연예인이 여럿 포진된 것은 다소 걱정스런 요인으로 꼽힘.

■ 블록 지정된 회사는 상장사

계열 회사	주요 사업	지분율
SM C&C	영상 콘텐츠 제작 및 매니지먼트, 광고업, 여행업	31.83%
키이스트	연예 매니지먼트, 음원 콘텐츠 제작, 머천다이징, 라이선싱 및 영상 콘텐츠 제작	31.47%
SM라이프디자인그룹	특수 인쇄 및 미디어 사업	29.94%
SM Stream Media Corp., Inc.	방송 프로그램 공급	15.77%
SM ENT. JAPAN, Inc.	음반 기획, 제작 및 연예 매니지먼트	100%
SM ENT. USA, Inc.	연예 매니지먼트	100%
DREAM MAKER Ent. Ltd.	국내외 공연 사업	68.46%
SM (Beijing) Ent. Media Ltd.	연예 매니지먼트/방송 프로그램 제작	68.46%
SM ENT. BEIJING Ltd.	중국 지역 컨설팅	100%
콘텐츠케이	드라마 제작	25.49%
오보이프로젝트	방송 프로그램 공급	31.47%
DA Music	음반 기획	15.77%
SMC Broadcasting	방송 프로그램 기획, 제작, 판매	15.77%
밀리언마켓	음반 기획/제작, 작사/작곡, 프로듀싱	64.91%

사업 부문별 매출 추이 및 전망 연결기준

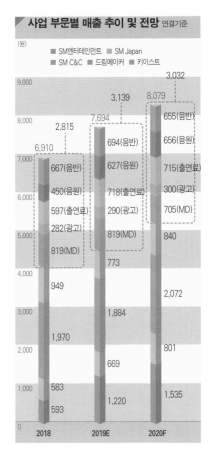

(원)

■ SM엔터테인먼트 ■ SM Japan
■ SM C&C ■ 드림메이커 ■ 키이스트

	2018	2019E	2020F
합계	6,910	7,694	8,079
	2,815	3,139	3,032
음반	667	694	655
음원	450	627	656
출연료	597	718	715
광고	282	290	300
MD	819	819	705
	949	773	840
	1,970	1,884	2,072
	583	669	801
	593	1,220	1,535

JYP엔터테인먼트 KQ

매출액	1,248억 원
영업이익	287억 원
순이익	243억 원

17.72%	박진영
4.98%	미디어코프

투자포인트

- 2020년 성장성과 밸류에이션 측면에서 연예 매니지먼트 회사 중 가장 투자가치 높음 → 경쟁사인 SM과 YG의 경우 예상 PER 기준 23~24배 수준이지만 동사의 2020년 PER은 19배에 불과할 것으로 예상.
- 트와이스와 스트레이키즈의 국내외 활동을 통한 꾸준한 매출 확대로 높은 실적 예상.
- ITZY의 경우 성공적인 데뷔로 콘서트와 MD 실적 기여도가 더욱 높아질 전망.
- 트와이스의 성공적인 컴백이 점쳐지는 가운데 해외를 중심으로 팬덤 규모가 거대해지고 있음 → 유튜브 조회 수 증가 및 유튜브에 의한 수익 증가.
- 경쟁사에 비해 소속 연예인의 다양성이 떨어지는 부분 및 경쟁사 대비 남자 아이돌 비중이 부족한 부분은 약점으로 지적.

사업 부문별 매출 추이 및 전망 연결기준

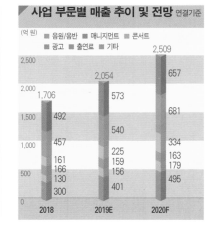

(억 원)

■ 음원/음반 ■ 매니지먼트 ■ 콘서트
■ 광고 ■ 출연료 ■ 기타

	2018	2019E	2020F
합계	1,706	2,054	2,509
기타	492	573	657
	457	540	681
	161	225	334
	166	159	163
	130	156	179
	300	401	495

계열 회사	주요 사업	지분율
JYP Ent. Incorp.(USA)	음반/음원 제작 및 매니지먼트 등	-
JYP Ent. HONG KONG LTD.	음반/음원 제작 및 매니지먼트 등	100%
└ 북경걸위품문화교류유한회사	연기, 연출, 음악, 판권 관련 컨설팅	75%
└ 판링문화미디어	캐스팅 및 매니지먼트 등	75%
└ 북경신성오락유한공사	문화 교류 및 판권 관련 컨설팅 등	32%
└ 천진야밍문화전매유한공사	캐스팅 및 매니지먼트 등	32%
JYP Ent. Japan Inc.	음반/음원 제작 및 매니지먼트 등	100%
제이와이피픽처스	영화, 드라마 등 사업	100%
└ JYP Pictures Co.,Ltd.	영화, 드라마 기획 및 컨설팅 등	100%
스튜디오제이	프랜차이즈 및 컨설팅 등	50%
진앤툰	음향, 영상기기	50%
제이지원 유한회사	신발 브랜드 개발, 지적재산권 라이선싱	49%

사업 부문별 매출 비중 단위: %

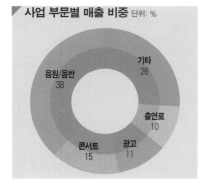

- 음원/음반 38
- 기타 26
- 출연료 10
- 광고 11
- 콘서트 15

YG엔터테인먼트
KQ

매출액	2,858억 원
영업이익	96억 원
순이익	159억 원

- 16.11% 양현석
- 9.53% Great World Music Investment Pte.Ltd.
- 8.49% 네이버
- 7.53% Shanghai Fengying Business Consultant Partnership Ltd.
- 6.68% 국민연금

- 38.18% YG플러스 (MD, 광고 등) — 100% YG인베스트먼트 (투자)
- 51% YG스튜디오플렉스 (드라마 제작) — 75.1% 코드코스메인터내셔널 (화장품)
- 88% YG엑스 (매니지먼트) — 100% YG케이플러스 (모델/연기자 발굴)
- 45% 더블랙레이블 (힙합/R&B 제작) — 58.3% YG푸즈 (외식업)
- 99.8% YG Ent. Japan — 55.3% YG스포츠 (골프)
- 100% YG Ent. Asia
- 100% YG Ent. USA

투자포인트
- 동사 소속 걸그룹 블랙핑크는 BTS에 이어 글로벌 시장에서 가장 인지도 높은 K-POP 스타로 평가.
- 경쟁사 대비 음반 판매 사업에 적극적이지 않는 동사의 영업 특성상 블랙핑크의 인지도 대비 수익성은 낮은 편이지만, 일본을 제외한 글로벌 콘서트 매출이 지속적으로 증가하고 있는 점은 매우 긍정적인 신호.
- 특히 블랙핑크의 동남아 지역에서의 인지도는 향후 아시아 마케팅에 대단히 큰 역할을 할 것으로 예상.
- 악동뮤지션의 국내 음원 및 방송 수익, 위너의 성공적인 아시아 투어는 동사의 이미지 개선에 큰 도움.
- 다만, 대주주 및 일부 소속 아티스트(현재 탈퇴)에 얽힌 각종 의혹 및 경찰 수사로 동사의 이미지가 크게 실추되었고, 이로 인해 광고 수익 및 투자에 있어서 역효과 초래.

사업 부문별 매출 추이 및 전망

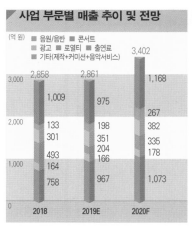

(억 원) ■ 음원/음반 ■ 콘서트 ■ 광고 ■ 로열티 ■ 출연료 ■ 기타(제작+커미션+음악서비스)

	2018	2019E	2020F
합계	2,858	2,861	3,402
	1,009	975	1,168
	133	198	267
	301	351	382
	493	204/166	335
	164		178
	758	967	1,073

영업이익 추이 및 전망

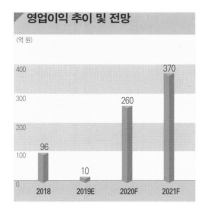

(억 원)

2018	2019E	2020F	2021F
96	10	260	370

빅히트 엔터테인먼트
비상장

매출액	2,142억 원
영업이익	641억 원
순이익	502억 원

- 48% 빌리프랩
- 52% CJ ENM

투자포인트
- 동사는 2019년 상반기 매출 2,001억 원, 영업이익은 391억 원 달성.
- 영업이익을 기준으로 SM, JYP, YG 엔터 3사 제치고 업계 1위 영위.
- 비상장사인 동사가 상장할 경우 기업가치는 2조 원대로 추정.
- 플랫폼 사업 자회사 '비엔엑스', 콘텐츠 판매 자회사 '비오리진', CJENM과 합작한 기획사 '빌리프랩' 등을 만든 데 이어, 걸그룹 '여자친구' 소속사 쏘스뮤직, 음악게임 전문회사 '수퍼브' 등을 인수.
- 네이버 라인과 합작한 '비티21'의 캐릭터 사업, 넷마블과 합작한 게임 '비티에스 월드', 완구 회사 마텔과 합작한 '패션돌' 등 새로운 사업을 확장하고 있으며, 국내 드라마 제작사와 손 잡고 방탄소년단 세계관에 기반한 드라마를 2020년 하반기 방송을 목표로 준비 중.

경영실적 추이

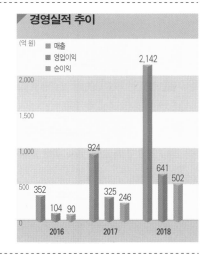

(억 원) ■ 매출 ■ 영업이익 ■ 순이익

	2016	2017	2018
매출	352	924	2,142
영업이익	104	325	641
순이익	90	246	502

주주 구성
단위: %

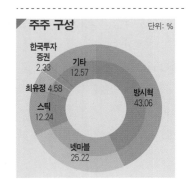

- 방시혁 43.06
- 넷마블 25.22
- 기타 12.57
- 스틱 12.24
- 최유정 4.58
- 한국투자증권 2.33

빅히트 사업 구성

Big Hit Entertainment

비엔엑스 beNX	비오리진	빌리프랩 BELIF+	쏘스뮤직 SOURCE MUSIC	수퍼브 superb
· 위버스(팬 커뮤니티 플랫폼), 위플리(커머스 플랫폼) 사업	· 출판 콘텐츠 사업	· CJENM과 합작으로 아이돌 육성	· 걸그룹 육성	· 음악 게임 개발

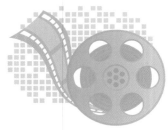

2020년대!
엔터주 투자를 위한 Golden Age!

향유적 감상 시점에서 전지적 투자 관점으로

'엔터테인먼트(entertainment)'라는 키워드가 국내 주식 시장에 등장한 건 그리 오래되지 않았다. 한국영화 사상 최초로 100만 관객을 돌파한 임권택 감독의 영화 〈서편제〉가 개봉한 게 1993년이었고, 그로부터 꼭 10년 뒤 강우석 감독의 〈실미도〉가 역시 한국영화 최초로 1,000만 관객을 모았지만, 이 두 영화에 그 시절 주식 시장은 반응하지 않았다. 국내 대중음악 업계도 다르지 않다. 90년대는 서태지, 김건모, 신승훈이 음반을 냈다하면 100만 장 이상을 팔아치웠던 국내 가요 시장의 황금기였지만, 당시 증권가를 열광시켰던 건 대중가요와 전혀 무관한 건설주였다. 수도권을 중심으로 신도시 열풍이 불면서 엄청난 양의 아파트와 오피스텔이 지어졌던 시절이었다. 서태지와 김건모의 음악은 TV와 라디오, 음반가게 그리고 콘서트장에 머물러 있었을 뿐 증권가하고는 거리가 멀었다.

그러던 어느 날 〈겨울연가〉의 배용준이 '욘사마'라는 생경한 별칭으로 불리며 일본에서 한류열풍을 일으켰다. 배용준 스스로도 예상치 못한 일이었고, 그렇게 한류는 별안간 시작됐다. 그리고 한류는 일본을 넘어섰다. 중국으로 동남아로 저 멀리 중남미까지 퍼지더니 대중문화의 콧대 높은 미국과 유럽까지 침투했다. 배용준을 이은 한류 주자들은 틴에이저들이었고, 그들은 'K-POP'이라는 카테고리로 지구촌 여기저기에 크고 작은 팬덤을 형성했다. 그 팬덤이 유튜브로 페이스북으로 인스타그램으로 소통하며 거대한 부가가치를 창출할 것을 예견한 눈치 빠른 투자자본은 K-POP을 주식 시장에 끌어들였다.

〈실미도〉 이후 천만 관객 한국영화가 봇물 터지듯

스크린을 달궜고, 영화관의 모습도 '멀티플렉스'라는 영화쇼핑몰로 바뀌었다. 〈서편제〉를 상영했던 도심의 개봉관이 문화공간적 색채가 짙었다면, 멀티플렉스는 완벽한 상업공간이었다. 영화는 그렇게 거대 산업화되었고, 영화를 감상하는 시점에 투자적 관점이 더해졌다. 그렇게 영화와 대중음악은 '엔터테인먼트'라는 키워드로 묶여 주식 시장에서 투자자들과 조우하고 있다. 엔터테인먼트 시황을 분석하는 전문 애널리스트들이 매 달 수십 편의 리포트를 써내고 있고, 실시간 변하는 박스오피스 집계와 음원 순위, 유튜브 조회 수가 엔터테인먼트 종목들의 투자가치를 평가하는 잣대로 작용한다. 엔터테인먼트는 이제 더 이상 저잣거리의 스캔들 소재가 아닌, 막대한 자본을 움직이는 산업이 된 것이다.

영화주 투자에 알아둬야 할 몇 가지 것들

투자적 관점에서 영화와 음악 이야기를 좀 더 이어가 보도록 하자.

국내 영화 시장은 해마다 2억 명 이상을 영화관으로 이끄는 거대한 산업이다. 멀티플렉스가 주도하는 국내 영화관 시장 규모는 세계 7위에 해당할 만큼 성장했다. 영화의 경우 핵심 매출처가 영화관인 것만은 사실이지만, OTT, VOD 등 다양한 매체에서 재생되는 과정을 통해 부가가치 시장의 성장도 큰 주목을 끈다. 물론 영화가 부가가치를 창출하기 위해서는 1차 시장인 영화관에서의 박스오피스 성적이 중요하다. 박스오피스 성적은 OTT, VOD 등 부가가치 시장의 성패를 좌우하기 때문이다.

영화는 흥행에 민감한 상품이기 때문에 일반 재화에 비해 정확한 수요 예측이 어렵다는 리스크가 있다. 최근 공모펀드 형태로 영화에 직접 투자하는 채널이 늘고 있지만, 수익을 본 투자자가 많지 않은 건 영화의 흥행변수 분석에 실패한 예가 대부분이기 때문이다. 하지만 흥행 예측이 적중할 경우 영화만큼 투자 매력이 넘치는 문화상품도 없을 것이다. 그것은 바로 영화가 이끄는 부가가치 수익 때문이다. 영화관 박스오피스라는 1차 창구에서 흥행에 성공하면 OTT, VOD, 해외 판권 마켓 등 2차, 3차, 4차 창구에서의 수익으로 이어지는 것이다. 부가가치 수익은 영화관 자체에서도 발생한다. 영화관마다 IMAX, 3D, 4D 등 고부가가치 테크놀로지를 도입해 영화 티켓 가격을 큰 폭으로 올렸는데, 이는 영화관 수익에 직결된다. 향후 영화 관람에 VR/AR(가상현실/증강현실) 시스템 도입이 좀 더 보편화될 경우, 시설 투자 대비 손익을 따지는 셈법이 복잡해질 전망이다. 멀티플렉스 사업자로서는 보다 섬세한 경영 전략이 필요하다.

영화는 분명히 계절을 타는 시장이다. 여름, 겨울 방학과 휴가철 및 추석/설 등의 명절 시즌에 관객 수가 급격히 증가하고, 3~4월, 10~11월은 비수기에 해당하여 영화관 및 영화제작·배급사의 매출이 감소하는 경향이 있다. 따라서 투자자 입장에서는 작품의 흥행성 못지않게 계절성을 고려할 필요가 있다.

빅 히트, 2020년생이 온다!

국내 영화 시장의 수요가 대부분 한국 사람인 것과는 달리 K-POP으로 통칭되는 대중음악 시장은 한마디로 '전지구적'이다. K-POP 아이돌 스타들의 팬덤이 전세계 미치지 않는 곳이 없기 때문이다. 결국 K-POP 시장이 팬덤을 중심으로 발전해왔음을 부인할 수 없다. 특정 연예인을 좋아하는 여러 개인들이 모여 단체로 활동하는 것 혹은 그 개개인을 포괄한 단체를 '팬덤(fandom)'이라고 일컫는데, 방탄소년단의 공식 팬클럽 명칭인 'ARMY(아미)'나 트와이스의 'ONCE(원스)'가 대표적이다. 실제로 국내 주요 아이돌 그룹이 소속된 엔터테인먼트 기획사(이하 엔터사)들은 팬덤을 중심축으로 해서 다양한 매니지먼트 사업을 해나가고 있다. 엔터사들의 수익은 크게 음반/음원, 공연, 방송출연/광고모델료 등으로 구성되는 데, 이들 수익 모두 팬덤에서 비롯되거나 크게 영향을 받는다. 엔터사로서는 충성도 높은 팬덤 덕분에 안정적인 수익과 홍보 효과를 거둘 수 있지만, 팬덤 관리에 들어가는 비용 또한 만만치 않다.

K-POP 시장은 폭발적인 성장을 이어가는 것만큼 경쟁도 치열하다. 다수의 어린 연습생들이 메이저 기획사의 바늘구멍 오디션을 통과하기 위해 고군분투하고, 그러는 과정에서 인권 침해 등 부작용도 속출한다. 우여곡절 끝에 경쟁에서 승리한 아이돌 스타들은 저마다 해외의 문을 두드린다. 수십 년 전만해도 상상할 수 없는 일이었지만, BTS의 성공신화는 이를 실현 가능한 현실로 바꿔놓았다. 전세계에 포진해있는 수많은 ARMY들은 제2의 BTS, 제3의 BTS 탄생에 대한 기대감으로 K-POP 스타들을 바라본다. 유튜브와 SNS는 BTS를 비롯한 K-POP 스타들과 글로벌 K-POP 마니아를 연결해주는 매우 중요한 가교가 되었다. 특히 유튜브는 국내 엔터사 종목의 투자적 관점에서 빼놓을 수 없는 가치 판단의 기준으로 자리매김했다. 엔터사마다 음원 순위보다 유튜브 조회 수를 중요하게 평가하는 이유가 여기에 있다. 단발적인 음원 수익보다는 유튜브에서의 인지도 상승으로 공연과 광고 수익 창출이 비교할 수 없을 만큼 크기 때문이다.

주식 시장에서는 국내 엔터주 '빅3'인 SM, JYP, YG에 하나 더 추가해 빅히트의 행보에 주목하고 있다. 아직 상장 전인 빅히트의 기업가치가 2조 원을 넘어섰다는 소식은 근거 없는 풍문이 아닌 현실이다. 잠시 숨고르기에 들어간 엔터주 '빅3'의 주가가 머지않아 크게 요동친다면 그건 바로 빅히트의 상장 때문일 것이다.

게임 비즈니스 大해부

▶ 게임 산업 공급 체인

게임 기획·제작 개발사

- 대형 게임사의 경우 자체적으로 개발부터 퍼블리싱까지 모두 담당하는 경우가 많으나, 중소 개발사는 외부 퍼블리셔를 통해 게임을 서비스함.
- 모바일게임 개발사의 경우 일반적으로 개인 개발자 또는 중소 규모의 개발사로 구성.
- 온라인게임은 모바일게임에 비해 대규모 개발 인력과 투자가 필요하며 개발 기간이 상대적으로 긴 편.

게임 배급 퍼블리셔

- 퍼블리셔는 개발사의 알파/베타 데모 버전 게임에 대한 사업성을 검토한 후, 퍼블리싱 계약을 체결.
- 개발사는 계약한 퍼블리셔에게 게임을 서비스할 수 있는 독점적 권한 부여.
- 판권 계약기간은 보통 2년이며 각 국가별로 판권 계약을 따로 함.
- 퍼블리셔의 역할은 게임의 전체 생애주기를 관리하며, 마케팅 계획 및 서비스 전략 수립.
- 게임 개발 초기 단계부터 개발사와 개발 계획, 전략 및 방향성 공유 등 지속적인 커뮤니케이션이 중요.
- 대형 퍼블리셔는 역량있는 개발사를 발굴하고 M&A를 통해 외부 개발사를 관계사로 편입하는 추세임.

유통 서비스 플랫폼

- 모바일게임은 피처폰 시절에는 이동통신사가 플랫폼을 제공했으나, 스마트폰이 등장하면서 애플의 앱스토어, 구글의 구글플레이가 주요 플랫폼으로 자리잡음.
- 카카오톡, 라인과 같은 모바일메신저가 새로운 게임 유통 채널로 등장.
- 온라인게임은 자체 게임 포털에 게임을 서비스하거나 스팀(Steam), 오리진(Origin)과 같은 플랫폼에 게임을 유통하여 서비스함.

소비자

- 소비자는 개인용 PC, 모바일기기에서 게임을 다운로드 후 이용.
- 소비자는 게임을 다운로드시 결제하거나, 게임 이용 중 부분유료화된 서비스를 구매.

자료: 삼정KPMG 경제연구원

▶ 모바일게임 비즈니스 모델

직접 서비스 | 플랫폼 서비스 | 해외 퍼블리싱 서비스

애플리케이션 마켓: 애플스토어, 구글플레이, 원스토어

모바일 플랫폼: 카카오, 라인 | 해외 퍼블리셔: 텐센트, 넷이즈

메인 퍼블리셔

관계 개발사 + 외부 개발사

자료: 삼정KPMG 경제연구원

▶ 모바일게임 마켓 및 수익모델별 사업 비중 단위: %

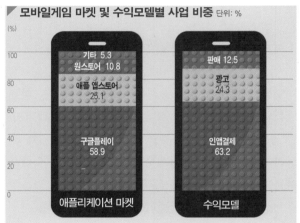

애플리케이션 마켓
- 기타 5.3
- 원스토어 10.8
- 애플 앱스토어 25.1
- 구글플레이 58.9

수익모델
- 판매 12.5
- 광고 24.3
- 인앱결제 63.2

자료: 한국모바일산업연합회, 삼정KPMG 경제연구원

▶ 온라인게임 비즈니스 모델

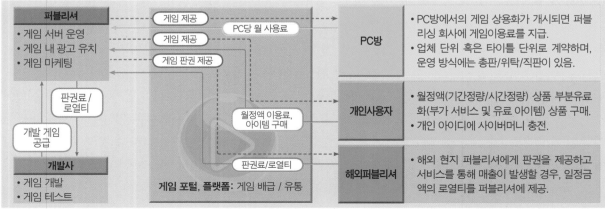

퍼블리셔
- 게임 서버 운영
- 게임 내 광고 유치
- 게임 마케팅

판권료 / 로열티

개발 게임 공급

개발사
- 게임 개발
- 게임 테스트

게임 제공 / PC당 월 사용료 / 게임 제공 / 게임 판권 제공 / 월정액 이용료, 아이템 구매 / 판권료/로열티

게임 포털, 플랫폼: 게임 배급 / 유통

PC방
- PC방에서의 게임 상용화가 개시되면 퍼블리싱 회사에 게임이용료를 지급.
- 업체 단위 혹은 타이틀 단위로 계약하며, 운영 방식에는 총판/위탁/직판이 있음.

개인사용자
- 월정액(기간정량/시간정량) 상품 부분유료화(부가 서비스 및 유료 아이템) 상품 구매.
- 개인 아이디에 사이버머니 충전.

해외퍼블리셔
- 해외 현지 퍼블리셔에게 판권을 제공하고 서비스를 통해 매출이 발생할 경우, 일정금액의 로열티를 퍼블리셔에 제공.

자료: 한국게임산업개발원, 삼정KPMG 경제연구원

게임 시장, 모바일이 대세!

국내 게임 시장 규모 추이 및 전망 괄호 안은 성장률(%)

(억 원)

■ PC게임 ■ 모바일게임 ■ 콘솔게임 ■ 아케이드게임 ■ 아케이드게임장 ■ PC방

	2016	2017	2018	2019E	2020F
합계	10조8,945(1.6)	13조1,423(20.6)	13조9,904(6.5)	14조5,349(3.9)	14조8,909(2.4)
	4조6,786(-12.0)	4조5,409(-2.9)	4조3,139(-5.0)	4조1,844(-3.0)	3조9,836(-4.8)
		6조2,102(43.4)	6조6,946(7.8)	6조9,624(4.0)	7조2,200(3.7)
	4조3,301(24.3)	3,734(42.2)	4,481(20.0)	5,301(18.3)	6,016(13.5)
	2,627(58.1)	3,596(100.0)	3,596(100.0)	4,135(15.0)	4,483(8.4)
	814(71.5)	1,798(121.0)		1,102(13.0)	1,210(9.8)
	750(63.8)	780(4.0)	975(25.0)		
	1조4,668(-11.7)	1조7,600(20.0)	2조0,768(18.0)	2조3,343(12.4)	2조5,164(7.8)

국내 게임 시장 사업별 비중 단위: %

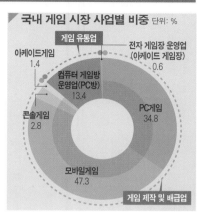

게임 유통업

아케이드게임 1.4
전자 게임장 운영업 (아케이드 게임장) 0.6
컴퓨터 게임방 운영업(PC방) 13.4
콘솔게임 2.8
PC게임 34.8
모바일게임 47.3

게임 제작 및 배급업

글로벌 게임 시장 규모 추이 및 전망 괄호 안은 성장률(%)

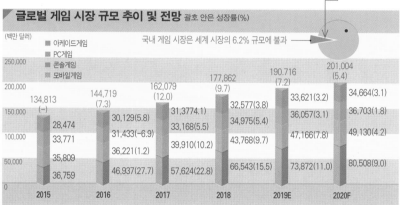

(백만 달러)

■ 아케이드게임 ■ PC게임 ■ 콘솔게임 ■ 모바일게임

국내 게임 시장은 세계 시장의 6.2% 규모에 불과

	2015	2016	2017	2018	2019E	2020F
합계	134,813 (-)	144,719 (7.3)	162,079 (12.0)	177,862 (9.7)	190,716 (7.2)	201,004 (5.4)
	28,474	30,129(5.8)	31,377(4.1)	32,577(3.8)	33,621(3.2)	34,664(3.1)
	33,771	31,433(-6.9)	33,168(5.5)	34,975(5.4)	36,057(3.1)	36,703(1.8)
	35,809	36,221(1.2)	39,910(10.2)	43,768(9.7)	47,166(7.8)	49,130(4.2)
	36,759	46,937(27.7)	57,624(22.8)	66,543(15.5)	73,872(11.0)	80,508(9.0)

글로벌 게임 시장 사업별 비중 단위: %

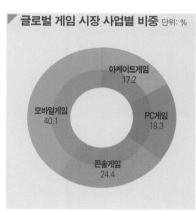

아케이드게임 17.2
모바일게임 40.1
PC게임 18.3
콘솔게임 24.4

국내 게임 수출 지역별 비중 2017년 기준, 단위: %

국가별 게임 시장 규모 '톱10'
2018년 기준, 단위: 달러

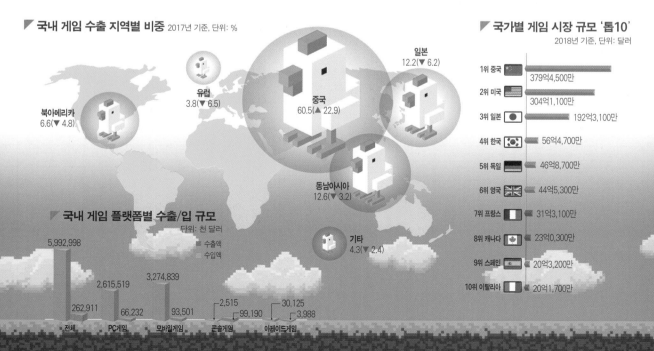

일본 12.2(▼ 6.2)
유럽 3.8(▼ 6.5)
중국 60.5(▲ 22.9)
북아메리카 6.6(▼ 4.8)
동남아시아 12.6(▼ 3.2)
기타 4.3(▼ 2.4)

국내 게임 플랫폼별 수출/입 규모
단위: 천 달러
■ 수출액 ■ 수입액

	전체	PC게임	모바일게임	콘솔게임	아케이드게임
수출액	5,992,998	2,615,519	3,274,839	2,515	30,125
수입액	262,911	66,232	93,501	99,190	3,988

1위 중국 379억4,500만
2위 미국 304억1,100만
3위 일본 192억3,100만
4위 한국 56억4,700만
5위 독일 46억8,700만
6위 영국 44억5,300만
7위 프랑스 31억3,100만
8위 캐나다 23억0,300만
9위 스페인 20억3,200만
10위 이탈리아 20억1,700만

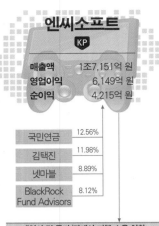

엔씨소프트
KP

매출액	1조7,151억 원
영업이익	6,149억 원
순이익	4,215억 원

국민연금	12.56%
김택진	11.98%
넷마블	8.89%
BlackRock Fund Advisors	8.12%

계열사 및 투자/관계사 지분 소유 현황

계열사 및 투자/관계사	지분율	투자지역
엔씨아이티에스	100%	한국
엔씨소프트서비스	100%	
엔씨다이노스	100%	
엔트리브소프트	98%	
기타(수익증권 등)	99.5%	
넷마블(비계열사)	6.9%	
NC West Holdings	100%	미국
NC Interactive	100%	
Arenanet	100%	
Hidden Path Entertainment, Inc	44.9%	
NC Japan	100%	일본
NC Europe	100%	유럽
NC Taiwan	85%	대만
THIS GAME STUDIO	40%	캐나다

투자포인트

- 2020년 이후 동사의 실적이 기대되는 이유는 이미 2019년부터 신작 사이클이 시작되어 2020년으로 이어지기 때문 → 2020년 모바일게임 매출이 전년 대비 2배 이상 증가할 것으로 예상.
- 리니지2M, 블레이드&소울S 이후 아이온2, 블레이드&소울2, 블레이드&소울M 출시 및 PC게임 프로젝트TL까지 감안할 경우, 2022년까지 고공성장 지속.
- 2017년 리니지M의 성공으로 보여주었던 동사의 주가 상승 흐름을 2019년 하반기에 다시 한 번 재현 → 2019년 국내 최대 기대작 리니지2M과 블레이드&소울S 출시로 실적 급증 전망.
- 리니지2M은 현존하는 여느 모바일게임보다 진일보되어 출시 → 'One Channel Seamless Open World'를 표방하며, 1,000대 1,000명이 동시에 하나의 서버에서 전쟁을 즐길 수 있는 모바일게임.

사업 부문별 매출 추이 및 전망

영업이익 추이 및 전망

같은 방향성 보이는 엔씨소프트의 주가와 영업이익

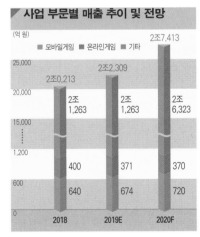

넷마블
KP

매출액	2조0,213억 원
영업이익	2,417억 원
순이익	2,149억 원

방준혁	24.19%
CJ ENM	21.85%
HAN RIVER INVESTMENT LTD	17.57%
엔씨소프트	6.82%

주요 계열사 및 투자/관계사 지분 소유 현황

계열사 및 투자/관계사	관계 내용	지분율
넷마블몬스터	게임 투자 개발	76.04%
넷마블네오	게임 투자 개발	80.58%
아이지에스	게임 운영 사업 참여	100%
넷마블파크	게임 투자 개발	76.04%
미디어웹	PC방 유통 사업	68.84%
넷마블넥서스	게임 투자 개발	100%
넷마블엔투	게임 투자 개발	99.91%
엔씨소프트(상장)	게임 투자 개발	8.89%
와이제이엠게임즈(상장)	게임 투자 개발	7.68%
빅히트 엔터테인먼트	글로벌 게임 및 음악 시장 관련 사업 투자	25.22%
한국카카오은행	인터넷 전문은행설립	4%
카카오게임즈	게임 사업 협력 및 제휴	5.76%

투자포인트

- 동사는 웅진코웨이 인수전에 우선 협상 대상자로 선정됨 → 넷마블과 코웨이의 유저 연령층, 수익모델, 마케팅 및 결제 방식의 차이를 감안하면 양사의 시너지를 만들기는 어려울 전망.
- 동사는 여전히 밸류에이션(2019년 예상 PER 37.5배)이 높아 실적의 추가적인 상승 요함.
- 동사의 영업이익은 매출과 달리 향후 증가할 전망 → 마케팅비 감소 등 비용 감소로 수익성이 개선될 것으로 예상.
- 블레이드앤소울:레볼루션 일본, 킹 오브 파이터 올스타 글로벌 등의 론칭 실적 여부에 따라 2020년 이후 영업이익의 상승 폭이 달라질 전망.
- 동사의 마케팅 강점으로는 멀티 빌드(Multi-Build) 전략이 꼽힘 → 해당 지역에 따라 게임 버전을 출시하는 전략으로, 지역별 특성에 맞춰 플레이 스타일, 과금 전략 등을 달리하는 다변화 전략.

사업 부문별 매출 추이 및 전망

넷마블 주요 신작 라인업

출시시기	게임	장르	IP	국가
2019년 3분기	요괴워치	캐주얼대전	요괴워치	일본
	스톤에이지 M	MMORPG	스톤에이지	중국
	쿵야 캐치마인드	퍼즐	쿵야	한국
2019년 4분기	세븐나이츠 II	MMORPG	세븐나이츠	한국, 일본
	A3: Still Alive	MMORPG	신규	한국
	블소 레볼루션	MMORPG	블레이드 앤 소울	일본
	더 킹오브파이터즈	올스타 액션	킹오파	글로벌
	겨울왕국2	퍼즐	겨울왕국2	글로벌
	테라오리진	MMORPG	테라	일본
2020년	BTS 2	미정	방탄소년	글로벌
	원탁의 기사	MMORPG	신규	글로벌
	극렬 마구마구	RPG	마구마구	글로벌
	리치 그라운드	퍼즐	모두의 마블	글로벌
	매직 더 개더링M	카드전략	매직 더 개더링	글로벌
	렐름 오브 챔피언스	액션	마블	글로벌

NHN
KP

매출액	1조2,646억 원
영업이익	686억 원
순이익	1,047억 원

이준호	17.38%
제이엘씨	14.06%
제이엘씨파트너스	10.22%
국민연금	6.17%

게임 관련 계열사, 투자/관계사 지분 소유 현황

계열사 및 투자/관계사	지분율
댄싱앤초이엔터테인먼트	15%
엔플루토	17%
모모	8%
엔에이치엔서비스	100%
와이즈캣	51%
플레이웍스	23%
미디어웹	24%
폴리곤게임즈	6%
데브시스터즈	16%
엔에이치엔빅풋	100%
엔에이치엔픽셀큐브	100%
레인보우야드	21%
바오밥넷	38%
에스엔게임즈	18%

▶ 투자포인트

- 2019년에 기대했던 2개의 신규 기대작 실패로 모멘텀 약화 → 신규 게임인 디즈니토이컴퍼니와 닥터마리오월드의 흥행 실패로 실적 하향 불가피.
- 크리티컬OPS(FPS)와 용비불패 IP를 활용한 액션 RPG 게임 및 일본 내 유명 IP를 활용한 게임 등이 출시될 예정.
- 수익성 좋은 웹보드 게임은 애플 앱스토어 성인인증 도입에 따라 추가적인 매출 성장이 기대.
- 웹보드 게임은 출시 이후 빠르게 애플 앱스토어 매출 순위 상승.
- 2020년 하반기부터 웹보드 규제 완화 가능성이 제기되면서 웹보드 게임 실적이 좋은 동사에 호재로 작용.
- 전자결제 부문인 페이코 관련 사업이 2019년에 흑자로 돌아섰고, 수익성 위주로 경영하고 있어 전자결제 사업에서 다시 영업적자가 발생하지 않을 전망.

▶ 게임 사업 매출 추이 및 전망

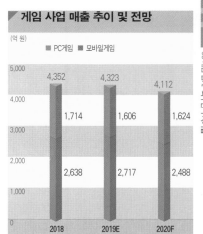

(억 원) ■ PC게임 ■ 모바일게임

	2018	2019E	2020F
합계	4,352	4,323	4,112
모바일게임	1,714	1,606	1,624
PC게임	2,638	2,717	2,488

▶ NHN 주요 게임 라인업

게임명	장르	개발사	출시시기
Angry birds island	캐주얼	NHN스튜디오629	2017년 4월 17일
한게임 슬롯	웹보드	NHN	2017년 7월 26일
한게임 섯다M	웹보드	NHN	2017년 8월 17일
피쉬 아일랜드:정령의 항로	리듬 액션	NHN픽셀큐브	2018년 7월 26일
모노가타리 푸크푸크	캐주얼	NHN Playart	2018년 8월 21일
RWBY: Amity Arena	액션	NHN	2018년 10월 26일
미이라사육법	퍼즐	NHN픽셀큐브	2019년 3월 21일
Disney Toy Company	퍼즐	NHN Playart	2019년 4월 17일
Dr. Mario World	캐주얼	NHN Playart	2019년 7월 10일
크리티컬OPS: Reloaded	FPS	NHN/크리티컬 포스	2019년 4분기
글로벌 애니메이션 IP 기반 게임	퍼즐	NHN	2020년
용비불패M	액션 RPG	NHN	2020년
웹툰 IP기반 게임	액션	-	2020년

펄어비스
KQ

매출액	4,048억 원
영업이익	1,681억 원
순이익	1,414억 원

김대일	36.18%
서용수	5.16%

▶ 투자포인트

- 동사의 대표작 검은사막이 한국 OBT시 150만 명 회원 가입과 PC방 점유율 RPG 1위(전체 4위) 기록 및 10만 명에 육박하는 최고 동시접속자 수 기록.
- 검은사막의 지역 및 플랫폼 확장이 매 분기 이어지고 있고, 2020년 신작 출시로 인한 IP 확장구간에 진입 → 단일 게임 디스카운트 우려 탈피 및 실적 성장 기대.
- 검은사막 모바일의 북미/유럽을 포함한 글로벌 출시 기대.
- 검은사막 내 게임 콘텐츠였던 '그림자전장'을 Spin-off한 신규 게임 '쉐도우아레나' 출시 흥행 기대.
- 자회사 CCP게임즈는 중국 넷이즈와 공동 개발한 Eve Online의 출시를 앞두고 있음.
- 2020년 출시 예정인 프로젝트 K, V, CD 등 신작 기대감으로 동사 주가 상승 예상.

▶ 매출 추이 및 전망

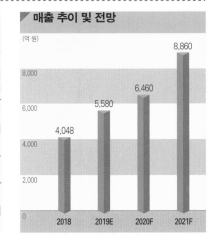

(억 원)

2018	2019E	2020F	2021F
4,048	5,580	6,460	8,860

▶ 영업이익(률) 추이 및 전망

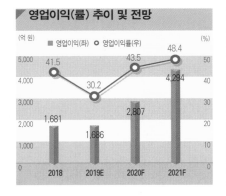

(억 원) ■ 영업이익(좌) ○ 영업이익률(우) (%)

	2018	2019E	2020F	2021F
영업이익	1,681	1,686	2,807	4,294
영업이익률	41.5	30.2	43.5	48.4

▶ 펄어비스 주요 게임 라인업

게임명	장르	개발사	출시시기
검은사막 온라인(태국/동남아)	PC MMORPG	펄어비스	2018년 1월 17일
검은사막 모바일(국내)	MMORPG	펄어비스	2018년 2월 28일
검은사막 모바일(대만/홍콩/마카오)	MMORPG	펄어비스	2018년 8월 29일
검은사막 모바일(일본)	MMORPG	펄어비스	2019년 2월 26일
검은사막 콘솔	Console MMORPG	펄어비스	2019년 3월 4일
검은사막 모바일(북미/유럽)	MMORPG	펄어비스	2019년 4분기
EVE Online: Infinite Galaxy(PC)	Sci-fi MMORPG	Netease/CCP게임즈	2019년
EVE Echoes(모바일)	Sci-fi MMORPG	Netease/CCP게임즈	2019년
Shadow Arena(모바일)	MMORPG	펄어비스	2019년
Project K(PC/콘솔)	FPS+AOS+MMO	펄어비스	2020년
Project V(모바일)	Casual MMORPG	펄어비스	2020년
Project CD(PC/모바일)	MMORPG	펄어비스	2020년
EVE War of Ascension(모바일)	Sci-fi 전략	CCP게임즈	2021년

MMORPG의 위기, '클라우드게임'이라는 기회

허약한 펀더멘털

국내 게임 시장 규모가 2019년을 기점으로 14조 원대를 넘어섰다. 10조 원대를 넘어선지 3년 만에 15조 원을 넘보고 있으니 성장세가 매섭다. 하지만 국내 게임 시장 규모를 찬찬히 살펴보면 성장세가 언제 꺾일지 걱정스러운 점이 한두 가지가 아니다.

시장 규모를 플랫폼별로 살펴보면 역시 모바일게임의 성장세가 눈부시다. 모바일게임은 2017년에 성장률이 무려 43.4%를 기록했다. 반면 PC게임 성장률은 마이너스를 면치 못하고 있다. 스마트폰 사용이 전국민적으로 확산되면서 게임 환경도 PC에서 모바일로 완전히 바뀌었음을 알 수 있다. 모바일게임이 전체 게임 시장을 이끌고 있는 것이다.

하지만, 최근 들어 모바일게임의 성장세가 눈에 띄게 가라앉고 있다. 2018년 43.4%의 성장률을 기록했다가 바로 그 다음 해인 2018년 7.8%로 확 꺾였다. 그 뒤로 계속 하락 추세다. 모바일게임 성장률이 떨어지면서 게임 전체 시장 성장률도 하락세를 이어가고 있다. 전문가들은 스마트폰 시장이 성숙기로 접어들면서 모바일게임도 그 영향을 받지 않을 수 없다고 지적한다.

40% 넘는 성장세가 1년 사이에 10% 미만으로 가라앉은 건 문제가 좀 있다. 그만큼 국내 게임 산업의 기초체력(fundamental)이 튼실하지 못하다는 얘기다. 게임의 구성이 몇몇 대작들 위주로 편재되어 있다 보니, 일부 대작 게임의 출시가 연기되거나 흥행이 시큰둥하면 곧바로 시장 전체의 불황으로 이어지고 만다. 수익을 창출하는 게임 레퍼토리가 다채롭지 못하다보니 게임사들의 실적도 자주 출렁거린다. 게임주 투자자들로서는 늘 불안할 수밖에 없다.

투자자의 불안을 잠식하는 성장주들

2020년 이후부터는 다행히 게임주 투자자들의 불안을 어느 정도 해소해 줄만한 호재들이 있을 전망이다. 무엇보다 국내 게임 업체들의 게임 출시 개수가 2018년 4분기 이후 조금씩 증가하며 라인업 회복 시기에 진입하였고, 개발기간이 3년 이상 걸린 대형 프로젝트 게임의 출시도 예정되어 있다. 게임 출시의 양적, 질적 성장이 기대된다.

2020년은 이들 게임의 성과가 본격적으로 드러나는 시기가 될 전망이다. 당연히 게임사들의 주가에도 큰 영향이 미칠 것으로 예상된다. 신작 출시 지연은 게임사의 실적 하락에 가장 직접적인 영향을 끼친다. 투자자로서는 반드시 게임사의 신작 라인업 계획을 꼼꼼히 체크해둬야 한다.

게임 시장 대장주 엔씨소프트는 '리니지2M'에 대한 모멘텀이 극대화되는 시기에 진입한 것으로 분석된다. '리니지2M'은 엔씨소프트가 오랫동안 공들여 준비한 게임이고, 또 엔씨소프트가 처음으로 개발하는 모바일 3D MMORPG일뿐만 아니라 현존하는 최고의 게임 퀄리티를 자부하고 있어 투자자들의 기대가 상당히 높다. 엔씨소프트는 '리니지2M'에 이어 '아이온', '블레이드&소울', '길드워' 등 보유하고 있는 IP의 가치가 동반 상승할 것으로 기대하고 있다.

네오위즈는 '브라운더스트', '피망', '블레스' IP 비즈니스 본격화로 영업이익 상승 구간에 진입한 것으로 판단된다. 무엇보다 네오위즈 전체 매출의 30% 이상을 차지하는 웹보드 게임 매출이 꾸준한 성장세를 보이면서 캐시 카우 역할을 톡톡히 하고 있다. 애플의 성인인증 도입에 따른 웹보드 게임 출시로 추가적인 매출 상승이 기대를 모은다.

펄어비스는 2019년 2월 '검은사막' 모바일 일본 진출, 3월 '검은사막' 콘솔 Xbox 버전, 8월 PS4 버전 출시 등 매분기마다 플랫폼 확장 이벤트를 진행해왔다. '검은사막' 모바일이 북미/유럽을 포함한 글로벌 출시를 성공적으로 마무리하게 되면 펄어비스의 실적과 주가는 좀 더 큰 폭으로 상승할 전망이다. 아울러 '검은사막' 내 게임 콘텐츠였던 '그림자전장'을 Spin-off한 신규 게임 '쉐도우아레나'도 나름 제몫을 다할 것으로 보인다. 2020년에는 프로젝트 K, V, CD의 출시를 준비 중이어서 당분간 펄어비스의 성장 스토리는 계속될 전망이다.

웹젠은, MU IP를 활용하여 2019년 7월 중국에서 출시한 후 중국 애플 앱스토어에서 톱10을 기록한 '정령성전'이 매출에 크게 기여할 것으로 분석된다. 웹젠은 오래전부터 게임을 직접 개발하기 보다는 IP 비즈니스 중심으로 중국 내 게임 출시를 진행해왔는데, 중국 내 MU의 IP 인지도가 높아 이를 활용한 게임이 꾸준히 성과를 거두고 있다. 2014년 '전민기적', 2018년 '뮤:기적각성'에 이어 2019년 '정령성전'이 중국 앱스토어 매출 순위 상위권에 자리잡는 등 국내 게임 회사 중 IP를 가장 잘 활용하는 회사로 자리매김했다.

MMORPG의 불편한 미래

국내 게임 시장에서 빼놓을 수 없는 장르는 MMORPG다. 대규모 다중 사용자 온라인 롤 플레잉 게임(Massive Multiplayer Online Role Playing Game)을 뜻하는 MMORPG의 영향력은 국내 게임 시장에서 독보적이다. MMORPG는 PC게임이 주류였던 2000년대에도 비중이 상당했다. '바람의 나라(1996년)', '리니지(1998년)', '뮤(2001년)', '메이플스토리(2003년)', '월드오브워크래프트(2004년)', '던전앤파이터(2005년)' 등에 이어 2010년대에도 '테라(2011년)'를 시작으로 '블레이드&소울(2012년)', '검은사막(2015년)' 등 게임에 문외한인 사람조차도 귀에 익은 이름들이 MMORPG 장르를 장식했다.

모바일게임 시대에 들어서도 MMORPG의 기세는 꺾이지 않고 이어졌다. '리니지2:레볼루션(2016년)'을 시작으로 '리니지M(2017년)', '검은사막M(2018년)', '로한M(2019년)' 등이 성공 계보를 이어가고 있다.

펄어비스 검은사막 국내외 매출 추이 및 전망

(억 원) ■ 국내 매출 ■ 해외 매출

	2018	2019E	2020F
해외 매출	297	2,034	1,910
국내 매출	2,435	1,390	897
합계	2,732	3,424	2,807

국내 게임사 중 가장 주목을 끄는 펄어비스의 '검은사막M'은 2019년과 2020년을 기점으로 국내보다는 해외 시장에서 큰 폭의 매출을 거둘 것으로 전망된다.

하지만, 일각에서는 국내 MMORPG 시장의 성장 수명이 거의 다했다는 주장이 제기되고 있다. '리니지2:레볼루션', '리니지M'의 성공 이후 일 매출 50억 원 이상을 넘는 게임이 등장하지 않았고, '리니지M'의 앱스토어 매출을 넘어선 게임이 없다는 점을 근거로 MMORPG의 미래를 어둡게 전망하고 있는 것이다.

이에 대해 MMORPG의 성장 둔화를 얘기하는 것은 성급하다는 반론도 만만치 않다. MMORPG의 라인업 면면을 보면 여전히 국내 시장에서 절대적인 지지를 받는 게임들이고, 또 '리니지2:레볼루션'과 '리니지M'의 성과를 뛰어넘을 게임 출시가 임박했음을 들어 반박한다.

MMORPG의 하락세를 부정하는 주장을 좀 더 들어보면, 국내 게임 시장 매출의 60% 이상을 차지하는 MMORPG의 성장 둔화는 곧 국내 게임 시장의 침체와 직결되는데, 시장 성장률이 예년만 못한 건 사실이지만, 시장 침체를 우려할 정도는 아니기 때문이다. 앱스토어 매출 상위권의 대부분을 MMORPG가 차지하고 있다는 점이 뒷받침 한다. 대형 신작 프로젝트가 출시를 앞두고 있는 점도 MMORPG의 미래를 밝게 한다. 엔씨소프트의 '리니지2M', 넷마블의 'A3: Still Alive', '세븐나이츠2', 넥슨의 '바람의 나라:연', 'V4', '메이플스토리 오디세이', '던전앤파이터M' 등이 출시를 기다리는 대형 신작 라인업이다.

국내 게임 시장에서 MMORPG의 막대한 비중을 감안하건대, 게임 업계 입장에서는 MMORPG의 성장 둔화 조짐을 우려하는 목소리를 경계하지 않을 수 없다. 그렇잖아도 부침이 심한 게임주 가치를 훼손할 수 있기 때문이다. 하지만 몇몇 대작 출시 이벤트만으로 시장의 흐름을 아예 부정할 수도 없는 노릇이다. 게임 업계로서는 고민이 깊어질 수 밖에 없다.

게임 시장에도 5G 구름(cloud)이 몰려온다!

글로벌 게임 산업에서 가장 주목을 끄는 이슈는 클라우드게임이다. 구글플레이가 '스태디아'라는 클라우드게임 서비스를 시작했고, 마이크로소프트와 텐센트도 각각 클라우드게임 서비스인 'X클라우드'와 '스타트'를 공개했다. 여기에 아마존도 플랫폼 기업인 게임스파크를 인수하며 클라우드게임 시장으로 진출할 준비에 나섰다.

클라우드게임(Cloud Game)이란 게임을 서버에 저장한 채 각각의 단말기 사용자들이 서버에 접속해 게임을 불러내 즐길 수 있도록 한 것으로, 클라우드 서비스의 일종이다. 즉 신종 게임들을 내 컴퓨터에 깔지 않고 일정 비용을 지불하고 클라우드 서비스에 접속하면 된다. PC, TV, 태블릿 및 스마트폰 등 다양한 IT기기로 이용할 수 있다.

게임 유저들에게 클라우드게임이 매력적일 수밖에 없는 이유는, 클라우드 서버에서 게임 플레이에 필요한 연산을 대신해주는 형태이기 때문에 사용자 디바이스의 성능과 상관없이 모든 사용자가 고사양의 게임 플레이를 즐길 수 있다는 점이다. 따라서 유저들이 고성능의 게임PC 혹은 콘솔기기를 구매하지 않아도 된다.

클라우드게임 시장의 성장 가능성은 넷플릭스의 사례에서 찾을 수 있다. 전문가들은 넷플릭스가 영상 콘텐츠 산업의 트렌드를 바꾸어 놓은 것처럼 클라우드게임이 게임 산업의 파괴적 혁신으로 작용할 수 있다고 진단한다. 이미 모두가 알고 있는 것처럼 넷플릭스는 영상 콘텐츠를 구매하는 대신 월정액을 내고 자유롭게 이용 가능한 '구독' 방식의 수익 모델을 도입함으로써 빠르게 이용자를 확보하면서 성장했다. 클라우드게임 비즈니스 모델 또한 게임을 구매하는 대신 일정 수준의 월정액을 지불하고 여러 종류의 게임을 다양하게 이용하는 형태가 될 것으로 예상된다. 따라서 넷플릭스의 사례와 마찬가지로 대형 기업들이 '구독'이라는 새로운 수익 모델을 통해 게임 산업의 패러다임을 바꿔놓을 것이라는 기대감이 조성되고 있다.

클라우드게임의 성공 가능성을 높게 평가하는 또 다른 핵심 요인은 5G의 확산이다. 클라우드 서비스는 5G라는 든든한 통신망의 지원 없이는 불가능하기 때문이다. 온라인게임의 서비스 퀄리티에 중요한 요소 중 하나가 바로 '지연시간(Delay Time)'이다. 지연시간이란 유저의 조작을 게임 서버가 인지하고 처리한 이후 다시 화면에 반영되기까지 걸리는 시간이다. 일반적으로 유저가 게임 플레이를 할 때 불편함을 느끼지 않는 지연시간은 60ms(ms=밀리세컨드, 1/1,000초) 수준이다. 그런데 LTE 환경에서 클라우드게임 서비스들의 지연시간은 200ms 이상이었기 때문에 유저들은 게임을 하는데 적지 않게 불편했다. 이로 인해 LTE 시대에서는 클라우드게임이 시장의 주류로 자리잡지 못한 것이다. 소니의 PS Now와 같이 이미 존재하는 클라우드게임 서비스가 성공을 거두지 못했던 이유 중 하나는 4G 통신 환경에서 유저들에게 쾌적한 게임 환경을 제공할 수 없었기 때문이다.

넷플릭스가 LTE 통신망의 보급 확대에 따른 스트리밍 품질 개선으로 성공할 수 있었던 것처럼 클라우드게임 서비스 사업자들은 5G 인프라 보급 확산을 통해 유저들에게 쾌적한 게임 환경을 제공할 수 있다. 5G 환경에서는 지연시간을 60ms 이하로 줄일 수 있기 때문이다. 클라우드게임을 가리켜 5G의 최고 수혜 비즈니스 모델 중 하나로 지목하는 것은 결코 과장이 아니다.

클라우드게임의 파티는 이미 시작됐다?!
전문가들은 클라우드게임 시장의 도래로 가장 큰 수혜를 볼 수 있는 기업은 단연 온라인게임 개발사가 될 것이라 전망한다. 엔씨소프트는 새로운 온라인게임 신작인 '프로젝트TL'을 PC와 콘솔 등 다양한 디바이스에서 모두 서비스가 가능하도록 개발하고 있다. 펄어비스의 게임 '검은사막'도 PC뿐 아니라 X-Box 버전까지 출시를 마쳤다. 이미 펄어비스는 '검은사막'을 구글의 스태디아 및 마이크로소프트의 X클라우드를 통해서 서비스할 것임을 발표했다.

클라우드게임 서비스는 한 번의 개발을 통해서 PC, 콘솔, 모바일 등 모든 디바이스에서의 게임 서비스를 가능하게 하기 때문에 개발사 입장에서는 개발 기간 및 비용을 크게 줄임은 물론, 다수의 유저에게 자신의 게임을 서비스할 수 있는 새로운 플랫폼을 제공한다.

다만, 클라우드게임이 게임 산업의 체인저로 군림하기에는 시간이 좀 더 필요해 보인다. 클라우드게임이 기존 게임 시장에 큰 변화를 가져오기 위해서는 과거에는 게임을 하지 않던 사람들을 게임 시장으로 유입시키거나, 기존에 특정 디바이스를 통해 게임을 하던 유저들(PC, 콘솔, 모바일 등)을 자신의 플랫폼으로 이동시켜야 하기 때문이다.

업계에서는 클라우드 게임 시장이 2023년에 25억 달러 규모로 성장할 것으로 보고 있다. 구글과 아마존 등 인터넷 거대 자본들이 시장에 뛰어든 이상 성장은 시간문제일 뿐이다.

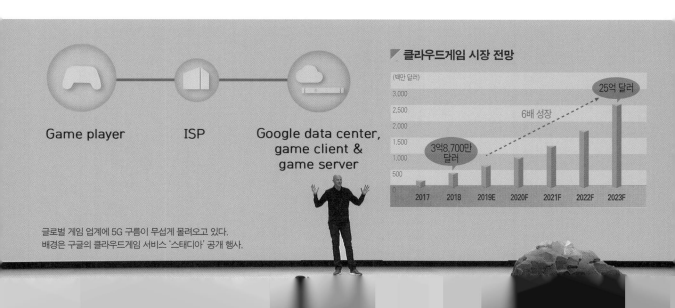

Game player — ISP — Google data center, game client & game server

클라우드게임 시장 전망

(백만 달러)

3,000 / 2,500 / 2,000 / 1,500 / 1,000 / 500 / 0

2017 2018 2019E 2020F 2021F 2022F 2023F

3억8,700만 달러 / 6배 성장 / 25억 달러

글로벌 게임 업계에 5G 구름이 무섭게 몰려오고 있다.
배경은 구글의 클라우드게임 서비스 '스태디아' 공개 행사.

여행, 호텔, 카지노 업계

세계 여행 시장은 여전히 성장 중!

세계 여행 시장 규모 추이 관광객 수 기준, 괄호 안은 전년 대비 성장률(%)

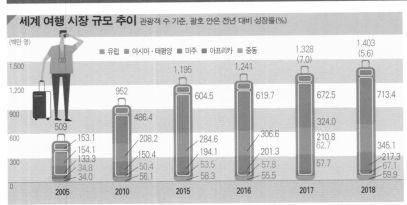

자료: UNWTO World Tourism Barometer

세계 여행 시장 규모 지역별 비중 단위: %

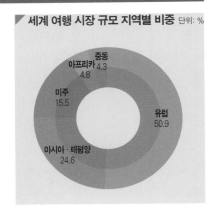

중동 4.3
아프리카 4.8
미주 15.5
유럽 50.9
아시아·태평양 24.6

국가별 관광 수입 '톱10'   국가별 외국인 관광객 '톱10'

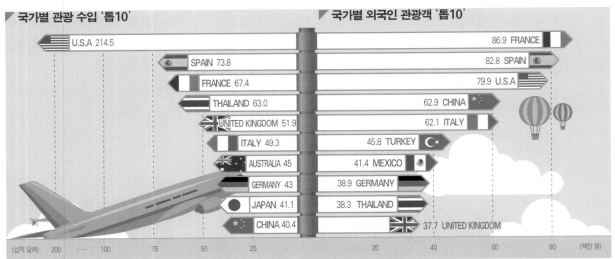

국가별 관광 수입 '톱10'	국가별 외국인 관광객 '톱10'
U.S.A 214.5	86.9 FRANCE
SPAIN 73.8	82.8 SPAIN
FRANCE 67.4	79.9 U.S.A
THAILAND 63.0	62.9 CHINA
UNITED KINGDOM 51.9	62.1 ITALY
ITALY 49.3	45.8 TURKEY
AUSTRALIA 45	41.4 MEXICO
GERMANY 43	38.9 GERMANY
JAPAN 41.1	38.3 THAILAND
CHINA 40.4	37.7 UNITED KINGDOM

(십억 달러)   (백만 명)

자료: UNWTO World Tourism Barometer

한국인 해외여행 방문국 '톱10' 단위: 만 명, 2017년 기준

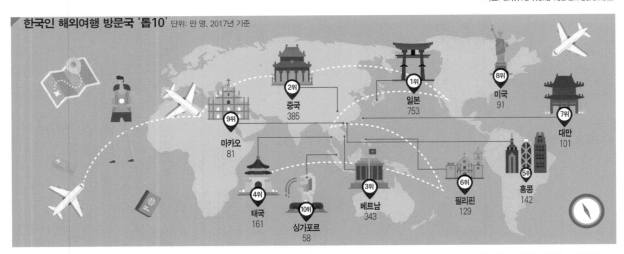

2위 중국 385
1위 일본 753
8위 미국 91
9위 마카오 81
7위 대만 101
6위 필리핀 129
5위 홍콩 142
4위 태국 161
10위 싱가포르 58
3위 베트남 343

- 2018년 한국인이 가장 많이 찾은 나라는 일본이지만, 2019년 8월 일본 아베정부의 화이트리스트 배제 조치 이후 일본 여행이 급격히 줄어듦.
- 2017년 사드 배치로 인한 한한령 여파로 중국 여행 시장 인바운드/아웃바운드 규모가 급격히 줄어든 점을 상기하건대, 해외 여행 시장은 정치·외교적인 영향에 대단히 민감함.

국내 여행 시장은 여전히 고전 중!

외국인 입국자 vs. 내국인 출국자

(만 명)
○ 내국인 출국자
○ 외국인 입국자

3,000
2,500
2,000
1,500
1,000
500

2011: 1,269 / 979
2014: 1,608 / 1,420
2016: 2,238 / 1,724
2018: 2,869 / 1,534

입국 외국인 vs. 출국 한국인 1인당 평균 소비액

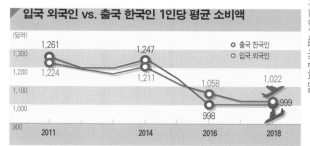

(달러)
○ 출국 한국인
○ 입국 외국인

1,300
1,200
1,100
1,000
900

2011: 1,261 / 1,224
2014: 1,247 / 1,211
2016: 1,058 / 998
2018: 1,022 / 999

- 한국인의 출국은 해마다 늘고 있지만 한국을 방문하는 외국인 증가는 상대적으로 더딤 → 외국인 입국자 수는 2018년 1,534만6,879명으로 2011년(979만4,796명)에 비해 500여만 명이 늘어난 수준. 당시 사드 배치에 따라 중국에서 한한령이 시행된 영향이 큰 것으로 분석.
- 해외 방문 한국인은 한국을 찾는 외국인보다 소비가 큰 편 → 2018년 해외 방문 한국인 1인당 1,022달러를 썼는데, 한국 방문 외국인은 999달러를 소비.

관광 지출 vs. 관광 수입 추이

괄호 안은 성장률(%)

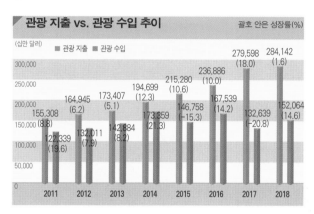

(십만 달러)
■ 관광 지출 ■ 관광 수입

300,000
250,000
200,000
150,000
100,000
50,000
0

2011: 155,308 (8.8) / 122,339 (19.6)
2012: 164,945 (6.2) / 132,011 (7.9)
2013: 173,407 (5.1) / 142,884 (8.2)
2014: 194,699 (12.3) / 173,359 (21.3)
2015: 215,280 (10.6) / 146,758 (-15.3)
2016: 236,886 (10.0) / 167,539 (14.2)
2017: 279,598 (18.0) / 132,639 (-20.8)
2018: 284,142 (1.6) / 152,064 (14.6)

한국 관광수지 추이

단위: 억 달러

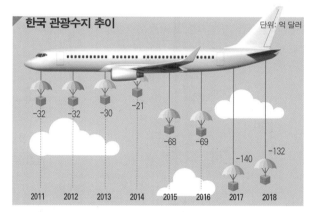

2011: -32
2012: -32
2013: -30
2014: -21
2015: -68
2016: -69
2017: -140
2018: -132

- 해외로 나가는 한국인은 크게 늘고 있고 외국인의 방문은 상대적으로 느리게 증가함에 따라 관광수지 적자는 매년 급증 추세.
- 2018년에도 132억7,800만 달러의 관광수지 적자를 기록해 2011년(-32억9,690만 달러)보다 적자가 4배 가량 증가. 2017년보다는 적자 폭이 줄었지만, 당시는 여행 업계가 한한령 직격탄을 맞으면서 큰 손실이 일어남.

인바운드 여행, 서울/쇼핑에 집중!

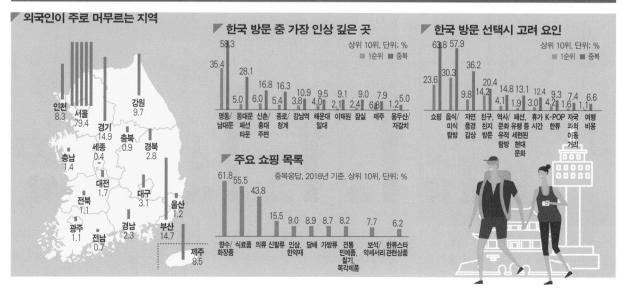

▼ 외국인이 주로 머무르는 지역

인천 8.3
서울 79.4
강원 9.7
경기 14.9
충북 0.9
세종 0.4
경북 2.8
충남 1.4
대전 1.7
대구 3.1
전북 1.1
울산 0.6
광주 1.1
경남 2.3
부산 14.7
전남 0.7
제주 8.5

▼ 한국 방문 중 가장 인상 깊은 곳

상위 10위, 단위: %
■ 1순위 ■ 중복

명동/남대문: 58.3 / 35.4
동대문패션타운: 28.1 / 5.0
신촌홍대주변: 16.8 / 6.0
종로청계: 16.3 / 5.4
강남역 일대: 10.9 / 4.0
해운대: 9.5 / 2.1
이태원: 9.1 / 2.4
잠실: 9.0 / 6.8
제주: 7.9 / 1.2
용두산/자갈치: 5.0

▼ 주요 쇼핑 목록

중복응답, 2018년 기준, 상위 10위, 단위: %
향수/화장품: 61.8
식료품: 55.5
의류: 43.8
신발류: 15.5
인삼·한약재: 9.0
담배: 8.9
가방류: 8.7
전통민예품·칠기·목각제품: 8.2
보석/액세서리: 7.7
한류스타 관련상품: 6.2

▼ 한국 방문 선택시 고려 요인

상위 10위, 단위: %
■ 1순위 ■ 중복

쇼핑: 63.8 / 23.6
음식 탐방: 57.9 / 30.3
자연 풍경 감상: 36.2 / 9.8
친구 친지 방문: 20.4 / 14.2
역사/문화유적 탐방: 14.8 / 4.1
패션·문화 세련된 현대문화: 13.1 / 1.9
휴가 시간: 12.4 / 3.0
K-POP 한류: 9.3 / 4.2
자국 과의 이동 거리: 7.4 / 1.6
여행 비용: 6.6 / 1.1

공급 과잉, 경쟁 심화로 호텔 업계 울상!

국내 호텔 증가 추이 괄호 안은 전년 대비 증가율(%)

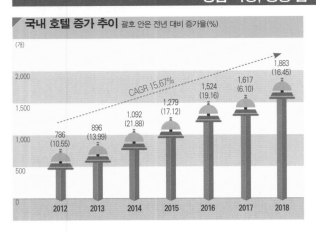

국내 호텔 객실 증가 추이 괄호 안은 전년 대비 증가율(%)

자료: 한국관광호텔협회, 관강숙박업 등록현황

- 국내 호텔 산업의 양적인 성장세는 당분간 지속될 전망 → 2012년 7월 '관광숙박시설 확충을 위한 특별법' 시행으로 관련 규제가 완화되어 기존에 3% 수준에 머물렀던 평균객실 증가율이 10%대로 증가.
- 국내 외국인 입국자 수 증가율이 해마다 감소함에도 불구하고 국내 호텔 산업이 양적으로 팽창함에 따라 공급 과잉과 경쟁 심화 부작용 우려.

지역별 객실 매출 규모 및 비중

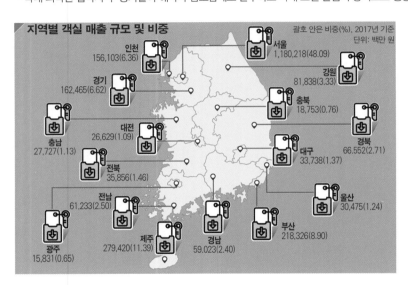

관광호텔 등급별 매출 비중

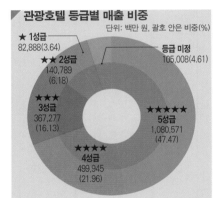

- 국내 관광호텔의 경우 5성급 호텔 매출이 시장의 47%를 차지하는 이유는, 호텔 시장에서 시설 및 서비스 경쟁이 치열하게 일어나고 있음을 방증.

방한 중국인 vs. 일본인 추이

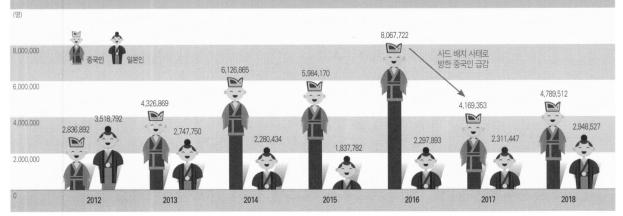

- 국내 호텔 산업에서 방한 중국인, 일본인 수치는 전체 시장의 운명을 가늠할 정도로 비중이 큼.
- 특히 방한 중국인의 비중이 상당한 데, 2017년 수치가 절반 가까이 줄어든 이유는 사드 배치 결정 이후 지속된 한국행 전세기 운항 금지, 한한령 실시, 한국행 단체여행 판매 전면 중단 등 중국정부의 보복 조치 때문임. 이로 인해 2017년 전체 방한 외국인 입국자 수 규모가 감소세로 돌아섬.

카지노에 배팅하지 말고 카지노株에 투자하기!

카지노 업소별 매출	업소명(법인명)	카지노 업소별 입장객 수
매출(백만 원)		입장객(명)
296,277	파라다이스카지노 워커힐지점【(주)파라다이스】	463,167
195,145	세븐럭카지노 서울강남코엑스점【그랜드코리아레저(주)】	476,338
202,909	세븐럭카지노 서울강북힐튼점【그랜드코리아레저(주)】	748,840
64,496	파라다이스카지노 부산지점【(주)파라다이스】	141,000
84,360	세븐럭카지노 부산롯데점【그랜드코리아레저(주)】	253,253
249,407	파라다이스카지노【(주)파라다이스세가사미】	298,275
238	알펜시아카지노【(주)지바스】	3,424
16,457	인터불고대구 카지노【(주)골든크라운】	79,953
27,912	공즈카지노【길상창휘(유)】	44,880
24,415	파라다이스카지노 제주지점【(주)파라다이스】	73,046
10,393	마제스타카지노【(주)마제스타】	7,871
8,046	로얄팔레스카지노【(주)건하】	17,885
4,276	엘티카지노【엘티엔터테인먼트】	14,110
8,281	제주썬카지노【(주)지앤엘】	24,878
227,766	랜딩카지노【람정엔터테인먼트코리아(주)】	178,633
13,291	메가럭카지노【(주)메가럭】	12,756
1,400,081	강원랜드카지노【(주)강원랜드(내국인 대상)】	2,851,88

1,500,000 ‥‥‥‥ 300,000 200,000 100,000 0　0 200,000 400,000 600,000 800,000 ‥‥‥ 3,000,000

국내 카지노 매출 성장률 추이

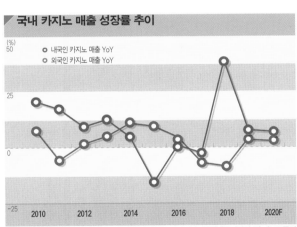

○ 내국인 카지노 매출 YoY
○ 외국인 카지노 매출 YoY

자료: 문화체육관광부, 사행산업통합감독위원회, 각 사, KB증권
주: 외국인 카지노 매출액은 카지노 외화 수입

국내 카지노 방문객 성장률 추이

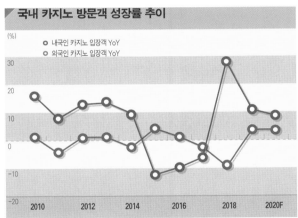

○ 내국인 카지노 입장객 YoY
○ 외국인 카지노 입장객 YoY

자료: 문화체육관광부, 사행산업통합감독위원회, 각 사, KB증권

국내 카지노 시장 규모 및 업체별 매출 성장률 전망

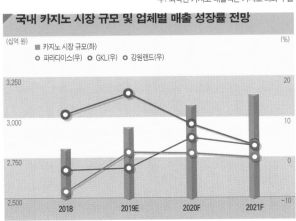

(십억 원)　　　　　　　　　　　　　　　　(%)
■ 카지노 시장 규모(좌)
○ 파라다이스(우)　○ GKL(우)　○ 강원랜드(우)

자료: 문화체육관광부, 사행산업통합감독위원회, 각 사, KB증권
주: 카지노 시장 규모는 카지노 외화 수입에 강원랜드 순매출 합산

국내 카지노 이용객 및 업체별 방문객 수 성장률 전망

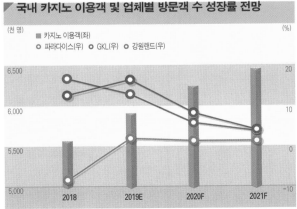

(천 명)　　　　　　　　　　　　　　　　(%)
■ 카지노 이용객(좌)
○ 파라다이스(우)　○ GKL(우)　○ 강원랜드(우)

자료: 문화체육관광부, 사행산업통합감독위원회, 각 사, KB증권 추정
주: 카지노 이용객은 외국인 카지노 방문객에 강원랜드 방문객 합산

하나투어
KP

매출액	8,283억 원
영업이익	249억 원
순이익	106억 원

9.86%	국민연금
7.96%	키움프라이빗에쿼티
7.83%	박상환(대표이사)
5.37%	권희석

주요 계열사 소유 지분

웹투어	76.99%
하나투어아이티씨	100%
하나티앤미디어	51%
하나투어비즈니스	100%
고려여행사네트워크	60%
마크호텔	100%
에스엠면세점	90.13%
월디스투어	50%
오케이투어	48.92%
호텔앤에어닷컴	50%
넥스투어	100%(←웹투어)
센터마크호텔	50%(←하나투어아이티씨)

▶ 투자포인트

- 전세계 20만여 개 여행상품을 전국 8,000여 개의 협력여행사, 온라인 포털, 쇼핑몰 등의 다양한 유통 채널을 통해 판매하는 종합 여행 홀세일러.
- 원화가치 하락과 내수경기 불안이 해외 여행 수요 약세 요인으로 작용 중인 가운데, 일본상품 불매운동으로 인해 일본향 여행 수요가 급락하면서, 여행 업황은 2011년 일본 대지진 당시보다도 안 좋은 상황.
- 동사는 티마크호텔명동을 인수하면서 890억 원 규모의 추가 대출을 받기로 해 재무 측면에서 부담 가중 → 2019년 상반기 기준 부채 비율이 323%에 달함.
- 동사의 주가는 2019년 하반기 기준 상당히 하락한 상태이지만, 여행 업황 약세국면이 장기화될 가능성이 있어 바닥권 매집시점으로 판단하기에는 아직 이른 감이 있음.

▶ 매출 및 영업이익

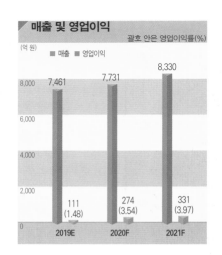

괄호 안은 영업이익률(%)

▶ 패키지 상품 송객 수 추이 괄호안은 전년 대비 증감률(%)

모두투어
KQ

매출액	3,650억 원
영업이익	166억 원
순이익	122억 원

10.87%	우종웅(대표이사)
5.21%	JPMorgan Asset Management (UK) Limited
89.92%	크루즈인터내셔널
100%	모두스테이
79.81%	자유투어
50%	호텔앤에어닷컴

▶ 투자포인트

- 동사는 일본노선 급감 및 전반적인 아웃바운드 부진으로 2019년 3분기부터 주가가 큰 폭의 조정을 받았음.
- 2020년에도 일본노선이 회복되지 않는 이상 주가 반등은 기대하기 어려울 전망.
- 일본과의 외교적 타결이 이뤄질 경우 주가 급반등할 것으로 예상되는 바, 오히려 지금 시점이 동사의 주가 매수 타이밍이라는 주장이 증권가에서 제기되기도 함.
- 자회사인 자유투어도 전반적인 아웃바운드 사업 부진 영향을 받으면서 적자 폭 늘어나는 추세.
- 동사는 자구책으로 구조조정 돌입 → 오프라인 영업본부 내 12개 대리점을 서울(2)과 수도권, 충청, 호남, 경남, 대구 등 7개로 재편하고 온라인영업부와 제휴영업부를 채널영업부로 통합.

▶ 매출 및 영업이익

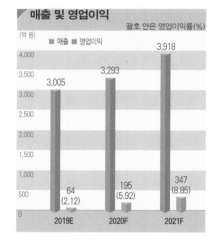

괄호 안은 영업이익률(%)

▶ 자회사 매출 추이

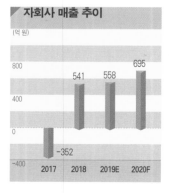

▶ 패키지 상품 송객 수 추이 괄호 안은 전년 대비 증감률(%)

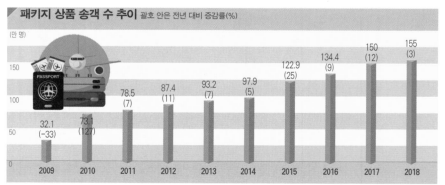

레드캡투어 KQ

매출액	2,549억 원
영업이익	255억 원
순이익	141억 원

38.39% → KOO BENNETT (구본호)

35.97% → 조원희 (범한판토스 최대주주)

▶ 투자포인트

- 고수익성의 기업 대상 여행 사업 확대로 수익성 개선 전망 → 기업 대상 상용 출장 여행 사업은 국내 시장점유율 1위 영위.
- 해마다 적자를 내는 B2C 여행상품 판매 사업은 구조 조정 중 → 이로 인해 2019년 1분기 여행 부문의 영업이익률은 37.5%로 전년 동기 대비 8.5%p 상승.
- 동사에서 캐시 카우 역할을 하는 렌터카 사업은 4년 단위 신규 계약 증가로 대여 수익 및 매각 수익성 개선 기대됨.
- 차량 계약은 3년 혹은 4년으로 이루어지는데, 원가구조상 4년 계약은 3년 계약 대비 운영수익률은 낮지만 매각수익률이 높음.
- 2014년 급증한 4년 계약 차량의 매각시기가 2018년부터 도래해 수익성 개선 예상.

▶ 여행 사업 송출 인원 수 추이

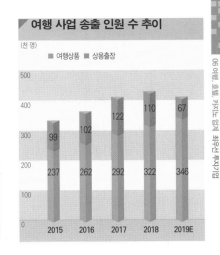

(천 명) ■ 여행상품 ■ 상용출장

	2015	2016	2017	2018	2019E
상용출장	99	102	122	110	67
여행상품	237	262	292	322	346

▶ 사업 부문별 영업이익률 추이

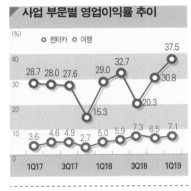

(%) ○ 렌터카 ● 여행

렌터카: 28.7 28.0 27.6 15.3 29.0 32.7 20.3 30.8 37.5
여행: 3.6 4.6 4.9 2.7 5.0 5.9 7.3 6.5 7.1

1Q17 3Q17 1Q18 3Q18 1Q19

▶ 사업 부문별 영업수익 비중

단위: %

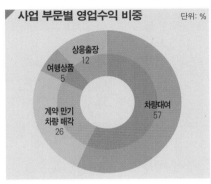

- 상용출장 12
- 여행상품 5
- 계약 만기 차량 매각 26
- 차량대여 57

▶ 사업 차량 보유대수

(대)

2015	2016	2017	2018	2019E
17,155	18,542	19,233	17,200	18,127

노랑풍선 KQ

매출액	1,083억 원
영업이익	35억 원
순이익	45억 원

68% → 고재경 (대표이사) 및 관계인

100% → 노랑풍선 시티버스

30% → YELLOW BALLOON JAPAN, CO., LTD

▶ 투자포인트

- 2001년 9월 설립, 2019년 1월 코스닥 상장.
- 직접판매를 통한 대리점 수수료 절감으로 경쟁사에 비해 가격경쟁력 보유(국내 직접판매 여행 시장 1위) → 온라인 직영몰, ARS, VIP라운지 등을 통해 여행 상품을 직접 판매하고 있음(직판 비중 80%).
- 광고 확대 및 서울시티투어버스 운용 등 강력한 브랜드 파워 구축 → 2016년 하반기부터 종합 여행사 인지도 기준 하나투어(92%) 및 모두투어(87%)에 이어 3위 영위(79%).
- 전국 시티투어 버스 이용자 수는 2013년 79만 명에서 2016년 116만 명으로 46% 증가했으며, '노랑풍선 시티버스'는 경쟁사 대비 버스 크기가 대형이고 2층 천장이 오픈된 전면개방형으로 고객들에게 큰 호응 얻음.

▶ 경영실적 추이 및 전망

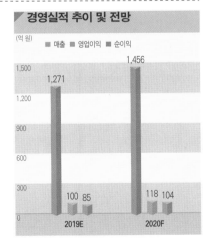

(억 원) ■ 매출 ■ 영업이익 ■ 순이익

	2019E	2020F
매출	1,271	1,456
영업이익	100	118
순이익	85	104

▶ 항공권 판매 사업 매출 추이

(억 원)
■ 항공권 판매 인센티브
■ 항공권 총액 매출
■ 항공권 판매 수입

	2018	2019E	2020F
항공권 판매 인센티브	169	191	216
항공권 총액 매출	470	568	650
항공권 판매 수입	101	147	169
	200	230	265

▶ 유통 채널별 판매 비중

단위: %

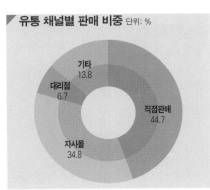

- 기타 13.8
- 대리점 6.7
- 직접판매 44.7
- 자사몰 34.8

▶ 해외 송출객 실적 및 시장점유율 추이

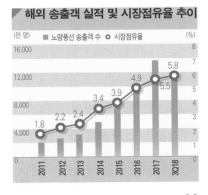

(만 명) ■ 노랑풍선 송출객 수 ● 시장점유율 (%)

시장점유율: 1.8 2.2 2.4 3.4 3.9 4.9 5.5 5.8

2011 2012 2013 2014 2015 2016 2017 3Q18

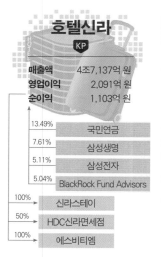

호텔신라
KP

매출액	4조7,137억 원
영업이익	2,091억 원
순이익	1,103억 원

13.49%	국민연금
7.61%	삼성생명
5.11%	삼성전자
5.04%	BlackRock Fund Advisors

100%	신라스테이
50%	HDC신라면세점
100%	에스비티엠

▶ 투자포인트

- 면세점 사업에 비해 실적에서 차지하는 비중은 낮으나 호텔&레저 부문의 손익 개선세 진입.
- 2013년 첫 개장한 비즈니스 호텔 신라스테이가 시장에 안착하며 적자 폭 줄임 → 2015년 5개 스테이를 오픈하며 인지도를 높였고, 프리미엄 비즈니스 호텔이라는 틈새를 파고 들어 투숙률을 80%로 끌어올림.
- 사드 사태로 2017년은 투숙률이 잠시 주춤했으나 개별 관광객에게도 높은 만족도로 호응을 얻어 2019년은 비수기인 1분기에도 투숙률이 80%대를 유지 → 2020년에도 국내에 추가적으로 2개의 신라스테이를 오픈할 계획.
- 베트남 다낭에 '신라모노그램'이라는 브랜드로 호텔 오픈 → 모노그램은 신라호텔과 신라스테이의 중간급 브랜드로, 위탁경영 형태로 투자 부담 최소화.

■ 호텔/레저 사업 실적 추이 및 전망

괄호 안은 영업이익률(%)

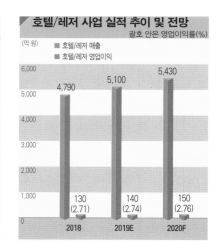

■ 신라스테이 영업이익(률) 추이

■ 신라스테이 오픈 추이

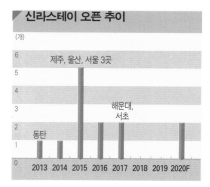

■ 신라스테이 투숙률 추이

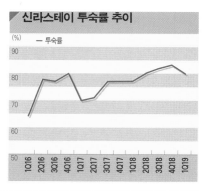

GKL
KP

매출액	4,803억 원
영업이익	1,029억 원
순이익	777억 원

51%	한국관광공사
11.38%	국민연금
5.42%	신영자산운용

▶ 투자포인트

- 2006년에 강남 코엑스점, 밀레니엄 서울힐튼점, 부산 롯데점을 차례로 오픈하였고, 이후 일본 및 마카오 등에 사무소를 설립하여 VIP 모객 전략을 효과적으로 일궈냄.
- 동사는 복합리조트형 카지노가 아닌 이유로 시장 전환 시 성장에 제한이 있을 수 있지만, 접근성과 선호도가 높은 기존 영업장을 충분히 활용하며 구조적 성장에 따른 수혜를 볼 것으로 전망.
- VIP 고객 위주의 현재 영업 환경이 비우호적으로 변하더라도 비용통제 측면에서 빠른 대응력과 효율성을 높이는 전략이 안정적인 실적 유지에 큰 도움.
- 동사는 상대적으로 높은 Mass고객 비중(non-VIP 비중 91%) 보유.
- 영업장이 서울에 있어 경쟁사 대비 지리적 이점을 통해 중국 인바운드 시장(Mass층)을 효율적으로 흡수 가능.

■ 매출 및 영업이익

괄호 안은 영업이익률(%)

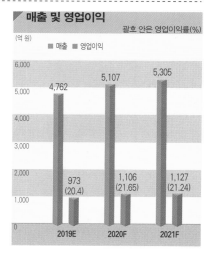

■ VIP 방문객 추이 및 전망

괄호 안은 전년 대비 증감률(%)

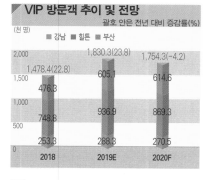

■ 드랍액 추이 및 전망

괄호 안은 전년 대비 증감률(%)

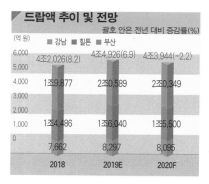

■ 홀드율 추이 및 전망

파라다이스 KQ

매출액	7,876억 원
영업이익	24억 원 (흑자전환)
순이익	-441억 원

- 37.85% → 파라다이스 글로벌
- 55% → 파라다이스 세가사미
- 74.49% → 파라다이스 호텔 부산
- 99.38% → 파라다이스 인터내셔날(일본)
- 100% → 파라다이스 아메리카 L.L.C(올랜도)

▶ 투자포인트

- 서울, 인천, 부산, 제주에 각각 1개씩 모두 4개의 사업장 운영. 주력 사업장인 파라다이스시티는 1단계로 5성급 호텔, 카지노, 컨벤션을, 2단계로 클럽, 놀이동산, 스파, 부티크호텔을 오픈함으로써 복합리조트의 전형을 갖춤.
- 파라다이스시티의 모든 시설이 완공·개장되면서 향후 추가 시설 투자비용의 부담은 크지 않을 전망 → 리조트 운영 측면에 있어서도 개장 이후 영업일수가 누적될수록 비용 절감 효과가 발생함에 따라 장기적으로는 이익 개선 기대.
- 파라다이스시티의 복합리조트 사업이 정상 궤도에 오르면 Mass고객 유입에 따른 홀드율도 개선 예상.
- 연간 400억 원 가량의 파라다이스시티 관련 이자 비용이 커버되는 시점부터 동사의 본격적인 주가 상승이 가능할 전망.

▶ 매출 및 영업이익

괄호 안은 영업이익률(%)

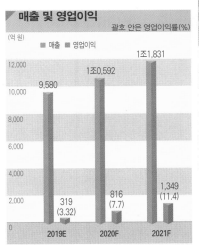

(억 원) ■ 매출 ■ 영업이익

	2019E	2020F	2021F
매출	9,580	1조0,592	1조1,831
영업이익	319 (3.32)	816 (7.7)	1,349 (11.4)

▶ VIP 방문객 추이 및 전망

괄호 안은 전년 대비 증감률(%)

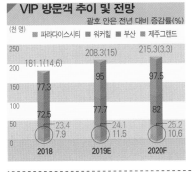

(천 명) ■ 파라다이스시티 ■ 워커힐 ■ 부산 ■ 제주그랜드

	2018	2019E	2020F
합계	181.1(14.6)	208.3(15)	215.3(3.3)
파라다이스시티	77.3	95	97.5
워커힐	72.5	77.7	82
부산	23.4	24.1	25.2
제주그랜드	7.9	11.5	10.6

▶ 드랍액 추이 및 전망

괄호 안은 전년 대비 증감률(%)

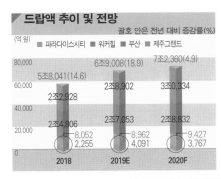

(억 원) ■ 파라다이스시티 ■ 워커힐 ■ 부산 ■ 제주그랜드

	2018	2019E	2020F
합계	5조8,041(14.6)	6조9,008(18.9)	7조2,360(4.9)
파라다이스시티	2조2,928	2조8,902	3조0,334
워커힐	2조4,806	2조7,053	2조8,832
부산	8,052	8,962	9,427
제주그랜드	2,255	4,091	3,767

▶ 입장객별 드랍액 비중

괄호 안은 드랍액(억 원), 단위: %, 2018년 기준

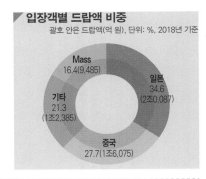

- Mass 16.4(9,485)
- 일본 34.6(2조0,087)
- 중국 27.7(1조6,075)
- 기타 21.3(1조2,385)

강원랜드 KP

매출액	1조4,381억 원
영업이익	4,307억 원
순이익	2,972억 원

- 36.27% 한국광해관리공단
- 5.16% 강원도개발공사
- 5.02% 정선군청
- 16.55% → 블랙밸리C.C
- 27.27% → 문경레저타운
- 30.54% → 키즈라라
- 100% → 하이원엔터테인먼트
- 99.64% → 하이원추추파크

▶ 투자포인트

- 동사는 국내 최대 규모의 복합리조트 시설을 갖춘 국내 유일의 내국인 카지노로, 사행 산업 건전 발전이라는 명목 하에 '매출총량제'의 규제를 받음.
- 지난 2년간 역성장 입장객 추이가 반등하면서 안정적인 인당 드랍액을 바탕으로 실적 개선 유지.
- 2025년 '폐광지역 개발지원법'이 만료되기 전까지 내국인 카지노 사업의 독점적 지위가 공고히 유지.
- 내국인 카지노 사업 독점권을 갖고 있는 반면, 규제가 심함. 즉, 영업시간, 베팅한도액, 매출총량 등은 관련 법규를 준수하여야 하고, 카지노영업장 면적 및 게임기기 증설 등은 인허가 사항이며, 출입일수 및 회원영업장 운영 방법은 문화체육관광부 장관의 승인을 받아야 함. 따라서 동사는 사업 성장에 근본적인 한계를 지님.

▶ 매출 및 영업이익

괄호 안은 영업이익률(%)

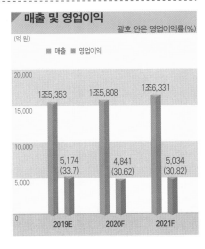

(억 원) ■ 매출 ■ 영업이익

	2019E	2020F	2021F
매출	1조5,353	1조5,808	1조6,331
영업이익	5,174 (33.7)	4,841 (30.62)	5,034 (30.82)

▶ 홀드율 추이 및 전망

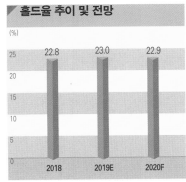

(%)

	2018	2019E	2020F
홀드율	22.8	23.0	22.9

▶ 입장객 추이 및 전망

괄호 안은 전년 대비 증감률(%)

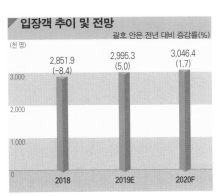

(천 명)

	2018	2019E	2020F
입장객	2,851.9 (-8.4)	2,995.3 (5.0)	3,046.4 (1.7)

▶ 드랍액 추이 및 전망

괄호 안은 전년 대비 증감률(%)

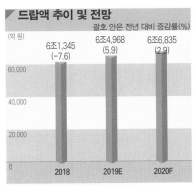

(억 원)

	2018	2019E	2020F
드랍액	6조1,345 (-7.6)	6조4,968 (5.9)	6조6,835 (2.9)

성장 모멘텀 갖췄지만,
전염병 창궐, 일본 경제 보복 등
외풍에 취약!

일본발 경제 보복 여파로 휘청한 국내 여행 업계

여행 산업은 외부로부터의 충격에 취약하다. 2017년 중국발 사드 사태로 인해 엄청난 곤경에 처하더니 2019년에는 일본발 경제 보복에서 2020년 신종코로나 쇼크로 연이어 시련을 겪고 있다.

일본정부의 경제 보복으로 시작한 우리 국민의 일본여행 상품 불매 운동이 장기화 조짐을 보이고 있다. 한·일 간 관광 교류가 급속히 줄어들면서 관광 업계의 고민이 이만저만이 아니다. 일본 여행 상품을 판매하고 있는 여행사와 항공사, 호텔 등의 피해가 눈덩이처럼 불어나고 있기 때문이다.

실제로 일본여행 상품을 판매하는 국내 여행사들은 한마디로 개점휴업 상태다. 최근 일본행 비행기에 몸을 싣는 한국인 여행객의 숫자가 급감하고 있어서다. 여행 업계는 일본정부의 경제 보복 조치가 발발하고 1개월 남짓 만에 최대 성수 시즌이라 할 수 있는 7·8월 여름 휴가철을 맞았지만, 국내 주요 여행사의 일본 상품 취소가 봇물 터지듯 이어졌다.

하나투어 관계자의 말을 빌리면, 8월 일본 여행 상품 예약률이 전년 대비 70% 줄었다고 한다. 모두투어 관계자도, 지난 7월 한 달간 일본 여행 수요가 전년 대비 38% 하락했다고 한다.

2018년에 일본을 찾은 한국인 여행객은 753만 명으로, 중국인(838만 명)에 이어 두 번째로 큰 규모다. 한국인 여행객은 일본에서 약 5,881억 엔(약 6조4,394억 원)을 소비했다. 그만큼 일본은 한국인이 가장 많이 찾는 외국 여행지로 수년간 인기가 높았던 지역이다.

일본정부발 화이트리스트 배제 타격은 여행 업계 아웃바운드 시장에만 미치지 않는 듯하다. 인바운드 시장에서도 어두운 전망이 감지되고 있다. 한국을 찾는 일본인 관광객이 줄어들 조짐을 보이고 있기 때문이다. 경제 보복 이전인 2018년 상반기(1월~6월)에 한국을 찾은 일본인 관광객은 모두 165만 명으로 월평균 25%를 넘어서는 증가세였다.

하지만 일본정부가 수차례에 걸쳐 한국여행 자제를 권고하고 나서면서 방한을 우려하는 분위기가 퍼지고 있다. 일본정부는 한국을 여행하는 자국 여행객에게 여행주의보를 발령했다. 실제로 일본 외무성은 "우리(일본)가 한국을 화이트리스트에서 제외하는 수출무역관리령 개정안을 각의 결정한 것 등과 관련해서 주로 서울과 부산에서 대규모 반일 시위가 열리고 있다"며, "(한일 갈등 관련) 최신 정보에 주의하고, 시위나 집회가 열리고 있는 장소에 접근하지 않는 등 신중하게 행동할 것"을 알렸다.

국내 여행사들은 일본 상품을 대체하기 위해 중국이나 동남아 상품 개발에 주력하고 있지만 상황이 녹록치 않다. 일본 상품이 차지하는 비중이 워낙 컸기 때문이다.

이러한 현실은 주식 시장에 그대로 반영되는 분위기다. 여행 업계 대장주인 하나투어와 모두투어의 2019년 매출액과 영업이익 추정치를 살펴보면, 급감하고 있음을 엿볼 수 있다.

팬데믹 대란, 여행 업종 심각한 타격

일본정부의 경제보복 조치가 2019년 국내 여행 업계를 침체에 몰아넣었다면, 2020년에는 코로나19 쇼크가 전세계 여행 산업을 패닉에 빠트렸다. 코로나19

사태로 입국 및 출국자수가 2020년 2월부터 본격적으로 감소하기 시작해, 전세계 여행 시장을 꽁꽁 얼어붙게 했다. 2020년 2월 기준 입국 및 출국자수는 전년 동기 대비 각각 43%, 63% 급감했다. 한국인의 입국을 거절하는 국가가 180개국으로 늘어나면서 아웃바운드 시장은 아예 개점휴업에 접어들었다.

실제로 여행 업계에 따르면 코로나19 사태가 확산된 최근 2개월 동안 200개 넘는 여행사가 폐업 신고를 마쳤다. 2020년 3월 말 현재 정부에 고용유지 지원금을 신청한 여행사만 1,900여 개에 달할 정도다.

상황이 이러하다보니 국내 여행 업종 대장주인 모두투어와 하나투어의 주가도 곤두박질치고 있다. 모두투어와 하나투어의 합산 시장점유율은 중소형 여행사의 이탈과 규모의 경제 시현으로 전년 대비 3.4%p 올랐지만, 코로나19 쇼크로 인해 외국인과 기관이 매도세로 돌아서면서 2020년 1분기에 주가가 큰 폭으로 곤두박질 쳤다.

모두투어 주가는 2020년 3월 27일 기준 9,500원에 마감하며 같은 해 초 1만8,100원 대비 47% 넘게 떨어졌다. 2020년 들어 외국인과 기관은 모두투어 주식을 각각 131억 원 및 154억 원 어치 순매도하며 발을 뺐다. 같은 기간 하나투어의 주가는 30.30% 하락하며 3만6,800원에 거래를 마쳤다. 외국인과 기관은 2020년 1분기 동안 하나투어 주식을 각각 256억 원, 149억 원 어치 팔아치웠다.

세계보건기구(WHO)가 코로나19 사태에 따른 팬데믹(pandemic)을 선언함에 따라, 전세계 여행 업황은 적어도 2020년 상반기 안에 아웃바운드 시장 회복이 힘들 것으로 예상된다. 업계 전문가들은 코로나19 사태가 수그러들 것으로 예상되는 2020년 하반기부터나 여행사들의 실적 회복이 가능할 것으로 전망하고 있다.

업계에서는 출입국자 감소세가 2020년 4월에 최저점을 찍고 6월까지 부진한 흐름을 지속하다 7월 이후부터 수요가 점차 늘어날 것으로 기대하고 있다. 증권가에서는, 향후 관광 업계 실적이 내국인 매출이 대부분인 강원랜드부터 서서히 좋아질 가능성이 높다고 분석한다. 출국자가 서서히 증가하는 7월 이후부터 업황이 회복세에 접어들 것으로 보고 있다.

하지만 코로나19 사태가 워낙 예측이 어려운 변수들을 떠안고 있기 때문에, 여행주 투자자 입장에서는 당분간 보수적인 견지를 유지하지 않으면 곤란할 듯하다.

사업다각화에 나선 호텔들

국내 호텔 업계도 일본 경제 보복 조치 및 신종코로나 쇼크에 따른 피해가 불가피하다.

다행스러운 건 국내 호텔은 숙박업 중심에서 벗어나 사업다각화로 달라진 모습을 보이고 있다는 사실이다. 국내 호텔 업계 대장주인 호텔신라의 경우, 호텔/레저 사업 매출은 4,800억 원 정도로 전체 매출(4조7,140억 원) 가운데 10%를 조금 넘는 수준이다. 호텔신라의 매출 대부분은 면세점 사업에서 발생한다. 면세점 사업은 과거 숙박업 위주의 호텔 산업의 전체 규모를 키우는 역할을 톡톡히 했다. 면세점과 함께 호텔 업계를 키운 또 다른 첨병은 카지노다. 서울, 부산, 제주 등 관광거점에 자리한 호텔들은 카지노 출점을 통해서 외국인 방문객을 크게 늘리면서 사업다각화를 이뤄냈다. 물론 면세점과 카지노 역시 코로나19 피해를 비껴갈 수 없지만 2020년 하반기부터 실적을 회복하면서 반등을 기대해볼 만하다.

최근 호텔들은 또 한 번 거대한 변신을 준비 중인데, 다름 아닌 복합리조트 개발 사업이다. 호텔과 면세점, 카지노에 이어 대형 쇼핑몰과 스키장, 골프장, 워터파크 등 놀이시설까지 갖춘 레저 파크로의 확장에 나선 것이다. 복합리조트는 가족지향적 여가 활동을 중시하는 한국인들에게 꽤 매력적인 휴가 시설임에 틀림없다. 아울러 공휴일 및 연차휴가 사용 증가 등의 라이프스타일 변화는 복합리조트 사업에 긍정적인 요소로 작용한다.

국내 대규모 리조트 시장은 상위 8개 업체가 시장

을 과점하고 있다. 대규모 리조트 산업은 초기 투자 비용이 최소 2,000억 원 이상이 소요되는 자본집약적인 사업으로, 개장 후에도 지속적인 고객 유치를 위한 집객시설의 도입이 수시로 이뤄져야 한다. 자금동원력이 뛰어난 대기업이 아니면 운영하기 어려운 사업으로, 신규 사업자의 시장 진입이 어려운 특성을 지니고 있다.

아시아는 지금 카지노 개발 경쟁 중

복합리조트 개발 사업은 투자자금의 안정적인 회수를 위해 초기에 성공적인 회원권 분양이 중요하다. 아울러 객단가가 높은 비회원 고객 유치를 위한 마케팅도 중요하다. 이처럼 객단가 높은 고객 유치에 대단히 매력적인 아이템이 바로 카지노다.

하지만 카지노는 대표적인 사행 산업이다. 중앙정부에서 각종 인·허가 등을 직접 관리하고 신규 업체의 시장 진입이 상당히 어려울 수밖에 없다. 결국 카지노 산업의 성장은 양날의 칼과 같다. 산업의 속성상 성장을 거스를 수 없지만, 사행행위의 육성은 법적, 윤리적, 사회적으로 문제의 소지가 크다. 카지노를 신규로 허가해 개장하는 것은 정치적으로도 적지

않은 부담이 될 수밖에 없다.

복합리조트는 카지노의 태생적 딜레마를 해소하는 데 안성맞춤이다. 카지노를 관광 산업으로 직결시키는 것은 쉽지 않지만, 다양한 레저 공간이 집약된 복합리조트 안에 카지노를 포함시킴으로서 관광 산업 육성이라는 테두리 안에 카지노까지 포함시킬 수 있는 것이다.

미국, 싱가포르, 마카오, 홍콩, 일본 등 세계적인 카지노를 보유한 나라들은 저마다 복합리조트 형태의 관광지로 카지노의 규모를 키웠다. 일본은 2016년 12월경 일명 '카지노 해금법'을 통과시키면서 카지노 시장을 본격적으로 키우고 있다. 업계에서는 일본 카지노 시장 규모가 20조 원이 넘는 것으로 추정한다. 마카오는 약 38개의 카지노를 운영 중인데, 미국 라스베이거스의 5배를 초과하는 매출을 기록하며 글로벌 1위 카지노 시장으로 자리매김했다. 실제로 마카오 카지노 산업은 지난 30년간 연평균 20%의 성장률을 기록했다. 최근 중국 시진핑정부의 반부패 운동 여파로 조정국면에 들어갔지만, 복합리조트 개발 사업과 맞물려 다시 성장궤도에 오를 전망이다. 전세계 카지노의 성지라 불리는 미국 라스베이거스 역시 지난 10년 간 연평균 5%대의 매출 성장률을 기록해

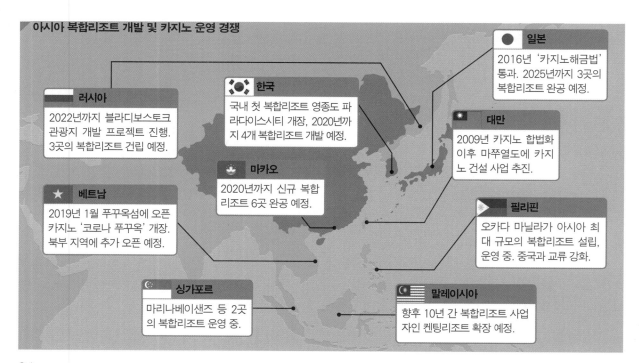

아시아 복합리조트 개발 및 카지노 운영 경쟁

일본
2016년 '카지노해금법' 통과. 2025년까지 3곳의 복합리조트 완공 예정.

러시아
2022년까지 블라디보스토크 관광지 개발 프로젝트 진행. 3곳의 복합리조트 건립 예정.

한국
국내 첫 복합리조트 영종도 파라다이스시티 개장, 2020년까지 4개 복합리조트 개발 예정.

대만
2009년 카지노 합법화 이후 마쭈열도에 카지노 건설 사업 추진.

마카오
2020년까지 신규 복합리조트 6곳 완공 예정.

베트남
2019년 1월 푸꾸옥섬에 오픈 카지노 '코로나 푸꾸옥' 개장. 북부 지역에 추가 오픈 예정.

필리핀
오카다 마닐라가 아시아 최대 규모의 복합리조트 설립, 운영 중. 중국과 교류 강화.

싱가포르
마리나베이샌즈 등 2곳의 복합리조트 운영 중.

말레이시아
향후 10년 간 복합리조트 사업자인 켄팅리조트 확장 예정.

오다 최근 동남아 등에 대형 카지노들이 들어서면서 VIP고객들을 놓치고 있다.

이제 글로벌 카지노 산업은 몇몇 국가와 지역에 국한하지 않는다. 특히 아시아 지역에 복합리조트 개발과 연계한 대형 카지노들이 오픈을 준비하고 있다. 저마다 카지노계 큰손(VIP)들을 유치하기 위한 전략싸움이 치열하다. 한마디로 '카지노 전쟁'이라 불릴 만 하다.

러시아는 블라디보스토크에 2015년 11월 처음으로 카지노를 개장한데 이어, 15개의 호텔과 12개의 빌라, 요트클럽, 컨벤션 센터, 극장시설을 갖춘 복합리조트 관광단지를 2022년 개장할 계획이다. 베트남은 내국인 출입이 가능한 오픈 카지노 운영 허용 법안을 2017년 12월에 공식 발효했다. 이밖에도 캄보디아, 대만 등 아시아 국가들을 중심으로 카지노 시장이 확산되고 있다.

국내에도 카지노를 보유한 복합리조트들이 속속 들어서고 있고, 또 관광지를 중심으로 개발될 예정이다. 인천 영종도에는 2017년 4월 파라다이스시티 카지노가 문을 열었고, 2020년 인스파이어 복합리조트도 개장을 앞두고 있다. 국내 유일의 내국인 카지노 강원랜드도 스키장, 골프장, 콘도 및 워터파크 등의 리조트 부대시설을 갖추고 있다.

국내 카지노, VIP보다 Mass 고객 더 늘려야

주식 시장에는 3개의 상장 카지노가 있다. 외국인 전용 카지노인 GKL과 파라다이스, 내국인 카지노인 강원랜드다. 카지노주의 운명은 정부 정책에 달렸다 해도 과언이 아니다. 카지노 업체의 실적이 규제의 강도에 크게 영향받기 때문이다. 정부의 규제는 카지노 업계가 바꿀 수 있는 게 아니다. 결국 규제의 테두리 안에서 성장동력을 찾아야 한다.

카지노는 국내 사행 산업에서 차지하는 비중이 대단히 큰 것 같지만, 국내 카지노 전체 매출액은 2018년 기준 3조0,254억원으로, 국내 전체 사행 산업 규모(22조3,904억 원)의 25%에도 미치지 못한다. 사행 산업 중 가장 규모가 큰 것은 경마로 카지노의 2배가 넘는다(7조5,376억 원).

업계에서는 국내 카지노 산업이 대외적인 경쟁력을 갖추기 위해서 무엇보다 전체적인 방문객 수가 늘어나야 한다고 주장한다. 전문 게이머(VIP)에서 대중 관광객(Mass)으로 고객 이동이 필요하다는 얘기다. Mass가 늘어나면 양적 성장(방문객 수 증가)과 질적 성장(홀드율 개선)을 동시에 꾀할 수 있다. 홀드(hold)율이란 드랍액 가운데 카지노가 이겨 취득한 수익률을 말한다.

▶ 국내 사행 산업 규모 추이

(단위:억 원, 천 명, 개, %)		2009	2010	2011	2012	2013	2014	2015	2016	2017	2018
카지노	영업장	17	17	17	17	17	17	17	17	17	17
	매출액	20,734	22,590	23,113	24,602	26,475	27,992	28,037	29,034	27,302	30,254
	이용객	4,721	5,037	5,084	5,409	5,775	5,969	5,747	5,532	5,331	5,691
경마	영업장	34	34	33	33	33	33	33	34	34	33
	장외영업장	31	31	30	30	30	30	30	31	31	30
	매출액	72,865	75,765	77,862	78,397	77,035	76,464	77,322	77,459	78,015	75,376
	이용객	21,676	21,812	19,518	16,138	15,917	15,296	13,617	13,168	12,930	12,680
경륜	영업장	24	24	24	24	24	23	23	23	23	23
	장외영업장	21	21	21	21	21	20	20	20	20	20
	매출액	22,238	24,421	25,006	24,808	22,976	22,019	22,731	22,818	21,744	20,515
	이용객	9,429	9,409	9,306	7,848	6,981	5,368	5,684	5,520	5,069	4,995
경정	영업장	16	16	16	18	18	18	18	18	19	19
	장외영업장	15	15	15	17	17	17	17	17	18	18
	매출액	7,183	6,508	7,348	7,231	6,923	6,808	6,730	6,898	6,369	6,210
	이용객	3,500	3,286	3,287	2,896	2,781	2,387	2,214	2,126	1,924	1,947
복권	종류	12	12	12	12	12	12	12	12	12	12
	매출액	24,712	25,255	30,805	31,854	32,340	32,827	35,551	38,855	41,538	43,848
체육진흥투표권	종류	17	17	18	20	19	22	22	23	22	20
	매출액	17,590	18,731	19,375	28,435	30,782	32,813	34,494	44,414	41,991	47,428
소싸움경기	영업장	–	–	1	1	1	1	1	1	1	1
	매출액			17	116	195	10	177	299	304	273
	입장객			92	340	1017	34	637	717	674	427
계	매출액	165,322	173,270	183,526	195,443	196,726	198,933	205,042	219,777	217,263	223,904
	(증감률)	3.5	4.8	5.9	6.5	0.7	1.1	3.1	7.2	-1.1	3.1

자료 : 사행산업통합감독위원회

교육주 UP&DOWN을 이끄는 두 가지 핵심 이슈

▶ UP 수능 정시/수시 비율 변화 추이 및 전망

- 수시선발인원(좌)
- 정시선발인원(좌)
- 수시비율(우)

(명) / (%)
400,000 / 80
300,000 / 60
200,000 / 40
100,000 / 20
0 / 0
2007 2005 2008 2011 2014 2017 2020F

- 2020년 수능에서의 수시 비율은 77.3%로 제도 도입 이후 최고 수준 도달.
- 교육부가 2022년 정시 비중을 최소 30%까지 확대하는 권고안을 발표하면서 교육주 상승 → 정시 비중 상향 조정이 확실시된다면 제도 적용보다 교육주 주가 리레이팅이 앞서 진행될 가능성이 높음.

▶ DOWN 초등생 학령인구 감소 추이 및 전망

(천 명)
3,400
3,200
3,000
2,800
2,600
2,400
2,200
2,000
2009 2011 2013 2015 2017 2019E 2021F 2023F

- 결혼을 하지 않는 비혼족, 늦게 하는 만혼족, 결혼을 하더라도 아이를 낳지 않는 딩크족(Double Income No Kids)의 확산으로 초등생 학령인구 꾸준히 감소 → 2009년 344만 명에서 2019년 276만 명으로 10년 만에 20% 감소.
- 초등생 학령인구 감소는 사교육 시장의 미래를 어둡게 하는 핵심 요인.

학령인구 감소로 사교육 시장도 서서히 감소세!

▶ 학교급별 사교육비 및 시장 규모 추이

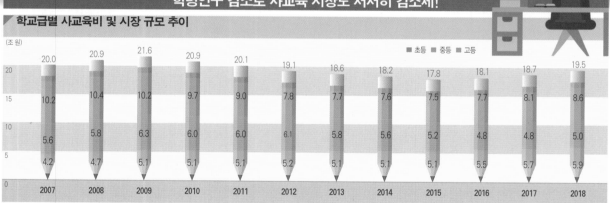

(조 원)
■ 초등 ■ 중등 ■ 고등

연도	2007	2008	2009	2010	2011	2012	2013	2014	2015	2016	2017	2018
전체	20.0	20.9	21.6	20.9	20.1	19.1	18.6	18.2	17.8	18.1	18.7	19.5
고등	10.2	10.4	10.2	9.7	9.0	7.8	7.7	7.6	7.5	7.7	8.1	8.6
중등	5.6	5.8	6.3	6.0	6.0	6.1	5.8	5.6	5.2	4.8	4.8	5.0
초등	4.2	4.7	5.1	5.1	5.1	5.2	5.1	5.1	5.1	5.5	5.7	5.9

▶ 학생 1인당 월평균 사교육비

(만 원)
- 초등학생 31.9
- 중학생 44.8
- 고등학생 54.9
- 전체 평균 39.9

* 2018년 참여학생 기준

▶ 사교육 참여율

(%)
- 초등학생 82.5
- 중학생 69.6
- 고등학생 59.5
- 전체 평균 72.8

* 2018년 기준

▶ 학생 1인당 주당 사교육 참여시간

(시간)
- 초등학생 6.7
- 중학생 6.5
- 고등학생 5.3
- 전체 6.2

* 2018년 기준

▶ 학생 1인당 일반교과 과목별 월평균 사교육비

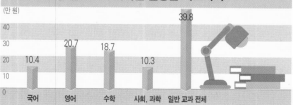

(만 원)
- 국어 10.4
- 영어 20.7
- 수학 18.7
- 사회, 과학 10.3
- 일반 교과 전체 39.8

* 2018년 참여학생 기준

▶ 학생 1인당 예체능 과목별 월평균 사교육비

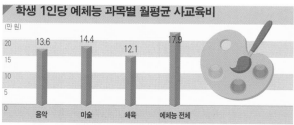

(만 원)
- 음악 13.6
- 미술 14.4
- 체육 12.1
- 예체능 전체 17.9

* 2018년 참여학생 기준

교육주의 미래 : 에듀테크에 적극적인 사교육 업체가 뜬다!

▶ 에듀테크 발전 과정

구분	ICT 활용교육	e-Learning	u-Learning	Smart Learning/ EduTech
특징적 학습 형태	컴퓨터보조학업(CAI, Computer Assisted Instruction), 인터넷활용교육(WBI, Web Based Instruction)	학습관리(LMS, Learning Management System)	이동학습(m-Learning)	지능형맞춤학습(Intelligent Learning, Adapted Learning)
주요 서비스	문자통신 EBS위성방송 CD 기반 학습	인터넷기업직무교육 수능인터넷강의 인터넷공무원교육	모바일 콘텐츠	증강현실, 가상현실 지능형진단평가 앱서비스, SNS 활용
사용 기기	데스크톱PC	인터넷PC, 노트북		모바일 기기, 스마트TV, 로봇 등
도입 시기	1996년 이후	2002년 이후		2010년 이후

자료: 한국에듀테크산업협회

- 에듀테크는 교육(Education)과 기술(Technology)의 합성어로, 미디어, 디자인, 소프트웨어, VR(Virtual Reality, 가상현실), AR(Augmented Reality, 증강현실), 모바일 플랫폼 등 신기술이 더해진 차세대 교육 서비스.
- 에듀테크는 공교육 측면에서는 '디지털 교과서' 보급 기술이 가장 대표적임 → 정부 주도로 4차 산업혁명 기술을 공교육에 도입.
- 사교육 시장에서 웅진씽크빅의 '북클럽AI 학습코칭', 교원의 '스마트 구몬', 대교의 '써밋 수학' 등이 대표적인 에듀테크 서비스.
- 교과서 출판 기업들도 디지털 교과서 개발에 맞춰 에듀테크 서비스 활성화 → 천재교육(T셀파, 밀크T), 비상교육(비바샘, 스마트 와이즈캠프), 미래엔(엠티처) 등 다수.

▶ 에듀테크 글로벌 시장 규모 추이 및 전망

▶ 에듀테크 산업 스펙트럼

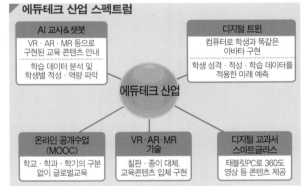

▶ 국·영·수 사교육비 증가 추이

▶ 유료 인터넷 교육비 증가 추이

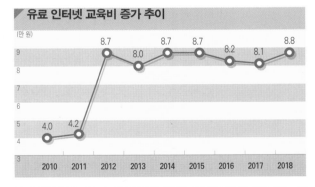

- 참여학생 1인당 월평균 국·영·수 사교육비 꾸준히 증가 → 2010년 23.5만 원이었던 국·영·수 사교육비가 2018년에 28.2만 원 기록. 이는 평균치이므로 실제로 학생 1인당 국·영·수 월평균 사교육비는 2배 이상이라는 게 업계의 설득력 있는 주장.
- 유료 인터넷 및 통신강좌의 경우 월 4.0만 원에서 8.8만 원으로 100%가 넘는 증가율 기록 → 유료 인터넷 국·영·수 교육비는 오프라인 국·영·수 사교육비 대비 3분의1 수준이므로 오프라인 대비 경쟁력 매우 높음. 아울러 인터넷 교육비 인상 여지도 상당히 여유 있기 때문에, 에듀테크를 적극적으로 도입해 사업화하는 사교육 업체 실적 상승 전망.

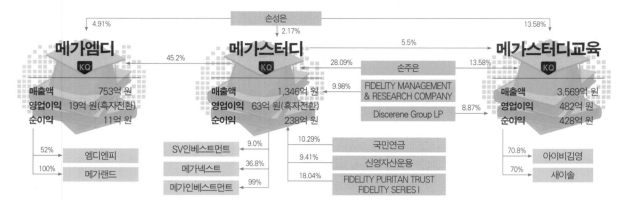

손성은		
4.91%	2.17%	13.58%

메가엠디 (KQ)
- 매출액 753억 원
- 영업이익 19억 원(흑자전환)
- 순이익 11억 원

45.2% ← **메가스터디** (KQ)
- 매출액 1,346억 원
- 영업이익 63억 원(흑자전환)
- 순이익 238억 원

5.5% → **메가스터디교육** (KQ)
- 매출액 3,569억 원
- 영업이익 482억 원
- 순이익 428억 원

28.09% 손주은 13.58%
9.98% FIDELITY MANAGEMENT & RESEARCH COMPANY
Discerene Group LP 8.87%

- 52% 엠디엔피
- 100% 메가랜드

- SV인베스트먼트 9.0%
- 메가넥스트 36.8%
- 메가인베스트먼트 99%

- 국민연금 10.29%
- 신영자산운용 9.41%
- FIDELITY PURITAN TRUST FIDELITY SERIES I 18.04%

- 70.8% 아이비김영
- 70% 새이솔

▼ 투자포인트 (메가스터디+메가엠디+메가스터디교육)

- 초·중·고등 온라인 교육 및 성인 교육 사업을 영위하는 메가스터디교육과 전문대학원 입시(치의학·법학) 사업을 영위하는 메가엠디 및 교육 용역 및 투자 사업을 영위하는 메가스터디가 코스닥에 상장.
- 수능이 20년 만에 정시 비중 확대로 돌아서면서 고등부 시장의 성장이 예상됨에 따라 메가스터디교육의 수혜 기대.
- 지난 2년간 수능교육 시장이 상위 업체로 재편되면서, 동사 계열사 전반적인 수혜 기대.
- 지난 2017년 상시 판매를 시작한 '메가패스'가 수강생들의 호응을 얻으면서 고등부 온라인 부문의 성장 견인.

▼ 전체 사업 부문별 매출 비중

사업부문	사업 내용	주요 상표	비율(%)
교육	온라인강의	메가엠디, 엠디엔피, 메가랜드	18.96
	학원강의	메가엠디, 엠디엔피	29.58
	교재	메가엠디, 메가스터디	22.65
	기타 매출	메가엠디, 잇츠리얼타임	5.27
급식	급식 매출 등	메가F&S	19.57
기타	신규 사업 투자 등	메가인베스트먼트	1.25
	부동산 임대 등	메가스터디 등	7.27

▼ 메가스터디교육 영업이익 추이

대교 (KP)
- 매출액 7,631억 원
- 영업이익 256억 원
- 순이익 192억 원

- 7.7% 강영중
- 54.5% 대교홀딩스 82%
- 90% 대교D&S
- 80.3% 대교CNS
- 100% 대교ENC
- 63.1% 강원심층수

▼ 투자포인트

- 2019년 2분기 기준 대교에듀피아, 대교CSA, 대교에듀캠프, 대교아메리카 등 16개 회사를 연결 대상 종속회사로 보유하고 있으며, 교육 서비스와 출판 사업이 주요 사업으로 매출의 92.8%를 차지함.
- 주간 학습지 '눈높이'와 중국어 학습 프로그램 '차이홍' 사업 안정화 → 주력 사업인 '눈높이'와 '차이홍'의 회비 인상에 따른 ASP 증가로 영업이익률 개선 추세.
- 솔루니 사업은 2019년 7월 평균 9.6%의 회비 인상을 단행함에 따라 2020년 동사의 실적 개선에 기여할 전망.
- 구조조정에 따른 조직 슬림화로 비용 절감 등을 통해 수익성 향상 기대.
- 교육기관 사업(대교에듀캠프) 및 해외교육 사업(대교아메리카, 대교홍콩유한공사, 대교말레이시아, 상해대교자순유한공사) 영위.

▼ 영업이익 추이 및 전망

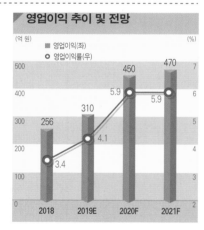

비상교육 (KP)
- 매출액 1,619억 원
- 영업이익 103억 원
- 순이익 23억 원

- 100% 비상캠퍼스
- 70% 비상교과서
- 98.5% 비상러닝
- 100% 티스쿨앤씨
- 25% 테라북스
- 54.6% 양태회 및 관계인

▼ 투자포인트

- 비상엠러닝(옛 구와이즈캠프닷컴, 초등 온라인 학습 서비스) 포함 5개 자회사 보유.
- 사업 부문별 매출 비중은 출판 77%, 온라인 교육 20%, 오프라인 학원 사업 2%, 기타 2%로 구성 → 출판 사업의 경우 교과서가 약 55%, 학습교재가 45%의 비중 차지.
- '2015 개정 교육 과정' 도입으로 인한 개발비, 심사비 등 비용 증가, 자회사 적자 폭 증가 등으로 2018년까지 실적과 주가가 큰 폭으로 하락.
- 2020년에는 교육 과정 개편 공백으로 인한 개발비, 심사비 등 비용 감소, 자회사 정리 및 적자 폭 축소, 2014년 교과서 가격조정명령 관련 소송 승소에 따른 2019년 하반기 일회성 매출인식(약 200억 원), 초등학교 교과용 도서 구분 개정안에 따른 검정 교과서 전환으로 실적 턴어라운드 예상.

▼ 영업이익 추이

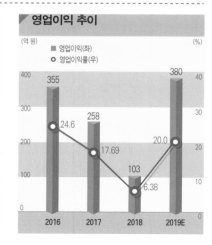

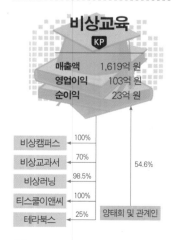

웅진씽크빅
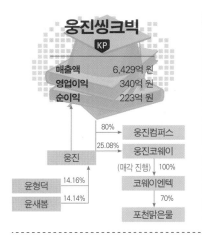

KP

매출액	6,429억 원
영업이익	340억 원
순이익	223억 원

웅진 ──80%──→ 웅진컴퍼스
웅진 ──25.08%──→ 웅진코웨이
윤형덕 14.16%
윤새봄 14.14%
(매각 진행) 100% → 코웨이엔텍
70% → 포천맑은물

📘 투자포인트
- 웅진코웨이 지분 매각을 성공적으로 완수하더라도 웅진코웨이로부터의 지분법이익 소멸을 반영해 2019년과 2020년 실적 중 세전이익과 순이익은 큰 폭 하향 조정 불가피.
- 학습지와 단행본 사업 부문의 매출 정체에도 불구하고, 공부방과 전집의 매출 증가는 긍정적.
- 2020년에 주력 사업인 교육문화와 미래교육의 수익성 회복이 예상됨 → 교육문화 사업 부문의 구조조정 효과와 미래교육 사업의 기존회원 포인트 소진액 증가에 따른 영업이익률 향상이 가능할 것으로 판단됨.
- 자회사인 웅진컴퍼스를 통해 영위하는 영어 출판·교육 서비스 사업은, 단순한 출판업에서 탈피하여 에듀테크로 변신 → 다양한 수익 모델 발굴이 가능한 종합 서비스 산업으로 진화.

영업이익 추이 및 전망
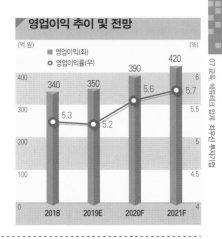
(억 원) / (%)
■ 영업이익(좌) ○ 영업이익률(우)

	2018	2019E	2020F	2021F
영업이익	340	350	390	420
영업이익률	5.3	5.2	5.6	5.7

멀티캠퍼스
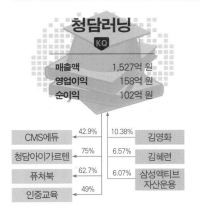

KQ

매출액	2,400억 원
영업이익	218억 원
순이익	176억 원

82.36% LTI InC.
47.24% 삼성SDS
15.16% 삼성경제연구소

📘 투자포인트
- 삼성 계열의 국내 최대 기업교육 서비스 업체.
- 2016년 3월 사명을 '크레듀'에서 '멀티캠퍼스'로 변경 → 공공기관을 대상으로 한 HR 컨설팅, 콘텐츠 개발 및 교육 운영 등 기업교육 서비스 제공.
- 주요 제품은 HRD BPO, 금융교육 BPO, 러닝 플랫폼, 외국어 평가, 외국어 교육 BPO 등.
- 기업교육 서비스 중 집합교육이 SSAFY 수강생 확대와 정부 소프트웨어 교육 사업 수주가 반영되면서 전년 동기 대비 131% 증가.
- 원가와 판관비용이 전년 대비 30%대 증가로, 매출은 안정적이나 영업이익의 성장은 부진.

영업이익 추이 및 전망
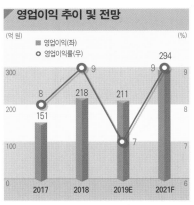
(억 원) / (%)
■ 영업이익(좌) ○ 영업이익률(우)

	2017	2018	2019E	2021F
영업이익	151	218	211	294
영업이익률	8	9	7	9

청담러닝
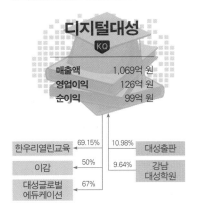

KQ

매출액	1,527억 원
영업이익	158억 원
순이익	102억 원

CMS에듀 42.9%
청담아이가르텐 75%
퓨처북 62.7%
인증교육 49%
김영화 10.38%
김혜련 6.57%
삼성액티브자산운용 6.07%

📘 투자포인트
- 오프라인 학원을 직영 및 가맹 형태로 운영하는 학원 사업 부문과 콘텐츠 사업 부문, 스마트러닝 기반의 스마트클래스 사업 부문 운영.
- 전체 학령인구 수 감소에도 불구하고 동사 수강생 수 꾸준한 증가 추세 → 입시영어에서 실용영어로 영어교육 패러다임이 변하고 있고, 이에 맞춰 커리큘럼 등을 개발한 것이 주효함.
- 자회사 CMS에듀 또한 학원생 수 증가 및 베트남 시장 진출로 YoYo 10% 수준의 매출 성장 전망.
- 2019년 예상 동사의 PER은 11.4배 수준으로, 경쟁사 평균 대비 저평가 구간으로 판단됨 → 6.5%에 달하는 높은 배당수익률 예상.

영업이익 추이 및 전망
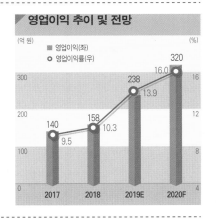
(억 원) / (%)
■ 영업이익(좌) ○ 영업이익률(우)

	2017	2018	2019E	2020F
영업이익	140	158	238	320
영업이익률	9.5	10.3	13.9	16.0

디지털대성
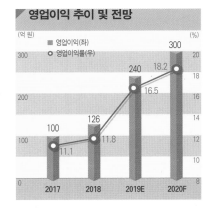

KQ

매출액	1,069억 원
영업이익	126억 원
순이익	99억 원

한우리열린교육 69.15%
이감 50%
대성글로벌에듀케이션 67%
대성출판 10.98%
강남대성학원 9.64%

📘 투자포인트
- 온라인 사업으로 '대성마이맥'이 있고, 한우리열린교육과 이감을 연결대상 회사로 보유 → 오프라인 사업에는 '부산대성학원'과 '대성N스쿨', '다수인'이 있음.
- 계열회사인 한우리열린교육, 이감 등의 실적 기여가 본격화되면서 온라인+오프라인, 본사+계열회사의 균형 잡힌 사업 구조 완성.
- 2019년 어닝서프라이즈는 대입 온라인 교육 시장 전체를 뒤흔든 히트상품 '19패스' 중심의 온라인 사업 부문 고성장세에 기인함.
- 대입 시장의 특성상 3분기와 4분기 실적 성장이 두드러짐에 따라 하반기 주가 상승에 주목.

영업이익 추이 및 전망
(억 원) / (%)
■ 영업이익(좌) ○ 영업이익률(우)

	2017	2018	2019E	2020F
영업이익	100	126	240	300
영업이익률	11.1	11.8	16.5	18.2

정시 비중 늘리니
교육주 오른다?!

'스카이 캐슬'과 '엄빠찬스 광풍'에 교육주가 춤춘다!

2019년 초 주식 시장에서 교육주에 뜨거운 관심이 쏠린 건 뜻밖에도 드라마 한 편 때문이었다. 〈스카이 캐슬〉! 계층적 사다리를 더욱 견고하게 만드는 한국 사회의 명문대와 엘리트를 향한 기형적 선호현상을 통렬하게 비판하려는 제작의도와는 달리 강남권의 교육 컨설팅 업체와 학원들에 대한 대중의 관심도는 대단히 뜨거웠다. 그 영향으로 몇몇 교육주가 수혜를 받는 진기한 일이 벌어진 것이다. 주식은 세상의 관심을 먹는 '투자생물(投資生物)'이란 사실을 다시 한 번 일깨워준 해프닝이었다.

그 후 교육주는 다시 시들해졌다. 조국 법무부장관 사태가 걷잡을 수 없이 한국사회를 강타하기 전까지 말이다. 대입 수시모집에서 공공연하게 자행되어 온 '엄빠찬스'에 대한 논란이 불거지면서 대통령까지 진화에 나서며 정시 비율을 높이겠다는 정부의 공식 발표가 이어졌다. 그리고 또 다시 교육주가 들썩거렸다. 심지어 모 일간지 뉴스의 헤드라인은 "대통령이 밀어주는 교육주 사볼까"였다.

한국거래소에 따르면 증권가에서 대표적인 고등교육주로 꼽히는 메가스터디와 디지털대성은 2019년 들어 (10월 기준) 주가가 각각 46%, 89% 뛰었다. 정책 변화 기대감이 반영된 덕이다. 현재 2020학년도 대입 전형에서 수시비율은 77.3%에 달하는 반면, 정시비율은 20% 초반에 불과하다. 교육부는 2022년부터 정시 비중을 최소 30%로 확대하라고 권고했다.

2018년 8월에 나온 '2022학년도 대학입학 제도 개편 방안'과 '고교 교육 혁신 방안'을 살펴보면, 교육부는 수능 위주 전형 비율이 30% 이상인 대학에 고교 교육 기여 대학 지원 사업 참여 자격을 부여하기

로 결정했다. 또 수능 위주 전형의 비율과 재정 지원을 연계하기로 했고, 수시에서 수능 최저 학력기준 활용과 재정 지원도 궤를 맞추기로 했다.

흥미로운 점은, 대통령의 정시 확대 발언이 나온 직후 고등교육주 대장주인 메가스터디와 디지털대성의 주가가 19.5%, 6.3%씩 상승했다. 대통령의 한마디가 〈스카이 캐슬〉만큼 위력을 발휘한 것이다.

대입 전형 4년 사전예고제를 감안하면 실제 제도가 적용되는 시점은 2024년 이후가 될 가능성이 높다. 그럼에도 불구하고 정시 비중의 상향 조정만 확실해지면 제도 적용보다 주가 재조정이 먼저 일어날 가능성이 높다는 게 증권가의 분석이다.

물론 지금 시점에서 정시 비중 확대를 단정하기는 쉽지 않다. 정책은 정치권과 운명을 같이 하기 마련이다. 당장 2020년에 총선을 치러야 하고, 2022년 그 즈음에 대선이 기다리고 있다. 현 정부가 정책의 연속성을 보장받기 위해서는 일단 선거에서 이기고 봐야 한다. 2022년이 오기 전에 정시 확대를 뒷받침할 좀 더 구체적인 계획들이 발표될 것이고, 그때마다 교육주는 출렁거릴 것이다. 결국 교육주에 대한 장기적인 관점을 가져가는 것은 쉽지 않은 일임에 틀림없다. 인기 드라마 한 편에, 고위 공직자의 엄빠찬스에 급증하는 종목들이 적지 않게 출현하니 말이다. 교육주 투자자들이 사교육 업체들의 실적보다 정치권의 정책 발표에 더 민감해야 하는 이유다.

에듀테크 이야기

세종시에 있는 D초등학교 과학 수업시간. 아이들이 집중해서 보고 있는 것은 책이 아닌 태블릿PC다. 학

생들은 태양계를 구성하는 행성 탐사 스토리를 만든 후 가상현실(VR)과 증강현실(AR) 콘텐츠 등을 활용해 인터넷으로 직접 행성을 탐사했다. 우주뿐만 아니라 공룡 그림이 그려진 카드를 태블릿 카메라로 비추면 공룡이 깨어나 포효하고, 스마트 글라스를 쓰면 생생한 독도의 모습도 볼 수 있다.

1990년대 중반 이후 인터넷이 빠르게 확산됨에 따라 전자적 수단, 정보통신 등을 활용하여 이루어지는 학습을 통칭하는 이러닝(e-Learning)이라는 개념이 등장했다. 초기 이러닝의 현실은 PC라는 전자적 매체로만 구현했을 뿐 콘텐츠는 오프라인에서 사용되던 교과서를 온라인으로 이동시킨 형태에 불과했고 일방적인 학습 내용의 전달 방식 형태엔 변함이 없었다.

이후 네트워크 기술이 발달하고 모바일기기 보급이 확대되면서 실제 교육 현장의 디지털화가 진행되고 있다. 종이책을 PC로 이동시킨 '전자책'에 불과했던 이러닝 콘텐츠에 학습 알고리즘, 데이터 기반 평가와 분석, 참여자간의 협력, 증강현실 등의 기술이 더해지며 쌍방향 소통이 가능한 에듀테크(Edu Tech)가 등장한 것이다.

에듀테크는 먼 미래가 아니라 벌써 우리 학교 교실 안까지 들어왔다. 이로 인해 세계 각국 학교 풍경도 크게 바뀌고 있다. AI 교사, 빅데이터, VR/AR 기술 등으로 상징되는 에듀테크의 발전은 교사가 주도하는 암기 위주의 전통적인 교육을 근본부터 흔든다.

심지어 학교라는 공간을 없앨 수도 있다. 이미 '온라인 공개수업'이 선진국을 중심으로 이뤄지고 있다. 학교와 학과, 학기의 구분은 무의미해지고 온라인이 새로운 캠퍼스로 인식된다. 미국 미네르바 스쿨은 강의실 짓는 비용을 아껴 수업료를 다른 대학교의 4분의 1 수준으로 책정했다.

모든 수업은 온라인 강의와 실시간 토론으로 이뤄진다. 이 학교에서 온라인 강의는 흔히 떠올리는 일방향적 강의가 아니라 영상통화에 가깝다. 한 클래스는 20명을 넘지 않으며, 교수는 모든 학생들의 얼굴과 함께 토론 주제에 대한 동의 여부를 모니터로 볼 수 있다. 평가는 별 다른 시험 없이 수업에서의 토론 역량으로 이뤄진다. 모든 발언을 기록할 수 있는 온라인의 장점을 십분 활용해 수업 이후에라도 언제든 평가 근거를 확인할 수 있다.

에듀테크는 공교육에 한정하지 않는다. 사교육 시장에서 교육 서비스 사업을 영위하는 기업들은 다양한 IT 기술 및 스마트기기를 활용한 스마트러닝 프로그램을 도입하면서 공교육보다 한 발 앞서 에듀테크 전략을 추진하고 있다.

특히 우리나라의 경우 학령인구 감소와 경쟁 심화로 성장성이 정체된 학습지 전문 기업들이 개인 맞춤형 교육(오답 분석, 체감 난이도 측정 등) 콘텐츠를 활용해 외형과 수익성 개선에 나서고 있다. 웅진씽크빅의 '북클럽AI 학습코칭', 교원의 '스마트 구몬', 대교의 '써밋 수학' 등이 대표적이다.

교과서 출판기업들도 디지털교과서 개발에 맞춰 에듀테크 서비스를 활성화하고 있다. 교사들에겐 교수활동 플랫폼을 지원하고 학생들에겐 교과서 및 부교재와 함께 활용할 수 있는 스마트학습 시스템을 제공하는 것이다. 천재교육(T셀파, 밀크T), 비상교육(비바샘, 스마트 와이즈캠프), 미래엔(엠티처) 등이 대표적이다. 에듀테크 서비스의 강화는 학교의 교과서 선택 결정과 학생들의 부교재 구입 및 유료 학습 플랫폼 가입에 핵심적인 역할을 수행하며 교과서 발행 기업들의 실적에 기여하고 있다.

미국 미네르바 스쿨의 온라인 토론 강의.

Chapter 2

전자 · 통신 · 반도체

스마트폰 시장, 언제 반등했다 다시 하락할까?

글로벌 스마트폰 출하량 추이 및 전망

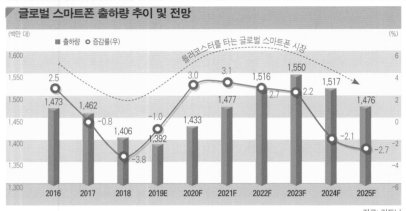

(백만 대) ■ 출하량 ● 증감률(우) (%)

롤러코스터를 타는 글로벌 스마트폰 시장

	2016	2017	2018	2019E	2020F	2021F	2022F	2023F	2024F	2025F
출하량	1,473	1,462	1,406	1,392	1,433	1,477	1,516	1,550	1,517	1,476
증감률	2.5	-0.8	-3.8	-1.0	3.0	3.1	2.7	2.2	-2.1	-2.7

자료: 가트너

스마트폰 교체 주기

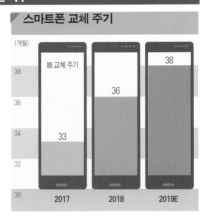

(개월) ■ 교체 주기

	2017	2018	2019E
교체 주기	33	36	38

- 글로벌 스마트폰 시장 규모를 가늠하는 '출하량'이 2019년을 기점으로 2020년부터 증가했다가 2023년 이후 다시 하락할 것으로 예상됨.
- 삼성전자, 화웨이, 애플 등 글로벌 톱 플레이어들은 소비자들의 스마트폰 교체 주기가 늘어나고 있음에 주목해야 함. 소비자들은 완전히 색다른 활용성, 효율성을 경험하지 않으면 업그레이드를 원하지 않는 것으로 분석됨.
- 글로벌 톱 플레이어들은 제품의 혁신을 5G폰과 폴더블폰에서 찾고 있지만, 폴더블폰의 경우 제품의 내구성과 안정성에 여전히 조심스러운 상황.

인도의 스마트폰 시장을 주목해야 하는 이유

▼ **주요 지역별 스마트폰 시장 규모 비중** 단위: %, 괄호 안은 전년 대비 성장률, 2019년 기준, 자료: IDC

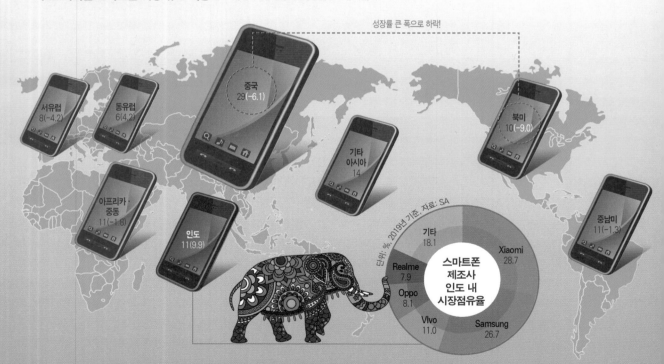

성장률 큰 폭으로 하락!

서유럽 8(-4.2)
동유럽 6(4.2)
중국 29(-6.1)
북미 10(-9.0)
기타 아시아 14
아프리카·중동 11(-1.8)
인도 11(9.9)
중남미 11(-1.3)

스마트폰 제조사 인도 내 시장점유율
단위: %, 2019년 기준, 자료: SA
기타 18.1
Realme 7.9
Oppo 8.1
Vlvo 11.0
Samsung 26.7
Xiaomi 28.7

- 스마트폰의 거대 시장인 중국과 북미가 성장률이 큰폭으로 하락하는 것과 달리 인도는 전년 대비 10%에 이르는 높은 성장세 이어감.
- 인도에서 샤오미와 삼성전자가 선두자리를 놓고 엎치락뒤치락 하는 가운데 샤오미의 판매량이 떨어지는 데 비해 삼성전자 갤럭시의 판매량은 증가 추세.
- 삼성전자는 인도에서 LTE 전국망을 단독 구축 → 삼성전자 엑시노스 애플리케이션 프로세서(AP)를 내장한 스마트폰은 한국과 인도가 주요 판매처로, 5G 이동통신 선점으로 향후 인도에서의 스마트폰 경쟁에서 우위 예상.

미·중 무역전쟁에 울고 웃는 스마트폰 제조사들

단위: %

제재 이전 제조사별 스마트폰 점유율

- Vlvo 7
- Samsung 19
- Oppo 8
- Xiaomi 9
- Apple 14
- Huawei 17

미·중 무역전쟁에 따른 미국정부의 화웨이 제재 전후 글로벌 스마트폰 시장점유율 변화

- 미국정부의 제재 조치로 인해 삼성전자 시장점유율 3%p 상승, 화웨이 7%p 급락.
- 화웨이 시장점유율 17%에서 10%로 다시 3위권 추락 → 제재가 계속될 경우 2020년 이후 글로벌 톱5에도 끼지 못할 처지.
- 삼성전자 시장점유율 19%에서 22%로 글로벌 1위 견고히 수성 → 향후 5G 스마트폰 시장도 선점 기대.
- 애플 시장점유율 14% 유지 → 중국 내 불매운동 여파로 수혜 기대 어려움.
- Xiaomi, Oppo, Vivo 등 화웨이 이외의 중화권 제조사들 반사이익 기대.

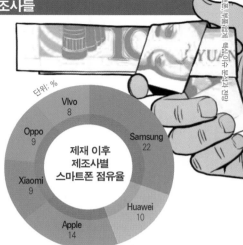

단위: %

제재 이후 제조사별 스마트폰 점유율

- Vlvo 8
- Samsung 22
- Oppo 9
- Xiaomi 9
- Apple 14
- Huawei 10

미국정부의 화웨이 제재에 따른 스마트폰 제조사들의 글로벌 판매량 및 시장점유율 예상 단위: 백만 대, %

제조사	2018	No Deal(1)		Reach a Deal(2)		판매량 차이 (1)/(2) (%)		점유율 차이 (1)/(2) (%)	
		2019E	2020F	2019E	2020F	2019E	2020F	2019E	2020F
Samsung	291.3	315.1	343.4	287.4	288.3	9.6	19.1	2.4	4.3
Apple	206.3	182.8	192.4	187.8	196.4	-2.7	-2	-0.1	0
Huawei	205.8	165.2	129.6	241.1	261.8	-31.4	-50.5	-5.2	-9.1
Xiaomi	119.3	126.7	137.1	116.2	119.3	9.0	14.9	0.9	1.4
OPPO	116.6	118.3	125.1	112.9	114.0	4.8	9.7	0.5	0.9
Vivo	103.6	112.2	121.6	106.4	109.9	5.4	10.6	0.6	1.0
Lenovo-Moto	40.9	45.3	49.0	43.9	45.8	3.2	7.0	0.2	0.3
Transsion	34.0	38.6	44.4	36.6	39.6	5.5	12.1	0.2	0.4
LG	39.7	30.8	27.5	30.9	27.1	-0.3	1.5	0	0.1
HMD(Nokia)	20.1	25.4	30.7	21.2	22.8	19.8	34.6	0.3	0.6
TCL-Alcatel	11.4	17.6	18.1	17.2	17.1	2.3	5.8	0.1	0.1
Realme	–	17.3	24.0	15.3	20.0	13.1	20.0	0.2	0.3
Google	4.4	15.8	23.7	14.7	22.3	7.5	6.3	0.1	0.1
Wiko	11.9	12	11.9	11.4	11.2	5.7	6.3	0.1	0.1
OnePlus	4.6	7.4	9.2	6.5	7.6	13.8	21.1	0.1	0.1
Micromax	10.6	5.1	7.3	5.1	7.3	0	0	0	0
ZTE(Nubia)	11.6	4.9	7.6	5.2	8.0	-6.3	-5.5	0	0
Sony	8.1	4.8	5.0	4.4	4.2	9.1	19.0	0	0.1
ASUS	12.9	4.8	3.6	4.6	3.2	4.3	12.5	0	0
기타	178.6	117.1	91.9	124.4	101.1	-5.8	-9.1	-0.4	-0.5
합계	1,431.60	1,367.10	1,402.90	1,393.00	1,426.90	-1.9	-1.7		

자료: SA, 한화투자증권

* No Deal : 미·중 무역전쟁으로 미국정부의 화웨이 제재가 계속
Reach a Deal : 미국정부의 화웨이 제재 해소

- 시장조사기관 Strategy Analytics에 따르면, No Deal일 경우, 2019~2020년 화웨이의 글로벌 스마트폰 판매량을 각각 전년 동기 대비 31%, 50% 감소할 것으로 분석. 반면 삼성전자의 판매량 증가는 2019~2020년 각각 0.3억 대, 0.6억 대로 예상.
- 결과적으로 화웨이의 시장점유율 하락분의 약 35~40% 수준을 삼성전자가 가져가고 나머지 중국 3강 업체인 Xiaomi, OPPO, Vivo가 각각 15%, 10%씩 흡수할 것으로 분석.

스마트폰 시장 성장을 이끄는 3대 키워드

5G폰 / 멀티카메라 / 폴더블

5G폰 글로벌 판매량 및 침투율

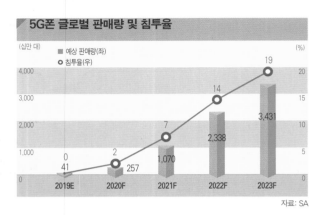

자료: SA

5G폰 글로벌 출하량

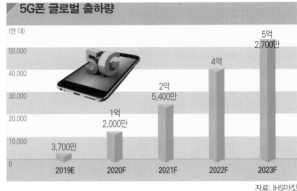

자료: IHS마킷

- 5G폰은 침체기에 놓인 글로벌 스마트폰 시장의 반등을 가져다 줄 핵심 사업으로 꼽힘.
- 미국정부의 제재 이후 화웨이는 글로벌 5G폰 시장에서 주춤 → 삼성전자와 다른 중국 스마트폰 업체들 반사효과 기대.
- 애플의 경우, 삼성전자 등에 비해 시장 선점에 다소 소극적 → 과거 LTE 시대 당시에도 애플의 시장 참여 속도가 뒤처진 바 있음.
- 5G폰의 평균판매가격(ASP)이 하락할 것으로 전망됨에 따라 머지않아 전세계적으로 4G폰을 빠르게 대체할 것으로 보임.

글로벌 스마트폰 제조사의 멀티카메라 채용률

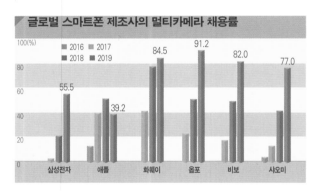

삼성전자향 카메라모듈 수요 추이 및 전망

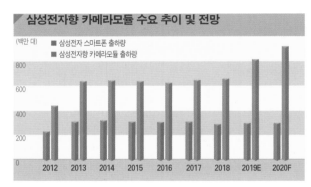

- 삼성전자의 2019년 상반기 멀티(듀얼, 트리플)카메라 채용률은 55.5%로 2018년 21.4% 대비 크게 상승.
- 중국 4개 업체들의 평균 채용률이 83.8%에 달하고, 삼성전자의 대응이 1년 후행한다는 점을 감안했을 때, 삼성전자의 2020년 멀티카메라 채용률은 80%에 근접할 것으로 예상.
- 모바일 카메라 제조사인 **LG이노텍**과 **삼성전기** 및 카메라 모듈 업체인 **파트론, 엠씨넥스** 향후 실적 주목.

글로벌 폴더블폰 출하량 전망

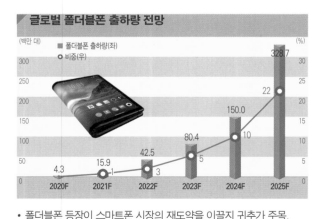

삼성전자, 화웨이, 애플 폴더블폰 패널 출하량

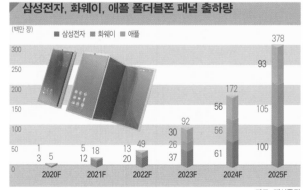

자료: 대신증권

주: 스마트폰 패널 출하량은 스마트폰 출하량 대비 13~15% 버퍼 적용

- 폴더블폰 등장이 스마트폰 시장의 재도약을 이끌지 귀추가 주목.
- 폴더블폰은 진정한 폼팩터(외형) 및 패러다임 변화에 성공할 경우 폭발적인 성장 기대.
- 아직 기술적인 해결과제가 남아있고, 향후 대중적인 가격 형성이 가능할지 여부를 좀 더 지켜봐야 함.

후방 산업을 이끄는 스마트폰 부품 강소기업은 어디인가?

▶ 삼성전자 폴더블폰 핵심 부품 강소기업

SLP(메인기판)
삼성전기
대덕전자
코리아써키트

커버윈도우(CP)
SKC, 코오롱인더스트리
SKC 코오롱 PL
스미토모화학

FPCB(디스플레이, 카메라 등)
삼성전기, 대덕전자,
비에이치, 이녹스첨단소재

힌지
KH바텍

카메라모듈, 3D센싱
삼성전기
LG이노텍
파트론

▶ 스마트폰 부품 주요 강소기업 실적 추이 단위: 십억 원, 매출액 기준

부품	업체	2010	2011	2012	2013	2014	2015	2016	2017	2018	2019E
카메라모듈	파트론	233	426	873	1,100	770	806	791	791	797	1,317
	엠씨넥스	136	215	170	297	410	503	413	669	697	1,243
AFA+OIS	자화전자	99	251	330	469	326	267	299	446	358	334
	액트로						30	34	91	106	100
렌즈	세코닉스	90	85	147	215	217	245	313	331	418	500
IR필터	옵트론텍	83	112	171	203	83	136	138	155	144	260
검사장비	하이비전시스템	20	39	84	68	62	88	78	169	183	149
카메라		**661**	**1,129**	**1,776**	**2,352**	**1,869**	**2,074**	**2,064**	**2,651**	**2,702**	**3,903**
FPCB	비에이치	111	153	230	379	316	365	372	691	768	780
	인터플렉스	419	518	765	991	643	530	576	806	314	59
PCB	대덕전자	891	1,074	1,294	1,354	1,281	1,036	954	995	1,149	1,071
	코리아써키트	244	402	520	547	553	564	545	592	536	520
기판		**1,665**	**2,146**	**2,809**	**3,271**	**2,793**	**2,494**	**2,447**	**3,083**	**2,767**	**2,730**
소재	이녹스첨단소재	104	116	142	186	145	151	180	193	293	347
	SKC코오롱PI	112	108	116	134	137	136	153	216	246	248
기판소재		**216**	**224**	**258**	**320**	**282**	**287**	**333**	**410**	**539**	**594**
케이스	인탑스	317	653	977	1,053	697	662	596	688	716	853
부자재	KH바텍	304	316	356	824	590	738	378	351	204	252
	서원인텍	142	230	239	358	394	370	358	283	247	–
내외장		**763**	**1,199**	**1,572**	**2,235**	**1,681**	**1,769**	**1,332**	**1,321**	**1,167**	**1,105**
수동부품	아모텍	91	98	187	248	179	314	296	316	253	260
	아비코전자	48	51	47	60	57	68	81	84	100	128
RF	와이솔	62	107	123	174	229	355	436	446	434	421
커넥터	우주일렉트로	180	158	182	222	182	184	218	208	187	191
전자부품		**381**	**413**	**539**	**704**	**647**	**921**	**1,030**	**1,053**	**974**	**1,001**
TSP	일진디스플	114	325	597	659	454	312	169	251	206	–
OEM	한솔테크닉스	1,532	968	559	511	568	652	808	935	842	957
기타		**1,645**	**1,293**	**1,155**	**1,170**	**1,022**	**965**	**976**	**1,187**	**1,048**	**957**

자료: 한화투자증권

- 스마트폰의 후방 산업인 다양한 부품 분야에서 꾸준하게 성장을 이어온 강소기업 포진.
- 특히 2013년을 기점으로 바닥을 치고 매출 반등에 성공한 기업들에 주목.
- 2019년에 이어 2020년 이후에도 카메라와 기판소재 부품 업체들의 성장 기대.
- 카메라의 경우 멀티카메라로의 기술 진화가 이뤄지면서 스마트폰에서 가장 차별화되는 섹터로 평가받고 있어, 관련 부품 업체들 수혜 예상.

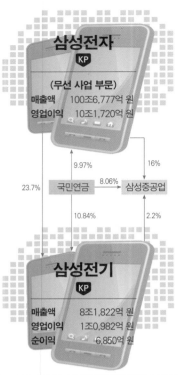

삼성전자 (KP)

(무선 사업 부문)

매출액	100조6,777억 원
영업이익	10조1,720억 원

국민연금 — 9.97% / 23.7% / 8.06% → 삼성중공업 16% / 2.2% / 10.84%

삼성전기 (KP)

매출액	8조1,822억 원
영업이익	1조0,982억 원
순이익	6,850억 원

사업 부문	주요 제품
컴포넌트	수동소자 (MLCC, Inductor, Chip Resistor 등)
모듈	카메라모듈, 통신모듈
기판	반도체패키지기판, 고밀도다층기판

▶ 투자포인트

- 폴더블폰으로 프리미엄 시장에서 차별화 추구.
- 5G폰과 폴더블폰이 결합하여 영상 콘텐츠 소비가 증가할 것으로 예상. 특히 화면을 분할하여 여러 애플리케이션을 동시에 사용하고자 하는 니즈가 늘면서 스마트폰 기기당 메모리반도체 탑재량이 늘 것으로 분석.
- 2021년 폴더블폰 시장이 개화하면 폴더블폰 초기모델과 달리 매출이 본격적으로 증가하는 볼륨 모델에는 삼성디스플레이가 폴더블폰 Flexible OLED 패널을 독점 공급할 것으로 예상.
- 스마트폰 사업으로 반도체와 디스플레이 등 그룹 내 핵심 사업에 시너지 창출.

▶ 투자포인트

- 모듈 : 스마트폰에 트리플 카메라, 고화소 카메라 탑재 라인업 확대. 삼성전자 메인 카메라 고객사로 실적 안정적.
- 컴포넌트 : 범용 MLCC 가격 하락세가 지속되고 있지만 전장/산업용 MLCC의 호조로 손실 최소화.
- 기판 : 북미 고객사향 수요가 점진적으로 회복 → PLP 사업 양도로 연간 영업이익 1,000억 원 이상 상승 효과 기대.
- 단기 실적은 카메라모듈에서, 중장기는 하이엔드 MLCC에서 호조 기대. 향후 IT 수요 회복이 더딜 수 있지만 미래 산업에 적합한 포트폴리오 보유.

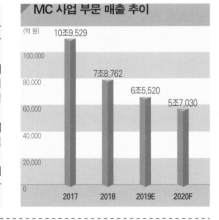

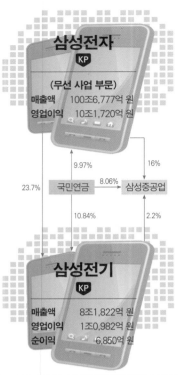

LG전자 (KP)

(MC 사업 부문)

매출액	7조8,762억 원
영업이익	-7,782억 원

(주)LG — 33.67% / 40.8% / 국민연금 10.04% / 11.8%

LG이노텍 (KP)

매출액	7조9,820억 원
영업이익	2,635억 원
순이익	1,631억 원

사업 부문	주요 제품
광학솔루션	카메라모듈 등
기판소재	Photomask, Tape Substrate, HDI, 반도체기판 등
전장부품	모터/센서, 차량통신 등
LED	조명, BLU 등
기타	전자부품 등

▶ 투자포인트

- 스마트폰의 제조와 판매를 담당하는 MC 사업의 경우, 국내 공장 베트남 이관으로 중장기적 원가 개선 기대.
- 미국정부의 화웨이 제재에 따른 반사 수혜는 경쟁사인 삼성전자 대비 상대적으로 기대에 미치지 못할 전망 → 동사는 미주 지역에서 높은 점유율을 확보하고 있기 때문.
- 스마트폰 시장의 성숙기 및 글로벌 경쟁에서 밀리고 있는 악순환의 고리로 인해 영업 손실 반등 쉽지 않은 상황.
- 스마트폰으로 이용가능한 다양한 콘텐츠 개발에 주력 → 구글의 핵심 파트너로서의 강점을 좀 더 부각시킬 전망.

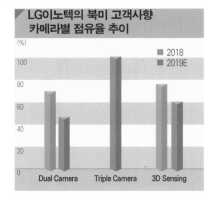

▶ 투자포인트

- 카메라모듈에 있어서 북미 고객사(애플) 내 최대 점유율 보유.
- 스마트폰 카메라 성능 진화에 따른 최대 수혜주로 꼽힘.
- 미·중 무역전쟁으로 인한 북미 고객사의 판매량 감소에 따른 손실 우려.
- 카메라모듈 이외 기판 및 기판 소재가 꾸준한 캐시 카우 역할로 실적 뒷받침.
- 멀티카메라 중 트리플 카메라 공급 증가 및 핵심 거래선 내 점유율 증가에 따른 이익 향상 예상.

파트론 KQ

매출액 7,964억 원
영업이익 302억 원
순이익 111억 원

14.35% 김종구

58.07% 엘컴텍
48.80% 옵티맥

▶ **투자포인트**

- 스마트폰 핵심 부품인 카메라모듈, 안테나 등 제조.
- 2019년 사상 최대 실적, 1조 원 클럽 가입 기대.
- 국내 고객사(삼성전자)의 멀티카메라 및 ToF 카메라 채용 증가로 큰 폭 수혜.
- 삼성전자의 멀티카메라 탑재율은 56%로, 전년 대비 빠른 속도로 증가, 2020년에는 80%에 근접할 것으로 전망.
- 카메라 부문의 안정적인 수익원을 바탕으로 포트폴리오 다변화를 위해 디스플레이 지문 인식 모듈 등 신사업 투자에 적극.

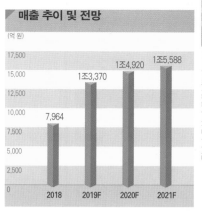

매출 추이 및 전망 (억 원)

2018: 7,964
2019F: 1조3,370
2020F: 1조4,920
2021F: 1조5,588

엠씨넥스 KQ

매출액 6,969억 원
영업이익 411억 원
순이익 298억 원

24.51% 국민연금
8.62% 엔브이글로벌코리아 메자닌사모투자합자회사

▶ **투자포인트**

- 스마트폰용 카메라모듈 및 액츄에이터, 자동차용 카메라모듈, 생체인식 모듈(지문인식, 홍채인식) 제조.
- 국내 주요 플래그십 및 중저가 스마트폰 판매 호조에 따른 카메라모듈 공급 확대로 가동률 상승 → 수율 안정화와 공정 효율화로 수익성 큰 폭 기대.
- 특히 주요 고객사인 삼성전자의 중저가 제품 강화 전략에 따른 수혜 기대.
- 동사의 주가는 낮은 밸류에이션(2019년 기준 P/E 3.8배) 등을 감안할 때, 저평가 구간에 있는 것으로 분석.

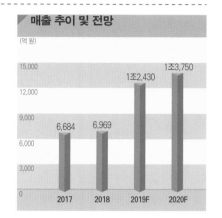

매출 추이 및 전망 (억 원)

2017: 6,684
2018: 6,969
2019F: 1조2,430
2020F: 1조3,750

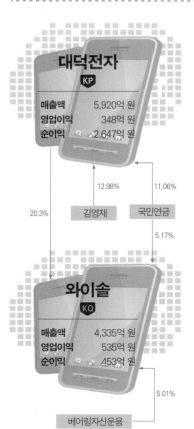

대덕전자 KP

매출액 5,920억 원
영업이익 348억 원
순이익 2,647억 원

12.98% 김영재
11.06% 국민연금
20.3%
5.17%

와이솔 KQ

매출액 4,335억 원
영업이익 535억 원
순이익 453억 원

5.01% 베어링자산운용

▶ **투자포인트**

- 5G 서비스 확대 및 폴더블폰 시장 개화 과정에서 PCB 통합솔루션 공급업체로 성장.
- 반도체(Package Substrate) 및 통신장비(MLB), 스마트폰(SIP), 전장용(MLB) 등 다양한 IT기기에 공급되는 PCB의 종합 포트폴리오 구축.
- 멀티카메라 및 스마트폰의 폴더블폰 전환 과정에서 연성PCB 수요 증가.
- 동사가 20.3% 지분을 보유한 와이솔과 협력으로 전장 분야 진출 확대 → 와이솔의 RF모듈과 동사의 전장용 PCB 사업 간 시너지 효과 기대.

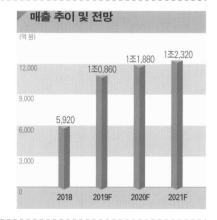

매출 추이 및 전망 (억 원)

2018: 5,920
2019F: 1조0,860
2020F: 1조1,880
2021F: 1조2,320

▶ **투자포인트**

- 2008년 삼성전기에서 분사, 핵심 RF부품인 SAW필터를 생산하는 국내 유일 업체.
- SAW필터는 휴대폰 통신에 필요한 특정 주파수를 걸러주는 부품으로, 5G 단말기 내에서 채택량이 기존 대비 20% 가량 급증.
- LTE 스마트폰에는 SAW필터가 약 40개 소요되지만, 5G폰의 경우 60개 이상 필요로 함.
- 미국의 AVAGO사가 독점해온 BAW필터 양산에 성공할 경우, 동사의 밸류에이션 평가에 청신호 기대.

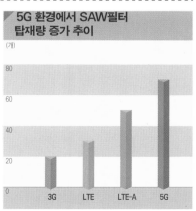

5G 환경에서 SAW필터 탑재량 증가 추이 (개)

3G, LTE, LTE-A, 5G

고래 싸움에
새우가 살찐다?!

세 번째 大전환기가 도래하다

2020년이 지나면 전세계 스마트폰 시장이 다시 한 번 새로운 국면을 맞이하게 된다. 5G폰과 폴더블(foldable) 폰이 이끄는 세 번째 대전환이다. 첫 번째 전환은 유선 전화를 대체한 피처폰의 등장이고, 두 번째는 애플의 아이폰이 이끈 스마트폰 시대의 개막이었다.

전문가들은 세 번째 대전환으로 성숙기에 접어든 스마트폰 시장의 침체기를 반등시킬 것으로 전망한 다. 폴더블폰이 가져올 폼팩터(외형) 변화와 5G폰에 의한 패러다임 변화로 시장이 되살아날 것이라는 분 석이다.

세 번째 대전환을 주도하는 이들은 삼성전자와 애 플, 화웨이 등 글로벌 '빅3' 플레이어들이다. 세 번째 대전환을 맞이한 '빅3'는 저마다 온도차가 다르다. 세 번째 대전환은 누구에게는 기회를, 다른 누구에게는 위기를 가져다 줄 것이기 때문이다. 여기에 미·중 무 역전쟁 등 외교적·경제적 헤게모니와 맞물려 스마트 폰 시장이 요동치고 있다. 삼성전자와 애플, 화웨이로 대표되는 新삼국지가 스마트폰 시장에 재현되고 있 는 것이다.

삼성전자, 애플, 화웨이의 스마트폰 新삼국지

新삼국지는 이미 폴더블폰과 5G폰 시장 경쟁에서 시 작됐다. 5G 서비스와 5G폰으로의 교체 수요가 본격 화되면서 폴더블폰이 초프리미엄급 스마트폰 시장 부터 주도해나갈 전망이다.

삼성전자는 플렉서블 OLED 디스플레이의 생산능 력과 수율 안정화를 통해 폴더블폰 시장을 선점할 것 으로 예상된다. 반면, 화웨이는 미·중 무역전쟁의 여 파로 초반 경쟁에서 뒤처질 것으로 전망된다.

애플의 폴더블폰 출시는 시기적으로 보수적이다. 2022년이 되어야 본격적으로 출시할 것이라는 주장 이 제기되고 있기 때문이다. 하지만 시장에 늦게 진 입하는 것이 반드시 경쟁에서 뒤처지는 것을 의미하 진 않는다. 애플의 역량이라면 삼성전자를 위협하거 나 경우에 따라 따라잡을 수도 있을 것이란 분석도 적지 않다. 투자적 관점에서는 폴더블폰과 5G폰 관 련 핵심 부품업체를 주목해야 한다. 특히 플렉서블 OLED와 멀티카메라 모듈 전문기업들의 실적을 유심 히 살펴볼 필요가 있다. 고래 싸움에 새우들이 포동 포동 살찌는 호재가 꼭 오기 마련이다.

▶ 휴대폰 패러다임 변화

서비스명	주기능	성장 드라이브	대체 시장	주도권	시장 규모
1세대(97년~08년) 피처폰	모빌리티 (음성, 문자)	모바일 디자인 (바, 폴더, 슬라이드)	집전화(유선), 무선호출기	노키아(가격) 삼성전자(H/W) 상위 5개 사(디자인)	97~08년 CAGR 23% (1.1억 대 → 12억 대)
2세대(08년~19년) 스마트폰	인터넷, SNS, 게임	인터넷(속도) App, 운영체제(OS, 생태계), 카메라, 디스플레이, 결제(카드 대체)	디지털카메라, MP3, 내비게이션, PC 일부	애플(App, OS) 삼성전자(H/W) 상위 2개 사(브랜드)	08~15년 CAGR 38% (1.5억 대 → 14억 대)
3세대(20년~) 5G 연동, 멀티미디어	동영상, PC 기능 스마트카 연동 정보 분석 매개체	Flexible, PC기능(생산성) 웨어러블, 5G, 사물인터넷(IoT)	동영상 콘텐츠, 7~9인치 태블릿, TV 일부, 자동차 소프트웨어(인포테인먼트)	애플, 삼성전자 vs 중국업체	

자료 : 대신증권

미·중 무역전쟁의 가장 큰 수혜자

자, 그럼 고래싸움부터 본격적으로 들여다보자. 삼성전자는 경쟁사인 화웨이의 외부적인 악재에 미소 짓고 있다. 적의 불행은 곧 나의 행복인 셈이다. 미국정부의 대(對)화웨이 제재 덕분이다. 실제로 삼성전자는 중남미 스마트폰 시장에서 화웨이 제재에 대한 반사이익을 누렸다. 2019년 2분기 중남미 스마트폰 시장점유율에서, 삼성전자는 역대 최고치인 42.8%로 전년 동기 대비 6.2%p 뛰어올랐다. 화웨이는 전년 동기 대비 0.4%p 오른 12.2%에 머물렀다.

미·중 무역전쟁은 '빅3' 중에서 애플의 발목마저 잡았다. 애플은 신형 아이폰이 고율의 관세폭탄을 맞고 말았다. 결국 소비자 가격 인상이 불가피하다. 가격경쟁력에서 삼성전자에 뒤지게 되는 셈이다. 삼성전자는 이러한 반사이익으로 2019년 글로벌 스마트폰 출하량이 3억 대에 이르는 것으로 나타났다.

중국의 자존심 화웨이, 반등할 것인가?

창사 이래 최대 위기에 봉착한 화웨이의 문제는 어디에서 비롯된 걸까? 화웨이의 위기는 단지 미·중 무역전쟁에 국한하지 않는다. 화웨이에 내재해온 기술력의

빈곤이 서서히 드러나고 있다는 분석이다. 4차 산업혁명의 상징이라 할 만한 스마트폰에서 기술력의 부재는 기업의 명운을 가로막을 만큼 심각한 요인이다.

화웨이의 민낯은 유럽 최대 가전전시회 'IFA 2019'에서 적나라하게 드러났다. 여기에서 화웨이는 세계 최초로 5G 통합칩(SoC)인 '기린990 시리즈'를 공개했다. 5G 기린990 칩은 화웨이 신형 스마트폰에 탑재되는 시스템이다. 삼성전자와 퀄컴도 양산단계에 이르지 못한 5G 통합칩을 화웨이가 먼저 양산하고 스마트폰 적용으로 상용화에 이른 것이다.

하지만 기린990 통합칩은 CPU(중앙처리장치)가 영국의 ARM사의 구형 CPU 기술인 '코텍스 A76'을 사용한 것으로 드러났다. 화웨이가 사용한 '코텍스 A76'은 연산 속도와 데이터 전송 속도가 삼성전자와 퀄컴의 것에 훨씬 못 미친다.

화웨이의 스마트폰은 OS(운영체제)에서도 문제를 드러냈다. 화웨이는 구글 안드로이드 OS 라이선스를 유지하지 못하면 중저가 스마트폰 시장에서 타격이 불가피하다. 화웨이는 자체 개발한 OS를 출시할 예정이지만, 이는 구글플레이 및 구글지도 등이 제한되는 중국 지역에서만 대안으로 가능할 뿐 해외 시장에서는 매력이 떨어질 수밖에 없다.

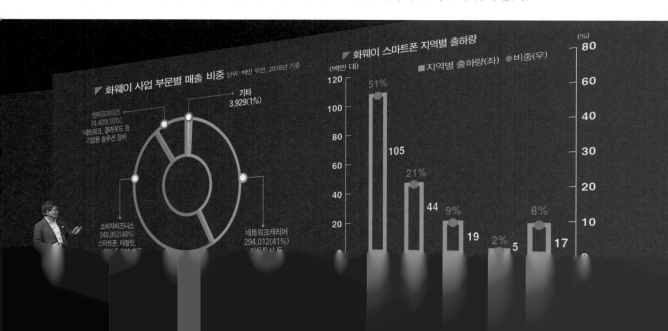

애플의 '혁신'이 시험대에 오르다

애플의 고민도 화웨이 못지않다. 애플은 지금까지 줄곧 프리미엄 스마트폰 브랜드를 고집했는데, 이 때문에 애플 수뇌부가 중저가 스마트폰 시장 성장을 간과했다는 지적을 피할 수 없다.

이뿐 만 아니다. 애플은 5G폰의 네트워크 기술에서도 적지 않은 문제를 드러내고 있다. 누구도 따라올 수 없는 영역으로 평가받아온 디자인에 있어서도 전세계 애플 충성고객들로부터 갈수록 실망스럽다는 비판에 시달리고 있다.

미·중 무역전쟁으로 관세폭탄에 떨고 있으며, 중국 시장에서의 불매운동의 확산도 줄지 않고 있다. 이쯤 되면 애플 역시 대내외적으로 최대 위기에 빠졌다고 할 만하다.

애플의 위기는 스마트폰의 출하량 급감으로 나타나고 있다. 2019년 2분기 기준 4천만 대에도 미치지 못하는 출하를 기록했다. 지역별로는 중국에서 -6%, 중동·아프리카 -36%, 아시아 -20% 등 전세계에 걸쳐 출하량이 크게 줄었다. 안타까운 것은 홈그라운드인 미국에서도 -26%를 기록했다는 사실이다.

무엇보다도 애플은 프리미엄 스마트폰 시장에서 고전을 면치 못하고 있다. 신형 아이폰이 5G 네트워크 지원이 불가능한 것으로 밝혀지면서 엄청난 타격을 받게 된 것이다. 5G시대에 5G 네트워크가 여의치 않은 스마트폰은 그야말로 치명적일 수밖에 없다. 5G 시장에 대한 애플 경영진의 몰이해가 초래한 재앙이다.

애플의 중국 시장점유율 하락은 어느 정도 예견된 일이다. 미·중 무역전쟁이 장기 모드로 접어들면서 미국의 디지털 기술을 상징하는 애플이 14억 중국인들에게 불편함을 초래할 것이란 주장이 여기저기서 제기되어 왔다. 문제는 관세폭탄 및 5G 사태 등 굵직한 악재가 중국 시장 고전과 함께 동시다발적으로 애플을 압박해왔다는 점이다. 미국정부의 화웨이 제재에 따른 14억 중국인의 애국 마케팅 위력은 더욱 거세질 전망이다.

애플은 그동안 직면해온 수많은 경영위기들을 이른바 '혁신(innovation)'이라는 코드로 극복해왔다. 하지만, 2020년에 애플이 직면한 문제는 만만치 않다. 애플의 혁신이 가혹한 시험대에 오르게 된 것이다.

스마트폰 부품 업계에 몰아칠 ODM 폭풍

이제 스마트폰 부품 업계 상황을 돌아보자. 스마트폰 부품 업계에서 가장 큰 이슈는 삼성전자의 주문자 개발 생산(ODM) 확대 방침이다. 이에 따라 스마트폰 부품 생태계에 위기감이 고조되고 있다.

삼성전자는 2018년 11월에 ODM 방식으로 '갤럭시A6s'를 출시했다. 2019년 인도와 베트남에서 출시한 A10s와 중국에서 출시한 A60 역시 ODM으로 만들었고, 태블릿 '갤럭시탭A 8.0'도 ODM 제품이다.

OEM(Original Equipment Manufacturer)은 주문자 상

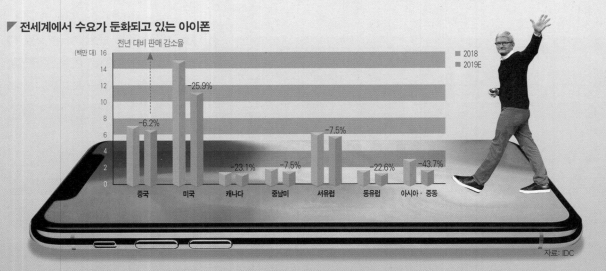

▶ 전세계에서 수요가 둔화되고 있는 아이폰

전년 대비 판매 감소율

(백만 대)

중국 -6.2%, 미국 -25.9%, 캐나다 -23.1%, 중남미 -7.5%, 서유럽 -7.5%, 동유럽 -22.6%, 아시아·중동 -43.7%

■ 2018　■ 2019E

자료: IDC

표 부착을, ODM(Original Development Manufacturing)은 주문자 개발 생산을 뜻하는데, 생산자의 제품 설계 및 개발 참여 여부가 가장 큰 차이점이다. 애플은 아이폰의 모든 것을 설계하고, 제조원가를 최소화하기 위해 직접적인 조립 라인의 투자 없이 생산만 OEM 업체에 맡긴다. 반면, ODM 업체는 제품 기획부터 부품 구매 및 생산까지 OEM보다 더 넓은 범위의 역할을 담당한다.

OEM과 ODM은 스마트폰 업계에서 낯설지 않은 생산 방식이지만, 유독 삼성전자만은 In-house 방식을 고수해오다 ODM을 채용하기 시작한 것이다.

ODM은 삼성전자 입장에서는 비용 부담을 줄이는 효과를 누릴 수 있다. 하지만 부품 업체들에게는 달갑지 않다. 부품 업체들에게 절대적인 거래처인 삼성전자가 빠져버리는 것이다. 부품 납품처가 삼성전자에서 ODM 업체로 바뀔 경우 계약 방식부터 결제 조건까지 다시 조정해야 하는 데, 부품 업체들로서는 좋을 게 없다.

삼성전자가 연간 생산하는 스마트폰은 3억 대 정도다. 이 가운데 약 1억5,000만 대를 ODM 방식으로 생산한다는 게 업계의 분석이다. 부품 업체들로서는 발 빠른 대응이 절실하다.

삼성전자와 같은 스마트폰 완성품 업체가 ODM 전략을 도입하는 게 비용 절감 면에서는 장점이 있지만, 감내해야 하는 부분도 있다. 득과 실이 공존한다는 얘기다.

무엇보다 ODM 방식으로 제품의 질이 떨어질 수 있다. ODM은 애플이 활용하는 OEM과는 차이가 크다. 제품의 설계와 제작에 본사가 얼마나 적극적으로 참여하느냐에 따라 품질에 차이가 생길 수밖에 없다. 삼성전자의 경우 ODM으로 인한 품질 저하 이슈가 부각되면 그동안 쌓아온 브랜드 경쟁력에 치명상을 입을 수도 있다. 삼성전자가 제품의 광고와 홍보비로 천문학적인 비용을 써가며 브랜드의 우수성을 알려왔지만, 이러한 노력이 (ODM으로 인해) 한순간에 무너질 수 있는 것이다.

물론 ODM 업체에서 만든 제품이라 해서 무조건 품질이 떨어진다는 생각은 선입견일 수 있다. 최근 Wingtech나 Huaqin 등 세계적인 ODM 업체들이 전문성을 갖추고 신뢰도를 높여나가고 있기 때문이다. 삼성전자로서는 고민이 커질 수밖에 없다.

아무튼 스마트폰 부품 업체들로서는 삼성전자의 결정만 기다릴 수 없다. 관련 ODM 업체들을 거래처로 편입시키는 영업적 노력을 기울여야 하고, 아울러 이 기회에 거래처 전략도 다변화할 필요가 있다.

투자적 관점에서는 삼성전자의 ODM 결정이 오히려 스마트폰 부품 우량주를 선별하는 바로미터가 될 것으로 보인다. 결국 ODM 폭풍에도 경쟁력을 잃지 않는 부품업체들이 스마트폰 업계의 'Top Pick'이 될 전망이다.

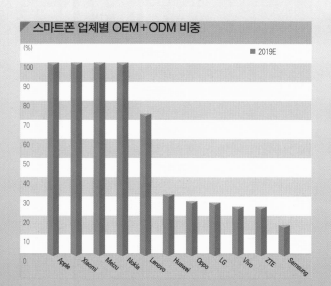

스마트폰 업체별 OEM+ODM 비중

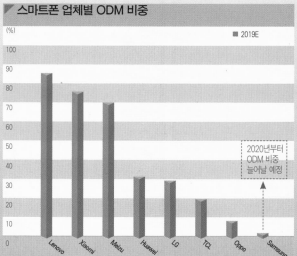

스마트폰 업체별 ODM 비중

통신 업계의 성장: IPTV 사업이 가장 두드러진다!

국내 통신 시장 규모 추이 및 전망 단위: 억 원, 괄호 안은 전년 대비 성장률(%), 기준 : KT, SK텔레콤, LG유플러스의 향후 5년 예상 매출액 합산

- KT, SK텔레콤, LG유플러스의 통신 서비스 매출은 2014년부터 2018년까지 5년 동안 연평균 2.1% 성장함.
- 2019년부터 2023년까지 향후 5년 동안 5G 효과가 시장에 본격적으로 반영되면서 연평균 4.9%의 높은 성장세를 이어갈 것으로 전망됨.
- 특히 IPTV 분야에서의 성장이 10.6%로 가장 두드러질 것으로 전망되는 데, 이는 통신 3사가 콘텐츠 미디어 사업에 적극적으로 뛰어들고 있기 때문임.

국내 통신 시장점유율 단위: %, 2019년 상반기 기준

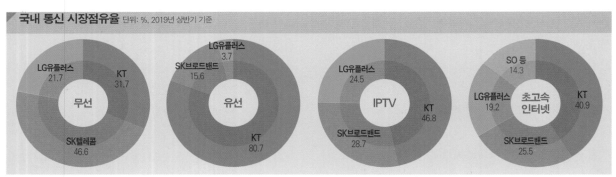

통신 3사의 20년간 ARPU 변화 추이 및 전망

- ARPU(Average Revenue Per User)란 사용자당 평균 이용요금으로 이동통신사 무선 서비스 매출액을 가입자 수로 나눠 산출하며, 통신서비스 사업 지표로 쓰임. 상대적으로 비싼 요금제 상품(서비스)을 쓰는 고객이 많을수록 ARPU가 높아짐.
- 5G 도입기에는 LTE 대비 단말기 가격과 요금 수준이 높아져 가입자 증가 속도 및 ARPU 증가 속도는 더디지만, 5G 보급률이 50%에 이르는 2023년까지 ARPU 점진적으로 상승 예상.

5G: 4차 산업혁명 시대에 모든 걸 가능하게 하는 만능키

1G에서 5G로, 통신 서비스의 역사

1G(1984), 2G(1993)
- 1세대 이동통신 : 음성통화만 가능한 아날로그 무선통신.
- 2세대 이동통신 : 음성통화와 문자메시지, 이메일, 이미지 등 데이터 전송 가능.

3G(2002)
- 3세대 이동통신 : 2Ghz 대역 주파수를 사용하며, 짧은 동영상 전송 가능.

4G(LTE:2009)
- 4세대 이동통신 : IP 기반으로 음성, 화상, 데이터 등 멀티미디어 활용.

5G(2020)
- 5세대 이동통신 : 초고속 전송, 빅데이터, 사물인터넷, 인공지능의 핵심 인프라.

5G 보급률 전망

(천 명) ■ 5G 가입자 수(좌) ○ 보급률(우) (%)

8% 24% 37%

자료: 유진투자증권

5G의 차세대 사업군 : 4차 산업혁명 시대를 여는 만능키

자율주행차 초연결 로봇 / 3D 홀로그램 통화 / 자동차의 AR 기능 / VR 쇼핑 드론 배송 / VR 영화관 / 홈 센서 시스템 / 실시간 번역 서비스 / 5G 조기 알람 시스템 / VR 운동 경기관람 / 기가바이트 용량의 데이터 송수신 / 실시간 VR 게임

5~6년 내   3~4년 내   1~2년 내   1년 내

서비스 활성화까지의 타임라인

참고: 원의 크기가 해당 서비스에 대한 구매 선호도
자료: Ericsson, KTB투자증권

2035년 글로벌 5G 밸류체인 시장 규모 및 일자리 창출 효과
단위: 억 달러(5G를 통한 밸류체인 생산액), 만 개(창출 일자리)

영국 7위 760(60.5)
독일 4위 2,020(120)
미국 2위 7,190(340)
중국 1위 9,840(950)
프랑스 6위 850(39.6)
한국 5위 1,200(96.3)
일본 3위 4,920(210)

| 기타 | 8,000(360) |
| 전체 | 35,000(2,200) |

- 미래 산업의 운명은 결국 5G의 산업 생태계에 좌우될 것으로 전문가들은 분석.
- 2035년에 중국의 5G 시장 규모가 미국을 뛰어넘을 것으로 전망됨.
- 중국정부는 2025년까지 5G 관련 산업에 1.5조 위안 투자 발표.
- 2025년 중국의 5G 사용자가 5억7,600만 명에 이를 전망(전세계 5G 사용자의 약 40%).
- 일자리 창출 효과가 클수록 정부 차원의 지원과 규제 완화 혜택 커짐.

KT
KP

매출액	23조4,601억 원
영업이익	1조2,615억 원
순이익	7,623억 원

국민연금 12.3%

NTT DoDomo 5.46%

투자포인트

- 유선 사업 매출 감소분을 인터넷 및 IPTV 매출 증가로 상쇄.
- 5G 서비스 상용화 및 선택약정요금할인 영향 축소로 ARPU 개선되면서 무선 사업 매출 상승 기대.
- 보유자산 중 수익형 자산을 부동산 개발 사업을 통해 가치 상승 및 수익화에 도모.
- 계열사인 올레TV와 스카이라이프가 유료방송 시장점유율(38%) 1위 영위 → 미디어 사업의 주수익은 송출수수료와 광고이므로 수익성 확보에 유리.
- 임직원 자연퇴직자 수가 2019년 500명, 2020년 700명, 2021년 1,000명으로 증가해 인건비 절감 효과 두드러질 전망.

매출 및 영업이익

괄호 안은 영업이익률(%)

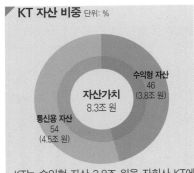

KT 분기별 5G 가입자 수 전망

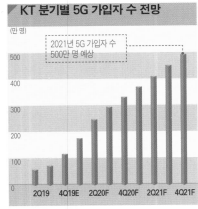

유료방송 시장점유율 단위: %

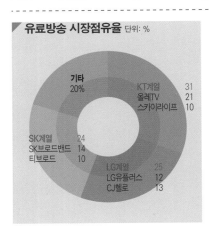

기타 20%
KT계열 31
올레TV 21
스카이라이프 10
SK계열 24
SK브로드밴드 14
티브로드 10
LG계열 25
LG유플러스 12
CJ헬로 13

KT 자산 비중 단위: %

자산가치 8.3조 원
수익형 자산 46 (3.8조 원)
통신용 자산 54 (4.5조 원)

- KT는 수익형 자산 3.8조 원을 자회사 KT에스테이트를 통해 호텔, 오피스텔 등으로 개발해 자산 가치 상승 도모.

KT 지분구조도

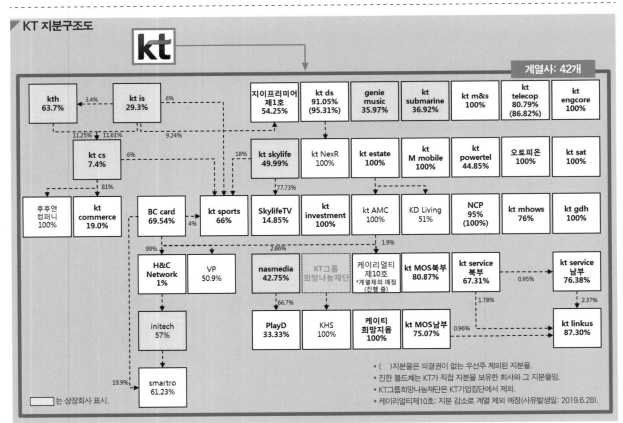

* ( )지분율은 의결권이 없는 우선주 제외된 지분율.
* 진한 볼드체는 KT가 직접 지분을 보유한 회사와 그 지분율임.
* KT그룹희망나눔재단은 KT기업집단에서 제외.
* 케이리얼티제10호: 지분 감소로 계열 제외 예정(사유발생일: 2019.6.28).

116

SK텔레콤
KP

매출액	16조8,739억 원
영업이익	1조2,017억 원
순이익	3조1,319억 원

26.78%	SK(주)
10.39%	국민연금
10.99%	자기주식
100%	SK브로드밴드
98.7%	SK플래닛
20.1%	SK하이닉스
100%	SK커뮤니케이션즈
100%	SK와이번즈
80.3%	11번가
15%	하나카드
9%	CJ헬로비전

▶ 투자포인트
- 동사의 5G 가입자 수가 2020년 이후 700만 명까지 증가할 것으로 예상 → 5G 가입자 수 증가는 ARPU 개선에 기여.
- 5G 출시 초기 5G 지원 단말기 부재에 따른 마케팅 비용이 증가했지만, 5G 시장이 안정화에 접어들고 킬러 콘텐츠 개발로 인해 소비자의 자발적인 5G 교체가 이뤄지면 마케팅 비용 부담을 상쇄할 것으로 분석.
- 동사의 미디어 사업은 OTT를 중심으로 재편 → OTT 플랫폼 웨이브(Pooq+옥수수) 출시로 새로운 수익 모델 창출.
- SK브로드밴드를 비롯한 자회사 2~3개 IPO 추진.

▶ 매출 및 영업이익
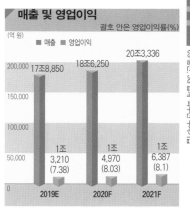

▶ 유료구독형 OTT 시장 현황
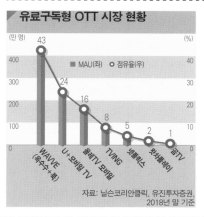

자료: 닐슨코리안클릭, 유진투자증권, 2018년 말 기준

▶ 웨이브(Wavve, Pooq+옥수수) 주주 구성 단위: %
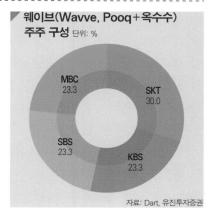

자료: Dart, 유진투자증권

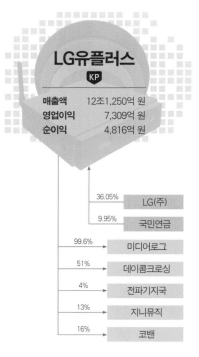

LG유플러스
KP

매출액	12조1,250억 원
영업이익	7,309억 원
순이익	4,816억 원

36.05%	LG(주)
9.95%	국민연금
99.6%	미디어로그
51%	데이콤크로싱
4%	전파기지국
13%	지니뮤직
16%	코밴

▶ 투자포인트
- 클라우드 게임 서비스 '지포스 나우'를 국내 단독으로 출시하는 등 킬러 콘텐츠 확보를 통한 5G 가입자 유치를 위한 선순환 생태계 조성.
- IPTV 사업에서 넷플릭스와의 제휴를 통해 인지도 상승 및 가입자 확보.
- 스마트홈 사업에서 2015년 7월 출시한 홈 IoT 서비스가 100만 이상의 누적 가입자를 달성하는 등 빠른 성장세를 보이면서 통신 3사 중 가장 많은 홈 IoT 가입자 확보.
- 5G 가입자 확보를 통해 ARPU가 개선됨에 따라 이익 레버리지 기대.

▶ 매출 및 영업이익

▶ LG유플러스 4G 및 5G 보급률 전망
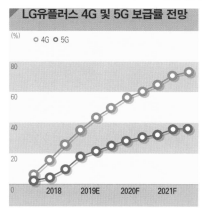

▶ 홈미디어 사업 매출 추이
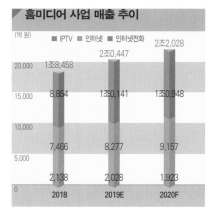

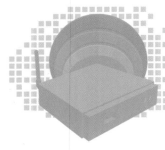

5G 투자에 앞서
반드시 체크해야 할 것들

통신주 투자? ARPU부터 먼저 살펴라

주식 시장에서 통신 관련 종목에 투자하려고 할 때 가장 먼저 살펴봐야 할 데이터 중 하나가 ARPU(Average Revenue Per User), 즉 '사용자당 평균 이용요금'이다. 쉽게 말해서 스마트폰 사용자의 이용요금 추이를 투자에 앞서 주목해야 한다는 얘기다.

한국의 스마트폰 보급률은 95%로 세계 최고 수준이다. 통신사들은 더 이상 가입자(Q)를 늘려 무선 사업 매출을 올리기 어렵다. 결국 이용요금(P)을 인상하는 것 말고는 뾰족한 방법이 없다. 하지만 가격 인상은 소비자에게 매우 민감한 문제다. 이동통신요금만큼 가격저항이 센 것도 드물다.

통신사 입장에서는 이동통신요금을 인상하기 위한 매우 유용한 수단을 얻었는데, 바로 '5G'다. 5G 보급이 늘어나면 소비자는 스마트폰으로 다양한 멀티미디어를 향유하는 만큼 데이터 사용량이 늘어날 수밖에 없고, 이는 곧 이용요금 즉 ARPU에 반영되기 마련이다. 업계에서는 5G의 데이터 사용량이 4G 대비 약 1.5배 늘어날 것으로 분석한다. 5G 가입자들은 데이터 제공량이 많은 고가의 요금제를 선택할 수밖에 없고, 5G 요금제는 4G 대비 약 20% 비싸질 것으로 예상된다.

이런 이유로 업계에서는 통신주의 가치와 ARPU 사이에 높은 상관관계가 있다고 보고 있다. 둘 사이를 수치로 나타내면 상관계수가 0.74가 되는데, 이는 상당히 높은 관련성이 있음을 나타낸다.

결국 통신주의 운명은 5G에 달렸다고 해도 과언이 아니다. 5G가 통신 업계의 미래를 어떻게 좌지우지하는지 지금부터 하나하나 살펴보자.

거대한 데이터가 5G를 소환했다?!

인간의 정보에 대한 욕망은 끝이 없어 보인다. 사람들은 LTE가 출현한지 불과 10년도 안 되어 5세대 이동통신을 세상에 소환했다.

업계에서는 더 이상 4G 기술만으로 급증하는 모바일 트래픽(traffic, 서버에 전송되는 모든 통신, 데이터의 양)을 처리하는 데 한계에 도달했기 때문에 그 대안으로 5G가 출현한 것으로 보고 있다.

미국의 IT 관련 기업 Cisco가 발표한 보고서에 따르면, 2016년부터 2021년까지 전세계 데이터 사용량이 해마다 50% 가까이 늘어나는 것으로 분석됐다. 4G 기술로는 머지않아 포화상태에 이르고, 이는 치명적인 재앙을 가져올 것이라고 경고한다.

5G는 4G에 비해 빠른 속도, 면적당 더 많은 IoT 디바이스 수용, 지연을 줄이는 원활한 접속을 강점으로 한다. 이는 곧 4차 산업혁명 시대에 신성장 산업으로

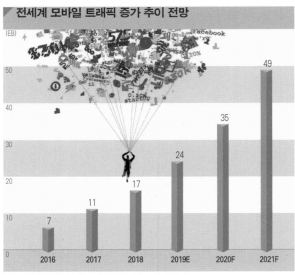

전세계 모바일 트래픽 증가 추이 전망

(EB)

연도	값
2016	7
2017	11
2018	17
2019E	24
2020F	35
2021F	49

자료: Cisco

회자되는 자율주행자동차, 사물인터넷, 인공지능, 스마트홈, 스마트시티 등의 상용화를 가능하게 하는 핵심 열쇠가 5G임을 가리킨다.

통신사들, 5G 론칭에 막대한 마케팅비 폭탄

세상에 공짜 점심이란 없는 법이다. 5G가 통신 업계에 마냥 장밋빛 미래만을 보장하지 않는다는 얘기다. 통신사들은 5G라는 엘도라도를 정복하기 위해 적지 않은 비용과 손해를 감수하지 않으면 안 된다. 5G 시장을 놓고 통신사들의 셈법이 복잡해질 수밖에 없는 이유다.

통신사들은 이동통신 세대가 바뀔 때마다 가입자 유치를 위한 마케팅 경쟁에 막대한 비용을 쏟아붓는다. 시장 초반에 가급적 많은 가입자를 확보해야 경쟁에서 유리한 고지에 설 수 있기 때문이다. 이때 통신사들은 저마다 공시지원금 투자에 돌입한다. 2019년 '갤럭시 S10 5G' 모델을 기준으로 공시지원금은 통신사 및 요금제에 따라 30만 원에서 최대 78만 원까지 지급되었다. 당시 통신 3사 중 KT가 가장 많은 지원금을 지급했는데, 그 효과로 5G 상용화 1개월 만에 10만 가입자를 모집했다. 이에 못지않게

SK텔레콤은 9만 가입자, LG유플러스는 7만 가입자를 확보했다. 단말기 교체를 원하는 가입자가 5G로 이전하게 되면 보조금 지원으로 단말기 가격 부담이 큰 폭으로 줄어들었던 것이다.

2019년 상반기에 출시된 5G폰은 삼성전자의 '갤럭시 S10 5G' 모델과 LG전자의 'V50 ThinQ' 2종에 그쳤지만, 향후 많은 단말기 모델들이 보조금 지원을 받게 될 전망이다. 결국 통신 3사의 보조금 경쟁이 뜨거워질 것은 불을 보듯 빤하다. 이러한 보조금 지원 비용은 마케팅비의 일환으로 통신사들의 부담을 가중시킨다. 자칫 실적에 악영향을 초래할 수 있다.

하지만 보조금 지원 비용이 오래 지속되지는 않을 전망이다. 통신사들의 가입자 유치 경쟁은 이동통신의 세대교체기 초반에 나타나는 비정상적인 현상이기 때문에 점차 정상화될 것으로 보인다. 2023년 5G 보급률이 50%에 이르면 가입자들은 보조금 지원이 줄어도 자연스럽게 5G로 갈아타게 될 것으로 업계는 진단하고 있다.

통신사들은 세대교체기를 맞아 보조금 지원 비용 못지않게 광고홍보비에도 큰돈을 지출한다. 통신사들은 5G가 도입되기도 전인 2018년부터 5G 서비스 인지도 확대를 위해 TV, 인터넷포털, 모바일 등 매체

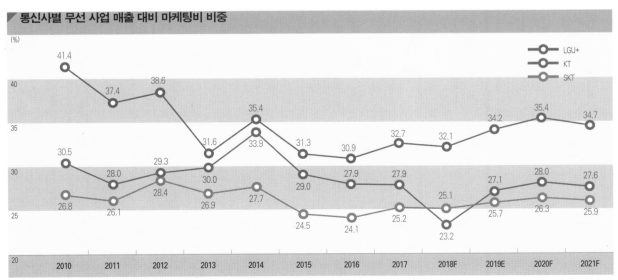

▶ 통신사별 무선 사업 매출 대비 마케팅비 비중

자료 : 각 사 IR, 대신증권

를 가리지 않고 광고에 적극 나서왔다. 통신사들의 광고홍보비 지출은 2019년에 이어 2020년에도 당분간 계속 이어질 것으로 예상된다.

5G에 소요되는 CAPEX는 불가피하다!

CAPEX(Capital Expenditures)는 기업이 미래의 이윤을 창출하기 위해 지출하는 비용을 말한다. 이는 기업이 고정자산을 구매하거나, 유효수명이 당회계년도를 초과하는 기존의 고정자산에 대한 투자에 자금이 사용될 때 발생한다.

이동통신 세대교체기에 발생하는 CAPEX 증가는 통신사로서는 불가피하다. 이동통신망 투자비용의 대부분은 기지국 장비, 통신회선, 전원, 기지국 장소 대여 등에 쓰인다. 5G 도입 초기에는 4G망을 공유하는 NSA(Non Standalone) 구조로 진행되고 점진적으로 5G망만 사용하는 SA(Standalone) 구조로 진화된다. NSA 구조에서 일반적으로 4G 기지국이 넓은 지역을 서비스하고, 5G 기지국은 일부 트래픽이 많은 지역을 커버한다. 통신사들이 초기부터 5G 단독망을 구축하지 않는 이유는 당연히 통신망 장비 투자비를 절감하기 위해서이다. 5G 전국망을 구축하면 고주파인 5G의 특성상 감쇄가 많이 일어나기 때문에 기지국, 중계기, 스몰셀 등을 촘촘하게 구축해야 한다. 그렇게 되면 4G 대비 투자비가 2배 이상 증가할 수 있기 때문에 초기 기지국 구축비용 절감을 위해 5G 기지국은 4G망과 연동되는 구조가 사용된다.

한편, 통신 3사는 2018년 6월 주파수 경매를 마쳤다. 주파수 확보에 소요된 비용은 2019년부터 4년간 분납해 무형자산 상각비로 처리된다. SK텔레콤과 KT는 2019년 상각에 대한 부담이 LG유플러스보다 상대적으로 적다. LG유플러스는 LTE의 상각이 아직까지 남아있는 반면, SK텔레콤과 KT는 2019년 말에 LTE 관련 상각 비용이 마무리된다.

결국 통신사는 세대교체를 위해 CAPEX 지출이 이뤄지는 만큼 감가상각비 부담이 늘어날 수 밖에 없다. 또한 정부로부터 경매를 통해 할당받은 주파수도 이용연한에 맞춰 감가상각이 이뤄진다.

5G에 대한 투자 본격화 및 경매받은 주파수에 대한 감가상각이 이뤄지기 때문에 5G 초기에는 통신사마다 매출 대비 영업이익률이 저조할 수밖에 없다. 이전의 3G 전환기, 4G 전환기에도 감가상각비가 증가했으나, 어느 정도 시간이 지나면 도입 초기 수준의 비용 지출이 유지됐다는 점에서 통신주 투자에 앞서 CAPEX에 대한 지나친 부담을 가질 필요는 없을 듯하다.

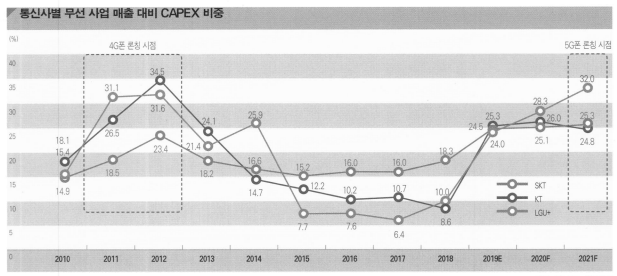

▌ 통신사별 무선 사업 매출 대비 CAPEX 비중

자료 : 각 사 IR, 대신증권

중국 대륙에 깃발을 꽂는 5G 통신장비 업체들

물론 5G가 가져다 줄 기회가 통신 3사에만 국한되는 것은 아니다. 통신 3사를 비롯한 글로벌 IT 기업들에서부터 통신장비를 공급하는 전문기업들에게까지 투자 시야를 넓힐 필요가 있다.

5G는 한국이 독점하는 패러다임이 아니다. 전세계가 5G를 주목한다. 그 중에서도 가장 큰 시장을 형성하는 곳은 단연 중국이다. 한국에 비해 다소 늦었을 뿐 중국은 이미 5G 상용화에 들어갔으며, 중국 통신 3사인 차이나텔레콤, 차이나모바일, 차이나유니콤은 연간 5조 원 이상을 투자해 대륙에 7~8만 개의 기지국을 설치할 계획이다. 향후 3년 간 무려 600만 개에 이르는 5G 기지국을 세운다는 게 중국 통신 업계의 예상이다.

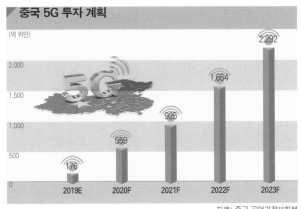

▶ **중국 5G 투자 계획**
(억 위안)
자료: 중국 공업과정보화부

▶ **중국 5G 투자 비중** 단위: %
자료: 중국정보통신연구원

▶ **5G 관련 통신장비 밸류체인 및 납품처**

사업	분야	장비 업체	주요 제품	납품처				
				삼성전자	노키아	화웨이	에릭슨	ZTE
광네트워크 장비	교환장비, 가입자망장비	다산네트웍스	FTTx장비, 이더넷 스위치장비 등					
		유비쿼스	FTTx장비, 스위치 장비 등					
		에치에프알	Fronthaul장비, OLT/ONU장비 등					
	광모듈	오이솔루션	광트랜시버	●	●	●	●	
		쏠리드	광트랜시버					
		우리로	광트랜시버, 광분배기					
	광 소재 및 기타	대한광통신	광섬유, 광케이블	●				
		이노인스트루먼트	광융합접속기					
이동통신 장비	기지국(스몰셀)	케이엠더블유	안테나, RRH, RF부품, 스몰셀	●	●		●	●
		에이스테크	안테나, RRH, RF부품, 스몰셀	●			●	
		웨이브일렉트로	RRH, RF부품	●				
		서진시스템	RRH케이스	●				
		RFHIC	RF부품	●		●		●
		삼지전자	스몰셀					
네트워크 운영관리	계측장비	이노와이어리스	통신망시험/계측기	●	●		●	
	검사장비	디티앤씨	검사장비	●				
보안 및 소프트웨어	보안장비	윈스	보안장비					
	소프트웨어	텔코웨어	HLR, SCSF					

자료 : 유진투자증권

위기의 반도체, 언제 다시 살아날까?

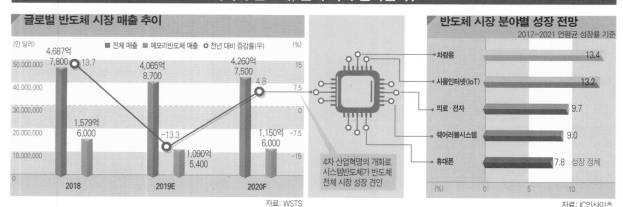

글로벌 반도체 시장 매출 추이

자료: WSTS

반도체 시장 분야별 성장 전망

2017~2021 연평균 성장률 기준

차량용 13.4
사물인터넷(IoT) 13.2
의료·전자 9.7
웨어러블시스템 9.0
휴대폰 7.8 성장 정체

자료: IC인사이츠,

4차 산업혁명의 개화로 시스템반도체가 반도체 전체 시장 성장 견인

- 세계반도체시장통계기구(WSTS)는 2019년 글로벌 반도체 시장 매출이 4,065억8,700만 달러(약 491조7,000억 원)으로 전년 대비 13.3% 줄어들었다고 분석.
- 글로벌 반도체 시장 불황의 핵심 원인은 메모리반도체 수요 침체에서 비롯.
- 2019년의 침체를 뒤로 하고 2020년부터 4.8% 반등할 것으로 전망. 4차 산업혁명의 개화로 인한 시스템반도체 성장 주목 → 자율주행자동차, 사물인터넷, 5G, 클라우드 컴퓨팅 분야에서 성장 주도.
- 일부 메모리반도체 제조업체가 감산을 발표하고 시장재고가 줄면서 가격하락세가 진정국면에 접어들었지만, 미·중 무역전쟁으로 인한 글로벌 경기침체가 가중되면 반등하지 못할 수도 있음.

시스템반도체, 한·일 양국 아직 갈 길 멀다!

세계 시스템반도체 시장점유율 현황

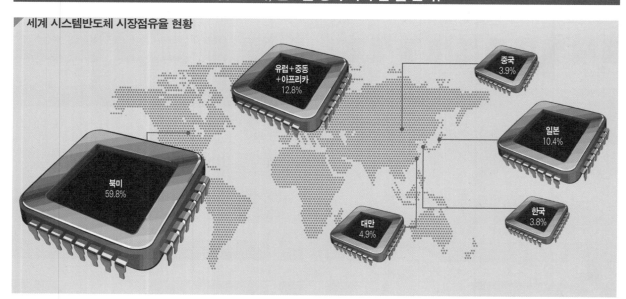

유럽+중동+아프리카 12.8%
중국 3.9%
일본 10.4%
북미 59.8%
대만 4.9%
한국 3.8%

- 한·일 양국이 화이트리스트 소모전을 벌이는 동안 전체 반도체 산업을 좌우하는 시스템반도체 분야는 미국의 독주가 이어지는 형국.
- 시스템반도체는 D램, 낸드플래시 등 메모리반도체에 저장된 데이터를 기반으로 CPU(중앙처리장치), GPU(그래픽처리장치), 모바일 AP(애플리케이션 프로세서) 등 연산과 정보처리를 수행. 반도체 시장을 메모리와 시스템반도체로 양분하면 시스템반도체 매출 비중이 70%로 메모리의 2배 이상임.
- 일본은 글로벌 시스템반도체 시장에서 이미지센서(빛을 전기신호로 바꾸는 반도체) 분야의 절대 강자로 꼽힘. 소니의 세계 이미지센서 시장점유율이 50%에 이르는 데 비해, 삼성전자는 19.8%에 불과.
- 일본정부가 한국에 화이트리스트 배제 조치를 단행한 반도체·디스플레이 핵심 소재 가운데 EUV(극자외선) 파운드리 공정용 포토레지스트(감광재)는 삼성전자의 시스템반도체 투자 전략을 견제한 것이라는 분석이 제기됨. 포토레지스트는 신에츠케미칼, JSR, 도쿄오카(TOK) 등 일본 업체가 독점생산 중임 → 2019년 12월에 일본정부는 포토레지스트에 대한 화이트리스트 배제 조치 해제.

한눈에 읽히는 한·일 반도체전쟁

일본 의존도 높은 상위 10개 수입 품목 단위: 억 달러, 2018년 기준

품목	순위	전체 수입 중 일본 차지 비율(%)	수입금액
반도체 제조용 장비	1	33.8	52.42
프로세스와 콘트롤러	2	11.7	19.22
기타 정밀화학원료	3	15.2	19.00
기타 플라스틱제품	4	42.8	16.34
고철	5	61.4	16.24
철 및 비합금강연강판	6	64.8	12.62
기타 화학공업제품	7	30.9	12.03
자일렌	8	95.4	10.85
개별 소자 반도체	9	33.7	10.52
반도체 제조용 장비부품	10	28.7	9.49

(억 달러) 0 10 20 30 40 50

자료: 무역협회

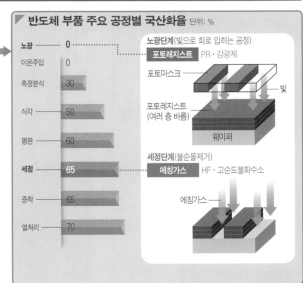

반도체 부품 주요 공정별 국산화율 단위: %

공정	국산화율
노광	0
이온주입	0
측정분석	30
식각	50
평판	60
세정	65
증착	65
열처리	70

노광단계(빛으로 회로 입히는 공정)
포토레지스트 PR·감광제
포토마스크
빛
포토레지스트 (여러 층 바름)
웨이퍼

세정단계(불순물제거)
에칭가스 HF·고순도불화수소
에칭가스

자료: IBK경제연구소

화이트리스트 배제 대상 핵심 소재 : 일본의 1차 수출 규제 대상 항목 단위: %

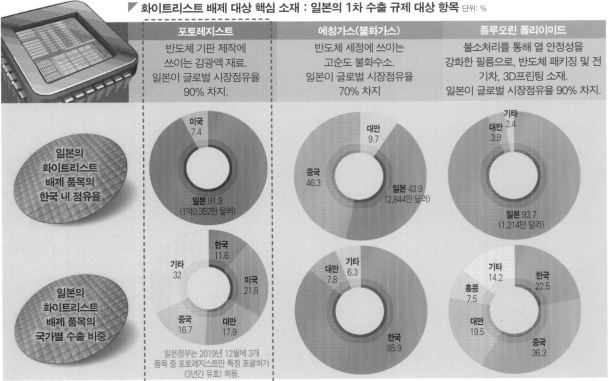

포토레지스트
반도체 기판 제작에 쓰이는 감광액 재료. 일본이 글로벌 시장점유율 90% 차지.

에칭가스(불화가스)
반도체 세정에 쓰이는 고순도 불화수소. 일본이 글로벌 시장점유율 70% 차지

플루오린 폴리이미드
불소처리를 통해 열 안정성을 강화한 필름으로, 반도체 패키징 및 전기차, 3D프린팅 소재. 일본이 글로벌 시장점유율 90% 차지.

일본의 화이트리스트 배제 품목의 한국 내 점유율

포토레지스트: 미국 7.4, 일본 91.9 (1억0,352만 달러)

에칭가스: 대만 9.7, 중국 46.3, 일본 43.9 (2,844만 달러)

플루오린 폴리이미드: 기타 2.4, 대만 3.9, 일본 93.7 (1,214만 달러)

일본의 화이트리스트 배제 품목의 국가별 수출 비중

포토레지스트: 한국 11.6, 미국 21.8, 대만 17.9, 중국 16.7, 기타 32

에칭가스: 기타 6.3, 대만 7.8, 한국 85.9

플루오린 폴리이미드: 기타 14.2, 한국 22.5, 홍콩 7.5, 대만 19.5, 중국 36.3

일본정부는 2019년 12월에 3개 품목 중 포토레지스트만 특정 포괄허가 (3년간 유효) 허용.

- 위 소재 중 에칭가스의 국산화 속도 가장 빠를 전망 → 국내 업체 중 **솔브레인**이 이미 생산 중이며, 고객사 내 높은 점유율 차지.
- **SK머티리얼즈**와 **후성** 등은 고순도 건식가스 기술력을 확보한 것으로 파악, 관련 매출 발생 임박.
- 글로벌 반도체 업황 둔화로 높아진 메모리 재고 감안시 당장 대란은 발생하지 않을 듯. 다만, 수출 규제가 장기화될 경우 소재 재고 소진되기 전까지 대안 수입처 확보 시급.
- 수출 규제 여파로 메모리 생산 차질이 현실화될 경우, 메모리 가격 반등 시기 앞당길 수 있음. 따라서 메모리 관련 주가와 해당 반도체 소재 국내 기술주에 투자적 관점 요망.

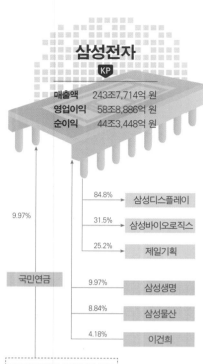

삼성전자
KP

매출액	243조7,714억 원
영업이익	58조8,886억 원
순이익	44조3,448억 원

국민연금 9.97%

- 84.8% → 삼성디스플레이
- 31.5% → 삼성바이오로직스
- 25.2% → 제일기획
- 9.97% → 삼성생명
- 8.84% → 삼성물산
- 4.18% → 이건희

반도체 대장주인 삼성전자와 SK하이닉스의 2019년 실적 하락에도 불구하고 반도체주에 대한 국민연금의 지분은 굳건. 2020년 이후 반도체 업황 회복 및 반등 예상.

▶ 투자포인트
- 일본 화이트리스트 배제 조치 이후 투자적 관점에서 삼성전자의 반도체 사업을 살펴보건대, 삼성전자가 지분 투자한 반도체 소재·장비 업체들을 눈여겨 볼 필요가 있음.
- 메모리반도체의 가격이 최저점 통과 임박, 2020년 이후부터 본격 회복.
- 일본 화이트리스트 배제 이슈는 단기적으로 DRAM 현물가격에 긍정적 영향 미침.
- 미·중 무역전쟁의 여파로 미국이 중국의 Huawei를 견제하면서 통신장비 관련 반도체 공급 반사이익 기대.

▶ 반도체 사업 매출 추이 및 전망
(억 원)
■ DRAM ■ NAND ■ 시스템반도체

	2018	2019E	2020F
DRAM	86조1,900	63조7,460	78조6,900
	47조7,560	31조2,570	35조2,490
	24조5,250	17조9,590	26조8,320
	13조9,090	14조5,300	16조6,090

▶ 삼성전자 지분 투자 주요 반도체 장비·소재 업체

	솔브레인	동진쎄미켐	에스에프에이	원익IPS
투자일자	2017년 10월 30일	2017년 11월 2일	2010년 5월 3일	2016년 4월 31일
투자방법	3자 배정 유증	3자 배정 유증	장외 매수	인적분할
투자금액	560억 원	480억 원	380억 원	160억 원
취득주식수	835,110주	2,468,000주	3,644,000주	1,850,936주
취득가격	66,600원	19,500원	10,500원	–
지분율	4.9%	4.8%	10.2%	4.5%

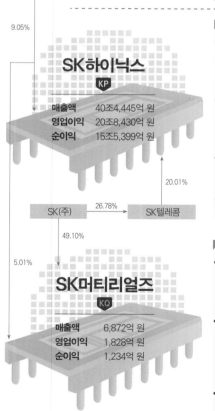

9.05%

SK하이닉스
KP

매출액	40조4,445억 원
영업이익	20조8,430억 원
순이익	15조5,399억 원

SK(주) 26.78% → SK텔레콤
SK텔레콤 20.01%

49.10%

5.01%

SK머티리얼즈
KQ

매출액	6,872억 원
영업이익	1,828억 원
순이익	1,234억 원

▶ 투자포인트
- 매출 비중이 서버 26%, PC 20%, 모바일 43%, 그래픽 5%, 커머디티 6%로 구성되며, 서버 부문 매출 감소를 모바일향과 PC향 출하를 증가시키며 보완.
- 서버 수요가 당분간 제한적일 것으로 판단되지만, 서버 고객사들의 재고가 감소하고 있기 때문에 2020년부터 점진적 수요 개선 기대.
- 특히 북미 주요 서버 업체들의 DRAM 재고가 감소하고 있는 것으로 진단됨에 따라 2020년부터 동사의 실적 회복 기대.

▶ 반도체 사업 매출액 추이 및 전망
(억 원)
■ DRAM ■ NAND ■ 기타

	2018	2019E	2020F
DRAM	40조4,450	26조1,110	29조2,370
	32조3,710	20조3,710	22조7,320
	7조4,210	5조0,930	5조8,400
	6,530	6,460	6,650

▶ 투자포인트
- 반도체, 디스플레이 패널 제조에 사용되는 특수가스(NF_3, WF_6, SiH_4 등) 및 전구체와 다양한 산업군에서 사용되는 산업가스(O_2, N_2, Ar 등)의 제조 및 판매 사업 영위.
- 2001년 국내 최초로 NF_3(3불화질소) 국산화를 시작으로, SiH_4(모노실란), WF_6(육불화텅스텐), 프리커서, 식각가스 등 반도체 소재 국산화에 성공. NF_3 및 WF_6 생산량 및 시장점유율 세계 1위.
- 일본 화이트리스트 규제 대상인 불화수소 국산화에 성공할 경우 동사 주가 급등 예상.

▶ 글로벌 NF3 공급 추이 및 전망
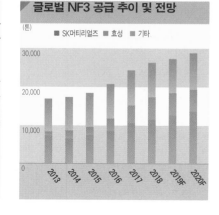
(톤)
■ SK머티리얼즈 ■ 효성 ■ 기타

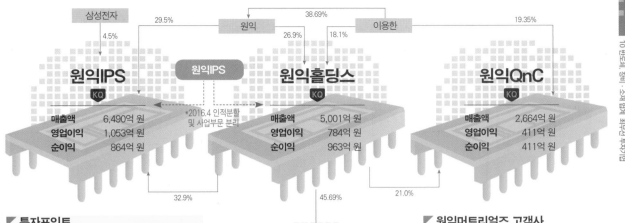

삼성전자 4.5% / 29.5% / 원익 38.69% / 26.9% / 18.1% / 이용한 19.35%

원익IPS
KQ

매출액	6,490억 원
영업이익	1,053억 원
순이익	864억 원

원익IPS
*2016.4 인적분할 및 사업부문 분리

32.9%

원익홀딩스
KQ

매출액	5,001억 원
영업이익	784억 원
순이익	963억 원

45.69% / 21.0%

원익QnC
KQ

매출액	2,664억 원
영업이익	411억 원
순이익	411억 원

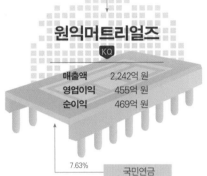

원익머트리얼즈
KQ

매출액	2,242억 원
영업이익	455억 원
순이익	469억 원

7.63% 국민연금

▶ 투자포인트

- **원익IPS** : 반도체와 디스플레이, 태양광 장비 제조. SK하이닉스 신규 생산라인, 삼성전자 DRAM 등 전방 산업에서 시설 투자가 보수적으로 전개되는 환경에서도 2019년 매출 7,000억 원 달성할 경우 2020년 매출 1조 원 돌파 가능성 높음.
- **원익QnC** : 반도체 제조용 석영 및 세라믹 제품 생산. FPD 생산용 부품인 '쿼츠' 판매 호조. '쿼츠'는 수익성 높은 품목으로 실적 견인.
- **원익머트리얼즈** : DRAM과 NAND 플래쉬 등 메모리반도체 제조에 중요한 특수가스 생산. 특수가스 사업에서 경쟁사 대비 높은 진입장벽 유지.

▶ 원익머트리얼즈 고객사

고 객 군	고 객 사
반도체	삼성전자, SK하이닉스, TSMC, DB하이텍, 매그나칩반도체 등
FPD	삼성디스플레이, BOE Group 등
LED	삼성전자 LED사업부 등
기타	SK실트론 등

솔브레인
KQ

매출액	9,630억 원
영업이익	1,640억 원
순이익	1,030억 원

32.75% 정치완 및 관계인
4.9% 삼성전자

▶ 투자포인트

- 국내 최대 규모의 불산·인산계 에천트 제조업체.
- 일본 반도체 소재 제한에 따른 국산화에 있어서 가장 가시성이 높은 수혜주로 꼽힘.
- 동사는 반도체 핵심 소재인 식각액 국산화를 이미 달성했고, 이에 따른 신규 생산 설비도 완공.
- 일본 수출 규제 조치에 따라 동사가 거의 유일한 식각액 공급 대안 업체가 될 가능성 높음.
- 국내 반도체 업체들의 식각액 재고가 소진되면 공급량 급증으로 실적 호조 기대.

▶ 국내 에천트 시장에서 30% 이상 점유율 확보

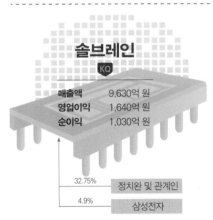

동진쎄미켐
KQ

매출액	6,321억 원
영업이익	512억 원
순이익	395억 원

32.49% 동진홀딩스
4.8% 삼성전자

▶ 투자포인트

- 반도체 및 평판디스플레이용 감광액(포토레지스트)과 박리액, 세척액, 식각액 및 태양전지용 전극Paste 등 전자재료 생산.
- 동사의 반도체용 포토레지시트 점유율이 아직 낮지만, 디스플레이용 포토레지스트 시장에서 AZEM과 점유율 1위를 다툼.
- BOE 등 중국 업체들은 동사의 포토레지스트를 선호했지만, 삼성디스플레이 및 LG디스플레이 등 국내 패널 업체들은 외산 선호.
- 일본 수출 규제를 계기로 국내 패널 업체들의 포토레지스트 구매에서 동사에 대한 선호가 뚜렷해질 것으로 기대.

▶ 주요 매출처 비중
단위: %

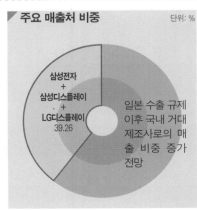

삼성전자 + 삼성디스플레이 + LG디스플레이 39.26

일본 수출 규제 이후 국내 거대 제조사로의 매출 비중 증가 전망

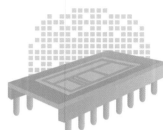

일본의 경제 보복이
오히려 반도체 주가를 올린다?!

화이트리스트 배제 위기? 오히려 투자 기회!

일본정부는 우리 대법원의 강제징용 배상 판결이 나오자 이에 대한 보복 조치로 반도체 핵심 소재인 고순도 불화수소(에칭가스), 플루오린 폴리이미드, 포토레지스트(감광액)에 대한 대(對)한국 수출 규제를 단행했다. 이른바 '화이트리스트 배제 사태'다. 강제징용 배상 판결에 대한 일본정부의 반격을 반도체 업계가 가장 먼저 맞은 것이다.

우리나라는 세계 메모리반도체 시장에서 삼성전자와 SK하이닉스라는 톱 플레이어를 보유하고 있지만, 반도체 소재와 장비 분야에서만큼은 일본에 대한 의존도가 대단히 크다. 반도체를 넘어 국내 산업 전반에 걸쳐 우려의 목소리가 커질 수밖에 없는 이유다.

하지만 반도체 업계에서는 일본의 화이트리스트 배제 위기가 오히려 국내 산업에 기회로 작용할 수 있다는 분석이 제기되고 있다. 삼성전자와 SK하이닉스가 해당 소재의 재고가 소진되기 전까지 신규 거래처를 확보해야 하는 곤란에 처한 것은 사실이다. 다만 수출 규제 여파로 메모리 생산 차질이 현실화될 경우, 메모리 가격 반등 시기를 앞당길 수 있다. 이는 곧 두 회사의 반도체 실적 회복을 이끄는 요인으로 작용할 수 있다. 아울러 반도체 소재 · 장비 업체들이 해당 소재의 국산화에 하루빨리 성공한다면, 이번 일본 조치가 장기적으로 국내 반도체 산업 전체에 호재가 될 수 있다.

수출 규제 3가지 소재 중 에칭가스의 국산화 속도

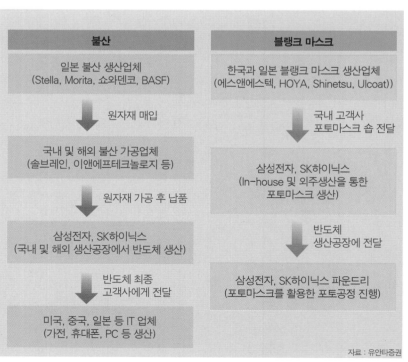

▲ **일본 수출 규제 반도체 소재 공급체인**

레지스트	불산	블랭크 마스크
한국과 일본 레지스트 생산업체 (동진쎄미켐, 금호석유화학 및 JSR, TOK, Sumitomo, Shinetsu)	일본 불산 생산업체 (Stella, Morita, 쇼와덴코, BASF)	한국과 일본 블랭크 마스크 생산업체 (에스앤에스텍, HOYA, Shinetsu, Ulcoat))
↓ 국내 및 해외 반도체 생산공장으로 납품	↓ 원자재 매입	↓ 국내 고객사 포토마스크 숍 전달
삼성전자, SK하이닉스 (국내 및 해외 생산공장에서 반도체 생산)	국내 및 해외 불산 가공업체 (솔브레인, 이앤에프테크놀로지 등)	삼성전자, SK하이닉스 (In-house 및 외주생산을 통한 포토마스크 생산)
↓ 반도체 최종 고객사에게 전달	↓ 원자재 가공 후 납품	↓ 반도체 생산공장에 전달
미국, 중국, 일본 등 IT 업체 (가전, 휴대폰, PC 등 생산)	삼성전자, SK하이닉스 (국내 및 해외 생산공장에서 반도체 생산)	삼성전자, SK하이닉스 파운드리 (포토마스크를 활용한 포토공정 진행)
	↓ 반도체 최종 고객사에게 전달	
	미국, 중국, 일본 등 IT 업체 (가전, 휴대폰, PC 등 생산)	

자료 : 유안타증권

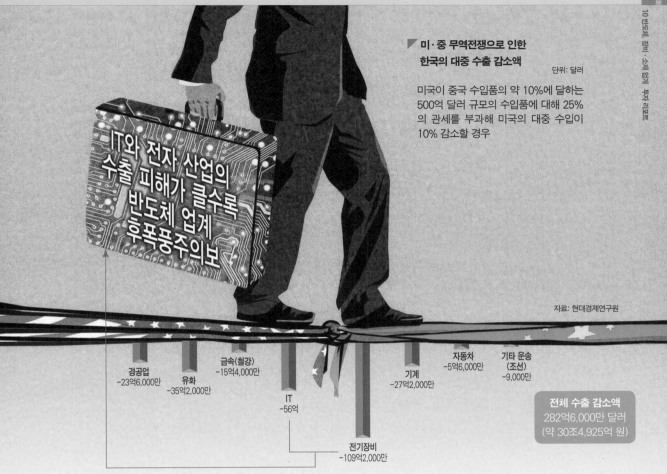

미·중 무역전쟁으로 인한 한국의 대중 수출 감소액

단위: 달러

미국이 중국 수입품의 약 10%에 달하는 500억 달러 규모의 수입품에 대해 25%의 관세를 부과해 미국의 대중 수입이 10% 감소할 경우

IT와 전자 산업의 수출 피해가 클수록 반도체 업계 후폭풍주의보

자료: 현대경제연구원

경공업
−23억6,000만

유화
−35억2,000만

금속(철강)
−15억4,000만

IT
−56억

전기장비
−109억2,000만

기계
−27억2,000만

자동차
−5억6,000만

기타 운송
(조선)
−9,000만

전체 수출 감소액
282억6,000만 달러
(약 30조4,925억 원)

가 가장 빠른데 국내 업체인 솔브레인이 이미 생산 중에 있다. 삼성전자와 SK하이닉스의 재고가 빨리 소진될수록 솔브레인의 공급량도 크게 늘 것으로 예상된다. 투자자라면 솔브레인을 비롯한 원익IPS, 동진쎄미켐 등 유력 반도체 소재·장비 업체들의 주가를 유심히 살펴볼 필요가 있다.

미·중 무역전쟁에 국내 반도체 등 터진다?!

IT와 전자는 물론, 자동차와 항공기 등 산업 전반을 두루 살펴보건대 반도체가 등장하지 않는 분야는 거의 없다. 그야말로 반도체는 산업계의 슈퍼히어로라 할 만 하다. 하지만 이 슈퍼히어로는 지나친 공급 과

잉과 수급 불균형으로 한동안 불황의 늪에서 헤어 나오지 못했다. 다행히 머지않아 반도체의 반등 시기가 임박했다는 전문가들의 분석 리포트가 속속 발표되면서 주식 시장에서도 조심스레 기대의 시그널을 보내고 있다.

물론 반도체 주가의 반등을 저해하는 위협 요소 또한 여전하다. 그중에 가장 두려운 요인으로 꼽히는 게 '미·중 무역전쟁'이다. 현대경제연구원이 발표한 자료에 따르면, 미·중 무역전쟁으로 국내 산업에서 전자장비와 IT가 가장 큰 타격을 입을 것으로 예상했다. IT와 전자에서 반도체는 가장 중요한 후방 산업이다. 미·중 무역전쟁의 여파가 반도체에 엄청난 타격을 가할 수 있다는 얘기다.

미·중 무역전쟁으로 국내 반도체 업체가 직접적으로 타격을 받을 수도 있다. 이를테면, 미국이 중국과의 무역 협상에서 한국 기업 대신 미국 기업에게 반도체를 구매하도록 요구한 것이 대표적인 예이다. 중국이 무역전쟁에서 미국을 이기기 위해 무리해서 반도체 굴기(屈起)를 선언했고, 이로 인해 중국 현지에 세워진 삼성전자 시안 낸드공장과 SK하이닉스 우시 D램공장이 볼모로 잡힐 수도 있다. 트럼프 미국 대통령은 대선 전까지 중국과 타협하지 않을 것이란 전망이 지배적이다. 미·중 무역전쟁이 장기화 될수록 국내 반도체 업계도 신경을 곤두세울 수밖에 없다.

PC시대에서 스마트폰시대로, 그리고 서버시대로!
결국 반도체가 핵심!

미·중 무역전쟁, 일본 화이트리스트 배제 등 반도체 시장에는 굵직한 불안 요소가 똬리를 틀고 있지만, 장기적으로 반도체주에 투자해야 한다면 그건 바로 4차 산업혁명 때문이다.

3차 산업혁명 초입을 이끌었던 PC 출하량 추이 및 모바일 혁명을 이끌었던 스마트폰 출하량 추이 등을 감안하건대 4차 산업혁명에서 서버 수요 증가를 예측할 수 있다. 빅데이터와 클라우드 등 서버 수요가 반도체 시장을 주도해나가고 있는데, 이는 아직 시작에 불과하다는 게 전문가들의 공통된 견해이다. PC시대의 인텔과 마이크로소프트 실적 추이, 스마트폰시대의 애플과 구글 실적 추이를 보면, 패러다임 변화 시점에 초기 시장을 이끈 업체가 시장을 장기 집권했음을 확인할 수 있다. 글로벌 인터넷 기업들이 4차 산업혁명의 핵심 소재인 데이터를 축적할 서버용 반도체 구매에 적극적일 수밖에 없는 이유다.

최근 글로벌 인터넷 기업들의 서버용 반도체 구매를 고정비로 접근해야 한다는 분석이 주목을 끈다. 현실화될 경우, 서버 및 반도체 관련 기업들에게 그야말로 호재가 아닐 수 없다. 실제로 아마존의 AWS(Amazon Web Service)는 이미 50% 이상의 매출 증가율과 30%에 육박하는 영업이익률을 시현했다. 중요한 것은 페이스북, 알리바바 등 후발업체들은 아직 아마존에 한참 뒤져 있다는 사실이다. 이들은 결국 중장기적으로 반도체 구매를 지속할 수밖에 없는 상황이다. 반도체가 빅데이터시대의 최고 수혜 업종이 될 것이란 전망은 조금도 지나치지 않다.

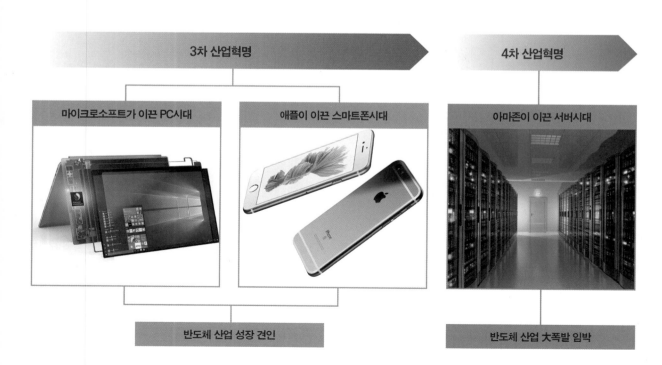

3차 산업혁명		4차 산업혁명
마이크로소프트가 이끈 PC시대	애플이 이끈 스마트폰시대	아마존이 이끈 서버시대
반도체 산업 성장 견인		반도체 산업 大폭발 임박

승부는 시스템반도체에서 결판난다!

삼성전자는 2030년까지 133조 원을 투자해 시스템(비메모리)반도체 분야에서 세계 1위를 달성하겠다는 비전을 발표했다. 연구 개발 및 생산시설 확충에 집중 투자하고, 전문인력 1만5,000명을 채용한다는 계획이다.

삼성전자는 메모리반도체 분야에서 세계 1위 기업이지만, 시스템반도체에서는 경쟁 기업에 뒤처져 있다. 글로벌 반도체 시장에서 시스템반도체의 비중은 약 66%로, 34%인 메모리반도체의 2배에 이른다. 반도체 산업의 패러다임 변화도 삼성전자의 사활을 건 투자를 부추겼다. 시스템반도체는 데이터를 단순히 저장만 하는 메모리반도체와 달리 논리적인 정보처리를 가능하게 한다. 5G, 인공지능, 사물인터넷, 빅데이터로 대표되는 4차 산업혁명시대에서 시스템반도체는 선택이 아닌 필수 아이템이 됐다.

정부도 삼성전자와 발을 맞추고 있다. 매우 이례적으로 대통령이 직접 시스템반도체의 투자를 공식 선언했고, 정부 차원에서 중장기적인 마스터플랜도 발표했다. 시스템반도체 산업이 성장할 수 밖에 없는 이유다. 이제 반도체 핵심 장비·소재 주가가 급등하는 일만 남았다.

▶ 삼성전자 '반도체 비전 2030' 주요 내용

목표	2030년 시스템 반도체 시장 세계 1위 달성
투자 기간	2019년 – 2030년(12년)
투자 규모	133조 원(R&D 73조 원, 생산시설 60조 원)
주요 내용	화성 EUV(극자외선) 전용 라인 및 신규 라인 투자 / 국내 중소 팹리스(설계전문업체), 디자인하우스 등 지원
고용 효과	R&D 제조 전문 인력 채용 1만5,000명, 간접고용 효과 42만 명

▶ 메모리 반도체와 비메모리 반도체 시장 규모 추이

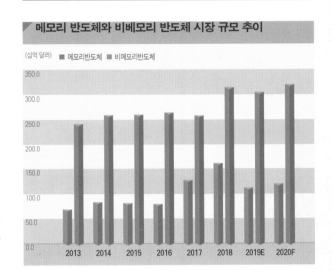

▶ 반도체 국가별 주요 업체 현황

구분	🇰🇷 한국	🇯🇵 일본	대만	중국	🇺🇸 미국	유럽 기타
IDM	삼성전자, SK하이닉스	Renesas, Toshiba, Sony	Windbond, Nanya, Powerchip, Promos	Hynix-STS	Intel, TI, AMD, Micron, IBM	Infineon, STMicro, NXP
파운드리	삼성전자, 매그나칩, 동부하이텍	Toshiba, Seiko-Epson	TSMC, UMC	ASMC, SMIC, Grace	Global Foundries	X-Fab, Tower Semi
팹리스	실리콘웍스, 텔레칩스	Renesas, Megachips	Media Tek, Mstar, Realtek	Hisilicon, Spreadtrum	Qualcomm, Broadcom, AMD, Nvidia, Xilinx	CSR, Dialog

자료: 한국반도체산업협회

OLED 패널 시장의 성장은 계속된다!

글로벌 디스플레이 시장 규모 추이 및 전망 단위: 억 달러, 금액 기준

구분		2017	2018	2019E	2020F	2021F	2022F	2023F	2024F	2025F
LCD		1,015	905	905	856	820	791	766	750	736
	(비중)	81.6%	79.0%	75.7%	70.6%	68.0%	66.1%	64.8%	63.6%	62.7%
	Large	674	592	591	590	578	565	555	549	544
	(비중)	66.5%	65.4%	65.3%	68.9%	70.4%	71.5%	72.5%	73.2%	73.8%
	Small	340	313	314	266	242	226	210	201	193
	(비중)	33.5%	34.6%	34.7%	31.1%	29.6%	28.5%	27.5%	26.8%	26.2%
OLED		220	232	281	348	378	397	407	422	431
	(비중)	17.7%	20.2%	23.5%	28.7%	31.3%	33.2%	34.5%	35.8%	36.7%
	Large	18	25	36	55	60	70	81	92	103
	(비중)	8.1%	10.8%	12.7%	15.9%	15.9%	17.7%	19.9%	21.8%	23.8%
	Small	202	207	245	292	318	327	326	330	328
	(비중)	91.9%	89.2%	87.3%	84.1%	84.1%	82.3%	80.1%	78.2%	76.2%
총합계		1,243	1,145	1,195	1,213	1,206	1,197	1,181	1,180	1,175

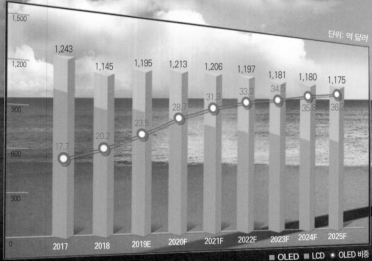

단위: 억 달러

■ OLED ■ LCD ● OLED 비중

- 2020년 이후 글로벌 디스플레이 시장은 LCD 패널에서 OLED 패널로 세대교체가 급격히 진행될 것으로 전망.
- OLED는 삼성디스플레이와 LG디스플레이가 전세계 시장 독점적으로 장악.
- 특히 삼성디스플레이는 중소형 OLED에서, LG디스플레이는 대형OLED에서 각각 90% 전후의 독보적인 시장지배력 보임.

자료: ISH, KDIA

글로벌 LCD 시장점유율 단위 : %

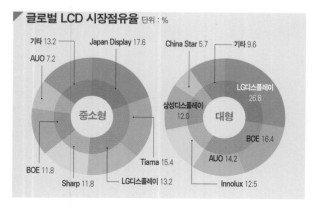

글로벌 OLED 시장점유율 단위 : %

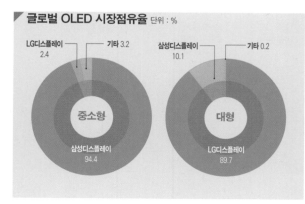

마이크로 LED: 디스플레이 산업의 미래가 될 수 있을까?

▮ 마이크로 LED vs. OLED vs. LCD

	마이크로 LED	OLED	LCD
매커니즘	자체발광	자체발광	백라이트(LED)
시감도	높음	낮음	보통
명암비	매우 높음 〉 10,000:1	매우 높음 〉 10,000:1	200:1
응답시간	nanosecond (ns)	microsecond (μs)	milisecond (ms)
관리온도	−100~120℃	−50~70℃	0~60℃, 히터 필요
내충격성	보통	높음	보통
수명	길다	보통	보통
비용	높음	낮음	낮음

▮ 마이크로 LED 적용 산업

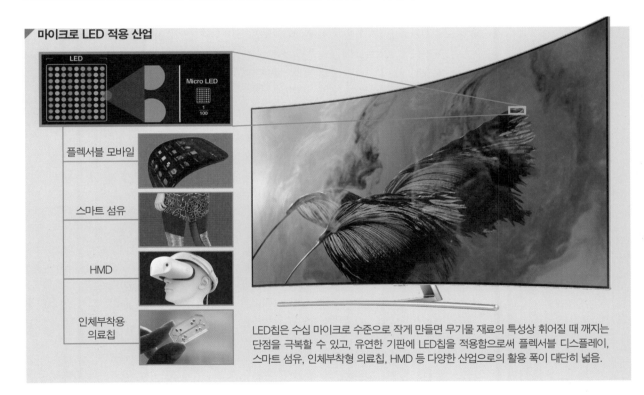

LED칩은 수십 마이크로 수준으로 작게 만들면 무기물 재료의 특성상 휘어질 때 깨지는 단점을 극복할 수 있고, 유연한 기판에 LED칩을 적용함으로써 플렉서블 디스플레이, 스마트 섬유, 인체부착형 의료칩, HMD 등 다양한 산업으로의 활용 폭이 대단히 넓음.

▮ 글로벌 마이크로 LED 시장 규모 전망

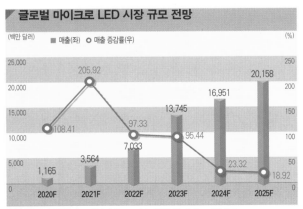

▮ 국내 중대화면 마이크로 LED 시장 규모 전망

출처: Micro-LED Market, Global Forecast to 2025, MarketsandMarkets

중소형 OLED 패널 부품, 장비·소재 삼성디스플레이 / LG디스플레이 공급 업체 분포도

		공정 및 장비		삼성디스플레이	LG디스플레이
전공정	FA		물류, 자동화	에스에프에이, 로체시스템즈	인베니아, 아바코, 베셀
	기판		PI Curing	원익IPS	비아트론
	TFT (LTPS)		세정	세메스, 에프앤엔스테크, 케이씨텍	디엠에스, 케이씨텍
		증착	PECVD	AMAT(미), 원익IPS	주성엔지니어링, AMAT(미)
			Sputte	이루자(비), Ulvac	아바코
			ELA	AP시스템	LG전자, PRI, JSW(일)
			노광	Canon(일), Nikon(일)	
		식각	Dry Etcher	아이씨디, 원익IPS	인베니아, 아이씨디, TEL
			Wet Etcher	세메스(비)	디엠에스, 케이씨텍
			ASher	아이씨디	YAC(일), 아이씨디
			Stripper	세메스(비)	디엠에스, 케이씨텍
			열처리	예스티, 원익IPS	비아트론
	OLED		증착	Tokki(일)	Canon-Tokki(일), 선익시스템, 야스
		봉지	TFE	AMAT(미), 세메스	AMAT(미), Kateeva(미)
			봉지재	삼성SDI	-
	OCTA		Sputter	이루자(비), Ulvac(일)	아바코
			PECVD	AMAT(미), 원익IPS	주성엔지니어링, AMAT(미)
			Dry Etcher	아이씨디, 원익IPS	인베니아
	기타		LLO	필옵티스	이오테크닉스
			검사	HB테크놀로지, 케이맥	LG전자 PRI
			Repair	HB테크놀로지, 참엔지니어링	LG전자 PRI
			Dispenser, Scriber 등	에스에프에이, 미래컴퍼니	탑엔지니어링
			Oven	예스티, 원익테라세미콘	비아트론, Koyo(일), YACC(일)
후공정	Module		Laser Cutting	이오테크닉스, 필옵틱스	LG전자 PRI, 이오테크닉스, 엘아이에스
			Pol, Attacher	에스에프에이	탑엔지니어링
			Laminating	예스티, AP시스템, 에스에프에이	베셀
			Auto Clave	예스티	Koyo(일), Yac(일)
			Bonder	제이스텍, 브이원텍, 파인텍	디에스케이, 탑엔지니어링
			화면 검사	영우디에스피, 디이엔티	동아엘텍
소재	유기물	공통층	HTL	덕산네오룩스, 두산(비)	Idemitsu kosan(일)
			ETL	삼성SDI, LG화학, Tosoh(일)	LG화학, Idemitsu kosan(일)
			EIL	두산(비), Dow Chemical(미)	Dow Chemical(미), 코멧(비)
		Red	Host	Dow Chemical(미), 덕산네오룩스	Dow Chemical(미), Merck(독)
			Dopant	UDC(미)	UDC(미)
			R'	덕산네오룩스	Dow Chemical(미), LG화학
		Green	Host	일본제철주금화학(일), 삼성SDI	LG화학, 희성(비), Idemitsu kosan(일)
			Dopant	UDC(미)	UDC(미)
			G`	Merck(독), 덕산네오룩스	LG화학
		Blue	Host	Idemitsu kosan(일), 에스에프씨(비)	Idemitsu kosan(일)
			Dopant	에스에프씨(비), JNC(일)	Idemitsu kosan(일)
			B`	SYRI(일)	-
	Mask		FMM	Dai Nippon Printing(일)	Dai Nippon Printing(일)
	기판		Polymide 도료	에스유머티리얼즈(비)	UBE(일), Toray-Dupont(일)

주: 일 → 일본, 미 → 미국, 비 → 비상장
자료 : 하이투자증권

대형 OLED 패널 부품, 장비·소재 삼성디스플레이 / LG디스플레이 공급 업체 분포도

공정 및 장비				삼성디스플레이	LG디스플레이
전공정	FA		물류, 자동화	에스에프에이, 톱텍, 로체시스템즈	인베니아, 베셀
	TFT(Oxide)		세정	세메스, 에스티아이	디엠에스, 케이씨텍
		증착	PECVD	AMAT(미), 원익IPS	주성엔지니어링, AMAT(미)
			Sputter	이루자(비), Ulvac(일)	야바코
			노광	Canon(일), Nikon(일)	
		식각	Dry Etcher	아이씨디, 원익IPS, TEL(일)	인베니아, 아이씨디, TEL
			Wet Etcher	세메스(비)	디엠에스, 케이씨텍
			Asher	아이씨디	아이씨디
			Stripper	세메스(비)	디엠에스, 케이씨텍
			열처리	원익테라세미콘	비아트론
	OLED		증착	Tokki(일)	선익시스템, 야스
		봉지	Glass 합착	AP시스템	주성엔지니어링
			TFE	원익IPS, 세메스	–
			봉지재	Corning(미)	이녹스첨단소재, LG화학
	기타		Inkjet Print	Kateava(미), 세메스(비)	Kateava(미)
			검사	HB테크놀로지, 케이맥	LG전자 PRI
			Repair	HB테크놀로지, 참엔지니어링	LG전자 PRI
			Dispenser, Scriber 등	에스에프에이, 미래컴퍼니	탑엔지니어링
			Oven	예스티, 원익테라세미콘	비아트론, Koyo(일), Yac(일)
후공정	Module		Pol, Attacher	에스에프에이	탑엔지니어링
			Laminating	톱텍, 제이스텍	LG전자 PRI
			Edge Grinder	에스에프에이, 미래컴퍼니	미래컴퍼니
			Bonder	제이스텍, 브이원텍, 파인텍	디에스케이, 탑엔지니어링
			화면 검사	영우디에스피, 디이엔티	동아엘텍
소재	유기물		HTL	덕산네오룩스, 두산(비)	LG화학, Merck(독)
			발광소재	Blue: Idemitsu kosan(일), 에스에프씨(비)	Red: Dow Chemical(미), LG화학 Yellow-Green: Merck(독), Blue: Idemitsu kosan(일)
			ETL	삼성SDI, LG화학, Tosoh(일)	LG화학, Idemitsu kosan(일)
			EIL	두산(비), Dow Chemical(미)	Dow Chemical(미), 코멧(비)
	무기물		QD	한솔케미칼	–

자료 : 하이투자증권

- 향후 글로벌 OLED 생산 규모는 2021년까지 연평균 약 37%의 높은 성장세를 나타내며 가파르게 증가할 것으로 전망되는 바, LG디스플레이, 삼성디스플레이 및 중국 측에 주 고객사를 두고 있는 OLED 부품 및 장비·소재 업체들의 꾸준한 수혜 기대.
- 향후 중국 업체들의 중소형 OLED 본격 양산 진입시 삼성디스플레이 공급처를 선호할 가능성 높을 것으로 판단.
- 시장조사기관 IHS에 따르면, 디스플레이 업체들의 OLED 신규 설비 투자 확대로 발광층, 공통층 소재 규모가 2019년 11.5억 달러에서 2022년 17.8억 달러 수준까지 약 55% 이상 성장할 것으로 전망되므로 OLED 소재 업체들의 중장기적인 수혜 예상.

삼성디스플레이
비상장

매출액	32조3,160억 원
영업이익	2조5,220억 원
순이익	2조2,382억 원

10.15% → 에스에프에이

84.8% → 삼성전자
15.2% → 삼성SDI
19.6%

▶ 투자포인트

- 동사가 새롭게 개발하고 있는 QD-OLED 기술은 청색 OLED를 발광원으로 하고 그 위에 색상을 구현하기 위한 CF(Color Filer)와 적색과 녹색 QD(Quantum Dot) 재료를 올려 색 재현성을 높이는 방식.
- QD-OLED 기술 개발에 성공하여 대형 OLED TV 시장에 진출할 경우, 프리미엄급 시장에서 OLED는 8K QD-OLED 제품으로, LCD는 색 재현성을 높인 QLED 제품으로 시장 주도권을 확보해 나갈 것으로 전망.
- 마이크로 LED 시장의 초기 주도권 확보를 위해 LED 솔루션 업체인 Play Nitride(대만)의 지분 인수.

▶ 삼성디스플레이 연간 CAPEX 추이 및 전망

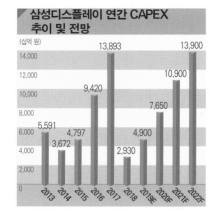

(십억 원)

2013	2014	2015	2016	2017	2018	2019E	2020F	2021F	2022F
5,591	3,672	4,797	9,420	13,893	2,930	4,900	7,650	10,900	13,900

▶ 삼성디스플레이 QD-OLED 중장기 예상 로드맵

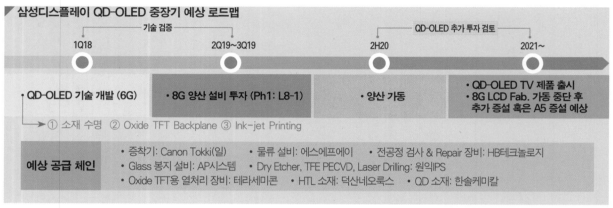

기술 검증 ─ 1Q18 / 2Q19~3Q19

QD-OLED 추가 투자 검토 ─ 2H20 / 2021~

- QD-OLED 기술 개발 (6G)
- 8G 양산 설비 투자 (Ph1: L8-1)
- 양산 가동
- QD-OLED TV 제품 출시
- 8G LCD Fab. 가동 중단 후 추가 증설 혹은 A5 증설 예상

→ ① 소재 수명　② Oxide TFT Backplane　③ Ink-jet Printing

예상 공급 체인
- 증착기: Canon Tokki(일)
- 물류 설비: 에스에프에이
- 전공정 검사 & Repair 장비: HB테크놀로지
- Glass 봉지 설비: AP시스템
- Dry Etcher, TFE PECVD, Laser Drilling: 원익IPS
- Oxide TFT용 열처리 장비: 테라세미콘
- HTL 소재: 덕산네오룩스
- QD 소재: 한솔케미칼

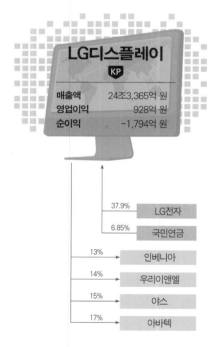

LG디스플레이
KP

매출액	24조3,365억 원
영업이익	928억 원
순이익	-1,794억 원

37.9% → LG전자
6.85% → 국민연금
13% → 인베니아
14% → 우리이앤엘
15% → 야스
17% → 아바텍

▶ 투자포인트

- 동사는 LCD 사업에서 OLED 사업으로의 전환으로 인해 2019년 영업이익 적자전환 → 2020년 흑자전환 예상.
- LCD 생산 축소 혹은 중단으로 인한 인원 감축 등 구조조정 불가피.
- OLED 설비 투자가 진행되는 동안 자금 흐름에 어려움 불가피.
- OLED 설비 투자가 마무리되는 2020년 전후로 현금 흐름이 흑자로 전환하면서 점진적인 재무구조 개선 예상.
- OLED TV향 매출이 본격적으로 증가하는 2020년을 기점으로 전체 매출 정상화 기대.

▶ 영업이익 흑자전환 예상

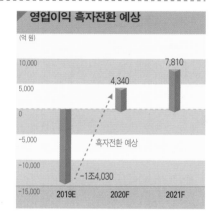

(억 원)

흑자전환 예상

2019E	2020F	2021F
-1조4,030	4,340	7,810

▶ OLED TV 패널 연간 출하량 추이

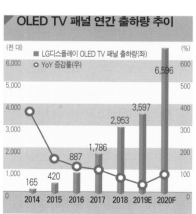

(천 대) / (%)
- ■ LG디스플레이 OLED TV 패널 출하량(좌)
- ○ YoY 증감률(우)

2014	2015	2016	2017	2018	2019E	2020F
165	420	887	1,786	2,953	3,597	6,596

▶ OLED TV 부문 연간 매출액 추정치

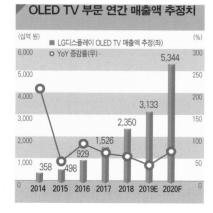

(십억 원) / (%)
- ■ LG디스플레이 OLED TV 매출액 추정(좌)
- ○ YoY 증감률(우)

2014	2015	2016	2017	2018	2019E	2020F
358	498	929	1,526	2,350	3,133	5,344

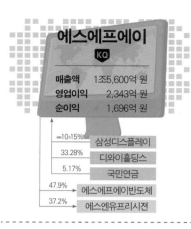

에스에프에이
KQ

매출액	1조5,600억 원
영업이익	2,343억 원
순이익	1,696억 원

=10~15%	삼성디스플레이
33.28%	디와이홀딩스
5.17%	국민연금
47.9%	에스에프에이반도체
37.2%	에스엔유프리시젼

▶ 투자포인트

- 디스플레이 장비 사업 및 물류 시스템 사업, 반도체 패키징 사업 영위.
- 고객사인 삼성디스플레이 QD-OLED 신규 투자가 대형 OLED를 중심으로 본격화됨에 따라 이에 상당하는 수주 증가로 인한 수혜 기대.
- 중국 디스플레이 업체(플렉서블 OLED, 10.5세대 초대형 LCD) 및 전기차 배터리 업체들의 투자 확대로 신규 수주 추가 증대.
- 일본 다이후쿠가 독점하던 반도체 OHT 장비 국산화가 예상됨에 따라 동사의 반도체 장비 사업에 기회 요인으로 작용할 전망.

▶ 영업이익 추이

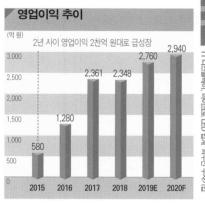

(억 원)
2년 사이 영업이익 2천억 원대로 급성장

2015	2016	2017	2018	2019E	2020F
580	1,280	2,361	2,348	2,760	2,940

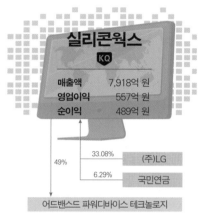

실리콘웍스
KQ

매출액	7,918억 원
영업이익	557억 원
순이익	489억 원

49%	33.08% (주)LG
	6.29% 국민연금
어드밴스드 파워디바이스 테크놀로지	

▶ 투자포인트

- 디스플레이 핵심 부품인 IC 관련 제품 제조 및 납품.
- 주 고객사인 LG디스플레이 LCD 가동 중단 결정이 동사의 단기 주가에 부담으로 작용할 전망.
- 10.5세대 LCD 라인 가동을 본격화하고 있는 중국 BOE, CSOT 내에서 동사의 점유율이 빠르게 확대되면서 LCD TV용 D-IC와 T-Con 공급 물량이 크게 늘고 있어 LG디스플레이의 감소분을 어느 정도 상쇄할 것으로 판단(중국향 LCD 매출 : 2018년 400억원대 → 2019년 800억원대 → 2020년 1,000억원대).
- LG디스플레이의 OLED 패널 생산 확대로 단가가 높은 OLED용 구동 부품 출하가 크게 증가함에 따라 장기적으로 매출 성장 기대.

▶ 매출 및 영업이익

(억 원)
괄호 안은 영업이익률(%)
■ 매출 ■ 영업이익

	2019E	2020F	2021F
매출	8,730	9,900	1조0,322
영업이익	560 (6.4)	730 (7.3)	805 (7.8)

AP시스템
KQ

매출액	7,142억 원
영업이익	457억 원
순이익	252억 원

23.3%	APS홀딩스 및 관계인
26.23%	디이엔티

▶ 투자포인트

- AMOLED/LCD 등 디스플레이 장비 및 반도체, 레이저 응용 장비 사업 영위.
- 중국 패널 업체들의 6세대 Flexible OLED 전공정 설비 투자가 본격화됨에 따라 ELA 전공정 설비 수주 재개.
- 삼성디스플레이의 8세대 QD-OLED 투자로 동사의 Glass 합착 봉지 설비 신규 수주 예상.
- 레이저 장비 사업에서 FMM Laser 가공 장비의 중장기 성장 가능성 존재 → 일본의 수출 규제 여파로 국내 디스플레이 업체들이 FMM 국산화 노력에 나섬에 따라 FMM Laser 가공 장비를 생산하는 동사의 중장기적 수혜 예상.

▶ 영업이익 추이 및 전망

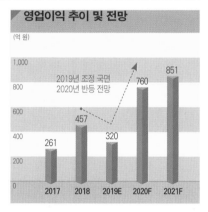

(억 원)

2019년 조정 국면
2020년 반등 전망

2017	2018	2019E	2020F	2021F
261	457	320	760	851

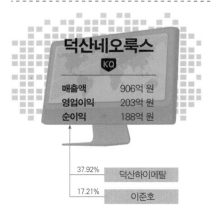

덕산네오룩스
KQ

매출액	906억 원
영업이익	203억 원
순이익	188억 원

37.92%	덕산하이메탈
17.21%	이준호

▶ 투자포인트

- AMOLED 유기물 재료 및 반도체 공정용 화학제품을 제조 · 판매하는 화학소재 사업 영위.
- 중국 및 삼성디스플레이 OLED 전공정 투자 본격화에 따른 수혜 기대.
- 삼성디스플레이의 High-End향으로 HTL과 Red Prime, 중저가향으로 HTL, Red Host, Red Prime 제품 출하 확대 예상.
- 2020년에는 삼성디스플레이 신규 소재 구조인 M10에 Green Prime이 새롭게 채택되었고, 중국 업체들의 OLED 라인이 본격 가동됨에 따라 중국향 매출이 2018년 150억 원에서 2019년 200억 원, 2020년 400억 원 규모로 가파른 증가세 예상.

▶ 매출 추이 및 전망

(억 원)

2017	2018	2019E	2020F	2021F
1,004	906	900	1,180	1,540

디스플레이 大戰 2라운드
승자는 누구?

미래를 위해 현재를 버린다?!

반도체 업계가 일본의 수출 규제로 위기에 처할 뻔했다면, 디스플레이 업계가 겪고 있는 고초는 중국에서 비롯됐다. 중국발 공급 과잉에 따른 LCD 업황 부진이 주된 원인으로 꼽힌다. 국내 디스플레이의 양대 산맥인 LG디스플레이, 삼성디스플레이가 인력 감축과 함께 강도 높은 구조조정에 들어간 것도 그 때문이다. 삼성보다는 LG디스플레이의 충격이 큰 듯하다. LG디스플레이는 LCD 생산라인 가동을 일부 중단한 데 이어 전체 직원의 약 20%를 줄이는 방안까지 심각하게 고려하고 있다.

2015년경 중국정부는 첨단산업 육성 정책인 '제조 2025'를 내놓았는데, 여기에 디스플레이가 포함되었다. '디스플레이 굴기(屈起)'에 힘입어 중국 디스플레이 산업의 성장세는 하늘을 찌를듯 고공행진했다. 중국정부는 지난 3년 동안 BOE 등 자국의 디스플레이 업체에 무려 30조 원의 투자금을 쏟아 부어 생산 설비를 늘리고 연구개발에도 나섰다. 중국 디스플레이 업체들은 정부의 지원을 등에 업고 마진을 포기하면서까지 저가 공세를 펼치고 있다. 우리 기업으로서는 그야말로 속수무책인 셈이다.

업계에서는 한국 디스플레이 산업이 일본의 전철을 밟는 게 아니냐는 우려 섞인 목소리도 나온다. 1990년대 후반까지 세계 디스플레이 시장을 장악하고 있던 일본은 한국의 공격적인 투자에 밀리면서 글로벌 시장에서 사실상 퇴출되고 말았다. 한국과 중국의 디스플레이 기술 격차는 1년 남짓하다. 거의 따라잡혔다고 해도 무방하다.

중국의 매서운 추격을 뿌리치는 길은 결국 기술뿐

인데, 디스플레이 업계에서는 OLED에서 해답을 찾고 있다. Organic Light Emitting Diodes의 이니셜인 OLED는 우리말로 '유기 발광 다이오드'가 되는데, 스스로 빛을 내는 자체 발광 디스플레이를 가리킨다. OLED는 아직 중국이 따라오지 못하는 분야다. 한국의 기업들이 글로벌 시장의 95%를 차지한다.

LG디스플레이는 OLED TV 패널 공급을 독점하다시피 하고 있다. 글로벌 시장점유율이 거의 90%에 이른다. 글로벌 LCD 시장에서 중국 업체들에 밀려난 LG디스플레이로서는 선택의 여지가 없어 보인다. LG디스플레이는 2019년 초 국내 OLED 생산라인을 월 8만 장 규모로 확대했고, 2019년 3분기에 월 6만 장 규모의 중국 광저우 생산라인을 신규 가동했다. 2020년에는 광저우 라인을 월 9만 장 규모로 확대할 계획이다. 이는 수율과 가동률 100%를 가정하면 55인치 기준 1,220만 대, 65인치 기준 610만 대의 OLED TV를 생산할 수 있는 규모다.

삼성디스플레이는 글로벌 대형 OLED 패널 시장의 주도권을 라이벌 LG디스플레이에 넘겨준 대신 좀 더 신기술 시장을 택했다. 퀀텀닷(Quantum Dot) OLED TV 시장이다. 양자점을 뜻하는 '퀀텀닷'이란 전압을 가하면 스스로 빛을 내는 나노미터 크기의 반도체 결정체를 뜻한다. 퀀텀닷 OLED TV는 기존 LCD TV 백라이트와 액정 패널 사이에 퀀텀닷 필름만 끼우면 되므로 공정상 투자비 부담이 적다. 색재현성에 있어서는 OLED(110%)를 뛰어넘는다(125% 이상).

하지만 삼성전자는 2021년이 되어야 퀀텀닷 OLED 완제품을 양산할 수 있을 전망이다. 삼성디스플레이는 2019년 초부터 퀀텀닷 OLED 패널 투자를 준비해

왔지만, 그동안 중소형 OLED 패널과 대형 QLED TV 중심의 사업 구조를 15년 이상 지속해왔기 때문에 단기간에 퀀텀닷 OLED TV로 전환이 쉽지 않았다.

TV 전쟁에 숨겨진 삼성디스플레이의 속내

삼성디스플레이의 퀀텀닷 OLED 투자는 선택이 아닌 필수가 돼버렸다. 라이벌인 LG디스플레이의 강도 높은 구조조정과 OLED 투자가 삼성디스플레이로 하여금 퀀텀닷 OLED를 향한 투자 의욕을 한층 더 자극시켰다는 게 업계의 분석이다.

삼성디스플레이는 2021년 초 퀀텀닷 OLED 양산품 출시를 목표로 월 3만 장의 패널 생산 규모를 갖추는 1차 투자를 시작했다. 1차 투자를 완료한 뒤 2021년 L8-2라인을 활용한 2차 투자가 진행돼 2023년 월 6만 장 규모의 퀀텀닷 OLED TV 생산라인을 확보할 수 있을 것으로 보인다. 이는 가동률과 수율을 100%로 가정했을 때 55인치 기준 연간 430만 대, 65인치 기준 연간 220만 대의 TV를 제조할 수 있는 규모다.

이처럼 삼성디스플레이와 LG디스플레이의 대결은 삼성전자와 LG전자 못지않게 치열하다. 양대 전자 회사는 삼성 QLED(퀀텀닷 LCD) TV와 LG OLED TV에 사용되는 디스플레이 패널을 각각 삼성디스플레이와 LG디스플레이에서 공급받고 있다. 양대 전자 회사간 'TV 격전'이 디스플레이 업계에까지 확산되고 있는 것이다.

LG디스플레이는 중국 베이징에서 LG전자를 비롯한 스카이웍스, 하이센스, 소니, 필립스 등 글로벌 TV 제조사를 초청하는 행사를 열어 OLED TV와 QLED TV 제품의 화질 등 차이를 비교 시연했다. 특히 8K 해상도의 QLED 제품에 4K 해상도의 OLED TV를 나란히 비교하며 OLED 기술에 대한 자신감을 드러냈다. LG디스플레이는 지난 2017년 QLED TV 제품 출시 단계 때부터 삼성의 QLED가 양자점 발광 다이오드 기술이 적용되지 않은 LCD 제품이라고 지적해왔다.

이에 대해 삼성디스플레이의 반응은 뜻밖에도 차분하다. 삼성디스플레이는 삼성전자에 LCD 패널만을 납품하고 있는 만큼, QLED 제품 논란에 대해 직접적으로 언급할 이유가 없다. 즉, QLED TV는 삼성전자가 삼성디스플레이의 LCD 패널을 받아 자체적으로 만드는 제품이라 삼성디스플레이 입장에서 LG디스플레이의 팩트 체크에 민감하게 반응할 필요가 없다는 것이다. 아울러 삼성디스플레이는 대형 패널 분야에서 OLED로의 전환을 검토하고 있는 만큼, LG디스플레이의 대형 OLED 기술에 대응할 필요가 없

삼성디스플레이 연도별 주요 설비 투자 현황 및 전망
(첫 설비 발주 기준)

Glass세대	방식	2016	2017	2018	2019E	2020F	2021F	2022F	내용
5.5G	Rigid OLED		8K/월						
6G	Flexible OLED	105K/월	45K		후공정 보완	45K/월	30K/월		신규 투자
8G/10.5G	QD-OLED				30K/월		90K/월		신규 투자
Y-OCTA	Flexible OLED				105K/월				신규 투자
건물	Clean Room				A5				신규 투자
CAPEX 합계(조 원)		9.4	13.9	2.9	4.9	7.7	10.9	13.9	전년 투자 이월 반영

자료: 하이투자증권

LG디스플레이 OLED 신규 투자 현황 및 전망
(■ 중국정부(은행) 및 고객사 자금 조달 예상, 단위: 십억 원)

		2018	2019	2020	2021	합계
WOLED	광저우(90K/월)	5,000	2,000 →			7,000
	국내 전환					신규 투자
	10.5G(45K/월)	2,500 →		3,000 →		5,500
Flexible OLED	파주(E6)30K/월	2,000 →				2,000
신규 투자 합계(투자 집행 기준)		6,000	5,700	2,000	1,500	15,200
기타 투자		442	600	600	800	2,502
유지 보수 및 기타		1,500	1,650	1,700	1,800	6,650
총 합계		7,942	8,010	4,300	4,100	24,352

자료: 하이투자증권

다는 게 업계의 하마평이다.

삼성과 애플이 주목한 '마이크로 LED'

차세대 디스플레이인 '마이크로 LED'로 만든 초대형 럭셔리 TV가 상용화에 들어간 건 사실이다. 대당 가격이 40만 달러(약 4억8,000만 원)로 크기가 806.4×453.6×72.5mm인 모듈 가격만 2만 달러가 넘는다. 146인치 제품은 16장의 모듈이 필요하다. 삼성전자가 출시한 '더 월 럭셔리' 이야기다. 소니와 TCL 등 글로벌 가전 업체들도 속속 마이크로 LED 시장에 뛰어들고 있다. 하지만 초고가의 마이크로 LED TV의 대중화를 쉽게 낙관하기는 힘들다. 엄청나게 높은 생산단가 때문이다.

그럼에도 불구하고 마이크로 LED는 TV 이외의 활용도가 꽤 매력적이다. LED칩은 수십 마이크로 수준으로 작게 만들면 무기물 재료의 특성상 휘어질 때 깨지는 단점을 극복할 수 있고, 유연한 기판에 LED칩을 적용함으로써 플렉서블 디스플레이, 스마트 섬유, 인체부착(삽입)용 의료칩 등 쓰임새가 다양하다.

마이크로 LED 디스플레이는 수십 마이크로 수준의 LED 칩 자체를 하나의 광원으로 사용하여 구현한 제품이다. 마이크로 LED는 기존 유기물 기반의 OLED(Organic LED)에 비해 전력 효율이 높고 응답시간은 짧으며, 수명이 길다.

마이크로 LED 디스플레이 제조 기술 확보를 위해 적극적인 글로벌 회사로는 애플이 꼽힌다. 애플은 디스플레이와 관련해서 삼성디스플레이와 LG디스플레이 등 한국 기업에 대한 의존도가 높다. 애플은 향후 한국 기업에 대한 디스플레이 의존도를 탈피하기 위한 전략으로 마이크로 LED 개발에 적극적인 것으로 해석된다. 애플은 Lux Vue를 인수하면서 기술력을 확보해나가고 있는데, 차세대 아이폰과 스마트워치에 마이크로 LED를 적극적으로 활용한다는 계획이다.

삼성디스플레이 역시 차세대 먹거리로 마이크로 LED를 점찍어 놓고 있다. 삼성은 Play Nitride의 지분을 인수해 기술력을 확보하는 등 대형 디스플레이 사업에 적극적인 행보를 이어가고 있다.

마이크로 LED 산업이 마냥 장밋빛인 것만은 아니다. 높은 생산단가 및 다양한 기술적 과제 등 해결해야 할 난제들이 적지 않다. TV 등에 사용되는 대형

마이크로 LED가 적용된 세계 초대형 디스플레이 시장 규모

(백만 달러)　■ 매출(좌)　● 매출 증가율(우)　(%)

연도	매출	매출 증가율
2019E	581	
2020F	637	9.70
2021F	656	2.98
2022F	690	5.23
2023F	741	7.35
2024F	842	15.34
2025F	866	2.91

출처: MarketsandMarkets

디스플레이와는 달리 크기는 작으면서도 고해상도를 요구하는 디스플레이를 구현하기 위해서는 높은 픽셀 밀도가 요구된다. LED 크기를 줄일수록 더욱 높은 픽셀 밀도를 구현할 수 있는데 4인치 웨이퍼를 기준으로 10㎛칩을 증착하면 5,000만 개의 픽셀 구현이 가능하므로 적어도 5㎛까지 LED를 소형화해야 초고화질을 위한 1억4,000만 개의 픽셀을 구현할 수 있다. 마이크로 LED는 마이크로 LED칩 자체가 픽셀을 구성하므로 고해상도 및 대형 디스플레이 구현 시 많은 양의 마이크로 LED가 필요하여 원가 부담이 커질 수밖에 없다.

이러한 걸림돌에도 불구하고 마이크로 LED의 시장 전망이 밝은 이유는 다양한 활용도와 높은 전력 효율 때문이다. 글로벌 시장 조사 기관 Market and Markets에 따르면, 마이크로 LED 시장은 2018년(348백만 달러)에서 연평균 78.6% 성장하여 2025년에는 20,158백만 달러 규모를 형성할 것으로 예상된다.

디스플레이 크기에 따른 시장 규모를 살펴보면, 초소형 디스플레이는 증강 혼합현실 분야 등에 near-to-eye 디스플레이(눈 가까이에서 기능을 수행하는 포괄적인 개념의 스마트 제품)로 적용될 전망이다. 2020년에 시장이 개화하여 2025년에는 약 2.8억 달러 규모의 시장이 형성될 것으로 예상된다. OLED 기반의 초소형 디스플레이보다 시장 진출이 늦어지지만 야외에서 활용이 가능한 고휘도 저전력 제품에 적용되면서 시장 규모가 큰 폭으로 확대될 전망이다.

한편, 마이크로 LED는 중소형 디스플레이 시장의 81%를 차지할 것으로 예상된다. 그 가운데 특히 2021년부터 적용되는 스마트워치와 스마트폰 분야는 연평균 115.9%로 성장하여 2025년에는 159억 달러 규모의 시장을 형성할 전망이다.

광고판, 비디오월 등 퍼블릭 디스플레이로 불리는 대형 디스플레이는 소니, 삼성전자, 파나소닉, 크리스티, Leyard Optoelectronics, Deepsky 등이 세계 시장을 주도하여 2017년 2.53억 달러에서 2025년 8.7억 달러 규모의 시장이 형성될 것으로 예상된다.

국내 마이크로 LED 시장도 전망이 밝다. 2017년 기준 약 110억 원에서 2025년 기준 약 11조 원 규모로 급성장할 것으로 예상된다. 국내 중대 화면 마이크로 LED 디스플레이 시장은 2016년 89억 원에서 연평균 84.2% 성장하여 2021년에는 3,475억 원의 시장 규모를 형성할 것으로 전망된다.

▶ 글로벌 마이크로 LED 투자 및 개발 업체들 현황

프랑스 : Aledia
독일 : 3D-Micromac, Allos Semiconductors, Aixtron
중국 : JBD, TCL
일본 : Sony, Micro Nitride, Nichia
한국 : 삼성전자, 루멘스, 티엘아이
　　　 우리이앤엘(LG디스플레이 지분 투자)
대만 : AUO, Play Nitride(삼선전자 지분 인수)
미국 : Apple, Lumiode, Coherent, GLO

▶ 한국 마이크로 LED 개발 업체

루멘스	우리이앤엘	티엘아이
• 국내 최초로 연구 단계를 뛰어넘는 마이크로 LED 제품을 공개한 업체로, 0.75인치의 HD(1,280×720)급 마이크로 LED 모듈 개발 및 롤 전사 공정을 이용한 마이크로 LED 모듈 개발에 성공. • 세계 최초로 0.8mm Fine Pixcel Pitch 초대형 디스플레이를 출시(CES 2018)했고, 2018년 픽셀 간 간격이 0.8mm에 불과한 139인치 4K 해상도의 마이크로 LED를 공개한 데 이어 2019년에는 초박형·초경량 플렉시블 LED 디스플레이 제품을 최초로 공개함.	• 한국광기술원과 AR·VR용 마이크로 LED 광원 모듈 개발에 착수한 뒤 1인치 크기의 SVGA(800×600)급 마이크로 LED 개발.	• 마이크로 LED 구동칩 개발 완료. 마이크로 LED로 구성되는 수많은 픽셀을 제어하는 시스템 반도체칩으로, LCD용 티콘(Timing Controller), 구동칩(Driver-IC) 설계 기술력을 바탕으로 개발됨.

미국을 멀찌감치 따돌린 중국의 가전 시장

글로벌 4대 가전 시장 규모 추이 및 전망

판매대수 기준

(백만 대)

■ TV　■ 에어컨　■ 냉장고　■ 세탁기

	2019E	2020F	2021F	2022F	2023F
합계	590.4	594.5	602.3	612.9	628.4
TV	115	117.5	119.9	122.4	127
에어컨	115	118	121	124	127
냉장고	135	132	133	137	144
세탁기	225.4	227	228.4	229.5	230.4

자료: 월드 와이드 일렉트로닉스

북미 가전 시장 규모 추이 및 전망 판매대수 기준

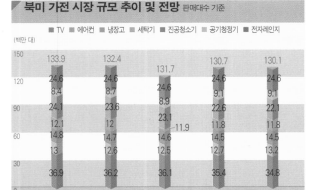

■ TV　■ 에어컨　■ 냉장고　■ 세탁기　■ 진공청소기　■ 공기청정기　■ 전자레인지

(백만 대)

	2019E	2020F	2021F	2022F	2023F
합계	133.9	132.4	131.7	130.7	130.1
	24.6	24.6	24.6	24.6	24.6
	8.4	8.7	8.9	9.1	9.1
	24.1	23.6	23.1	22.6	22.1
	12.1	12	11.9	11.8	11.8
	14.8	14.7	14.6	14.5	14.5
	13	12.6	12.5	12.7	13.2
	36.9	36.2	36.1	35.4	34.8

자료: 월드 와이드 일렉트로닉스

중국 가전 시장 규모 추이 및 전망 판매대수 기준

■ TV　■ 에어컨　■ 냉장고　■ 세탁기　■ 진공청소기　■ 공기청정기　■ 전자레인지

(백만 대)

	2019E	2020F	2021F	2022F	2023F
합계	189.3	187	188.1	191.1	195.4
	16.9	17	17.1	17.2	17.3
	4.5	4.8	5	5.2	5.2
	3.1	3.1	3	3	3
	30.5	30.7	30.8	30.8	30.8
	23.9	24.0	24.1	24.1	24.1
	58.6	54.4	54.8	57.0	60.5
	51.8	53.0	53.3	53.8	54.5

자료: 월드 와이드 일렉트로닉스

글로벌 4대 가전 시장점유율 단위 : %

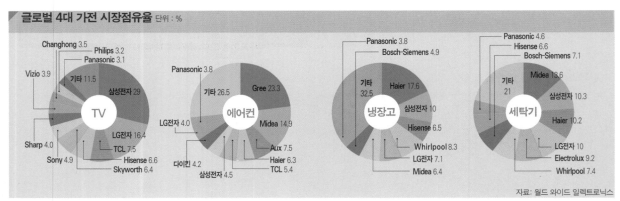

TV
- 삼성전자 29
- LG전자 16.4
- TCL 7.5
- Hisense 6.6
- Skyworth 6.4
- Sony 4.9
- Sharp 4.0
- Vizio 3.9
- Changhong 3.5
- Philips 3.2
- Panasonic 3.1
- 기타 11.5

에어컨
- Gree 23.3
- Midea 14.9
- Aux 7.5
- Haier 6.3
- TCL 5.4
- 삼성전자 4.5
- 다이킨 4.2
- LG전자 4.0
- Panasonic 3.8
- 기타 26.5

냉장고
- Haier 17.6
- 삼성전자 10
- Hisense 6.5
- Whirlpool 8.3
- LG전자 7.1
- Midea 6.4
- Bosch-Siemens 4.9
- Panasonic 3.8
- 기타 32.5

세탁기
- Midea 13.6
- 삼성전자 10.3
- Haier 10.2
- LG전자 10
- Electrolux 9.2
- Whirlpool 7.4
- Bosch-Siemens 7.1
- Hisense 6.6
- Panasonic 4.6
- 기타 21

자료: 월드 와이드 일렉트로닉스

가전의 새로운 트렌드 : New Life Style → VARIETY, SMART

VARIETY 갈수록 다양해지는 가전 산업 구조도

	일반가전	주방가전	생활가전	스마트가전	환경가전	문화가전
제품군	TV, 냉장고, 세탁기, 건조기 등	전기밥솥, 오븐, 전자레인지, 인덕션 등	에어컨, 진공청소기, 의류관리기, 건강기기 등	AI스피커, 로봇청소기, 소프트웨어, 기타 인공지능	공기청정기, 청소기, 연수기, 제습기 등	오디오플레이어, PC, 게임기, 전화기, 디지털카메라 등
업체	삼성전자, LG전자, 동부대우전자 등	쿠쿠홈시스, 위니아딤채, 파세코, 신일산업, 쿠첸 등	삼성전자, LG전자, 위니아딤채, SK매직 등	KT, SK텔레콤, LG유플러스, 구글, 아마존 등	삼성전자, LG전자, 코웨이, 청호나이스, 다이슨 등	삼성전자, LG전자, 소니, 필립스 등

SMART 갈수록 똑똑해지는 가전의 진화 → 스마트홈 구조도

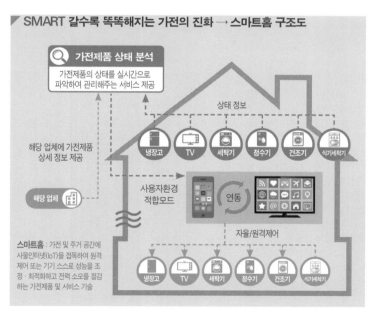

스마트홈 : 가전 및 주거 공간에 사물인터넷(IoT)을 접목하여 원격 제어 또는 기기 스스로 성능을 조정·최적화하고 전력 소모를 절감하는 가전제품 및 서비스 기술

글로벌 스마트홈 시장 규모 전망

IoT가전 핵심 기술

스마트홈 진화도

구분	스마트홈 1.0	스마트홈 2.0	스마트홈 3.0	스마트홈 4.0
개념	홈 오토메이션	홈 네트워크	홈 IoT	홈 인텔리전스
기능	단순 제어, 단방향 모니터링	인터넷 연동, 가전원격제어	음성제어, 스마트그리드	자율지능제어·협업, 비서 서비스
적용범위	공간제한(실내, 수동형)	공간확장(실내+모바일)	공간극복(초연결)	지능화 사회(AI, 현실+가상 융합)
플랫폼	폐쇄형 개별 플랫폼	웹 기반 개별 플랫폼	홈 IoT 융합 플랫폼	개방형 지능융합 플랫폼
제어기기	월패드	스마트TV	가전 간 연결성, AI스피커	자율지능형 협업, 감성가전

자료 : 한국산업기술평가관리원

LG전자
KP

(H&A·HE 사업)
매출액 35조6,730억 원
영업이익 3조0,517억 원

37.9% → LG디스플레이
40.8% → LG이노텍
30.0% → 로보스타
100% → 하이프라자 (가전 유통·판매)

▶ 투자포인트
- 동사의 뉴라이프가전(건조기, 스타일러, 공기청정기, 빌트인가전, 무선청소기) 매출액이 2020년에 3조 원대로 성장할 것으로 예상.
- 뉴라이프가전은 냉장고, 세탁기, 에어컨 등 대형가전과는 별도의 카테고리로, 집안일을 보조하고 소비자들에게 새로운 경험을 제공하면서 자연스럽게 필수가전의 영역으로 편입될 전망.
- LG전자 H&A사업부는 2019년 반기 기준 세계 1위 가전 업체인 Whirlpool의 매출과 영업이익 실적을 뛰어넘음.
- 미래 사업으로 인공지능 IoT 솔루션 'LG ThinQ Home'을 확장시켜 스마트홈에 투자 본격화 → 식물재배기, 인스타뷰 씽큐 냉장고, 대용량 트윈워시 세탁기 등 신제품 출시 준비.
- 'CES 2020'을 통해 마이크로 LEDTV 및 미니 LEDTV 사업 분야에 선제적 대응.

▶ LG전자 뉴라이프가전 연평균 성장률 전망

항목	성장률(%)
빌트인가전	12.2
공기청정기	66.1
스타일러	43.8
건조기	33.3

자료: 유진투자증권 추정

▶ 사업 부문 및 매출 비중

사업 부문	매출 비중(%)	주요 생산 및 판매 제품
Home Appliance & Air Solution(H&A)	31.6	냉장고, 세탁기, 에어컨, 전자레인지, 청소기 등
Home Entertainment(HE)	26.4	TV, 모니터, PC, Audio, Video 등
Mobile Communications(MC)	13.0	이동단말
Vehicle Component Solutions(VS)	7.0	자동차부품 등
Business Solutions(BS)	3.9	인포메이션 디스플레이, 태양광 패널 등
LG이노텍 및 그 종속기업	18.1	LED, 카메라모듈, 기판소재, 모터/센서 등
기타 부문		수처리, 설비제작 등

▶ 글로벌 경쟁 가전 업체 3년간 영업이익 성장률 비교

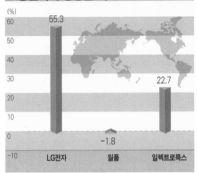

업체	성장률(%)
LG전자	55.3
월풀	-1.8
일렉트로룩스	22.7

자료: Bloomberg, 유진투자증권 추정

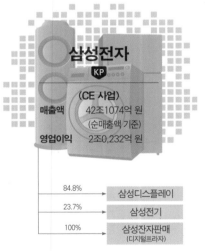

삼성전자
KP

(CE 사업)
매출액 42조1074억 원 (순매출액 기준)
영업이익 2조0,232억 원

84.8% → 삼성디스플레이
23.7% → 삼성전기
100% → 삼성전자판매 (디지털프라자)

▶ 투자포인트
- 글로벌 TV 시장은 고해상도 대형 화면에 대한 니즈가 지속적으로 증가하여, UHD TV는 전년 대비 26% 증가한 99.1백만 대로 시장 비중이 45% 수준에 이를 전망.
- 60" 이상 대형 TV 시장도 약 19백만 대를 초과하여 전년 대비 29% 성장이 예상되며, 75" 이상 초대형 TV 시장 역시 동사의 판매 드라이브로 전년 대비 85% 이상 성장에 이를 것으로 예상. 아울러 QLED 또한 연간 수요가 전년 대비 약 40% 이상 성장이 기대됨에 따라 동사 가전 사업에 청신호.
- IoT 플랫폼 '스마트싱스'와 음성인식 인공지능(AI) '빅스비' 확대 적용을 통한 '멀티 IoT 허브' 구축 전략에 속도 → 음성 명령 시 이용자와 가장 가까운 전자제품이 먼저 반응하도록 하는 '멀티 디바이스 웨이크업' 기능을 향후 빅스비가 탑재된 가전제품 대부분에 적용할 방침.

▶ 삼성전자 CE 사업 실적 전망

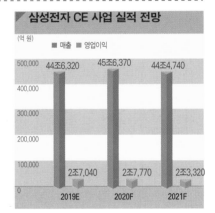

(억 원) ■ 매출 ■ 영업이익

	2019E	2020F	2021F
매출	44조6,320	45조6,370	44조4,740
영업이익	2조7,040	2조7,770	2조3,320

▶ 사업 부문 및 매출 비중

부문		매출 비중(%)	주요 제품
CE 부문		17.3	TV, 모니터, 냉장고, 세탁기, 에어컨 등
IM 부문		41.3	HHP, 네트워크시스템, 컴퓨터
DS 부문	반도체 사업	35.4	DRAM, NAND Flash, 모바일AP 등
	DP 사업	13.3	TFT-LCD, OLED 등
Harman 부문		3.6	Headunits, 인포테인먼트, 텔레메틱스, 스피커 등

▶ 삼성전자 vs. LG전자 글로벌TV 시장점유율

	2017	2018	2019반기
삼성전자	26.5	29.0	29.2
LG전자	14.6	16.4	16.3

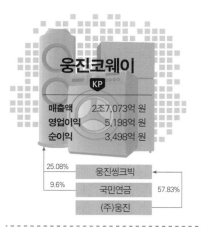

웅진코웨이
KP

매출액	2조7,073억 원
영업이익	5,198억 원
순이익	3,498억 원

- 웅진씽크빅 ← 25.08%
- 국민연금 9.6%
- (주)웅진 57.83%

▶ 투자포인트

- 정수기, 연수기, 비데 등 환경가전 렌털 사업에서 국내 독보적인 1위 영위.
- 2006년 진출한 말레이시아 환경가전 렌털 사업에서 연평균 31%의 매출 성장률 기록, 전사 매출 비중 22% 차지.
- 2018년 10월에 웅진그룹 계열사인 웅진씽크빅이 동사의 지분 22.17%를 인수하기로 공시하면서 대주주 변경 논란으로 동사 주가 급락 → 환경가전 사업의 미래 성장성과 렌털 사업의 안정적인 수익을 감안하건대, 주인이 바뀌어도 장기적으로는 주가 회복 예상.

▶ 환경가전 렌털 매출 및 렌털 계정 수 시장점유율

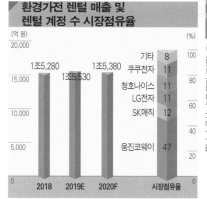

(억 원) / (%)

	2018	2019E	2020F
매출	1조5,280	1조5,530	1조5,380

시장점유율
- 기타 8
- 쿠쿠전자 11
- 청호나이스 11
- LG전자 11
- SK매직 12
- 웅진코웨이 47

쿠쿠홈시스
KP

매출액	4,187억 원
영업이익	675억 원
순이익	381억 원

- 쿠쿠홀딩스 40.55%
- 구본학 및 관계인 33.05%
- 쿠쿠전자 100%

▶ 투자포인트

- 계열사 쿠쿠전자를 통해 전기밥솥 등 주방가전 사업에서 정수기 렌털 사업으로 도약.
- 2019년 국내 렌털 계정 수가 전년 대비 21% 증가한 160만 계정을 기록한 것으로 추산.
- 말레이시아 렌털 사업에서 큰 수익 기대 → 전년 대비 124% 증가 및 최근 3년간 260% 성장.
- 웅진코웨이(115만)와 동사(70만)의 말레이시아 계정 수를 감안하건대, 향후 2배 이상 성장 여력이 남은 것으로 분석.
- 말레이시아 사업의 성공 이후 베트남, 인도, 미국 등으로 해외 사업 확대.

▶ 매출 및 영업이익

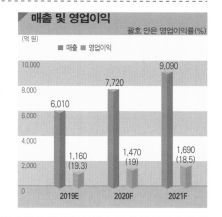

괄호 안은 영업이익률(%)

(억 원) ■ 매출 ■ 영업이익

	2019E	2020F	2021F
매출	6,010	7,720	9,090
영업이익	1,160 (19.3)	1,470 (19)	1,690 (18.5)

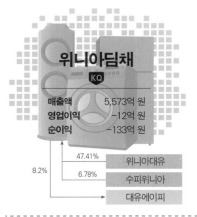

위니아딤채
KQ

매출액	5,573억 원
영업이익	-12억 원
순이익	-133억 원

- 위니아대유 47.41%
- 수피위니아 6.78%
- 대유에이피 8.2%

▶ 투자포인트

- 중소형 종합가전제품 업체로, 김치냉장고 '딤채' 위주의 상품 라인업에서 중소형 냉장고, 에어컨, 공기청정기, 가정용 및 상업용 세탁기·건조기 등 제품 포트폴리오 다변화 중.
- 매출에서 '딤채'가 차지하는 비중이 55.7%로 가장 높고, 분기별 매출액은 '김장'이라는 계절성이 존재해 4분기가 가장 높게 나타남.
- 2018년 2월 대유그룹이 대우전자 인수 → 대우전자는 수출이 90%, 대유위니아는 내수가 100%다보니 대우전자는 대유위니아의 국내 유통망을, 대유위니아는 대우전자의 해외 유통망을 각각 활용해 시너지 기대.

▶ 사업 부문별 매출 단위 : %

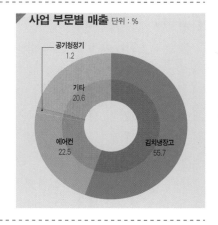

- 공기청정기 1.2
- 기타 20.6
- 에어컨 22.5
- 김치냉장고 55.7

파세코
KQ

매출액	1,494억 원
영업이익	53억 원
순이익	47억 원

- 유일한 33.5%
- 유정한 32%
- 형제관계

▶ 투자포인트

- 국내 최대 빌트인 가전기기 제조업체로, 국내 유수의 건설회사와 거래관계에 있으며, 삼성전자, 한샘 등 대기업과 ODM 방식을 통한 매출 실현.
- 국내 빌트인 가전 시장 비중은 전체 가전 시장의 13%에 그치는 수준 → 성장 여력 매우 높음.
- LG전자는 '시그니처 키친 스위트' 등 빌트인 제품 론칭에 적극적으로 나섬.
- 삼성전자는 '셰프 컬렉션 빌트인'을 출시하여 고급 아파트와 빌라를 대상으로 사업 확대.
- 창문형 에어컨 등 신상품을 출시하여 틈새시장에서 성공적인 이익 실현 기대.

▶ 글로벌 빌트인가전 시장 규모 추이

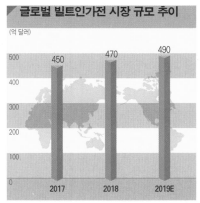

(억 달러)

2017	2018	2019E
450	470	490

2020년대 가전 산업의 3대 아이콘 : '스마트가전', '환경가전', '빌트인가전'

가전 시장의 패러다임이 바뀌고 있다!

가전만큼 품종이 다양한 산업도 드물다. 이른바 4대 가전으로 불리는 텔레비전과 냉장고, 세탁기, 에어컨을 필두로 공기청정기, 김치냉장고, 진공청소기에서 손가락만한 전기면도기에 이르기까지 크기와 용도가 천차만별이다. 심지어 텔레비전만 하더라도 LCDTV, OLEDTV, QLEDTV, 스마트TV 등 한두 가지가 아니다.

가전이 다양해진다고 해서 소비자 입장에서 꼭 좋은 것만은 아니다. 가전매장에 나가보면 어떤 TV를 사야할지, 또 어떤 냉장고가 우리 가족에 적합할지 선택하는 게 쉽지 않다.

심지어 소비자의 머리도 복잡한데 가전 종목의 투자자는 얼마나 골머리를 썩을까? 하지만 업계가 복잡하다고 투자를 접을 수도 없는 노릇이다. 투자자 입장에서는 우선 가전 산업의 큰 줄기를 잡아놓은 다음 최근에 중요하게 대두하는 핵심 이슈로 접근하면서 투자처를 찾아나갈 필요가 있다.

가전 산업은 불과 얼마 전까지만 해도 대형가전과 중·소형 가전으로 분류하여, 대형가전인 TV, 냉장고, 에어컨, 세탁기 시장을 분석하는 데 집중했다. 하지만 최근에는 시대적 흐름과 트렌드에 맞춰 생활가전, 환경가전, 주방가전, 스마트가전 등 좀 더 전문적으로 분류하여 핵심 이슈를 분석하고 유망 종목을 선별하고 있다.

이를테면 환경문제를 넘어 사회적·국제적 이슈로까지 커져버린 미세먼지로 인해 가전 산업에서 공기청정기 시장이 급성장하고 있다. 흥미로운 것은 공기청정기에서 멈추지 않고, 공기정화 기능이 있는 에어컨과 옷에 달라붙은 먼지를 제거하는 건조기 및 의류관리기 등이 가전 시장의 블루칩으로 각광받고 있는 것이다.

주 52시간으로 노동시간이 바뀐 뒤 라이프스타일이 변하면서 가장 밀접하게 반응한 시장도 가전 산업이다. 퇴근이 빨라져 집에 머무르는 시간이 늘어나 저녁식사를 직접 조리해 먹는 횟수가 증가하면서 주방가전에 대한 관심과 수요가 늘고 있는 점도 눈여겨 볼 대목이다.

1인가구가 증가하면서 소형 냉장고와 원룸형 에어컨 등 소형 가전 시장이 갈수록 커지고 있는 것은 전 세계적인 추세이다.

고소득층을 대상으로 한 프리미엄 가전 시장의 성장도 주목을 끈다. 삼성전자와 LG전자는 고가의 시그니처 가전제품 출시에 적극 나서고 있다. 반드시 고소득층이 아니더라도 이사나 결혼을 앞둔 중산층도 소비의 폭을 늘려 프리미엄 가전 구입에 지갑을 열고 있다.

신규 아파트 분양시장에서는 빌트인 주방가전이 대세로 자리잡았다. 유럽에서는 빌트인 가전이 높은 비중을 차지하지만, 우리나라의 빌트인 가전은 전체

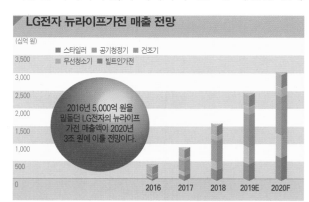

LG전자 뉴라이프가전 매출 전망

(십억 원)

■ 스타일러 ■ 공기청정기 ■ 건조기
■ 무선청소기 ■ 빌트인가전

2016년 5,000억 원을 밑돌던 LG전자의 뉴라이프 가전 매출액이 2020년 3조 원에 이를 전망이다.

2016 2017 2018 2019E 2020F

가전 시장에서 차지하는 비중이 13% 남짓하다. 앞으로 성장 여력이 충분히 남았음을 알 수 있다.

빌트인가전, 가전의 소비 규모를 업그레이드하다

빌트인가전은 주방가전의 소비 규모를 한 단계 끌어올렸다. 쉽게 말해서 냉장고 한 대 구입하는 것에서 그치지 않고 세탁기와 식기세척기 및 오븐, 인덕션 등 주방가전 일체를 판매하는 시스템이 빌트인가전이다. 빌트인가전 사업은 가전 업체에게 매출을 끌어올리는 효자 노릇을 톡톡히 하고 있다.

뿐만 아니다. 건설사를 상대로 한 B2B 마케팅을 통해 새로운 판매 루트를 설계하는 데도 빌트인가전만한 게 없다.

빌트인가전은 기존 프리스탠딩(Free-Standing) 제품보다 실내(주방)의 면적은 덜 차지하면서도 기능은 그 이상을 수행해야 하는 만큼 높은 수준의 생산기술을 필요로 한다. 물론 그에 따른 생산단가도 올라갈 수밖에 없다.

생산단가 상승으로 소비자가격이 올라가는 것에도 불구하고 빌트인가전의 시장 수요는 꾸준히 오름세를 유지하고 있다. 유럽은 빌트인가전이 전체 가전 시장의 절반에 육박하는 높은 비중(41%)을 차지하고

있다. 북미 시장은 전체 시장의 15% 수준으로 아직 성장 여력이 충분하다.

LG전자와 삼성전자가 빌트인가전 사업에 적극 나서는 것도 북미 시장에서의 성장성을 확인했기 때문이다. 두 회사는 베를린에서 열린 'IFA 2019'에서 빌트인가전 라인을 경쟁하듯 발표하며 주목을 끌었다. 그 중에서도 특히 LG전자의 행보가 돋보인다. LG전자는 이미 2013년 미국, 2015년 유럽에 프리미엄 빌트인 'LG 스튜디오'를 출시했고, 2016년에는 프리미엄 빌트인 '시그니처 키친 스위트'를 한국과 미국에서 동시에 출시했다. '시그니처 키친 스위트'는 단순히 가전제품을 판매하는 것에서 그치지 않고 가전과 가구를 패키징해 주방 공간 전체에 대한 디자인 솔루션을 제공한다.

LG전자는 명품가구 업체와 글로벌 파트너십도 확대해 나가고 있다. 협업을 약속한 유럽 명품가구 업체 발쿠치네는 이탈리아, 독일, 프랑스 등에 200개가 넘는 전시장을 오픈하고 있어서, LG전자의 글로벌 프리미엄 마케팅에 큰 도움이 될 전망이다. LG전자가 빌트인가전에서 화두로 내건 것은 이른바 '공간 가전'이다. 제품의 성능을 뛰어넘어 공간과 조화를 이루는 가전이야말로 21세기형 디자인과 기술이라는 게 LG전자의 설명이다.

전세계 빌트인가전 시장 규모

■ 전체 가전 시장 규모 ■ 빌트인가전 점유율

북미	유럽	한국
15% 4조7,000억 달러	41% 20조3,000억 달러	13% 7,900억 달러
31조5,000억 달러	49조2,000억 달러	6조 달러

2023년 빌트인가전 글로벌 1위를 목표로 하는 LG전자가 화두로 내건 것은 이른바 '공간 가전'이다. 제품의 성능을 뛰어넘어 공간과 조화를 이루는 가전이야말로 21세기형 디자인과 기술이라고 설명한다 (사진은 LG시그니처 스튜디오 전경).

렌털 시장을 파고드는 환경가전들

사시사철 만연한 미세먼지 속에서 공기청정기는 어느새 필수가전으로 자리잡았다. 정수기도 마찬가지다. 이제 수돗물을 그냥 마시는 사람은 거의 없다. 심지어 끓여 먹는 것까지도 걱정스러울 만큼 수돗물은 신뢰를 잃었다. 그렇다고 마냥 생수를 사마시는 것도 번거롭고 부담스럽다. 공기청정기와 정수기를 가리켜 대표적인 환경가전으로 부르는 이유다.

고가인 공기청정기와 정수기를 구입하는 가정은 드물다. 대부분 렌털해 이용한다. 환경가전이 렌털 시장에 깊숙이 침투해 들어온 것이다. 렌털 시장이 빠르게 성장한 데는 소비 패턴의 변화와 관리 서비스에 대한 기대감이 한몫했다. 과거에는 물건을 소유해야 한다는 생각이 지배적이었지만, 시대가 변하면서 소유와 점유(렌털)의 경계가 무너지고 있다.

오히려 공기청정기나 정수기와 같은 환경가전일수록 전문업체의 꾸준한 관리가 중요하기 때문에 렌털 서비스가 적극 도입될 수 있었다. 최근에는 공기청정기와 정수기 이외에도 연수기, 비데, 의류관리기 등 환경가전 렌털의 범위가 다양해지고 있다. 뿐만 아니라 안마의자처럼 가격이 비싼 건강가전도 대부분 렌털 서비스를 통해 판매가 이뤄지고 있다. 이처럼 렌털 시장은 환경가전을 넘어 가전 전반에 침투해 들어오고 있다.

LG전자는 '케어 솔루션'을 통해 렌털 시장에 뛰어들었다. 아직은 국내 렌털 시장에서 10% 조금 웃도는 시장점유율에 그치고 있지만, LG전자의 가전 라인업을 고려하건대 가전 렌털 시장 1위 업체인 웅진코웨이가 가장 경계해야 할 대항마가 될 전망이다.

렌털 환경가전 업체들은 저마다 해외 시장 진출에서 새로운 활로를 모색하고 있다. 웅진코웨이는 오래 전부터 말레이시아의 정수기 렌털 시장을 공략해오고 있으며, 몇 년 전부터 가시적인 실적을 내고 있어 주목을 끈다.

스마트홈을 만드는 스마트가전들

인공지능(AI), 사물인터넷(IoT) 등 4차 산업혁명 시대를 이끈 주역들이 가전 업계로 해쳐모이고 있다. 삼성전자와 LG전자 등이 가전제품의 가격을 올리기 위해 프리미엄이란 딱지를 붙일 수 있는 방법은 크게 두 가지다. '디자인 혁신'과 '스마트 기술'이다. 그 중에서도 '스마트 기술'은 4차 산업혁명과 맞물려 핵심 전략이 됐다. 부가가치 창출의 기회인 동시에 어마어마한 비용이 소요되기 때문에 가전 업체를 위기로 치닫게 하는 요인이 될 수도 있다.

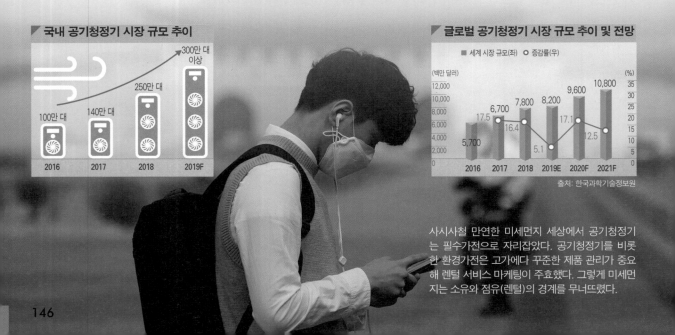

사시사철 만연한 미세먼지 세상에서 공기청정기는 필수가전으로 자리잡았다. 공기청정기를 비롯한 환경가전은 고가에다 꾸준한 제품 관리가 중요해 렌털 서비스 마케팅이 주효했다. 그렇게 미세먼지는 소유와 점유(렌털)의 경계를 무너뜨렸다.

집안에 AI와 IoT 기술이 탑재된 스마트기기들이 모여 시스템으로 연결되면 자연스럽게 스마트홈이 구성된다. 스마트기기는 결국 스마트홈이라는 새로운 시장으로 재탄생하는 것이다.

글로벌 스마트홈 시장은 2015년 600억 달러에서 2020년 1,300억 달러로 두 배 이상 성장할 것으로 추산된다. 같은 기간 스마트가전 시장은 52억 달러에서 340억 달러로 5년 사이 약 6배 커질 것으로 예상된다.

사실 스마트가전은 우리가 감지하지 못하는 사이에 집안의 가전제품으로 스며들고 있다. 스마트TV와 인공지능 기능이 탑재된 에어컨이 거실에 자리를 꿰어 차고 들어왔고, 주방에는 인터넷 검색 화면이 탑재된 냉장고가 놓여 있다. 이밖에도 실내의 온도를 조절하는 난방기구와 공기청정기, 심지어 작은 오디오 스피커에도 AI와 IoT로 인해 컨트롤되고 있다.

가전에 AI와 IoT 기능이 탑재되면 당연히 가격이 올라간다. 스마트가전에 프리미엄 딱지가 붙게 되는 것이다. 제조사로서는 보다 높은 이익을 낼 수 있는 전략이 아닐 수 없다.

IoT는 일종의 빅데이터 수집 창구로 활용되기도 한다. 가전이 온라인 서버와 연동되면서 제조사는 방대한 데이터를 단말기로부터 수집한다. 이용자의 사용 패턴, 보관하는 음식의 종류, 에너지 소비량 등 다양한 데이터가 제조사의 서버에 쌓인다. 이러한 데이터는 기업에게 있어서 매우 소중한 자산이 된다. 이를 토대로 새로운 서비스를 내놓고 부가가치를 창출하기 때문이다.

방대한 데이터를 스마트하게 분석하고 사용자에게 능동적으로 편의 기능을 제공하는 두뇌 역할은 'AI 플랫폼'이 담당한다. 삼성전자는 AI 플랫폼 '빅스비'를 앞세웠다. LG전자는 AI 플랫폼 '씽큐'를 대대적으로 알리기 위해 자사 제품 뒤에 '씽큐'라는 명칭을 함께 붙이고 있다.

어느덧 AI 플랫폼은 가전 경쟁의 핵심 요소로 떠올랐다. 삼성전자와 LG전자는 세계 곳곳에 AI 연구소를 세우며, 세계적 석학을 영입하는 등 대대적인 지원을 아끼지 않고 있다. AI 플랫폼이 스마트가전 생태계를 구축하는 매우 중요한 역할을 수행하기 때문이다.

스마트가전은 더이상 가전 업계만의 전유물이 아니다. 스마트가전이야말로 첨단 산업의 생태계를 살찌우는 고부가치 산업이기 때문이다. 산업통상자원부는 이미 2016년에 IoT와 가전 간 융합을 미래 유망 산업으로 지정한 바 있다. 당시 스마트가전에 향후 5년간 연구개발비로 5,000억 원을 투자하고, 전문인력도 500명을 양성하기로 했다. 2025년까지 IoT 가전 수출 200억 달러를 달성하겠다는 계획을 밝히기도 했다. 정부 차원의 투자라고 하기에는 턱 없이 부족한 규모다. 결국 연구 개발 및 투자 부담을 기업들이 짊어져야 한다. 가전 업계의 고민이 깊을 수밖에 없다.

시물인터넷으로 연결된 스마트홈 구조도

IT서비스, 스마트팩토리 업계

IT서비스 생태계 해부도

IT서비스 산업 구조도

SI(System Integration)
사업 분야 : IT컨설팅, 시스템 통합

고객 기업이 필요로 하는 정보시스템 구축 및 운영전략에서 시스템 설계·개발·제공에 이르기까지를 지원하는 서비스 총괄. 시스템의 설계, 하드웨어 선정에서 발주, 조달, 애플리케이션 소프트웨어의 개발 및 유지보수까지 담당. 시스템 구축에는 복수 사업자가 컨소시엄 형태로 분담하여 서비스를 제공하기도 하고, 소프트웨어의 개발을 위해 인력을 도급받는 형태로 진행되기도 함.

SM(System Management)
사업 분야 : IT인프라 운영, 아웃소싱

고객 기업의 정보시스템과 관련된 설비, 인력, 하드웨어 등을 위탁받아 관리·운영. 서버, 스토리지, 데이터베이스 등을 담당하는 데이터센터 서비스, 네트워크 솔루션 인프라를 지원하는 네트워크 아웃소싱 서비스, 신규 IT 시스템을 개발·운영하는 애플리케이션 서비스, 천재지변 등 예기치 않은 상황 발생 시 정보시스템 피해를 최소화하는 재해복구 서비스 및 보안 서비스 등이 있음.

IT서비스 공급 구조도

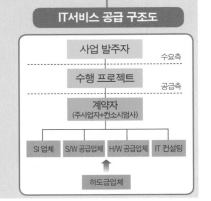

글로벌 IT서비스 시장 규모 괄호 안은 전년 대비 성장률(%)

(억 달러)

	2018	2019E	2020F	2021F	2022F
	9,833(5.6)	10,298(4.7)	10,790(4.8)	11,315(4.7)	11,872(4.9)

국내 IT서비스 시장 규모 괄호 안은 전년 대비 성장률(%)

(조 원)

	2018	2019E	2020F	2021F	2022F
	19(5.6)	20(5.3)	21(5.0)	23(9.5)	24(4.3)

국내 IT서비스 산업, 새로운 성장 모멘텀이 절실하다!

지역별 IT서비스 시장 규모

(십억 달러)

■ 시장 규모(좌)
○ 글로벌 시장 대비 비중(우)

	미국	일본	독일	중국	한국
비중(%)	56.5	8.0	6.6	4.2	1.2

주: 2018년 기준, 자료: Gartner

시기별 국내 IT서비스 평균 성장률

2016~2018년	4차 산업혁명
2011~2015년	
2006~2010년	모바일
2001~2005년	
1990년 대 후반~2000년	e-비즈니스
1990년 대 초반~IMF	정보화

모바일 시대에서 4차 산업혁명에 이르기까지 국내 IT서비스 산업이 성숙기에 진입해 성장 정체 → 스마트팩토리 등 신성장산업 모멘텀 절실!

국내 IT서비스 시장점유율 단위 : %

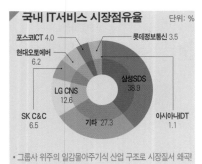

- 포스코ICT 4.0
- 현대오토에버 6.2
- LG CNS 12.6
- SK C&C 6.5
- 기타 27.3
- 삼성SDS 38.9
- 롯데정보통신 3.5
- 아시아나IDT 1.1

• 그룹사 위주의 일감몰아주기식 산업 구조로 시장질서 왜곡!

국내 5대 그룹 IT서비스 투자율

(%)

• 그룹사들은 IT서비스 투자에 인색:
매출 대비 2%가 안되는 투자율

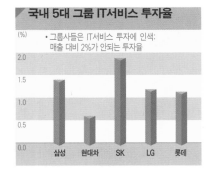

| 삼성 | 현대차 | SK | LG | 롯데 |

국내 대기업 그룹별 IT 투자 비중

(조 원) ■ 매출(좌) ○ IT 투자금액(우) (조 원)

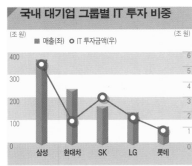

| 삼성 | 현대차 | SK | LG | 롯데 |

IT와 제조업의 융합, 스마트팩토리

▶ 4차 산업혁명의 완성 → 스마트팩토리

구분	1차 산업혁명	2차 산업혁명	3차 산업혁명	4차 산업혁명
시기	18세기 후반	20세기 초반	1970년 이후	2018년 이후
혁신 부문	증기의 동력화	전력, 노동 분업	전자기기, IT혁명	IT와 제조업 융합
커뮤니케이션	책, 신문 등	전화기, TV 등	인터넷, 모바일	사물인터넷
생산방식	기계	대량 생산	부분자동화	시뮬레이션 통한 자동생산
생산지배 주체	인간	인간	인간	인공지능

자료: 스마트공장추진단

스마트팩토리는 제품의 기획, 설계, 생산, 유통, 판매 등 모든 공정을 IT로 통합하여 최소 비용과 시간으로 제품을 생산하는 미래형 공장. 세부적으로 사물인터넷, 사이버물리시스템(CPS, Cyber Physical Systems), 센서, 클라우드, 빅데이터, 정밀제어 등 다양한 기술의 융합을 통해 자동화/디지털화를 이끌고, 가치사슬 전체가 하나의 공장처럼 실시간 연동되는 생산체계 지향. 스마트팩토리의 핵심 기술은 애플리케이션, 플랫폼, 디바이스 및 네트워크!

▶ 스마트팩토리 개념도

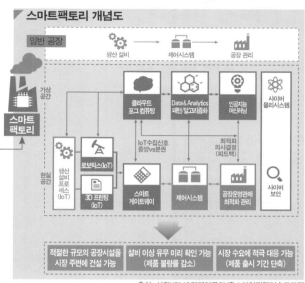

출처: 삼정KPMG경제연구원/중소기업전략기술로드맵

▶ 스마트팩토리 글로벌 시장 규모

(억 달러) ■ 시장 규모(좌) ○ 성장률(우) (%)

	2016	2017	2018	2019E	2020F	2021F	2022F	2023F
시장 규모	646	724	793	874	966	1,081	1,191	1,338
성장률	8.3	12.1	9.5	10.2	10.5	12.0	10.1	12.3

출처: MarketsandMarkets

▶ 스마트팩토리 국내 시장 규모

(억 원) ■ 시장 규모(좌) ○ 성장률(우) (%)

	2016	2017	2018	2019E	2020F	2021F	2022F	2023F
시장 규모	73,344	82,891	88,684	97,927	108,490	121,561	134,127	150,899
성장률	14.7	13.0	7.0	10.4	10.8	12.0	10.3	12.5

출처: MarketsandMarkets

▶ 제조업이 GDP에서 차지하는 부가가치비율 단위: %

캐나다 10
영국 9
독일 20
러시아 13
한국 28
미국 12
이탈리아 14
일본 19
멕시코 17
인도 13
인도네시아 24
브라질 11
중국 31

중국 '제조 2025'
중국정부는 4차 산업혁명 추진 전략에서 '스마트 제조'를 선언하면서 제조업 전반에 걸쳐 차세대 IT 기술, 첨단 CNC공작기계 및 로봇 등의 10대 육성 전략 수립.

▶ 정부의 스마트팩토리 구축 지원 계획

시기	스마트팩토리 공장 수	스마트팩토리 보급 업종
2017년	500개	전자, 자동차, 철강
2018~2020년	1,500개	화장품, 전기, 석유화학, 디스플레이, 방위산업 추가 (누적: 8개 업종)
2021~2025년	2,500개 (누적: 4,500개 이상)	에너지, 기계, 패션, 중공업 등 추가 (누적: 10개 업종 이상)

출처: 산업통상자원부

• 제조업이 GDP에서 차지하는 부가가치비율이 높을수록 제조업의 경쟁력 향상을 위해 스마트팩토리 투자 효과도 크다!

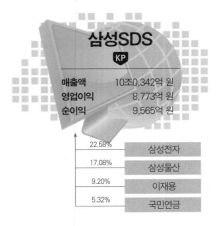

삼성SDS
KP

매출액	10조0,342억 원
영업이익	8,773억 원
순이익	9,565억 원

22.58%	삼성전자
17.08%	삼성물산
9.20%	이재용
5.32%	국민연금

▶ 투자포인트
- 삼성그룹 내 IT서비스 수요 담당하기 위하여 설립된 시스템 구축(SI) 및 IT 아웃소싱 업체.
- 국내 최대 기업집단인 삼성그룹을 주 고객사로 두어 매출 안정성 확보 → 삼성그룹향 매출 비중이 85% 이상.
- 인텔리전트(스마트) 팩토리를 신성장동력으로 적극 투자 → 삼성전자 등 제조 관계사의 신규 설비 증설에 동사가 개발한 솔루션 '넥스플랜트' 적용.
- 고객사를 중심으로 넥스플랜트 도입이 늘고 있어 관련 매출이 연간 40% 고성장중 → 고마진 인텔리전트 팩토리 매출 증가로 전체 수익성 개선.

▶ 삼성SDS 글로벌 사업 성장률 및 매출 비중

▶ 사업 부문 및 매출 비중

지분율(%)	자회사	매출(억 원)	사업 내용
47.2	멀티캠퍼스	2,285	기업 이러닝 전문기업. OPIc 등 외국어평가시행 및 기업교육 서비스 제공
56.5	시큐아이	1,078	네트워크 보안 전문기업. 통합 보안 솔루션, 정보 보안 컨설팅 등 제공
81.8	에스코어	566	기업용 소프트웨어 업체, 전략 및 운영 컨설팅, 컴퓨터 시스템 통합 자문 및 구축
83.6	미라콤아이앤씨	2,734	IT엔지니어링 전문업체, 기업 정보 시스템 개발 및 토털 ICT서비스 제공
40.6	아이마켓아시아	5,085	산업자재 유통 서비스, MRO 품목 구매관리, 컨설팅 및 글로벌 서비스 제공
100	오픈핸즈	74	응용소프트웨어 개발 및 공급

▶ 삼성SDS 스마트(인텔리전트) 팩토리 실적
- 매출 고성장
- 사업부 내 최고 수익성

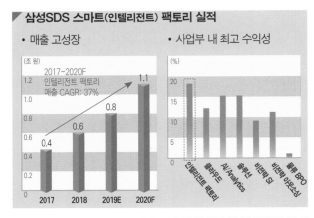

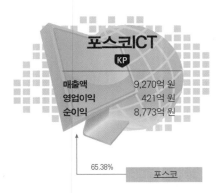

포스코ICT
KP

매출액	9,270억 원
영업이익	421억 원
순이익	8,773억 원

65.38%	포스코

▶ 투자포인트
- 포스데이타(SI 기업)와 포스콘(엔지니어링 기업) 합병을 통해 설립 → IT서비스 및 엔지니어링 기술 동시에 확보, 차별적인 경쟁력 보유.
- 포스코그룹 내 스마트팩토리 사업 주도 → 포스코는 WP(월드프리미엄) 제품 66개를 비롯해 모든 공정에 스마트팩토리 구현.
- 동사는 스마트팩토리 사업을 통해 (공장의 규모에 따라 금액 차이가 있지만) 공장별로 적게는 20~30억 원 이상씩 수주 및 매출을 신장시킬 것으로 전망.
- 동사의 스마트팩토리 사업은 포스코 계열사 및 대외 사업으로까지 확대하고 있어 향후 외형 성장 및 수익 개선에 크게 기여할 것으로 예상.

▶ 매출 추이 및 전망
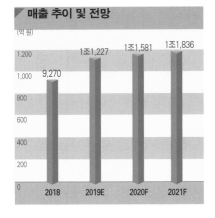

▶ 사업 부문별 매출 비중
단위: %

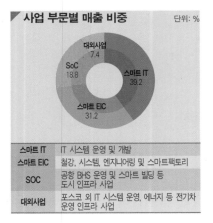

스마트 IT	IT 시스템 운영 및 개발
스마트 EIC	철강, 시스템, 엔지니어링 및 스마트팩토리
SOC	공항 BHS 운영 및 스마트 빌딩 등 도시 인프라 사업
대외사업	포스코 외 IT 시스템 운영, 에너지 등 전기차 운영 인프라 사업

▶ 사업 부문별 수주액 추이 및 전망
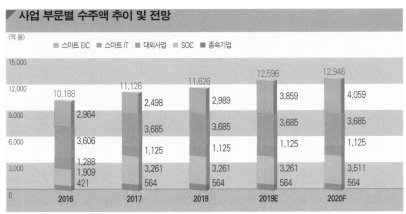

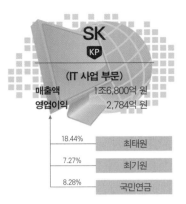

SK
(KP)

(IT 사업 부문)

매출액	1조6,800억 원
영업이익	2,784억 원

18.44%	최태원
7.27%	최기원
8.28%	국민연금

🚩 투자포인트

- 2015년 8월에 SKC&C가 SK와 합병한 뒤 상호를 SK로 변경 → 지주회사와 IT서비스 사업 영위.
- 우리은행 및 KDB산업은행 차세대 시스템 구축 성공적으로 완료.
- 메트라이프생명 Application OS 사업, 현대해상 보상포털 시스템, 바로투자증권 리테일 IT 시스템 등 신규 수주 수행.
- IBM Softlayer의 국내 독점 공급권 확보, 알리클라우드(Alicloud) 및 아마존 웹서비스 등에 동사의 브랜드인 'Cloud Z' 제공.
- IBM의 인공지능 플랫폼인 Watson을 기반으로 동사의 AI 브랜드인 에이브릴(Aibril) 시장에 론칭.
- 중동, CIS 지역을 중심으로 Security & Safety 구축 등 해외 사업 영위 → 투르크메니스탄 도로 보안 시스템 수행.

사업 부문별 매출 추이

(억 원)

■ IT 사업 부문 ■ 지주회사 부문

	2017	2018
지주회사 부문	2조4,778	2조6,724
IT 사업 부문 (상위)	1조6,230	1조6,800
	8,548	9,924

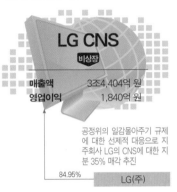

LG CNS
비상장

매출액	3조4,404억 원
영업이익	1,840억 원

공정위의 일감몰아주기 규제에 대한 선제적 대응으로 지주회사 LG의 CNS에 대한 지분 35% 매각 추진

84.95%	LG(주)

🚩 투자포인트

- 컨설팅, 시스템 구축 및 운영·유지보수 등 IT서비스 전반에 걸친 토털 솔루션 제공.
- 국내 최대 클라우드 기업(MSP)인 메가존클라우드와 클라우드 전환·운영 전문 합작법인 설립 → 2020년 3조 원 규모의 국내 퍼블릭 클라우드 시장 진출 대비.
- 대기업 및 대형 항공사 중 최초로 전사 IT 시스템을 아마존 웹서비스 퍼블릭 클라우드로 전면 전환하는 대한항공 클라우드 전환 사업 수주.
- 2023년까지 LG그룹 계열사의 클라우드 전환율을 90% 수준으로 끌어 올리는 계획 수립 → 그룹사 통한 안정적인 수주.

매출 추이 및 전망

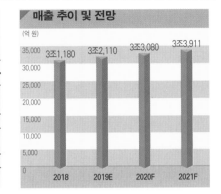

(억 원)

2018	2019E	2020F	2021F
3조1,180	3조2,110	3조3,080	3조3,911

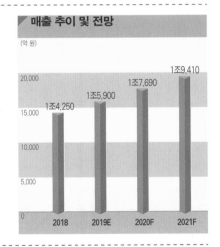

현대오토에버
(KP)

매출액	1조4,250억 원
영업이익	701억 원
순이익	552억 원

24.48%	현대자동차
19.05%	기아자동차
19.05%	현대모비스
9.57%	정의선

🚩 투자포인트

- 매출 비중의 약 90%를 Captive(계열사 간 거래) 물량이 차지하며, 전체 매출의 약 60%가 상위 7개 주요 계열사에서 발생.
- 현대차그룹의 상위 7개 주요 계열사들의 지난 5년간 매출 총합이 연평균 3% 증가하며 성장세 둔화 추세이지만, 동사의 매출은 연평균 9% 증가하며 견조한 성장세 나타내는 바 이는 주요 계열사들의 IT 투자 규모 확대에 기인함.
- 클라우드, 빅데이터, AI 기반 디지털 전환(Digital Transformation) 관련 분야 시스템 도입이 늘면서 계열사들의 IT 투자가 증가할 것으로 예상되고 동사의 Captive 매출도 견조한 성장세 이어질 전망.
- 전사적으로 추진 중인 4대 전략 사업(글로벌 One-IT, 스마트모빌리티, 스마트시티, 스마트팩토리)의 본격화로 향후 이익성장폭 확대될 전망.

매출 추이 및 전망

(억 원)

2018	2019E	2020F	2021F
1조4,250	1조5,900	1조7,690	1조9,410

롯데정보통신
(KP)

매출액	8,117억 원
영업이익	389억 원
순이익	233억 원

70%	롯데지주
2019.7 합병	현대정보기술

🚩 투자포인트

- 롯데그룹 내 IT 투자 관련 컨트롤타워 수행 → 매출액의 약 80%가 그룹 계열사에서 발생.
- 롯데그룹이 향후 5년간 국내외 전 사업 부문에 50조 원 규모 투자 발표 → 동사는 그룹 투자 계획 중 스마트팩토리, 스마트물류 등 IT 인프라를 전담함에 따라 장기적인 수주 확보 → 향후 2025년까지 매년 10% 이상 두 자릿수 매출 성장 기대.
- 2019년 7월 1일자로 자회사 현대정보기술 합병 완료. 합병에 따른 효과로 데이터센터와 철도·공항·항만 등 SOC 사업을 중심으로 다양한 사업 기회 확보가 예상되며, 관리 비용 절감으로 원가경쟁력 상승 기대.

롯데정보통신 고객사향 매출 비중

단위: %

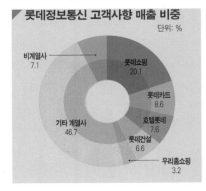

비계열사	7.1
롯데쇼핑	20.1
롯데카드	8.6
호텔롯데	7.6
롯데건설	6.6
우리홈쇼핑	3.2
기타 계열사	46.7

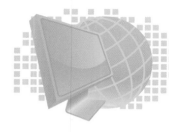

스마트팩토리 사업에 나선
기업에 투자하라!

경기 침체기에도 IT서비스 투자는 이어진다!

IT서비스는 다른 업종에 비해 경기에 민감하다. 특히 경기 후행적인 성격이 강하다. 대체로 기업들은 경기 침체 시 투자 규모를 축소하거나 집행 시기를 뒤로 미루는 등 보수적인 예산 계획을 수립한다. 기업 경쟁력과 직접적인 연관이 있는 다른 설비 투자에 비해 IT 관련 투자를 먼저 축소시키는 한편, 경기 회복기에는 IT 투자 대비 다른 설비 투자를 우선한다. 경기가 회복되어도 IT 수요가 회복되기까지는 더 많은 기간이 소요된다.

하지만 최근에는 IT 투자에 대한 기업들의 인식이 달라져 기업 경쟁력을 위한 전략적 수단 가운데 하나로 여기는 분위기가 확산되고 있다. 이에 따라 IT서비스 산업의 경기 변동에 대한 민감도가 점차 낮아지는 추세를 보이고 있다.

실제로 IT서비스는 통신은 물론, 제조와 금융 산업에까지 넓은 영역에 침투해 들어가고 있다. 제조업에서는 공장자동화의 새로운 개념인 스마트팩토리 시스템이 도입되면서 인공지능과 사물인터넷 등 4차 산업혁명을 이끈 기술이 제조 현장 곳곳에 적용되고 있다. 금융에서도 인터넷 은행의 존재가 부각되면서 핀테크 시스템이 좀 더 정교해지고 있다.

주목을 끄는 분야는 공공 서비스 시장이다. 노후화된 전자정부 시스템의 교체 필요에 따른 신규 IT 시스템 도입 수요가 증가하고 있기 때문이다. 도로, 철도, 공항 등 교통 분야 솔루션 및 다양한 대국민 행정 서비스와 통계 시스템에서 IT서비스는 필수다. 2020년 기준 공공 부문 IT서비스 시장 규모는 이미 1조6,000억 원이 훌쩍 넘는 것으로 추산된다. IT서비스 업계로서는 커다란 호재가 아닐 수 없다.

썩어도 준치다!

국내 IT서비스 산업을 좀 더 깊게 이해가기 위해서는 해당 기업들의 설립 근거를 짚어볼 필요가 있다. 국내 주요 IT서비스 업체들은 대체로 대기업 전산실에

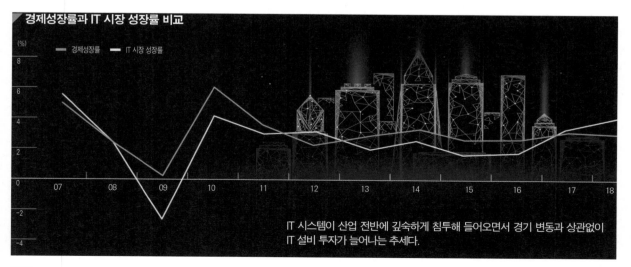

경제성장률과 IT 시장 성장률 비교

(%)
━ 경제성장률　━ IT 시장 성장률

8
6
4
2
0
-2
-4

07　08　09　10　11　12　13　14　15　16　17　18

IT 시스템이 산업 전반에 깊숙하게 침투해 들어오면서 경기 변동과 상관없이 IT 설비 투자가 늘어나는 추세다.

서 분사하여 설립되었다. 따라서 그룹 내부 계열사 시장(Captive Market) 위주로 매출이 발생한다. Captive Market은 IT서비스 기업들에게 안정적인 실적 구조를 가져다준다.

대기업 계열사인 상위 7개 IT서비스 업체의 내부매출 비중은 평균 77.9%(2017년 기준) 정도로 상당히 높다. 즉, 대기업 소속 IT서비스 업체들은 소속 그룹의 계열사로부터 대부분의 매출과 수익을 내고 있다고 봐도 무방하다. 아울러 이를 기반으로 국내 IT서비스 산업에서 지배적 지위를 유지하면서 시장을 주도하고 있다.

하지만 Captive Market이 국내 IT서비스 업계 전반에 이로운 것은 아니다. 계열사의 사업 아이템이나 실적에 따라 IT서비스 업체들의 수주 상황이 좌우될 수밖에 없는 수동적인 사업 구조이기 때문이다. 무엇보다 대기업 집단 IT서비스 업체를 제외한 회사들은 시장에서 고립되기 마련이다. 제대로 된 경쟁을 해볼 수 있는 기회조차 주어지지 않는다.

Captive Market에 대한 논란은 오래 전부터 제기돼왔다. Captive Market에는 이른바 '일감몰아주기'라는 불공정거래행위가 내재해 있고, 이는 시장을 왜곡하는 현상을 초래해왔다.

현행 공정거래법은 공시대상기업집단(공정거래위원회가 지정하는 자산총액 5조 원 이상) 내에서 총수 또는 친족과 합하여 발행주식 총수의 30%(비상장사 20%) 이상 보유한 계열회사가 내부거래를 통해 총수일가에게 부당한 이익이 제공되는 행위를 금지하도록 규정하고 있다.

IT서비스 업체로서는 불공정거래행위 혐의에서 벗어나기 위해서라도 새로운 수주처를 발굴해 대외 사업 비중을 늘여나가지 않으면 안 되는 상황에 놓였다. 하지만 대기업 집단 밖 시장(Non-Captive Market)은 시장참여 업체 수가 적지 않은, 사실상 완전경쟁에 가깝다. 경쟁에 익숙하지 않은 대기업 계열 IT서비스 업체로서는 생소한 시장일 수밖에 없다.

그럼에도 불구하고 고객사 입장에서는 IT서비스 업체들의 경쟁 입찰 시 다수의 IT서비스 구축 경험과 역량을 보유하고 높은 개발 성숙 단계를 유지하고 있는 대형 사업자들을 선호하기 마련이다. 대기업 계열 IT서비스 업체들은 완전경쟁 시장 구조가 낯설긴 하지만, 그룹 계열사를 기반으로 다양한 프로젝트 구축 경험 및 기술력을 확보하고 있기 때문에 대외 시장에서도 유리한 고지를 점하고 있는 것이다.

결국 Captive Market에 대한 정부 규제가 대기업 계열 IT서비스 업체들의 실적 악화를 초래할 것이라는 분석은 기우일 수 있다. 투자적 관점에서 대기업 집단 IT서비스 업체들에 대해 여전히 긍정적인 시그널을 유지해야 하는 이유다.

▶ **Captive Market vs. Non Captive Market**

구분	Captive Market	Non Captive market
경쟁강도	낮음	높음
관계특화성	높음	낮음
Lock-in 효과	높음	낮음
잠재적 진입기업의 위협	낮음	높음
초기 진입장벽	높음	낮음
對 구매자 교섭력	비교적 높음	낮음
對 공급자 교섭력	비교적 높음	낮음
주된 기업형태	대기업집단 SI 업체	독립 중소 SI 업체

자료: NICE신용평가, 미래에셋대우

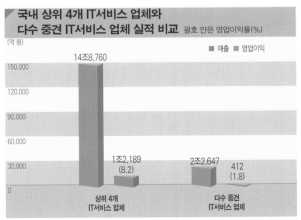

국내 상위 4개 IT서비스 업체와 다수 중견 IT서비스 업체 실적 비교 괄호 안은 영업이익률(%)

* 상위 4개 IT서비스 업체: 삼성SDS, LGCNS, SK[IT사업], 포스코ICT

공장이 똑똑해지고 있다!

스마트팩토리(Smart Factory)는 공장이 스스로 판단하고 이에 따라 작업을 수행할 수 있는 지능화 혹은 디지털화를 의미하는 미래형 공장을 말한다. 스마트팩토리는 4차 산업혁명의 궁극적인 산업 분야로 꼽힌다. 스마트팩토리는 IT 솔루션의 최하위 하드웨어 시스템부터 플랫폼, 최상위 소프트웨어에 이르는 종합 시스템 산업으로서, 주로 IT서비스 업체들이 미래 사업으로 삼고 있다.

스마트팩토리는 기술 진입장벽이 높고 정부 의존도 또한 강한 것이 특징이다. 제조업 패러다임의 핵심동력으로 회자되며 미국, 독일, 일본 등 제조 선진국들이 글로벌 시장을 주도하고 있다. 장기적으로는 중국과 한국 및 동남아 등 제조업이 GDP에서 차지하는 부가가치비율이 높은 나라일수록 스마트팩토리 투자에 효과가 크다.

글로벌 스마트팩토리 시장은 2014년 543억 달러에서 연평균 9.95% 성장하여 2018년 793억 달러 규모를 시현하였고, 이후 연평균 11.02%로 성장하여 2023년 1,338억 달러의 시장 규모를 형성할 것으로 전망된다. 지역별로는 아시아-태평양, 북미, 유럽의 비중이 높으며, 특히 주요 글로벌 업체들의 공장/설비가 집중되어 있는 중국과 동남아의 비중이 높은 편이다.

국내 스마트팩토리 시장은 2014년 5조0,356억 원 규모에서 연평균 13.54% 성장하여 2018년 8조8,684억 원 규모를 형성했고, 이후 연평균 11.22%로 성장하여 2023년 15조0,899억 원의 시장 규모에 이를 전망이다. 국내 스마트팩토리 산업은 아직은 생태 기반이 전반적으로 취약한 편이지만, 시스템을 통합하는 ICT 융·복합 경험은 상대적으로 풍부하다. 특히 대규모 5G 인프라를 감안하건대 성장 가능성이 높게 점쳐진다.

스마트팩토리 작동에 없어서는 안 될 핵심 기술은 애플리케이션, 플랫폼, 디바이스 및 네트워크로 구성된다. 애플리케이션은 스마트팩토리 IT 솔루션의 최상위 소프트웨어 시스템으로, 수요 맞춤형 공정 설계 및 운영을 최적화하고, 품질과 설비의 고도화를 가능하게 하는 등 스마트팩토리를 통합적으로 운영하는 역할을 한다.

플랫폼은 디바이스에서 입수한 정보를 애플리케이션에 전달하는 중간 소프트웨어 시스템으로, 수집된 정보 분석, 모델링, 가상 물리 시스템을 통해 최적화 정보를 제공한다. 플랫폼에는 사물인터넷(IoT), 사이버물리시스템(CPS, Cyber-Physical Systems), 빅데이터, 클라우드 등의 기술이 포함된다. IoT 공통 플랫폼을 기반 기술로 스마트팩토리의 핵심 기술인 CPS와 빅데이터, 클라우드 등의 기술을 융합시킨다.

세계 스마트팩토리 사장을 지배하는 기업들

세계 스마트팩토리 시장을 주도하는 기업들 가운데 상위 5대 기업으로는 Siemens AG(독일), General Electric(미국), ABB(스위스), Schneider Electric SE(프랑스), FANUC Corporation(일본) 등이 꼽힌다. 이들은 연 매출액 50억 달러 이상의 Tier 1st 그룹을 형성하면서 전체 글로벌 시장의 50%를 점유하고 있다.

▌ 스마트팩토리 산업의 특징

제조업 기반의 ICT산업	전통 제조업에 ICT 결합을 통해 개별 공장 설비와 공정이 지능화되어 서로 연결되고, 모든 생산 정보가 실시간으로 공유·활용되어 최적화된 생산 운영이 가능하도록 함.
시스템 종합산업	IT 솔루션의 최하위 하드웨어 시스템부터 플랫폼 및 최상위 소프트웨어 시스템에 이르기까지 생산과 관련된 각종 정보를 분석하고 판단 결과를 현장에 반영·실행.
표준화가 필요한 산업	제조공장의 설비를 공장 내·외부의 다양한 물건이나 서비스와 연동시켜야 하기 때문에, 통신 수단이나 데이터 형식 등 많은 사물의 표준화가 중요하고 시급함.
정부 의존도가 높은 산업	스마트팩토리 산업의 보급 및 확산 정책은 단기적으로 정부의 주도적 진행이 불가피하고, 중소·중견 기업의 경우 스마트팩토리 적용을 위한 재정적 여력이 부족하여 정부에 대한 의존도가 높음.

• **Siemens AG|독일|** 생산 설비, 제어 시스템 및 산업용 소프트웨어 등 대부분 산업 분야의 제조 및 공정 자동화 솔루션을 보유하고 있다. 스마트팩토리 분야에서 가장 성공적인 모델로 평가받는 EWA(Electronics Works Amberg)를 운영하고 있으며, EWA에서는 하루 기준 5,000만 건의 수집 정보를 통해 제조 공정마다 자동으로 실시간 작업 지시를 내리는 공정 최적화가 이뤄진다. 스마트팩토리 도입으로 모든 제품의 99.7%가 주문 후 24시간 내에 출하가 가능하다. 설계 변경에도 유연하게 대처할 수 있어 제품의 불량률도 크게 급감했다.

• **General Electric|미국|** 항공, 전력, 오일/가스, 금융 등을 운영하는 글로벌 기업이다. 보유하고 있는 발전기, 항공기 엔진, 보안기술 등의 공정 시스템에 스마트팩토리 기술을 적용하고 있다. 스마트팩토리를 지원하는 클라우드 기반의 데이터 분석 서비스 'Predix'를 출시해 제품을 구매하는 고객사에 제공하고 있다. 스마트팩토리인 'Multi-Model Factory'를 운영하고 있으며, 공장 시설과 컴퓨터가 실시간으로 정보를 공유하여 품질 유지와 돌발적인 가동 중지를 예방할 수 있는 의사 결정이 가능하다.

• **ABB|스위스|** 전력과 자동화 기술에서 세계 시장을 주도하고 있는 선도기업으로, ASEA(스웨덴), Brown, Boveri&Cie AG(스위스)의 합병으로 설립되었다. 식·음료품, 광업, 정밀화학, 수자원을 활용한 각종 산업 등에서 적용되는 스마트팩토리 솔루션을 제공한다. 로봇, 컨트롤러, 소프트웨어 시스템, 풍력 터빈 컨버터, 태양열 인버터 등 다양한 영역의 자동화 제품을 생산하고 있다.

• **Schneider Electric SE|프랑스|** 에너지 관리 분야 글로벌 기업으로 빌딩자동화, 제어 및 전력 모니터링 기술을 바탕으로 공장, 주택, 사무실의 에너지 인프라와 데이터 및 네트워크 통합 솔루션인 에코스트럭처 인더스트리를 제공하고 있다. 오일/가스, 식·음료, 광석 및 시멘트 등 다양한 분야에 적용하고 있으며, 이 중 독일의 청정에너지 OEM 기업인 엔트라데(Entrade)는 'Eco-Structure Industry System'을 적용하여 전세계 각지에 판매된 기계를 원격으로 제어·관리한다.

• **FANUC Corporation|일본|** 자동화 시스템과 지능형 로봇을 이용하여 대량 생산 및 다품종 소량 생산에도 대응할 수 있도록 기술을 개발하고 생산 공정을 설계하고 있다. 조립 공정의 80%를 로봇이 수행하는 등 공장자동화 수준이 높다. 기계 가공 시스템은 공작기계 6대와 창고 및 라인을 이동하는 로봇 1대, 작업자 1명으로 구성되어 720시간 연속 가동이 가능하다.

Siemens AG가 운영하는 EWA 시스템 현장. 스마트팩토리 분야에서 가장 성공적인 모델로 평가받는다.

은행은 지금 시장점유율 격전 중!

원화예수금 은행별 규모 및 시장점유율

2019년 3월 말 기준

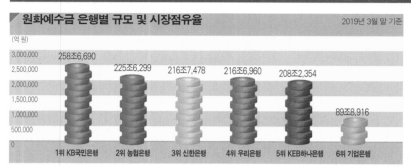

(억 원)

1위 KB국민은행	2위 농협은행	3위 신한은행	4위 우리은행	5위 KEB하나은행	6위 기업은행
258조6,690	225조6,299	216조7,478	216조6,960	208조2,354	89조8,916

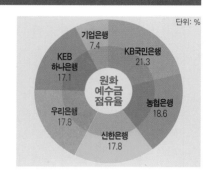

단위: %

원화예수금 점유율
- KB국민은행 21.3
- 농협은행 18.6
- 신한은행 17.8
- 우리은행 17.8
- KEB하나은행 17.1
- 기업은행 7.4

원화대출금 은행별 규모 및 시장점유율

2019년 3월 말 기준

(억 원)

1위 KB국민은행	2위 신한은행	3위 우리은행	4위 KEB하나은행	5위 농협은행	6위 기업은행
257조6,690	215조0,067	211조4,024	203조4,798	202조7,548	195조6,835

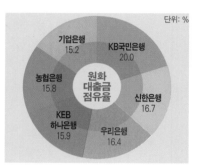

단위: %

원화대출금 점유율
- KB국민은행 20.0
- 신한은행 16.7
- 우리은행 16.4
- KEB하나은행 15.9
- 농협은행 15.8
- 기업은행 15.2

금융지주사들의 변신 : 은행자산 및 순이자이익 비중 줄이고 비은행 사업 비중 늘린다!

금융지주사의 은행자산 비중 감소 추이

(%)

2010	2011	2012	2013	2014	2015	2016	2017	2018	2019*
90.6	88.0	88.1	87.9	86.6	86.4	84.4	82.2	81.5	80.0

자료: 전자공시시스템, 케이프투자증권

금융지주사의 은행 순이자이익 비중 감소 추이

(%)

2010	2011	2012	2013	2014	2015	2016	2017	2018	2019*
83.9	80.6	81.1	81.5	82.8	77.9	80.2	76.7	80.2	76.4

자료: 각 사, 케이프투자증권
* KB금융, 신한금융, KEB하나금융 및 기업은행 합산(우리은행은 비은행 편입/편출 변화가 컸던 점을 감안해 제외)

금융지주사의 계열사별 이익 비중 현황 단위: 십억 원

신한지주
- 은행 1,293 65%
- 카드 271 14%
- 생명보험 165 8%
- 증권 143 7%
- 캐피탈 71 4%
- 기타

KB금융
- 은행 1,305 67%
- 보험 183 9%
- 증권 169 9%
- 카드 146 8%
- 캐피탈 63 3%
- 기타

하나금융
- 은행 1,037 86%
- 증권 153 13
- 기타

자료: 각 사 전자공시시스템, 케이프투자증권

- 은행 자체적인 수수료이익 증대와 함께 비은행 계열사 확대에 따른 수수료 및 금융상품 관련 손익 비중이 커질 전망.
- 금융지주(기업은행은 연결)의 총자산에서 은행이 차지하는 비중은 감소 추세 → 이익 모델의 다변화 진행 중.
- 저금리 및 제로금리 시대에 따른 돌파구 마련 → 이자이익 위주의 경영에서 벗어나 다양한 수익 채널 마련.

은행주의 배당수익률을 주목하라!

전세계 은행주 배당수익률 급상승

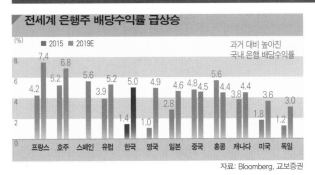

과거 대비 높아진
국내 은행 배당수익률

자료: Bloomberg, 교보증권

전세계 은행주 배당성향

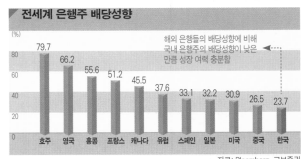

해외 은행들의 배당성향에 비해
국내 은행주의 배당성향이 낮은
만큼 성장 여력 충분함

자료: Bloomberg, 교보증권

코스피 업종별 배당수익률 비교

2018년 확정치

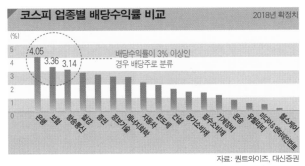

배당수익률이 3% 이상인
경우 배당주로 분류

자료: 퀀트와이즈, 대신증권

국내 은행주 배당수익률 상승 추이

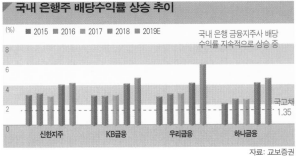

국내 은행 금융지주사 배당
수익률 지속적으로 상승 중

자료: 교보증권

- 국내 은행주가 배당주로 주목을 끄는 이유는, 저금리 시대에도 불구하고 은행의 실적이 견고해졌고, 해외 은행주들의 배당성향에 비해 국내 은행주의 배당성향이 낮아 성장 여력이 큼.
- 지난 5년간 주요 은행주들의 배당수익률이 꾸준히 올라 4%를 넘어섬 → 통상 배당수익률이 연 3% 이상인 종목을 배당주로 분류함에 따라 은행주는 배당주의 자격 갖춤.
- 우리보다 먼저 저금리를 오래 경험한 일본의 경우에도 '잃어버린 20년' 동안 자산수익률 중 배당수익률이 가장 양호했음.

은행들의 시장가치에 비해 은행주 저평가 : 투자매력도 높다!

은행주 합산 시가총액과 지배주주 순이익 추이 : 양호한 실적에 비해 지나치게 저평가된 시장가치

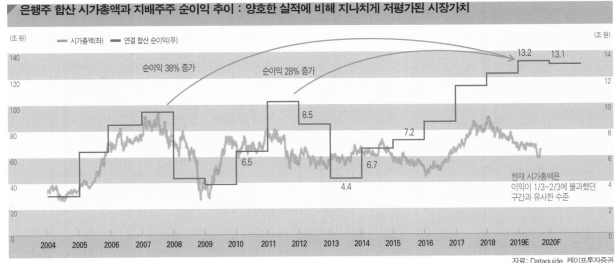

자료: Dataguide, 케이프투자증권

- 금리 하락에 따른 순이자마진(NIM) 정체 우려에도 불구하고 원화대출금의 꾸준한 증가세에 힘입어 '규모의 경제' 효과를 통한 이자수익 증대가 예상.
- 글로벌 경기 침체로 인한 대손비용 상승에 대한 우려가 존재하지만 아직은 국내 은행들이 감내할 수 있는 수준.
- 과거 대비 높아진 비용효율성이 주는 긍정적 효과는 은행주 가치 상승을 견인.

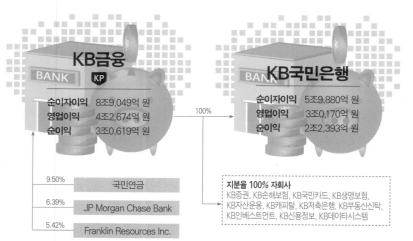

▶ 투자포인트

- 2015년 LIG손해보험 지분 인수를 시작으로 진행되었던 비은행 다각화 전략이 증권사 인수 및 캐피탈 완전자회사 등으로 2017년 완성됨.
- 모든 자회사를 100% 보유하고 있으며, 2019년 상반기 기준으로 지배주주 순이익 내 은행 비중은 67%, 보험과 증권이 각각 9%, 카드가 8%를 차지해 고른 분포를 나타냄.
- 이러한 M&A는 KB금융의 상대적 약점이었던 과대 자본 및 높은 은행 이익 비중을 동시에 해결한 것으로, 경쟁사 대비 저평가 요인을 줄이는 효과 거둠.
- KB손해보험, KB증권 편입에 따른 계열사간 협업으로 영업력 강화 시너지 기대.

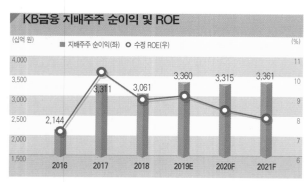

▶ 투자포인트

- 동사의 ROE가 2019년 9.2%, 2020년 8.5%로 대형 은행주 중 가장 양호한 수익성을 지속할 전망 → 오렌지라이프 인수로 인한 자본 효율화의 결과임.
- 2020년 상반기 중 상장사인 오렌지라이프의 잔여지분 40.8%를 포괄적 주식교환 또는 공개매수 등으로 인수해 완전자회사로 편입할 경우 지배주주 순이익 내에서 비은행 계열사 기여도가 더욱 확대됨.
- 동사는 2003년 LG카드를 인수한 후 가장 잘 분산된 포트폴리오 운영 → 증권사의 성장과 보험사 인수 등으로 카드, 증권, 보험의 고른 이익기여도 보임.
- 저금리 시기에 불리한 은행, 보험과 상대적으로 유리한 증권, 카드의 특성이 조화를 이룸.

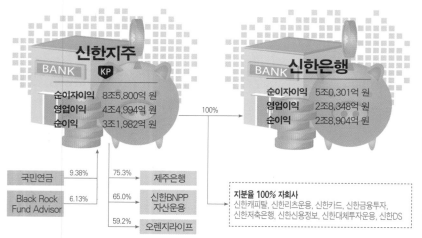

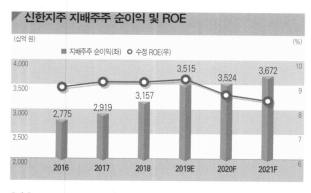

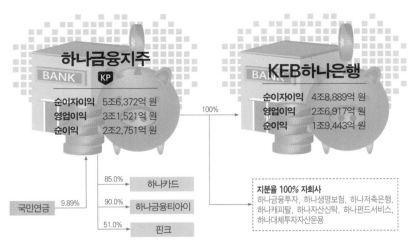

투자포인트

- 2015년 9월 하나은행과 한국외환은행이 통합되면서 설립.
- 동사는 금융지주 4개사 평균보다 4%p 이상의 추가 할인율을 적용받으며 대형 은행주 중 가장 낮은 PBR(주가순자산비율) 기록 중.
- 동사의 2019년 및 2020년 기대 배당수익률은 각각 5.9%, 6.0%로 업종 내 가장 높은 수준.
- AI 기반의 로보어드바이저 상품인 '하이로보 (HAI Robo)'를 선보이면서 출시 5개월 만에 4,000억 원 규모의 관리자산을 보유하는 등 디지털 솔루션 자산관리 노하우 보유.
- VIP Advisor 영업점 강화 및 PB자산관리시스템을 모든 영업점에 확대 도입.
- 단기 실적 불확실성은 존재하지만 가장 저평가된 은행주로서 상승 여력 높게 평가됨.

투자포인트

- 2019년 2월 은행에서 금융지주사로 전환.
- 동양자산운용 및 ABL자산운용을 자회사로 편입하고 국제자산신탁 지분 44.5%를 취득(이후 21.3% 추가 취득 예정)하는 등 비은행 사업 확대.
- 포괄적 주식교환 및 현금매수를 동반해 손자회사였던 우리카드와 우리종금을 자회사로 격상함.
- 대손지표 하향 안정화에 따라 연간 안정적인 증익이 전망됨.
- 동사의 2019년 지배주주 순이익은 1조 9,334억 원으로, 2018년 2분기에 발생했던 대규모 충당금 환입을 제외하면 8% 증가할 것으로 추정.

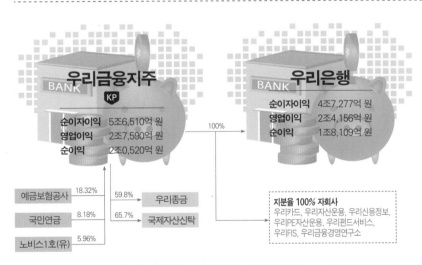

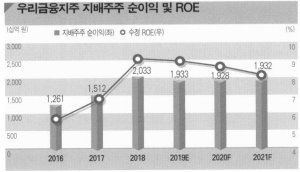

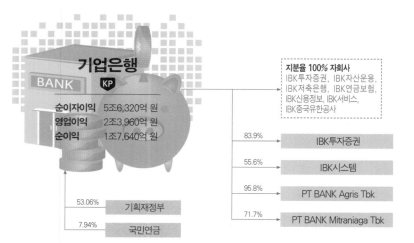

기업은행 (KP)

순이자이익	5조6,320억 원
영업이익	2조3,960억 원
순이익	1조7,640억 원

지분율 100% 자회사
IBK투자증권, IBK자산운용, IBK저축은행, IBK연금보험, IBK신용정보, IBK서비스, IBK중국유한공사

53.06% 기획재정부
7.94% 국민연금

83.9% IBK투자증권
55.6% IBK시스템
95.8% PT BANK Agris Tbk
71.7% PT BANK Mitraniaga Tbk

▶ 투자포인트

- 연간 NIM의 하락 추세에도 동사는 '특수은행'의 특성상 예대율 규제를 적용받지 않아 예수금 대신 중금채 발행으로 자금 조달 유리.
- 창구 발행과 시장 발행의 비중 조정을 통해 조달비용률을 컨트롤할 수 있는 동사의 강점 부각.
- 동사는 최대주주가 정부라는 특성상 상대적으로 높은 배당성향을 유지함.
- 별도 기준 배당성향이 2019년 31.1%, 2020년 31.9%로 확대될 경우 기대 배당수익률은 2019년 및 2020년 각각 5.6%, 5.9%로 높은 수준 예상.
- 배당주 매력이 높아지는 시기에 동사의 고배당은 충분한 투자 유인이 될 수 있음.

기업은행 지배주주 순이익 및 ROE

(십억 원) / (%)
■ 지배주주 순이익(좌) ○ 수정 ROE(우)

2016: 1,158
2017: 1,501
2018: 1,754
2019E: 1,864
2020F: 1,913
2021F: 1,995

기업은행 배당성향 및 배당수익률

(십억 원) / (%)
■ 배당성향(좌) ○ 보통주 배당수익률(우)

연도	배당성향	배당수익률
2016	30.8	3.8
2017	30.9	3.8
2018	29.7	4.9
2019E	31.1	5.6
2020F	31.9	5.9
2021F	32.5	6.3

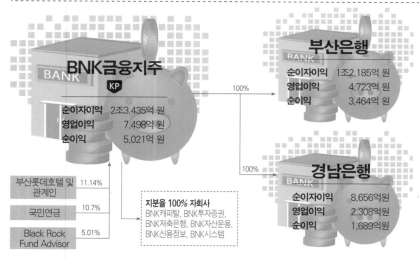

BNK금융지주 (KP)

순이자이익	2조3,435억 원
영업이익	7,498억 원
순이익	5,021억 원

100% → **부산은행**
순이자이익	1조2,185억 원
영업이익	4,723억 원
순이익	3,464억 원

100% → **경남은행**
순이자이익	8,656억원
영업이익	2,308억원
순이익	1,689억원

부산롯데호텔 및 관계인 11.14%
국민연금 10.7%
Black Rock Fund Advisor 5.01%

지분율 100% 자회사
BNK캐피탈, BNK투자증권, BNK저축은행, BNK자산운용, BNK신용정보, BNK시스템

▶ 투자포인트

- 2011년 부산은행, BNK투자증권, BNK신용정보, BNK캐피탈이 공동으로 주식의 포괄적 이전 방식에 의해 설립한 지방은행 최초의 금융지주회사.
- 2015년 경남은행의 계열사 편입으로 부산·경남은행 두 은행 체제로 됨.
- 2015년 7월에 GS자산운용(BNK자산운용 사명 변경)을 자회사로 편입하여 은행, 증권, 자산운용, 여신전문, 저축은행업 등을 포괄하는 종합금융그룹이 됨.
- 부진한 건전성 지표는 다소 진전되는 모습 → 다만 최근 은행주 주가가 금리 하락에 민감하게 반응하기 때문에 타은행 대비 NIM 낙폭 수준이 중요함. 2019년 PBR은 0.29배로 최저점.

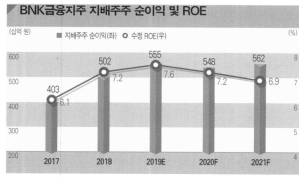

BNK금융지주 지배주주 순이익 및 ROE

(십억 원) / (%)
■ 지배주주 순이익(좌) ○ 수정 ROE(우)

연도	순이익	ROE
2017	403	6.1
2018	502	7.2
2019E	555	7.6
2020F	548	7.2
2021F	562	6.9

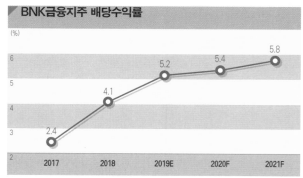

BNK금융지주 배당수익률

(%)

연도	배당수익률
2017	2.4
2018	4.1
2019E	5.2
2020F	5.4
2021F	5.8

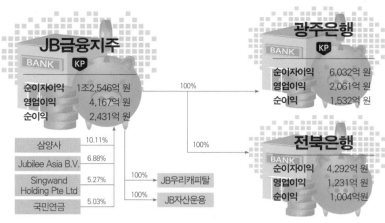

JB금융지주

BANK KP

순이자이익	1조2,546억 원
영업이익	4,167억 원
순이익	2,431억 원

광주은행

BANK KP

순이자이익	6,032 원
영업이익	2,061 원
순이익	1,532 원

전북은행

BANK KP

순이자이익	4,292억 원
영업이익	1,231억 원
순이익	1,004억원

삼양사	10.11%
Jubilee Asia B.V.	6.88%
Singwand Holding Pte Ltd	5.27%
국민연금	5.03%

100% → JB우리캐피탈
100% → JB자산운용

▶ 투자포인트

- 비은행 부문에서 JB우리캐피탈이 자동차금융과 더불어 기업금융 및 소매금융 등의 영업력을 강화하여 수익원 다변화 → 2018년에 823억 원의 당기순이익 창출 및 JB자산운용 또한 23억 원의 당기순이익을 시현하는 등 은행-비은행 간 균형 잡힌 사업포트폴리오 마련.
- 손자회사인 캄보디아 프놈펜상업은행(PPCB)이 연평균 30% 이상 괄목할만한 성장세 지속.
- 2018년 전북은행 당기순이익 1,005억 원 및 광주은행 당기순이익 1,533억 원 달성하며 창립 이래 최대 규모 이익 시현.

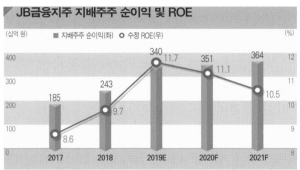

JB금융지주 지배주주 순이익 및 ROE

(십억 원) / (%)
■ 지배주주 순이익(좌) ○ 수정 ROE(우)

	2017	2018	2019E	2020F	2021F
지배주주 순이익	185	243	340	351	364
수정 ROE	8.6	9.7	11.7	11.1	10.5

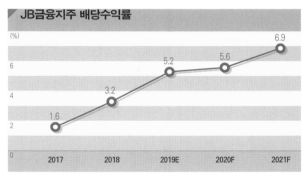

JB금융지주 배당수익률

(%)

2017	2018	2019E	2020F	2021F
1.6	3.2	5.2	5.6	6.9

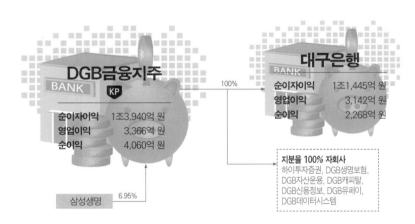

DGB금융지주

BANK KP

순이자이익	1조3,940억 원
영업이익	3,366억 원
순이익	4,060억 원

대구은행

BANK KP

순이자이익	1조1,445억 원
영업이익	3,142억 원
순이익	2,268억 원

삼성생명 6.95%

지분율 100% 자회사
하이투자증권, DGB생명보험,
DGB자산운용, DGB캐피탈,
DGB신용정보, DGB유페이,
DGB데이터시스템

▶ 투자포인트

- 2011년 5월 대구은행, 대구신용정보, (주)카드넷이 공동으로 주식의 포괄적 이전 방식에 의해 설립한 지주회사.
- 2016년 10월 엘에스자산운용을 자회사에 편입하여 상호를 DGB자산운용으로 변경.
- 2017년 11월 증권업 진출을 통한 비은행 사업 라인 강화 및 수익원 다변화를 위해 하이투자증권을 자회사로 편입.
- 매 분기마다 핵심이익(이자이익+수수료이익)을 안정적으로 유지하고 있고, 대출금 규모도 증가하고 있어 안정적인 실적 시현 기대.
- 하이투자증권 인수 이후의 경상이익 제고 및 5% 수준의 배당매력을 감안하건대 동사의 주가 수준이 저평가되었다는 판단이 지배적.

제주은행

BANK KP

순이자이익	1,217억 원
영업이익	358억 원
순이익	274억 원

신한금융지주 75.31%

▶ 투자포인트

- 지역 내 높은 브랜드 인지도와 고객 충성도를 바탕으로 조밀한 점포망을 갖춤.
- 부동산 시장을 포함한 지역경기 부진 영향으로 자산 성장이 낮게 유지될 것으로 보이나 NIM과 비용관리를 통해 안정적인 이익 유지 가능할 전망.
- 2019년 2분기 기준 원화예금 4조9,184억 원, 양도성예금증서 143억 원, 외화예수금 466억 원, 기타 2,546억 원 등 총 5조 2,339억 원의 수신고 보유.
- 2019년 2분기 기준 원화대출금 4조7,268억 원, 외화대출금 202억 원, 신탁대출금 25억 원, 지급보증 181억 원, 기타 746억 원 등 총 4조8,422억 원의 여신 취급.

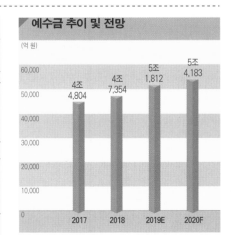

예수금 추이 및 전망

(억 원)

	2017	2018	2019E	2020F
	4조 4,804	4조 7,354	5조 1,812	5조 4,183

은행주의 높은 배당수익률과
카카오뱅크의 실적을 주목하라!

은행 업계엔 온통 어두운 얘기들, 은행주 괜찮을까?

은행 산업을 얘기할 때 빠지지 않는 말이 '성장 둔화'다. 기업과 가계의 자금을 다루는 업종이다 보니 경기 변동에 민감하다. 장기적인 저성장 국면, 기업 수익성 둔화, 가계부채 문제가 늘 은행 업계에 따라다닌다. 대외적인 상황도 녹록치 않다. 무엇보다 미국 금융 시장의 불안 요소가 국내 은행 업계에 끼치는 영향이 적지 않다. 트럼프 행정부는 미국 경제의 견고한 성장을 위해 재정 지출을 늘리고 연준(FRB)에 금리 인하 압박을 고수하고 있다. 확장 재정과 금리 인하는 중·장기적으로 금융 시장에 부담으로 작용한다. 이는 향후 미국 및 글로벌 경제가 디플레이션에 진입할 수 있다는 경고음으로 읽힐 수 있다.

금리는 상업은행들의 수익성과 직결된다. 한국은행으로서는 미국 FRB의 금리정책에 영향을 받지 않을 수 없기에 계속되는 저금리 기조가 상업은행들은 여간 부담스럽지 않다. 제로금리와 마이너스 금리까지 회자되면서 은행 업계 전반에 위기감이 감돈다.

하지만 제로금리가 곧 은행의 제로마진을 의미하진 않는다는 분석도 제기된다. 과거 일본 은행 업계 사례는 시사하는 바가 크다. 일본 중앙은행(BOJ)은 2016년 1월 마이너스 금리 정책(NIRP : Negative Interest Rate Policy) 도입을 공표한 바 있다. NIRP는 중앙은행 지급준비금에 마이너스 금리를 부여하는 정책으로, 은행이 예치보다는 대출 공급 등을 통해 보유자금을 활발하게 융통하도록 유도하는 목적을 갖고 있다. 하지만 당시 NIRP가 의도대로 기능하지는 못한 것으로 평가된다. 예·적금 금리가 제로에 가까웠음에도 불구하고 예수금은 높은 증가세를 보였다. 일본인들에게는 이자가 거의 발생하지 않더라도 수익성보다는 안정성이 중요했다. 아무래도 예·적금은 노후 자금 유치 효과가 크기 때문이다. 다행히 일본 은행 업계는 예금이 증가하는 가운데, 대부분의 조달자금이 이자부 자산이 아닌 현금성 자산으로 이동되었다. 국내 은행 업계가 겪게 될 제로금리로 인한 부작용이 우려할 만큼 크지 않을 수 있다는 얘기다.

상업은행들의 수익성에 직결되는 요인으로 금리와 함께 대출도 꼽힌다. 가계금리 규모가 위험 수준에 이르고 있음에도 상업은행들로서는 대출상품이라는 매력적인 영업카드를 결코 포기할 수 없다. 그런데 '서민형 안심전환대출'이란 복병이 나타나 상업은행들의 대출 사업에 빨간불이 켜졌다.

서민형 안심전환대출은 말 그대로 서민·실수요자가 보유한 변동금리·준고정금리 주택담보대출을 최저 1%대 저금리의 고정금리 상품으로 갈아탈 수 있는 상품이다. 상업은행들은 금리에서 손해를 보면서 울며겨자먹기식으로 안심전환대출을 받아줘야 했고, 이는 곧 은행들의 수익성에 악영향을 미칠 것이라는 예상이 증권가에 돌면서 은행주가 매물로 쏟아져 나오는 부작용을 초래했다. 실제로 안심전환대출 신청이 끝나갈 무렵 KB금융의 경우 외국인과 기관의 순매도 물량이 각각 10만, 18만 가량 쏟아졌고 신한지주도 12만, 5만 쌍끌이 매도가 이어졌다. 이로 인해 KB금융은 3.5% 가량 하락했고 신한지주는 2.67% 약세를 보였다. 투자자들로서는 가계대출 비중이 높은 시중은행권에 영향이 크다고 본 것이다.

안심전환대출 신청액은 70조 원 수준이 될 것으로 추산된다. 정부 예측 수요보다 3~4배 많은 규모다.

정부는 추가 안심전환대출은 없을 것이라고 발표했다. 상업은행들과 은행주 투자자들에게는 그나마 다행스런 소식이다.

저평가 은행주, 오히려 투자 매력 높은 이유

먹구름 가득한 은행 업계에 쪽빛 햇살 같은 반가운 소식 하나가 있다. 배당주 얘기다. 증권 시장에서 은행주가 '배당주'로 급부상하고 있다는 소식이다.

배당주란 현금을 배당하는 대신 주주들에게 무상으로 나누어 주는 주식을 말한다. 현재 주가에 비해 배당하는 금액이 커서 은행의 1년 만기 정기예금의 금리보다 유리한 수익이 기대되는 종목이다. 배당은 각 회사들이 회계연도 안에 순이익을 내거나 내부 유보율이 많아서 주주들에게 돌려줄 재원이 있을 때에 발생한다.

최근 글로벌 '초저금리' 기조가 장기화되면서 배당주 투자에 대한 관심이 높아지고 있다. 주가 하락으로 주당 배당금을 주가로 나눈 '배당수익률'이 크게 오르면서다. 통상 배당수익률이 연 3% 이상인 종목을 배당주로 분류한다. 예금 이자가 연 2%에 못 미치는 상황에서 상대적으로 높은 수익을 추구할 수 있어 투자자들의 눈길이 쏠리고 있다.

국채 금리보다 코스피 시장의 평균 배당수익률이 더 높은 흐름이 이어지고 있는 현 상황도 배당주의 가치 상승에 한몫한다. 국채 3년물 금리는 1.5%대 밑을 맴돈다. 코스피 시장의 배당수익률은 2.5% 수준으로 국채 금리보다 약 12%p 이상 높다. 상황이 이러하다 보니 기관투자가들의 배당주 매수세도 거세다. 기관은 2019년 7월 말 이후 국내 증시에서 약 4조4,000억 원을 사들였는데, 같은 시기 외국인 투자자는 2조8,000억 원을 순매도했다. 기관과 외국인의 투자 포인트가 엇갈린 건 금융주를 위주로 한 배당주였다. 특히 은행주는 실적이 나쁘지 않음에도 주가가 연일 떨어지며 배당수익률이 연 3~5%대에 이른다. 대신 주가순자산비율(PBR)은 평균 0.35배에 그치며 역사적 저평

가 구간에 들어섰다. 기관이 외국인보다 더 많이 사들인 시가총액 5,000억 원 이상 종목은 주로 은행주다. 배당수익률이 연 3% 이상이라는 공통점이 있다. 은행주는 기업가치 대비 주가(valuation)가 낮다.

기관투자가들이 은행주에 긍정적인 신호를 보내는 건 단지 배당수익률 때문만은 아니다. 상업은행들의 실적을 들여다보면, 시장금리 하락에 따른 순이자마진(NIM) 정체 우려에도 불구하고 원화대출금의 꾸준한 증가세에 힘입어 이자 수익 증대를 기대해볼 만하다. 그럼에도 불구하고 주식 시장에서 은행주에 대한 평가는 대단히 인색하다.

주가에 대한 평가 정도는 국가경쟁력의 순위에 비례한다. 한국의 은행주는 코스피에서 차지하는 비중이 높은 편이다. 그만큼 우리나라 경제에서 차지하는 비중이 크다고 할 수 있다. 과거 금융위기 이후 한국의 은행주는 구조조정 및 금융지주화 등 다양한 노력들로 크게 상승할 수 있었다. 하지만 글로벌 은행주 대비 유사한 수익성을 확보함에도 불구하고 주가가 상대적으로 저평가받고 있는 건 부정할 수 없는 사실이다. 그만큼 투자 매력이 높음을 반증하는 대목이라 할 수 있다.

물론 은행주를 관심 있게 지켜볼 때 높은 배당수익률과 낮은 밸류에이션만을 고려해선 곤란하다. 결국 중요한 건 기업의 기초 체력(fundamental)이다. 은행의 이자 수익 뿐 아니라 그 밖의 중요한 지표도 골고루 따져봐야 한다. 자기자본이익률(ROE), 주가순자산비율(PBR),

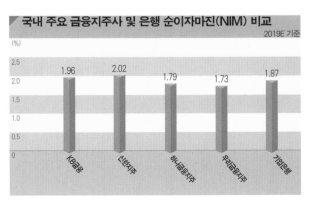

국내 주요 금융지주사 및 은행 순이자마진(NIM) 비교

2019E 기준

(%)

KB금융	신한지주	하나금융지주	우리금융지주	기업은행
1.96	2.02	1.79	1.73	1.87

순이자마진(NIM) 같은 지표들은 금융기관의 수익성 및 투자가치를 가늠하는 중요한 바로미터 구실을 한다.

인터넷은행, 의미 있는 성장통

인터넷은행은 오프라인 점포를 마련하지 않은 채 온라인 네트워크를 통해 영업하는 비대면 방식의 은행을 말한다. 이른바 비대면 거래를 큰 특징으로 한다. 금융 거래에 있어서 매우 중요한 절차인 실명 확인을 화상통신, 생체인식(지문, 홍채) 등으로 대체함으로써 고객이 금융사 직원을 만나지 않고도 은행 서비스를 이용할 수 있다.

세계 최초의 인터넷전문은행은 1995년 설립된 미국의 Security First Network Bank로 알려져 있다. 이후 일본이 2000년대 들어 인터넷은행을 출범시킨 것에 비해 IT강국을 자부해온 우리나라는 그보다 한참 늦은 2017년에 케이뱅크와 카카오뱅크를 출범시켜 정식 영업에 돌입했다. 케이뱅크는 우리은행, KT, GS리테일 등이 주요 주주로 등재되어 있고, 카카오뱅크는 한국투자금융지주, 카카오, KB국민은행 등이 주요 주주로 참여하고 있다.

우리나라에서 인터넷은행 출범이 늦은 이유는 은산분리(銀産分離) 등 규제를 풀기 위한 법 개정이 쉽게 이뤄지지 않았기 때문이다. 2008년경 당시 금융위원회가 은행법을 개정하여 인터넷전문은행을 도입하려는 시도가 있었지만 금융실명제법 및 자금 확보 문제, 은산분리 규제 등으로 무산되었다. 산업자본의 은행 지분 소유 한도를 4%로 제한하는 은산분리 규정은 본래 은행이 대기업이나 대주주의 사금고가 되는 것을 막기 위한 규정으로 도입된 것인데, 공교롭게도 인터넷전문은행 설립에 걸림돌로 작용하고 만 것이다.

2014년에 이르러 정부 주도로 인터넷전문은행 설립 논의가 본격화되었는데, 금융위원회는 30대 그룹과 상호출자제한 대상 그룹에 인터넷전문은행 설립을 제한하고 나머지 기업에 참여 기회를 줘 인터넷전문은행 설립을 허가하기로 했다. 즉, 삼성, 현대차, LG, SK 등 30대 그룹 계열 제조사 및 금융회사는 여전히 설립이 제한된 반면, 네이버, 카카오 등의 기업은 인터넷은행을 설립할 수 있게 된 것이다. 이에 따라 2017년에 비로소 케이뱅크와 카카오뱅크가 인터넷전문은행 첫 번째 주자가 되었다.

인터넷전문은행 출범 이후에도 줄곧 은행법에서는 산업자본의 은행 지분 소유 한도를 4%로 제한해왔다. 하지만 이러한 은산분리 규제로 인터넷전문은행 출범 시 한 기업이 실질적 경영권을 갖지 못하고 주주 구성이 복잡해짐으로써 운영이 어려워질 가능성이 있다는 지적이 제기됐다. 케이뱅크와 카카오뱅크 등 국내 인터넷전문은행들은 IT 기업이 주도하고 있지만 은산분리 규제 때문에 대주주는 기존 금융권이 장악하고 있는 것이다. 이로 인해 IT 기업이 적극적으로 자본금을 투자하거나 기술 노하우를 적용하는 데 한계가 있을 수밖에 없었다.

결국 은산분리 규제 완화라는 시대적 흐름을 거스를 수 없게 된 것이다. 이에 따라 국회는 '인터넷전문은행 설립 및 운영에 관한 특례법(인터넷전문은행법)'을 2018년 9월에 통과시켰고, 이 법은 2019년 1월 17일 발효되었다.

신설된 인터넷전문은행법은, 산업자본이 은행을 소유하지 못하도록 산업자본의 은행 지분 보유 한도를 기존 4%(의결권 없이 10%)로 제한했던 것을 금융혁신을 위해 혁신정보통신기술(ICT) 기업에 한해 한도를 34%까지로 늘리는 것을 골자로 한다.

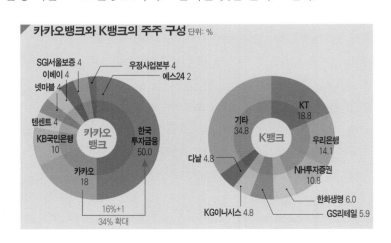

카카오뱅크와 K뱅크의 주주 구성 단위: %

SGI서울보증 4
이베이 4
넷마블 4
텐센트 4
KB국민은행 10
카카오 18
16%+1
34% 확대
우정사업본부 4
에스24 2
카카오뱅크
한국투자금융 50.0

KT 18.8
우리은행 14.1
NH투자증권 10.8
한화생명 6.0
GS리테일 5.9
KG이니시스 4.8
다날 4.8
기타 34.8
K뱅크

은행 업계가 예의주시하는 카카오뱅크의 행보

2019년 초 은산분리 완화라는 선물을 움켜 쥔 케이뱅크와 카카오뱅크는 그에 걸 맞는 실적을 냈을까? 두 회사의 2019년 반기 실적을 놓고 봤을 때, 아무래도 좀 더 시간이 필요해 보인다.

카카오뱅크가 가파른 성장세를 기반으로 2분기에 당기순이익 30억 원을 거두며 흑자 기조를 유지했다. 다만, 이익 규모는 전분기 66억 원 대비 감소한 것으로 나타났다. 케이뱅크는 2분기도 여전히 적자를 면치 못했다. 적자 규모가 258억 원에 이른다.

카카오뱅크는 2019년 2분기 말 기준 자산 19.1조 원, 자본 총계 1.2조 원으로 대출자산 및 예금이 각각 전분기 대비 17.1%, 18.0% 급증했다. 다만 상대적으로 더딘 대출 성장과 판관비 지출로 인해 이익이 전분기 대비 감소한 것은 아쉬운 대목이다.

케이뱅크는 자산과 자본(자산 총액 2.9조 원, 자본총계 2,291억 원, 2019년 2분기 말 기준) 규모면에서도 카카오뱅크에 크게 뒤진다. 자본이 전분기 대비 9.9% 감소했고, 자산 또한 BEP 수준에 비해 상당히 낮다. 출범한 지 얼마 되지 않았지만 벌써 자산건전성이 부담스러운 상황이다.

지금 시점에서 케이뱅크를 통해 국내 인터넷전문은행 시장을 전망하는 것은 다소 무리일 듯싶다. 카카오뱅크의 실적으로 시장 상황을 분석하는 게 좀 더 설득력 있다. 카카오뱅크는 2019년 2분기를 기점으로 대출 성장 속도가 빠르게 개선되었다. 카카오뱅크의 대출채권 규모는 11.3조 원으로 전분기 대비 1.7조 원, 17.1% 증가했다. 이는 1분기 가계들의 상여금 수령 등 현금 유입에 따른 신용대출 상환 효과의 소멸 및 사잇돌 대출 출시 그리고 2분기 주택 구매 및 전·월세 관련 가계의 자금 수요 증가에 따른 것으로 분석된다.

특히 카카오뱅크가 출시한 중금리 대출인 사잇돌 대출은 시장에 성공적으로 론칭했다는 평가가 지배적이다. 동사가 1월 출시한 가계 중금리 대출은 5월 기준 누적 판매액이 3,000억 원을 돌파했는데, 이는 전체 금융권 판매액의 60%에 해당한다. 카카오뱅크

의 높은 시장장악력을 방증하는 대목이다.

카카오뱅크의 예금 성장세는 다소 주춤거리는 모습이었지만, 충분히 긍정적인 성과를 냈다. 2분기 예금액이 1분기 대비 18.0%, 2.7조 원 증가했다. 동사가 출시한 신상품 '26주 적금'과 '모임통장'의 연이은 성공에 따른 결과다. 아울러 시중은행들의 예금금리 하락으로 카카오뱅크의 예금금리가 상대적 매력도가 높아진 것이 주효했던 것으로 판단된다. 동사의 '26주 적금' 및 '모임통장'은 각각 273만 계좌, 285만 명을 돌파했다.

업계에서는 향후 카카오뱅크의 실적 성장세가 순조로운 항해를 이어갈 것으로 전망하고 있다. 카카오뱅크는 카카오톡을 기반으로 고객 저변을 빠르게 넓히고 있는데, 고객 수가 986만 명(2019년 상반기 기준)으로 1,000만 고객을 눈앞에 두고 있다. 탄탄한 빅 데이터를 기반으로 한 ICT기업이 가져다 준 시너지가 아닐 수 없다. 카카오는 금융위원회의 승인에 따라 한국금융지주로부터 16%+1주 지분을 인수해 1대 주주로 등극할 예정이다.

케이뱅크의 고전에도 불구하고 카카오뱅크의 선전은 인터넷전문은행의 미래에 청신호로 작용할 만하다. 특히 인터넷포털의 양대 산맥이자 국내 빅 테크(Big Tech)의 대표주자인 네이버와 카카오가 핀테크 시장에서 맞대결을 펼치고 있어 인터넷전문은행의 미래에도 긍정적인 영향을 끼칠 것으로 보인다.

▼ 국내 Big Tech들의 금융업 진출 현황

기업	기능				
	송금	지급결제	카드	자산운용/보험	대출
카카오	카카오페이	카카오페이	-	-	카카오뱅크
네이버	네이버페이	네이버페이	-	-	-
삼성	삼성페이*	삼성페이	-	삼성페이	-
LG	-	LG페이			
통신3사 (SKT, KT, LGU+)	케이뱅크	SK페이**	케이뱅크	케이뱅크	케이뱅크

주: *해외송금 서비스만 제공, **11번가에 T페이를 양도하고 11페이와 통합하여 SK페이 출시
자료: IBK경제연구소, 언론기사, 미래에셋대우

증시가 살아야 증권 업계도 산다! : 국내 주식 시장을 전망하는 3개의 BAND

BAND1: 코스피, 과거에서 미래 5년 동안의 추이와 전망

상승 요인
1. Fed 자산 축소 종료
2. ECB TLTRO
   (장기 저리 대출 프로그램) 재개
3. 경기 바닥권 탈출 움직임

상승 요인
1. 중앙은행 완화적 통화 정책
2. 경기 개선세 본격화
3. 반도체 업황 개선세 지속

상승 요인
1. 미국 대선 불확실성 해소
2. 중국 공산당 창당 100주년

경계 요인
1. 미·중 간 패권 경쟁 재점화
2. 반도체 업황 점검 확인
3. 세계 경기 하강 국면 진입
4. 금리 인하 사이클 진입

경계 요인
1. 미국 채무한도 협상
2. 브렉시트 우려 재개
3. MSCI 비중 조절로 수급 악화

경계 요인
1. 미국 대선 불확실성
2. 연말로 갈수록 통화 정책 부담 증대
3. 하반기 선행 지수 개선 정체

자료 : 신한금융투자

BAND2: 미 연준 선물 금리와 OECD 미국 경기 선행지수 하락, 코스피 상승의 묘한 데자뷰

선물 금리(24개월, 좌측)
OECD 미국 경기 선행지수(기준=0, 좌측)
KOSPI(우측)

미 연준의 실수와 번복
그리고 유동성 장세

자료 : Thomson Reuters, 신한금융투자

- 2016년 미 연준은 통화 정책 정상화 강도를 약화시키며 금융 시장 안정 도모.
- 2019년 미 연준은 통화 정책 긴축 속도를 조절하며 금융 시장 변동성 완화 도모.
- 선물금리 및 미국 경기 선행지수 하락, 코스피 반등 → 2019년은 2016년의 묘한 데자뷰 실현.

BAND3: 코스피 장기 시계열 추이와 전망

KOSPI
추세선+2표준편차
추세선
추세선-2표준편차

자료 : Thomson Reuters, 신한금융투자

- 코스피가 1990년 이후 추세선과 위아래 2표준편차 영역에서 등락 → 추세선 하향 이탈보다는 위쪽으로 향할 가능성 높음.

글로벌 증시의 향방을 가늠하다! : 대외 경기 변동에 민감한 국내 증권 업계

글로벌 증시 추이 및 전망

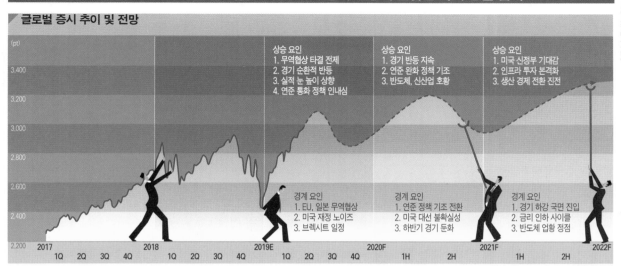

상승 요인
1. 무역협상 타결 전제
2. 경기 순환적 반등
3. 실적 눈높이 상향
4. 연준 통화 정책 인내심

상승 요인
1. 경기 반등 지속
2. 연준 완화 정책 기조
3. 반도체, 신산업 호황

상승 요인
1. 미국 신정부 기대감
2. 인프라 투자 본격화
3. 생산 경제 전환 진전

경계 요인
1. EU, 일본 무역협상
2. 미국 재정 노이즈
3. 브렉시트 일정

경계 요인
1. 연준 정책 기조 전환
2. 미국 대선 불확실성
3. 하반기 경기 둔화

경계 요인
1. 경기 하강 국면 진입
2. 금리 인하 사이클
3. 반도체 업황 정점

자료 : Thomson Reuters, 신한금융투자

국가별 / 지역별 주가 등락률

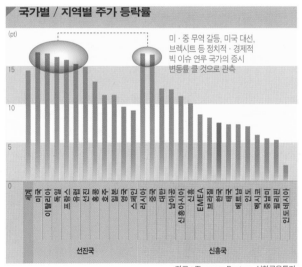

미·중 무역 갈등, 미국 대선, 브렉시트 등 정치적·경제적 빅 이슈 연루 국가의 증시 변동을 클 것으로 관측

자료 : Thomson Reuters, 신한금융투자

선진국 및 신흥국 증시 업종별 주가 등락률

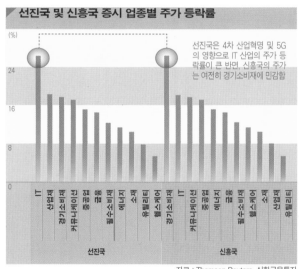

선진국은 4차 산업혁명 및 5G의 영향으로 IT 산업의 주가 등락률이 큰 반면, 신흥국의 주가는 여전히 경기소비재에 민감함

자료 : Thomson Reuters, 신한금융투자

글로벌 채권 / 원자재&환율 추이

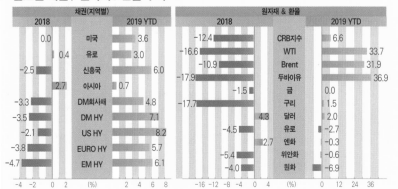

글로벌 교역물가 및 교역량 증가율

자료 : EULER HERMES Economic Research Department / Allianz

증권사 수탁수수료 및 시장점유율 단위: %

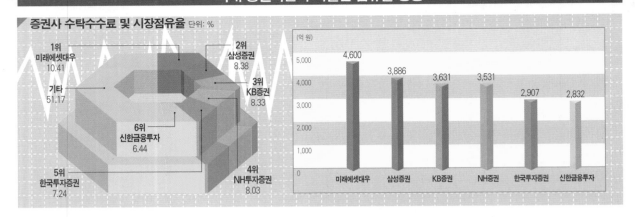

1위 미래에셋대우 10.41
2위 삼성증권 8.38
3위 KB증권 8.33
기타 51.17
6위 신한금융투자 6.44
5위 한국투자증권 7.24
4위 NH투자증권 8.03

(억 원)

미래에셋대우	삼성증권	KB증권	NH증권	한국투자증권	신한금융투자
4,600	3,886	3,631	3,531	2,907	2,832

주요 증권사 당기순이익 추이 및 전망

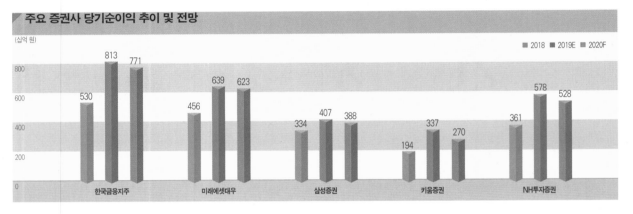

(십억 원)   ■ 2018 ■ 2019E ■ 2020F

	2018	2019E	2020F
한국금융지주	530	813	771
미래에셋대우	456	639	623
삼성증권	334	407	388
키움증권	194	337	270
NH투자증권	361	578	528

주요 증권사 자기자본 추이 및 전망

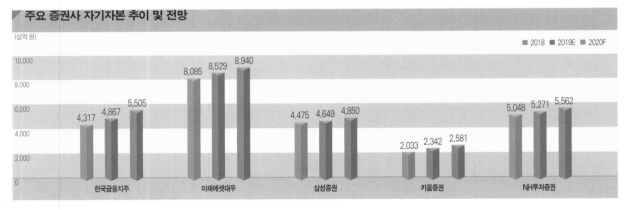

(십억 원)   ■ 2018 ■ 2019E ■ 2020F

	2018	2019E	2020F
한국금융지주	4,317	4,867	5,505
미래에셋대우	8,085	8,529	8,940
삼성증권	4,475	4,649	4,850
키움증권	2,033	2,342	2,581
NH투자증권	5,048	5,271	5,562

주요 증권사 자기자본이익률(ROE) 전망

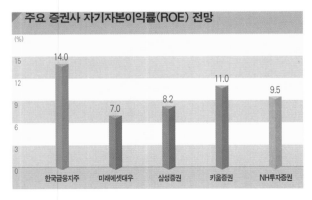

(%)

한국금융지주	미래에셋대우	삼성증권	키움증권	NH투자증권
14.0	7.0	8.2	11.0	9.5

주요 증권사 주가수익비율(PER) 전망

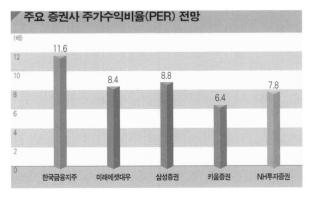

(배)

한국금융지주	미래에셋대우	삼성증권	키움증권	NH투자증권
11.6	8.4	8.8	6.4	7.8

경기 불확실성 속에서도 국내 증권 업계는 계속 성장 중!

주요 증권사 합산 EPS, 코스피 대비 상대주가 추이 및 전망

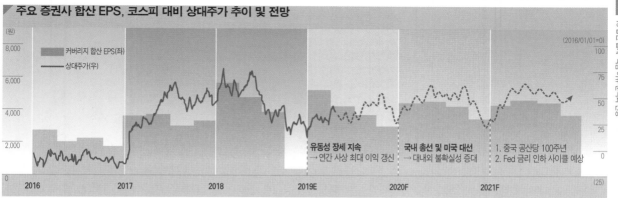

유동성 장세 지속
→ 연간 사상 최대 이익 갱신

국내 총선 및 미국 대선
→ 대내외 불확실성 증대

1. 중국 공산당 100주년
2. Fed 금리 인하 사이클 예상

자료 : QuantiWise, 신한금융투자, 주요 증권사 : 미래에셋대우, NH투자증권, 한국금융지주, 삼성증권, 키움증권

일 평균 거래대금 추이 및 전망

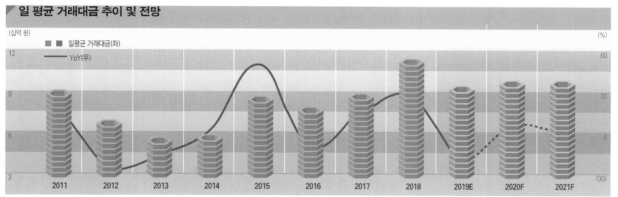

자료 : QuantiWise, 신한금융투자

- 5G 효과 및 반도체 업황 턴어라운드 등 우호적인 영업 환경으로 풍부한 유동성 유지 → 증권사 실적 상승 기대.
- 브렉시트, 국내 총선, 미국 대선 등 국내외 단기적인 투자 심리 위축 이슈로 거래가 부진해질 수 있으나 장기적으로는 거래량 증가 예상.

유가증권 시장 거래 규모 추이 (ETF 등 제외)

코스닥 시장 거래 규모 추이

유가증권 시장 시가총액 규모 추이

코스닥 시장 시가총액 규모 추이

한국금융지주 KP

영업수익	8조8,267억 원
영업이익	6,214억 원
순이익	5,159억 원

강남구 외 1인 20.24%
국민연금 9.43%

→ 한국투자증권 100%
→ 한국카카오은행 58%
→ 한국투자저축은행 100%
→ 한국투자캐피탈 100%

▶ 투자포인트

- 금리 하락으로 채권 운용 수익 및 ELS 관련 이익이 크게 증가하고 자회사 이익도 양호한 실적 기록.
- 카카오와의 카카오뱅크 지분 교환으로 관련 이익이 400억 원 가량 반영.
- 자기자본 4조 원 이상 대형사 중 ROE 10% 상회가 가능한 거의 유일한 증권사.
- 자회사인 한국투자증권은 위탁중개 수익에 의존해오던 기존 증권사의 수익 구조에서 벗어나 자산관리(Asset Management), IB(Investment Banking), 자기자본투자(Principal Investment) 등 다양하고 안정적인 수익 모델 구축.

영업이익 추이 및 전망

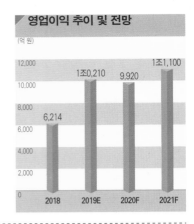

(억 원)

2018	2019E	2020F	2021F
6,214	1조0,210	9,920	1조1,100

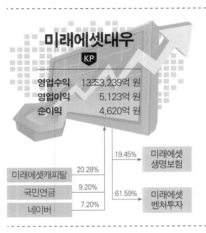

미래에셋대우 KP

영업수익	13조3,239억 원
영업이익	5,123억 원
순이익	4,620억 원

미래에셋캐피탈 20.28%
국민연금 9.20%
네이버 7.20%

→ 미래에셋생명보험 19.45%
→ 미래에셋벤처투자 61.59%

▶ 투자포인트

- 자기자본이 8조 원 이상이지만 자본효율성이 경쟁사 대비 부진하다는 평가 → 8조 원 자본 활용에 따른 이익안정성을 보여줘야 함.
- 대형 증권사 중에 대규모 'IB deal'을 가장 많이 수행 → 영업력에 대한 시장에서의 의심을 어느 정도 해소.
- 동사의 'IB deal' 가운데 프랑스 마중가 타워 인수는 무려 1조 원이 넘는 규모 → 프랑스 자산운용사 아문디의 자회사와 동사가 4,460억 원을 공동 투자하고, 나머지 자금은 현지 대출로 조달.
- 'IB deal' 영업실적이 자기자본이익률(ROE) 상승으로 이어져야 하는 숙제 안고 있음.

영업이익 추이 및 전망

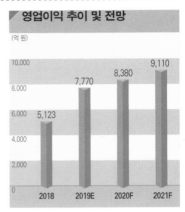

(억 원)

2018	2019E	2020F	2021F
5,123	7,770	8,380	9,110

NH투자증권 KP

영업수익	9조2,413억 원
영업이익	5,401억 원
순이익	3,614억 원

농협금융지주 49.11%
국민연금 11.64%

→ NH선물 100%

▶ 투자포인트

- IB/Trading 부문의 역량을 활용한 자체개발(In-House) 상품 확대.
- 해외 사업 주력 → 현지법인 6개, 사무소 2개 보유.
- 뉴욕 현지법인에서 전사 해외주식 거래 플랫폼인 GSTS(Global Securities Trading Soulutions) 운영.
- 2019년 4월 뉴욕 IB Desk 설립 → 미주 지역 deal 사업 강화.
- 네덜란드 오피스 빌딩 재개발 사업 인수 대상자로 선정 → 자산가치 3,500억 원으로 동사의 지분은 50% 수준.
- 전문 투자형 사모펀드(헤지펀드) 시장 진출 위해 전문 자회사 신설 → 업계 최초로 국내 증권사가 헤지펀드 전문 운용사를 자회사로 둠.

영업이익 추이 및 전망

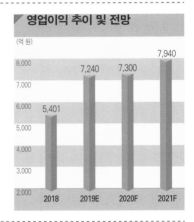

(억 원)

2018	2019E	2020F	2021F
5,401	7,240	7,300	7,940

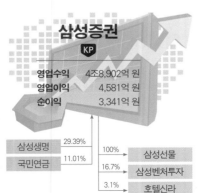

삼성증권 KP

영업수익	4조8,902억 원
영업이익	4,581억 원
순이익	3,341억 원

삼성생명 29.39%
국민연금 11.01%

→ 삼성선물 100%
→ 삼성벤처투자 16.7%
→ 호텔신라 3.1%

▶ 투자포인트

- 삼성의 금융 계열사들이 주주 가치 제고를 위한 배당성향 상향을 결정한 가운데 동사도 2020년까지 50%의 배당성향을 목표로 함 → 2019년 동사의 연간 순이익이 4,000억 원을 상회할 경우, 배당수익률이 크게 상승할 전망.
- 자본을 활용한 IB 사업 활발히 진행.
- 한화투자증권과 각각 1,700억 원씩 총 3,400억 원을 수익증권으로 프랑스 뤼미에르 빌딩 공동 인수 → 국내 기관투자자에게 재판매 예정.
- 프랑스 크리스탈파크 빌딩을 인수하는 데 있어서 매입비용 9,200억 원 중에 3,788억 원을 동사가 부담 → 나머지는 현지 대출 및 현지 운용사 인수, 향후 펀드 조성해 국내에서 재판매 예정.

영업이익 추이 및 전망

(억 원)

2018	2019E	2020F	2021F
4,581	5,103	5,490	5,800

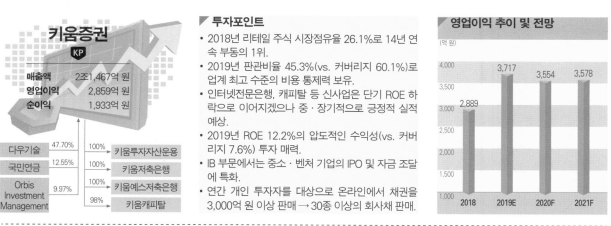

키움증권 (KP)

매출액	2조1,467억 원
영업이익	2,859억 원
순이익	1,933억 원

- 다우기술 47.70% → (100%) 키움투자자산운용
- 국민연금 12.55% → (100%) 키움저축은행
- Orbis Investment Management 9.97% → (100%) 키움예스저축은행
- → (98%) 키움캐피탈

▶ 투자포인트

- 2018년 리테일 주식 시장점유율 26.1%로 14년 연속 부동의 1위.
- 2019년 판관비율 45.3%(vs. 커버리지 60.1%)로 업계 최고 수준의 비용 통제력 보유.
- 인터넷전문은행, 캐피탈 등 신사업은 단기 ROE 하락으로 이어지겠으나 중·장기적으로 긍정적 실적 예상.
- 2019년 ROE 12.2%의 압도적인 수익성(vs. 커버리지 7.6%) 투자 매력.
- IB 부문에서는 중소·벤처 기업의 IPO 및 자금 조달에 특화.
- 연간 개인 투자자를 대상으로 온라인에서 채권을 3,000억 원 이상 판매 → 30종 이상의 회사채 판매.

영업이익 추이 및 전망

(억 원)

2018	2019E	2020F	2021F
2,889	3,717	3,554	3,578

대신증권 (KP)

매출액	2조5,570억 원
영업이익	1,585억 원
순이익	1,407억 원

- 대신증권 자사주 21.44% → (100%) 대신자산운용
- 양홍석 7.79% → (100%) 대신저축은행
- → (100%) 대신자산신탁
- → (98%) 대신에프앤아이

▶ 투자포인트

- 해외 사업 확대를 위해 미국, 중국, 일본, 홍콩 등 4개 국에 이어 영국, 독일, 캐나다, 베트남을 포함한 총 13개 국을 추가해 해외주식 오프라인 거래 서비스 개시.
- 동사의 브로커리지 수익 비중이 20% 수준으로 낮아지고 있는 반면, IB 부문은 견조한 실적 흐름 이어감.
- 자산관리, 이자이익 등 안정적 수익 기반이 강화됨에 따라 전반적인 실적 개선 예상.
- 일부 자회사의 실적 하락 우려 → 대신저축은행의 경우 대손 부담이 높아지고 있어 이익기여도 줄어들 것으로 전망.
- 2019년 5월 대신자산신탁 설립에 따라 계열사 추가.

자기자본이익률(ROE) 추이 및 전망

(%)

2017	2018	2019E	2020F
6.4	7.3	7.1	6.7

메리츠종금증권 (KP)

매출액	8조7,394억 원
영업이익	5,323억 원
순이익	4,338억 원

- 메리츠금융지주 42.46% → 53.4% 메리츠화재
- 국민연금 9.23% → (100%) 메리츠자산운용

▶ 투자포인트

- 부동산PF를 필두로 다양한 구조화 사업에서 두각을 나타내며 IB 부문에 역량을 집중.
- 'IB deal' 중에서도 Debt 투자에 집중함에 따라 순영업수익 내 이자손익 비중이 경쟁사 대비 압도적으로 높음.
- 동사의 높은 ROE 유지 비결은, 1) 성과에 대한 확실한 보상으로 우수 인력이 많고, 2) 철저한 리스크 관리로 부실이 적으며, 3) 레버리지 비율이 아직 낮아 ROE를 부양시킬 수 있는 여력 충분.
- 자본 확대를 통한 이자부자산 증가로 이자손익 성장 흐름이 뚜렷한 만큼 견조한 성장세가 지속될 전망.

자기자본이익률(ROE) 추이 및 전망

(%)

2017	2018	2019E	2020F
13.5	12.7	15.9	14.8

한화투자증권 (KP)

매출액	1조9,018억 원
영업이익	972억 원
순이익	724억 원

- 한화큐셀앤드첨단소재 15.5% → 92.43% 한화인베스트먼트
- 한화호텔앤드리조트 10.85%

▶ 투자포인트

- 동사의 순영업수익은 2018년 기준 수수료이익 62%, 이자이익 35%, 운용 및 기타이익 3%로 구성되며, 수수료이익 가운데 브로커리지 비중은 35%로 낮아진 반면 IB와 관련 수수료이익 비중이 50% 수준까지 크게 상승.
- 과거 실적 악화 요인으로 작용한 ELS 관련 운용 손실이 2017년 이후 일단락되면서 실적 및 수익성 개선 추세.
- 브로커리지 의존도가 낮아지고 IB 수익 비중이 높아진 것에 긍정적 평가 이어짐.
- 2018년 대비 2019~2020년 이익 모멘텀은 인상적이지 못할 것으로 예상되지만, 7% 수준의 경상 ROE 창출능력으로 안정적인 실적 기대.

자기자본이익률(ROE) 추이 및 전망

(%)

2017	2018	2019E	2020F
6.6	7.9	7.2	7.0

투자 본능을 찾은 증권사들의 새로운 비즈니스 모델

규제 완화와 저금리가 증권사들을 춤추게 한다!

금융 산업은 다른 산업에 비해 정부 규제에 유독 민감하다. 크고 작은 자금의 거래가 빈번하게 일어나는 업종의 특성상 규제가 심하고 영업도 까다로울 수밖에 없다.

은행, 보험과 함께 3대 금융 산업으로 꼽히는 증권은 현 정부에서 그나마 규제가 너그러운 산업에 속한다. 은행은 부동산 시장과 맞물려 대출 규제로 자산 성장이 쉽지 않고, 보험은 신상품이 나올 때마다 국민건강보험과의 충돌을 우려하지 않을 수 없다.

반면, 증권 산업은 현 정부가 이미 증권거래세 인하를 단행해 규제 완화의 포문을 열었고, 금융투자업의 설립 체계를 인가에서 등록으로 바꿔 증권 업계 진입 문턱을 낮췄다. 아울러 1그룹 1증권사 원칙도 폐지된다. 은산분리 때문에 그룹에 해당하는 것이 금융지주밖에 없어 금융지주사는 복수 증권사 보유 시 반드시 합병을 하지 않아도 된다. 현행 종합증권사의 최저 요구 자기자본은 2,100억 원인데, 신규 진입하는 회사는 자기자본 요건이 더 낮아질 전망이다.

지금까지는 정부당국(금융위원회)이 신규 진입 증권사를 전문화·특화 증권사에 한해서만 인가를 내줬는데, 그렇게 설립된 증권사들이 사실상 기존 증권사와 크게 차별화되지 않았다.

신규 진입에 관한 이번 정부의 정책은 이른바 핀테크(Fin Tech) 업체가 증권 업계 진출에 용이하도록 설계됐다. 아울러 1그룹 1증권사 폐지 방침은 기존 금융지주들이 비은행권 사업 비중을 늘리기 위한 방침과도 일맥상통한다.

저금리 정책도 증권 업계로서는 호재가 아닐 수 없다. 단기매매증권으로 분류된 채권을 주로 취급하는 증권사 영업의 특성상 금리가 하락하면 채권평가이익이란 수혜가 발생한다. 또 저금리로 자금 조달이 수월해져 증시 투자 규모가 커질 수 있다. 결국 금리 하락은 유동성을 증가시켜 주식 시장으로의 원활한 자금 유입을 기대할 수 있게 한다.

증권사의 비즈니스 모델이 이동하고 있다!

증권사의 사업 영역은 크게 위탁매매, 자기매매, 자산관리, IB(투자은행)으로 구분된다. 이 가운데 위탁매매는 경기 변동에 민감하게 반응한다. 경기가 둔화할수록 증시의 거래대금은 감소한다. 지속되는 경기 침체에도 불구하고 주식 시장은 규제 완화 노력과 저금

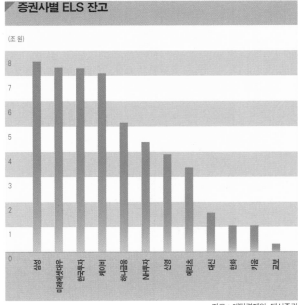

증권사별 ELS 잔고

자료 : 예탁결제원, 대신증권

리 기조로 인해 잘 버텨내고 있다는 평가다.

1일 평균 거래대금으로 업계의 이익 규모를 따져볼 경우 1일 평균 거래대금이 대형 증권사 기준 8조 원 이상 유지되면 이익구간이라는 게 업계의 입장이다. 2019년 2분기 기준 일 평균 거래금액이 9.2조 원으로 추산되는 바, 나쁘지 않은 영업성적표라 할 수 있다.

한편, 증권사의 자기매매 사업으로 각광받는 상품 중에 ELS가 주목을 끈다. ELS는 Equity-Linked Securities의 약자로 우리말로 하면 주가연계증권이 된다. ELS는 개별 주식의 가격이나 주가지수에 연계되어 투자 수익이 결정되는 유가증권이다. 자산을 우량채권에 투자하여 원금을 보존하고 일부를 주가지수 옵션 등 금융파생 상품에 투자해 고수익을 노리는 상품이다.

ELS는 증권사 리테일 상품 중 수익성이 가장 좋다. ELS의 수익성은 엄밀히 따지면 증권사의 운용수익이 고객에게 확정한 수익률보다 높기 때문에 발생하는 것이다. 뿐 만 아니라 증권사는 ELS 재발행을 할 수 있다. 즉 회전율을 높을 수 있다. 그래서 ELS는 발행 못지않게 조기상환이 중요하다.

증권사의 자산관리 사업은 주식형 펀드 영업이 대표적이다. 장기적으로 저금리 및 고령화에 따른 노후자금 마련 필요성이 커지고 있고, 꾸준한 연기금 증가 및 부동산 투자 매력 하락으로 인해 펀드 산업의 성장 잠재력이 재평가받고 있다. 코스피 지수가 2,300pt를 적어도 3개월 이상 지속할 경우 주식형 펀드로의 자금 유입이 좀 더 늘어날 전망이다.

증권사의 IB(Investment Bank) 사업은 최근 가장 뜨거운 분야에 해당된다. IB 사업은 장기 자금 조달, 기업의 인수·합병, 프로젝트 파이낸스 등을 골자로 한다. 업계에서는 증권사의 비즈니스 모델이 중개(agency)에서 투자(investment)로 무게중심을 옮기고 있다고 말할 정도로 IB 사업의 비중이 높아지고 있다.

Finance Agent? Finance Investor!

증권사의 자기자본 규모가 어마무시하게 커지고 있다. 미래에셋대우의 자기자본은 2018년 8조 원을 넘어서더니 2021년 9조 원에 육박할 것이란 전망도 제기된다. 자기자본 10조 원 규모의 증권사 탄생이 머지않은 듯하다.

돈은 많아지는 데 비해 규제가 완화된다면 증권사마다 그에 걸 맞는 비즈니스 모델로 영업력을 집중하는 건 자연스런 현상이다. 금융자산의 대부분이 부동산인 우리나라의 자금 구조를 감안하건대, 증권사들이 가장 먼저 관심을 기울인 시장은 당연히 부동산 프로젝트 파이낸스(PF)다.

증권사가 처음에 손을 댄 사업은 은행이 취급하지 않던 PF 사업장의 선순위나 후순위 대출, 혹은 이러한 대출채권의 유동화 업무가 주였다. 수익성은 그다지 나쁘지 않았지만 사업의 속성상 위험 부담이 적지 않았다. 시간이 흐를수록 증권사마다 부동산 PF 사업의 스펙트럼이 넓어져갔고, 갈수록 규모도 커져갔다. 심지어 투자처가 해외로까지 확장되기까지 했다.

▍**과거 저축은행 부동산 PF와 차별화된 증권사의 PF**

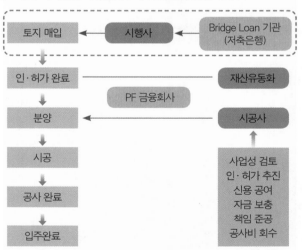

- 과거 저축은행의 부동산 PF는 대부분 착공 전 '브릿지론' 위주로 이루어져 자금의 손실률이 매우 높았음.
- 증권사가 취급하는 부동산 PF는 인·허가 완료 및 착공 후에 대출이 발생하는 경우가 대부분이므로 보다 안정적인 구조라 할 수 있음.

자료 : 금융감독원

증권사가 불어난 자기자본을 부동산 PF 등 'IB deal'에 활용하면서 동시에 주목을 끌게 된 사업이 바로 '자기자본투자(PI : Principal Investment)'다. PI는 증권사 등 금융회사가 직접 주식과 채권은 물론 부동산이나 인수·합병(M&A) 금융 등에 투자해 수익을 얻는 사업을 말한다. 자신의 돈으로 주식, 채권, 파생상품, 통화 등을 거래하는 말을 뜻하는 '프랍 트레이딩(Prop Trading)'과 비슷한 용어인데, PI는 프랍 트레이딩보다 투자기간이 상대적으로 길고, 투자 대상 기업의 경영권에 직접 또는 간접적으로 관여하여 기업가치를 적극적으로 올리는 전략을 사용한다.

과거 PI가 주식이나 채권 운용에 한정되었다면 최근에는 대체투자까지 영역이 넓어졌다. 뿐 만 아니라 NH투자증권처럼 인하우스 헤지펀드를 설정하기도 한다. 대체투자 규모는 꾸준한 수요를 바탕으로 수탁액이 증가하는 추세다. 저금리에 따른 수익률 추구 성향이 강하고, 고령화로 인한 장기 투자 수요가 대체투자 영업으로 몰리고 있는 것이다. 2018년 10월 기준 대체투자 펀드 잔고는 147.9조 원으로 전년 말 대비 19.2% 증가했다.

한국투자증권과 NH투자증권, KB증권 등은 발행어음 인가를 통해 자금 조달이 더욱 원활해졌다. 발행어음은 자기자본의 2배까지 가능한 데, 세 증권사의 발행 잔고가 어느새 10조 원 가까이 증가했다. 발행어음은 레버리지 비율 규제에서 제외된다.

IB 사업은 증권사에게 있어서 선택이 아닌 필수 아이템이 되었다. 증권사로서는 재도약하는 기회임이 분명하다. 하지만 기회가 매력적이고 먹거리의 규모가 커진 만큼 위험 역시 감안하지 않을 수 없다. 투자에서 수익과 위험은 동전의 양면과 같은 것이다.

미래에셋대우와 프랑스 자산운용사 아문디의 자회사가 4,460억 원을 공동 투자한 프랑스 마중가타워(거래 규모 1조0,830억 원).

총 사업비 2조6,000억 원 가운데 NH투자증권이 2조1,000억 원을 조달한 여의도 파크원 빌딩.

대형 증권사 대규모 IB Deal 현황

	일시	프로젝트	Deal 규모 (억 원)	Deal 내용
미래에셋대우	2016년	하와이 하이엇 리젠시 와이키키 호텔 매입	9,000	7억8,000만 달러 중 3억8,000만 달러는 계열사 및 한국 펀드 투자자로부터 확보. 나머지 금액은 미국에서 융자 조달.
	2017년	독일 뒤셀도르프 보다폰 본사 오피스빌딩 매입	3,500	19층, 8층 규모 건물 2동과 주차빌딩 1동. 자기자본 투자와 현지 선순위 대출.
	2017년	판교 알파돔시티 부동산 사업	5,000	알파돔시티 6-1, 6-2 구역에 투자하는 2개 부동산펀드에 각각 2,102억 원, 2,138억 원 출자, 미래에셋운용 알파돔시티 오피스빌딩 인수 금융 주선사로 500~1,000억 원 투자 예정.
	2018년	런던 캐논브리지 하우스 인수 (NH투자증권과 공동 인수)	3,800	양사가 900억 원씩 투자했으며, 1,800억 원은 대출로 조달. 향후 지분 900억 원 중 500억 원은 국내 기관투자자에게 매각하고 400억 원은 계속 보유 예정.
	2018년	뉴욕 타임스퀘어 랜드마크 조성 사업 투자	4,200	뉴욕 타임스퀘어 랜드마크 조성 사업에 3억7,500만 달러 투자.
	2018년	ING생명 리파이낸싱	3,433	인수 금융 총액 1조2,500억 원 건에 3,433억 원 주관.
	2018년	두산공작기계 리파이낸싱	3,250	인수 금융 총액 1조1,500억 원 건에 3,250억 원 주관.
	2019년	프랑스 마중가타워 인수	1조0,830	프랑스 자산운용사 아문디의 자회사와 미래에셋대우가 4,460억 원을 공동 투자하고, 나머지 자금은 현지 대출로 조달.
	2019년	홍콩 오피스빌딩 메자닌 대출 투자	2,800	홍콩 구룡반도 랜드마크 오피스빌딩 '골딘 파이낸셜 홀딩스'의 중순위 대출에 2,800억 원 가량 투자.
	2019년	미국 라스베이거스 복합 리조트 PF	4,000	NH투자증권과 공동으로 라스베이거스 복합 리조트인 '더 드루 라이베이거스' PF 참여, 4,000억 달러 규모를 절반씩 충당 예정. 전체 사업비가 3조4,000억 원에 달할 것으로 예상되는 대규모 개발 사업.
	2019년	칠레 분산형 태양광 발전소 PF	2,055	동서발전과 대림에너지가 공동으로 총 사업비 1억7,800만 달러를 부담하고 미래에셋대우가 PF 주관.
삼성증권	2016년	영국 레스티셔 아마존 물류센터 매입	2,000	베스타자산운용과 공동 매입 후 셀다운.
	2016년	독일 코메르츠 방크 타워 인수	9,000	삼성증권, 삼성생명, 삼성SRA자산운용 컨소시엄.
	2018년	프랑스 LNG 터미널 지분 인수	8,000	삼성-IPM 컨소시엄, 프랑스 덩케르크 항구의 LNG 터미널 지분 75%를 벨기에 컨소시엄과 나누어 인수.
	2019년	프랑스 뤼미에르빌딩 인수	1조5,000	한화투자증권과 각각 1,700억 원 씩 총 3,400억 원을 수익증권으로 공동 인수. 이후 국내 기관투자자에게 재판매 예정.
	2019년	프랑스 크리스탈파크빌딩 인수	9,200	인수가 9,200억 원 가운데 3,788억 원을 삼성증권이 인수, 나머지는 현지 대출 및 현지 운용사 인수, 향후 펀드 조성해 국내에서 재판매 예정.
NH투자증권	2016년	여의도 파크원 PF	2조1,000	오피스타워 2동과 비즈니스 호텔, 쇼핑몰 등 건설 사업. 총 사업비 2조6,000억 원 중 NH투자증권이 2조1,000억 원 조달. (선순위 1조3,000억 원, 중순위 5,000억 원, 후순위 3,000억 원).
	2016년	한남동 외인아파트 부지 PF	9,000	PF 주관사 역할 및 FI로 2,000억 원 투자.
	2017년	여의도 옛 MBC 사옥 개발 PF	1조2,000	NH투자증권, 신영, GS건설 컨소시엄. 지주 공동 개발 방식으로 진행. MBC는 땅값의 일부를 오피스 건물로 받음. 오피스 건물에 대한 평가 금액을 제외한 나머지 금액을 토지비로 납부.
	2017년	남대문로 5가 도시환경정비 사업 PF	6,200	서울역 인근 노후 저층 건물을 허물고 업무/상업 목적의 대형 빌딩 건설 사업. 총 사업비 6,600억 원 중 6,200억 원을 FI로부터 조달.
	2019년	서울스퀘어빌딩 인수	9,800	ARA코리아자산의 펀드를 통해 시가 9,800억 원 수준의 서울스퀘어빌딩 인수우선 협상대상자로 선정, equity 4,100억 원 중 1,600억 원을 ARA 및 대주단과 공동 투자.
	2019년	네덜란드 오피스빌딩 재개발 사업 투자	3,500	NH투자증권 컨소시엄, 암스테르담 오피스빌딩 프로젝트 인수 대상자로 선정됨. 빌딩의 자산가치는 3,500억 원이며, NH투자증권의 지분은 50% 수준.
한국투자증권	2016년	노바티스제약 사옥 인수	4,818	총 인수가 4,800억 원 중 2,300억 원 투자, 나머지 2,500억 원은 현지 금융권 대출로 조달. 매입한 지분은 셀다운하여 투자 금액 회수.
	2016년	필라델피아 국세청빌딩 인수	4,126	한국투자신탁운용, 한국투자증권 컨소시엄 2,000억 원 셀다운. 잔액 현지 조달.
	2016년	벨기에 브뤼셀 아스트로 타워 매입	2,500	하나자산운용, 한국투자증권 컨소시엄 1,000억 원 셀다운. 나머지 금융권 대출 조달.
	2017년	워싱턴 NASA빌딩 인수	4,440	하나자산운용, 한국투자증권 컨소시엄 인수대금 중 절반 지분 투자. 잔금은 금융권 대출.
	2017년	LA 드림웍스 애니메이션 본사 매입	3,500	하나자산운용, 한국투자증권 컨소시엄 1,500억 원 셀다운. 나머지 2,000억 원은 선순위 대출로 현지 조달.
	2017년	벨기에 브뤼셀 본사 건물(장기임차권) 인수	4,878	한국투자신탁운용, 한국투자증권 컨소시엄 2,200억 원 셀다운(공모). 나머지 잔금은 선순위 대출로 현지 조달.
	2019년	벨기에 브뤼셀 투와송 도르 빌딩 인수	2,000	벨기에 정부기관이 주 임차인인 벨기에 소재 빌딩 매입. 850억 원 규모의 공모펀드로 자금 조달.
	2019년	프랑스 투어 유럽 빌딩 인수	3,700	프랑스 전력공사 자회사 등이 입주한 빌딩으로, 총 3,700억 원 가운데 1,700억 원 투입, 나머지는 현지 대출 이용.

성숙기에 접어든 보험 시장, 투자 가치 있을까?

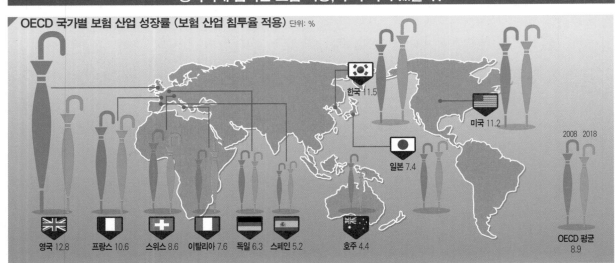

OECD 국가별 보험 산업 성장률 (보험 산업 침투율 적용) 단위: %

한국 11.5
미국 11.2
일본 7.4
영국 12.8
프랑스 10.6
스위스 8.6
이탈리아 7.6
독일 6.3
스페인 5.2
호주 4.4
2008 2018
OECD 평균 8.9

자료 : OECD

- 한국을 비롯한 선진국들의 보험 산업은 이미 성장기를 지난 상황 → 국가의 경제성장률이 둔화되었기 때문.
- 선진국일수록 경제와 인구 성장이 둔화됨에 따라 보험 신규 가입자 수가 감소하고 신규 보험계약이 줄어 보험사의 원수보험료도 함께 떨어짐.
- 성장기에 보험사 간 점유율 경쟁으로 판매됐던 저수익성 보험 부채들이 부담 요인으로 작용해 보험사들의 실적에 악영향.
- 선진국일수록 정부 차원의 복지와 사회보장이 발달되어 있는데, 복지와 사회보장이 발달될수록 민간 보험 수요 감소.
- 스페인의 경우, 2013년 재정위기로 사회보장 예산이 줄어들면서 민간 보험 수요가 늘어났고, 보험사의 ROE가 다시 상승함.

국내 보험 산업 규모

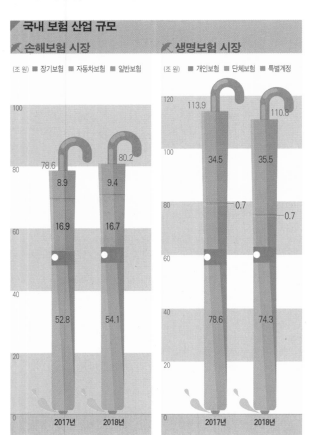

손해보험 시장
(조 원) ■ 장기보험 ■ 자동차보험 ■ 일반보험

	2017년	2018년
합계	78.6	80.2
일반보험	8.9	9.4
자동차보험	16.9	16.7
장기보험	52.8	54.1

생명보험 시장
(조 원) ■ 개인보험 ■ 단체보험 ■ 특별계정

	2017년	2018년
합계	113.9	110.5
특별계정	34.5	35.5
단체보험	0.7	0.7
개인보험	78.6	74.3

손해보험 시장점유율

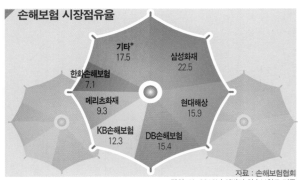

기타* 17.5
삼성화재 22.5
한화손해보험 7.1
메리츠화재 9.3
현대해상 15.9
KB손해보험 12.3
DB손해보험 15.4

자료 : 손해보험협회
단위: %, 2019년 상반기 원수보험료 기준
*기타 : 흥국, 농협, 롯데, MG, AXA, 더케이, BNP파리바 등

생명보험 시장점유율

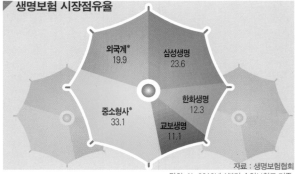

외국계* 19.9
삼성생명 23.6
중소형사* 33.1
한화생명 12.3
교보생명 11.1

자료 : 생명보험협회
단위: %, 2019년 1분기 수입보험료 기준.
* 중소형사 : NH농협, 미래에셋, 흥국, 신한, 오렌지라이프, KDB, DB, KB, IBK연금, DGB, 하나, 교보라이프플래닛
* 외국계 : 동양, 메트라이프, ABL, AIA, 라이나, 푸르덴셜, BNP파리바, 카디프 등

희비가 갈리는 상장 보험사들의 실적 : 위험손해율과 사업비율이 영업실적의 핵심!

▶ 상장 손해보험사 '톱3' 영업이익 전망

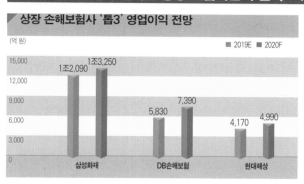

▶ 상장 생명보험사 '톱3' 영업이익 전망

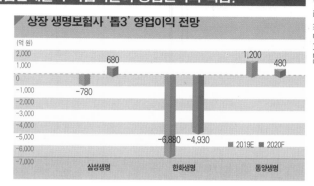

- 생명보험사의 경우, 실적에 부담 요인으로 작용해온 저축성보험의 비중을 줄이는 노력을 하고 있는 바, 2020년 이후 가시적인 성과 나타날 전망. 삼성생명은 2020년 이후 흑자전환을 기대해 볼 만하며, 다른 생명보험사들도 손실의 폭이 줄 것으로 예상.
- 손해보험사들의 경우, 보험요율을 충분히 올리지 못하면서 동시에 위험손해액이 급증해 2019년 이익이 전년 대비 줄었지만, 2020년에는 보험요율 인상을 통해 이익 회복이 가능할 것으로 예상.

▶ 상장 손해보험사 '톱3' 위험손해율 전망

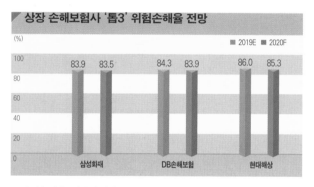

▶ 상장 생명보험사 '톱3' 위험손해율 전망

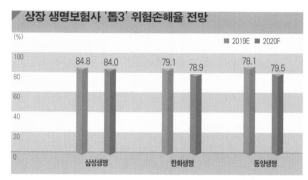

- 영업손실을 기록하거나 영업이익이 마이너스 성장하는 보험사의 경우, 위험손해율 추이 주목.
- 보험사가 받은 보험료 중 교통사고나 중병이 발생(병)했을 때 피해자에게 지급한 보험금의 비율을 위험손해율이라 함. 종류에 따라 장기손해율, 자동차손해율, 일반손해율 등이 있음. 자동차손해율의 경우 접촉사고에서 벌어지는 부당청구(모럴 해저드)가 위험손해율을 높이는 주범으로 꼽힘.
- 보험사의 사업비용 중 높은 비중을 차지하는 위험손해율이 증가할수록 영업이익이 마이너스 성장함.

▶ 상장 손해보험사 '톱3' 사업비율 전망

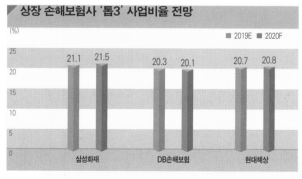

▶ 상장 생명보험사 '톱3' 사업비율 전망

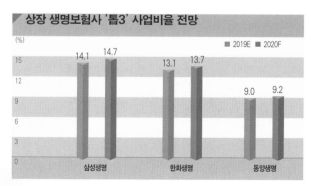

- 보험료수입(경과보험료)에서 인건비, 마케팅 비용, 모집 수수료 등이 차지하는 비율을 사업비율이라 함.
- 신규 계약이 늘어날수록 원수보험료(보험회사가 보험 계약을 통해 보험계약자로부터 거둬들인 보험료)가 증가하는 동시에 인건비와 모집 수수료도 함께 증가해 사업비율이 올라감.
- 공격적인 영업력을 추구하는 중소 보험사일수록 사업비 증가 → 미래에셋생명의 경우 사업비율이 18.7%(2018년 기준)이고, 메리츠화재도 26.6%(2018년 기준)로 톱3 손보사 대비 매우 높음.

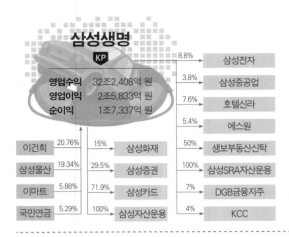

삼성생명 KP

영업수익	32조2,408억 원
영업이익	2조5,833억 원
순이익	1조7,337억 원

이건희	20.76%		15%	삼성화재		8.8%	삼성전자
삼성물산	19.34%		29.5%	삼성증권		3.8%	삼성중공업
이마트	5.88%		71.9%	삼성카드		7.6%	호텔신라
국민연금	5.29%		100%	삼성자산운용		5.4%	에스원

50% 생보부동산신탁
100% 삼성SRA자산운용
7% DGB금융지주
4% KCC

▶ **투자포인트**

• 2019년 투자영업이익률은 하락하고, 위험손해율과 사업비율은 상승할 것으로 예상되는 바, 영업이익과 순이익에 영향을 미칠 것으로 우려.

• 동사는 업계에서 가장 빠르게 저축성보험 비중 축소를 시작하여 경쟁사 대비 저축성보험 비중이 낮아 보험 부채의 건전성이 양호 → 부채 적정성 평가에 있어서 이익계약의 규모가 압도적으로 크기 때문에 잉여금액이 11조 원에 이름.

• 보험손익의 회복은 당분간 어려울 전망 → 수입보험료 감소 기조가 이어지는 가운데 보장성보험 판매 비중이 늘어남에 따라 사업비가 증가할 것이기 때문.

▶ **순이익 추이 및 전망**

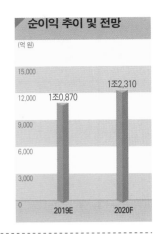

(억 원)

1조0,870 (2019E), 1조2,310 (2020F)

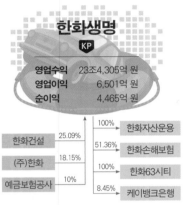

한화생명 KP

영업수익	23조4,305억 원
영업이익	6,501억 원
순이익	4,465억 원

한화건설	25.09%		100%	한화자산운용
(주)한화	18.15%		51.36%	한화손해보험
예금보험공사	10%		100%	한화63시티
			8.45%	케이뱅크은행

▶ **투자포인트**

• 동사는 보험 부채 구조조정 중에 있기 때문에 과거와 같이 보험손익에서 당장 흑자를 내기 어려울 것으로 예상 → 그럼에도 불구하고 2021년 이익 정상화를 기대하는 것은 투자손익과 책임준비금 전입액 때문.

• 투자손익의 경우, 동사는 자산 듀레이션(투자자금의 평균회수기간)을 더 늘려야 하기 때문에 2020년에도 투자손익이 개선되기 힘들어 보임. 책임준비금 전입액 감소 속도가 경쟁사 대비 느려 운용자산이 상대적으로 빨리 성장할 것이기 때문에 2021년에는 투자손익이 크게 증가할 것으로 전망됨.

• 동사는 고정금리형 부채적립금 비중이 높고 보험금 지급여력비율(RBC)은 낮기 때문에 투자에 앞서 자본적정성 체크 요함.

▶ **순이익 추이 및 전망**

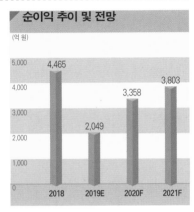

(억 원)

4,465 (2018), 2,049 (2019E), 3,358 (2020F), 3,803 (2021F)

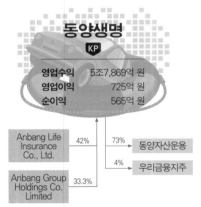

동양생명 KP

영업수익	5조7,869억 원
영업이익	725억 원
순이익	565억 원

Anbang Life Insurance Co., Ltd.	42%		73%	동양자산운용
			4%	우리금융지주
Anbang Group Holdings Co. Limited	33.3%			

▶ **투자포인트**

• 동사는 과거 대형 생명보험사들의 점유율 경쟁에 적극적으로 참여하지 않았기 때문에 고정금리형 부채적립금으로 인한 부담이 경쟁사 대비 현저히 낮음 → 보험부채 구조조정 필요성도, 회계기준 및 자본제도 변경으로 인한 부담도, 부채 적정성 평가 우려도 경쟁사 대비 적음.

• 2019년부터 만기 도래 상품이 발생하면서 환급금을 제외한 지급보험금이 줄고 있기 때문에 보험손익은 2020년부터 반등할 것으로 예상.

• 2018년에는 책임준비금 전입액이 투자손익보다 규모가 컸기 때문에 전년 대비 영업이익이 크게 감소했으나, 2019년 이후부터는 투자손익의 규모가 늘어남에 따라 이익이 증가할 전망.

▶ **순이익 추이 및 전망**

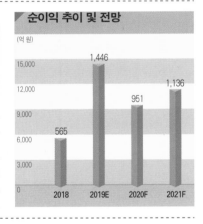

(억 원)

565 (2018), 1,446 (2019E), 951 (2020F), 1,136 (2021F)

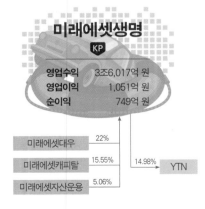

미래에셋생명 KP

영업수익	3조6,017억 원
영업이익	1,051억 원
순이익	749억 원

미래에셋대우	22%			
미래에셋캐피탈	15.55%		14.98%	YTN
미래에셋자산운용	5.06%			

▶ **투자포인트**

• 비용 효율화가 이뤄지면서 전반적인 사차 손익이 개선될 전망.

• 이익 측면에서는 한미 금리차 축소에 따라 전년 대비 환 헷지 비용에 대한 부담이 줄어듦.

• 경쟁사와 달리 변액보험 등 수수료 기반 사업(Fee-Biz) 중심의 영업 구조를 가져가는 만큼 안정적인 이익 흐름 유지 예상.

• 경쟁사 대비 위험손해율이 상승하는 것은 우려할 대목 → PCA생명 합병(2018년 3월) 효과로 전반적인 손해율 수준 상승.

• 점포를 83개에서 33개로 줄이고 사업본부 체제로 조직 재편 → 점포 관리 비용을 줄이는 대신 수수료를 높여 영업 활성화 효과 기대.

▶ **순이익 추이 및 전망**

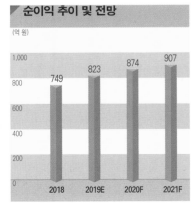

(억 원)

749 (2018), 823 (2019E), 874 (2020F), 907 (2021F)

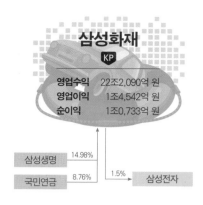

삼성화재
KP

영업수익	22조2,090억 원
영업이익	1조4,542억 원
순이익	1조0,733억 원

삼성생명	14.98%
국민연금	8.76%

1.5% → 삼성전자

▶ **투자포인트**
- 동사는 최근 가열된 장기보험 판매 경쟁에 적극 나서고 있지 않았기 때문에 장기보험 사업비율이 경쟁사 대비 유리.
- 자동차보험 사업에서는 CM 채널의 선두주자이므로 사업비율을 낮게 가져가고 있음.
- 사업비용이 덜 들어간다는 점도 긍정적이지만 그럼에도 불구하고 점유율이 계속 오른다는 것이 중요.
- 경쟁사 대비 월등한 시장점유율에 비해 위험손해율 또한 낮은 수준.
- 투자영업이익률과 운용자산 성장률 둔화로 투자영업이익은 다소 감소할 것으로 예상되지만, 우려할 수준은 아님.
- 상장 손해보험사 중 가장 안정적인 자본 여력 보유 → 배당 수익률 4% 이상 기대.

자기자본이익률(ROE) 추이 및 전망
(%)

2018	2019E	2020F	2021F
8.6	6.4	6.7	7.2

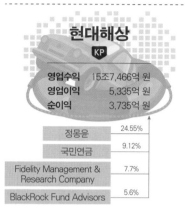

현대해상
KP

영업수익	15조7,466억 원
영업이익	5,335억 원
순이익	3,735억 원

정몽윤	24.55%
국민연금	9.12%
Fidelity Management & Research Company	7.7%
BlackRock Fund Advisors	5.6%

▶ **투자포인트**
- 동사는 손해보험업 성장기 때 경쟁에 적극적으로 참여하면서 대형사로 발전해옴.
- 최근 장기보험 경쟁에서도 경쟁사 대비 공격적인 사업비 집행을 감내.
- 자동차보험 비대면 채널 경쟁에서도 적극적인 사업비 집행 예상.
- 동사의 경쟁 지향적 성장 전략은 실적 개선이 빠르다는 장점이 있음.
- 다만, 경쟁 지향적인 성장 전략은 장기적으로는 부담 → 위험손해율 개선 사이클이 끝나고 나면 사업비율이 높을수록 불리해지기 때문.
- 경상적 투자영업이익률과 운용자산성장률 둔화가 예상됨에 따라 투자영업이익은 감소 전망.

자기자본이익률(ROE) 추이 및 전망
(%)

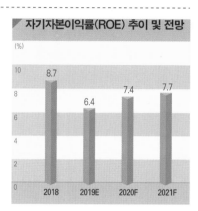

2018	2019E	2020F	2021F
8.7	6.4	7.4	7.7

DB손해보험
KP

영업수익	17조4,545억 원
영업이익	7,207억 원
순이익	5,377억 원

10.87%	국민연금	25.08%	DB금융투자
9.29%	김남호	99.83%	DB생명
7.44%	김준기	87.11%	DB캐피탈
5.59%	DB김준기문화재단		
5.79%	MATTHEWS INTERNATIONAL FUNDS		
5.60%	BlackRock Fund Advisors		

▶ **투자포인트**
- 동사는 2011년 이후 20%를 하회하는 사업비율(연간)을 유지해오며 경쟁사 대비 사업비 경쟁력에서 우위 → 2019년에는 판매 경쟁에 따른 비용 상승 기조가 이어지면서 이례적으로 사업비율이 20%를 초과했지만, 2020년부터는 다시 개선세로 돌아설 전망.
- 사업비 경쟁력은 지금과 같은 어려운 시기에서 이익 방어에 크게 기여하기 때문에 안정적인 실적 유지 기대.
- 치열한 신계약 경쟁 속에서도 경쟁사 대비 상대적으로 안정적인 손해율 역시 동사의 강점으로 평가.
- 투자영업이익률과 운용자산 성장률 둔화로 투자영업이익은 감소할 전망.

자기자본이익률(ROE) 추이 및 전망
(%)

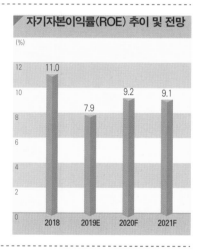

2018	2019E	2020F	2021F
11.0	7.9	9.2	9.1

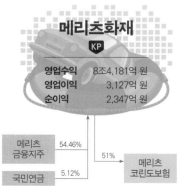

메리츠화재
KP

영업수익	8조4,181억 원
영업이익	3,127억 원
순이익	2,347억 원

메리츠 금융지주	54.46%
국민연금	5.12%

51% → 메리츠 코린도보험

▶ **투자포인트**
- 동사의 장기위험손해율은 상승이 예상되지만, 공격적인 보장성 인보험 신계약 판매 전략으로 인한 실손보험 신계약 증가에 따른 것으로 분석.
- 대체로 실손보험은 '손해율 상승〉요율 인상〉손해율 개선'의 흐름으로 이어지므로 위험손해율 상승에 대한 지나친 우려는 삼가.
- 동사의 투자영업이익률은 소폭 상승할 것으로 예상 → 보유채권 매각을 통한 일회성 이익 덕분이므로 향후 공격적인 자산운용 전략이 유효함.
- 동사의 운용자산 성장률은 16.4%가 예상되는 바, 보유계약 및 최근 공격적으로 판매한 신계약들로부터의 보험료 유입 효과로 보여짐.

자기자본이익률(ROE) 추이 및 전망
(%)

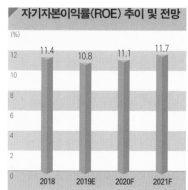

2018	2019E	2020F	2021F
11.4	10.8	11.1	11.7

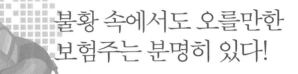

불황 속에서도 오를만한
보험주는 분명히 있다!

보험 업계를 바라보는 주식 시장의 시선은 극단적으로 갈린다. 그동안 지지부진했던 보험 업계가 2020년 이후 보험사들의 실적 개선 및 반등으로 인해 드디어 어두운 터널을 거의 다 빠져나왔다는 주장이 있는 반면, 보험 업계의 미래가 여전히 어둡다는 전망도 적지 않다. 투자자 입장에서는 긍정적인 분석과 부정적인 전망 둘 다 귀 기울여 들어봐야 한다. 투자자들이 가장 경계해야 할 것은 듣고 싶은 소식만 골라서 듣고, 피하고 싶은 정보에는 귀를 닫는 것이다.

세계적인 투자가이자 금융 전문가인 짐 로저스는, 시장은 가급적 냉정하고 보수적으로 접근해야 한다고 역설했다. 아울러 이익을 거두는 것도 중요하지만 손실을 보지 않는 게 좀 더 중요하다고 강조했다. 투자 기회는 이번에 놓치더라도 분명히 다시 찾아오지만, 투자 손실로 자본을 잃고 나면 다시 투자 기회가 찾아오더라도 아무 소용이 없다는 게 로저스의 지론이다.

보수적이고 냉정함을 유지해야 하는 관점

짐 로저스의 조언대로 시장을 좀 더 조심스럽고 보수적으로 접근한다는 차원에서 보험 업계의 걱정스러운 측면부터 살펴보도록 하자.

보험주에 대한 주식 투자자들의 시선은 여전히 차갑다. 투자자들의 외면 속에 국내 보험주들은 2018년에 이어 2019년에도 부진한 흐름을 이어가고 있다. 공모가보다 70% 가량 낮은 수준에서 거래되는가 하면, 10년 사이 최저점을 찍은 보험주도 있다.

세계 경기 둔화, 인구 절벽 등 선진국의 보험 시장이 이미 지루한 성숙기에 접어들었고 한국도 여기에 편승했다고 하지만, 국내 보험 시장의 침체는 다소 지나친 감이 없지 않다는 게 증시 애널리스트들의 대체적인 진단이다.

국내 보험 시장의 불황은 보험주에 그대로 투영되고 있다. 한화생명의 공모가가 70% 가까이 하락하는가 하면, 대장주 삼성생명도 공모가가 주당 11만 원에서 6만 원대까지 떨어졌다. 대기업 우량주는 10년 가까이 장기로 투자하면 무조건 수익을 낼 것이라는 증권가의 통설을 보험 업종이 완전히 박살낸 것이다. 2015년 상장한 미래에셋생명도 공모가 7,500원에서 크게 떨어져 2019년 9월 기준 4,000원을 간신히 넘는 수준에 그치고 있다. 2017년 상장한 오렌지라이프는 3만3,000원에 증시에 입성했지만, 지금은 2만5,000원대를 유지하는 것도 버거워 보인다.

손해보험사들의 주가도 다르지 않다. 최근 10년새 가장 낮은 수준을 기록하고 있다. 한화손해보험과 롯데손해보험, 흥국화재의 주가는 지난 10년 사이 최저가를 기록했다.

도대체 보험주들은 왜 이렇게 바닥을 면치 못하는 걸까? 세계 경기 불황과 인구 절벽만 탓하기에는 너무 막연하다.

보험주의 가장 큰 악재로는 '저금리'가 꼽힌다. 현재 한국은행의 기준금리는 1.50% 안팎인데, 과거에 연 10% 내외의 고금리 상품을 판매했던 것이 보험사들의 발목을 잡고 있다. 국고채 5년물 금리가 1% 밑으로 떨어지면 생명보험사들이 줄줄이 자본잠식에 빠질 수 있다는 우려도 제기된다.

보험사는 보험가입자들로부터 받은 보험료를 잘 운용해서, 나중에 주기로 약속한 금리 이상의 수익을 내야하는데 저금리 국면에 돌입하면서 사실상 불가능해진 것이다. 예를 들어 1999년 이전에 판매한 저축성 보험은 고정금리를 주기로 보험 가입자와 약속했는데, 당시 금리가 15%에 육박하는 것도 있다. 정기예금 금리가 1~2%대인 상황에서 보험사의 고통이 클 수밖에 없다.

2022년 1월 1일부터 새로운 국제회계기준(IFRS17)이 도입되는 것도 보험사에게는 부담이 아닐 수 없다. IFRS17은 보험사의 자산과 부채를 시가로 평가하는 것이 핵심이다. 이때 보험 가입자에게 내줘야 할 돈이 부채 항목에 들어가기 때문에 새로운 회계기준에서는 보험사들이 막대한 자본 확충을 해야만 한다. 결국 자본 확충 부담으로 인해 배당까지 어려운 지경에 이르고 마는 것이다.

꾸준히 늘어나는 손해율도 보험사의 발목을 잡는다. 손해율이란 보험사가 가입자들로부터 받은 보험료 중 교통사고나 질병이 발생했을 때 피해자에게 지급한 보험금의 비율이다. 보험사는 보험료 인상을 통해 늘어나는 손해율 부담을 상쇄해야 하지만, 정부의 규제가 만만치 않다. 실손의료보험과 자동차보험이 대표적이다.

국내 주요 생명보험사들의 PBR(주가순자산비율)이 0.41배까지 하락했다. 상장 이후로 지속적인 가치 절하가 이루어지고 있음을 방증한다. 금리가 하락하면서 역마진이 발생해 보유 계약 가치가 감소하고 있기 때문이다.

예를 들어 2019년 상반기 실손의료보험 손해율은 129.1%였다. 쉽게 말해서 보험가입자로부터 100원의 보험료를 받았는데, 129원을 보험금 지급에 썼다는 얘기다. 자동차보험의 손해율도 이미 80%를 넘어섰다. 통상 자동차보험의 손해율이 80% 이상을 기록하면 보험사가 손실을 내고 있다고 본다.

2019년 7월 말 기준 한화·롯데·더케이·MG 등 중소형 손해보험사들의 누적 손해율은 90%대로 심각한 수준이다. 삼성·현대·DB·메리츠의 손해율도 80%대로 적지 않다. 결국 손해보험사로서는 상품을 팔면 팔수록 오히려 손실을 내는 구조라 해도 지나치지 않다.

하지만 긍정의 시그널도 공존한다!

이쯤 되면 주식 시장에서 보험주에는 눈길도 주지 말아야 한다. 지금 당장 손해를 보더라도 가지고 있는 보험주는 죄다 팔아야 더 큰 낭패를 보지 않을지도 모르겠다.

하지만 시장은 늘 양면적이다. 어두운 부분이 있으면 그와 반대로 밝은 면도 존재한다. 시장은 그렇게 단순하지만은 않다는 얘기다.

국내 보험 업계가 2019년을 기점으로 바닥을 치고 2020년부터 서서히 반등을 시작할 것이라는 분석은 투자자들을 혼란스럽게 하면서도 한편으론 설레게

▶ **국고채 10년물 금리, 커버리지 생명보험사 1yr fwd PBR 추이**

국내 주요 생명보험사들의 PBR(주가순자산비율)은 0.41배까지 하락했는데, 이는 상장 이후로 지속적인 가치 절하가 이루어지고 있음을 방증한다. 금리가 하락하면서 역마진이 발생해 보유 계약 가치가 감소하고 있기 때문이다.

■ 국고채 10년물 금리(좌)
― 생명보험 1yr fwd PBR(우)

자료: QuantiWise, 신한금융투자 추정

한다. 반등의 근거도 꽤 설득력 있다. 이를테면 생명보험은 지난 몇 년간 이어진 보험 부채의 구조조정이 효과를 낼 것이라고 한다. 아울러 손해보험은 손해율 악화 요인들이 서서히 줄어들고 있다고 한다.

보험 업계의 희소식으로 저축성보험 얘기를 꺼내지 않을 수 없다. 보험사 입장에서 저축성보험은 보장성보험보다 지급률이 높아 상대적으로 판매가 더 쉽다. 따라서 한때 보험 업계에서는 시장을 선점하기 위해 저축성보험 판매를 경쟁적으로 늘려왔다. 그 당시만 해도 경제 성장과 함께 인구도 늘면서 기존 고객이 새로운 계약으로 이어지는 사례가 잦았다. 하지만 보험 시장의 성장이 둔화되면서 보험 부채의 구조조정 필요성이 지적됐다.

생명보험 업계는 이후 저축성보험의 비중을 줄이면서 체질 개선에 나서고 있지만 신규 계약건수 감소, 사업비 증가, 투자손익 둔화 등으로 실적 하락이 이어져왔다. 삼성생명은 2013년, 한화생명은 2016년, 동양생명은 2017년 이후 각각 저축성보험 비중을 줄여왔다. 저축성보험의 경우, 보장성보험과 달리 만기에 환급금이 발생하기 때문에 만기 도래 계약이 신규 계약보다 많으면 당기에 지급률이 급증하게 된다. 지급률 상승은 곧 보험이익 감소로 이어지므로 최근 보험부채 구조조정이 생명보험사의 수익성 개선으로 이어지지 않았다는 분석이다.

하지만 시간이 지날수록 환급금 비용을 제외한 보유계약의 마진은 개선되기 때문에 장기적 관점에서는 저축성보험의 비중 축소가 생명보험사의 부담을

경감시키는 효과를 '분명히' 가져올 것이라는 얘기다.

생명보험사의 경상적 투자손익도 주목해야 한다. 경상적 투자손익이 자산 듀레이션(duration, 투자자금의 평균회수기간)이 길어지고 시장금리가 급락해 전년 대비 감소했는데, 앞으로 지금보다 더 이상 나빠지진 않을 거란 얘기다. 시장이란 더 악화하지 않으면 뚜렷한 반등 모멘텀이 없어도 회복하기도 한다. 국내 보험 산업의 규모를 감안하건대 보험 시장의 회복탄력성이 분명히 존재한다는 것이고, 그 시점이 2020년이라는 분석이다.

예를 들어 동양생명의 경우, 2016년에서 2017년에 판매했던 일시납 저축성보험 상품들의 만기 도래가 시작돼 저축성보험의 비중이 가장 빠르게 감소하고 있다.

보험 시장의 회복탄력성은 손해보험 업계에서도 감지되고 있다. 손해보험의 경우 손해율 악화 요인들이 줄어들면서 실적 개선 기대감을 높이고 있다는 얘기다.

손해보험의 경우, 보험부채 구조조정보다 당장의 합산 비율 개선이 중요하다. 합산비율은 손해율과 사업비율의 합이다. 손해율은 앞에서 설명했고, 사업비율은 보험료 수입에서 인건비, 마케팅비, 모집 수수료 등이 차지하는 비중이다. 보통 합산비율이 100 이하이면 보험영업에서 이익, 100 이상이면 손해를 보고 있다고 추정한다.

2019년 손해보험 업계는 장기보험 손해율과 자동차보험 손해율의 상승, 순사업비 증가 등으로 영업이익이 크게 감소했다. 한편, 지나친 손해율은 보험료

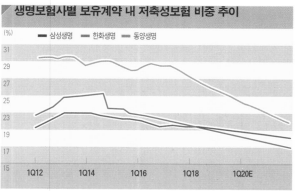

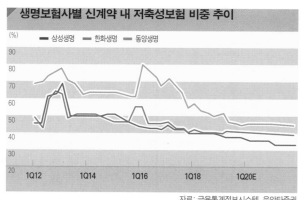

인상의 강력한 근거인 만큼, 충분한 보험요율 인상의 개연성이 높아졌다. 아울러 순사업비도 증가세가 완화되는 추세에 들어섰다는 분석이다. 따라서 합산비율이 100 이하로 떨어질 가능성이 높으므로, 보험영업에서 흑자로 돌아서는 시점이 머지않았다고 한다.

예를 들어 자동차보험 손해율의 경우, 2019년 초에 원가 인상분의 절반만큼만 보험요율을 올림에 따라 악화됐지만 6월 원가 인상분만큼 보험요율을 올렸기 때문에 손해율 개선 사이클이 다시 도래했다는 것이다. 2년마다 갱신되는 자동차보험의 특성상 보험요율 인상 시 새로운 상승 주기를 맞게 된다는 설명이다.

장기위험손해율 또한 이른바 '문재인 케어' 도입으로 2019년 초 실손보험요율을 충분히 올리지 못한 가운데 실손보험금 청구액이 급증하여 크게 악화되었다. 하지만 2019년 하반기부터 정부당국에서 과잉진료 방지를 위한 조치를 엄벌하고 있기 때문에 청구액 증가세는 어느 정도 완화될 전망이다.

50조 원이 넘는 거대한 거래는 성사될까?

보험주 투자자들의 셈법을 좀 더 복잡하게 하는 요인이 있다면 아마도 보험 업계에 회자되는 인수·합병(M&A)일 것이다. M&A는 다양한 경우의 수와 이해관계를 동반한다. 우선 산업은행이 KDB생명보험 매각 작업을 공식화한 가운데 '동양생명보험-ABL생명보험 통매각'에 대한 기대감도 커지고 있다.

주요 매물에 대한 시장의 온도차는 극명하게 갈리고 있다. '동양생명-ABL생명 건'의 경우 자산 규모와 순익 개선, 수익률 등에서 상대적으로 강점을 보여 매력적인 매물로 평가받고 있지만, KDB생명과 더케이손해보험은 매각 가능성이 낮아 보인다.

그럼에도 불구하고 가장 적극적으로 매각 의지를 나타내고 있는 곳은 KDB생명이다. 산업은행은 KDB생명 매각 공고를 내고 관련 절차를 추진할 것이라고 밝혔다. 투자의향서(LOI)를 접수한 뒤 쇼트리스트(적격 인수 후보)를 발표하고 우선협상대상자를 선정할 예정이다. 계획대로 진행되면 2020년에는 매각 작업

이 마무리될 전망이다.

산업은행은 매각 가능성에 대해 자신감을 보이고 있다. 무엇보다 KDB생명은 흑자전환에 성공하는 등 경영 정상화 작업이 빠르게 진행됐고, 그동안 발목을 잡았던 자산건전성 이슈도 유상증자 등을 통해 어느 정도 해결했다.

하지만 눈에 띄는 수치 개선을 이뤘는데도 시장은 여전히 차가운 반응을 보이고 있다. 자산 규모가 작아 KB금융그룹과 우리금융그룹 등 인수 후보자가 기대하는 M&A 효과를 얻기 어렵고, 운영자산이익률과 신계약률 등도 여전히 하락세를 보이고 있기 때문이다. KDB생명의 자산 총계는 19조2,984억 원으로 생명보험 업계 13위에 해당한다(2019년 상반기 기준). 2018년 신한금융그룹이 인수한 오렌지라이프(32조6,593억 원)에 한참 못 미치는 수준이다.

한편, 모회사 안방보험의 위탁경영으로 매각 가능성이 커진 동양생명과 ABL생명의 자산 규모는 각각 32조9,507억 원과 19조6,872억 원이다. 합병이 성사될 경우 52조6,379억 원짜리 대형 생보사가 탄생함으로써 신한금융의 오렌지라이프 인수 이상의 효과를 기대할 수 있다. 동양생명은 2019년 상반기 순이익이 전년 동기 대비 31.67%나 상승했다. 동양생명과 ABL생명의 운용자산이익률도 3.01%와 3.94%로 KDB생명(2.81%)보다 높다. 신계약률도 각각 15.61%, 23.51%로 KDB생명(13.34%)보다 성적이 나은 편이다.

KDB생명은 그동안의 구조조정 과정에서 인력과 지점이 급감해 영업력 회복이 단기간에 불가능해 보인다. KDB생명의 보험설계사 수는 2,246명으로 전년 대비 17.09%나 급감했다(2018년 기준). 지점 수도 105개에서 94개로 줄어들었다. 절대적인 인원 수도 동양생명(3,716명)과 ABL생명(3,002명)이 더 많다. 여러 모로 KDB생명에 비해 동양생명-ABL생명이 매력적이다.

M&A가 실현되면 주가에 적지 않은 영향을 미칠 전망이다. 보험 업계의 반등과 침체에 대한 논쟁 못지않게 투자자의 신경을 날카롭게 하는 대목이다. 하지만 이슈가 많을수록 투자 기회도 늘어나기 마련이다. 긍정적인 시그널로 받아들여야 한다.

부동산 투자의 새로운 패러다임, '리츠'란 무엇인가?

▶ 한국 부동산 간접투자기구 종류

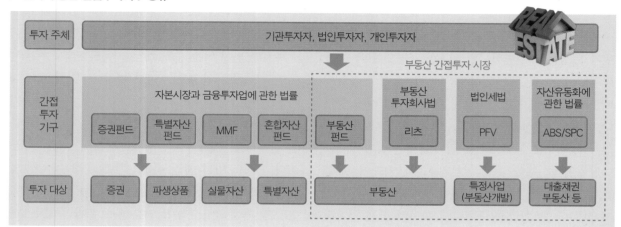

자료: 한국투자신탁, KB증권

▶ 리츠의 사업구조

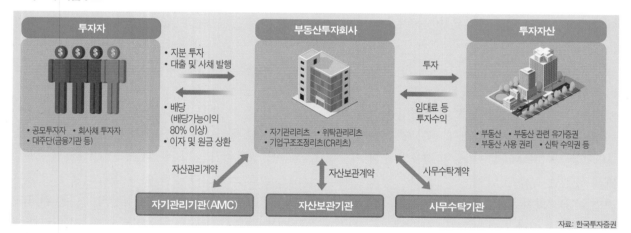

자료: 한국투자증권

- 리츠(REITs: Real Estate Investment Trusts)는 부동산투자회사법에 따라 다수의 투자자로부터 자금을 모아 부동산 혹은 관련 증권에 투자·운영하고 그 수익을 투자자에게 돌려주는 주식회사 형태의 부동산간접투자기구.
- 리츠와 유사한 개념인 '부동산펀드' 역시 투자자들로부터 자금을 조달해 부동산 관련 자산에 투자하고 수익을 배분하는 상품.
- 리츠와 부동산펀드는 주무관청과 근거 법령 등 제도적 측면에서 차이가 있음.

▶ 국내 리츠 시장 규모 및 자산 기준 비율

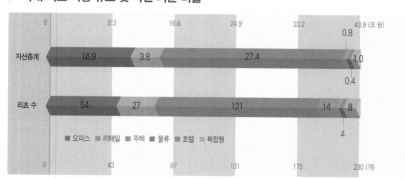

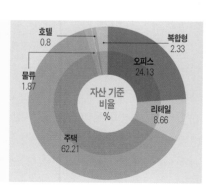

전세계 부자들은 지금 리츠에 투자 중!

주요국 리츠 시장 규모 단위: 조 원, 시가총액 기준

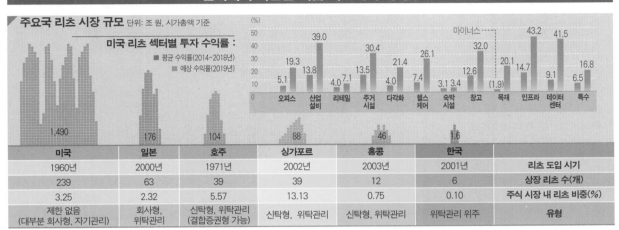

미국 리츠 섹터별 투자 수익률

- 평균 수익률(2014~2018년)
- 예상 수익률(2019년)

마이너스

오피스	산업설비	리테일	주거시설	다각화	헬스케어	숙박시설	창고	목재	인프라	데이터센터	특수
5.1	39.0	4.0	30.4	4.0	26.1	3.1	32.0	20.1	43.2	41.5	6.5
19.3	13.8	7.1	13.5	21.4	7.4	3.4	12.6	(1.9)	14.7	9.1	16.8

	미국	일본	호주	싱가포르	홍콩	한국	
	1,490	176	104	88	46	1.6	
리츠 도입 시기	1960년	2000년	1971년	2002년	2003년	2001년	리츠 도입 시기
상장 리츠 수(개)	239	63	39	39	12	6	상장 리츠 수(개)
주식 시장 내 리츠 비중(%)	3.25	2.32	5.57	13.13	0.75	0.10	주식 시장 내 리츠 비중(%)
유형	제한 없음 (대부분 회사형, 자기관리)	회사형, 위탁관리	신탁형, 위탁관리 (결합증권형 가능)	신탁형, 위탁관리	신탁형, 위탁관리	위탁관리 위주	유형

주요국 리츠 자산 유형별 분류

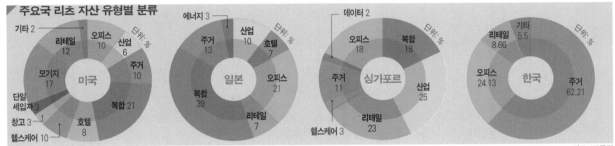

미국: 기타 2, 리테일 12, 오피스 10, 산업 6, 주거 10, 복합 21, 호텔 8, 헬스케어 10, 창고 3, 단일세입자 3, 모기지 17

일본: 에너지 3, 산업 10, 호텔 7, 주거 13, 오피스 21, 리테일 7, 복합 39

싱가포르: 데이터 2, 오피스 18, 복합 18, 주거 11, 산업 25, 리테일 23, 헬스케어 3

한국: 기타 5.5, 리테일 8.66, 오피스 24.13, 주거 62.21

단위: %

자료: KB증권

국내 주요 리츠 코스피/코스닥 배당수익률 비교

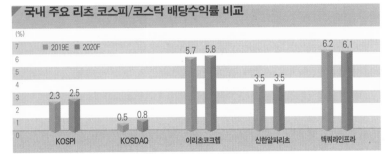

(%)
- 2019E
- 2020F

	KOSPI	KOSDAQ	이리츠코크렙	신한알파리츠	맥쿼리인프라
2019E	2.3	0.5	5.7	3.5	6.2
2020F	2.5	0.8	5.8	3.5	6.1

해외 주요국 리츠 배당수익률

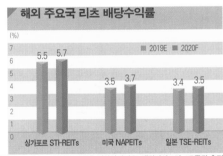

(%)
- 2019E
- 2020F

	싱가포르 STI-REITs	미국 NAPEITs	일본 TSE-REITs
2019E	5.5	3.5	3.4
2020F	5.7	3.7	3.5

자료: Quantiwise, 이리츠코크렙, 신한알파리츠, 맥쿼리인프라, KB증권 추정

미국 상장 리츠 수 추이

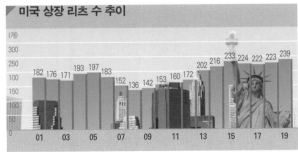

(개)

01		03		05		07		09		11		13		15		17		19
182	176	171	193	197	183	152	136	142	153	160	172	202	216	233	224	222	223	239

자료: NAREIT, KB증권

일본 상장 리츠 수 추이

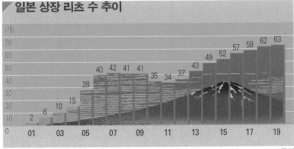

(개)

01		03		05		07		09		11		13		15		17		19
2	6	10	15	28	40	42	41	41	35	34	37	43	49	52	57	59	62	63

자료: Bloomberg, KB증권

- 리츠는 주식 발행을 통해 다수의 투자자에게서 자금을 모아 부동산이나 부동산 관련 상품에 투자한 뒤 발생한 이익을 되돌려주는 투자 회사로, 결산시마다 주주들에게 배당 가능 이익의 상당 부분(통상 90%)을 의무적으로 배당해야 하기 때문에 주주들에게 가장 높은 수준의 배당금을 지급.
- 미국, 일본, 싱가포르 등을 중심으로 리츠의 상장 규모가 커지고 있는 바, 부동산 간접투자 시장이 활성화되고 있음을 방증.

이리츠코크렙
KP

영업수익	311억 원
영업이익	79억 원
순이익	95억 원

74.99% → 이랜드리테일

▶ 투자포인트
- 임차인이자 스폰서인 이랜드리테일이 5개 점포에 대해 16~20년간 장기책임임대계약을 맺어 공실 리스크가 적으며 안정적인 임대수익 창출이 가능한 바, 안정적인 수익은 꾸준한 배당으로 이어짐.
- 이리츠코크렙의 임대료는 개별 매장의 매출액과 연동되지 않은 고정 임대료 방식으로, 매년 물가상승률과 연동해 0~2.5% 인상.
- 동사의 기초자산들은 모두 서울·경기 지하철 역세권에 위치해 있어 자산가치 면에서 안정적이라는 평가.

▶ 이리츠코크렙 사업 구조
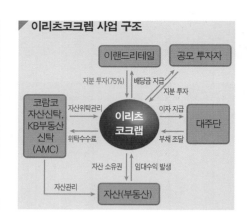

▶ 이리츠코크렙 기초자산 현황

기초자산	NC백화점 야탑점	뉴코아울렛 일산점	뉴코아울렛 평촌점	2001아울렛 중계점	2001아울렛 분당점
위치	경기도 성남시 분당구	경기도 고양시 일산동구	경기도 안양시 동안구	서울시 노원구 중계동	경기도 성남시 분당구
매장면적	26,211.9㎡(7,943py)	24,987.6㎡(7,572py)	28,725.6㎡(8,705py)	31,709.3㎡(9,592py)	45,765.3㎡(13,849py)
건물규모	지하7층 / 지상8층	지하7층 / 지상10층	지하7층 / 지상12층	지하4층 / 지상8층	지하4층 / 지상8층
임대율	100%	100%	100%	100%	100%
감정가	2,282억 원	1,493억 원	1,881억 원	1,192억 원	1,422억 원
점포매출액	1,987억 원	1,501억 원	1,513억 원	1,315억 원	1,483억 원
완공년도	1995년	1996년	1998년	1997년	1997년
자산취득시기	상장 전 취득			신규 취득(2018년 8월 케이비와이즈스타 제6호위탁관리부동산관리회사 지분 인수)	

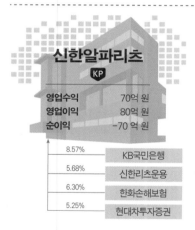

신한알파리츠
KP

영업수익	70억 원
영업이익	80억 원
순이익	-70억 원

8.57%	KB국민은행
5.68%	신한리츠운용
6.30%	한화손해보험
5.25%	현대차투자증권

▶ 투자포인트
- 동사의 기초자산인 크래프트톤타워가 위치한 판교 테크노밸리는 2011년 신분당선 개통으로 판교역에서 강남역까지 15분 거리.
- 크래프트톤타워는 판교역 2번 출구와 연결된 초역세권으로, 분당 지역의 평균 오피스 임대료 대비 30% 이상 높은 임대료 수취.
- 동사가 보유한 용산 더프라임은 신한금융그룹 관계사인 신한생명이 25% 임대하고 있어 안정적인 임대율 유지.
- 서울역~용산역 철도 지하화 사업이 가시화되면서 부동산 가치 상승 여력 매우 높게 평가됨.

▶ 신한알파리츠 사업 구조
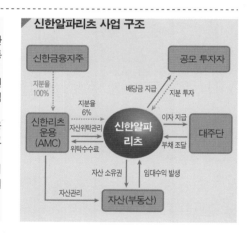

▶ 신한알파리츠 기초자산 현황

기초자산	크래프트톤타워	용산 더프라임
위치	경기도 성남시 분당구 분당내곡로 117	서울 용산구 원효로 90길 11
대지면적/연면적	7,337.50㎡ / 99,596.04㎡	3,575.96㎡ / 39,009.80㎡
건물규모	지하7층 ~ 지상15층	지하6층 ~ 지상30층
승강기/주차대수	18대 / 710대	8대 / 143대
용도	업무시설, 판매시설	업무시설, 판매시설
준공일	2018년 3월	2014년 3월
입지	판교 중심지로 판교역 지하 연결, 판교 현대백화점 상권 내 위치	용산 미군 기지 이전으로 강북에서 가장 노른자위, 지하철 1호선 남영역 도보 3분 거리
임차인 구성	오피스: 크래프톤, 네이버, 스노우 등 리테일: MUJI, 병원, 은행 및 증권사 지점 등	신한생명보험, 유베이스, 트랜스코스모스, DB생명, MG손해보험, 모두투어 등
감정평가금액	5,360억 원	1,650억 원
임대율	100%	99.2%

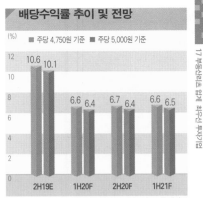

롯데리츠 KP

영업수익	220억 원
영업이익	70억 원
순이익	110억 원

(2019년 추정치)

50% 롯데쇼핑

▶ 투자포인트

- 동사는 롯데쇼핑이 보유한 백화점, 마트, 아울렛 8개 자산(마트와 아울렛 복합 점포 2개점 포함)을 기초자산으로 보유한 롯데그룹의 간판 리테일 리츠.
- 임대료의 지급은 매장별 매출에 따라 정산되는 구조가 아닌 롯데쇼핑이 전체 임대료에 대해 지급하는 구조로, 개별 점포에서 손익분기점을 달성하지 못할 경우에도 롯데쇼핑이 임대료를 책임지는 방식으로 구성. 따라서 롯데쇼핑이 영업이익만 꾸준히 달성할 수 있다면 임대료는 안정적임.
- 동사가 롯데쇼핑으로부터 받는 임대료는 연간 740억 원 규모로 고정되어 있으며, 임대료는 매년 1.5%씩 인상.

배당수익률 추이 및 전망

(%) ■ 주당 4,750원 기준 ■ 주당 5,000원 기준

2H19E	1H20F	2H20F	1H21F
10.6 / 10.1	6.6 / 6.4	6.7 / 6.4	6.6 / 6.5

주: 연간 배당수익률 기준, 자료: 롯데리츠

롯데리츠 사업 구조(공모 이후)

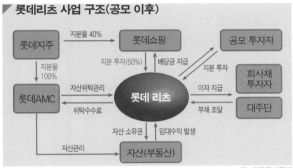

주: 한국투자증권

롯데리츠 중장기 성장 로드맵

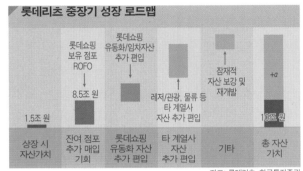

자료: 롯데리츠, 한국투자증권

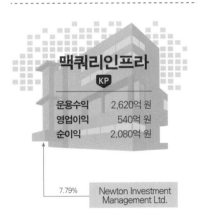

맥쿼리인프라 KP

운용수익	2,620억 원
영업이익	540억 원
순이익	2,080억 원

7.79% Newton Investment Management Ltd.

▶ 투자포인트

- 동사는 주주 자본과 차입금 조달을 통해 총 12개의 인프라 사업 시행법인에 투자하고, 투자자산으로부터 유입된 수익을 주주에게 분배하는 상장 인프라 펀드회사임.
- 배당 확보를 통해 안정적인 현금 흐름을 기대할 수 있다는 점이 가장 큰 투자 매력.
- 20년 이상 장기성 자금이 요구되는 인프라 자산에 투자되어 실적 기반이 안정적.
- 도로 교통량에 따라 결정되는 각 투자법인의 통행료 수입에 따라 실적 변동 리스크 존재. 다만, 최근 투자법인의 실적 개선 추이를 고려하건대 2020년까지 실적은 기대치를 상회할 가능성이 높음.

운용수익 추이 및 전망

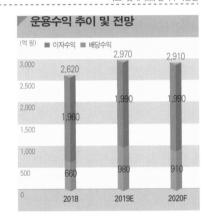

▶ 투자법인의 경영실적 단위: 억 원

	영업수익		영업이익		당기순이익	
	2017년	2018년	2017년	2018년	2017년	2018년
광주제2순환도로, 1구간	670	480	520	320	19	290
인천국제공항고속도로	2,420	2,510	1,580	1,600	950	1,130
수정산터널	240	240	140	140	90	140
천안-논산고속도로	2,100	1,740	1,350	1,010	630	950
우면산터널	240	270	140	170	60	120
광주제2순환도로, 3-1구간	230	230	130	100	80	70
마창대교	360	340	170	170	-120	-110
용인-서울고속도로	540	550	210	200	-230	-260
서울-춘천고속도로	1,770	1,370	1,100	690	640	70
인천대교	930	990	480	530	-90	10
부산항신항 2-3단계	1,050	1,140	150	180	-560	-600

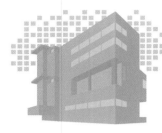

주식 시장에서 하는 부동산 투자

리츠의 주식 시장 침공

리츠(REITs, Real Estate Investment Trusts)는 불특정 다수의 투자자에게서 자금을 모아 상가나 빌딩 등 부동산에 투자하고, 임대나 매각으로 수익이 나면 투자자에게 배분하는 부동산 간접투자 회사다. 부동산을 통한 투자 수익을 나눠준다는 점에서 부동산펀드와 닮았지만, 둘은 엄연히 다르다. 부동산펀드가 하나의 펀드에 하나의 자산(부동산)만 보유할 수 있는 데 반해, 리츠는 여러 개의 자산을 가질 수 있다. 또 부동산펀드는 주로 3~5년 만기의 폐쇄형으로 조성되고 만기까지 환매가 불가능하지만, 주식을 발행하는 상장 리츠에 투자할 경우 언제든지 매매할 수 있다. 리츠가 부동산과 주식을 연계한 새로운 투자처로 매력을 발산하고 있는 것이다.

리츠는 1960년 미국에서 처음 생겨나 2000년 이후 유럽과 아시아로 전파됐다. 우리나라에서는 외환위기가 닥치고 몇 년 지나지 않은 2001년에 처음 도입됐다. 당시 외환위기로 곤경에 처한 국내 기업들은 보유 부동산을 팔아서라도 위기를 극복해야 했고, 리츠는 중요한 수단이 됐다. 2001년 4월 부동산투자회사법 제정을 시작으로 기업의 구조조정 부동산에 전문적으로 투자하는 이른바 '기업구조조정리츠(CR리츠)'가 도입됐다.

리츠 도입 첫 해 시장 규모가 6,000억 원에 미치지 못했지만 지금은 국내 시장 규모가 무려 40조 원이 넘는 매머드급으로 덩치가 커졌다. 그럼에도 리츠는 국내 투자자들에게 여전히 생소한 개념이다. 국내에서는 리츠가 사모(私募) 및 비상장 형태로 성장해왔기 때문이다. 현재 국내에 있는 230개의 리츠 중에 상장 리츠는 6개에 불과하다.

해외는 우리와 사정이 전혀 다르다. 가까운 일본만 하더라도 60개가 넘는 리츠가 176조 원의 시가총액을 형성하고 있다. 싱가포르도 39개의 리츠가 상장되어 투자자로부터 뜨거운 선택을 받고 있다. 리츠의 원조격인 미국은 말할 것도 없다. 200개가 넘는 상장 리츠의 시가총액 합이 1,500조 원에 이른다.

2019년 들어 국내 증시에서도 리츠가 기지개를 펴고 있다. 2018년 각각 상장된 이리츠코크렙과 신한알파리츠가 그 중심에 있다. 두 회사의 주가는 2019년 상반기 동안 30% 안팎을 오갔다. 같은 기간 오히려 4% 남짓 하락한 코스피 지수와 대조를 이룬다.

국내에서 희소했던 리츠주가 상승세를 이어간 데는 저금리 기조가 있었다. 제로 금리에서 마이너스 금리로까지 저점을 향해 치닫는 금리는 상대적으로 부동산 가치를 끌어올렸고, 리츠주가 그 수혜를 만끽한 것이다.

여기에 리츠 시장의 활성화를 위한 정부의 지원도 한몫 했다. 정부는 공모형 리츠에 세제 혜택을 주는 방안을 잇달아 발표하고 나섰다. 투자자 입장에서는

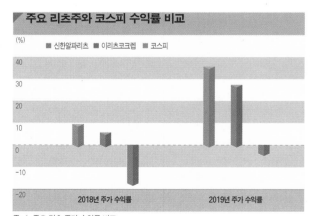

주: 1. 주요 리츠 주가 수익률 비교
2. 2018년 주가 수익률 상장일 총가 대비 2018년 기말 주가 수익률
3. 2019년 주가 수익률은 8월 30일 총가 지준

'세후' 실질 수익률이 중요하다. 예를 들어 리츠의 배당수익률이 8.5%라고 하고 배당수익에 대해 일률적으로 9% 분리과세를 적용할 경우, 서울 도심에 있는 오피스의 소득수익률(6% 내외)보다 높은 수익률을 누리게 된다. 리츠 투자를 통해 임대사업자 이상의 투자 수익이 가능해지는 것이다.

리츠주는 부동산 입지와 임차조건에 달렸다!

리츠의 사업 모델은 부동산 투자다. 비록 상장 리츠라 할지라도 주식과는 다른 부동산 투자적 시각에서 접근할 필요가 있다. 리츠가 투자하는 부동산의 가치와 수익이 상승해야 해당 리츠의 주가도 오르기 때문이다. 그렇다면 리츠가 투자한 부동산의 가치를 결정하는 핵심 요소에는 어떤 게 있을까?

부동산의 가치는 입지 환경에 큰 영향을 받는다. 부동산이 어디에 있는가에 따라 그 가치는 천차만별이다. 예를 들어 신한알파리츠가 기초자산으로 보유한 빌딩은 각각 판교 테크노밸리에 있는 '크래프톤타워'와 용산구에 있는 '더프라임'이라는 오피스 건물이다. 두 건물이 위치한 판교와 용산은 '제2의 강남'이라 불릴 만큼 부동산 시장의 블루칩이다. 판교 테크노밸리의 오피스 공실률은 3%대 초반으로, 광화문(7%)이나 강남권(8%) 보다도 훨씬 임대가 잘 된다. 판

교에는 주요 IT/게임 업체들이 집결해 있고, 2011년 신분당선 개통으로 강남까지 15분이면 접근이 가능하다. 좀 더 장기적인 관점에서 보면 '더프라임'이 위치해 있는 용산이 더 뜨겁다. 미군기지 이전이라는 커다란 프리미엄을 보유한 용산은 다양한 개발 프로젝트가 장기적으로 포진해 있다. 더프라임은 문배업무지구에 인접해 있어서 호재로 가득하다. 비록 신한알파리츠는 많은 물건을 보유하고 있진 못하지만, 서울의 노른자위에 있는 단 2건만으로도 주가 상승을 이끌 정도로 탄탄하다.

오피스 빌딩은 입지만큼 임차도 중요하다. 오피스 빌딩은 꾸준한 임대 수익이 보장되지 않으면 투자 가치가 훅 떨어지고 만다. 상가 건물도 마찬가지다. 예를 들어 건물주가 1층에 가장 선호하는 임차인은 스타벅스다. 스타벅스는 대개 10년 이상 장기 임대차 계약인 경우가 많다.

이리츠코크렙과 롯데리츠는 보유한 매장 건물에 각각 이랜드리테일과 롯데쇼핑이라는 책임임차인이 100% 임대하는 사업 구조를 갖추고 있어 안정적인 임대 수익이 보장된다. 이리츠코크렙은 이랜드리테일과 16~20년 장기 계약을 체결했다. 롯데리츠도 롯데쇼핑과 9~11년 장기 계약을 체결했는데, 이들은 같은 계열사라 계약 만기 이후에도 특별한 사정이 없는 한 갱신될 가능성이 높다. 이러한 고정적인 임대

▼ **이리츠코크렙, 롯데리츠 공모 현황**

	이리츠코크렙	롯데리츠
발행 회사	이리츠코크렙기업구조조정부동산투자회사	롯데위탁관리부동산투자회사
자산관리 회사	코람코자산신탁	롯데AMC
스폰서 / 임차인	이랜드리테일	롯데쇼핑
공모 이후 스폰서 지분	75%	50%
투자 자산	• 이랜드리테일 아울렛, 백화점 5개 점 • 직접 소유 : NC백화점 야탑점, 뉴코아아울렛 일산점. 평촌점 • 간접 소유 : 2001아울렛 중계점. 분당점	• 롯데쇼핑 8개 자산(마트&아울렛 복합 점포 2개 점) • 롯데백화점 강남점, 구리점, 창원점, 광주점 • 롯데마트 의왕점, 장유점, 서청주점, 율하점 • 롯데아울렛 청주점, 율하점
공모(희망)가	5,000원	5,000원
공모 예정금액	791억 원	4,084억~4,299억 원
시가총액	3,167억 원	8,169억~8,598억 원
목표 배당수익률	7.2%(공모가 기준 2019년 예상 배당수익률)	6.37~6.64%(2020년 예상 배당수익률)
임차 조건	이랜드리테일 100% 책임임차	롯데쇼핑 100% 책임임차

수익은 투자자에게 안정적인 배당수익률로 돌아온다는 점에서 리츠주의 상승을 이끄는 중요한 투자 포인트라 할 수 있다.

임대 수익이라는 관점에서 홈플러스리츠의 상장 실패는 시사하는 바가 크다. 오프라인 대형마트의 업황이 갈수록 침체기로 접어들면서 책임임차인에 해당하는 홈플러스의 향후 실적이 투자자들로서는 미덥지 못했던 것이다. 실적 악화로 홈플러스가 매장을 줄여나갈 경우 해당 건물을 다른 용도로 운영해야 하는데, 대형마트로 사용했던 건물의 용도 변경이 녹록하지 않다.

신성장 산업 관찰에 나선 리츠들

부동산 투자는 어느 정도 목돈이 있어야 할 수 있는 것이다. 대출을 이용한다 해도 최소한 수천만 원은 있어야 소형 오피스텔이나 원룸에라도 투자할 수 있으니 말이다. 하지만 리츠는 기존 부동산 투자의 패러다임을 바꾸었다. 단돈 일만 원으로도 신도시의 쇼핑몰에 투자할 수 있기 때문이다. 바로 리츠주를 사는 것이다.

흔히 부동산 투자라고 하면 아파트나 토지, 오피스, 상가 정도로 한정해 생각하기 쉽지만, 리츠는 투자 대상 부동산의 범위가 훨씬 넓다. 아직 국내 리츠가 보유하고 있는 자산은 오피스와 상가, 숙박시설,

▼ 미국 리츠협회(NAREIT)가 분류한 리츠군

오피스 리츠	사무실
산업설비 리츠	산업용 창고, 물류센터
리테일 리츠	대형마트, 아울렛, 백화점
숙박시설 리츠	호텔, 리조트
주거시설 리츠	아파트, 학생 기숙사 등
목재 리츠	삼림지
헬스케어 리츠	요양소, 양로원, 병원 등
창고 리츠	개인 및 기업용 창고
인프라 리츠	에너지 파이프라인, 유·무선 통신 인프라 (통신시설, 네트워크 장비 등)
데이터센터 리츠	데이터센터(서버, 네트워크 회선 등이 구비된 건물)
다각화 리츠	다양한 자산 편입
특수 리츠	영화관, 카지노, 농장, 광고판 등

리테일 건물이 대부분이지만 리츠의 종주국인 미국 시장을 살펴보면 리츠가 투자할 수 있는 자산군이 매우 다양하다. 오피스와 리테일, 숙박시설은 기본이고, 창고와 물류센터, 리조트, 병원, 요양원, 영화관, 카지노에 심지어 데이터센터까지 있다. 이 뿐 아니다. 미국 리츠 시장은 부동산에 한정하지 않고 다양한 인프라까지 포함한다. 무선통신 인프라 리츠가 대표적인데, 네트워크 장비 및 통신 설비가 여기에 해당한다.

국내 리츠 시장의 규모가 커지기 위해서는 미국의 비즈니스 모델을 벤치마킹하지 않을 수 없다. 미국의 리츠 시장에서 이미 성장하고 있거나 또 성장이 기대되는 사업 분야를 주의 깊게 살펴 볼 필요가 있다.

• 산업설비 리츠 | 공장, 창고, 물류시설 등으로 활용되는 건물에 투자하는 리츠다. 미국의 대부분의 산업설비 리츠는 물류시설이 차지한다. 미국에서도 온라인 쇼핑이 유통 산업에서 차지하는 비중이 적지 않다. 온라인쇼핑 시장 규모와 비례하는 게 바로 물류센터와 보관 창고다. 온라인쇼핑몰 간 첨예한 승부처는 배송이다. 얼마나 더 빨리 배송하느냐에 쇼핑몰 회사들마다 사활을 건다. 당연히 물류센터의 역할이 중요해질 수 밖에 없다.

미국에서 산업설비 리츠 중 상장한 곳은 13개 인데, 그 가운데 시가총액이 가장 큰 회사는 Prologis란 곳으로 시가총액이 무려 63조 원에 이른다. 산업설비 리츠 시장 규모가 얼마나 큰 지 짐작하게 한다.

• 헬스케어 리츠 | 병원, 요양원 등 의료기관이 들어선 건물에 투자하는 리츠다. 전세계가 고령화로 접어들면서 헬스케어 시장이 각광받고 있다. 헬스케어는 의료 산업에 한정되지 않고, 요양병원 등 노후 복지 시설까지 아우른다. 요양병원은 치매 및 거동이 불편한 고령 환자들을 위한 시설로 특화되어야 하는 만큼 건물의 활용이 기존 병원과 다르다. 노후 복지 시스템이 잘 갖춰져 있는 미국은 주정부마다 노후 복지에 많은 예산을 투입한다. 건물 등 시설에 대한 투자 규모도 적지 않다. 이러한 시설 등을 보유자산으로 하는 리츠들이 안정적인 수익률을 확보할 수 있는 핵심

요인이다.

미국에서 헬스케어 리츠 중 상장한 회사는 무려 17개가 있다. 산업설비 리츠보다도 많다. 이 가운데 시가총액이 가장 큰 회사는 Welltower로, 43조 원에 이른다.

• 인프라 리츠 | 인프라 시설이라고 하면 흔히 떠오르는 게 도로, 항만, 터널, 교각 같은 거대 토목 설비들이다. 인프라 설비 투자를 담당하는 대표적인 국내 기업으로는 맥쿼리인프라가 꼽힌다. 하지만 맥쿼리인프라의 사업 형태는 리츠가 아니라 부동산펀드다.

이와 달리 미국에서는 인프라 리츠가 투자자들로부터 크게 각광받고 있다. 미국의 인프라 리츠는 투자 대상도 우리와 상이하다. 주로 에너지 파이프라인, 유·무선 통신 설비, 네트워크 장비 등을 대상으로 한다.

미국의 인프라 리츠에는 모두 6개 종목이 있는 데, American Tower Corporation이라는 회사가 가장 크다. 시가총액이 무려 122조 원으로, 미국 인프라 리츠 전체 시가총액의 절반을 차지한다.

에너지와 통신은 전세계 어디를 막론하고 중요하지 않은 곳이 없다. 미국도 예외가 아니다. 다만 리츠를 이용해 투자를 활성화해 시장 규모를 키우는 시스템은 미국이 독보적이다. 유망한 투자처에 자금이 몰리고 자금이 몰리는 곳에 기술이 발전해 시장이 활성화되는 것이야말로 자본 시장의 가장 이상적인 순기능이라 할 수 있다.

• 데이터센터 리츠 | 리츠 시장에도 4차 산업혁명이 침투했다면 그건 바로 데이터센터 리츠를 두고 하는 말일 것이다.

데이터센터는 서버 컴퓨터, 네트워크 회선 등 대규모 데이터를 저장하기 위한 설비들이 들어선 건물을 뜻한다. 데이터센터에는 데이터의 안정적인 보관을 위해 무정전(無停電) 전원 공급 장치와 컴퓨터 냉각 설비가 갖춰져 있어야 하고, 여기에 물리적인 보안 시스템도 구비돼 있어야 한다. 그만큼 건물 운영 비용이 적지 않게 소요된다. 사업비 규모가 커질수록 투자 유치도 필수다. 리츠 시스템이 적절하게 침투해 들어온 것이다. 이른바 빅데이터 규모가 기하급수적으로 늘어나면서 데이터센터에 대한 수요도 폭발적으로 증가하고 있다.

미국 데이터센터 리츠 중 상장된 곳은 아직 5개 정도로 다른 리츠에 비해 적은 편이다. 바꿔 말하면 아직 블루 오션이란 얘기다. 데이터센터 리츠 중에 시가총액이 가장 큰 곳은 Equinix로, 56조 원 규모다. Equinix 역시 전체 데이터센터 시가총액의 절반 이상을 차지한다.

네덜란드(하단)와 호주(상단 오른쪽) 등 전세계에 진출한 Equinix 데이터센터. 한국에도 서울 상암동에 SL1 IBX 데이터센터(상단 왼쪽, 내부의 모습)가 들어섰다.

글로벌 자동차 시장, 3년 만에 플러스 성장 회복하다!

글로벌 자동차 시장 규모 추이 및 전망

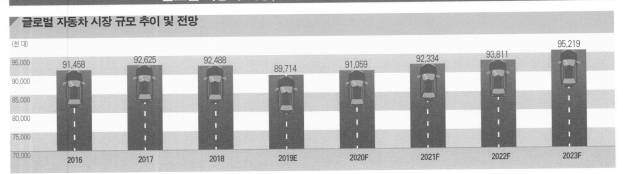

(천 대)

	2016	2017	2018	2019E	2020F	2021F	2022F	2023F
	91,458	92,625	92,488	89,714	91,059	92,334	93,811	95,219

지역별 자동차 수요 성장 및 둔화 전망

▲ 신흥국 UP

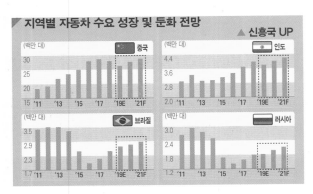

▼ 선진국 DOWN

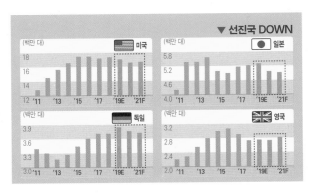

- 2020년대 글로벌 자동차 시장 성장을 이끄는 곳은 중국, 브라질, 러시아, 인도 등 신흥국.
- 주가 상승을 경험 중인 신흥국(BRICs) 위주로 경기회복 국면에 진입하면서 자동차 수요도 증가.
- 선진국은 시장 성숙기에서 재성장을 위한 모멘텀 부족으로 긴 침체기 터널에서 나오지 못할 듯.

자료: LMC Automotive

희비 엇갈린 국내 자동차 시장, 진정한 승부처는 2020년과 2021년

현대기아차그룹 연간 판매량 및 점유율

자료: 현대기아차 그룹

- 현대기아차, 2019년 상반기 내수 시장에서 역대 최대 판매대수 기록 → 5년 만에 점유율 70% 상회.

수입차 연간 판매량 및 점유율

자료: Kama

- 수입차, BMW 엔진 화재 및 일본차 불매운동 여파에도 할인판매 효과로 선전.

한국GM 연간 생산대수 및 수출 비중

자료: 한국GM

- 한국GM, 판매 감소로 군산공장 폐쇄 → 트럼프 리쇼어링(reshoring) 압박 지속.

르노삼성 연간 생산대수 및 수출 비중

자료: 르노삼성

- 르노삼성, 약한 내수 기반으로 수출 차종 하나로 존립 기반 흔들.

쌍용차 연간 생산대수 및 수출 비중

자료: 쌍용자동차

- 쌍용차, 초소형 SUV 시장에서의 고전 및 수출처인 이머징 국가 통화가치 하락으로 2019년 누적적자 2,000억 원 추정.

글로벌 자동차 메이커들, 주력 시장 분석

글로벌 자동차 메이커, 지역별 판매 비중 2018년 기준, 단위: %

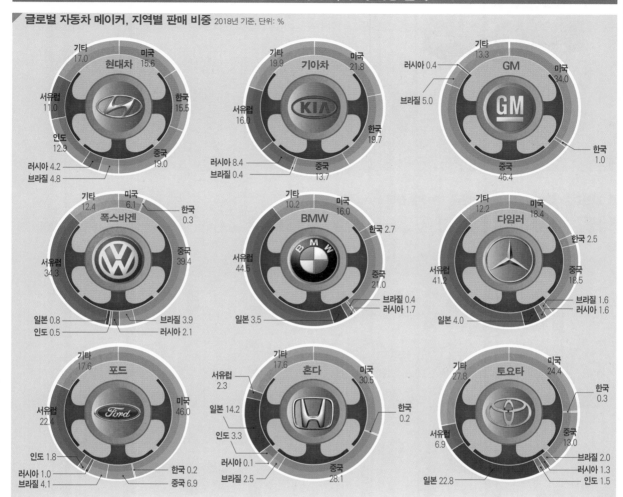

자료: Marklines

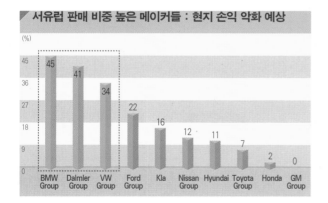

서유럽 판매 비중 높은 메이커들 : 현지 손익 악화 예상

BMW Group	Dalmler Group	VW Group	Ford Group	Kla	Nissan Group	Hyundai Group	Toyota Group	Honda	GM Group
45	41	34	22	16	12	11	7	2	0

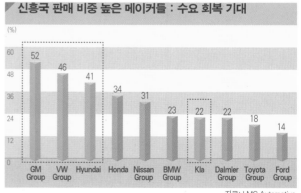

신흥국 판매 비중 높은 메이커들 : 수요 회복 기대

GM Group	VW Group	Hyundai	Honda	Nissan Group	BMW Group	Kla	Dalmler Group	Toyota Group	Ford Group
52	46	41	34	31	23	22	22	18	14

자료: LMC Automotive

- 글로벌 자동차 메이커들의 판매 거점을 중심으로 2020년 자동차 시장을 살펴보면, 신흥국의 수요 회복과 환경 규제로 인한 서유럽의 부진이 예상됨에 따라, 신흥국 판매 비중 높고 서유럽 판매 비중 낮은 자동차 메이커를 중심으로 실적 수혜 기대.
- 서유럽 판매 비중이 높은 폭스바겐, 다임러, BMW 등 유럽 자동차 메이커들은 현지 손익 악화 우려.
- 신흥국 판매 비중이 높은 GM, 현대차, 기아차의 경우 해외 영업 수혜 기대.

전세계 이산화탄소 大亂, 결국 친환경차가 大勢!

글로벌 친환경차 부문별 시장 규모 추이 및 전망 괄호 안은 침투율(%)

(천 대)

- 하이브리드카(HEV) - 플러그인하이브리드카(PHEV) - 전기차(EV)

	2016	2017	2018	2019E	2020F	2021F	2022F	2023F
합계	2,448 (2.7)	3,164 (3.4)	4,072 (4.4)	4,762 (5.3)	5,745 (6.3)	7,172 (7.8)	8,428 (9.0)	9,889 (10.4)
EV	258	392	566	679	937	1,265	1,569	1,883
PHEV	446	742	1,288	1,688	2,245	3,165	3,925	4,867
HEV	1,743	2,030	2,218	2,395	2,563	2,742	2,934	3,139

HEV와 EV 역전

친환경차 글로벌 3대 시장＋한국, 추이 및 전망 괄호 안은 침투율(%)

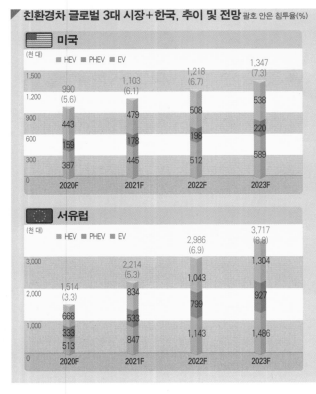

미국
(천 대) ■ HEV ■ PHEV ■ EV

	2020F	2021F	2022F	2023F
합계	990 (5.6)	1,103 (6.1)	1,218 (6.7)	1,347 (7.3)
EV	443	479	508	538
PHEV	159	178	198	220
HEV	387	445	512	589

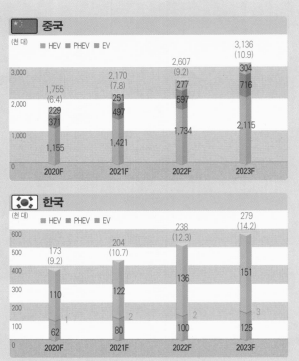

중국
(천 대) ■ HEV ■ PHEV ■ EV

	2020F	2021F	2022F	2023F
합계	1,755 (6.4)	2,170 (7.8)	2,607 (9.2)	3,136 (10.9)
EV	229	251	277	304
PHEV	371	497	597	716
HEV	1,155	1,421	1,734	2,115

서유럽
(천 대) ■ HEV ■ PHEV ■ EV

	2020F	2021F	2022F	2023F
합계	1,514 (3.3)	2,214 (5.3)	2,986 (6.9)	3,717 (8.8)
EV	668	834	1,043	1,304
PHEV	333	533	799	927
HEV	513	847	1,143	1,486

한국
(천 대) ■ HEV ■ PHEV ■ EV

	2020F	2021F	2022F	2023F
합계	173 (9.2)	204 (10.7)	238 (12.3)	279 (14.2)
EV	110	122	136	151
PHEV	1	2	2	3
HEV	62	80	100	125

현대기아차그룹 친환경차 판매대수 추이 및 전망

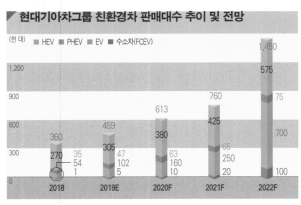

(천 대) ■ HEV ■ PHEV ■ EV ■ 수소차(FCEV)

	2018	2019E	2020F	2021F	2022F
합계	360	459	613	760	1,450
FCEV	1	5	10		
EV	54	102	160	250	100
PHEV	35	47	63	65	700
HEV	270	305	380	425	575
					75

현대기아차그룹 전기차 재료비율

(%)

기대 이상의 수요 발생에 따른 인센티브 축소와 우호적 환율 효과로 개별 모델 단위 (현대차 '코나 EV')에서의 흑자전환 기록

전체 EV 사업의 흑자전환을 위한 기준점 재료비율 70% 수준으로 판단

2014	2017	2018	2019E	2020F	2022F	2025F

2020년대, 글로벌 전기차 시장 급부상

전기차의 메카로 군림하는 유럽 각국의 성장 모멘텀

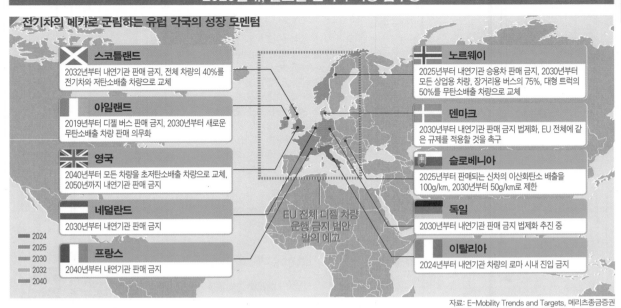

스코틀랜드
2032년부터 내연기관 판매 금지, 전체 차량의 40%를 전기차와 저탄소배출 차량으로 교체

아일랜드
2019년부터 디젤 버스 판매 금지, 2030년부터 새로운 무탄소배출 차량 판매 의무화

영국
2040년부터 모든 차량을 초저탄소배출 차량으로 교체, 2050년까지 내연기관 판매 금지

네덜란드
2030년부터 내연기관 판매 금지

프랑스
2040년부터 내연기관 판매 금지

노르웨이
2025년부터 내연기관 승용차 판매 금지, 2030년부터 모든 상업용 차량, 장거리용 버스의 75%, 대형 트럭의 50%를 무탄소배출 차량으로 교체

덴마크
2030년부터 내연기관 판매 금지 법제화, EU 전체에 같은 규제를 적용할 것을 촉구

슬로베니아
2025년부터 판매되는 신차의 이산화탄소 배출을 100g/km, 2030년부터 50g/km로 제한

독일
2030년부터 내연기관 판매 금지 법제화 추진 중

이탈리아
2024년부터 내연기관 차량의 로마 시내 진입 금지

EU 전체 디젤 차량 운행 금지 법안 발의 예고

2024
2025
2030
2032
2040

자료: E-Mobility Trends and Targets, 메리츠종금증권

글로벌 전기차 신모델 출시 전망

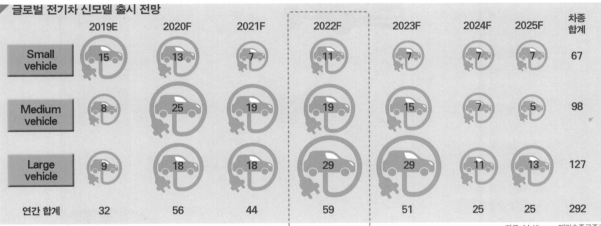

	2019E	2020F	2021F	2022F	2023F	2024F	2025F	차종 합계
Small vehicle	15	13	7	11	7	7	7	67
Medium vehicle	8	25	19	19	15	7	5	98
Large vehicle	9	18	18	29	29	11	13	127
연간 합계	32	56	44	59	51	25	25	292

자료: McKinsey, 메리츠종금증권

- 글로벌 전기차 시장이 아직은 Niche Market에 머물고 있지만, 2022년을 정점으로 신규 모델이 출시되면서 침투율 높아질 것으로 예상.
- 다양한 신모델이 출시된다는 것은 자동차 메이커들이 시장의 성장성을 예측해 적극적인 투자를 단행한다는 의미.

글로벌 자동차 메이커, 전기차 출시 모델 대수 추이 및 전망 단위: 대, EV+PHEV

	2017	2018	2019E	2020F	2021F	2022F	2023F	2024F	2025F
VW	8	10	23	35	41	47	60	68	78
PSA	6	6	9	17	23	24	31	36	37
Toyota	2	2	4	12	16	26	29	30	31
Daimler	7	9	14	19	21	24	27	28	30
BMW	6	8	12	15	17	20	21	24	27
FCA	0	0	0	13	18	23	23	24	25
Renault-Nissan-Mitsubishi	7	6	7	13	17	20	23	23	23
Volvo-Geely	3	6	6	13	15	16	16	17	18
Hyundai-Kia	5	7	12	16	16	16	16	16	17
Jaguar Land Rover	1	3	5	9	13	14	15	16	17
Ford	0	0	0	4	4	4	7	8	10
Honda	0	0	1	2	3	6	6	6	7
Tesla	3	3	4	5	5	5	5	5	5
Mazda	0	0	0	2	3	4	4	4	4
Suzuki	0	0	0	0	1	1	1	1	3
Subaru	0	0	0	1	1	1	1	1	1

자료: Transport & Environment, 이베스트투자증권

현대자동차
KP

매출액	96조8,126억 원
영업이익	2조4,222억 원
순이익	1조6,450억 원

21.43%	현대모비스
9.05%	국민연금
5.33%	정몽구
7.01%	The Capital Group Companies, Inc.

33.88%	기아자동차
6.87%	현대제철
20.95%	현대건설
4.88%	현대글로비스
25.35%	현대위아
41.13%	현대트렌시스
43.96%	현대로템
100%	현대케피코
28.48%	현대오토에버
41.90%	해비치호텔앤드리조트
30.0%	해비치컨트리클럽
60.0%	현대오트론
31.84%	현대엠엔소프트
56%	현대파텍스
53.66%	현대엔지비
100%	전북현대모터스FC
59.68%	현대캐피탈
36.96%	현대카드
37.5%	현대커머셜
27.49%	현대차증권

▶ 투자포인트
- 2년 차에 진입하는 신차 사이클 가동률 개선으로 금융 손익 회복 예상.
- 2019년 출시된 주요 신차는 펠리세이드(내수시장), 쏘나타(내수시장), 베뉴(내수시장) 등으로 2020년에 이들 세 모델의 해외 시장 출하 본격화 전망.
- GV80(2019년 11월), 그랜저F/L(2019년 11월), G80(2020년 분기), 아반떼(2020년 2분기), 투싼(2020년 2분기), GV70(2020년 2분기) 등 신모델 출시가 줄이어 계획됨에 따라 2020년 이후 실적 개선 예상.
- 해외 시장에서 높은 대기수요가 발생 중인 코나EV의 판매 실적 급부상으로 향후 글로벌 전기차 시장에서 브랜드 가치 상승.
- 2020년 본격적인 ROE 회복 국면에 진입하는 동사의 글로벌 기업가치가 정상화될 것으로 예상.
- 2017년 5.5%, 2018년 2.0%, 2020년 4.7%였던 동사의 ROE는 2020년 이후 6.0% 이상으로 회복될 예정.

▶ 매출 및 영업이익

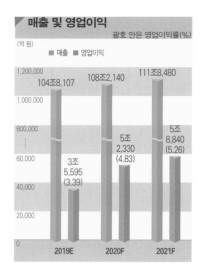

괄호 안은 영업이익률(%)
(억 원)
■ 매출 ■ 영업이익

	2019E	2020F	2021F
매출	104조8,107	108조2,140	111조8,480
영업이익	3조5,595 (3.39)	5조2,330 (4.83)	5조8,840 (5.26)

▶ 2020년 현대차 글로벌 거점 시장 신차 출시 스케줄

중국
- 아반떼(2분기)
- GV70(2분기)
- G80(2분기)
- G70(2분기)
- 미스트라(2분기)
- 중국형 MPV(2분기)
- 싼타페F/L(4분기)
- ix35F/L(4분기)

미국
- GV80(2분기)
- G80(2분기)
- 아반떼(2분기)
- 싼타페F/L(2분기)

유럽
- GV70(2분기)
- G80(2분기)
- G70(2분기)
- i30F/L(2분기)
- i20(4분기)
- 투싼(4분기)
- i30N F/L(4분기)
- 싼타페 F/L(4분기)
- 코나 F/L(4분기)

한국
- G80(1분기)
- 아반떼(1분기)
- 투싼(2분기)
- 싼타페F/L(2분기)
- 그랜저HEV F/L(2분기)
- GV70(2분기)
- 코나F/L(2분기)
- G70F/L(2분기)

▶ 현대차 신차 사이클 히스토리

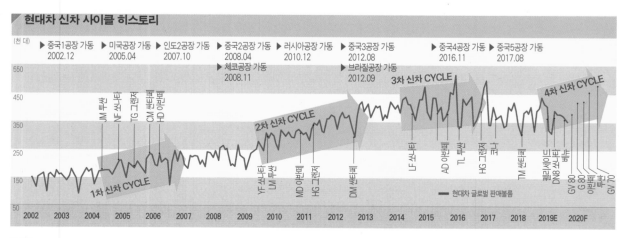

(천 대)

▶ 중국1공장 가동 2002.12 ▶ 미국공장 가동 2005.04 ▶ 인도2공장 가동 2007.10 ▶ 중국2공장 가동 2008.04 ▶ 러시아공장 가동 2010.12 ▶ 중국3공장 가동 2012.08 ▶ 중국4공장 가동 2016.11 ▶ 중국5공장 가동 2017.08

▶ 체코공장 가동 2008.11 ▶ 브라질공장 가동 2012.09

1차 신차 CYCLE · 2차 신차 CYCLE · 3차 신차 CYCLE · 4차 신차 CYCLE

— 현대차 글로벌 판매볼륨

2002 2003 2004 2005 2006 2007 2008 2009 2010 2011 2012 2013 2014 2015 2016 2017 2018 2019E 2020F

기아자동차
KP

매출액	54조1,698억 원
영업이익	1조1,575억 원
순이익	1조1,559억 원

33.88%	현대자동차
6.49%	국민연금

17.27%	현대제철
17.24%	현대모비스
5.24%	현대건설
13.44%	현대위아
9.35%	현대엔지니어링
40.43%	현대트랜시스
19.05%	현대오토에버
23.24%	해비치호텔앤드리조트
15%	해비치컨트리클럽
20%	현대오트론
31%	현대파텍스
24.39%	현대엔지비
100%	기아타이거즈
20.10%	현대캐피탈
11.48%	현대카드
4.9%	현대차증권
4.88%	현대글로비스
4.35%	현대오일뱅크

▶ 투자포인트

- 2019년 미국 현지 전략 모델 텔루라이드(대형 SUV)와 소형 SUV 셀토스의 흥행으로 판매와 실적 회복. 아울러 K7, K9 등 세단 부문에서도 의미 있는 성과를 올려 전체적인 포트폴리오 경쟁력이 강화됨.
- 2020년에 SUV 주력 모델의 신차 사이클이 시작됨 → 1분기 소렌토를 시작으로 카니발, 스포티지의 완전 변경 모델이 줄이어 출시 준비 중.
- 신 모델들은 3세대 플랫폼이 새롭게 적용돼 구 모델 대비 원가구조가 개선될 전망이며, 스마트 스트림 파워트레인 적용으로 상품성 개선 폭도 클 것으로 예상됨.
- 2019년 3분기에 아난타푸르 지역에 위치한 인도공장을 본격 가동했고, 첫 모델인 셀토스의 현지 반응이 매우 양호하지만 최근 인도 시장 수요 둔화 흐름은 다소 우려됨.

▶ 매출 및 영업이익

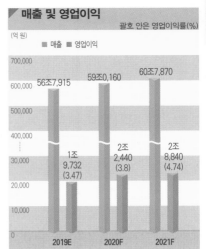

괄호 안은 영업이익률(%)

(억 원)   ■ 매출 ■ 영업이익

	2019E	2020F	2021F
매출	56조7,915	59조0,160	60조7,870
영업이익	1조9,732 (3.47)	2조2,440 (3.8)	2조8,840 (4.74)

▶ 2020년 기아차 글로벌 거점 시장 신차 출시 스케줄

유럽
- → 쏘렌토(2분기)
- → 쏘렌토HEV(2분기)
- → 모닝F/L(2분기)
- → 프라이드F/L(2분기)
- → 쏘렌토PHEV(3분기)
- → 스토닉F/L(3분기)
- → 스팅어F/L(3분기)

중국
- → K3(1분기)
- → K5(2분기)
- → 셀토스EV(2분기)

한국
- → 쏘렌토(1분기)
- → 쏘렌토HEV(1분기)
- → 봉고EV(1분기)
- → 모닝F/L(1분기)
- → 카니발(3분기)
- → 스팅어F/L(3분기)
- → 스토닉F/L(3분기)
- → 스포티지(4분기)
- → 스포티지HEV(4분기)

미국
- → K7F/L(1분기)
- → K5(2분기)
- → 쏘렌토(3분기)
- → 쏘렌토HEV(3분기)
- → 리오F/L(4분기)
- → 카니발(4분기)
- → 스팅어F/L(4분기)

인도
- → 카니발CKD(2분기)
- → 인도 전용 엔트리 SUV(4분기))

▶ 기아차 신차 사이클 히스토리

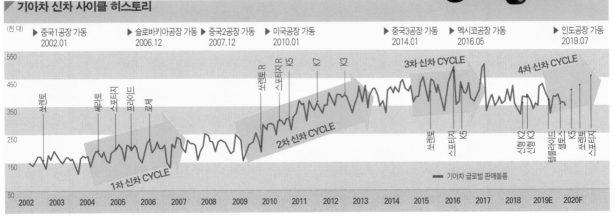

(천 대)

▶ 중국1공장 가동 2002.01	▶ 슬로바키아공장 가동 2006.12	▶ 중국2공장 가동 2007.12	▶ 미국공장 가동 2010.01	▶ 중국3공장 가동 2014.01	▶ 멕시코공장 가동 2016.05	▶ 인도공장 가동 2019.07

1차 신차 CYCLE   2차 신차 CYCLE   3차 신차 CYCLE   4차 신차 CYCLE

━ 기아차 글로벌 판매볼륨

2002 2003 2004 2005 2006 2007 2008 2009 2010 2011 2012 2013 2014 2015 2016 2017 2018 2019E 2020F

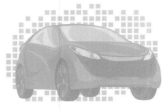

2020년대 자동차주,
전기차에 달렸다!

자동차 업황, 언제 좋아질까?

전세계 자동차 업계는 2019년이 빨리 지나가기만을 학수고대했을 것이다. 2019년은 자동차 업계에게는 한마디로 악몽의 시간이었다. 2019년 글로벌 신차 판매가 전년 대비 3.8% 감소해 9천만 대 밑으로 떨어진 것으로 추산된다. 북미와 서유럽 등 선진국들이 불황에서 벗어나지 못했고, 인도, 러시아, 브라질 등 성장을 이끌었던 이머징 시장의 자동차 경기도 얼어붙었다. 무엇보다 글로벌 최대 시장인 중국의 수요가 줄어든 것이 결정적인 요인으로 꼽힌다. 중국은 미·중 무역분쟁 충격으로 2년 연속 판매가 줄었다. 2018년까지 고공행진을 이어갔던 인도 자동차 시장도 어렵긴 마찬가지였다. 인도의 자동차 판매는 2019년 3분기에 무려 29%나 판매가 감소했다.

선진국과 신흥국 모두 자동차 업황이 크게 침체된 이유는 강화된 환경 규제 영향이 컸다. 환경 규제는 2019년에 이어 2020년대에도 자동차 업황을 힘들게 할 것으로 보인다. 환경 규제가 전세계에서 가장 까다로운 유럽은 이산화탄소 배출량 규제 강화에 따른 수요 둔화가 2020년에도 지속될 것으로 예상된다. 미국은 트럼프 행정부의 환경 규제 완화 조치로 한시름 놓을 듯하지만, 그것만으로 자동차 시장 전반에 드리운 침체의 먹구름에서 벗어나기는 쉽지 않아 보인다. '세계의 공장' 중국도 환경 규제에서 자유로울 수 없다. 2020년 7월에 시행되는 '國6 배출가스 규제'가 중국 전역에 발효됨에 따라 신차 제조와 판매에 미치는 영향이 적지 않을 전망이다. 인도에서도 기존 'BS4(Bharat Stage 4) 규제'에서 2단계 강화된 'BS6 규제'가 2020년 4월 1일부터 전격 시행된다. 자동차에 배출 가스 정화를 위한 각종 장치들이

의무적으로 장착되면서 신차의 구조도 바뀌게 되고, 이로 인해 차량 가격도 올라갈 수밖에 없어 자동차 회사로서는 영업적 부담이 늘게 된다. 결국 2020년은 글로벌 자동차 업계가 전기차를 비롯한 친환경차로 패러다임 전환을 서둘러야 하는 변곡점이 될 전망이다.

하지만, 2020년대가 글로벌 자동차 업계 전반에 무조건 나쁜 것만은 아니다. 2019년 9천만 대 아래로 하락한 글로벌 신차 판매는 2020년 곧바로 9천만 대를 회복할 전망이다. 시장 회복을 이끌 리더는 중국을 비롯한 신흥국들이다. 앞에서 밝힌 대로 신흥국 역시 이산화탄소 배출 규제 강화라는 걸림돌에 직면해 있지만, 자동차 수요 여력은 아직 충분하다는 분석이다. 신흥국에는 여전히 자동차가 없는 가구가 적지 않은데, 소득 수준이 향상될수록 차량 구매에 대한 욕구가 커지기 마련이다. 일시적으로 소비 심리가 위축될 수 있지만, 기저효과로 인한 경기 반등 가능성이 크기 때문에 장기적으로 신흥국에서의 자동차 업황은 어둡지 않다.

반면, 미국과 서유럽 등 선진국 시장은 수요 둔화가 좀 더 이어질 전망이다. 이미 불황이 일상화(New Normal)되었고, 개개의 소비자로서는 적지 않은 비용을 감내해야 하는 차량 교체가 당장 지갑을 열만큼 급하지 않다.

글로벌 자동차 메이커로서는 지역별 판매 비중에 따라 희비가 엇갈릴 것으로 보인다. 신흥국 판매 비중이 높은 GM, 현대차, 기아차의 경우 2020년부터 실적 개선이 기대된다. 반대로 서유럽 판매 비중이 높은 폭스바겐, 다임러, BMW 등 유럽 자동차 메이커들은 현지에서의 손익 악화가 우려된다.

희비가 엇갈리긴 국내 사정도 마찬가지

시야를 좁혀 국내 자동차 시장을 들여다봐도 메이커들마다 처해진 상황은 극과 극이다. 토종 메이커인 현대차그룹은 큰 폭의 실적 회복이 기대되는가 하면, 한국GM, 르노삼성, 쌍용차 등 외자계 3사는 여전히 가시밭길을 헤맬 전망이다.

수출 비중이 높은 한국GM과 르노삼성의 국내 입지는 갈수록 좁아지는 추세다. 한국GM은 2007년 연간 80만 대의 차량을 수출하면서 한때 국내 생산이 90만 대를 넘었으나, 2018년에는 수출 37만 대를 포함한 총 생산 44만 대로 그 규모가 절반 가까이 줄어들었다. 결국 누적된 적자를 감당하지 못한 한국GM은 2018년에 군산공장을 폐쇄했고, 공장 폐쇄로 인해 판매가 더욱 위축되면서 실적 정상화 여부가 불투명해지고 있다.

실제로 GM 본사는 북미와 중국을 제외한 전세계 모든 지역에서 사업 철수를 진행 중이다. 트럼프 행정부는 평소 미국 기업들의 해외 공장 이전을 강하게 비판해 왔다. GM이 한국에서 자동차를 생산해 무관세로 수출해 미국에서 판매하는 것에 심기가 이만저만 불편한 게 아니다. 트럼프 행정부의 압박에 GM으로서는 한국 현지생산을 완전히 중단하게 될지도 모르는 일이다.

국내 외자계 자동차 메이커 르노삼성 역시 수출 위주로 사업을 영위하는 곳이다. 2018년 기준 연간 21.5만 대를 생산해 이 가운데 63%를 수출했다. 수출 물량의 대부분은 미국으로 향하고 있으며, 차종별로는 '닛산 로그'가 80%를 차지할 정도로 비중이 높다. '닛산 로그'는 2020년 완전변경을 앞두고 있는 바, 미국 테네시공장, 한국 부산공장, 일본 규슈공장에서 나눠서 생산하고 있기 때문에 경우에 따라서는 한국에 신규 물량이 배정되지 않을 가능성도 배제할 수 없다. 르노삼성 역시 한국GM과 마찬가지로 내수 기반이 취약한 상황에서 수출 물량이 줄어들 경우 실적 악화가 우려된다. 심지어 최근 구조조정안을

놓고 노사 간 대립이 심화되고 있어 신차 배정 가능성이 점점 희박해지고 있다는 소식도 들린다.

쌍용차의 상황은 좀 더 심각해 보인다. 쌍용차는 현대차그룹의 초소형 SUV 시장 진출과 이머징 통화가치 하락 영향으로 2019년 적자 폭이 크게 늘어난 것으로 추산된다. 쌍용차는 2019년 3분기까지 11분기 연속 영업이익 적자를 기록했다. 2019년 3분기 누적 적자 금액은 1,854억 원에 이른다.

쌍용차는 이머징 통화가치 폭락으로 러시아와 남미 등 주요 수출 시장에서 철수를 단행해 대외적인 기업가치에 큰 손상을 입었다. 내수 시장에서도 악전고투는 여전하다. 그나마 내수 시장에서의 체면을 유지해온 '티볼리'마저 현대차그룹의 초소형 SUV 모델 출시로 경쟁이 심화되면서 판매에 빨간불이 켜졌다. 심지어 글로벌 환경 규제 강화로 주력 라인업이었던 디젤차의 판매 여건도 갈수록 악화되고 있다. 미래 시장을 위해 친환경차 개발을 위한 자본 투입은 쌍용차에게는 언감생심(焉敢生心)이다.

이처럼 외자계 3사의 위기로 토종 메이커인 현대차그룹의 지배력은 그 어느 때보다도 견고해지고 있다. 수입차 판매가 꾸준히 증가하고 있지만, 기본적으로 생산기지가 한국에 없기 때문에 차량 가격이나 부품 공급, 모델의 다양성 측면에서 토종 메이커에 밀릴 수밖에 없다. 2018년 BMW의 엔진 결함 화재, 2019년 일본의 무역보복 조치에 따른 일본차 불매운동 등 대외적인 이슈들로 현대차그룹은 뜻밖의

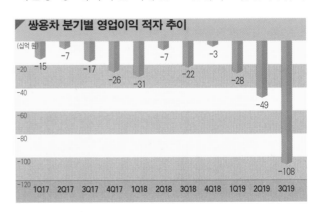

▼ **쌍용차 분기별 영업이익 적자 추이**

(십억 원)

분기	적자
1Q17	-15
2Q17	-7
3Q17	-17
4Q17	-26
1Q18	-31
2Q18	-7
3Q18	-22
4Q18	-3
1Q19	-28
2Q19	-49
3Q19	-108

반사이익을 누리기도 했다.

현대차그룹의 2020년대가 기대되는 이유

현대차그룹은 2019년 상반기에 내수 시장에서 역대 최대 판매대수를 기록하며 5년 만에 내수 시장점유율 70%를 상회하는 호재를 맛봤다. 현대차그룹에게 2020년이 더 기대되는 이유는 제네시스 등 럭셔리 신차 출시와 자동차 플랫폼 전략을 통한 비용 절감으로 영업이익의 급증이 예상되기 때문이다.

현대차는 2019년 이후 연매출 100조 원을 달성할 것으로 예상되는 데, 여기에는 제네시스 시리즈의 연이은 출시가 큰 몫을 할 것으로 분석된다. 제네시스 브랜드의 전체 판매대수는 GV80이 출시되고 신형 G80도 가세하면서 2019년 8.4만 대에서 2020년 13.9만 대로 증가할 전망이다. 중형 SUV인 GV70이 출시되고, GV80/G80의 수출 물량이 추가적으로 늘어나는 2021년에는 17.3만 대까지 확대될 것으로 추산된다.

이를 통해 현대차 전체 판매대수 내 제네시스 비중이 1.9%에서 3.7%로 상승하고, 현대차의 자동차 부문 매출액 내 비중도 6%에서 11%까지 올라갈 것으로 분석된다. 아울러 금융/기타 부문을 포함한 전체 매출액 내 비중도 4%에서 8%까지 높아진다. GV80/G80을 통한 영업이익은 자동차 부문 영업이익의 6.7%, 연결 영업이익의 5% 이상 기여할 전망이다. 제네시스 시리즈 전체를 합산할 경우, 현대차 자동차 부문 영업이익에 15%를 차지하고, 연결 영업이익 내 기여도는 11%대까지 상승하게 된다. 현대차는 고가

의 럭셔리 차종을 시그니처로 론칭하는 전략적 수혜를 톡톡히 누리게 되는 것이다.

현대차그룹의 수익을 끌어올리는 '플랫폼 프로젝트'도 주목거리다. '자동차 플랫폼'이란 차량의 모델과 타입을 아우르는 공통적인 설계 구조이자 주요 부품 표준화 매뉴얼이다. 글로벌 완성차 업체들은 차량 개발 비용과 시간을 단축하고 설계 완성도를 높이기 위해 플랫폼 개발에 심혈을 기울이고 있다. 현대차그룹도 3세대 플랫폼을 개발해 2019년 쏘나타를 시작으로 적용해오고 있다. 새로운 플랫폼 개발은 차량 성능의 개선뿐 아니라 설계를 표준화해 부품 공용화율을 높여 비용 절감 효과를 창출한다.

현대차그룹은 2008년 1세대 통합 플랫폼을 출범시키면서 플랫폼 개수를 6개(소형, 중형, 대형 및 쿠페, SUV, 경차)로 단순화시켰고, 2013년에는 이를 좀 더 개선한 2세대 플랫폼을 도입했다. 3세대 플랫폼은 SUV와 세단의 구분을 없애고 차종을 크기에 따라 전륜과 후륜으로 구분했고, 여기에 초소형차 플랫폼을 추가로 도입했다.

현대차그룹의 2세대 플랫폼은 부품 공용화율이 50%에 미달할 정도로 높지 않았다. SUV를 별도의 플랫폼으로 관리했기 때문에 세단 차종과의 공용화율이 떨어졌다. 이에 반해 3세대 플랫폼은 사이즈가 동일하면 SUV와 세단도 부품을 공용화해 90%의 공용화율에 도달하는 것을 목표로 삼고 있다. 현대차는 쏘나타를 시작으로 2020년 아반떼, 투싼 등과 제네시스 신차에 3세대 플랫폼을 적용할 예정이다. 기아차도 K5, 쏘렌토, 카니발 등에 3세대 플랫폼을 적용할

제네시스 시리즈 판매대수 추이 및 전망

(천 대)

2008: 49, 2009: 61, 2010: 63, 2011: 64, 2012: 60, 2013: 57, 2014: 84, 2015: 85, 2016: 87, 2017: 79, 2018: 85, 2019E: 84, 2020F: 139, 2021F: 173

현대차 연결 매출액 내 제네시스 비중

(%)

2011: 5.0, 2012: 4.2, 2013: 4.0, 2014: 5.5, 2015: 5.3, 2016: 5.7, 2017: 4.8, 2018: 4.7, 2019E: 4.4, 2020F: 7.4, 2021F: 8.6

방침이다.

3세대 플랫폼 프로젝트가 성공적으로 마무리될 경우, 현대차의 신규 플랫폼 적용률은 9.3%, 기아차는 11.2%가 된다. 부품 공용화율 제고를 통한 10%의 원가 절감을 가정할 경우, 2020년 기준 현대차는 연간 8,269억 원, 기아차는 연간 5,499억 원의 비용을 절감할 수 있게 된다.

드디어 전기차 시대가 도래했다!

2020년부터 이산화탄소 배출을 엄격하게 강화하는 정책이 여러 나라에서 시행되면서 글로벌 자동차 업계에 위기감이 감돌고 있다. 동시에 친환경차에 대한 기대감 또한 부풀어 오르고 있다.

1906년에 미국의 헨리 포드(Henry Ford)가 대량 생산의 모태가 된 가솔린 승용차 '포드모델 T'를 출시했을 때만 해도 화석연료차는 세상을 바꿀 위대한 발명품 가운데 첫 손가락에 꼽히는 존재였다. 하지만 그로부터 100여 년이 지난 지금, 위대한 발명품이란 상찬은 온대간데 없고 '굴러다니는 환경파괴자'란 오명에 휩싸인 처지가 되고 말았다.

곤궁에 처한 화석연료차의 구원투수로 나선 친환경차에 대한 논의는 꽤 오래 전부터 있어왔지만, 시장을 형성한 것은 채 몇 년 되지 않았다. 친환경차 시장은 환경 규제가 까다로운 서유럽이 주도할 것으로 보인다.

EU Comission(유럽연합 집행위원회)에서는 2019년 4월에 2020~2021년의 유럽 자동차 산업 평균 이산화탄소 배출량을 기존의 130g/km에서 95g/km로 감축시키기로 확정했다. '디젤 게이트' 이후 느슨하게 적용되어 왔던 이산화탄소 배출 규제가 2020년을 기점으로 향후 2050년까지 지속적으로 이어질 전망이다.

이번 규제는 1g/km 당 목표치의 미달치마다 95유로의 패널티를 부과하는 내용을 골자로 한다. 자동차 메이커마다 이산화탄소 저감을 위한 조치를 취하지 않을 경우 조 유로 단위의 천문학적 벌금을 두들겨 맞게 된다. 유럽 내 높은 시장점유율을 보유한 폭스바겐, BMW, 다임러는 발등에 불이 떨어진 상황이다. 당장 친환경차 개발에 속도를 내지 않으면 곤란해 진 것이다.

친환경차 가운데 가장 주목을 끄는 것은 단연 전기차(EV)다. 유럽 전기차 시장은 2018년에 20만 대 규모에서 2019년에 약 35만 대로 급증했다. 2020년에 51만 대에 이어 2021년에는 74만 대를 넘어설 것으로 추산된다. 전기차 신차 브랜드도 급증할 전망이다. 유럽 시장에서 플러그인하이브리드카(PHEV)를 포함한 전기차 브랜드는 2018년 약 55개에서 2021년 214개, 2025년에는 무려 333개까지 늘어날 것으로 예상된다.

국내 자동차 업계 대장주인 현대차그룹의 친환경차 행보도 궁금하다. 현대차그룹의 글로벌 판매 비중에서 서유럽은 10%대(2018년 기준 현대차 11%, 기아차 16%)로 상대적으로 작지만, 미래 친환경차 시장을 고려하건대 매우 중요한 시장이다. 현대차그룹의 유럽 내 친환경차 전략은 현지생산에 무게를 두고 있다. 현대차는 '코나EV'와 '투싼HEV/PHEV'를 2020년부터 현지생산하기로 했다. 기아차도 '씨드PHEV'를 2020년부터 유럽 현지생산을 긍정적으로 검토하고 있다. 2020년대에 유럽의 친환경차 시장이 본격화된다고 판단한 것이다.

현대차와 기아차의 유럽 내 판매 추이를 살펴보면, 2019년 상반기 기준 전기차 판매량이 전년 대비 2배의 물량을 넘어선 것으로 발표됐다. 현대차는 '코나EV'가, 기아차는 상대적으로 늦게 출시된 '니로EV'가 판매를 주도했다. '코나EV'의 경우, EPA 기준 258마일(415km)의 주행거리를 기록해 시장인지도가 급격히 올라갔다. 기아차 '니로EV'도 주행거리가 239마일을 기록했는데, 이는 유럽의 경쟁사 EV에 뒤지지 않는 수준이다. 현대차그룹은 2021년까지 유럽 내 친환경차 판매에서 EV 비중을 10%대까지 끌어올린다는 계획이다.

아무쪼록 현대차그룹은 반가운 소식들로 2020년대를 열게 됐다. 주가에도 긍정적인 시그널이 감지되는 건 두말할 나위 없다.

19 자동차부품(자율주행, 2차전지), 타이어 업계

자율주행 이노베이션 Big Picture

▶ 자율주행 시스템 구조

자동감응식
순항제어 시스템

・긴급 제동 시스템
・보행자 감지 시스템
・충돌 회피 시스템

교통신호
인식 시스템

차선 이탈
경고 시스템

후측방 차량 경고 시스템

측면 주차 보조
시스템

사각지대
감지 시스템

후방 충돌 감지 시스템

후면 주차 감지 시스템

안전거리 감지 시스템

■ 레이더
■ 라이다
■ 카메라
■ 초음파
■ 기타

▶ 자율주행 시스템 밸류체인

분류	세부	업체명
ADAS	하드웨어 (반도체, 센서 등)	해성디에스, 텔레칩스, LG이노텍, 세코닉스, 앤씨앤, 유니퀘스트, 아이쓰리시스템, 하이비젼시스템, 엠씨넥스 등
	모듈, 플랫폼	한컴MDS, 인포뱅크, 에스엘, 모트렉스, 모바일어플라이언스, 와이즈오토모티브 등
	시스템 통합	현대모비스, 만도, 만도헬라일렉트로닉스 등
자율주행용 소프트웨어		현대엠엔소프트, 네이버랩스, 토로드라이브, 모빌테크, 스프링클라우드, 소네트 등
자율주행차		현대자동차, 기아자동차 등

▶ 자율주행 시스템 시장 전망
단위: 백만 달러

■ 기타
■ 초음파 센서
■ 카메라
■ 라이다
■ 레이더

2016
12,914
4,158
1,840
2,200
200
2,500

2022F
25,822
5,300
3,200
7,700
1,400
6,200

▶ 자율주행 시스템 주요 센서 기능 및 특징

센서	기능	특징
초음파 센서	・초음파 활용해 근거리 장애물 감지하고 거리 측정하는 센서	・기술이 이미 성숙 단계에 있고, 제품 단가가 가장 저렴. ・가능한 측정 거리가 수 미터 이내로 짧음. ・단거리 장애물 인식률이 높아 후방 감지 시스템 및 주차 보조 기술로 가장 널리 활용.
카메라	・이미지 센서 이용하여 주변 환경을 이미지로 감지 및 처리하는 센서	・인간의 눈과 같이 차선, 신호등, 표지판, 차량 및 보행자 등의 다양한 사물을 동시에 인지. ・차선, 교통표지판, 신호등, 보행자 등 정확한 정보 파악 용이. ・날씨 및 시간대에 민감하고, 초음파 센서와 함께 가장 널리 활용.
라이다	・빛을 이용해 주변 물체 및 장애물 등을 감지하는 센서	・정밀도가 높고, 3차원 영상 구현 가능. ・레이더에 비해 인식 거리가 짧고 날씨 등 환경에 영향을 받는 게 단점.
레이더	・주변 물체의 거리나 속도 등을 측정하는 전자기파 센서	・날씨 및 시간대에 상관없이 사물 인지(장거리 인지 가능). ・형태 인식이 불가능하고, 제품 단가가 비싸다는 게 흠이지만, ADAS 기술 전반에 활용.

▶ 국내 대기업, 자율주행 시스템 주요 투자 현황

투자 주체	업체	자율주행 관련 기술
현대차	오로라	솔루션 및 센서 등
현대차	모빌아이	시스템
현대모비스	이스틱스	레이더
삼성벤처투자	센스포토닉스	라이다
삼성카탈리스트펀드	테트라뷰	라이다
삼성카탈리스트펀드	이노비즈	라이다
LG전자	바이비전	솔루션
LG전자	에이아이	센서
LG테크놀로지벤처스	라이드셀	소프트웨어
LG테크놀로지벤처스	메이모빌리티	자율주행 서틀버스 운행

▶ 자율주행 시스템 글로벌 경쟁력 톱10 기업(컨소시엄)

1 Waymo
2 GM Cruise
3 Ford Autonomous Vehicles
4 Aptiv
5 Intel-Mobileye
6 Volkswagen Group
7 Daimler-Bosch
8 Baidu
9 Toyota
10 Renault-Nissan Alliance

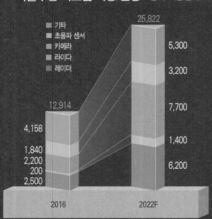

자동차부품주를 이끄는 전기차 배터리 산업

전기차 배터리 시장 규모 추이 및 전망

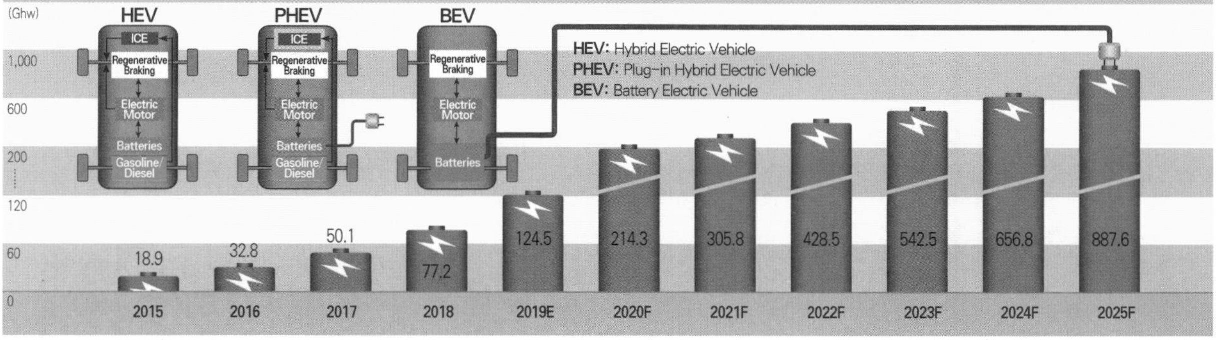
(Ghw)
1,000
600
200
120
60
0
HEV
PHEV
BEV
ICE
Regenerative Braking
Electric Motor
Batteries
Gasoline/ Diesel
HEV: Hybrid Electric Vehicle
PHEV: Plug-in Hybrid Electric Vehicle
BEV: Battery Electric Vehicle
18.9
32.8
50.1
77.2
124.5
214.3
305.8
428.5
542.5
656.8
887.6
2015
2016
2017
2018
2019E
2020F
2021F
2022F
2023F
2024F
2025F

전기차부품 밸류체인

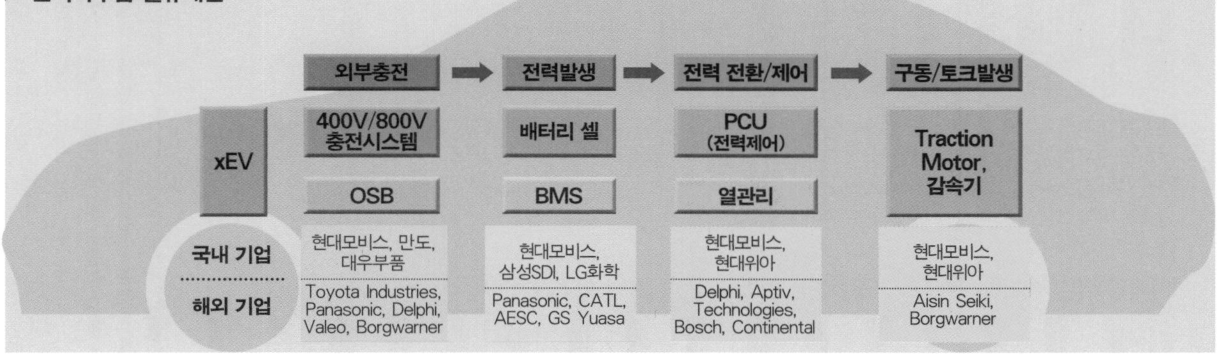
외부충전
전력발생
전력 전환/제어
구동/토크발생
xEV
400V/800V 충전시스템
배터리 셀
PCU (전력제어)
Traction Motor, 감속기
OSB
BMS
열관리
국내 기업
해외 기업
현대모비스, 만도, 대우부품
Toyota Industries, Panasonic, Delphi, Valeo, Borgwarner
현대모비스, 삼성SDI, LG화학
Panasonic, CATL, AESC, GS Yuasa
현대모비스, 현대위아
Delphi, Aptiv, Technologies, Bosch, Continental
현대모비스, 현대위아
Aisin Seiki, Borgwarner

주요 완성차 업체들의 배터리 수급 현황

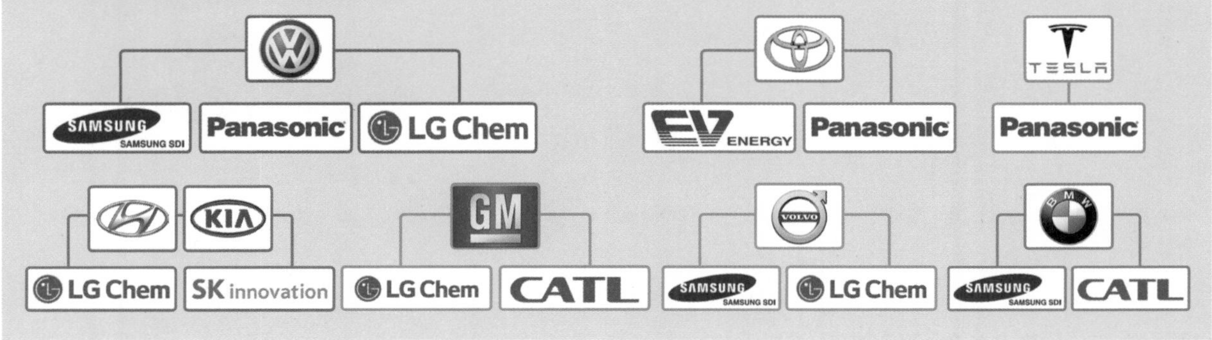
SAMSUNG SAMSUNG SDI
Panasonic
LG Chem
EV ENERGY
Panasonic
TESLA
Panasonic
KIA
LG Chem
SK innovation
GM
LG Chem
CATL
VOLVO
SAMSUNG SAMSUNG SDI
LG Chem
SAMSUNG SAMSUNG SDI
CATL

글로벌 전기차 배터리 업체 순위 경쟁 구도

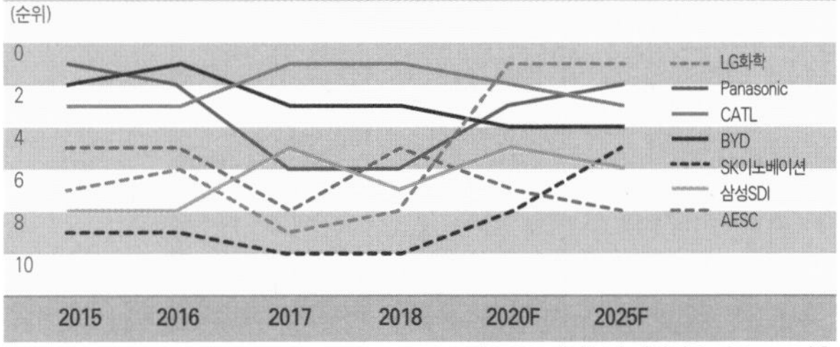
(순위)
0
2
4
6
8
10
2015
2016
2017
2018
2020F
2025F
LG화학
Panasonic
CATL
BYD
SK이노베이션
삼성SDI
AESC

주: 점유율은 생산능력 전망치를 기준으로 산출
자료: SNE리서치, 대신증권

글로벌 전기차 배터리 업체 시장점유율 추이 및 전망

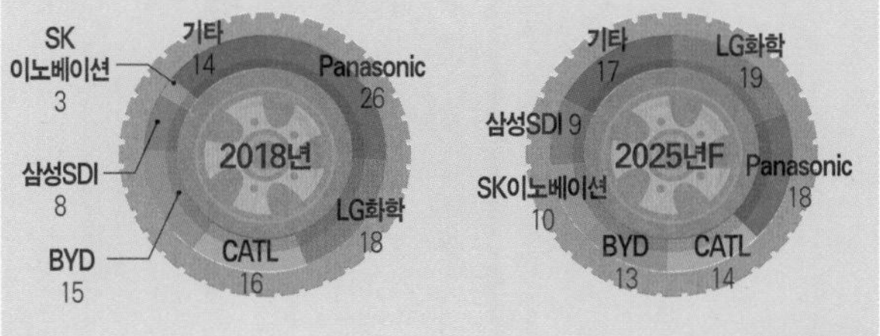
2018년
SK 이노베이션 3
기타 14
Panasonic 26
삼성SDI 8
LG화학 18
BYD 15
CATL 16
2025년F
기타 17
LG화학 19
삼성SDI 9
Panasonic 18
SK이노베이션 10
BYD 13
CATL 14

주: 생산능력 기준
자료: SNE리서치, 산업자료, 대신증권

국내 자동차부품 대장주들, 완성차향 비중

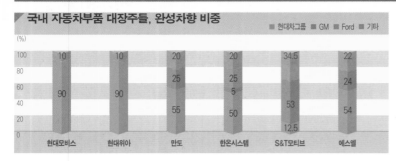

범례: 현대차그룹 / GM / Ford / 기타

(%)	현대모비스	현대위아	만도	한온시스템	S&T모티브	에스엘
기타	10	10	20	20	34.5	22
Ford			25	25		24
GM			5	5	53	
현대차그룹	90	90	55	50	12.5	54

- GM은 2014년부터 기존 플랫폼들을 대대적으로 통합해 GEM(Global Emerging Platform), G2xx(소형세단), T1xx(대형 픽업) 등의 플랫폼으로 개편.
- 만도와 에스엘은 위 3개 플랫폼에 모두 공급이 이뤄지고 있으며, S&T모티브의 경우 GM향 주력 매출로 신형 내연기관 파워트레인 오일펌프와 BEV2 전용 Driving Unit으로 가파른 실적 개선 예상.
- 자동차 제조 공정에 있어서 새로운 플랫폼으로 혁신을 이룬 GM향 매출 비중이 높은 부품사의 수혜가 예상됨.

영업이익 UP 실적 향상 중견 자동차부품사들 전년 대비 영업이익 증가율 기준

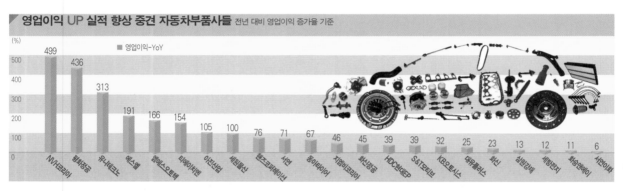

범례: 영업이익-YoY

NVH코리아	평화정공	유니테크노	에스엘	엠에스오토텍	티에이치엔	이젠산업	세림물산	엠조코퍼레이션	서연	동아타이어	지엠비코리아	화신정공	HDC현대EP	S&T모티브	KB오토시스	대유플러스	화신	삼원강재	세방전지	화승알앤에이	서연이화
499	436	313	191	166	154	105	100	76	71	67	46	45	39	39	32	25	23	13	12	11	6

- 국내 중견 자동차부품사 중 전년 동기 대비 영업이익 증가율을 보면, 낮은 기저로 큰 폭의 영업이익 증가를 보인 업체도 있지만, 전반적으로 완성차 그룹의 판매믹스 개선과 물량 증가, 실적 개선에 수혜를 입은 업체들이 대부분.
- 대유에이텍, 삼보산업, 서연탑메탈, 에코플라스틱 등이 흑자전환했고, NVH코리아, 평화정공 등은 400%가 넘는 영업이익 증가율을 기록했으며, 유니테크노, 에스엘 등도 매우 의미 있는 실적 개선 성적을 냄.

부채총계 DOWN 내실 경영 중견 자동차부품사들 전년 대비 부채총계 감소율 기준

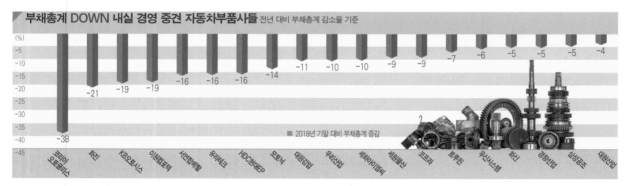

범례: 2018년 기말 대비 부채총계 증감

코리아오토글라스	화진	KB오토시스	이원컴포텍	서연탑메탈	유라테크	HDC현대EP	모토닉	대원강업	우리산업	세원이앤씨	세림물산	코프라	트루윈	우신시스템	화신	평화정공	삼성공조	대원산업
-38	-21	-19	-19	-16	-16	-16	-14	-11	-10	-10	-9	-9	-7	-6	-5	-5	-5	-4

- 국내 중견 자동차부품사의 경우, 투자포인트로 매출과 영업이익만 살펴서는 부족하고 부채총계가 얼마나 양호하게 개선되고 있는지도 함께 고려해야 함.
- 당장 매출이 높지 않더라도 수익성 회복과 현금 흐름 개선으로 부채총계율이 감소하는 중견 자동차부품사일수록 투자매력 높음.

글로벌 자동차부품사 톱10 + 한국 자동차부품사의 글로벌 랭킹

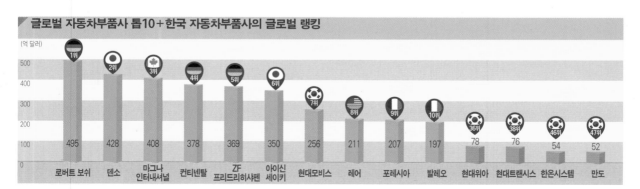

(억 달러)	로버트 보쉬	덴소	마그나 인터내셔널	컨티넨탈	ZF 프리드리히샤펜	아이신 세이키	현대모비스	레어	포레시아	발레오	현대위아	현대트랜시스	한온시스템	만도
순위	1위	2위	3위	4위	5위	6위	7위	8위	9위	10위	36위	38위	46위	47위
값	495	428	408	378	369	350	256	211	207	197	78	76	54	52

글로벌 타이어 '빅3' vs. 국내 타이어 '빅3'

타이어, 글로벌 3대 블록＋한국 시장 규모 단위: 백만 본

북미 358 366 368 | 2020F 2021F 2022F

유럽 492 499 502

중국 427 454 480

한국 42 42 43

글로벌 타이어 시장 규모 추이 및 전망 2,045 2,106 2,168

글로벌 타이어 업체 매출액 비교 2020F 기준

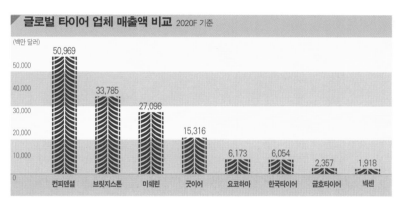

(백만 달러)

컨피덴셜	브릿지스톤	미쉐린	굿이어	요코하마	한국타이어	금호타이어	넥센
50,969	33,785	27,098	15,316	6,173	6,054	2,357	1,918

국내 타이어 3사 내수 시장점유율

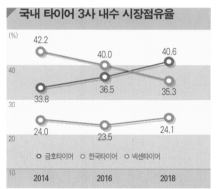

(%)

	2014	2016	2018
금호타이어	42.2	40.0	40.6
한국타이어	33.8	36.5	35.3
넥센타이어	24.0	23.5	24.1

* 내수시장의 70% 차지하는 교체용 타이어 기준

글로벌 타이어 '빅3'＋국내 타이어 '빅3' ROE 추이 및 전망

컨피덴셜

(%)

2018	2019E	2020F
17.2	8.2	7.2

브릿지스톤

(%)

2018	2019E	2020F
12.3	11.9	11.4

미쉐린

(%)

2018	2019E	2020F
14.2	14.4	14.9

한국타이어

(%)

2018	2019E	2020F
8.0	6.4	7.0

금호타이어

(%)

2018	2019E	2020F
-14.7	-5.11	-3.7

넥센

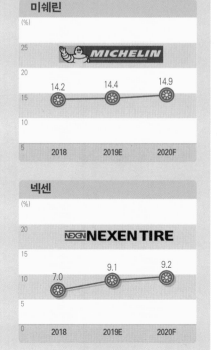

(%)

2018	2019E	2020F
7.0	9.1	9.2

현대모비스
KP

매출액	35조1,492억 원
영업이익	2조0,250억 원
순이익	1조8,882억 원

17.24%	기아자동차
7.11%	정몽구
5.78%	현대제철
11.26%	국민연금

21.43%	현대자동차
8.73%	현대건설
9.35	현대엔지니어링
51%	에이치엘그린파워
16.99%	현대차증권
19.05%	현대오토에버
20%	현대오트론
45.85%	지아이티
13%	현대파텍스

▶ 투자포인트

- 중국 시장 부진이 지속되고 있으나 3년에 걸친 구조조정으로 점차 리스크 축소되고 있음.
- 동사의 A/S 부문 영업이익이 2012~2015년 1.3조 원, 2016년 1.5조 원, 2017~2018년 1.7조 원, 2019년 1.9조 원으로 꾸준히 성장하고 있음. 특히 2015년 이후로는 안정적인 이익구조라는 표현이 무색할 정도로 1~2년 간격으로 2,000억 원씩 이익이 증가함.
- 현대차그룹의 글로벌 UIS(Units In Service: 현재 운영 중인 차량 대수로 A/S 수요의 기반)는 매년 꾸준히 상승하고 있으며, 운송 및 재고 관리 효율성 개선으로 이익률도 동반 상승.
- 전동화 부문 매출액은 고속성장을 지속해 2020년에는 분기 평균 1조 원의 매출을 올릴 전망.
- 2020년 레이더 센서 양산이 본격화되면 자율주행 기술에 대한 M&A, 오픈 이노베이션 투자 확대로 인해 기술 내재화 실현이 앞당겨질 전망.

▶ 영업이익 추이 및 전망

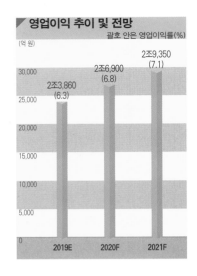

괄호 안은 영업이익률(%)
(억 원)

- 2019E: 2조3,860 (6.3)
- 2020F: 2조6,900 (6.8)
- 2021F: 2조9,350 (7.1)

▶ 전동화 매출 및 모듈/부품 내 비중

(억 원) ■ 전동화 매출(좌) ○ 모듈/부품 내 비중(우) (%)

	2016	2017	2018	2019F	2020F
비중	1.9	4.2	6.4	9.0	9.7
매출	6,000	1조2,000	1조8,000	2조7,000	3조

▶ R&D 비용 지출 및 연구인력 현황

(억 원) ■ R&D비중(좌) ○ 연구인력(우) (명)

	2014	2015	2016	2017	2018	2019F
연구인력	2,637	3,066	3,419	3,685	4,126	4,903
R&D비중	4,930	6,260	6,970	7,700	8,350	8,950

▶ 현대모비스 자율주행 개발 전략 및 로드맵

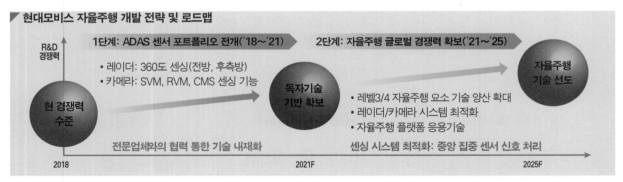

R&D 경쟁력

1단계: ADAS 센서 포트폴리오 전개('18~'21)
- 레이더: 360도 센싱(전방, 후측방)
- 카메라: SVM, RVM, CMS 센싱 기능

현 경쟁력 수준

독자기술 기반 확보

2단계: 자율주행 글로벌 경쟁력 확보('21~'25)
- 레벨3/4 자율주행 요소 기술 양산 확대
- 레이더/카메라 시스템 최적화
- 자율주행 플랫폼 응용기술

자율주행 기술 선도

전문업체와의 협력 통한 기술 내재화   센싱 시스템 최적화: 중앙 집중 센서 신호 처리

2018   2021F   2025F

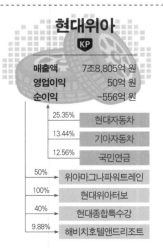

현대위아
KP

매출액	7조8,805억 원
영업이익	50억 원
순이익	-556억 원

25.35%	현대자동차
13.44%	기아자동차
12.56%	국민연금

50%	위아마그나파워트레인
100%	현대위아터보
40%	현대종합특수강
9.88%	해비치호텔앤드리조트

▶ 투자포인트

- 자동차부품 사업 및 기계 사업 영위 → 자동차부품 사업이 전체 매출의 85% 차지.
- 자동차부품 사업은 모듈, 엔진, 변속기 및 등속조인트 등을 주력으로 하고 있으며, 대부분 현대차그룹에 섀시모듈과 타이어모듈을 공급하고 있음.
- 러시아 공장 엔진 투자 계획 발표 → 러시아 엔진공장 투자는 기존 중국엔진법인에서 수출하던 물량이 현지화되는 것으로, 2021년 하반기 이후 사업 본격화 추진 예정.
- 동사의 추진 사업 중 하나인 공조/열관리 분야는 한온시스템의 사업 영역으로 업계에서 투자 유망한 것으로 평가받는 사업이지만, 동사의 사업 경험 부족으로 빠른 시일 내에 기술경쟁력을 얼마나 따라잡을 수 있을지는 미지수.

▶ 영업이익 추이 및 전망

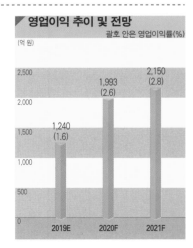

괄호 안은 영업이익률(%)
(억 원)

- 2019E: 1,240 (1.6)
- 2020F: 1,993 (2.6)
- 2021F: 2,150 (2.8)

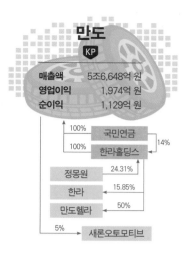

만도
KP

매출액	5조6,648억 원
영업이익	1,974억 원
순이익	1,129억 원

- 국민연금 100% → 14%
- 한라홀딩스 100%
- 정몽원 24.31%
- 한라 15.85%
- 만도헬라 50%
- 새론오토모티브 5%

▶ 투자포인트

- 2014년 한라홀딩스의 자동차부품 제조·판매 사업 부문이 인적분할하여 설립.
- 동사의 주력 제품은 제동, 조향, 현가, ADAS(Advanced Driver Assistant System)임.
- 동사의 해외 사업에서, 북미의 경우 대형 OEM향 신규 조향 프로그램이 2019년 3분기부터 시작되면서 고성장세 이어짐.
- 인도 사업에서 현대차그룹 출고 증가율이 1%에 불과했음에도 불구하고 동사는 20%가 넘는 성장률 기록 → 로컬 OEM 및 현지 대형 JV향 매출이 시작되면서 동사의 수혜로 이어짐.
- 국내 완성차 예상 파업 손실이 사실상 사라진 가운데 고마진 ADAS 매출 기여가 커질 것으로 예상.
- 원하는 사양의 제품을 최소의 비용으로 경쟁력 있게 생산할 수 있는 공정 체계 갖춤.

▶ 영업이익 추이 및 전망

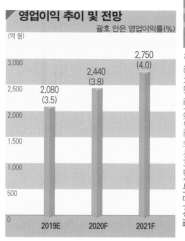

괄호 안은 영업이익률(%)
(억 원)

- 2019E: 2,080 (3.5)
- 2020F: 2,440 (3.8)
- 2021F: 2,750 (4.0)

▶ ADAS 사업 매출 추이 및 전망

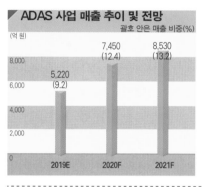

괄호 안은 매출 비중(%)
(억 원)

- 2019E: 5,220 (9.2)
- 2020F: 7,450 (12.4)
- 2021F: 8,530 (13.2)

▶ 북미(미국+멕시코) 사업 매출 추이 및 전망

(억 원)

- 2018: 9,370
- 2019E: 1조1,520
- 2020F: 1조3,250

▶ 중국 사업 매출 추이 및 전망

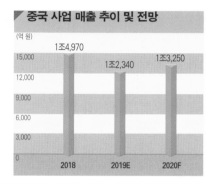

(억 원)

- 2018: 1조4,970
- 2019E: 1조2,340
- 2020F: 1조3,250

한온시스템
KP

매출액	5조9,376억 원
영업이익	4,338억 원
순이익	2,837억 원

- 한앤코오토 홀딩스 유한회사 50.5%
- 한국타이어 19.49%
- 국민연금 6.36%

▶ 투자포인트

- OEM 납품을 주로 하는 자동차 열관리 시스템 단일 품목 사업 영위.
- 대전공장, 평택공장, 울산공장 모두 자동차 열관리 시스템을 생산하고 있으며, 중국, 북미, 유럽, 남아시아 등에 총 40개 계열사 보유.
- 자동차 품질 및 성능을 결정짓는 공조 부품 분야에서 독보적인 기술력으로 업계 1위 영위.
- EU 위원회에서 이산화탄소 배출량에 대한 규제를 2020년부터 95g/km로 강화하기로 결정하면서 주요 OEM들의 전기차 출시 계획이 앞당겨지고 있음→ 폭스바겐, BMW, 다임러를 중심으로 EV/PHEV 출시 계획이 가속화 됨에 따라, 글로벌 친환경 열관리 시스템 과점 사업자인 동사로 수주가 집중될 것으로 예상.
- 중국 신공장 건설 및 운영에 따른 감가상각비 등 신규 비용 발생에 대한 부담이 지속되고 있는 점은 리스크 요인.

▶ 영업이익 추이 및 전망

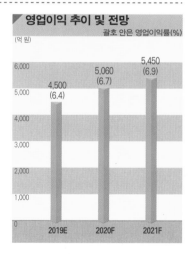

괄호 안은 영업이익률(%)
(억 원)

- 2019E: 4,500 (6.4)
- 2020F: 5,060 (6.7)
- 2021F: 5,450 (6.9)

▶ 고객사별 매출 비중 단위: %

- 기타 19
- BMW 3
- Daimler 3
- FCA 4
- GM 5
- VW 6
- Ford 16
- HMG 42

▶ 글로벌 지역별 매출 비중

단위: %

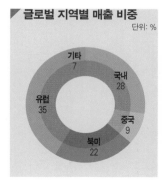

- 기타 7
- 국내 28
- 유럽 35
- 중국 9
- 북미 22

▶ 한온시스템 차종별 공조장치 가격

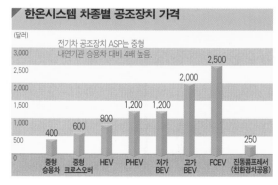

(달러)

전기차 공조장치 ASP는 중형 내연기관 승용차 대비 4배 높음.

- 중형 승용차: 400
- 중형 크로스오버: 600
- HEV: 800
- PHEV: 1,200
- 저가 BEV: 1,200
- 고가 BEV: 2,000
- FCEV: 2,500
- 진동콤프레서(친환경차공용): 250

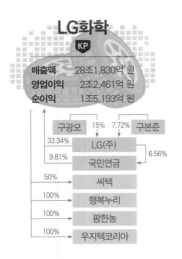

LG화학 KP

매출액	28조1,830억 원
영업이익	2조2,461억 원
순이익	1조5,193억 원

구광모 15% 7.72% 구본준
33.34% LG(주)
9.81% 국민연금 6.56%
50% 씨텍
100% 행복누리
100% 팜한농
100% 우지텍코리아

▶ 투자포인트

- 동사의 전기차 배터리 사업이 2019년 3분기부터 흑자 국면 진입 → 고정비 부담 완화(분기 매출액 1.5조 원 상회), 원료가격 안정화 등.
- 자동차용 전지의 경우, 경쟁사 대비 앞선 개발과 양산 (2000년부터 개발 시작, 2009년 시제품 양산) 및 높은 에너지 밀도 등 제품 경쟁력을 기반으로 글로벌 자동차 OEM 대부분을 고객으로 확보.
- 생산능력 확대(2020년 110GWh)를 고려하건대, 전지 사업 매출액이 2018년 6조 원대에서 2021년 20조 원대로 3배 이상 급상승 예상.
- 전지 사업 영업이익도 2018년 2,000억 원대에서 2021년 1조5,000억 원대로 큰 폭 성장 예상.
- ESS 사업의 경우, 연 매출 1조 원 달성 기대.
- 석유화학 사업은 미·중 무역분쟁 심화, 유가 변동성 확대 등으로 부진한 흐름 지속.

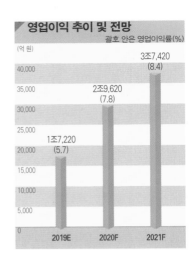

▶ 영업이익 추이 및 전망
괄호 안은 영업이익률(%)

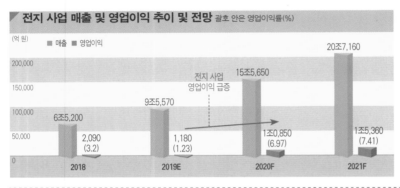

▶ 전지 사업 매출 및 영업이익 추이 및 전망 괄호 안은 영업이익률(%)

▶ 2차전지 Capa 추이 및 전망

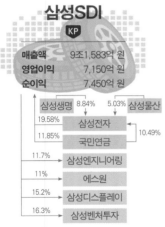

삼성SDI KP

매출액	9조1,583억 원
영업이익	7,150억 원
순이익	7,450억 원

삼성생명 8.84% 5.03% 삼성물산
19.58% 삼성전자
11.85% 국민연금 10.49%
11.7% 삼성엔지니어링
11% 에스원
15.2% 삼성디스플레이
16.3% 삼성벤처투자

▶ 투자포인트

- 중대형전지(ESS+전기차용 전지)와 소형전지(원형 및 폴리머 전지)의 포트폴리오를 보유하여 전기차 시장 확대와 5G폰(폴더블폰 포함) 시장 개화로 인한 교체 수요 과정에서 직접적인 수혜 예상.
- 특히 중대형전지(ESS+EV) 매출 비중이 2015년 8%에서 2021년 41%로 증가 예상.
- 2020년 중국 전기차 시장에서 한국 배터리 업체에 대한 규제 완화 기대 → 제품 경쟁력과 중국의 글로벌화 전략을 감안하건대 시장 진입으로 추가 매출 반영 예상.
- 동사는 전기차 시장에서 경쟁사 대비 공격적인 수주 경쟁보다는 수익성 확보에 중점 → 보수적인 생산능력 전략을 감안하건대 2020년 이후에 추가적인 이익 향상 기대.

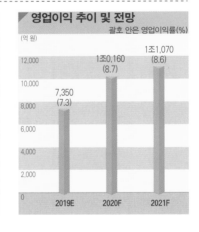

▶ 영업이익 추이 및 전망
괄호 안은 영업이익률(%)

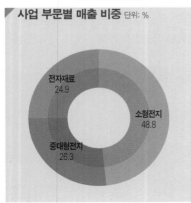

▶ 사업 부문별 매출 비중 단위: %

▶ 2차전지 CAPEX 추이 및 전망

▶ 2차전지 Capa 추이 및 전망

S&T모티브
KP

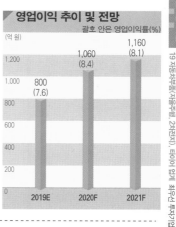

매출액	1조0,584억 원
영업이익	563억 원
순이익	572억 원

국민연금 12.48%
S&T홀딩스 100% · 6.24%
최평규 62.67%
S&TC 55.55%
S&T중공업 40%

▶ 투자포인트
- 자동차의 모터, 계기판, 섀시, 에어백 등 핵심 부품과 소구경 화기류(소총, 권총, 기관총 등) 등 방산 제품 사업 영위.
- 자동차부품은 기술력 및 품질의 우수성을 인정받아 글로벌 Tier-1로서 GM을 비롯해 현대차그룹, PSA푸조-시트로엥 등 글로벌 완성차 업체에 공급.
- 특히 친환경 전기차, 수소연료전지차 등의 구동모터 핵심 부품의 지속적인 공급 증가로 수혜 기대.
- GM의 차세대 전기차 플랫폼의 발주가 시작됨과 동시에 전세계적으로 전기차 핵심 부품인 구동모터에 대한 수요 급증.
- 유럽의 이산화탄소 규제가 강화되면서 주요 OEM들이 전동화 전략을 가속화시키고 있는 가운데, 친환경차(EV/PHEV/HEV)의 모든 대체 파워트레인에서 구동모터 사용이 요구되고 있어 2020년부터 동사의 제품 라인업이 좀 더 부각될 전망.

영업이익 추이 및 전망
괄호 안은 영업이익률(%)

(억 원)

2019E	2020F	2021F
800 (7.6)	1,060 (8.4)	1,160 (8.1)

평화정공
KQ

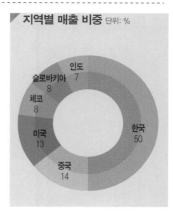

매출액	1조0,665억 원
영업이익	193억 원
순이익	448억 원

아이탑스오토모티브 21.4%
에이에스티 100%
에스엔틱 100%
피에이치씨 51.63%
KB국민은행 7.47% · 67.4%
김상태 3%

▶ 투자포인트
- 자동차 도어 시스템 및 부품 전문업체로, 동종 업계 국내 시장점유율 1위 영위.
- 현대차그룹 및 GM 등 글로벌 업체에 주로 공급.
- 2019년 팰리세이드, 텔루라이드, GV80에서 2020년 쏘렌토, 투싼, 스포티지, GV70으로 이어지는 SUV 사이클로 전장부품 매출 증가 예상.
- 슬라이딩도어 국산화 추진 중 → 현재 기아 카니발에 장착된 전자식 슬라이딩도어 시스템은 수입품임.
- 해외 전기차 업체 수주 → 테슬라 및 자율주행 벤처기업인 Zoox, 전기픽업트럭 업체인 Rivian에 도어래치, 후드래치, 힌지 납품 예정.
- 현대차그룹과 미국, 인도, 유럽에 동반 진출해 있어 현대차그룹의 지역별 생산 비중 변화에 동사의 실적 영향받음.

지역별 매출 비중 단위: %
- 인도 7
- 슬로바키아 8
- 체코 8
- 미국 13
- 중국 14
- 한국 50

서연이화
KP

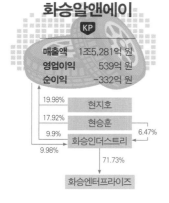

매출액	1조9,069억 원
영업이익	111억 원
순이익	-81억 원

서연 48.7%
유양석 5.45% · 44.44%
서연오토비전 100%
서연인더스트리 100%

▶ 투자포인트
- 자동차 내장재 및 시트 주력 제조.
- 현대차그룹 매출이 83%를 차지하며, 나머지는 폭스바겐, 포드향 매출로 구성.
- 2016년 매출이 2.4조 원까지 증가했으나, 주 고객사인 현대차그룹의 중국과 북미 사업 부진 여파로 2018년에 매출이 큰 폭으로 하락 → 현대차그룹향 매출이 절대적인 비중을 차지함에 따라 향후 매출처 다변화 요구됨.
- 2014년 830억 원에 불과했던 인도 매출이 2018년에 2,310억 원까지 증가했고, 2019년 2분기에도 전년 동기 대비 30% 급증 → 현대차의 인도 생산 감소(YoY-1.6%)에도 불구하고 포드향 매출이 늘어나 인도 시장 사업이 호실적을 이어감.
- 기아차 인도공장 대응을 위해 서연이안나푸르 법인(연결 대상) 설립 → 2021년 BEP 예상.

지역별 매출 비중 단위: %
- 브라질 4.6
- 멕시코 5.7
- 중국 8.3
- 미국 14.1
- 인도 15.1
- 유럽 18
- 한국 34.2

화승알앤에이
KP

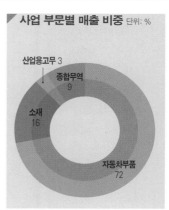

매출액	1조5,281억 원
영업이익	539억 원
순이익	-332억 원

현지호 19.98%
현승훈 17.92%
9.9%
화승인더스트리 6.47%
9.98%
화승엔터프라이즈 71.73%

▶ 투자포인트
- 동사의 연결대상 종속회사는 모두 22개 사로, 자동차부품, 소재, 산업용고무, 종합무역 등 사업 영위.
- 자동차부품 부문은 자동차용 고무제품을 생산·판매하고 있으며, 현대차그룹으로부터 '품질5스타' 획득.
- 소재 부문은 CMB 업계 최고의 설비 수준과 다양한 배합기술력 갖춤.
- 동사는 친환경차로의 변화에 따른 제품 사양화 및 높은 부채비율 리스크를 숙제로 안고 있음.
- 연간 매출액이 1조5,000억 원이 넘지만, 부채비율이 400%가 넘는 점(2019년 2분기 기준)은 실적 개선에 걸림돌 → 연간 이자비용만 320억 원 수준.
- 사업비용으로 원재료 비중이 65%를 차지함에 따라 글로벌 고무가격 시세 등에 실적 영향 많이 받음.

사업 부문별 매출 비중 단위: %
- 산업용고무 3
- 종합무역 9
- 소재 16
- 자동차부품 72

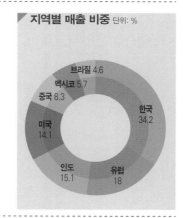

엠에스오토텍

KQ

매출액	8,919억 원
영업이익	274억 원
순이익	50억 원

- 16.72% 심원
- 14.5% 이태규
- 48% 명신산업
- 28% 엠에스티

▶ 투자포인트

- 2009년 현대차그룹에 최초 적용된 핫스탬핑 부품을 주력으로 하는 차체부품 1차 협력사로, 주요 고객은 현대차그룹 76%, 현대제철 15%, 테슬라 8%(2018년 기준)임.
- 대주주가 100% 보유하고 있던 심원 산하의 심원미국, 심원개발, 심원중국이 연결대상 법인으로 편입 → 미국법인 매출이 2018년 3분기부터, 중국법인 매출은 2018년 4분기부터 연결로 편입되면서 매출 성장 견인.
- 연산 25만 대 규모의 한국GM의 군산공장을 인수하여 연 5만 대의 전기차를 위탁 생산하는 사업에 착수.
- 위탁 사업의 양산이 궤도에 오르는 시점은 2022년 하반기부터로 예상되며, 현재 계약 업체, ASP 등이 알려진 바 없어 정확한 매출 규모, 수익성을 예측하기 어려움.
- 2017년 337%였던 부채비율이 558%까지 상승 → 군산공장에 향후 2~3년간 2,000억 원의 CAPEX가 추가 필요한 만큼 자금 조달과 재무건전성 유지가 관건.

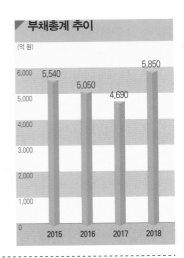

부채총계 추이 (억 원)

2015: 5,540 / 2016: 5,050 / 2017: 4,690 / 2018: 5,850

코리아에프티

KQ

매출액	3,880억 원
영업이익	68억 원
순이익	40억 원

- 34.91% SIS S.R.L
- 8.62% 김재년
- 87.5% BKFTC (해외 생산기지 확보 목적)

▶ 투자포인트

- 카본 캐니스터, 필러넥, 의장부품 등 자동차부품 사업 영위 → 캐니스터와 필러넥은 신규 증발가스 규제에 따라 제품이 고도화되고 가격 인상이 이뤄지는 구조로, 친환경차 시장에서 성장성 매우 높음.
- 의장의 경우 유럽 지역에 매출 집중.
- 핵심 사업인 캐니스터는 국내 시장점유율 77%, 글로벌 시장점유율 9% 영위.
- 최근 볼보와 르노-닛산 형 카본 캐니스터 수주 확보.
- 필러넥의 경우 Multi-Layer 다음 단계로 개발된 나노필러넥 수주가 동사의 독점 형태로 이뤄지고 있고, 특히 중기적으로는 글로벌 OEM향 수주 기대.

제품별 매출 비중 단위: %

기타 5 / 캐니스터 23 / 의장 48.8 / 필러넥 24

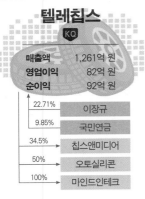

엔브이에이치코리아

KQ

매출액	6,220억 원
영업이익	30억 원
순이익	-160억 원

- 33.42% 구자겸
- 7.28% 유수경
- 6.28% 이국진
- 73% 엔브이에이치원방테크
- 44% GH신소재

▶ 투자포인트

- Headliner 및 NVH 부품 사업을 주력으로 영위.
- 2018년 6월 원방테크를 인수하면서 반도체 클린룸, 2차전지 드라이룸 사업 진출.
- 2019년 4월 삼현에이치 인수하면서 교량 거더 사업 진출.
- 매출 비중은 자동차부품 70%, 클린룸 21%, 교량 거더 9%.
- 2018년 역대 최대 매출(6,220억 원)을 기록한데 이어 매출 고성장세 지속 중.
- 현대차 제네시스 신차 NVH 신규 수주 및 기아차 인도 신공장에 힘입어 자동차부품 사업 매출 안정적 성장 예상.
- 2020년 체코공장(폭스바겐, 아우디), 폴란드공장(현대차) 가동 개시.
- 830만 주의 전환사채 존재(전환가격 2,530원, 전환기간 2018.05.22.~2020.04.22)가 동사의 부담 요인으로 작용.

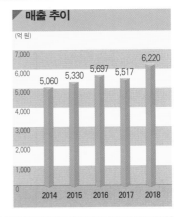

매출 추이 (억 원)

2014: 5,060 / 2015: 5,330 / 2016: 5,697 / 2017: 5,517 / 2018: 6,220

텔레칩스

KQ

매출액	1,261억 원
영업이익	82억 원
순이익	92억 원

- 22.71% 이장규
- 9.85% 국민연금
- 34.5% 칩스앤미디어
- 50% 오토실리콘
- 100% 마인드인테크

▶ 투자포인트

- 국내 유일의 차량용 AP 전문 팹리스(Fabless) 회사로, 차량용 인포테인먼트, AVN(Audio-Video-Navigation)을 지원하는 차량용 Application Processor(이하 AP)와 방송용 셋톱박스 칩 사업 영위.
- 주요 매출처는 현대모비스/LG전자를 통한 현대차그룹(약 60%).
- 현대차와 기아차의 내비게이션 스크린 대형화에 힘입어 AVN 매출 비중이 2016년 54%에서 현재 72.6%까지 증가.
- 일본 및 중국 등으로 매출 다변화 기대.
- 2021년과 2022년 차량 인포테인먼트 관련 다양한 제품 라인업 구축으로 중장기 성장 모멘텀 마련.
- 자동차 산업의 스마트화에 따른 수혜 기대주로 각광.

차량용 AVN,디지털 클러스터, D-오디오 글로벌 시장 규모

■ 클러스터 ■ AVN ■ D-오디오 단위: 백만 개

CAGR(Y19~Y25): 5.6%

	Y2019	Y2020	Y2021	Y2022	Y2023	Y2024	Y2025
클러스터	48	51	54	49	60	64	68
AVN	41	44	47	52	55	58	
D-오디오	70	72	76	81	86	91	96

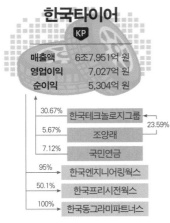

한국타이어
KP

매출액	6조7,951억 원
영업이익	7,027억 원
순이익	5,304억 원

- 30.67% 한국테크놀로지그룹 ← 23.59%
- 5.67% 조양래
- 7.12% 국민연금
- 95% 한국엔지니어링웍스
- 50.1% 한국프리시전웍스
- 100% 한국동그라미파트너스

▶ 투자포인트

- 국내 타이어 업계 1위 회사로, 국내 타이어 시장은 교환 및 OEM(완성차 업체 납품)으로 구분되며, 교환 시장의 경우 승용차용은 전반적인 경기와 소비자 패턴 변화에 영향을 받고, 트럭과 버스용은 운수 및 건설 경기에 민감 → 시장을 주도하는 동사의 실적은 국내 경기와 밀접한 연관성 지님.
- 완성차 업계의 OEM은 내수 부문에서 신차 출시에 영향을 받으며, 수출 부문은 자동차 수출의 확대 및 글로벌 시장의 수요 증가에 따른 매출 증가 영향이 큰 편.
- 동사는 2019년 상반기에 실적 둔화를 보이다가 2019년 3분기부터 영업이익 회복 추세.
- 2020년 상반기까지는 성수기 진입 및 북미/유럽 등 주요 지역에서의 시황이 소폭 개선됨에 따라 실적 회복 이어질 전망.
- 우호적인 원재료 투입가격 흐름 및 환율 효과 등도 긍정적인 시그널.

▶ 영업이익 추이 및 전망
괄호 안은 영업이익률(%)

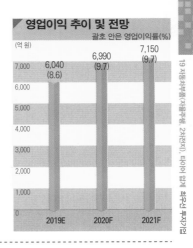

(억 원)

	2019E	2020F	2021F
영업이익	6,040 (8.6)	6,990 (9.7)	7,150 (9.7)

19 자동차부품(자율주행), 2차전지, 타이어 업계 최우선 투자기업

▶ 한국타이어 글로벌 매출 전망 2020년 기준, 단위: 억 원

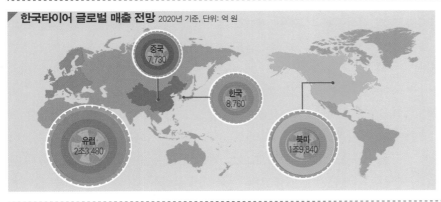

- 중국 7,730
- 한국 8,760
- 유럽 2조3,480
- 북미 1조9,840

▶ 타이어 생산량 추이 및 전망

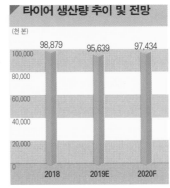

(천 본)

	2018	2019E	2020F
생산량	98,879	95,639	97,434

금호타이어
KP

매출액	2조5,587억 원
영업이익	−789억 원
순이익	−1,827억 원

- 45% 싱웨이코리아
- 7.78% 우리은행
- 7.43% 한국산업은행

▶ 투자포인트

- 한국, 중국, 미국, 베트남에 위치한 8개 타이어 생산 공장을 토대로 글로벌 생산 체계 구축.
- 2019년 2분기에 영업이익이 흑자전환에 성공 → 10개 분기만에 적자에서 벗어남.
- 업황 부진에도 불구하고 실적 개선이 가능했던 이유는, 대대적인 비용 절감 덕분 → 매출이 예상보다 부진했으나 원가율이 76.6%(−7.2%p)로 대폭 개선.
- 동사의 향후 관건은 비용 절감 효과가 지속적으로 이어질 수 있는지와 중국법인 실적 회복 여부 → 중국법인은 2019년 2분기 4개 법인(난징/천진/장춘/차이나)의 합산 순손실이 −129억 원으로 전년 동기 −829억 원에서 대폭 개선.
- 2019년 하반기부터 기아차의 전략 모델인 셀토스 공급으로 OE 매출 개선 기대.

▶ 영업이익 추이 및 전망
괄호 안은 영업이익률(%)

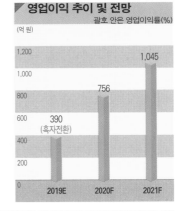

(억 원)

	2019E	2020F	2021F
영업이익	390 (흑자전환)	756	1,045

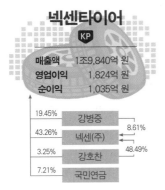

넥센타이어
KP

매출액	1조9,840억 원
영업이익	1,824억 원
순이익	1,035억 원

- 19.45% 강병중 ← 8.61%
- 43.26% 넥센(주) ← 48.49%
- 3.25% 강호찬
- 7.21% 국민연금

▶ 투자포인트

- 자동차용 타이어를 제조 · 판매 · 렌탈하는 타이어 부문과 운송 보관 및 금형 제작 · 수리를 하는 비타이어 사업 부문 영위.
- 동사의 북미법인은 고성장을 이어가는 데 반해, 신규 체코법인의 경우 양산이 본격화되었지만 2019년 적자 지속.
- 신규 체코법인의 경우, 해당 지역의 경기 침체로 산업 수요가 급감하면서 생산 계획에 차질 우려 → 2020년 이후 생산 정상화 및 BEP 달성 예상.
- 북미 니치 마켓에서는 10% 영업이익률을 유지하는 등 실적 선방.
- 제품 가격 인하에 대한 부담은 존재하지만 최근 프리미엄 브랜드향 수주 확대를 통해 고인치, SUV용 타이어 비중이 늘어나는 점은 긍정적.
- 2020년 PER(주가수익비율)은 5.7배로 주가 하락 위험은 제한적임.

▶ 영업이익 추이 및 전망
괄호 안은 영업이익률(%)

(억 원)

	2019E	2020F	2021F
영업이익	2,299 (11)	2,230 (10)	2,383 (10.1)

기존 가치사슬마저 붕괴하는
자율주행차의 위력

자동차 업황, 언제 좋아질까?

자동차 산업의 패러다임이 친환경차와 자율주행차 중심으로 옮겨가면서 후방 산업인 자동차부품의 시장 구조가 흔들리고 있다. 내연기관을 통해 화석연료를 태워 작동시키는 기존의 자동차를 대신해 머지않아 전기차와 수소차 시대가 도래한다는 시장 전망이 기정사실화되면서 2차전지 산업이 전세계적으로 어마어마한 규모의 시장으로 성장하고 있다. 2020년 이후 유럽을 중심으로 이산화탄소 배출 규제가 강화되면서 친환경차 중에서도 전기차의 성장세가 두드러진다. 전기차 시장이 열리면서 기존 자동차부품과는 다른 제품들이 시장을 대체해나가고 있는 데, 그 중 대표적인 것이 2차전지다. 휴대폰용 2차전지와는 비교도 되지 않을 만큼 대용량 배터리가 전기차의 핵심 부품으로 활용되는 것이다. 업계에서는 2차전지 수요 증가분의 90%가 전기차용이 될 것으로 보고 있다.

친환경차와 함께 자동차 산업의 패러다임을 바꿀 또 다른 키워드는 '자율주행(Self-Driving)'이다. 자율주행은 운전자가 핸들과 가속페달, 브레이크 등을 조작하지 않아도 정밀한 지도, 위성항법 시스템(GPS) 등 차량의 각종 센서로 상황을 파악해 스스로 목적지까지 찾아가는 기술을 말한다. 엄밀한 의미에서 사람이 타지 않은 상태에서 움직이는 무인 자동차(Driverless Cars)와 다르지만 혼용돼 이해하기도 한다.

자율주행차 시장이 열리면서 자동차부품 산업도 자율주행 시스템 관련 센서와 소프트웨어 중심으로 변모해가고 있다. 업계에서는 글로벌 자율주행 시장이 2020년부터 본격적인 성장세에 진입할 것으로 내다보고 있다.

자율주행차가 보편화되기 위해서는 수십 가지 기술이 정착되어야만 한다. 차간거리를 자동으로 유지해 주는 HDA 기술을 비롯해, 차선이탈 경보 시스템(LDWS), 차선유지 지원 시스템(LKAS), 후측방 경보 시스템(BSD), 어드밴스트 스마트 크루즈 컨트롤(ASCC), 자동 긴급 제동 시스템(AEB) 등이 핵심 기술로 꼽힌다.

이러한 기술을 실현하기 위해서는 스마트폰보다 1,000배 이상 많은 반도체칩이 필요하다. 또 4차 산업혁명의 핵심 기술로 꼽히는 인공지능(AI), 클라우드, 사물인터넷(IoT) 등도 폭 넓게 활용되어야 한다. 이처럼 자율주행차 시대가 보편화되려면 산업 간의 초월적 협력이 필요한데, 기존 자동차부품 업계를 넘어 IT와 디지털 디바이스 등 다양한 분야가 밀접하게 연계되어야 한다.

자동차부품 업계의 밸류체인이 무너지고 있다!

전통적인 자동차부품 산업의 밸류체인은 완성차를

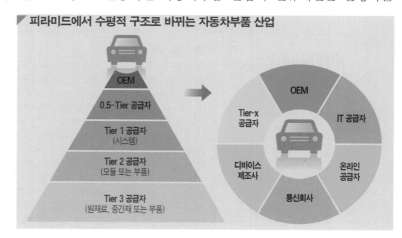

피라미드에서 수평적 구조로 바뀌는 자동차부품 산업

OEM
0.5-Tier 공급자
Tier 1 공급자 (시스템)
Tier 2 공급자 (모듈 또는 부품)
Tier 3 공급자 (원재료, 중간재 또는 부품)

OEM
Tier-x 공급자
IT 공급자
디바이스 제조사
온라인 공급자
통신회사

정점으로 티어1(Tier 1) 업체에서 티어3(Tier 3) 업체까지 수직적으로 이루어진 피라미드 구조로 되어 있었다. 하지만 기존 자동차부품 산업에 속하지 않은 다양한 업계가 자율주행 기술 개발에 참여하면서 전통적인 자동차부품 산업의 밸류체인이 무너지고 있다. 티어0.5(Tier 0.5)의 등장은 전통적인 밸류체인이 이미 와해되고 있음을 방증한다.

시장조사기관 보스턴 컨설팅 그룹에 따르면, 자율주행차 시장 규모는 2025년에 약 420억 달러(약 50조 원)에 이른 뒤 2035년이 되면 770억 달러(약 90조 원) 규모로 성장할 것으로 분석했다. 아울러 2035년에 세계 자동차 판매량의 25%를 자율주행차가 차지할 것이며, 이 가운데 완전 자율주행차는 1,200만 대, 부분 자율주행차는 1,800만 대에 이를 것으로 전망했다. IHS 오토모티브는 2035년에 자율주행차 판매량이 1,000만 대를 넘어 글로벌 자동차 시장의 약 10%를 차지할 것으로 예측했다. 심지어 전세계 자율주행차 보급률을 2025년 4%에서 2030년 41%로, 2035년에는 75%까지 낙관적으로 전망한 시장조사기관의 리포트도 눈에 띈다. 자율주행차 시장 전망에 가장 보수적인 맥킨지차도 자율주행차의 본격적인 상용화 시기를 2030년으로 예상했으며, 2040년에는 미국 내 차량의 75% 이상이 자율주행차가 차지할 것으로 내다봤다.

자동차부품 업계로서는 자율주행차가 여간 부담스러운 게 아니다. 웨이모(Waymo), 엔비디아(NVIDIA), 퀄컴(Qualcomm) 등 세계 유수의 ICT 업체들이 앞 다퉈 자율주행차 시장에 뛰어들고 있기 때문이다. 이들은 기존 자동차부품 회사들이 갖지 못한 기술력으로 자율주행차 시장에서 우위에 설 전망이다. 시장에서의 도태를 그대로 받아들여야 할지는 자동차부품 회사들에 달렸다.

타이어 업계, '안일한 안정'이 불러온 침체

자동차부품과 함께 자동차 산업의 후방을 책임져온

타이어 산업은, 외부 기술 변화보다는 천연고무 등 원재료 및 전통적인 수요에 민감하게 반응한다. 이를테면, 신차용 타이어 수요는 자동차 생산대수에, 교환용 타이어 수요는 차량 등록대수에 영향을 받는다. 또한 타이어는 천연고무, 합성고무, 코드지 등 여러 원재료가 투입되어 화학 산업과 밀접하다.

타이어 산업은 막대한 설비 투자가 소요되는 자본 집약적 장치산업이다. 생산시설의 꾸준한 증설이 요구되며 감가상각비용도 적지 않다. 뿐만 아니라 고무의 가공특성상 전체 공정을 자동화하는 데 한계가 있어, 인력에 의존해야만 하는 노동집약적 산업이기도 하다. 이러한 타이어 산업의 특성은 그대로 높은 진입장벽이 되었다. 전세계적으로 몇몇 타이어 업체들이 과점 체제를 유지해온 것도 같은 이유다.

국내 상황도 다르지 않다. 한국타이어, 금호타이어, 넥센타이어가 전체 시장의 90% 이상을 점유한다. 타이어는 자동차에 반드시 필요한 핵심 부품이고 시장에서 과점의 특혜를 누리지만, 그렇다고 국내 타이어 3사의 실적이 늘 안정적인 건 아니다. 타이어의 원재료인 고무는 100% 수입에 의존해야 하는데, 가격 변동이 심하다. 타이어 제조사마다 매출 향상을 위해 내수에만 의존할 수 없고 해외 사업도 중요한데, 현지 상황이 녹록치 않다. 당장 넥센타이어는 새로 진출한 체코법인 사업이 적자 상태. 금호타이어는 9분기 연속 적자에 시달리다 중국 더블스타에 매각된 상태다. 2019년 흑자전환에 성공했지만 언제 다시 적자로 돌아설지 모른다. 업계 맏형 한국타이어는 현대차그룹의 중국 판매 부진 이후 신차용 타이어(OE) 물량 감소 여파로 경영실적이 3년째 하강 곡선을 그리고 있다. 2016년 대비 연간 영업이익은 반 토막 났다.

사정이 이렇다보니 주식 시장에서 타이어주에 대한 투자자들의 반응이 신통치 않다. 이렇다 할 성장 모멘텀이 없기 때문이다. 과점 구조는 '안일한 안정'을 불러오곤 하는데, 안일한 안정이 오래 이어지면 결국 침체에 직면하고 만다. 국내 타이어 업계 이야기다.

글로벌 해운 시장, 헤게모니 구조 파헤치기

◤ 글로벌 해운 시장 규모 추이 및 전망 전세계 해상 물동량 기준

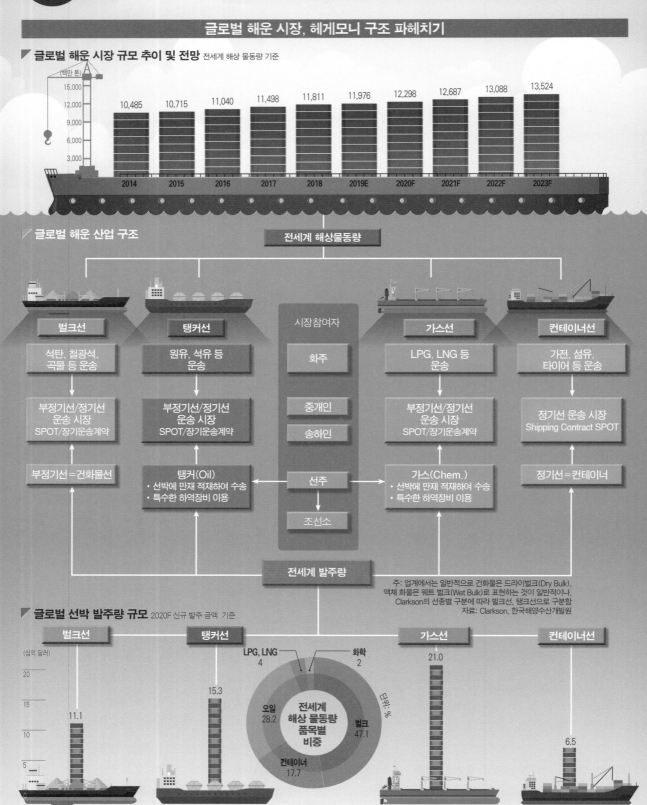

(백만 톤)

	2014	2015	2016	2017	2018	2019E	2020F	2021F	2022F	2023F
	10,485	10,715	11,040	11,498	11,811	11,976	12,298	12,687	13,088	13,524

◸ 글로벌 해운 산업 구조

전세계 해상물동량

시장참여자
- 화주
- 중개인
- 송하인
- 선주
- 조선소

벌크선
석탄, 철광석, 곡물 등 운송
↓
부정기선/정기선 운송 시장 SPOT/장기운송계약
↓
부정기선＝건화물선

탱커선
원유, 석유 등 운송
↓
부정기선/정기선 운송 시장 SPOT/장기운송계약
↓
탱커(Oil)
• 선박에 만재 적재하여 수송
• 특수한 하역장비 이용

가스선
LPG, LNG 등 운송
↓
부정기선/정기선 운송 시장 SPOT/장기운송계약
↓
가스(Chem.)
• 선박에 만재 적재하여 수송
• 특수한 하역장비 이용

컨테이너선
가전, 섬유, 타이어 등 운송
↓
정기선 운송 시장 Shipping Contract SPOT
↓
정기선＝컨테이너

전세계 발주량

주: 업계에서는 일반적으로 건화물은 드라이벌크(Dry Bulk), 액체 화물은 웨트 벌크(Wet Bulk)로 표현하는 것이 일반적이나, Clarkson의 선종별 구분에 따라 벌크선, 탱커선으로 구분함
자료: Clarkson, 한국해양수산개발원

◤ 글로벌 선박 발주량 규모 2020F 신규 발주 금액 기준

(십억 달러)

벌크선 11.1

탱커선 15.3

가스선 21.0

컨테이너선 6.5

전세계 해상 물동량 품목별 비중 (단위: %)
- LPG, LNG 4
- 화학 2
- 오일 28.2
- 벌크 47.1
- 컨테이너 17.7

글로벌 해운강국 '톱10'

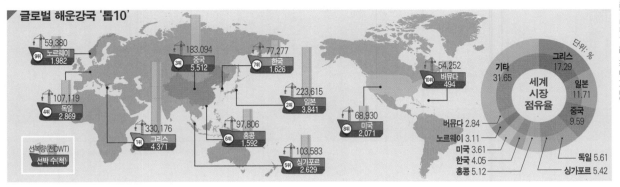

선복량(천DWT)
선박 수(척)

9위 노르웨이 59,360 / 1,982
4위 독일 107,119 / 2,869
1위 그리스 330,176 / 4,371
3위 중국 183,094 / 5,512
6위 홍콩 97,806 / 1,592
5위 싱가포르 103,583 / 2,629
7위 한국 77,277 / 1,626
2위 일본 223,615 / 3,841
8위 미국 68,930 / 2,071
10위 버뮤다 54,252 / 494

세계 시장 점유율 (단위: %)
그리스 17.29
일본 11.71
중국 9.59
독일 5.61
싱가포르 5.42
홍콩 5.12
한국 4.05
미국 3.61
노르웨이 3.11
버뮤다 2.84
기타 31.65

선종별 글로벌 해운사 '톱20'

순위	벌크 (척, 백만DWT) 회사명	선박 수	선복량
1	China COSCO Shipping	306	33.92
2	Nippon Yusen Kaisha	191	17.95
3	Fredriksen Group	120	14.62
4	K-Line	120	14.24
5	Polaris Shipping Co	51	13.82
6	China Merchants	110	13.80
7	Mitsui O.S.K. Lines	117	13.49
8	Berge Bulk	52	11.23
9	Pan Ocean	70	10.63
10	Angelicoussis Group	56	10.01
11	Oldendorff Carriers	101	9.28
12	NS United KK	50	9.16
13	Imabari Shipbuilding	84	8.38
14	Nissen Kaiun	84	8.35
15	ICBC	30	8.24
16	Star Bulk Carriers	74	8.21
17	Navios Holdings	75	8.04
18	Mitsubishi Corp	87	7.16
19	Wisdom Marine Group	114	6.03
20	Winning Shipping	38	6.01

순위	탱커 (척, 백만DWT) 회사명	선박 수	선복량
1	China COSCO Shipping	175	22.60
2	China Merchants	128	19.25
3	Bahri	82	16.02
4	Angelicoussis Group	55	15.06
5	Mitsui O.S.K. Lines	159	13.99
6	NIOC	55	13.66
7	Euronav NV	51	12.54
8	SCF Group	132	12.53
9	Teekay Corporation	94	12.52
10	Fredriksen Group	66	12.21
11	Petronas	83	11.04
12	Dynacom Tankers Mngt	65	10.51
13	DHT Holdings	29	8.59
14	Ocean Tankers	132	8.47
15	Nippon Yusen Kaisha	46	7.96
16	Tsakos Group	74	7.85
17	Minerva Marine	67	7.75
18	Scorpio Group	109	7.70
19	Gener8 Maritime	30	7.49
20	Sinokor Merchant	71	7.24

순위	컨테이너선 (척, 천TEU) 회사명	선박 수	선복량
1	Maersk	773	4,188
2	MSC	480	3,118
3	CMA CGM	469	2,489
4	China COSCO Shipping	325	1,887
5	Hapag-Lloyd	219	1,538
6	Evergreen	189	1,063
7	OOCL	94	674
8	Yang Ming	104	614
9	Mitsui OSK	80	592
10	NYK	92	537
11	Zim	77	375
12	K-Line	60	356
13	PIL	120	353
14	HMM	60	345
15	Wan Hai	99	258
16	X-Press Feeders	98	165
17	KMTC	68	137
18	SITC	76	103
19	IRISL	24	86
20	Arkas	46	80

BDI 추이 및 전망 괄호 안은 전년 대비 증감률(%)

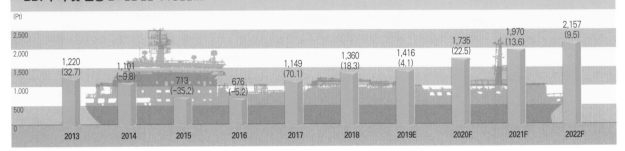

(Pt)

2013 1,220 (32.7)
2014 1,101 (-9.8)
2015 713 (-35.2)
2016 676 (-5.2)
2017 1,149 (70.1)
2018 1,360 (18.3)
2019E 1,416 (4.1)
2020F 1,735 (22.5)
2021F 1,970 (13.6)
2022F 2,157 (9.5)

- 2020년 BDI는 전년 대비 22.5% 상승한 1,735pt가 될 것으로 예상 → BDI 상승이 예상되는 이유는 벌크선 발주량이 계속 위축되어 있어, 조선소들의 벌크선 건조량이 많지 않을 것으로 분석되기 때문.
- BDI(Baltic Dry Index)는 세계 해운 업계의 경기 상황을 나타내는 대표적 지수로, 런던의 발틱해운거래소가 1999년 11월 1일부터 발표하고 있는 종합 운송지수. 벌크선이 주로 이용돼, '벌크운임지수'라고도 불림.
- BDI는 1985년 1월 4일 운임 수준을 기준(1,000)으로 삼고, 석탄·광석·곡물·건축 자재 등 포장 없이 벌크선으로 운송하는 원자재에 대한 운임을 평가. 전세계 주요 항로의 선박 유형별 화물운임과 용선료 등을 종합해서 산출.
- 원자재나 상품을 운반하는 양이 많아지면 BDI가 상승하고, 양이 줄면 하락. BDI는 단순히 해운업 경기만을 나타내는 것이 아니라 앞으로의 경제 성장 및 세계 경기를 예측하는 선행지표로 활용. 예를 들어 BDI가 상승한다는 것은 철광석·석탄 등 원자재 물동량이 늘어난 것을 나타내고, 이는 세계적인 교역량이 증가한 것을 의미하므로 글로벌 경기 회복의 신호로 이해.

▶ 'IMO 2020' 규제에 따른 이해득실

유형	저유황유 대체(LSFO, Low-Sulfur Fuel Oil)	탈황설비(Scrubber) 설치	LNG 연료 추진선 도입(LNG/LPG Dual-Fuel Engine)
장점	• 추가적인 설비 투자(신조 발주) 불필요. • Cleaning 이후 기존 선대에도 바로 적용 가능.	• 저렴한 기존 연료 사용 가능, 황산화물 규제 충족. • 투자금 단기 회수 가능.	• SOx 규제 포함해 NOx, CO_2 규제까지 대응 가능. • 벙커 대비 연료 소모 적고, 가격 인하로 운영비 절감.
단점	• 기존 연료 대비 40~50% 고가, 가격 급등 리스크 존재. • 저유황유 표준화 제조법이 없어 사용상 주의 필요.	• 척당 200~800만 달러에 달하는 투자 비용 소요. • CO_2 규제에 대응 불가, 스프레드 축소 시 매력 저하.	• 선가의 최대 20~30%의 설비 투자 비용 발생. • LNG 인프라 투자가 필수조건, 연료탱크 크기 이슈.
조선 산업 영향	• 신조선이 필요하지 않기 때문에 큰 영향은 없을 전망(중립적) → PC 시황 개선에는 긍정적.	• 스크러버 옵션 장착으로 선가 상승(다소 긍정적) → 잔존가치가 낮은 노후선 폐선 유발.	• LNG추진선 발주 시 대부분 국내 조선사 수주 예상. • 고가의 LNG추진선 수주로 선가 상승(긍정적).

*IMO 2020 : 국제해사기구(IMO)가 내놓은 2020년 1월 1일부터 시행하는 규제로, 선박 연료의 일반해역 내 황 함유량이 0.5% 이하(기존 3.5%), 배출규제해역(ECA)은 0.1% 이하를 준수해야 함.

▶ 글로벌 해운 · 조선 시장에 대한 환경 규제 강화 스케줄

• 장기적으로 환경 규제는 황산화물뿐만 아니라 이산화탄소 저감 등으로 강화될 예정이며, 모든 선박에 대해 일괄적으로 황 함유량 감축 의무가 적용되는 'IMO 2020'를 기점으로 해체 선령은 낮아질 전망.

• 해운·조선 업종에 대한 보수적인 투자 심리를 감안하건대, 'IMO 2020'이 안착되고 비용과 운임 간의 관계가 실적을 통해 분명해지기 전까지는 불확실성을 피하려는 투자 관망세에 무게가 실릴 전망.

▶ 해운 · 조선 업계에 부는 선박 대형화 바람

》 연간 선박 크기에 따른 규모의 경제 효과

》 해운 산업의 선박 대형화 추세

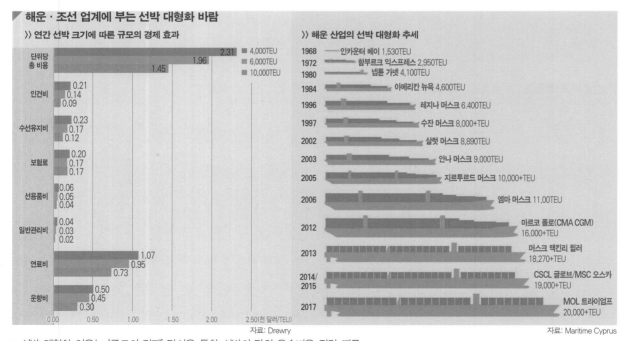

자료: Drewry

자료: Maritime Cyprus

• 선박 대형화 이유는 '규모의 경제' 달성을 통한 선박의 단위 운송비용 절감 때문.

• 예를 들어, 10,000TEU급 선박의 운송 단위당 연료비는 4,000TEU급 선박에 비해 약 32% 낮고, 운송 단위당 운항비는 약 40% 낮은 수준으로, 선박의 대형화를 통한 '규모의 경제' 달성은 글로벌 선사들의 보편화된 운영 전략임.

2020년대 조선 시황 사이클을 읽는다!

글로벌 선박 발주량 추이 및 전망
상선 발주량 기준, 단위 : 백만 DWT, 괄호 안은 전년 대비 증감률(%)

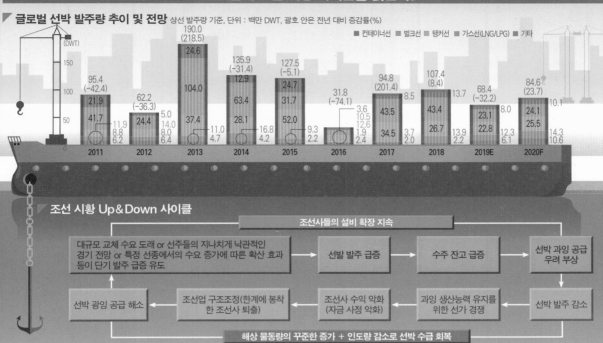

범례: ■ 컨테이너선 ■ 벌크선 ■ 탱커선 ■ 가스선(LNG/LPG) ■ 기타

조선 시황 Up&Down 사이클

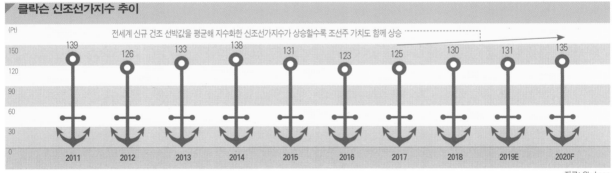

조선사들의 설비 확장 지속

대규모 교체 수요 도래 or 선주들의 지나치게 낙관적인 경기 전망 or 특정 선종에서의 수요 증가에 따른 확산 효과 등이 단기 발주 급증 유도 → 선발 발주 급증 → 수주 잔고 급증 → 선박 과잉 공급 우려 부상

선박 광잉 공급 해소 ← 조선업 구조조정(한계에 봉착한 조선사 퇴출) ← 조선사 수익 악화 (자금 사정 악화) ← 과잉 생산능력 유지를 위한 선가 경쟁 ← 선박 발주 감소

해상 물동량의 꾸준한 증가 + 인도량 감소로 선박 수급 회복

- 조선은 업황 등락이 주기적으로 반복되는 대표적인 사이클 산업. 특히 사이클의 주기가 길어 한번 방향성이 정해지면 장기간 일관된 변화를 시현.
- 사이클을 결정하는 선박 공급 요인에서의 긍정적 변화를 감안하건대, 2020년 시황 개선 시그널 감지.
- 2020년 전세계 선박 발주량은 기저효과를 바탕으로 53% 개선될 전망→시황이 개선 추세임을 감안하면, 현재 저평가된 국내 조선주 밸류에이션은 매력적인 수준.

자료: 삼성증권

클락슨 신조선가지수 추이

(Pt)

전세계 신규 건조 선박값을 평균해 지수화한 신조선가지수가 상승할수록 조선주 가치도 함께 상승

2011	2012	2013	2014	2015	2016	2017	2018	2019E	2020F
139	126	133	138	131	123	125	130	131	135

자료: Clarkson

국내 조선사들의 글로벌 수주 점유율

(백만 달러) / (%)

범례: ■ 전세계 선박 발주금액(좌) ○ 국내 조선 업계 평균 수주선가(좌) ○ 국내 조선 업계 평균 수주점유율(우)

평균 31.3%

주: 2019년 10월 말 기준, 계약 금액 기준

국내 조선 업체별 수주 목표 및 수주 달성률 현황

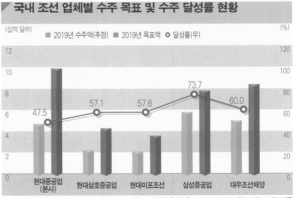

(십억 달러) / (%)

범례: ■ 2019년 수주액(추정) ■ 2019년 목표액 ○ 달성률(우)

	현대중공업 (본사)	현대삼호중공업	현대미포조선	삼성중공업	대우조선해양
달성률	47.5	57.1	57.6	73.7	60.0

주: 현대중공업은 본사 조선/해양 합산 기준, 수주액(추정)은 9월 말 IR자료 및 11월 11일 기준
자료: Clarkson, Tradewinds

221

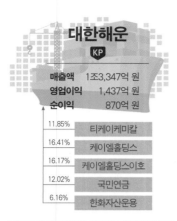

대한해운 KP

매출액	1조3,347억 원
영업이익	1,437억 원
순이익	870억 원

11.85%	티케이케미칼
16.41%	케이엘홀딩스
16.17%	케이엘홀딩스이호
12.02%	국민연금
6.16%	한화자산운용

▶ 투자포인트

- 2020년 신규 전용선이 장기운송 계약에 투입되면서 매출과 이익 모두 증가할 것으로 예상.
- GS칼텍스, VALE, 한국중부발전과의 계약에 1척의 탱커선과 4척의 벌크선 투입.
- 2019년 하반기에 운항을 시작한 전용선 6척의 매출도 2020년에 반영 예정.
- 카타르가 발주하는 LNG 운반선 수주 기대 → 안정적인 현금 흐름이 창출되는 전용선의 경우 소규모 수주에라도 성공할 경우 국내 해운 업계 전반의 이익 증가에 긍정적인 역할을 할 것으로 예상.
- 동사의 주가는 펀더멘털에 비해 저평가 받음 → 2020년 예상 이익 기준 P/E 5.3배, P/B 0.5배로 역사적 밸류에이션 하단에 위치.

▶ 영업이익 추이 및 전망
괄호 안은 영업이익률(%)

(억 원)

- 2019E: 1,550 (14.3)
- 2020F: 1,730 (14.2)
- 2021F: 1,760 (14.1)

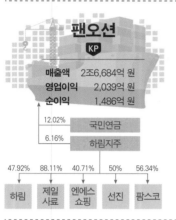

팬오션 KP

매출액	2조6,684억 원
영업이익	2,039억 원
순이익	1,486억 원

12.02%	국민연금
6.16%	하림지주

47.92%	88.11%	40.71%	50%	56.34%
하림	제일사료	엔에스쇼핑	선진	팜스코

▶ 투자포인트

- 2020년 벌크선 운임은 상저하고의 움직임을 보일 것으로 예상 → 벌크선 운임의 계절적 비수기인 2~3월이 동사 투자 적기.
- 클락슨에 따르면, 2020년 벌크선 선복량 증가율은 2.6%, 벌크 물동량 증가율은 2.2%로 벌크선 수급은 2019년과 크게 다르지 않을 전망. 따라서 2019년에 발생한 Vale 댐 붕괴 사고와 같은 특이사항만 없다면 벌크선 운임은 뚜렷한 계절성을 따를 것으로 예상됨.
- 'IMO 2020'에 따른 불확실성 증가로 선사들의 선박 발주가 급감한 점은 장기적인 호재 → VLSFO 가격이 안정되는 2020년 하반기부터 선박 발주가 다시 증가한다고 보면 이 때 발주된 선박이 인도되는 2022년 초까지는 벌크선 공급이 급감할 것이기 때문.

▶ 영업이익 추이 및 전망
괄호 안은 영업이익률(%)

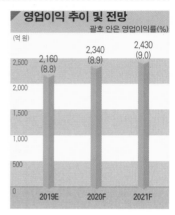

(억 원)

- 2019E: 2,160 (8.8)
- 2020F: 2,340 (8.9)
- 2021F: 2,430 (9.0)

현대상선 KP

매출액	5조2,221억 원
영업이익	-5,587억 원
순이익	-7,906억 원

12.94%	한국산업은행
7.7%	신용보증기금
4.38%	한국해양진흥공사

▶ 투자포인트

- 선복량 기준 국내 1위 컨테이너 선사 → 컨테이너선이 매출 비중 88%를 넘음.
- 초대형 컨테이너 선박 부재에 따른 단위비용 열위로 적자 지속 → 추가적인 유동성 지원 및 재무구조 개선 요함.
- 보유 선대에 적극적으로 스크러버를 설치하고 있고, 2020년부터 초대형 컨테이너선 20척이 인도되면 점차 원가경쟁력 회복 기대.
- 2020년 4월부터 The Alliance(글로벌 해운동맹)에 정회원으로 가입 → 향후 유럽 및 미주 노선에서의 영업활동을 추진하는 데 긍정적으로 작용.
- 2020년 하반기 이후 동사의 실적 개선 기대.

▶ 부채비율 추이

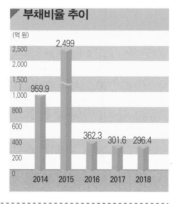

(억 원)

- 2014: 959.9
- 2015: 2,499
- 2016: 362.3
- 2017: 301.6
- 2018: 296.4

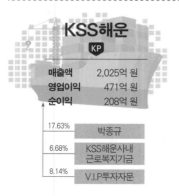

KSS해운 KP

매출액	2,025억 원
영업이익	471억 원
순이익	208억 원

17.63%	박종규
6.68%	KSS해운사내근로복지기금
8.14%	V.I.P투자자문

▶ 투자포인트

- 케미컬 및 가스 화물 등 석유화학의 특수화물을 운송하는 사업을 주력으로 영위하며, 특히 LPG와 암모니아 가스를 운송하는 대형 가스운반선 부문에서는 아시아 굴지의 선단을 갖추고 있음.
- 2020년 매출액과 영업이익은 1.4%, 7.5% 증가할 것으로 예상 → 신규 선대 유입이 전혀 없는 해에 해당하므로 실적 반등을 기대할 수 없다. 신규 선대 유입은 2021년부터 이뤄질 전망.
- 갱신기간이 도래한 선박의 경우 시장 운임 형성 수준에 따라 이전보다 높은 수준에서 성약될 수 있음. LNG 생산량 증가로 인해 LPG 시장도 호황 수준의 운임을 유지하고 있음.
- 신규 선대 유입이 이뤄질 2021년 이전까지는 실적에 영향을 줄만한 이슈가 없음에도 불구하고 동사의 주가는 꾸준히 우상향 추세.

▶ 영업이익 추이 및 전망
괄호 안은 영업이익률(%)

(억 원)

- 2019E: 492 (21.6)
- 2020F: 529 (23)
- 2021F: 578 (23)

20%대가 넘는 영업이익률 꾸준히 유지

한국조선해양

매출액 13조1,199억 원
영업이익 -5,225억 원
순이익 -4,536억 원

10.2% 국민연금
6.6% KCC
30.95% 현대중공업지주
25.8% 정몽준
100% 현대중공업
80.54% 현대삼호중공업
91.13% 현대오일뱅크

📈 투자포인트
- 2018년에 이미 상당한 분량의 수주 잔고 확보 → 2019년 3분기 말 기준 동사의 연결 조선해양 수주 잔고는 23.1조 원으로, 1.8년치 일감에 해당 → 업계 평균 1.6년을 상회. 특히 현대중공업과 현대삼호중공업의 수주잔고는 2년치에 육박.
- 현재 진행되고 있는 환경 규제에 대응하는 원천기술 대부분 보유 → 엔진을 포함한 주요 기자재를 자체 제작한다는 점도 강점. 친환경 선박 건조에서 발생하는 부가가치를 기자재 업체와 공유하지 않아도 되기 때문.
- 기업가치에 큰 비중을 차지하는 현대중공업과 현대삼호중공업이 비상장 상태라는 점 주목 → 여전히 양 사에 투자하고 싶은 투자자에게는 한국조선해양이 유일한 투자 대안임.
- 동사의 대우조선해양 인수 성공시 세계 선박의 5분의1 차지 → 독점적 지위 부각될수록 합병 성사에 암초.

📊 영업이익 추이 및 전망
괄호 안은 영업이익률(%)
(억 원)

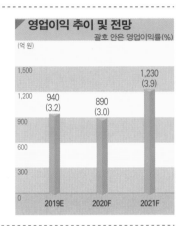

2019E	2020F	2021F
1,530 (1.0) (흑자전환)	2,830 (1.7)	4,890 (2.7)

현대미포조선

42.4%

매출액 2조4,030억 원
영업이익 709억 원
순이익 1,207억 원

12.25% 국민연금
100% 현대이엔티

📈 투자포인트
- 석유화학 제품 운반선과 중형 컨테이너 운반선 등을 중심으로 시장지배력 확대 및 LPG/에틸렌 운반선 등의 고부가가치 특수선박 시장에도 성공적으로 진출.
- 2019년 10월 누적 16.7억 달러의 신규 수주 확보 → 연간 수주 목표의 47% 수준에 불과. 이는 동사가 중소형선, 특히 중형 석유제품운반선(MR 탱커)에 대한 의존도가 높기 때문.
- 수주 선종이 다변화된 대형사 대비 동사의 선박 발주 침체 시 단기 대응능력에 한계.
- 동사의 수주 실적과 수주 잔고 상황 및 최근 선박 발주가 대형선을 위주로 집행되고 있음을 감안하면, 대형사 대비 주식 선호도에서 불리함. 그럼에도 불구하고 동사가 중소형 선박에 특화해 세계적인 경쟁력을 보유한 조선소라는 사실은 향후 주가 조정에서 장점으로 작용할 전망.

📊 영업이익 추이 및 전망
괄호 안은 영업이익률(%)
(억 원)

2019E	2020F	2021F
940 (3.2)	890 (3.0)	1,230 (3.9)

대우조선해양
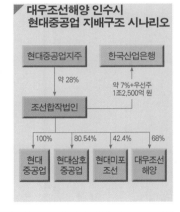

매출액 9조6,444억 원
영업이익 1조0,248억 원
순이익 3,201억 원

8.41% 하나은행
5.57% BlackRock Institutional Trust Company
55.7% 한국산업은행

2019.3.1 인수합병 양해각서 체결
현대중공업

📈 투자포인트
- 동사는 2019년에 국내 대형 조선사 중 가장 우수한 수익성 기록.
- 손익계산서상의 이익뿐만 아니라 실제 현금 흐름도 획격히 개선.
- 단기 손익과 달리 미래 매출을 결정하는 신규 수주에서는 다소 우려스러움.
- 2019년 동사 수주의 40%는 방위 산업(특수선)에서 창출 → 방위 산업 수주는 수익성은 안정적이지만 프로젝트의 진행 기간이 길다는 단점이 있는 바, 당장 2020년 매출에 기여할 수 있는 폭이 좁음.
- 동사는 2019년 매출이 경쟁사보다 양호했지만, 현재의 매출 규모를 유지하기 위해서는 경쟁사보다 많은 양의 수주가 필요 → 하지만 동사의 2019년 3분기 말 수주 잔고는 1.2년치 물량에 불과.

📊 대우조선해양 인수시 현대중공업 지배구조 시나리오

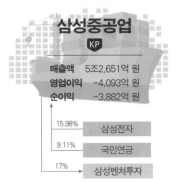

삼성중공업
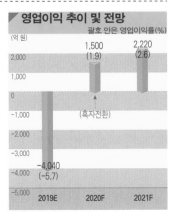

매출액 5조2,651억 원
영업이익 -4,093억 원
순이익 -3,882억 원

15.98% 삼성전자
9.11% 국민연금
17% 삼성벤처투자

📈 투자포인트
- 동사는 2017~2019년 수주 실적이 경쟁사 대비 우수 → 이를 바탕으로 매출이 2018년 5.3조 원에서 2019년 7조 원대로 상회할 것으로 예상.
- 수주 구성에 있어서 LNG선, 해양, 대형 컨테이너선 등 동사의 주력 선종들이 적절히 배합.
- 동사는 국내 대형사 중 유일하게 대형 해양 생산 설비 수주에 성공 → 가장 낮은 비용으로, 해양 사업과 관련한 인력과 건조 경험을 유지할 수 있음을 시사.
- 향후 동사에 기대할 수 있는 모멘텀은, 외형 회복을 바탕으로 한 수익성 개선.
- 동사는 5년 연속 자본훼손(순손실)을 경험했음을 감안하건대, 손익 부문의 개선은 동사에 대한 투자 심리에 긍정적인 시그널로 작용할 전망.

📊 영업이익 추이 및 전망
괄호 안은 영업이익률(%)
(억 원)

2019E	2020F	2021F
-4,040 (-5.7)	1,500 (1.9) (흑자전환)	2,220 (2.6)

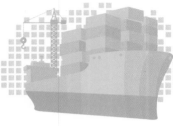

배만 커진다고
시황이 좋아지는 건 아니다!

해운과 조선, 그 운명적인 동행

해운과 조선은 얼핏 보면 같은 업종처럼 보이지만, 산업의 카테고리는 제각각이다. 해운은 항공 및 택배 등과 함께 운송업에 속하지만, 조선은 중공업을 대표한다. 운송업과 중공업은 분명 다른 영역이다. 그럼에도 불구하고 해운과 조선은 '선박'이라는 교집합을 통해 서로 밀접한 관계를 유지한다.

물동량이 증가해 해운 업계가 호황기에 접어들면, 선박의 발주가 늘어나 조선 업계도 수혜를 입는다. 반면 물동량이 줄어들면 발주량이 주는 건 인지상정이다. 단언컨대 해운 업황이 조선 시황에 미치는 영향은 절대적이다.

그렇다고 시장의 열쇠를 해운사만 쥐고 있는 건 아니다. 해운사는 조선사의 사정에 노심초사할 때가 적지 않다. 대형 조선사들이 구조조정이나 파업 등으로 수주받은 일감의 납기일을 제대로 지키지 못할 경우 해운사들은 낭패를 본다. 화물을 운반할 선박이 제때 마련되지 못하는 것만큼 해운사에게 치명적인 일은 없다. 결국 해운과 조선은 톱니바퀴처럼 서로 긴밀하게 맞물릴 수밖에 없는 운명이다.

IMO 2020, 해운 업계에 득이나 실이냐?

2020년 해운과 조선 업황에 가장 큰 영향을 미치는 이슈는 'IMO 2020'이다. IMO는 International Maritime Organization의 이니셜로, 우리말로 '국제해사기구'를 가리킨다. IMO는 174개 국의 회원을 둔 유엔전문기구로, 전세계 해양 산업에 막강한 영향력을 행사한다. 'IMO 2020'은 IMO가 내놓은 환경 규제 정책으로,

2020년부터 선주들이 선박연료유의 황 함유량을 기존 3.5%에서 최대 0.5%까지 낮춘 저유황유를 쓰게 하는 것을 주요 골자로 한다.

IMO가 고유황 선박연유(HSFO) 사용을 막는 이유는, HSFO에 함유된 산성비를 유발하는 황산화물 때문이다. 이에 따라 해운사들은 규제에 부합하는 저유황유를 사용하거나 황 함유량을 낮추기 위해 스크러버(탈황장치)를 장착해야 한다. 해운사들로선 어느 쪽이든 비용 부담에서 자유로울 수 없다. 당장 해운사들은 환경 규제 비용을 운임에 반영함으로써 부담을 화주들에게 전가할 것으로 보이지만, 이는 미봉책에 지나지 않는다.

'IMO 2020' 시행으로 효용성이 떨어지는 노후 선박들은 폐선의 운명을 벗어나지 못하게 된다. 결국 2020년 해운·조선 업황의 관건은 환경 규제 강화로 그동안 유보해오던 노후 선박에 대한 폐선 조치가 재개되는 것에 달렸음을 부정할 수 없다. 현재 20년 이상 된 선박은 전체 공급의 7%를 차지하고 있다. 폐선은 2020년 하반기부터 본격화돼 2019년 대비 2배 가까이 증가할 전망이다.

이산화탄소 관련 규제 또한 해운·조선 산업에 새로운 전환점이 될 전망이다. 2018년 4월 IMO가 발표한 규제안에 따르면, 해운사들은 2020년까지 연간 온실가스 배출량을 2008년 대비 20%, 2050년까지 50%로 감축해야 한다. 이를 달성하기 위해 현재 선박연료인 화석연료 대신 친환경 LNG 연료로 전환해야 하는데, 이를 위해 선박기관, 부속설비, 항만 연료공급 시설 등 대대적인 투자가 이뤄져야 한다. 장기적으로는 암모니아나 수소 등 비화석연료로의 전

환도 고려된다. 이처럼 대대적인 투자가 불가피하기 때문에, 해운사로서는 비용 부담이 적지 않을 전망이다.

IMO 2020이 한국의 조선사들을 웃게 한다?!

한편, IMO의 환경 규제 강화 방침은 조선 업계에게는 긍정적으로 작용할 전망이다. 무엇보다 황산화물 및 이산화탄소 배출 규제 강화로 선박의 운항속도가 제약을 받게 된다. 운항속도를 올릴수록 연비 소모가 커지고 연비 소모가 커질수록 유해물질 배출도 늘어나기 때문이다. 해운사는 선박 운항 속도를 올려 운항 횟수를 늘려왔는데, 운항 가능 횟수가 늘어날수록 선박 발주량도 감소해왔다.

해운 및 조선 업황 둔화 시점부터, 선주들은 과잉 공급된 선박의 가동과 연료유 부담 완화를 목적으로 저속운항(Slow Steaming) 전략을 시행하기도 했다. 해운사들은 이번 환경 규제 강화 조치로 저속운항을 이어갈 수밖에 없는 처지에 놓였다. 이로써 신규 건조 발주량이 늘어날 경우 조선 업계는 침체기에서 벗어날 수 있게 된다. 저속운항이 해운 업계 선주들에게도 반드시 부정적인 것만은 아니다. 선주 입장에서는, 선박 구매 과정에서 선박 운항속도 상승 리스크를 크게 고려하지 않아도 되기 때문이다.

세계적인 해운·조선 분석기관인 영국의 클락슨(Clarkson)은, 황산화물 배출 규제로 향후 주요 선박의 운항 속도가 평균 0.25노트 하락하면서, 선복량이 약 2.5% 감소하는 효과가 나타날 것으로 추산하고 있다. 선복량의 2%는 전세계 연간 선박 건조량의 56%에 해당하는 수치다. 아울러 클락슨은 선박 개조로, 실질 운항 선복량이 줄어드는 효과도 기대하고 있다.

아무튼 선박 환경 규제 강화 조치는 글로벌 조선 업계 중에서도 특히 한국의 대형 조선사들에게 긍정적으로 작용할 전망이다. 환경 규제가 강화될수록 선주들은 높은 기술력이 요구되는 고사양 선박을 구매할 수밖에 없는데, 한국의 대형 조선사들은 독보적으로 경쟁력 있는 기술을 보유하고 있기 때문이다.

환경 규제 강화로 한국 조선사들이 누릴 수 있는 첫 번째 수혜는 LNG추진선 수요 확대다. LNG추진선의 경우, 전세계적으로 건조 기술력을 확보한 조선사가 많지 않다. 게다가 가격도 일반 디젤 엔진을 탑재한 선박보다 비싸다.

LNG추진선을 선택한 비율은 전세계 선대 대비 4.3%에 불과하다. 그만큼 성장 여력이 무궁무진하다. 최근 선박을 구매한 선주들의 선호를 반영하는 수주 잔고 비중은 26%를 차지한다. 앞으로 LNG추진선 비중이 확대될 수 있음을 방증하는 대목이다.

배만 자꾸 부풀어 오르는 이유

최근 글로벌 해운·조선 업계의 또 다른 경향은 '선박의 대형화'이다. 글로벌 해운사를 중심으로 선복량 공급 경쟁이 심화되면서, 이는 다시 선박의 대형화 경쟁으로 치닫게 된 것이다. '선복량(船腹量, bottoms)'이란 선박에 실을 수 있는 화물의 총량을 말한다. 일반화물선의 경우에는 적재가능한 화물의 최대 중량을 가리키는 재화중량톤수(Dead Weight Tonnage, DWT)를 사용하고, 컨테이너선의 경우 최대 컨테이너 적재량을 20피트 컨테이너 단위(Twenty Foot Equivalent Unit, TEU)로 표시한다.

선박 대형화 경쟁은 마지막까지 살아남는 자가 승리하는 치킨게임의 양상으로 접어들고 있다. 이러한 흐름에 따라, Maersk, MSC, CMA-CGM 등 글로벌 3대 선사는 평균 12,000TEU의 대형 컨테이너선을 약 100대 이상 추가 건조 중이며, 일본 3대 해운사 중 하나인 MOL은 삼성중공업에서 건조한 20,000TEU급 대형 컨테이너선을 2017년경 세계 최초로 바다에 띄웠다. 뿐 만 아니다. 2017년 9월 기준으로 CMA-CGM은 22,000TEU급 컨테이너 선박 9척을, OOCL은 20,143TEU급 컨테이너 선박 6척을, MSC는

22,000TEU급 선박 11척을 발주하는 등 선박의 대형화 경쟁은 멈출 기미가 보이지 않는다.

이렇게 선박의 크기가 대형화되는 이유는, 배가 커질수록 '규모의 경제' 달성을 통한 선박의 단위 운송 비용 절감이 가능하기 때문이다. 예를 들어 10,000TEU급 선박의 운송 단위당 연료비는 4,000TEU급 선박에 비해 약 32% 낮고, 운송 단위당 운항비도 약 40% 낮아진다. 이처럼 선박의 대형화를 통한 규모의 경제 달성은 글로벌 선사들의 보편화된 운영 전략이라는 것이 전문가들의 주장이다. 지난 50년 동안 해운·조선 산업의 역사를 뒤돌아보면, 전 세계적으로 증가하는 교역량에 따라 컨테이너선 규모가 약 1,200% 대형화된 것으로 나타났다.

선박의 대형화에 따른 부작용도 적지 않다. 해운 업계에 부는 구조조정 칼바람의 주된 원인은 선박의 대형화에서 비롯된 헤게모니 경쟁 때문이다. 해운 업황의 사이클을 살펴보면, 다음과 같은 공식이 나타난다.

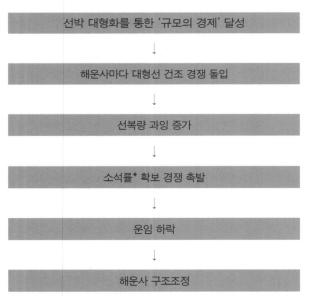

선박 대형화를 통한 '규모의 경제' 달성

↓

해운사마다 대형선 건조 경쟁 돌입

↓

선복량 과잉 증가

↓

소석률* 확보 경쟁 촉발

↓

운임 하락

↓

해운사 구조조정

* 소석률 : 컨테이너의 적재능력에 대한 실제 컨테이너 적재비율.

그러면 해운 업계에는 경쟁에서 우위에 설 수 있는 방법이 선박의 대형화 말고는 없는 걸까? 대부분의 산업이 그러하듯 경쟁에서 우위에 서기 위해서는, 서비스(기술)의 차별화와 가격 차별화 말고는 뾰쪽한 방법이 없다. 그런데 해운업의 특성상 서비스를 통한 차별화는 현실적으로 불가능하다. 결국 가격(비용)을 통한 경쟁력 확보가 유일하다는 얘기다. 단위원가 절감을 위한 가장 손쉬운 방법은 선박의 대형화뿐이다. 하지만 선박의 대형화는 어떤 해운사든지 자금만 있으면 쉽게 따라할 수 있기 때문에, 결국 치킨게임 양상으로 흐르고 마는 것이다.

해운동맹 '짬짬이'의 실체

따지고 보면 지속적인 얼라이언스(alliance, 글로벌 해운동맹)의 재편 또한 선박의 대형화 때문에 벌어지는 현상이다. 초대형 선박에 화물을 채우는 데 어려움이 따르자 글로벌 해운사들이 선택한 방법이 바로 공동 운항을 위한 공조 체계인 것이다.

글로벌 해운사마다 얼라이언스를 통해 합종연횡을 이어가고 있는 것은 해운 업계의 오래된 관행이다. 글로벌 해운사들의 얼라이언스를 바탕으로 한 '덩치 키우기'는 서비스의 범위 확장, 원가 절감, 효율성 확대 등 규모의 경제 효과를 누리기 위한 전략적 선택으로 바라보는 시각이 지배적이다. 실제로 얼라이언스를 통해 시장 내에서 입지를 다진 글로벌 해운사마다 시장 잠식에 사활을 건다.

프랑스의 해운업 컨설팅 기관인 알파라이너에 따르면, 글로벌 상위 7개 선사들의 시장점유율은 2016년 8월 기준 57% 수준에 그쳤으나, 해운동맹 재편과 한진해운 파산 등을 거치며 불과 1년 만에 70%를 넘어서는 독과점 체제를 굳혔다.

심지어 글로벌 해운사들은 얼라이언스에 머물지 않고 적극적인 인수·합병(M&A) 전략을 가동하기도 한다. 글로벌 성장 둔화, 해운 시장 내 과잉 공급, 운임 급락 등으로 위기에 처한 글로벌 해운사들이 비용을 줄이고 효율성 확대를 위해 좀 더 공격적으로 뭉치고 있는 것이다. 2017년 5월 하파크로이트의 UASC 인수를 시작으로, 일본의 3대 컨테이너선사의 합병 등 세계 10~20위권 중급 해운사들의 생존을 위한 인수·합병이 그 예이다.

향후 글로벌 해운 업계에서의 얼라이언스와 M&A

의 향방은, 유럽위원회(European Commission)가 시행한 '독과점 금지법' 적용 예외 대상으로 분류하는 규정인 Consortia BER의 연장(2020년 4월 만료 예정) 유무에 따라 바뀔 전망이다. 만약 2020년 4월 해당 규정이 연장되면 지금의 얼라이언스 체제가 유지되지만, 연장되지 않는다면 구주 노선에서 얼라이언스 체제를 유지할 수 없게 되면서 새로운 경쟁 국면을 맞이하게 될 것으로 전문가들은 예측하고 있다.

BDI, 공신력에 금이 가다

한편, BDI의 공신력에 대한 논의도 글로벌 해운 업계에서는 빼놓을 수 없는 이슈다.

해운업 리포트에 반드시 등장하는 BDI(Baltic Dry Index)는 해운주 투자자들에게 매우 중요한 선행지표다. 그런데 최근 BDI가 럭비공처럼 어디로 튈지 모르는 변동성을 나타내면서 투자자들을 혼란스럽게 하고 있다.

2020년 벌크해운 운임은 환경 비용 전가와 수급 개선에 힘입어 '어느 정도' 상승세를 이어갈 것으로 예상된다. 여기서 '어느 정도'라는 단서를 붙인 이유는, 갈수록 BDI에 대한 불신이 커지고 있기 때문이다. BDI는 글로벌 해운 업계의 경기 상황을 나타내는 대표적 지수다. 벌크선이 주로 이용돼, '벌크운임지수'라고도 불린다. BDI는 1985년 1월 4일 운임 수준을 기준(1,000)으로 삼고, 석탄·광석·곡물·건축자재 등 포장 없이 벌크선으로 운송하는 원자재에 대한 운임을 평가해왔다. 원자재나 상품을 운반하는 양이 많아지면 BDI가 상승하고, 양이 줄면 하락하는 방식이다.

BDI는 단순히 해운업 경기만을 나타내는 것이 아니라 앞으로의 경제 성장 및 세계 경기를 예측하는 선행지표로 활용되기도 한다. 예를 들어 BDI가 상승한다는 것은 철광석·석탄 등 원자재 물동량이 늘어남을 의미하고, 이는 세계적인 교역량이 증가하는 것을 나타내므로 글로벌 경기 회복의 신호로 이해된다.

이처럼 매우 중요한 BDI에 흠집이 나기 시작한 건 최근 변동성이 지나치게 들쑥날쑥하면서 선행지표로서의 신뢰를 잃어가고 있기 때문이다. 이러한 현상은 특히 2019년에 극명하게 드러났다. 2019년 BDI는 불과 6개월 사이에 2016년 이래 최저점(2월 11일 595p)과 2010년 이래 최고점(9월 4일 2,518p)을 모두 기록했다. 상승 시점을 예측하기 어렵고 오름세가 가파른 만큼 투자자로서는 불안감이 커질 수밖에 없다. 결국 시황이 좋아질 때에도 단기 조정 가능성이 언제든 열려버린 탓에 투자자들은 벌크 업종에 대한 투자를 꺼리고 있다. 2019년 3분기 BDI가 9년 만에 최고치를 경신했음에도 국내 해운 대장주인 팬오션과 대한해운의 주가는 정체되었다.

이제 한두 가지 선행지표에 의존해 투자 전략을 세우는 시대는 지났다. 시장 전체, 업계 전반을 거시적으로 따지지 않으면 곤란해진 것이다. 시장은 갈수록 원인불명의 것들에 이끌려 복잡해지고 있고, 투자의 길도 험난해지고 있다.

글로벌 해운·조선 업계에 규모의 경제를 이유로 선박 대형화 경쟁이 점입가경이다. 사진은 2017년 일본 해운사 MOL이 바다에 띄운 20,000TEU급 컨테이너선 '트라이엄프'(삼성중공업 건조)

227

갈수록 커지는 항공 시장, 국내 항공사들 실적은 시큰둥

국내 항공사 항공기 보유대수 및 노선망 현황 2018년 기준

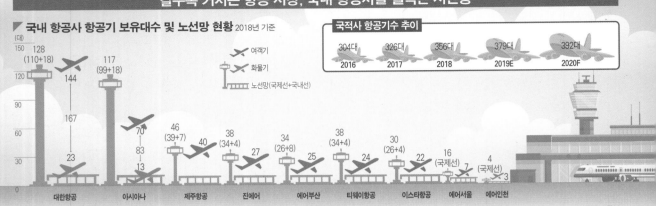

자료: 국토교통부

국내 항공사 국제선 운항편수 추이 및 전망

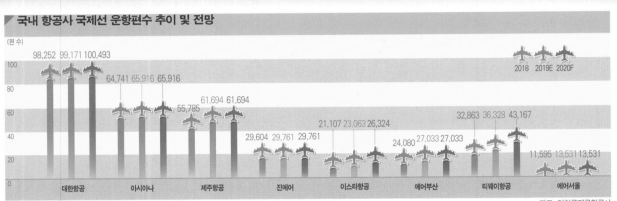

자료: 인천국제공항공사

항공기 연료 비용 추이 및 전망 단위: 배럴당 유가(WIT)

국내 5대 항공사 합산 영업이익 추이

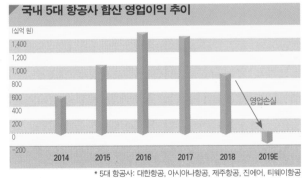

* 5대 항공사: 대한항공, 아시아나항공, 제주항공, 진에어, 티웨이항공

내국인 출국자수 추이

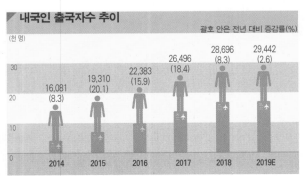

괄호 안은 전년 대비 증감률(%)

외국인 입국자수 추이

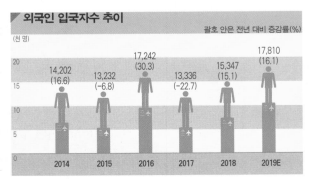

괄호 안은 전년 대비 증감률(%)

국내 항공 업계, 위기 혹은 기회?

국내 항공사 경쟁구도 및 핫이슈

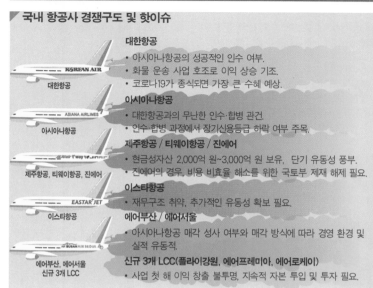

대한항공
- 아시아나항공의 성공적인 인수 여부.
- 화물 운송 사업 호조로 이익 상승 기조.
- 코로나19가 종식되면 가장 큰 수혜 예상.

아시아나항공
- 대한항공과의 무난한 인수·합병 관건.
- 인수·합병 과정에서 장기신용등급 하락 여부 주목.

제주항공 / 티웨이항공 / 진에어
- 현금성자산 2,000억 원~3,000억 원 보유, 단기 유동성 풍부.
- 진에어의 경우, 비용 비효율 해소를 위한 국토부 제재 해제 필요.

이스타항공
- 재무구조 취약, 추가적인 유동성 확보 필요.

에어부산 / 에어서울
- 아시아나항공 매각 성사 여부와 매각 방식에 따라 경영 환경 및 실적 유동적.

신규 3개 LCC(플라이강원, 에어프레미아, 에어로케이)
- 사업 첫 해 이익 창출 불투명, 지속적 자본 투입 및 투자 필요.

대한항공 / 아시아나항공 / 제주항공, 티웨이항공, 진에어 / 이스타항공 / 에어부산, 에어서울 신규 3개 LCC

국내 항공사 시장점유율 단위: %
- 이스타항공 3.3
- 에어서울 2.1
- 에어부산 4.0
- 티웨이항공 5.5
- 외항사 32.5
- 진에어 5.9
- 제주항공 9.4
- 아시아나 15.1
- 대한항공 22.1

- 2019년 하반기부터 2020년 상반기에 걸쳐 재무구조가 취약한 국내 저가 항공사의 경우, 유동성 부족, 자본 잠식에 시달릴 전망.
- 2020년 공급 대비 수요 부진이 이어질 경우, 재무위기가 어느 특정 항공사에만 국한하지 않고 국내 항공 업계 전반에 확산될 우려 존재.
- 대한항공의 아시아나항공 인수 자금은 1조8,000억 원 규모. KDB산업은행이 한진칼에 8,000억 원을 지원하고 대한항공이 2조5,000억 원 규모의 유상증자를 진행해 인수 대금을 마련한다는 계획.

지역별 여객 운송 실적 단위: 천 명, 2018년 기준

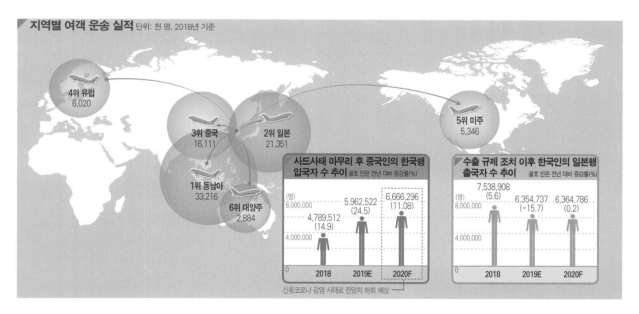

- 4위 유럽 6,020
- 3위 중국 16,111
- 2위 일본 21,351
- 5위 미주 5,346
- 1위 동남아 33,216
- 6위 대양주 2,884

사드사태 마무리 후 중국인의 한국행 입국자 수 추이 괄호 안은 전년 대비 증감률(%)
- 2018: 4,789,512 (14.9)
- 2019E: 5,962,522 (24.5)
- 2020F: 6,666,296 (11.08)

신종코로나 감염 사태로 전망치 하회 예상

수출 규제 조치 이후 한국인의 일본행 출국자 수 추이 괄호 안은 전년 증감률(%)
- 2018: 7,538,908 (5.6)
- 2019E: 6,354,737 (-15.7)
- 2020F: 6,364,786 (0.2)

항공사별 중국노선 시장점유율 단위: %

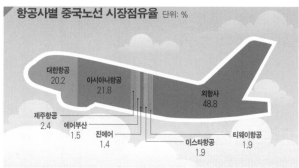

- 대한항공 20.2
- 아시아나항공 21.8
- 외항사 48.8
- 제주항공 2.4
- 에어부산 1.5
- 진에어 1.4
- 이스타항공 1.9
- 티웨이항공 1.9

항공사별 일본노선 시장점유율 단위: %

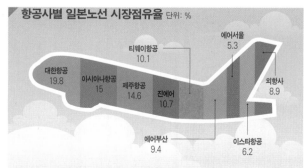

- 대한항공 19.8
- 아시아나항공 15
- 제주항공 14.6
- 진에어 10.7
- 티웨이항공 10.1
- 에어서울 5.3
- 외항사 8.9
- 에어부산 9.4
- 이스타항공 6.2

대한항공
KP

매출액 13조0,203억 원
영업이익 6,403억 원
순이익 −1,857억 원

10.63% → 국민연금
29.96% → 한진칼

59.54% 한국공항
99.35% 한진정보통신
86.13% 아이에이티
9.7% 조선방송

28.94% → 조원태

한진칼
기존 최대주주인 故 조양호 보유 한진칼 주식 상속에 따라 조원태 최대주주 등극

▶ 투자포인트

- 2019년 분기당 1,000억 원에 가까운 감익을 기록한 것으로 추정되는 화물 사업에서 완만한 턴어라운드 예상.
- 여객 사업의 경우 2020년 도쿄올림픽을 기점으로 기저효과 기대. 신종코로나 쇼크로 중국향 수요 감소 불가피.
- 저가항공 업계가 공급 구조조정에 나서는 소식은 동사에게는 경쟁 부담을 덜어줄 호재.
- 원/달러 환율 하락 전환으로 2020년 이익 턴어라운드 기대.
- 2020년 Capex는 전년 대비 증가할 것으로 보이지만, B737 Max의 도입이 2020년 하반기로 지연될 경우 여전히 1.2조 원 내외에 머물 전망.
- 동사 주가의 계절적 패턴을 보면, 봄과 여름 사이 고점을 찍고 가을에 저점으로 내려오는 경향 → 악재가 피크인 시점에서 사이클 회복을 바라보고 저점 매수 고려.

▶ 매출 및 영업이익

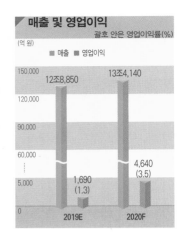

괄호 안은 영업이익률(%)
(억 원)
■ 매출 ■ 영업이익

- 2019E: 12조8,850 / 1,690 (1.3)
- 2020F: 13조4,140 / 4,640 (3.5)

대한항공 분야별 매출 비중
단위: %

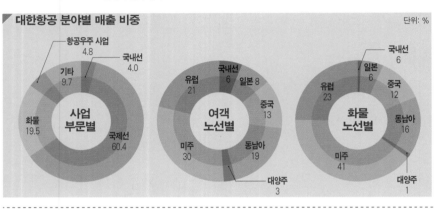

사업 부문별
- 항공우주 사업 4.8
- 국내선 4.0
- 기타 9.7
- 화물 19.5
- 국제선 60.4

여객 노선별
- 국내선 6
- 일본 8
- 중국 13
- 동남아 19
- 대양주 3
- 미주 30
- 유럽 21

화물 노선별
- 국내선 6
- 일본 6
- 중국 12
- 동남아 16
- 대양주 1
- 미주 41
- 유럽 23

순이익 추이 및 전망

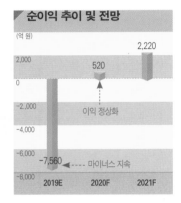

(억 원)
- 2019E: −7,560 ◄---- 마이너스 지속
- 2020F: 520 ← 이익 정상화
- 2021F: 2,220

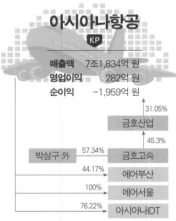

아시아나항공
KP

매출액 7조1,834억 원
영업이익 282억 원
순이익 −1,959억 원

31.05% → 금호산업
45.3% → 금호고속

박삼구 外 57.34% 금호고속
44.17% 에어부산
100% 에어서울
76.22% 아시아나IDT

▶ 투자포인트

- 여객 및 화물 항공 수요 동반 감소와 안전기준 강화 등 복합적 영향으로 실적 부진 지속.
- 중국발 중·장거리 노선 회복으로 외형 성장 유지는 가능.
- 수익성은 LCC 업체들의 공격적인 영업과 인건비, 정비비 등 비용 구조 악화로 하락 예상.
- HDC현대산업개발과 미래에셋대우 컨소시엄 인수 무산.
- 향후 대규모 금융 지원, 유상증자 집행으로 재무구조 개선 기대.
- 2021년경 대한항공과의 인수·합병 진행 → 인수 자금은 1조8,000억 원으로, KDB산업은행이 한진칼에 8,000억 원을 지원하고 대한항공이 2조5,000억 원 규모의 유상증자를 진행해 자금 마련.

▶ 매출 및 영업이익

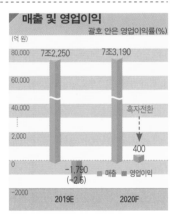

괄호 안은 영업이익률(%)
(억 원)
■ 매출 ■ 영업이익

- 2019E: 7조2,250 / −1,790 (−2.5)
- 2020F: 7조3,190 / 400 ← 흑자전환

부채비율 및 이자보상배율 추이

(%) ■ 부채비율(좌) ○ 이자보상배율(우) (배)

연도	부채비율	이자보상배율
2015	991	0.3
2016	690	1.8
2017	566	1.4
2018	649	0.2
2019E	859	−0.7

영업비용 비중
단위: %

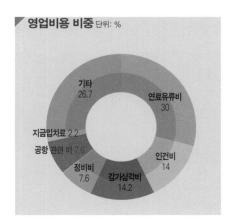

- 기타 26.7
- 연료유류비 30
- 인건비 14
- 감가상각비 14.2
- 정비비 7.6
- 공항 관련 비 7.6
- 지급임차료 2.2

영업비용 추이 및 전망

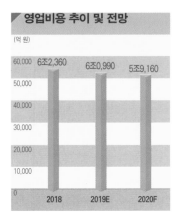

(억 원)
- 2018: 6조2,360
- 2019E: 6조0,990
- 2020F: 5조9,160

제주항공
KP

매출액	1조2,594억 원
영업이익	1,012억 원
순이익	709억 원

- 제주특별자치도 7.75%
- AK홀딩스 56.94%
- 채형석 16.14% → AK아이에스 10.37%
- 채동석 9.34% → 애경개발 8.55%
- 채승석 8.3% → 장영신 7.43%

▶ 투자포인트

- 국내 저가 항공사 중에서 가장 많은 정기노선을 운항 중이며 (저비용항공사 국내 1위), 중국, 대만 등 지속적인 근거리 노선 개발과 한류스타 랩핑광고 등 차별화된 서비스 추진.
- 동사는 2019년 영업손실에서 2020년 흑자전환할 것으로 예상 → 항공기 기재 확대에 따른 여객 수송량 증가로 영업이익에 가산되는 금액(Capex 효과)은 438억 원에 달할 것으로 전망. 다만, 항공여객 사업의 수급 악화를 고려하건대 유가와 환율, 운임의 변동으로 발생하는 영업이익 감소 요인도 100억 원가량 될 것으로 추산.
- 2020년 국제선 여객기 운항회수는 전년 대비 6.9% 증가할 것으로 예상되지만, 운항 중단된 B737-Max 항공기가 운항 허가를 받을 경우 다시 과잉 공급 부담에 처할 전망(공급증가율 +12.6%로 상승, YoY).

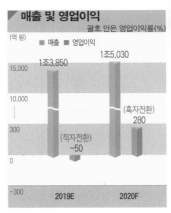

매출 및 영업이익 괄호 안은 영업이익률(%)
(억 원) ■ 매출 ■ 영업이익
- 2019E: 1조3,850 / (적자전환) -50
- 2020F: 1조5,030 / (흑자전환) 280

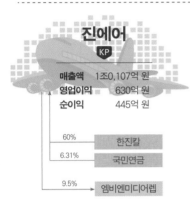

진에어
KP

매출액	1조0,107억 원
영업이익	630억 원
순이익	445억 원

- 한진칼 60%
- 국민연금 6.31%
- 엠비엔미디어렙 9.5%

▶ 투자포인트

- 2019년 영업이익이 적자전환하며 영업손실을 냈지만, 2020년은 다시 흑자전환할 것으로 예상.
- 2020년 매출액은 다시 1조 원을 상회할 것으로 예상되지만, 수익성은 이에 미치지 못할 전망.
- 국내 LCC 업계에서 유일하게 보유한 대형 기종 B777을 베트남 다낭 등 겨울 인기 노선에 투입하고, 괌·동남아 노선도 증편.
- 리스회계기준 변경으로 부채가 늘어남을 감안해도 순현금 상태이므로 여전히 동사의 시가총액은 저평가되었다는 게 증권가의 분석.
- 한일관계 악화에 따른 일본노선 실적 악화가 이어지고 있지만, 아직까지 수요가 양호한 국내선에 대형기 공급을 돌리면서 국적LCC 중 실적 방어력 돋보임.

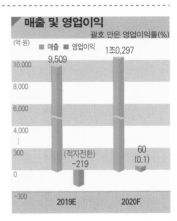

매출 및 영업이익 괄호 안은 영업이익률(%)
(억 원) ■ 매출 ■ 영업이익
- 2019E: 9,509 / (적자전환) -219
- 2020F: 1조0,297 / 60 (0.1)

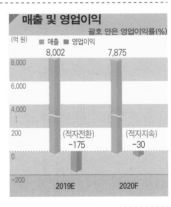

티웨이항공
KP

매출액	7,318억 원
영업이익	478억 원
순이익	379억 원

- 티웨이홀딩스 58.32%
- 예림당 50.55%
- 샤프테크닉스케이 22.2%

▶ 투자포인트

- 일본노선 축소로 노선 중복이 심화되면서 저가항공사 간의 운임 경쟁이 격화되고 있지만, 동사의 경우 신규로 중국노선 운항이 본격화되어 노선 차별화 기대.
- 동사는 국내 저가 항공주 중 PBR 기준으로 가장 저평가되어 있어, 상대적으로 투자가치 높음.
- 향후 국내 항공 시장 공급 축소가 본격화될 경우, 강한 주가 반등 기대.
- 다만 2020년 MAX 기종 운항 재개와 신규 LCC 3사 취항이 현실화될 경우, 수요 부족 공급 과잉으로 인한 업황 부진으로 실적 개선에 좀 더 시간이 필요할 수도 있음.
- 순이익 측면에서 환율 상승할 경우 외화리스부채에 따른 환산손실이 늘어남에 유의.

매출 및 영업이익 괄호 안은 영업이익률(%)
(억 원) ■ 매출 ■ 영업이익
- 2019E: 8,002 / (적자전환) -175
- 2020F: 7,875 / (적자지속) -30

에어부산
KP

매출액	6,536억 원
영업이익	206억 원
순이익	203억 원

- 아시아나항공 44.17%

▶ 투자포인트

- 2019년 국내 항공 여객 수요 둔화 및 일본과의 외교 마찰로 극심한 여객 감소세 경험.
- 2019년 10월 기준 전국 공항 국제선 여객 증가율은 0.1%에 그쳤으며, 저가 항공사 국제선 여객은 9.5% 감소.
- 동사의 국제선 여객은 27.9% 감소하면서 전체 저가항공사보다 더 큰 폭의 감소세 경험 → 동사의 경우, 동남권 지역 중심의 노선 포트폴리오를 가진 저가항공사인데다 상대적으로 지역경기가 더 빠르게 악화되었기 때문.
- 동사의 단기 주가는 모회사인 아시아나항공의 매각 성사 및 매각 방식에 따라 유동적임.
- 어려움 속에서도 신규 취항 늘리는 등 정면 돌파 → 인천-닝보(주 3회), 인천-선전(주 6회), 인천-가오슝(주 4회) 등.

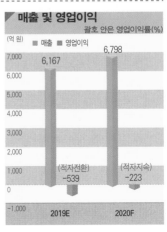

매출 및 영업이익 괄호 안은 영업이익률(%)
(억 원) ■ 매출 ■ 영업이익
- 2019E: 6,167 / (적자전환) -539
- 2020F: 6,798 / (적자지속) -223

먹구름 항공 업황,
그래도 비행기는 뜬다!

바닥이 곧 투자적기다!

2019년 항공 업계는 한마디로 최악의 한 해를 보냈다. '보이콧 재팬'으로 항공사마다 일본노선 실적이 바닥을 쳤다. 홍콩 내부 송환법 관련 시위 국면이 갈수록 악화되면서 홍콩노선 사업은 아예 개점휴업 상태다. 대외 악재로 수요가 급격히 줄었는데도 공급은 오히려 늘었다. 저가항공사(LCC)마다 몸집 부풀리기에 나서면서 무분별하게 노선을 늘린 탓이다. 항공 업황에서 매우 중요한 요인인 환율과 유가도 상승세를 이어가면서 가뜩이나 어려운 항공사의 살림살이를 더욱 옥죄었다. 그렇게 항공 업계는 2010년대의 마지막 아홉수를 호되게 버텨냈다.

그런데, 주식 시장은 매우 흥미롭다. 항공 업계가 바닥을 치는 바로 지금이 항공주 투자 시점이라고 주장하는 애널리스트들이 적지 않기 때문이다. 업계는 죽을 맛이지만 투자자에게는 기회라는 얘기다.

증권가에서 바닥인 항공주를 주목하는 이유는, 일부 항공사들 주가가 저평가되었다고 보기 때문이다. 또 항공 산업에 미치는 대외적인 악재가 사라지면 결국 반등할 거라고 보기 때문이다. 대외적인 악재가 언제까지 이어질지 예측하기 쉽지 않지만, 진정국면에 접어드는 시그널이 감지되면 주가도 회복국면에 돌입한다는 얘기다.

항공 업계는 2021년에 최악의 상황은 벗어날 것으로 보인다. 한일관계와 홍콩 사태 및 신종코로나 쇼크는 여전히 미지수이지만, 2020년 하반기를 기점으로 항공 시장이 바닥을 찍을 것으로 전망된다. 항공 업황이 살아나려면 무엇보다 글로벌 경기가 회복되면서 교역이 늘어나 운송 시장에 물동량이 증가해야 하는데, 코로나19 사태로 2020년은 여전히 힘들 전망이다.

업황 회복 시그널은 항공화물에서 먼저 나타난다

최근 IMF와 WTO 등 국제기구들은 코로나19 여파로 2020년에 글로벌 경제성장률이 회복하기 어려울 것으로 분석했다. 2020년에 모든 업황이 힘들겠지만 그 중에서도 특히 항공 업계의 상황이 가장 좋지 않을 것으로 전망된다.

항공 업계는 2020년 4분기 이후부터 상황이 조금씩 나아질 것으로 보고 있다. 세계 경제의 가장 큰 이슈인 코로나19 사태가 2020년 하반기를 지나 서서히 조정국면에 들어서게 되면 꽉 막혔던 교역에 숨통이 트일 것으로 내다봤다. 교역이 정상화된다는 것은 글로벌 물동량이 늘어나는 신호로 읽힌다. 물동량 증가는 운송 산업에게 가장 반가운 소식이다. 해상, 육상과 함께 운송 산업을 형성하는 항공 업황이 드디어 저점을 통과할 수 있게 되는 것이다.

세계 경기 회복은 다양한 업종에서 연쇄적 효과로 이어진다. 무엇보다 글로벌 기업들이 생산량을 늘려 공격적인 마케팅에 나설 경우 자연스럽게 물동량이 증가하는데, 그야말로 운송 업계에는 희소식이다.

항공 수요가 여객(사람)만 있는 건 아니다. 대한항공만 하더라도 화물 매출이 전체 매출의 20%에 육박한다. 국제 항공 화물 수송량은 미·중 무역분쟁 여파로 2018년 하반기부터 크게 감소하더니 지금까지도 회복하지 못하고 있다. 2019년에도 전년 대비 6% 가까이 줄어든 것으로 나타났다. 업황의 침체는 2020년에도 이어지고 있다. 코로나19 사태로 인한 팬데믹(pandemic) 대란이 관건이다. 업계에서는 2020년 말부터 전세계 교역이 회복국면에 접어들 것으로 예상하고 있지만 당장 '코로나19'라는 큰 비부터 피하는 게 급선무다.

ABS 발행으로 코로나19 충격에서 숨고르기

항공 업황이 '본격적으로' 살아나려면 여객운송 수요가 늘어나야 한다. 결국 코로나19 사태가 수습되기만을 학수고대해야 하는 처지다. 하지만 항공사로선 대책 없이 기다리고만 있을 수 없는 노릇이다.

코로나19 확산 이후 사실상 영업을 통한 현금 확보가 불가능한 상태에 놓인 항공사들이 잇달아 자구책을 내놓고 있다. 일부 자구책의 경우 장기적으로 봤을 때 위험 요소가 존재한다는 비판이 나오지만 업계는 '당장 버티는 게 중요하다'는 입장이다.

항공사들은 전 직원 대상 무급휴직 등 비상경영을 통한 비용 절감뿐 아니라, 각자의 대응책을 함께 내놓고 있다. 정부가 유동성 지원을 약속했으나 별다른 결과물을 내놓지 못하는 상황에서 어떻게든 버텨보겠다는 의지로 풀이된다.

업계 맏형 대한항공은 가장 적극적으로 유동성 확보에 나서고 있다. 금융감독원 공시에 따르면, 대한항공은 칼제이십오차유동화전문유한회사(SPC)를 통해 6,000억 원 규모의 자산유동화증권(ABS)를 발행했다. ABS는 미래 예상 수익을 담보로 돈을 빌리는 방식이다. 이번 ABS의 만기 일자는 2021년 6월 30일부터 2025년 3월 30일까지다. 16회에 걸쳐 원금 및 이자를 상환하는 방식이다. 대표 주관회사로는 산업은행을 비롯해 NH투자증권, 한국투자증권, KB증권, 키움증권, 유안타증권, 미래에셋대우가 참여했다. 일시적으로 숨통이 트이게 됐지만 유동성에 대한 우려는 여전히 존재한다. 대한항공이 2020년에만 상환해야 하는 차입금이 무려 4조5,000억 원을 넘는다.

LCC들도 자금 확보에 집중하고 있다. LCC 중 가장 많은 현금성 자산(2,971억 원, 2019년 말 기준)을 보유한 진에어도 발 빠르게 나섰다. 금융감독원 전자공시시스템에 게재된 공시에 따르면, 진에어는 300억 원 규모의 단기차입금 증가를 결정했다. 차입금액은 진에어 자기자본(1,917억 원)의 15.6%에 해당한다. 해당 금액은 실제 차입금액이 아닌 이사회에서 승인한 자금 조달 예정 금액이다.

하지만 업계에서는 LCC의 자구책이 '역부족'이라고 평가한다. 정부 지원이 반드시 필요하다는 얘기다. 실제로 이들이 최근 확보한 금액은, 시장이 예상하는 월 최소 단순 고정비(감가상각비·임차료·인건비) 수준인 것으로 나타났다. 당분간 항공사들의 고민이 더욱 깊어질 전망이다.

제살 깎아먹는 운항편수 늘리기

항공 업황에서 여객 수요만큼 중요한 게 항공사의 항공기 도입 규모다. 항공기 도입을 지나치게 늘릴수록 과잉 공급 문제가 발생한다. 지난 몇 년간 국내 항공사들은 공격적으로 영업을 확대하면서 앞 다퉈 항공기를 도입해왔다. 이에 따라 2018년 항공 여객 실적은 국제선을 기준으로 전년 대비 12% 가까이 오르는 데 그친 반면, 저가 항공사의 공급석 증가율은 23% 이상 늘어났다. 이처럼 여객 증가율이 공급석 증가율을 크게 상회할 경우 항공사들은 탑승률 하락과 수익성 저하에 시달리게 된다.

문제는 저가항공사들의 지속적인 운항편수 확대다. 2020년 국내 저가항공사들의 운항편수는 전년 대비 9.4% 증가할 것으로 예상된다. 저가항공사의 연평균 항공기 순증 대수는 제주항공 1.7대, 티웨이항공 2.5대, 에어부산 1.2대, 에어서울 1대로 예상된다. 진에어의 기단 확대는 국토교통부의 제재가 아직 해소되지 않아 지연될 전망이다. 이스타항공만이 추가 항공기 도입 계획이 없다.

'보잉737 MAX'의 운항 재개 여부도 관건이다. '보잉737 MAX'는 두 차례 추락사고로 운항이 중단되었다가 사고 원인인 소프트웨어 'MCAS'를 시정한 뒤 미국 연방항공청 등 입출항 당국의 운항 재개 승인을 기다리고 있다. 만일 2020년 안에 운항 재개 결정이 내려질 경우, 국내 항공사들의 기단이 10대(대한항공 6대, 티웨이항공 4대) 더 추가된다.

과연 대한항공의 아시아나항공 인수는 해피엔드로 끝날까?

코로나19는 국내 항공 업계의 판도를 뒤바꿀 거대한 인수·합병에도 결정타를 날렸다. 거의 기정사실화되었던 HDC현대산업개발-미래에셋대우 컨소시엄(이하 'HDC 컨소시엄')의 아시아나항공 인수가 물거품이 되고 말았다. 코로나19로 항공 업황이 침체되면서 아시아나항공의 실적 부진과 재무 악화가 이어졌고, 결국 HDC 컨소시엄이 두 손을 들고 만 것이다.

매각 실패 뒤 아시아나항공은 KDB산업은행 주도의 채권단 관리체제에 돌입하며 재매각에 나섰고, 대한항공이 적극적으로 인수에 뛰어들었다. 업계에서는 대한항공의 아시아나항공 인수를 두고 2021년 국내 항공 업계의 명운을 가를 최대 이슈라고 목소리를 높였다. 이는 곧 국가 주도의 항공업 재편을 의미하기 때문이다.

HDC 컨소시엄의 인수 포기가 나온 지 2개월여 만에 KDB산업은행과 한진그룹은 대한항공과 아시아나항공의 인수·통합 추진 계획을 발표했다. 그리고 인수가 급물살을 타면서 채권단인 KDB산업은행 등은 대한항공의 아시아나항공 매각을 결정했다. 대한항공의 아시아나항공 인수 자금은 1조8,000억 원이다. KDB산업은행이 한진칼에 8,000억 원을 지원하고 대한항공이 2조5,000억 원 규모의 유상증자를 진행해 인수대금을 마련한다는 계획이다.

대한항공이 아시아나항공의 인수를 성공적으로 마치면 세계 10위권에 해당하는 매머드급 항공사로 도약할 수 있는 기반을 마련하게 된다. 인구 1억 명 이하 국가는 대부분 1개의 네트워크 항공사만을 가지고 있지만, 우리나라는 그동안 복수 체제로 독일, 프랑스, 홍콩, 싱가포르 등 주요 선진 국가의 항공사들과 경쟁에서 상대적인 열위에 있었던 게 사실이다.

저가항공 업계도 지각변동 피할 수 없다!

대한항공의 아시아나항공 인수로 진에어와 에어서울, 에어부산 등 '통합 LCC'가 출범할 가능성이 한층 커졌다. 이에 제주항공, 티웨이항공, 이스타항공 등 다른 LCC와의 치열한 경쟁이 예상된다.

대한항공은 아시아나항공 인수가 마무리되면 진에

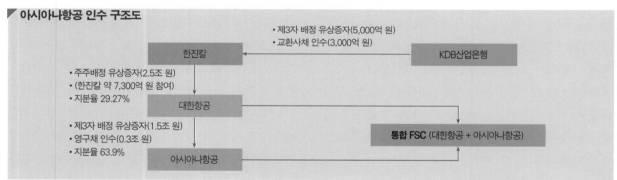

참고: 한진칼의 대한항공 지분율은 3분기말 기준, 자료: 언론보도

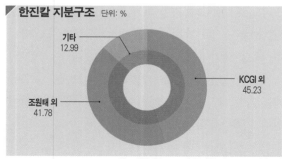

참고: 총주식수 5,917만 주 기준, 자료: Dart, 삼성증권

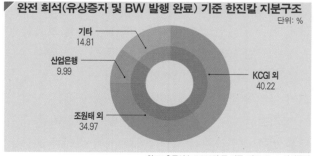

참고: 총주식수 7,069만 주 기준, 자료: Dart, 삼성증권

어와 에어부산, 에어서울 등 계열사 LCC 통합을 추진한다는 방침이다. KDB산업은행은 대한항공의 아시아나항공 인수를 결정하면서 두 항공사의 LCC 관계사인 진에어, 에어부산, 에어서울을 단계적으로 통합하겠다고 밝혔다. LCC 3사가 통합하면 제주항공을 비롯한 나머지 LCC들과 격차를 크게 벌려 시장지배력이 강화될 전망이다.

LCC 3사의 구체적인 통합 시나리오는 아직 확정되지 않았다. 업계에 따르면 진에어를 중심으로 에어부산과 에어서울을 품는 구조가 유력하다. 다만 에어부산이 꾸준히 분리매각 가능성이 제기된 만큼 이번 통합에서 빠질 가능성도 배제할 수 없다.

정부가 항공업 재편에 나선 만큼 다른 LCC들의 통합도 조심스레 점쳐진다. 특히 재매각을 추진 중인 이스타항공 및 매각설이 흘러나오고 있는 플라이강원 등이 잠재적 매물이 될 것으로 예상된다.

한편, 이스타항공의 인수를 추진하던 제주항공은 진행 6개월 만인 2020년 7월 결국 파기 수순을 밟고 말았다. 코로나19로 인한 업황 침체 국면에서 리스비와 관리비 등 매달 100억 원대의 고정비가 연체되고 체불임금이 확대되면서 인수자로 나섰던 제주항공은 이스타항공 인수 계획을 접고 만 것이다. 이후 셧다운(운행중단) 사태와 인력 구조조정 강요 논란 등이 불거져 나오면서 매각은 물거품이 되고 말았다.

제주항공으로의 매각 진행으로 인해 정부의 저비용항공사 지원 프로그램 대상에서도 배제됐던 이스타항공은 대규모 실직자 발생이라는 최악의 사태에 직면하고 말았다. 이스타항공은 매각 실패 이후 신규 투자자 확보에 나서며 재매각을 추진 중에 있지만 코로나19가 장기화될수록 새로운 인수자를 찾기가 쉽지 않을 전망이다.

풍전등화(風前燈火), 항공주의 미래는?

투자자들의 우려가 큰 항공주 이야기를 좀 더 이어가 보도록 하자. 코로나19에 따른 실적 악화에도 불구하고 대한항공과 아시아나항공의 주가는 2020년

11월 이후 회복세를 이어가고 있다. 여객 사업 의존도가 높은 LCC보다는 FSC의 실적이 양호하게 유지되면서 대한항공의 영업적자도 큰 폭으로 감소했기 때문이다. 특히 2020년 2분기부터 시작된 화물 운임 폭등세에 힘입어 해당 분기 대한항공의 영업적자가 100억 원대 초반에 그친 데 반해 티웨이항공과 진에어 등 LCC의 영업적자는 1,000억 원대를 훌쩍 넘겼다.

화물 운송 업황은 전 세계적으로 나쁘지 않다. 글로벌 화물 운임이 2020년 5월 기준 전년 대비 123% 급등하기도 했다. 2020년 12월에는 컨테이너 운임 폭등에 따른 낙수효과까지 이어지고 있기 때문이다. 글로벌 제약사들의 백신 승인 및 대량 생산에 따른 긴급 화물 수요 증가가 예측됨에 따라 추가적인 운임 상승이 기대를 모은다.

대한항공의 아시아나항공 인수 결정, 코로나19 백신 승인과 접종 확대, 화물 운송 시장의 견조한 성장세 등에 힘입어 2020년 12월의 국내 항공주 주가가 44%까지 급등하면서 드디어 보릿고개를 넘긴 게 아니냐는 기대 섞인 분석이 나오고 있다. 하지만 향후 전반적인 항공 업황을 조망하건대 장밋빛 소식을 기대하기에는 이른 감이 있다.

오히려 여객 수요 회복에 대한 가시성이 확보되지 않은 상황에서 2020년 말 단기적인 항공주 급등으로 인해 대장주인 대한항공과 아시아나항공의 밸류에이션이 다소 부담스러운 상황이다. 여객 수요 회복은 무엇보다 코로나19의 종식을 어느 정도 예측할 수 있어야 하지만, 지금으로서는 합리적인 예상이 매우 어려운 상황이다. 대한항공의 아시아나항공 인수도 기업결합 실사, 주주총회, 유상증자 등 아직 넘어야 할 고비가 적지 않다. 다만 대한항공의 경우, 2.5조 원 규모의 유상증자를 반영하더라도 화물 부문 사업의 강세로 순이익 기조가 이어질 전망이다. 2021년 글로벌 FSC peer 평균 multiple이 기존 1.2배에서 1.8배까지 급등한 점 등을 감안하건대, 국내 증권사들마다 대한항공의 2021년 목표주가를 상향 조정하는 분위기다.

택배 업계, 물동량은 증가하는 데 실적은 시큰둥

국내 택배 시장 규모 추이 쿠팡 등 직접 물류 업체 제외

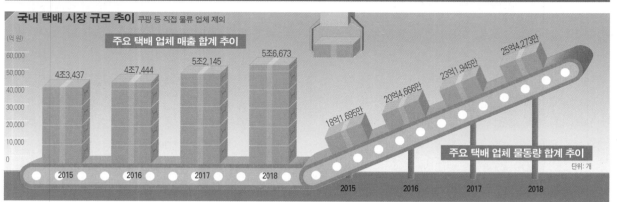

주요 택배 업체 매출 합계 추이

2015	4조3,437
2016	4조7,444
2017	5조2,145
2018	5조6,673

주요 택배 업체 물동량 합계 추이 (단위: 개)

연도	물동량
2015	18억1,695만
2016	20억4,666만
2017	23억1,945만
2018	25억4,273만

자료: 한국통합물류협회

국내 택배 시장 평균단가 추이

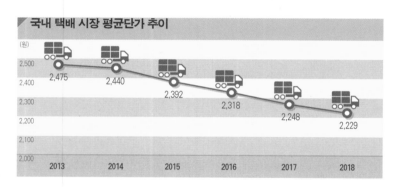

(원)

연도	평균단가
2013	2,475
2014	2,440
2015	2,392
2016	2,318
2017	2,248
2018	2,229

국내 주요 택배 업체 영업이익률 2018년 기준

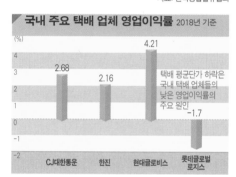

(%)

업체	영업이익률
CJ대한통운	2.68
한진	2.16
현대글로비스	4.21
롯데글로벌로지스	-1.7

택배 평균단가 하락은 국내 택배 업체들의 낮은 영업이익률의 주요 원인

국내 택배 시장점유율 추이 단위 : %

2016
- CJ대한통운 44.2
- 한진택배 11.9
- 롯데택배 11.9
- 로젠택배 7.3
- 우체국 8.0
- 기타 16.7

2017
- CJ대한통운 45.5
- 한진택배 12.2
- 롯데택배 12.6
- 로젠택배 7.1
- 우체국 8.1
- 기타 14.5

2018
- CJ대한통운 48.2
- 한진택배 12.2
- 롯데택배 13.1
- 로젠택배 7.3
- 우체국 8.4
- 기타 10.5

- 1강(CJ대한통운) 4중(한진+롯데+로젠+우체국) 체제의 독과점 구조가 오랫동안 이어짐 → 5개 업체의 시장점유율이 90%에 육박.
- 1강(CJ대한통운)의 독주는 견고해지고 있고, 4중 가운데 롯데글로벌로지스가 택배 업계 2위로 올라서면서 서서히 부상 중.

쿠팡의 로켓배송 품목 증가 추이

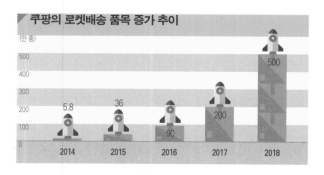

(만 종)

연도	품목
2014	5.8
2015	36
2016	90
2017	200
2018	500

온라인쇼핑 판매액에서 상품이 차지하는 비중

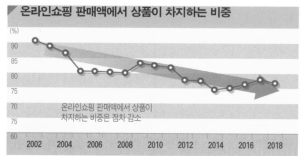

(%)

온라인쇼핑 판매액에서 상품이 차지하는 비중은 점차 감소

- 온라인쇼핑의 핵심은 상품이 아니라 빠른 배송 서비스 → 쿠팡 등 온라인쇼핑몰들 자체배송 시스템 구축 → 택배 업계의 고민.

택배 업계, 이익 창출을 위한 새로운 모멘텀:풀필먼트 시스템

택배 시스템의 진화

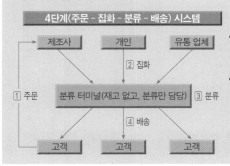

| 4단계(주문 – 집화 – 분류 – 배송) 시스템 |

- 21세기 유통 산업의 핵심은 어떤 상품을 파느냐가 아니라 얼마나 빨리 배송하느냐에 달림.
- 지금까지는 고객의 주문 이후 집화와 분류를 시작하는 게 보편화되었지만, 앞으로는 고객의 주문이 있기 전에 수요를 예측한 유통 업체에서 해당 상품을 미리 재고 이동해 놓음으로써 배송 과정을 훨씬 빠르게 진행.

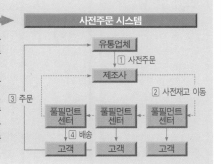

| 사전주문 시스템 |

자료: KB증권 정리

풀필먼트 시스템

풀필먼트(fulfillment)란 고객의 주문에 맞춰 물류센터에서 제품을 피킹(picking), 패킹(packing)해서 배송하고 고객의 교환·환불 서비스까지 담당하는 일련의 프로세스. 아마존이 풀필먼트 서비스를 통해 빠르고 정확한 배송으로 온라인쇼핑 시장에서 경쟁력 확보. 국내에서는 쿠팡이 로켓배송 등을 위해 풀필먼트를 활용하면서 물류 시스템을 자체 운영함에 따라 택배 업체들도 풀필먼트를 적극 도입 중. 향후 네이버페이, 옥션, 11번가 등 온라인쇼핑몰과 CJ대한통운 등 물류 업체들이 풀필먼트를 통한 협업이 견고해질 전망. CJ대한통운은 곤지암 허브 터미널에 풀필먼트가 가능한 3개 층의 창고 마련. 국내 풀필먼트 시장(쿠팡 제외)은 2.1조 원 규모로 성장 중.

CJ대한통운 곤지암 터미널 풀필먼트 구조

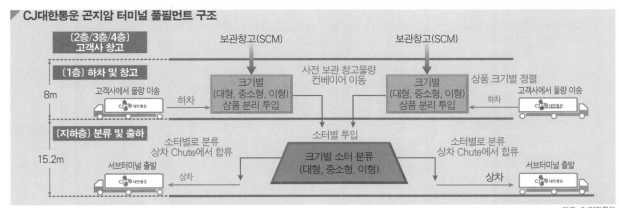

자료: CJ대한통운

국내 풀필먼트 시장 규모 추이 풀필먼트 서비스 수수료 기준, 쿠팡 제외

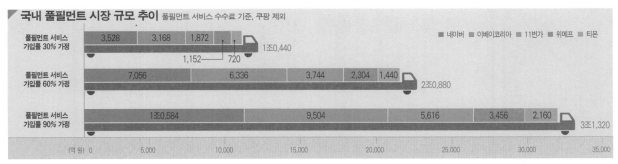

범례: ■ 네이버 ■ 이베이코리아 ■ 11번가 ■ 위메프 ■ 티몬

풀필먼트 서비스 가입률 30% 가정: 3,528 / 3,168 / 1,872 / 1,152 / 720 → 1조0,440

풀필먼트 서비스 가입률 60% 가정: 7,056 / 6,336 / 3,744 / 2,304 / 1,440 → 2조0,880

풀필먼트 서비스 가입률 90% 가정: 1조0,584 / 9,504 / 5,616 / 3,456 / 2,160 → 3조1,320

(억 원) 0 / 5,000 / 10,000 / 15,000 / 20,000 / 25,000 / 30,000 / 35,000

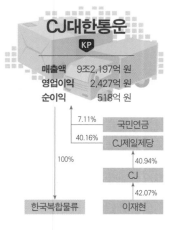

CJ대한통운
KP

매출액 9조2,197억 원
영업이익 2,427억 원
순이익 518억 원

국민연금 7.11%
CJ제일제당 40.16%
CJ 40.94%
이재현 42.07%

한국복합물류 100%

▶ 투자포인트
- 동사의 2019년 3분기 택배 사업 부문 영업이익률이 4.6%를 기록하며 전년 동기 노마진 수준 대비 큰 폭의 수익성 개선 보임.
- 영업이익률 상승은 택배 가격 상승 영향으로 파악되는 바, 동사의 택배 단가 인상 시도 초기에 물동량 증가율이 시장 성장률을 크게 하회했던 것에서 벗어나 물동량 확보 경쟁력도 살아나는 중.
- 2020년 동사의 전체 매출액 8.3%, 영업이익 30.1% 증가 전망 → 2020년 매출액은 8.3% 증가한 11조3,585억 원을 기록할 것으로 예상. 영업이익은 운임료 인상 레버리지 효과로 30.1% 증가한 3,982억 원을 기록할 것으로 보임.
- 2020년 추정 실적 기준 PER은 30배까지 하락할 것으로 예상되며, 2021년 추정실적 기준으로는 22배까지 하락하여, 전세계에서 가장 비싼 물류주식이라는 오명에서 벗어날 것으로 기대.

▶ 영업이익 추이 및 전망
괄호 안은 영업이익률(%)
(억 원)

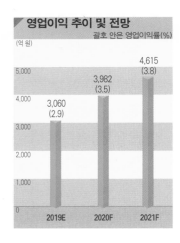

▶ 사업 부문별 매출 비중
단위: %

CL 사업 (하역, 운송, 보관, 건설, 정비 등) 26.6
글로벌 사업 (하역, 운송, 보관) 42.8
택배 사업 (집하, 배송) 23.9
건설 사업 (건설, 리조트, 부동산) 6.7

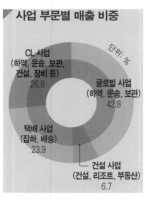

▶ 택배 매출 추이 및 전망
(억 원)

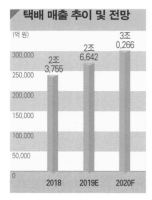

▶ 택배 물동량 추이 및 전망
(백만 박스)

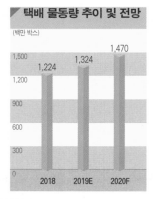

▶ 택배 단가 추이 및 전망
(원/박스)

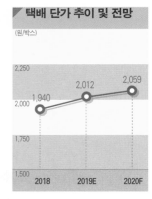

현대글로비스
KP

매출액 16조8,656억 원
영업이익 7,101억 원
순이익 4,374억 원

정의선 23.29%
정몽구 6.71%
Den Norske Amerikalinje AS 12.04%
국민연금 10.54%
현대엔지니어링 11.67%
현대그린푸드 4.66%

▶ 투자포인트
- 현대자동차그룹의 물류를 담당하고 있으며, 2015년 국내 물류 기업 최초로 다우존스지속가능경영지수에 편입된 이후 4년 연속 지위 유지 중임.
- 동사에게 꼬리표처럼 붙는 분야의 불분명함에 대한 해명을 해줄 수 있는 실적 변화가 필요한 시점.
- 현대자동차그룹 내 위치하고 있고, 여느 운송 업체 대비 탄탄한 재무구조를 가지고 있음에도 불구하고 제3자 물량 운송으로 수익성을 창출할 수 있는지에 대한 의구심이 있음.
- 2020년 매출액은 증가하고, 이익은 제자리걸음 예상 → 2020년 매출액은 4.2% 증가할 것으로 예상되나, 2019년 3분기에 있었던 1회성 이익(해운 부문 소송 승소에 따른 1회성 이익) 영향으로 이익성장률은 미진할 것으로 보임.
- 저평가 매력이 돋보이는 실적이긴 하지만 섹터 내 다른 종목 대비 부각되는 면이 없는 것은 아쉬운 점.

▶ 영업이익 추이 및 전망
괄호 안은 영업이익률(%)
(억 원)

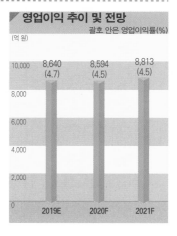

▶ 사업 부문별 매출 비중
단위: %

해운 사업 18
유통 사업 49.6
물류 사업 32.4

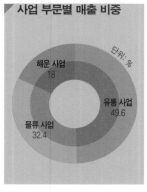

▶ 물류 매출 추이 및 전망
(억 원)

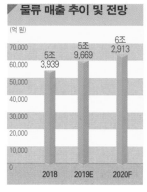

▶ 물류 영업이익 추이 및 전망
괄호 안은 영업이익률(%)
(억 원)

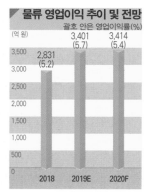

▶ 순이익 추이 및 전망
(억 원)

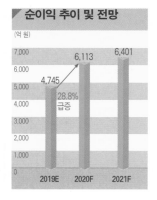

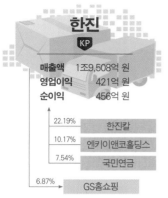

한진
KP

매출액	1조9,508억 원
영업이익	421억 원
순이익	456억 원

22.19%	한진칼
10.17%	엔키이앤코홀딩스
7.54%	국민연금
6.87%	GS홈쇼핑

▶ 투자포인트

- 2019년 3분기 실적 발표 당시 큰 폭의 마진율 개선을 보여준 사업 부문은 단연 택배임 → 택배 사업의 경우 2018년부터 운임 인상을 시작했지만 운임 인상분이 실적 개선으로 이어지지 못한다는 평가를 받고 있었던 상황.
- 동사의 매출 구성은 택배 사업 39.35%, 육운 사업 17.18%, 항만하역 17.08%, 차량 종합 사업 15.8% 등으로 이루어져 있음.
- 2019년 3분기에 택배 사업 영업마진율 4.3%를 기록하며 전년 동기 대비 1.9%p 수익성이 높아지는 모습을 보여줌.
- 택배 단가 인상을 수익성 회복으로 이어갔다는 점은 향후 택배 사업에서 긍정적인 평가 기대하게 함.
- 2020년에 영업외이익이나 손실에서 일회성 요인이 없어도 2019년 적자상태에서 흑자전환 예상.

▶ 택배 사업 매출 추이 및 전망

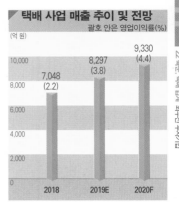

괄호 안은 영업이익률(%)
(억 원)

	2018	2019E	2020F
매출	7,048 (2.2)	8,297 (3.8)	9,330 (4.4)

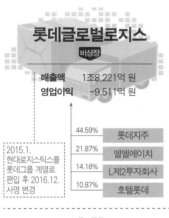

롯데글로벌로지스
비상장

매출액	1조8,221억 원
영업이익	-9,511억 원

44.59%	롯데지주
21.87%	엘엘에이치
14.18%	L제2투자회사
10.87%	호텔롯데

2015.1. 현대로지스틱스를 롯데그룹 계열로 편입 후 2016.12. 사명 변경

▶ 투자포인트

- 롯데그룹 물류 계열사로, 화물자동차운수업, 해운대리점업, 항공화물운송대리점업, 컨테이너 운송 및 철도운송업, 항만하역 등의 종합 물류 서비스 사업 영위.
- 2015년 5월 도심형 물류단지인 동남권 물류단지 오픈 → 도심형 택배 네트워크 확대.
- 수도권 당일 배송을 가능하게 하는 최적의 입지 확보.
- 2016년 5월 의류 택배 사업을 전문으로 하는 덕평 물류 센터 오픈.
- 중부권 허브 터미널(2022년), 영남권 물류통합센터(2021년), 여주의류통합센터(2022년), BPO 플랫폼(2020년) 구축 예정.

▶ 사업 부문별 매출 비중 단위: %

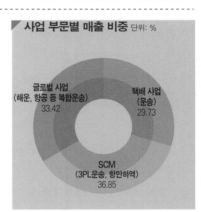

- 글로벌 사업 (해운, 항공 등 복합운송) 33.42
- 택배 사업 (운송) 29.73
- SCM (3PL운송, 항만하역) 36.85

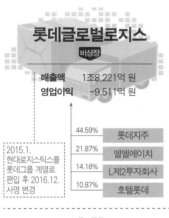

동방
KP

매출액	5,264억 원
영업이익	142억 원
순이익	158억 원

27.58%	김형곤 및 관계인
76.2%	광양선박
90%	동방광양물류센터
44.4%	유엔시티

▶ 투자포인트

- 선박 블록 등을 운반하는 중량 물류, 건화물을 운반하는 벌크 물류, 철강 물류, 컨테이너 물류, 단순 포워딩 업무를 수행하는 운송 업체로, 최근 쿠팡 풀필먼트 서비스의 직접적인 수혜주로 두각.
- 2018년 12월 18일자로 쿠팡과 물류 전담 운송사 선정 계약 체결 → 4년간 520억 원에 달하는 계약으로 연간 130억 원의 매출액이 발생하는 계약임. 동사의 계약상 주요 업무는 쿠팡에 입점한 셀러들의 상품들을 쿠팡의 물류 창고로 운송시키는 역할로서, 쿠팡 풀필먼트 서비스의 핵심 업무임.
- 쿠팡의 로켓와우클럽이 와우클럽 회원들에게 쿠팡의 자체 상품을 빠르게 배송해주는 서비스라면, 쿠팡 풀필먼트 서비스는 쿠팡에서 거래되는 제3셀러의 상품을 빠르게 배송하는 근간이 됨.

▶ 사업 부문별 매출 비중

■ 포워딩 ■ 컨테이너 ■ 철강 ■ 벌크/TPL ■ 중량

(%)

	2014	2015	2016	2017	2018
중량	2.3	3.0	2.8	2.3	2.8
벌크/TPL	12.6	14.1	17.6	21.1	18.3
철강	21.1	20.4	21.1	21.6	20.6
컨테이너	36.2	35.5	35.2	39.2	34.8
포워딩	27.8	27.0	23.3	15.8	23.4

세방
KP

매출액	6,517억 원
영업이익	114억 원
순이익	425억 원

37.95%	세방전지
100%	세방익스프레스
100%	한국해운
10.89%	양산ICD
45%	동석물류
45.63%	아이엔티씨
90%	세방광양국제물류
60.2%	세방부산신항물류

18.53%	이앤에스글로벌
9.81%	이상웅
8.64%	이의순
13.16%	한국투자밸류자산운용
6.78%	국민연금
5.01%	신영자산운용

▶ 투자포인트

- 항만하역, 화물운송, CY(Container Yard), CFS(Container Freight Station) 사업 등을 영위하는 종합 물류 회사로, 컨테이너/벌크/중량물 운송을 담당하는 화물운송 부문이 전체 매출의 약 57% 차지.
- 안성 수도권 3센터 준공으로 본격적인 콜드체인 물류 사업 외형 확장 기대 → 신선식품 수요 증가, 식품 유통 채널 다변화로 콜드체인 물류 사업 성장 예상.
- 전자상거래 확산으로 물류 대행 서비스 수요가 증가함에 따라 높은 성장률 기대 → 제품의 입고 상하차부터 제품의 보관 및 재고 관리, 택배 출고를 비롯한 교환/반품 등의 온라인 유통 물류 서비스 특화.
- 국내 콜드체인 물류 시장은 신선식품 배송 서비스가 확대되면서 성장궤도에 진입 → 인구가 고령화되고 1인가구가 증가하는 등 라이프스타일 변화로 식품 소비 패턴이 편의화/소량화/다양화 되면서 신선식품 시장 급성장 예상됨에 따라 동사의 수혜 기대.
- 특히 IT 전담 계열사를 통해 개발한 자체 WMS(Warehouse Management System)를 고객에게 제공함으로써 보다 효율적인 물류 관리 가능.

물류와 유통의 싸움 혹은 협업?

독보적 1위도 두려워하는 존재

국내 택배 업계의 독보적 1위는 CJ대한통운이다. 시장점유율이 48.2%로 절반을 차지한다. '독보적 1위'가 아니라 '독점적 지위'를 영위한다고 해도 틀린 말이 아니다. 2위 롯데글로벌로지스와 3위 한진은 각각 13.1%, 12.2%로 1위와의 격차가 적지 않다. 국내 택배 업계에서 CJ대한통운은 한마디로 무서울 게 없는 회사다.

무소불위의 CJ대한통운이 경계의 눈초리로 바라보는 기업이 있으니 바로 쿠팡이다. 온라인쇼핑몰 쿠팡이 2014년에 자체 배송 서비스를 시작한다고 했을 때만 해도 CJ대한통운은 대수롭지 않게 생각했다. 일개 온라인쇼핑몰의 무모한 시도로 생각했다. 하지만 쿠팡에서 로켓배송 시스템을 도입하자 상황은 급변했다. 업계에서는 향후 쿠팡의 시장점유율이 20%까지 성장할 것으로 보고 있다. 롯데글로벌로지스와 한진을 가볍게 뛰어넘는 점유율이다. 쿠팡의 시장 침투로 택배 업계 전반에 위기감이 감돌고 있다.

운송에서 이익을 내야하는 택배 업체들로서는 쿠팡 같은 거대 유통 업체들의 행보가 여간 부담스러운 게 아니다. 미국의 전자상거래 거물 아마존이 그러했듯이 유통 업체들은 전통적인 물류 산업의 영역을 계속해서 넘보고 있다. 국토부가 발표한 2019년 택배 운송사업자 선정 내역을 살펴보면, 가구 회사 한샘의 물류 자회사 '한샘 서비스원', 도서 배송 업체 '로지스링크', 마켓컬리를 운영하는 물류 자회사 '프레시솔루션' 등이 새로 포함되었다. 네이버쇼핑 역시 물류의 서비스화를 추진하는 것으로 알려지고 있다.

택배 업계를 위협하는 근본적인 요인은, 유통 업체들의 시장 침투로 택배 업계의 자산가치가 떨어지고 있다는 사실이다. 최근 택배 업체들의 배송량 증가 속도는 국내 온라인쇼핑 산업의 성장 속도에 비해 크게 뒤쳐지고 있다. 대형 온라인쇼핑 업체들이 기존의 택배 업체에 의존하지 않고 미국의 아마존처럼 자체 배송 시스템을 확장시켜나가고 있기 때문이다. 대형 온라인쇼핑 업체들은 기존 택배 업체가 구축한 허브-스포크 물류망으로는 실행하기 곤란한 고도화된 배송 서비스를 직접 해나가고 있는 것이다.

이에 맞서 택배 업체들이 고도화된 물류 시스템에 투자한다고 하더라도 단기간에 성과를 내는 것은 쉽지 않아 보인다. 택배 업체들은 물류 고도화에 필요한 데이터 수집 및 분석능력이 취약하기 때문이다. 온라인쇼핑 업체들의 데이터 활용 노하우를 뛰어넘는 것은 현실적으로 거의 불가능하다. 설령 택배 업체들이 고도화 물류 시스템 구축을 위한 투자에 적극 나선다고 해도, 당장 물류에서의 이익을 기대하지 않고 투자를 감행하는 대규모 유통 업체들과의 자금력 경쟁에서 이길 수가 없다는 게 전문가들의 공통된 견해다.

맞서 싸울 것이냐, 협력할 것이냐

그렇다면 기존 택배 업체들은 힘 한 번 제대로 써보지 못하고 거대 온라인 유통 업체들에게 잡아먹히고 말 것인가?

이에 대해 택배 업체들의 생존 전략은 두 가지로 모아진다. 첫째는 택배 업체가 우위를 점할 수 있는 고유의 사업 영역에 집중하는 것이고, 둘째는 합병이나 컨소시엄 등을 통해 유통 업체와 융합하는 것이다.

택배 업체로서는 유통 사업을 염두에 두지 않는 물류 고도화 투자는 장기적으로 이익을 내지 못할 가능성이 높다. 유통 사업 기반이 취약한 과거 현대그룹이 2014년경 택배 시장 2위였던 현대로지스틱스를 일본의 오릭스를 거쳐 롯데그룹에 매각한 사례가 이를 방증한다. 뿐 만 아니라 한진그룹이 (주)한진의 지분 일부를 GS홈쇼핑에 넘긴 이유도 향후 유통 업체와의 합병 또는 컨소시엄 가능성을 열어 둔 것으로 해석된다.

최근 택배 업체들이 집중하는 고유의 사업 영역은 '풀필먼트(fulfillment)'라고 하는 신개념 물류 시스템이다. 풀필먼트란 '고객의 주문처리'를 뜻하는 말로, 고객의 주문에 맞춰 물류센터에서 제품을 피킹(picking), 패킹(packing)해서 배송을 하고, 고객이 교환/환불을 원하면 교환/환불 서비스까지 담당하는 일련의 배송 프로세스를 뜻한다.

풀필먼트는 택배 업체들의 필승카드이지만, 공교롭게도 풀필먼트 서비스를 처음 도입한 것은 택배 업체가 아니라 유통 업체다. 아마존은 풀필먼트 시스템을 통해 자체배송 서비스를 정착시켜 경쟁사들을 누르고 업계 1위를 차지할 수 있었다. 쿠팡을 비롯한 대형 온라인쇼핑 업체들은 아마존의 성공 전략을 벤치마킹해 풀필먼트 시스템을 자체 운영하고 있다.

하지만, 풀필먼트 시스템은 택배 업체들의 고유 사업 영역에 해당됨을 부정할 수 없다. 풀필먼트 시스템의 핵심 공정인 피킹과 패킹 및 배송은 오랫동안 택배 업체들이 해오던 주업무다. 여기에 고객 관리와 반품/교환/환불 업무까지 더해지면서 물류의 전반을 관통하는 원스톱 일괄공정 시스템이 완성된 것이다.

택배 업체를 포함한 물류 회사들은 오랜 세월 창고를 운영해 왔고, 여기에 IT 기술을 접목시켜 창고 관리 업무를 시스템화하게 됐다. 택배 업체들은 이러한 역량을 바탕으로 전통적으로 판매 업체(유통 업체)들이 담당해오던 데이터 관리 및 배송 이후 서비스 영역까지 풀필먼트 시스템의 카테고리에 담아 사업 영역을 확장시키고 있는 것이다. 이를테면 CJ대한통운이 운영하고 있는 GDC 사업이 대표적인 예이다. 판매 업체들이 직접 처리하던 상품 재고관리, 제품 포장 등의 과정을 택배 업체인 CJ대한통운이 대행함으로써 물류의 모든 과정을 일괄처리하는 것이다.

풀필먼트, 선택이 아닌 필수!

풀필먼트의 가장 큰 장점은 비용 절감과 빠른 배송 서비스다. 판매 업체로서는 여러 업체가 나눠서 진행해오던 물류 업무를 택배 업체가 일괄처리함으로써 배송 비용을 절감할 수 있게 됐다. 아울러 배송 사고도 줄일 뿐 아니라 배송 속도까지 개선하는 효과를 누릴 수 있다.

풀필먼트 시스템의 수혜는 당장 2020년부터 가시화될 전망이다. 쿠팡의 로켓배송에 맞서기 위해서는 풀필먼트가 선택이 아닌 필수임을 택배 업체는 물론 非쿠팡 진영의 온라인쇼핑 업체들까지 공감하기 시작한 것이다.

쿠팡은 로켓배송을 내세워 시장 진입 5년 만에 매출을 20배 이상 성장시키면서 온라인쇼핑 시장점유율을 빠르게 늘려나가고 있다. 쿠팡의 경쟁사들 입장에서는 로켓배송에 필적할만한 고도화된 물류 시스템이 절실한 상황이다. 온라인쇼핑 업체와 택배 업체가 힘을 모아 로켓배송에 뒤지지 않는 풀필먼트 서비스를 만들어 론칭할 경우, 물류 시장에 새로운 경쟁 구도가 마련되는 것이다.

풀필먼트 서비스 단가는 일반 택배보다 20% 정도 높고 마진률도 월등하다는 게 물류 업계의 분석이다. 오랫동안 낮은 택배단가에 시달려온 택배 업체들로서는 반가운 소식이 아닐 수 없다. 자체 배송 시스템을 갖추고 있지 못한 유통 업체들도 택배 업체들과의 시너지 효과를 기대해 볼 만 하다.

종합상사 업황은 무역에 달렸다!

무역 규모 추이 및 전망 괄호 안은 전년 대비 증감률(%)

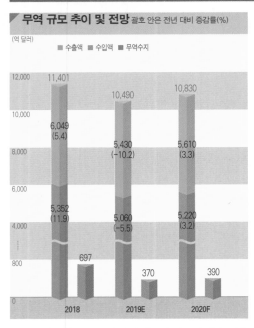

(억 달러)

- 수출액 ■ 수입액 ■ 무역수지

	2018	2019E	2020F
	11,401	10,490	10,830
수출액	6,049 (5.4)	5,430 (-10.2)	5,610 (3.3)
수입액	5,352 (11.9)	5,060 (-5.5)	5,220 (3.2)
무역수지	697	370	390

주요 수출품목 추이 괄호 안은 전년 대비 증감률(%), 2018년 기준

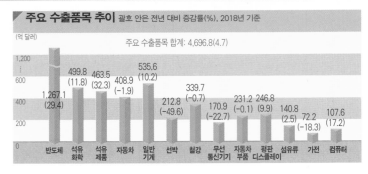

주요 수출품목 합계: 4,696.8(4.7)

(억 달러)

품목	금액 (증감률)
반도체	1,267.1 (29.4)
석유화학	499.8 (11.8)
석유제품	463.5 (32.3)
자동차	408.9 (-1.9)
일반기계	535.6 (10.2)
선박	212.8 (-49.6)
철강	339.7 (-0.7)
무선통신기기	170.9 (-22.7)
자동차부품	231.2 (-0.1)
평판디스플레이	246.8 (9.9)
섬유류	140.8 (2.5)
가전	72.2 (-18.3)
컴퓨터	107.6 (17.2)

6대 에너지 수입 추이 괄호 안은 전년 대비 증감률(%), 2018년 기준

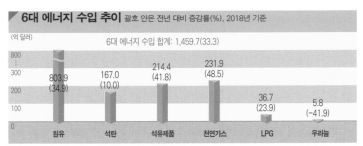

6대 에너지 수입 합계: 1,459.7(33.3)

(억 달러)

품목	금액 (증감률)
원유	803.9 (34.9)
석탄	167.0 (10.0)
석유제품	214.4 (41.8)
천연가스	231.9 (48.5)
LPG	36.7 (-23.9)
우라늄	5.8 (-41.9)

- 2020년 수출은 글로벌 경기 회복과 반도체 단가 상승에 따른 영향으로 증가세로 전환 전망.
- 2020년 수입 역시 국내 경기 회복 및 설비 투자 환경 개선에 힘입어 증가세 전망, 무역수지 흑자 규모는 소폭 개선.
- 무역액은 전년 대비 3.3% 증가하면서 4년 연속 1조 달러 달성 전망.

자료: 한국무역협회

종합상사들의 마케팅 주 무대는 어디?

주요 지역별 수출 규모 추이 단위: 억 달러, 괄호 안은 전년 대비 증감률(%), 2018년 기준

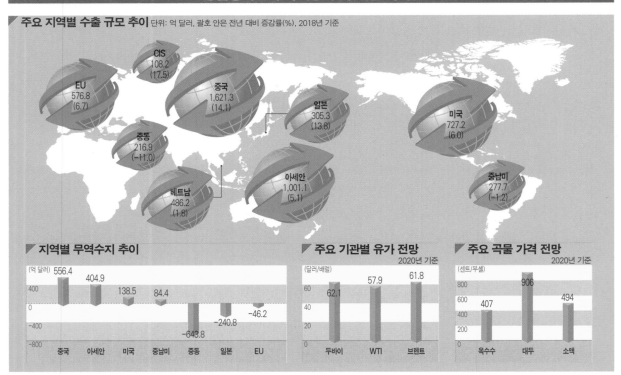

지역	금액 (증감률)
CIS	108.2 (17.5)
EU	576.8 (6.7)
중국	1,621.3 (14.1)
일본	305.3 (13.8)
미국	727.2 (6.0)
중동	216.9 (-11.0)
베트남	486.2 (1.8)
아세안	1,001.1 (5.1)
중남미	277.7 (-1.2)

지역별 무역수지 추이

(억 달러)

중국	556.4
아세안	404.9
미국	138.5
중남미	84.4
중동	-643.8
일본	-240.8
EU	-46.2

주요 기관별 유가 전망
2020년 기준

(달러/배럴)

	두바이	WTI	브렌트
	62.1	57.9	61.8

주요 곡물 가격 전망
2020년 기준

(센트/부셸)

	옥수수	대두	소맥
	407	906	494

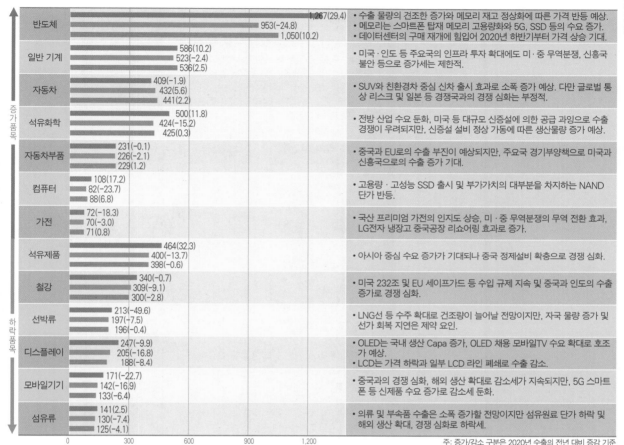

종합상사들, 2020년대 어떤 사업이 돈이 될까?

▶ 주요 품목별 수출 규모 추이 및 전망
단위: 억 달러, 괄호 안은 전년 대비 증감률(%)

■ 2018(실적) ■ 2019E ■ 2020F

반도체	1,267(29.4) / 953(-24.8) / 1,050(10.2)	• 수출 물량의 견조한 증가와 메모리 재고 정상화에 따른 가격 반등 예상. • 메모리는 스마트폰 탑재 메모리 고용량화와 5G, SSD 등의 수요 증가. • 데이터센터의 구매 재개에 힘입어 2020년 하반기부터 가격 상승 기대.
일반 기계	586(10.2) / 523(-2.4) / 536(2.5)	• 미국·인도 등 주요국의 인프라 투자 확대에도 미·중 무역분쟁, 신흥국 불안 등으로 증가세는 제한적.
자동차	409(-1.9) / 432(5.6) / 441(2.2)	• SUV와 친환경차 중심 신차 출시 효과로 소폭 증가 예상. 다만 글로벌 통상 리스크 및 일본 등 경쟁국과의 경쟁 심화는 부정적.
석유화학	500(11.8) / 424(-15.2) / 425(0.3)	• 전방 산업 수요 둔화, 미국 등 대규모 신증설에 의한 공급 과잉으로 수출 경쟁이 우려되지만, 신증설 설비 정상 가동에 따른 생산물량 증가 예상.
자동차부품	231(-0.1) / 226(-2.1) / 229(1.2)	• 중국과 EU로의 수출 부진이 예상되지만, 주요국 경기부양책으로 미국과 신흥국으로의 수출 증가 기대.
컴퓨터	108(17.2) / 82(-23.7) / 88(6.8)	• 고용량·고성능 SSD 출시 및 부가가치의 대부분을 차지하는 NAND 단가 반등.
가전	72(-18.3) / 70(-3.0) / 71(0.8)	• 국산 프리미엄 가전의 인지도 상승, 미·중 무역분쟁의 무역 전환 효과, LG전자 냉장고 중국공장 리쇼어링 효과로 증가.
석유제품	464(32.3) / 400(-13.7) / 398(-0.6)	• 아시아 중심 수요 증가가 기대되나 중국 정제설비 확충으로 경쟁 심화.
철강	340(-0.7) / 309(-9.1) / 300(-2.8)	• 미국 232조 및 EU 세이프가드 등 수입 규제 지속 및 중국과 인도의 수출 증가로 경쟁 심화.
선박류	213(-49.6) / 197(-7.5) / 196(-0.4)	• LNG선 등 수주 확대로 건조량이 늘어날 전망이지만, 자국 물량 증가 및 선가 회복 지연은 제약 요인.
디스플레이	247(-9.9) / 205(-16.8) / 188(-8.4)	• OLED는 국내 생산 Capa 증가, OLED 채용 모바일TV 수요 확대로 호조가 예상. • LCD는 가격 하락과 일부 LCD 라인 폐쇄로 수출 감소.
모바일기기	171(-22.7) / 142(-16.9) / 133(-6.4)	• 중국과의 경쟁 심화, 해외 생산 확대로 감소세가 지속되지만, 5G 스마트폰 등 신제품 수요 증가로 감소세 둔화.
섬유류	141(2.5) / 130(-7.4) / 125(-4.1)	• 의류 및 부속품 수출은 소폭 증가할 전망이지만 섬유원료 단가 하락 및 해외 생산 확대, 경쟁 심화로 하락세.

증가 품목 / 하락 품목

0   300   600   900   1,200

주: 증가/감소 구분은 2020년 수출의 전년 대비 증감 기준

▶ 국내 5대 종합상사 실적 비교

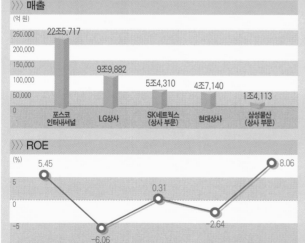

>>> 매출
(억 원)

포스코인터내셔널 22조5,717 / LG상사 9조9,882 / SK네트웍스(상사 부문) 5조4,310 / 현대상사 4조7,140 / 삼성물산(상사 부문) 1조4,113

>>> ROE
(%)

포스코인터내셔널 5.45 / LG상사 -6.06 / SK네트웍스(상사 부문) 0.31 / 현대상사 -2.64 / 삼성물산(상사 부문) 8.06

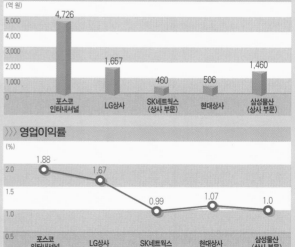

>>> 영업이익
(억 원)

포스코인터내셔널 4,726 / LG상사 1,657 / SK네트웍스(상사 부문) 460 / 현대상사 506 / 삼성물산(상사 부문) 1,460

>>> 영업이익률
(%)

포스코인터내셔널 1.88 / LG상사 1.67 / SK네트웍스 0.99 / 현대상사 1.07 / 삼성물산(상사 부문) 1.0

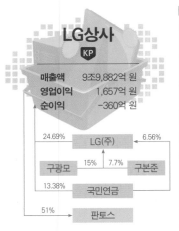

LG상사 KP

매출액	9조9,882억 원
영업이익	1,657억 원
순이익	-360억 원

- LG(주) 24.69% / 6.56%
- 구광모 15% / 7.7% 구본준
- 국민연금 13.38%
- 판토스 51%

투자포인트

- 인프라 부문에서 중동, CIS 및 동남아 시장을 중심으로 사업 확대 → 프로젝트 사업에 대한 경쟁력을 한층 더 강화할 계획.
- 화학 사업의 경우, 중국 내몽고에 위치한 석탄 화공 플랜트의 지분을 인수하여 비료 사업 및 Trading에 참여.
- 물류 사업의 호조에도 불구하고 인프라와 자원 부문의 부진으로 당초 예상치를 크게 하회한 실적 기록.
- 자원 사업의 경우, 향후 중국의 수입 규제 변화 가능성과 인도네시아의 석탄 감산 등에 따른 석탄 시황 개선 여부에 따라 이익 반등 기대.
- 약 1조 원 규모의 순차입금이 유지되는 가운데, 부채비율은 211%를 기록 → 현재 진행되고 있는 LG베이징타워(동사 보유 지분 가치 약 3,000억 원) 매각을 감안하면 2020년에는 부채비율이 200%로 하락할 전망. 이는 이자비용 감소, 장기적으로 배당 여력 확대로 이어지며 주주가치 개선에 기여할 것으로 기대.

영업이익 추이 및 전망

괄호 안은 영업이익률(%)

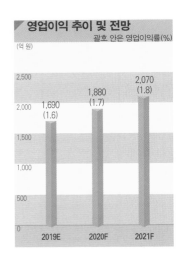

(억 원)
- 2019E: 1,690 (1.6)
- 2020F: 1,880 (1.7)
- 2021F: 2,070 (1.8)

사업 부문별 매출 비중 단위: %

- 인프라 50.2 (화학, 프로젝트, 전기/전자 부품, Auto 등)
- 물류 38.8 (해상운송, 항공운송, 육상운송, 국제특송, 통관, 창고 등)
- 자원 11 (석탄, 팜, 금속, 석유 등)

사업 부문별 매출 추이 및 전망

(억 원) ■ 자원 ■ 물류 ■ 인프라

	2018	2019E	2020F
인프라	9조9,882	10조5,710	10조0,910
	1조0,590	1조1,710	1조2,040
	3조8,990	4조2,360	4조1,900
자원	5조0,300	5조1,640	4조6,960

LG상사 주가 vs. 유가

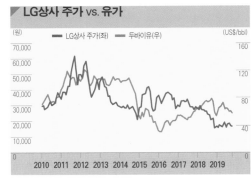

(원) ── LG상사 주가(좌) ── 두바이유(우) (US$/bbl)

2010 2011 2012 2013 2014 2015 2016 2017 2018 2019

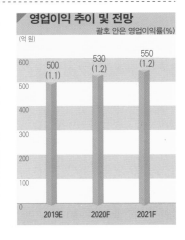

현대종합상사 KP

매출액	4조7,140억 원
영업이익	505억 원
순이익	-87억 원

- 현대코퍼레이션홀딩스 19.37% / 17.96%
- 정몽혁 4.83%
- 케이씨씨 12%

투자포인트

- 자동차, 철강, 화학제품 및 플랜트 등의 제품을 수출하는 종합상사로, 2016년 3월 공정위의 승인으로 현대중공업 기업집단으로부터 계열분리.
- 산업플랜트, 차량소재, 철강, 기타(자원개발 등) 4개의 사업 부문으로 구성되며, 각 사업 부문은 수출입업, 삼국간 무역 및 해외자원개발 프로젝트를 영위함.
- 2015년 10월 브랜드/신사업 부문을 인적분할하여 현대코퍼레이션홀딩스(옛 현대씨앤에프)를 설립함.
- 최근 외형 성장 둔화로 절대이익은 감소했지만, 고마진 수익 거래 발굴 및 대체 시장 확대로 수익성은 개선됨.
- LNG 판매량 증가로 자원개발 이익은 소폭 개선.
- 차량소재 및 철강 부문 실적은 2020년 이후 회복될 전망.

영업이익 추이 및 전망

괄호 안은 영업이익률(%)

(억 원)
- 2019E: 500 (1.1)
- 2020F: 530 (1.2)
- 2021F: 550 (1.2)

Trading 연계 투자를 통한 사업 확장 구조

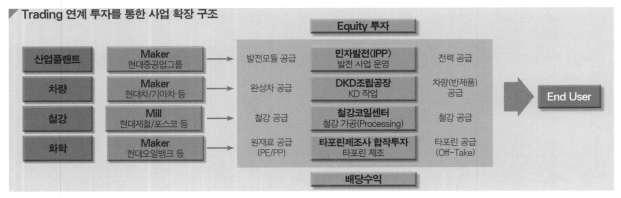

Equity 투자

산업플랜트	Maker 현대중공업그룹	→	발전모듈 공급	민자발전(IPP) 발전 사업 운영	전력 공급
차량	Maker 현대차/기아차 등	→	완성차 공급	DKD조립공장 KD 작업	차량(반제품) 공급
철강	Mill 현대제철/포스코 등	→	철강 공급	철강코일센터 철강 가공(Processing)	철강 공급
화학	Maker 현대오일뱅크 등	→	원재료 공급 (PE/PP)	타포린제조사 합작투자 타포린 제조	타포린 공급 (Off-Take)

End User

배당수익

포스코인터내셔널
KP

매출액 25조1,739억 원
영업이익 4,729억 원
순이익 1,157억 원

62.9% → (주)포스코 ← 11.72%
5.6% → 국민연금
50% → 에스피에이치
51% → 포항에스알디씨

▶ 투자포인트
- 2000년 12월 대우의 무역 부문을 인적분할하여 설립 → 2010년 8월 포스코가 한국자산관리공사 등으로부터 지분 68.2%를 취득하여 동사의 최대주주가 됨.
- 2016년 11월 인적분할되는 포스코피앤에스의 철강 등 사업 부문을 흡수합병함.
- 수출입, 중개업, 자원개발 등의 사업을 영위하고 있으며, 철강, 비철금속, 화학제품, 자동차부품, 기계, 선박 및 플랜트, 전기전자, 곡물, 원유 등을 영업 활동의 주요 품목으로 함.
- 미얀마 가스전의 판매량 호조세가 지속되는 가운데, 트레이딩 사업부 실적 또한 큰 틀에서 견고한 흐름 지속 → 미얀마 가스전에 대한 기존 투자는 현재진행형이며, 2022년까지 Phase2에 대한 투자 4.7억 달러, 2024년까지 Phase3에 대한 투자 3.2억 달러(포스코인터내셔널의 투자분)가 소요될 전망.

▶ 자원개발 사업 실적 추이
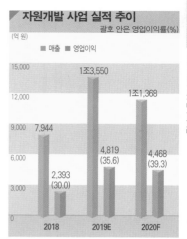

▶ 순이익 추이 및 전망
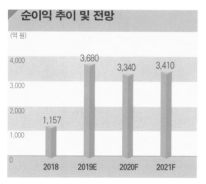

▶ 미얀마 가스전 일평균 판매량 vs.영업이익

▶ 미얀마 가스전 ASP vs.영업이익
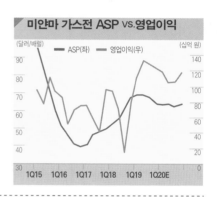

SK네트웍스
KP

매출액 13조9,865억 원
영업이익 1,379억 원
순이익 77억 원

39.14% → (주)SK ← 8.23%
최태원 18.44% | 6.85% 최기원
8.22% → 국민연금

86.5% → SK네트웍스서비스
100% → SK핀크스
100% → SK렌터카서비스
100% → 목감휴게소서비스
42.2% → AJ렌터카
100% → SK매직
10% → 파라다이스호텔부산
8% → 컬링
7% → 파킹클라우드

▶ 투자포인트
- 국내외 네트워크와 물류능력을 기반으로 석유제품 중심의 에너지 유통, 휴대폰 중심의 정보통신 유통, 글로벌 무역업 영위.
- 렌터카, 자동차 경정비 등의 Car Biz 사업, 주방가전 및 환경가전 렌털 사업 및 워커힐 호텔 운영.
- 정보통신 사업은 자회사인 SK네트웍스서비스를 통하여 SK텔레콤 및 SK브로드밴드의 네트워크망 운용, 통신 시스템 장비 유통 등 다양한 서비스를 제공함.
- Car-Life 사업의 경우, 2019년 3분기 매출액 4,480억 원(+3.1% QoQ), 영업이익 410억 원(+26.6% QoQ)으로 AJ렌터카 인수 이후 수익성 개선세 나타나기 시작 → 과거 양적 성장을 지향하던 전략에서 수익성 향상으로 전략 수정 영향.
- 2019년 영업이익은 전년 대비 및 연초 예상치를 크게 상회할 것으로 예상 → 호실적 배경은 SK매직, Car-Life, 정보통신 부문 실적 개선으로 판단됨.

▶ 상사 부문 실적 추이 및 전망
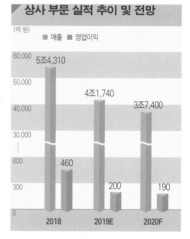

▶ 사업 부문별 매출 비중

▶ 렌터카 시장점유율
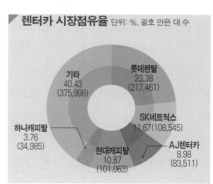

식량 자원으로 돈 버는
종합상사들

움직일 수 없는 사실

글로벌 경제위기 이후 세계 경제를 특징짓는 현상을 가리키는 '뉴 노멀(New Normal)'이라는 신조어가 등장한지도 10년이 훨씬 지났다. 저성장, 저소비, 높은 실업률과 투자 위험까지 온갖 부정적인 말들이 전혀 '이상하지 않게(normal)' 들리는 시대다. 어느덧 저성장이 일상이 된 세상에 우리는 살고 있는 것이다.

세계 경제가 삐걱거릴 때마다 가장 타격을 받는 개념이 바로 무역수지다. 세계 곳곳이 불황인데 수출입을 통해 발생하는 수입과 지출이 좋을 리 만무하다. 무역으로 먹고 사는 종합상사들에게 뉴 노멀 시대는 '가도 가도 끝이 없는 터널'과 다르지 않을 것이다.

종합상사는 '라면에서 미사일까지' 돈이 되는 것은 무엇이든 가리지 않고 지구촌 어디라도 찾아가 물건을 파는 무역 회사다. 17세기 초 영국의 동인도 회사에 기원을 두지만, 현대적 의미의 종합상사는 일본에서 비롯됐다. 영어사전을 보면 '종합상사'가 일본어 그대로 '소고쇼샤(Sogo Shosha)'로 등재되어 있다.

19세기에 개항한 일본은 초기 무역을 독점한 서구 상인에 맞서기 위해 미쓰이물산과 미쓰비시상사를 설립했다. 이후 일본은 제2차 세계대전 당시 원폭으로 패망하면서 어떻게든 살아남기 위해 무엇이든 팔아치워야 하는 절박한 영업력으로 종합상사 업계를 더욱 키워야 했다.

절박함으로 따지면 한국도 일본에 뒤지지 않았다. 30년이 넘는 국권침탈기와 6·25전쟁으로 폐허가 된 이 땅에서 생존하기 위해서는 수단과 방법을 가리지 않고 외화를 벌어들여야 했고, 유일한 방법은 역시 수출 밖에 없었다. 1970년대 들어 1차 오일 쇼크 이후 정부의 수출 드라이브 정책의 일환으로 종합상사

가 우리 경제에 자연스럽게 스며들게 된 것이다.

이후 종합상사의 역할은 가파른 경제 성장 속에서 해외 시장을 개척하려는 대기업들의 전략과 맞아떨어졌다. 1975년 삼성물산을 시작으로 쌍용산업, 대우실업 등이 정부로부터 종합무역상사로 지정되었고, 효성물산, 반도상사(현 LG상사), 선경(현 SK네트웍스), 현대종합상사 등이 뒤를 이었다. 1975년에 한국은 처음으로 수출 100억 달러를 돌파하는 쾌거를 이뤘는데, 그 중심에 종합상사가 있었음은 움직일 수 없는 사실이다.

팔기만 해선 살아남을 수 없다!

종합상사의 화양연화는 오래가지 못했다. 1990년대 들어 대기업들이 직접 해외 영업 전선에 뛰어들기 시작하면서부터다. 그런 가운데 종합상사에 결정적인 타격을 입힌 건 1997년에 터진 IMF 구제금융 외환위기였다. 국가신용도가 바닥에 떨어지면서 수출길이 가로막히고 만 것이다.

삼성전자를 비롯한 대기업들은 해외 영업을 종합상사에만 맡겨서는 글로벌 시장에서 살아남을 수가 없음을 깨달았다. 저마다 자체적인 글로벌 영업망을 본격적으로 갖춰나가기 시작한 것이다. 대기업 계열사가 직접 글로벌 마케팅에 뛰어들면서 그렇잖아도 위축되었던 종합상사의 위상은 더욱 쪼그라들었다.

과거 전체 수출의 50%를 담당했던 종합상사의 비중은 2000년 밀레니엄 시대를 지나면서 현저하게 감소했다. 2007년경 종합상사의 수출 비중은 열 배 가까이 줄어 5% 남짓에 그치고 말았다.

종합상사는 일반적으로 상품을 구입한 후 원하는

고객에게 팔면서 중간에 발생하는 마진을 얻는 것이 주된 수익 구조다. 하지만 이러한 방식만 고수해서는 더 이상 시장에서 살아남을 수가 없게 된 것이다. 결국 종합상사도 새로운 시장 개척을 위해 개발하고 투자하지 않으면 안 되었다.

그 옛날 동인도 회사가 그랬듯이

종합상사가 집중하는 사업은 자원 개발이다. 가스나 석유 등의 에너지 자원은 물론, 옥수수나 콩 등 식량 자원에 이르기까지 사업 규모가 엄청나다. 첨단 기술 과학이 주를 이루는 4차 산업 시대에 에너지와 식량이라는 1차적인 재화에 집중하는 모습이 의아하게 비춰질 수도 있지만, 이러한 기초 자원 무역이야말로 종합상사의 본령이라 할 수 있다. 특히 식량은 한 나라의 안보와 직결될 정도로 파급력이 크지만, 금융이나 IT 등에 가려 시장에서 두각을 나타내지 못했다. 최근 들어 국내외 종합상사들이 식량 자원에 지속적인 투자에 나서면서 글로벌 투자자들의 관심이 커지고 있다.

국내 종합상사 중에서는 포스코인터내셔널의 행보가 가장 두드러진다. 포스코인터내셔널은 '세계 곡물 창고'라 불리는 우크라이나에 국내 최초로 해외 곡물 수출 터미널을 준공하고 본격 가동에 들어갔다. 이 터미널은 우크라이나 남부 흑해 최대 수출 항구로 꼽히는 미콜라이프 항에 위치해 있다. 밀, 옥수수, 대두 등 연간 250만 톤의 곡물 출하가 가능하다. 포스코인터내셔널은 이번 수출 터미널 준공으로 흑해의 곡물 조달 조기 물량 확보가 가능해짐에 따라, 아시아와 북아프리카 및 중동 지역의 연계 수요를 개발할 수 있는 기반을 마련했다.

포스코인터내셔널은 인도네시아에서 팜유 사업도 진행 중이다. 2011년부터 인도네시아 파푸아주에서 팜 농장을 개발해 팜유(Crude Palm Oil)를 생산·판매하고 있다. 팜유는 전세계 식용 오일 1억7,000만 톤 중 40%를 차지할 정도로 이미 거대한 시장을 형성하고 있다.

LG상사의 식량 자원 사업도 눈여겨 볼 만 하다. LG상사는 2009년부터 인도네시아 서부 칼리만탄주에 여의도 면적의 70배에 육박하는 2만 헥타르 규모의 팜 농장을 운영하고 있다. 2018년에는 70,000만 달러를 투자해 인도네시아 바리또 퍼시픽이 보유하고 있던 팜 농장 2곳의 지분 95%를 인수했다. 스까다우 팜 농장에서는 2012년부터 팜유 생산 공장을 준공하고 가동을 시작했다. 연간 생산능력이 8만 톤에 이르는데, 향후 농장을 추가로 확보하고 공장을 증설해 연간 18만 톤까지 생산능력을 끌어올린다는 계획을 세워두고 있다.

현대종합상사는 2019년 9월 캄보디아에 검역시설을 갖춘 농산물유통센터 완공을 앞두고 있다. 2015년부터 캄보디아 프놈펜 망고 농장에서 연간 1,000여 톤의 망고를 생산 중인데, 유통센터가 완공되면 망고 수출 사업을 본격적으로 해나갈 계획이다. 생과일 수입을 허용하는 농림수산축산부의 고시 제정 작업이 완료되면, 국내에 망고를 들여온 후 일본이나 중국 등 인근 국가로 수출 범위를 확대할 방침이다. 최근 현대종합상사는 유럽에서도 농산물 식품 사업을 확대하기 위해 현지법인을 설립하기도 했다.

삼성물산 상사 부문은 현재 인도네시아에서 서울시 면적의 40%에 달하는 2만4,000헥타르 규모의 팜 농장을 운영 중이다. 삼성물산은 지난 2008년 인도네시아 팜 전문 기업인 아테나 홀딩스와 합작법인을 설립해 인도네시아 수마트라 섬의 팜 농장을 인수한 바 있다. 연간 10만 톤 규모의 팜유를 생산해 동남아 등지에 판매 중이다.

식량 자원은 모든 산업의 근간이 될 뿐 아니라 인간이 생존하는데 반드시 필요한 재화다. 하루가 멀다 하고 신기술이 쏟아졌다 사라지기를 무한 반복하는 4차 산업혁명 시대에서, 식량 자원이야말로 지속가능한 사업이 아닐 수 없다. 아울러 종합상사가 가장 잘 할 수 있는 아이템이기도 하다. 그 옛날 영국의 동인도 회사가 그랬듯이 말이다.

화학 · 바이오 · 에너지

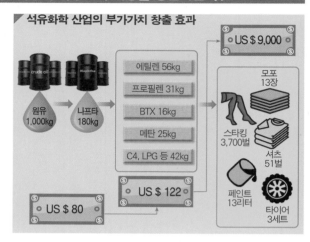

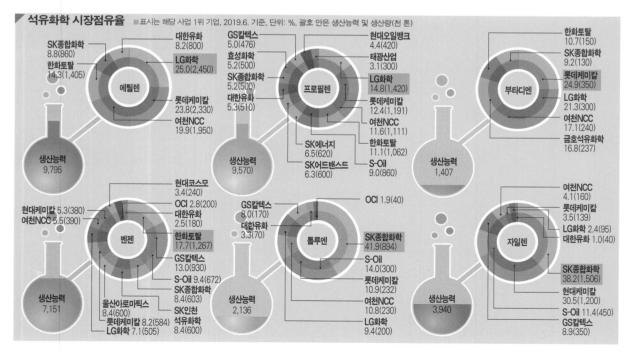

24 석유화학 업계

석유화학 산업 생태계 탐사 : 검은 기름은 어떻게 가공되어 시장을 창출하는가?

석유화학 산업 계통도

석유 산업	석유화학 산업	가공 산업	최종 제품

기초유분: 에틸렌, 프로필렌, 부타디엔, BTX

합성수지: 폴리에틸렌, 폴리프로필렌, 폴리스티렌, ABS, PVC → 플라스틱 가공 → 전기/전자 제품, 자동차 부품, 건설자재 등

합섬원료: TPA, AN, 카프로락탐 → 섬유 → 의류

합성고무: SBR, BR 등 → 고무 → 타이어 등

중간원료: P-X, VCM, SM 등

기타 제품: 페놀, 아세톤 등 → 정밀화학 → 화장품, 의약

원유: 휘발유, 나프타, 등유, 경유, B-C유

천연가스

석유화학 산업의 부가가치 창출 효과

원유 1,000kg → 나프타 180kg

에틸렌 56kg, 프로필렌 31kg, BTX 16kg, 메탄 25kg, C4, LPG 등 42kg

모포 13장, 스타킹 3,700벌, 셔츠 51벌, 페인트 13리터, 타이어 3세트

US $ 9,000

US $ 122

US $ 80

국내 석유화학 부문별 수급 현황 추이

(천 톤) ●합성수지(좌) ●합섬원료(좌) ○에틸렌(좌) ○합성고무(우)

12,568, 12,543, 13,110, 13,460, 13,891, 13,724

1,037, 1,009, 978, 893, 858, 805

8,327, 8,248, 8,275, 8,524, 8,793, 8,810

8,143, 7,687, 7,138, 6,822, 7,232, 7,024

2008 2009 2010 2011 2012 2013 2014 2015 2016 2017 2018

국내 석유화학 부문별 수요 추이

(천 톤) ●합성수지(좌) ●합섬원료(좌) ○에틸렌(좌) ○합성고무(우)

5,283, 5,320, 5,837, 6,237, 6,380, 5,987

4,997, 4,764, 4,484, 4,697, 4,897, 4,883

4,331, 4,173, 4,471, 4,640, 4,661, 4,501

425, 435, 439, 385, 359, 329

2008 2009 2010 2011 2013 2014 2015 2016 2017 2018

석유화학 시장점유율
■표시는 해당 사업 1위 기업, 2019.6. 기준, 단위: %, 괄호 안은 생산능력 및 생산량(천 톤)

에틸렌 (생산능력 9,795)
- SK종합화학 8.8(860)
- 한화토탈 14.3(1,405)
- 대한유화 8.2(800)
- LG화학 25.0(2,450)
- 롯데케미칼 23.8(2,330)
- 여천NCC 19.9(1,950)

프로필렌 (생산능력 9,570)
- GS칼텍스 5.0(476)
- 효성화학 5.2(500)
- SK종합화학 5.2(500)
- 대한유화 5.3(510)
- 현대오일뱅크 4.4(420)
- 태광산업 3.1(300)
- LG화학 14.8(1,420)
- 롯데케미칼 12.4(1,191)
- 여천NCC 11.6(1,111)
- 한화토탈 11.1(1,062)
- S-Oil 9.0(860)
- SK에너지 6.5(620)
- SK어드밴스드 6.3(600)

부타디엔 (생산능력 1,407)
- 한화토탈 10.7(150)
- SK종합화학 9.2(130)
- 롯데케미칼 24.9(350)
- LG화학 21.3(300)
- 여천NCC 17.1(240)
- 금호석유화학 16.8(237)

벤젠 (생산능력 7,151)
- 현대케미칼 5.3(380)
- 여천NCC 5.5(390)
- 현대코스모 3.4(240)
- OCI 2.8(200)
- 대한유화 2.5(180)
- 한화토탈 17.7(1,267)
- GS칼텍스 13.0(930)
- S-Oil 9.4(672)
- SK종합화학 8.4(603)
- SK인천 8.4(600)
- 석유화학 8.4(600)
- 울산아로마틱스 8.4(600)
- 롯데케미칼 8.2(584)
- LG화학 7.1(505)

톨루엔 (생산능력 2,136)
- GS칼텍스 8.0(170)
- 대한유화 3.3(70)
- OCI 1.9(40)
- SK종합화학 41.9(894)
- S-Oil 14.0(300)
- 롯데케미칼 10.9(232)
- 여천NCC 10.8(230)
- LG화학 9.4(200)

자일렌 (생산능력 3,940)
- 여천NCC 4.1(160)
- 롯데케미칼 3.5(139)
- LG화학 2.4(95)
- 대한유화 1.0(40)
- SK종합화학 38.2(1,506)
- 현대케미칼 30.5(1,200)
- S-Oil 11.4(450)
- GS칼텍스 8.9(350)

250

석유화학 글로벌 시장 해부: 세계를 장악한 중국 '석유화학 굴기' 주목!

국내 석유화학 기업 '톱10'

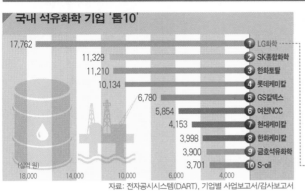

17,762	① LG화학
11,329	② SK종합화학
11,210	③ 한화토탈
10,134	④ 롯데케미칼
6,780	⑤ GS칼텍스
5,854	⑥ 여천NCC
4,153	⑦ 현대케미칼
3,998	⑧ 한화케미칼
3,900	⑨ 금호석유화학
3,701	⑩ S-oil

(십억 원)
18,000 14,000 10,000 6,000 4,000

자료: 전자공시시스템(DART), 기업별 사업보고서/감사보고서

글로벌 석유화학 기업 '톱10'

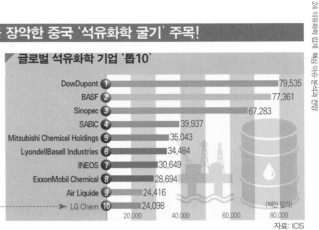

DowDupont ①	79,535
BASF ②	77,361
Sinopec ③	67,283
SABIC ④	39,937
Mitsubishi Chemical Holdings ⑤	35,043
LyondellBasell Industries ⑥	34,484
INEOS ⑦	30,649
ExxonMobil Chemical ⑧	28,694
Air Liquide ⑨	24,416
LG Chem ⑩	24,098

(백만 달러)
20,000 40,000 60,000 80,000

자료: ICIS

국가별 석유화학 시장 규모 '톱10' 단위: 십억 달러

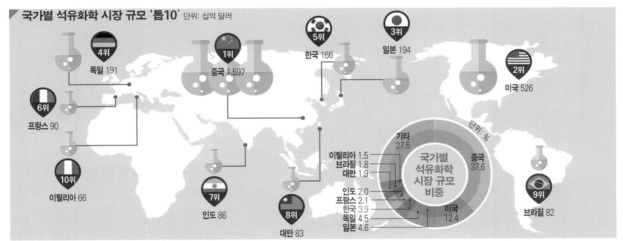

- 4위 독일 191
- 1위 중국 1,597
- 5위 한국 166
- 3위 일본 194
- 2위 미국 526
- 6위 프랑스 90
- 10위 이탈리아 66
- 7위 인도 86
- 8위 대만 83
- 9위 브라질 82

단위: %
국가별 석유화학 시장 규모 비중

- 기타 27.5
- 중국 37.6
- 미국 12.4
- 이탈리아 1.5
- 브라질 1.8
- 대만 1.9
- 인도 2.0
- 프랑스 2.1
- 한국 3.9
- 독일 4.5
- 일본 4.6

석유화학 수출국 '톱15' 2018년 기준, 괄호 안은 전년 대비 증감률(%)

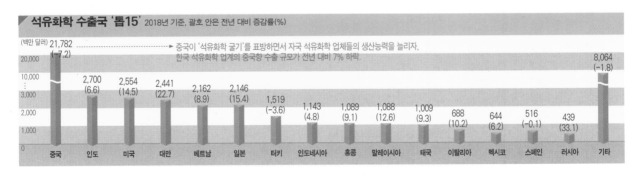

(백만 달러)

중국이 '석유화학 굴기'를 표방하면서 자국 석유화학 업체들의 생산능력을 늘리자, 한국 석유화학 업계의 중국향 수출 규모가 전년 대비 7% 하락.

중국	인도	미국	대만	베트남	일본	터키	인도네시아	홍콩	말레이시아	태국	이탈리아	멕시코	스페인	러시아	기타
21,782 (-7.2)	2,700 (6.6)	2,554 (14.5)	2,441 (22.7)	2,162 (8.9)	2,146 (15.4)	1,519 (-3.6)	1,143 (4.8)	1,089 (9.1)	1,088 (12.6)	1,009 (9.3)	688 (10.2)	644 (6.2)	516 (-0.1)	439 (33.1)	8,064 (-1.8)

석유화학 수입국 '톱15' 2018년 기준, 괄호 안은 전년 대비 증감률(%)

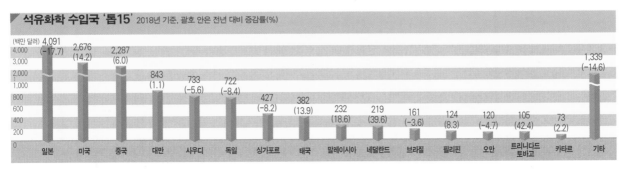

(백만 달러)

일본	미국	중국	대만	사우디	독일	싱가포르	태국	말레이시아	네덜란드	브라질	필리핀	오만	트리니다드 토바고	카타르	기타
4,091 (-17.7)	2,676 (14.2)	2,287 (6.0)	843 (1.1)	733 (-5.6)	722 (-8.4)	427 (-8.2)	382 (13.9)	232 (18.6)	219 (39.6)	161 (-3.6)	124 (8.3)	120 (-4.7)	105 (42.4)	73 (2.2)	1,339 (-14.6)

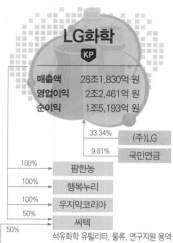

LG화학
KP

매출액	28조1,830억 원
영업이익	2조2,461억 원
순이익	1조5,193억 원

- 33.34% → (주)LG
- 9.81% → 국민연금
- 100% → 팜한농
- 100% → 행복누리
- 100% → 우지막코리아
- 50% → 씨텍
- 50% → 석유화학 유틸리티, 물류, 연구지원 용역

▶ 투자포인트

- 동사의 실적은 석유화학, 전지, 첨단소재 사업에서 대부분 발생하며, 전통적인 캐시 카우인 석유화학 부문의 영업이익 비중이 압도적이고, 성장성이 높은 전지와 첨단소재 부문의 수익성은 아직 낮은 편임.
- 동사의 석유화학 사업 부문은 크게 NCC/PO, PVC/가소제, ABS, 아크릴/SAP, 고무/특수수지 등 5개 분야로 구성.
- 석유화학 부문의 경우 전방 수요 상황이 불안정한 가운데 시황이 양호한 PVC 등을 통해 안정적인 수익성을 유지할 전망 → PE/ABS 등이 부진하지만 추가적인 하락 가능성은 제한적.
- 첨단소재 부문의 IT소재(OLED) 및 산업소재(양극재) 부문에서 폭발적인 성장세 주목 → 중국의 OLED 투자가 본격화됨에 따라 IT 소재 수익성 크게 개선.

▶ 사업 부문별 매출 및 비중
단위: %, 괄호 안은 매출액(억 원), 2018년 기준

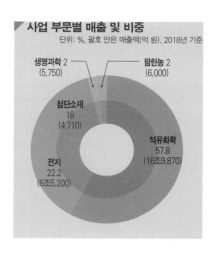

- 생명과학 2 (5,750)
- 팜한농 2 (6,000)
- 첨단소재 16 (4,710)
- 석유화학 57.8 (16조9,870)
- 전지 22.2 (6조5,200)

▶ 주요 제품 생산량(Capa) 규모
기초유분 및 중간원료 제외

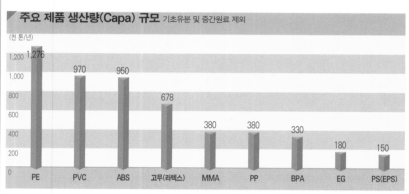

(천 톤/년)

제품	생산량
PE	1,276
PVC	970
ABS	950
고무(라텍스)	678
MMA	380
PP	380
BPA	330
EG	180
PS(EPS)	150

▶ 사업 부문별 영업이익 및 비중
단위: %, 괄호 안은 영업이익(억 원), 2018년 기준

- 첨단소재 3 (70)
- 전지 8.8 (2,090)
- 팜한농 0.6 (15)
- 생명과학 2.1 (50)
- 석유화학 85.5 (2조0,310)

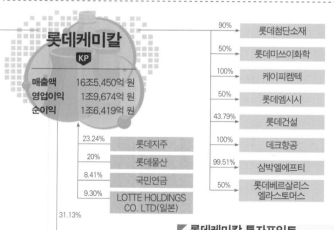

롯데케미칼
KP

매출액	16조5,450억 원
영업이익	1조9,674억 원
순이익	1조6,419억 원

- 23.24% → 롯데지주
- 20% → 롯데물산
- 8.41% → 국민연금
- 9.30% → LOTTE HOLDINGS CO. LTD(일본)
- 90% → 롯데첨단소재
- 50% → 롯데미쓰이화학
- 100% → 케이피켐텍
- 50% → 롯데엠시시
- 43.79% → 롯데건설
- 100% → 데크항공
- 99.51% → 삼박엘에프티
- 50% → 롯데베르살리스 엘라스토머스

▶ 롯데케미칼 사업 부문별 매출 및 영업이익 비중
단위: %

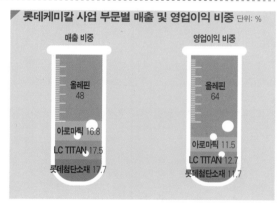

매출 비중
- 올레핀 48
- 아로마틱 16.8
- LC TITAN 17.5
- 롯데첨단소재 17.7

영업이익 비중
- 올레핀 64
- 아로마틱 11.5
- LC TITAN 12.7
- 롯데첨단소재 11.7

롯데정밀화학
KP

매출액	1조3,717억 원
영업이익	2,107억 원
순이익	2,149억 원

- 31.13%
- 9.45% → 국민연금
- 50% → 한덕화학
- 49.06% → 롯데비피화학

▶ 롯데케미칼 투자포인트

- 동사의 실적은 크게 올레핀, 아로마틱, LC TITAN, 롯데첨단소재에서 발생.
- 올레핀 부문은 PE/PP/MEG/BD 등 대표적인 화학 제품으로 구성되어 있으며, 아로마틱은 PX/PET 등의 화섬 체인 제품으로 구성. LC TITAN의 매출 구성은 PE/PP 등 올레핀과 벤젠 등 일부 아로마틱 제품으로 구성. 롯데첨단소재는 ABS, PC, 인조대리석 등을 주요 제품으로 보유하고 있으며 컴파운딩(스페셜티) 비중이 높은 자회사로, 합병 결의에 따라 2020년부터 롯데케미칼 본사에 합병.
- 동사는 다운사이클 국면에서도 증설을 이어감 → 증설 투자 방식은 JV로, 당장 재무적인 부담이 크지 않음에도 2년 연속 감익 예상.

▶ 롯데케미칼 매출 및 영업이익 전망
괄호 안은 전년 대비 증감률(%)

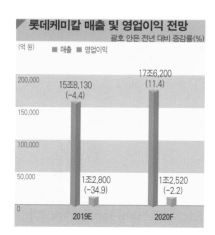

(억 원) ■ 매출 ■ 영업이익

	2019E	2020F
매출	15조8,130 (-4.4)	17조6,200 (11.4)
영업이익	1조2,800 (-34.9)	1조2,520 (-2.2)

한화케미칼

KP

매출액	9조0,460억 원
영업이익	3,543억 원
순이익	1,604억 원

36.88% → 한화
10.19% → 국민연금

36.05%

한화종합화학

비상장

매출액	1조9,002억 원
영업이익	4,771억 원
순이익	4,403억 원

39.16% → 한화에너지

50%

한화토탈

비상장

매출액	11조2,102억 원
영업이익	1조0,607억 원
순이익	8,225억 원

50% → Total Holdings U.K.Ltd

50% → 여천NCC
100% → 한화갤러리아
40% → 한화이글스
48.7% → 한화호텔앤드리조트
100% → 한화큐셀앤드첨단소재
100% → 한화도시개발
100% → 한화컴파운드

▶ 한화케미칼 매출 및 영업이익

괄호 안은 영업이익률(%)

(억 원) ■ 매출 ■ 영업이익

	2018	2019E	2020F	2021F
매출	9조0,460	9조9,310	10조6,950	11조9,430
영업이익	3,543 (3.9)	3,960 (4.0)	5,270 (4.9)	5,660 (4.7)

▶ 한화케미칼 투자포인트

- PE에서 PVC 및 CA에 이르기까지 일관된 생산 체계를 구축한 종합 화학 기업.
- 주요 제품은 화학 물질 및 제품(LDPE, PVC, 가성소다 등)이며, 2014년부터 태양광의 핵심 소재인 폴리실리콘을 상업생산하고 있음.
- 기초소재는 글로벌 경기 둔화에 따른 수요 부진으로 가격이 하락했지만, 2019년 6월부터 급락한 나프타/에틸렌이 본격적으로 투입되면서 원가 하락 폭이 제품 가격 하락을 만회.
- 동사의 실적과 주가를 이끌어줄 핵심 동력은 태양광 사업인데, 2019년 상반기 내내 진행해 온 mono 설비 전환 효과가 2020년부터 본격화되면서 출하량 증가 및 ASP 상승 모두 두드러질 전망.

▶ 한화케미칼 태양광 사업 매출 및 영업이익

(억 원) ■ 매출 ■ 영업이익

	2018	2019E	2020F
매출	3조6,230	5조6,949	6조2,080
영업이익	−107 (흑자전환)	1,833	2,481

SKC

KP

매출액	2조7,678억 원
영업이익	2,011억 원
순이익	1,410억 원

100% → SKC솔믹스
41% → SK(주)
12.33% → 국민연금

33.4%
9.96%

SK이노베이션

KP

매출액	54조5,109억 원
영업이익	2조1,176억 원
순이익	2조1,451억 원

100% → SK에너지
100% → SK루브리컨츠

SK종합화학

비상장

매출액	13조0,505억 원
영업이익	6,682억 원
순이익	6,738억 원

▶ SKC 투자포인트

- 화학(PO, POD), Industry 소재(PET 필름), 전자재료(반도체 부품소재), BHC(화장품 원료), 기타(중계기) 사업 영위.
- 핵심 제품인 PO와 PET 필름 기술력에서 높은 경쟁력 확보하고 있고, PO/PG 및 반도체 소재, 디스플레이 소재 등 다양한 사업군 보유.
- 2019년 6월 동박 사업을 영위하는 KCFT 인수 결정으로 2차전지 사업 분야에서 새로운 성장동력 확보 → 인수 후 사업 성장성을 고려하여 주가 re-rating 전망.
- 전지 사업의 경우, LG화학, 삼성SDI, Panasonic 등 고객 다변화.

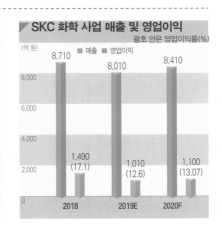

▶ SKC 화학 사업 매출 및 영업이익

괄호 안은 영업이익률(%)

(억 원) ■ 매출 ■ 영업이익

	2018	2019E	2020F
매출	8,710	8,010	8,410
영업이익	1,490 (17.1)	1,010 (12.6)	1,100 (13.07)

▶ SK이노베이션 투자포인트

- SK(주)가 2007년 투자 사업 부문을 영위할 SK(주)와 석유/화학 및 윤활유 제품의 생산 판매 등을 영위할 분할 신설 법인인 동사를 인적분할함으로써 설립. 2009년 10월 윤활유 사업 부문을, 2011년 1월 석유 및 화학 사업 부문을 각각 물적분할함.
- 동사의 사업 부문은 크게 석유, 화학, 윤활유, 석유개발, 기타(배터리, 소재) 등 5개 부문으로 구성.
- 동사는 NCC/PX 중심으로 화학 사업 영위 → 생산 규모는 PX 283만 톤/년, 벤젠 150만 톤/년, 합성수지(PE, PP, SM 합계) 104만 톤/년.
- 동사의 실적을 결정하는 요인으로는, 국제유가, PE/PX 마진, 휘발유/BC 마진을 주목.

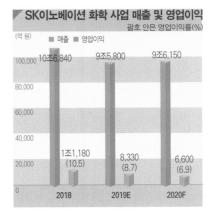

▶ SK이노베이션 화학 사업 매출 및 영업이익

괄호 안은 영업이익률(%)

(억 원) ■ 매출 ■ 영업이익

	2018	2019E	2020F
매출	10조6,840	9조5,800	9조6,150
영업이익	1조1,180 (10.5)	8,330 (8.7)	6,600 (6.9)

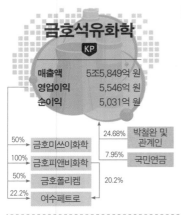

금호석유화학
KP

매출액	5조5,849억 원
영업이익	5,546억 원
순이익	5,031억 원

- 50% 금호미쓰이화학
- 100% 금호피앤비화학
- 50% 금호폴리켐
- 22.2% 여수페트로

- 24.68% 박철완 및 관계인
- 7.95% 국민연금
- 20.2%

투자포인트

- 합성고무, 합성수지, 페놀유도체, 정밀화학, 전자소재, 에너지 사업 영위 → 사업 부문별 매출 비중은 합성고무 36%, 합성수지 22%, 페놀유도체 31%, 기타(에너지, 전자소재, 정밀화학 등) 11%로 구성.
- 국내 시장 기준 합성고무 부문(SBR) 47%, 합성수지 부문(ABS) 17%의 시장점유율 영위.
- 동사의 주력 제품인 합성고무와 페놀유도체에 대한 공급 과잉 우려 존재 → 합성고무 전방 산업 수요 부진과 공급 과잉으로 실적 개선 지연. 합성고무와 페놀유도체 공급 과잉은 단기간 내 해소되기 어려울 것으로 판단.
- 동사 지분법이익의 큰 축을 차지하는 금호미쓰이화학의 MDI 공급 과잉 심화 우려 .

매출 및 영업이익 (억 원) 괄호 안은 영업이익률(%) ■ 매출 ■ 영업이익

	2019E	2020F
매출	5조1,170	5조5,020
영업이익	4,120 (8.0)	3,820 (6.9)

효성화학
KP

매출액	1조1,168억 원
영업이익	650억 원
순이익	204억 원

- 20.17% 효성
- 8.76% 조현준
- 7.32% 조현상
- 6.7% 조석래
- 11% 국민연금
- 21.94%

투자포인트

- 동사는 인적분할로 설립된 신설회사로, 2018년 7월 재상장하였으며 분할 전 회사인 효성의 화학 사업 부문 영위.
- 폴리프로필렌 수지, 고순도 테레프탈산을 비롯하여 나이론·폴리에스터 필름, TAC 필름, NF3 가스, 친환경 고분자 신소재 폴리케톤 등 다양한 제품 생산·판매.
- 프로필렌/PP의 순증설이 부담스럽지만 미국 Permian 원유/NGL 파이프라인 본격 가동으로 2020년부터 미국 프로판 수출이 급증할 것으로 예상. 특히 프로판의 납사 대비 할인 폭 확대가 이어질 전망 → PP 다운스트림을 보유한 PDH의 수익성 기대.

매출 및 영업이익 (억 원) 괄호 안은 영업이익률(%) ■ 매출 ■ 영업이익

	2019E	2020F
매출	1조8,641	2조1,816
영업이익	1,600 (8.6)	1,852 (8.5)

대한유화
KP

매출액	2조5,540억 원
영업이익	3,188억 원
순이익	2,574억 원

- 10.14% 이순규 및 관계인
- 31.01% 케이피아이씨코퍼레이션
- 8.66% 국민연금
- 43.59% 오드펠터미널코리아
- 11.39% 티씨에스원
- 40.08% 한주
- 100%

투자포인트

- 온산과 울산에 생산거점을 두고 있으며 2019년 6월 기준 에틸렌 80만 톤, 프로필렌 51만 톤, HDPE 53만 톤, PP 47만 톤, MEG 20만 톤, BTX 29만 톤 생산능력 보유.
- 2019년 9월에는 약 3,000억 원을 투자하여 SM 30만 톤 증설 결정.
- 아로마틱 제품군 확대로 포트폴리오 다각화 및 이익률 상승이 예상됨.
- LIBS(2차전지 분리막)용 HDPE와 PP를 생산하는 유일한 국내 업체로 2차전지 시장 확대 시 수혜 가능.
- 20019년 반기 말 기준 순현금 상태로 전환하는 등 재무구조는 매우 우수한 상황.

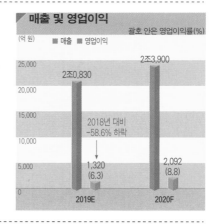

매출 및 영업이익 (억 원) 괄호 안은 영업이익률(%) ■ 매출 ■ 영업이익

	2019E	2020F
매출	2조0,830	2조3,900
영업이익	1,320 (6.3)	2,092 (8.8)

2018년 대비 -58.6% 하락

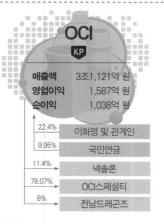

OCI
KP

매출액	3조1,121억 원
영업이익	1,587억 원
순이익	1,038억 원

- 22.4% 이화영 및 관계인
- 9.95% 국민연금
- 11.4% 넥솔론
- 78.07% OCI스페셜티
- 8% 전남드레곤즈

투자포인트

- 특수화학 제품을 생산하는 업체로, 1959년에 설립해 2009년 상호를 동양제철화학에서 OCI로 변경.
- 주요 사업으로, 베이직케미컬, 카본케미컬 등 영위.
- 폴리실리콘 공급 과잉에 따른 실적 악화 우려 → 폴리실리콘 공급 과잉은 2020년에도 완전히 해소되지 못할 전망.
- 2019년 17.8만 톤, 2020년 3만 톤의 폴리실리콘 신증설이 예정되어 있고, 상당 부분 실현될 것으로 판단됨에 따라 공급 부담 가중.
- 폴리실리콘 세계 2위 업체인 동사는 2020년 2월 태양광 패널의 기초 소재인 폴리실리콘 국내 생산 중단.

매출 및 영업이익 (억 원) 괄호 안은 영업이익률(%) ■ 매출 ■ 영업이익

	2019E	2020F
매출	2조7,635	3조3,405
영업이익	-971 (적자전환)	1,545 (4.6)

코오롱인더스트리
KP

매출액	4조7,526억 원
영업이익	1,449억 원
순이익	429억 원

79.83% 코오롱글로텍
66.68% 코오롱플라스틱
78.15% 코오롱머티리얼
27.03% SKC KOLONPI

32.04% 코오롱
13.07% 국민연금
7.37% KB자산운용

📌 투자포인트
- 코오롱의 제조 사업 부문이 분할되어 신설.
- 사업 특성상 산업자재군, 화학소재군, 필름/전자재료군, 패션군, 의류소재 등의 5개 분야로 나뉘며 산업자재군이 가장 큰 매출 비중을 차지함.
- 화학소재 사업은 석유수지, 도료 및 타이어용 하이레놀(페놀수지), 전자재료 및 복합재료용 하이록시(에폭시수지), 방수재 및 섬유용 코니우레탄(PU), 엘라스(TPU) 등을 생산·판매.
- 원료, 중간재 및 소비재까지 다양한 사업영역을 영위하므로 경기 변화에 즉각 대처할 수 있어 안정적인 실적 유지.
- 타이어코드, 아라미드, CPI에서 수익 창출 예상.

📊 화학 사업 매출 및 영업이익
괄호 안은 영업이익률(%)
(억 원) ■ 매출 ■ 영업이익

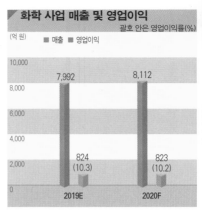

	2019E	2020F
매출	7,992	8,112
영업이익	824 (10.3)	823 (10.2)

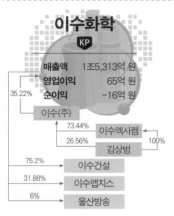

이수화학
KP

매출액	1조5,313억 원
영업이익	65억 원
순이익	-16억 원

35.22% 이수(주)
73.44% 이수엑사켐
26.56% 김상범 100%
75.2% 이수건설
31.88% 이수앱지스
6% 울산방송

📌 투자포인트
- 동사의 주요 사업 부문은 LAB, NP를 주제품으로 하는 석유화학 및 건설, 의약으로 구성.
- 노말파라핀 공장을 1990년에 완공하여 그동안 수입에 의존하던 노말파라핀을 완전 국산화하는 등 석유화학 제품 및 그 부산물의 제조 가공에 강점.
- 동사의 주력 제품인 LAB(세탁세제 원료)는 화학 시황 부진(수요 위축)과는 무관하게 양호한 실적 개선 시현.
- LAB의 양호한 시황은 수급 덕분 → 공급 측면에서는 2016년 Labix(+10만 톤)의 증설 이후 2020년 Farabi(+12만 톤)까지 증설 공백기에 진입한 반면, 수요는 세탁세제가 생필품에 해당하기 때문에 안정적인 수급 유지.

📊 화학 사업 매출 및 영업이익
괄호 안은 영업이익률(%)
(억 원) ■ 매출 ■ 영업이익

	2019E	2020F
매출	1조2,441	1조2,130
영업이익	361 (2.9)	442 (3.6)

애경유화
KP

매출액	1조0,314억 원
영업이익	520억 원
순이익	527억 원

44.49% AK홀딩스
7.22% 국민연금
8.02% Mitsubishi Gas Chemical Company, Inc.-FD

41.2% 채형석 및 관계인
40.1% 애경산업
56.9% 제주항공
50% 애경화학

📌 투자포인트
- 동사의 주요 사업 부문은 석유화학, 바이오디젤, 바이오중유로 구성.
- 에스테르 폴리올을 개발하여 상업화 진행 중 → 1999년부터 생산을 시작해 설비 시설을 신·증설하여 현재 연간 20,000톤의 생산능력을 갖춤.
- 폴리우레탄의 원료인 에스테르 폴리올 원액뿐만 아니라 시스템 분야에도 진출하여 통합적인 폴리우레탄 시스템 전문 업체로 자리매김.
- 전지소재의 국산화를 위해 지식경제 기술혁신 사업 참여(WPM 사업) → 고용량 저가격 123~150Wh/US$급 리튬2차전지 음극소재 개발의 참여 업체로 연구 개발 및 사업화 수행.

📊 매출 및 영업이익
괄호 안은 영업이익률(%)
(억 원) ■ 매출 ■ 영업이익

	2019E	2020F
매출	1조1,313	1조1,839
영업이익	534 (4.7)	789 (6.7)

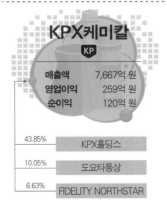

KPX케미칼
KP

매출액	7,667억 원
영업이익	259억 원
순이익	120억 원

43.85% KPX홀딩스
10.05% 도요타통상
6.63% FIDELITY NORTHSTAR

📌 투자포인트
- 폴리프로필렌글리콜과 전자재료의 제조 및 판매업을 핵심 사업으로 영위.
- 전량 수입에 의존하던 폴리프로필렌글리콜을 최초로 국산화해 국내에 공급함.
- 동사의 폴리프로필렌글리콜 시장점유율은 국내 1위를 고수하고 있으며, 내수와 수출의 비율은 61:38 정도로 균형감 유지.
- 원재료 가격 하락 및 기저효과로 2019년 영업이익이 전년 대비 큰 폭으로 상승.
- 단기금융상품 등을 포함한 순현금은 1,000억 원 규모로 시가총액의 30% 수준 → 설비투자 부담이 크지 않아 꾸준히 FCF를 창출할 수 있는 사업 모델이기 때문에 현금 규모는 꾸준히 늘어날 전망.

📊 매출 및 영업이익
괄호 안은 영업이익률(%)
(억 원) ■ 매출 ■ 영업이익

전년 대비 259.3% 성장

	2019E	2020F
매출	7,541	7,905
영업이익	419 (5.6)	445 (5.6)

복잡한 석유화학 시황을 읽는 핵심 키워드들

석유화학 시황을 이해하기가 어려운 이유

"우리 몸의 70%가 물이라면 우리가 사는 세상의 70%는 석유화학 제품이다!"

이 말은 결코 과장이 아니다. 당장 우리 몸부터 살펴보자. 우리가 쓰고 있는 안경테와 안경알은 플라스틱 소재다. 재킷과 바지부터 속옷에 양말까지 의복의 원재료인 섬유 역시 대표적인 석유화학 제품이다. '현대인의 분신'이라 불리는 스마트폰도 마찬가지다. LCD로 된 액정은 석유화학 신소재이고, 케이스 역시 경량 플라스틱이다. 우리 몸에서 석유화학 제품을 모두 제거한다고 상상해보자. 알몸뚱이만 남을 것이다.

플라스틱을 비롯한 합성고무, 비닐 등 헤아릴 수 없이 다양한 석유화학 제품 때문에 지구가 환경오염에 시달리고 있음을 부정할 수 없지만, 이것 없이는 인류의 삶 또한 영속할 수 없다. 한마디로 곡진한 존재가 아닐 수 없다. '석유'의 무한한 '화학'적 진화로 탄생한 석유화학 제품은, 그 변화무쌍한 존재감답게 산업에서의 범위도 대단히 넓고 복잡하다. 석유화학 기업에 투자를 고려하는 입장에서는 보통 난감한 일이 아니다. 투자적 관점에서 석유화학이라는 키워드를 이해하기 위해서는 매우 다양한 통계치와 이슈 들을 체크해야 하기 때문이다. 그렇다고 석유화학과 관련된 수많은 뉴스와 애널리스트 리포트를 빠짐없이 체크해 투자에 반영하는 것도 쉽지 않은 일이다.

석유화학 시황을 읽는 가장 효과적인 방법은, 석유화학 계통도에 등장하는 원료 중 납사, 에틸렌 등 가장 기초적인 것들과 특별히 이슈되는 제품 서너 가지를 중심으로 그 수요와 공급, 가격 동향을 꼼꼼하게 살펴보는 것이다.

납사의 수요/공급부터 파악해야

원유 가격이 급격히 오르거나 내릴 경우, 휘발유 가격과 관련해서 신문에 종종 납사에 관한 보도가 게재된다. 납사(naphtha, 나프타)는 원유를 수입해서 분별 증류하여 여러 종류의 석유 제품을 만드는 소재다. 원유를 증류했을 때 30~200℃의 온도 구간에서 증류되어 증류탑 밖으로 나오는 유분으로, 원유의 15~30% 정도를 차지한다.

석유화학 업계에서 납사는 가장 기본이 되는 유분이라 할 수 있다. 석유화학 업체들은 납사를 정유사로부터 구입한 뒤 고온으로 열분해해 에틸렌, 프로필렌, 부타디엔, 스타이렌 등 거의 모든 석유화학 원료들을 생산하여 고분자 제조업체에 판매한다. 납사를 열분해하는 공장을 NCC(Naphtha Cracking Center)라고 부른다.

최근 납사 가격은 하향 추세에 있다. 유가 대비 납사 가격의 상대 지표인 '납사($/bbl)-두바이유($/bbl) 마진'과 '납사($/ton)/두바이유($/bbl) 비율' 모두 2016년 이후 하락세다. 2016년 유가가 급락한 이후 다시 상승하는 과정에서 납사 마진이 떨어졌고, 2019년 들어 마진폭이 더 줄어들었다. 납사/두바이유 비율은 과거 0.9~1.0배 범위에서 움직였으나 2018년 하반기부터 하단을 뚫고 내려와 지금은 0.85배 수준에서 가격이 형성돼 있다.

원유 대비 납사의 상대가격 하락은 납사 수요 증가 정체에 기인한다. 2010년대 미국의 셰일가스 개발과 이를 이용한 가스 크래커(Gas Cracker)의 대규모 증설로 납사 크래커(NCC)가 소규모로 증설되었다. 결국 한동안 공급 부족을 겪다가 갑자기 공급 확대로 돌아서면서 수급 불균형에 빠지고 만 것이다. 납사를 생산하는 정제설비 증설 규모가 최근 2년 동안 큰 폭으로 늘어난 것이다. 반면, NCC 증설은 2023년부터 본격화될 예정이어서 그 전까지 납사는 초과공급 상태를 벗어나지 못할 전망이다.

중국의 에틸렌 설비 증설 계획이 대규모로 예정되어 있지만 납사 가격은 그 후로도 약세를 면치 못할 것으로 보인다. 먼저 중국의 에틸렌 설비 증설은 가스 크래커 중심으로 이뤄지기 때문에 납사의 수요는 예상보다 더 떨어지는 추세다. 2020년에서 2023년까지 중국 크래커 증설에 의한 납사 수요 증가 폭은 약 500만 톤으로, 글로벌 납사 공급 증가 예상치 1,950만 톤에 크게 미치지 못한다. 중국의 증설 일정은 늘 계획보다 늦어지곤 한다. 반면 중국의 에틸렌 증설 규모는 크게 줄어들 가능성이 높다. 실제 중국의 납사 수요 증가 시기가 예상보다 늦어지거나 증가 폭이 줄어들 가능성을 고려하면 납사의 수급은 여전히 공급 과잉 상태를 벗어나지 못할 전망이다.

2020년대에는 전기차 판매량 급증으로 가솔린 수요 증가율이 하락할 수 있다. 가솔린과 납사는 비슷한 성상으로 가솔린 수요가 감소할 경우 이를 납사로 전환하여 대체 생산할 수 있다. 전기차 판매 동향에 따라 납사의 추가 공급 규모가 결정될 가능성이 높다. 납사의 상대적 가격이 장기간 저렴하게 유지될 것으로 보여 국내 석유화학 원재료 가격경쟁력은 한동안 안정적일 것으로 예상된다.

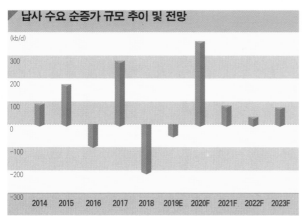

▪ 납사 수요 순증가 규모 추이 및 전망

자료: Wood Mackenzie

에틸렌의 공급 과잉 피크 시기는 언제?

석유화학 제품의 기본원료인 납사의 전반적인 시황을 들여다봤다면, 이어 기초유분인 에틸렌(ethylene)을 살펴봐야 한다. 에틸렌은 석유의 원유를 분류하여 납사 부분(100~200℃ 유출 부분)을 분리시켜 얻는다. 에틸렌은 다양한 석유화학 제품을 가공하는 데 필요한 핵심 소재이기 때문에 '산업의 쌀'로 불린다. 에틸렌은 탄소와 탄소 사이에서 이중결합하는 성질을 지니고 있다. 이중결합은 반응성이 크기 때문에 여러 가지 물질과 첨가 반응을 할 수 있어 활용도가 다양하다. 에틸렌은 주로 폴리에틸렌, 에탄올, 폴리염화비닐(PVC) 등 합성수지 제품의 원료로 사용된다.

일반적으로 에틸렌은 석탄가스에 4~5% 함유돼 있는데 반해, 미국에는 20%나 함유된 천연가스 산지가 여러 개 있다. 아시아 및 중동 등지에서는 원유 부산물인 납사로 에틸렌을 추출하지만 미국에서는 가스에서 뽑은 에탄을 원료로 사용한다. 덕분에 미국은 글로벌 에틸렌 생산국 1위에 올라 있다.

에틸렌은 기초유분이라는 속성상 다양한 합성수지 시장에 영향을 미친다. 석유화학 업계 전반에 걸쳐 에틸렌의 수요와 공급이 매우 중요할 수밖에 없는 이유다. 최근 들어 제기되는 에틸렌 순증설 증가로 인한 공급 과잉 이슈는 석유화학 업계를 긴장시킨다. 2019년에 가동 예정이었던 신규 프로젝트들이 일부 지연되면서 2020년 들어 부담이 더욱 커질 전망이다. 가동 시점을 고려한 2020년 순증설 부담은 1,209만 톤에 이른다.

다행히 2020년을 넘기면 공급 부담이 다소 줄어들 것으로 보인다. 2020년 신규 가동이 예정된 프로젝트들의 지연 가능성을 고려하건대 공급 과잉 피크(peak) 시점을 정확하게 전망하는 것은 쉽지 않다. 2020년 상반기까지 가동되는 신규 에틸렌 증설 프로젝트는 1,061만 톤 정도로 추산된다. 본격적인 에틸렌 설비 가동에 들어가는 롯데케미칼 미국 프로젝트를 시작으로 Formosa, SASOL 및 일부 중국 석유화학 업체를 중심으로 100만 톤 이상의 대규모 프로젝트들이 순차적으로 가동을 준비 중에 있다. 가동 시작과 동시에 가동률을 끌어올려 시장에 영향력을 행사할 수 있는 규모. 결국 추가 가동 지연이 없다면 2020년에 공급 과잉 현상이 가장 극심하게 나타날 것으로 예상된다.

한편, 2016년부터 나타난 석유화학 시황의 중요한 특징 중 하나는 아시아에서 생산되는 에틸렌 가격의 초강세 현상이다. 글로벌 에틸렌 순증설이 2017년부터 4%대로 증가했음에도 불구하고 아시아 에틸렌 가격 강세가 이어졌으며, 심지어 폴리에틸렌 가격과의 역전 현상도 빈번하게 나타났다. 주목할 것은 미국 에틸렌 가격의 초약세가 병행되었다는 사실이다. 앞에서 언급했듯이, 미국은 에틸렌 세계 1위 생산국이다.

아시아 에틸렌 가격은 강세를 유지하다가 2020년 이후 큰 폭으로 떨어질 전망이다. 2020년이 지나면 에틸렌 순증설 중에서 중국과 중동 비중이 급반등하기 때문이다(2019년 16% → 2021년 63%). 운송비용 부담과 부대시설이 부족해 아시아 지역으로 넘어오기 어려웠던 미국 에틸렌과 달리 중국/중동의 에틸렌 증설 증가는 곧바로 아시아 에틸렌 시장에서 공급 과잉을 초래한다. 따라서 완전히 수직계열화되어 있는 석유화학 업체보다는 에틸렌을 원재료로 구입·사용하는 업체들의 가동률 및 수익성에 유리할 것으로 보인다.

생산할수록 적자가 커지는 제품

납사와 에틸렌에 이어 하나 더 반드시 체크해둬야 할 석유화학 제품은 폴리에틸렌(PE, polyethylene)이다.

폴리에틸렌은 에틸렌의 중합으로 생기는 사슬 모양의 고분자 소재다. 1933년 영국 유기화학자가 에틸렌과 벤즈알데하이드 혼합물에 수백 기압의 압력을 가하던 중 폴리에틸렌이 만들어지는 것을 발견한 뒤 화학자 페린(Michael Perrin)이 폴리에틸렌을 생산하기 위한 고압합성공정 개발에 성공했다. 이로서 저밀도 폴리에틸렌을 상업적으로 생산하는 토대가 마련된 것이다.

2020년 이후부터 특별히 폴리에틸렌을 주목해야 하는 이유는, 국내 석유화학 업체들이 생산하는 폴리에틸렌이 2019년 하반기 들어 7년 만에 손익분기점을 하회했기 때문이다. 지금처럼 가격이 하락세로 접어들면 제품을 생산할수록 수익성이 악화돼 석유화학 업체들의 마진폭은 크게 줄어든다.

폴리에틸렌 가격 하락 원인은 미국뿐 아니라 중국, 말레이시아 등 전세계적으로 설비 증설이 늘어나 공급 과잉이 일어나고 있기 때문이다. 여기에 미·중 무역분쟁으로 글로벌 경기가 부진에 빠지면서 수요가 떨어진 것도 한몫했다.

폴리에틸렌은 용도에 따라 저밀도에서 고밀도까지 다양한 제품 생산에 쓰인다. 주로 플라스틱 재질인 일회용 잡화를 비롯해 포장재, 건축자재 및 전선

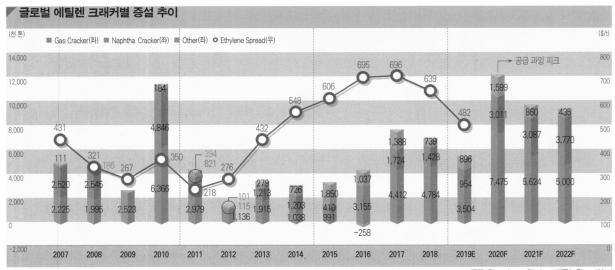

글로벌 에틸렌 크래커별 증설 추이

(천 톤) ■ Gas Cracker(좌) ■ Naphtha Cracker(좌) ■ Other(좌) ○ Ethylene Spread(우) ($/t)

자료: Bloomberg, Cischem, KITA, Plats, Wind

절연재 등에 사용된다. 폴리에틸렌은 활용 폭이 넓기 때문에 가격이 불안정할수록 파급 효과가 클 수밖에 없다. 불행하게도 2019년 10월 기준 폴리에틸렌의 가격은 370달러로, 2012년 4분기 이후 7년 만에 처음으로 손익분기점인 400달러를 하회했다. 석유화학 업체로서는 폴리에틸렌을 생산할수록 적자가 커지는 상황에 놓이고 만 것이다.

국내에서 폴리에틸렌을 생산하는 설비 규모를 살펴보면, LG화학 128만 톤, 한화케미칼 116만 톤, 롯데케미칼 105만 톤(해외 시설 포함 시 206만 톤), 한화토탈 86만 톤, 대한유화 53만 톤, SK종합화학 39만 톤 등이다. 이들 기업들은 다양한 제품을 생산하는 종합 석유화학 업체들이기 때문에 단지 폴리에틸렌 하나만으로 회사 실적 전체를 예단할 수 없다. 반면, 폴리에틸렌을 주력으로 하는 중견 화학 업체들은 실적에 적지 않은 타격을 입을 전망이다.

공기보다 가벼운 소재

이처럼 다양한 석유화학 소재 및 제품들의 공급 과잉과 가격 불균형은 석유화학 산업의 성장에 가장 큰 걸림돌이다. 그런데 이 못지않게 석유화학 산업에 딜레마로 작용하는 게 있으니 바로 환경 문제다. 대표적인 석유화학 제품인 플라스틱은 한 번 생산되면 좀체 소멸하지 않는 속성을 지니고 있다. 폐기물 중 가장 골칫거리가 아닐 수 없다.

그래서 등장한 것이 친환경 플라스틱 소재다. 플라스틱 폐기물을 재활용한 다양한 신소재들이 전세계적으로 주목받고 있다. 그 가운데 시장잠재력이 가장 큰 것으로 '에어로젤(aerogel)'이 꼽힌다. 에어로젤은 대부분 공기로 되어 있어 매우 가벼우면서 단열성이 뛰어나 건축, 의류용 소재로 활용도가 높다.

에어로젤은 공기를 의미하는 'aero'와 3차원의 입체구조를 뜻하는 'gel'의 합성어로, 머리카락 1/10,000 굵기인 이산화규소(SiO_2) 실이 부직포처럼 성글게 얽혀 이뤄져 있다. 실과 실 사이에는 공기 분자가 들어 있어 전체 부피 중 대부분이 공기로 채워

져 있는 것이다. 에어로젤은 2002년 기네스북에 지구상에서 가장 가벼운 고체로 등재되기도 했는데, 무게가 공기밀도(0.001g/cm³)의 3배인 0.003g/cm³에 불과하다. 그럼에도 에어로젤 500g으로 소형 자동차 무게를 지탱할 수 있을 정도로 믿을 수 없는 강도를 자랑한다. 높은 기공률로 방음, 충격 완화, 단열이 뛰어나고, 투광성에 비해 열전도가 낮아 유리창을 대신할 투명 단열재로도 각광받고 있다.

에어로젤은 1931년 미국 화학공학자 스티븐 키슬러(Steven Kistler)가 처음 발견했는데, 당시에는 손가락으로 압력을 가하면 유리처럼 깨질 정도로 강도가 약했다고 한다. 에어로젤은 1980년대 들어 연구가 본격적으로 이뤄졌다. 세계 최초로 에어로젤 상용화에 성공한 미국 아스펜(Aspen)사는 뜻밖에도 한국인 공학자 이강필 박사가 세운 회사다. 에스펜사는 에어로젤에 특수 섬유를 첨가해 쉽게 깨지지 않는 고강도 에어로젤 대량 생산에 성공해 전세계 투자자들로부터 주목받고 있다.

업계는 에어로젤 같은 친환경 소재야말로 석유화학 산업을 암울한 현실에서 벗어나게 하는 유일한 돌파구로 평가한다. 환경 파괴 논란과 공급 과잉에 몸살을 앓는 전세계 석유화학 업계가 공기보다 가벼운 이 신비로운 소재에 열광하는 이유다.

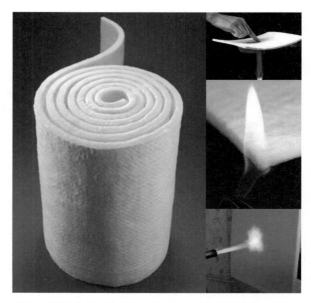

미국 아스펜사가 대량 생산에 성공한 에어로젤. 석유화학 산업의 미래로 꼽힌다.

25 정유 업계

정유사들의 실적을 좌우하는 국제유가 시장 읽기

국제유가 결정 요인 매트릭스

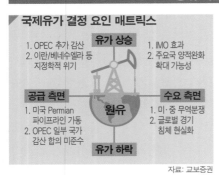

자료: 교보증권

국제유가 흐름 및 이슈

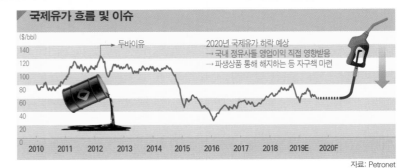

자료: Petronet

- 2020년 국제유가는 전년 대비 하락할 전망 → EIA에 따르면, 2019~2020년 평균유가는 글로벌 석유 수요 둔화, 미국 생산량 증가세 지속 등으로 하락 예상.
- 2019년 평균유가는 전년 대비 배럴당 8.80달러 낮은 56.26달러, 2020년은 전년 대비 1.83달러 낮은 54.43달러로 하락 전망.
- 국내 정유사들의 실적은 원유 가격에 가장 큰 영향 받음 → 국제유가 변동 위험은 국내 정유사의 영업이익에 직접적인 영향 미치므로, 정유사마다 파생상품을 통해 일부 헤지하는 등 자구책 마련.

분기별 글로벌 원유 수요/공급 밸런스 추이 및 전망

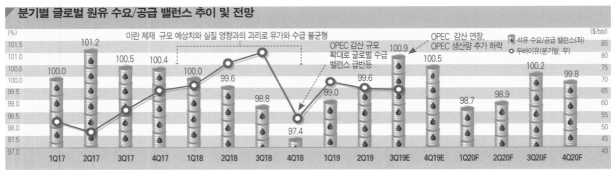

자료: Bloomberg, IEA, OPEC, DB금융투자

- 수요/공급 밸런스 상승으로 국제유가 단기 상승 가능성을 배제할 수 없지만, 2020년 들어 하락 예상.
- 미국의 원유 생산량은 Permian 파이프라인 개통으로 증가할 것으로 예상되지만, 증가 폭이 OPEC의 감산 폭 및 4분기에 몰리는 석유 수요를 충당할 정도는 아님.

지역별 원유 수요 분기별 추이 및 전망 단위: mbpd

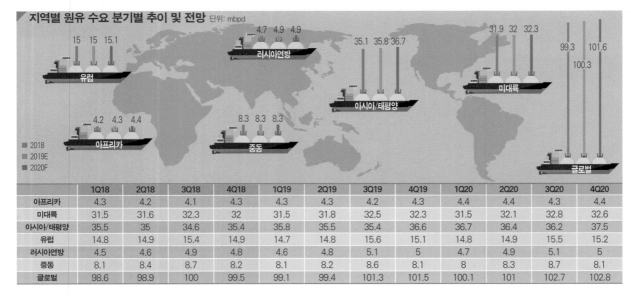

	1Q18	2Q18	3Q18	4Q18	1Q19	2Q19	3Q19	4Q19	1Q20	2Q20	3Q20	4Q20
아프리카	4.3	4.2	4.1	4.3	4.3	4.3	4.2	4.3	4.4	4.4	4.3	4.4
미대륙	31.5	31.6	32.3	32	31.5	31.8	32.5	32.3	31.5	32.1	32.8	32.6
아시아/태평양	35.5	35	34.6	35.4	35.8	35.5	35.4	36.6	36.7	36.4	36.2	37.5
유럽	14.8	14.9	15.4	14.9	14.7	14.8	15.6	15.1	14.8	14.9	15.5	15.2
러시아연방	4.5	4.6	4.9	4.8	4.6	4.8	5.1	5	4.7	4.9	5.1	5
중동	8.1	8.4	8.7	8.2	8.1	8.2	8.6	8.1	8	8.3	8.7	8.1
글로벌	98.6	98.9	100	99.5	99.1	99.4	101.3	101.5	100.1	101	102.7	102.8

'IMO 2020'규제로 글로벌 정유 업계 지각변동, 국내 정유사들의 운명은?

▶ IMO 규제로 HSFO 수요 급감, 등·경유 수요 급증

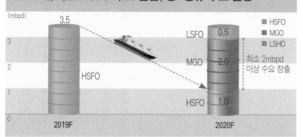

- 국제해사기구(IMO)의 고유황 선박유(HSFO) 규제가 2020년부터 시작되면서 HSFO에 속하는 벙커-씨유 수요(전세계 수요 비중 70%)가 거의 사라질 것으로 관측됨에 따라 향후 벙커-씨유 생산량 급감 예상.
- 향후 등·경유 비중이 급증함에 따라 국내 정유 4사(GS칼텍스, SK에너지, S-Oil, 현대오일뱅크) 최대 수혜 기대 → 국내 정유 4사의 등·경유 사업 비중은 모두 50% 이상인데 반해, 벙커-씨유 비중은 제로에 가까움.
- IMO 2020 규제로 국내 정유 업계의 수혜 예상됨.

* LSFO : 정유황 연료(Low Sulfur Oil Fuel)
MGO : 해상용 경유(Marine Gas Oil)

▶ 글로벌 벙커-씨유(B-C) 연간 생산량 추이 및 전망

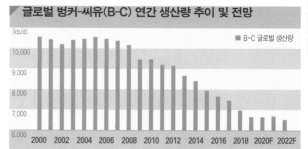

자료: Wood Mackenzie

▶ 글로벌 벙커-씨유 생산량 순증 규모 추이 및 전망

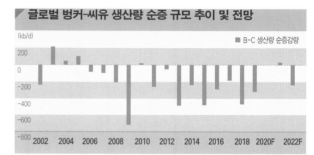

자료: Wood Mackenzie

▶ 국내 정유 4사 등·경유 사업 비중

(SK이노베이션 28/14/58, 현대오일뱅크 24/20/56, GS칼텍스 8/22/15/55, S-Oil 31/15/54)

▶ 국내 유류/가스 소비 비중

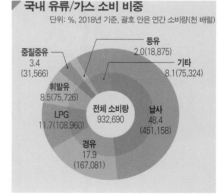

자료: 한국석유공사 Petronet

국내 정유 업계의 끝나지 않은 점유율 전쟁

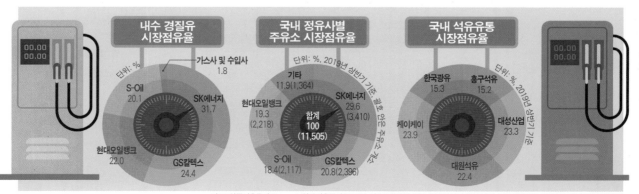

자료: 한국석유공사 Petronet, 한국석유공사(KNOC) 석유수급통계, 가스/석유수입사 포함 기준, 한국석유공사 OPINET, 한국석유유통협회

SK에너지 비상장

매출액 34조8,702억 원
영업이익 8,127억 원
순이익 8,355억 원

SK이노베이션

- 내트럭 100%
- 제주유나이티드FC 100%
- 삼화석유 19.9%
- PV Oil 5.2%

100%

- SK(주) 33.4%
- 국민연금 100%

- 대한송유관공사 41.0%
- SK종합화학 100%
- SK루브리컨츠 100%
- SK인천석유화학 100%
- SK모바일에너지 100%
- 행복키움 100%
- SK아이이테크놀로지 100%
- SK트레이딩인터내셔널 100%

29%

▶ 투자포인트

- SK(주)가 2007년 투자 사업 부문을 영위할 SK(주)와 석유, 화학 및 윤활유 제품 생산·판매 등을 영위할 분할 신설법인인 SK이노베이션을 인적분할하고, 2009년 10월 윤활유 사업 부문을, 2011년 1월 석유 및 화학 사업 부문을 각각 물적분할함.
- 1조 원을 투자해 2017년 11월부터 VRDS 4만 bpd를 짓기로 결정함에 따라 2년 반 만에 LSFO 양산 체제 갖추게 될 예정 → 'IMO 2020' 규제로 인해 HSFO 수요가 급감하면서 LSFO로 쏠릴 현상 대비 대단히 고무적인 설비 투자로 인식.
- 'IMO 2020' 규제로 인한 정제 마진 상승 효과는 예상보다 매우 강력할 것으로 판단 → IMO 규제가 실시되면 HSFO 수요는 200만 bpd 감소하고 LSFO/MGO 수요는 각각 100만 씩 상승. 경유 수요가 100만 증가할 경우 등·경유 정제 마진이 5$/bbl 이상 상승 예상.

▶ 매출 및 영업이익

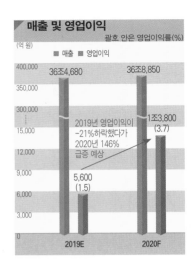

괄호 안은 영업이익률(%)
(억 원)
■ 매출 ■ 영업이익

- 2019E: 36조4,680 / 5,600 (1.5)
- 2020F: 36조8,850 / 1조3,800 (3.7)

2019년 영업이익이 -21% 하락했다가 2020년 146% 급증 예상

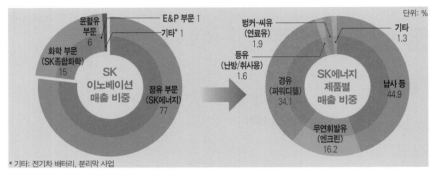

단위: %

SK이노베이션 매출 비중
- 윤활유 부문 6
- E&P 부문 1
- 기타* 1
- 화학 부문(SK종합화학) 15
- 정유 부문(SK에너지) 77

SK에너지 제품별 매출 비중
- 벙커-씨유(연료유) 1.9
- 기타 1.3
- 등유(난방/취사용) 1.6
- 경유(파워디젤) 34.1
- 납사 등 44.9
- 무연휘발유(엔크린) 16.2

* 기타: 전기차 배터리, 분리막 사업

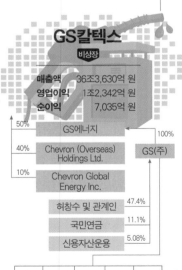

GS칼텍스 비상장

매출액 36조3,630억 원
영업이익 1조2,342억 원
순이익 7,035억 원

- GS에너지 50%
- Chevron (Overseas) Holdings Ltd. 40%
- Chevron Global Energy Inc. 10%

GS(주) 100%

- 허창수 및 관계인 47.4%
- 국민연금 11.1%
- 신용자산운용 5.08%

- GS리테일 65.8%
- GS홈쇼핑 36.1%
- GS이피에스 70%
- GS글로벌 50.7%
- GS이앤알 87.9%
- GS스포츠 100%

▶ 투자포인트

- I일 평균 80만 배럴의 석유 정제 시설 및 RFCC, VGOFCC, HCR, VRHCR 등 하루 27만4,000배럴의 고도화 처리 능력 보유.
- 동사의 투자적 관점은 지주회사인 GS로 향함 → GS의 시가총액은 대략 4.4조 원 전후인 바, GS칼텍스 지분가치만 최소 3조 원 이상 평가됨. 순차입금을 고려한 GS칼텍스의 전체 시가총액은 보수적으로 책정해도 8조 원 이상으로 추정. 따라서 결국 지주회사 할인을 감안한 GS칼텍스 50% 지분가치는 3조 원 이상.
- 2019년 반기 기준 GS리테일 시가총액 약 3조 원의 65% 지분가치 1.4조 원을 고려하면 이미 2개 회사만으로도 GS 시가총액을 넘게 됨. 결국 현재의 밸류에이션이 적절하다면 민자발전회사(GSEPS, GSE&R, GS파워)와 GS홈쇼핑 지분가치 등은 잉여분 개념이므로, 동사의 지주회사인 GS는 지나친 저평가 국면에 있는 것으로 판단됨.

▶ GS칼텍스 타법인 출자 현황

타법인	지분율(%)	사업 내용
삼남석유화학	20	TPA 생산 및 판매
예스코	3	도시가스 공급
오일허브코리아여수	11	오일탱크 임대, 관리
그린카	10	Car Sharing 사업
카닥	9	신사업 투자
오원	12	신사업 투자
엔쓰리엔	4	신사업 투자
SGI-GS칼텍스 전남 바이오케미칼 투자펀드	63	바이오 화학 사업

▶ GS칼텍스 자회사 현황

자회사	지분율(%)	사업 내용
상지해운	100	수상 운송 지원 서비스
GS에코메탈	100	폐촉매 처리 및 재활용
GS바이오	100	바이오디젤 제조 및 판매
GS엠비즈	100	석유 제품 판매 등
이노폴리텍	100	복합수지 제조 및 임가공

▶ 석유 사업 매출 추이 및 전망

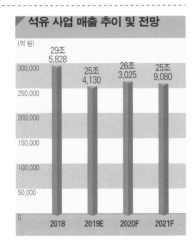

(억 원)
- 2018: 29조5,828
- 2019E: 25조4,130
- 2020F: 26조3,025
- 2021F: 25조9,080

▶ GS칼텍스 매출 비중 단위: %

- 윤활유 3
- 석유화학 12
- 정유 85

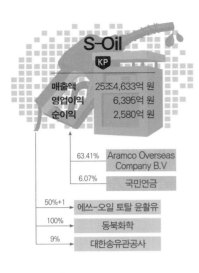

S-Oil
KP

매출액	25조4,633억 원
영업이익	6,395억 원
순이익	2,580억 원

- 63.41% Aramco Overseas Company B.V
- 6.07% 국민연금
- 50%+1 에쓰-오일 토탈 윤활유
- 100% 동북화학
- 9% 대한송유관공사

투자포인트

- 대주주 AOC의 모회사인 사우디 국영 석유 회사(Saudi Aramco)의 안정적인 장기 원유 공급 보장을 발판으로 수익성 위주의 경영 전략 추구.
- 휘발유는 꾸준하게 수요 안정세를 유지하면서 실적 호조 예상. 중간유분은 비수기에도 IMO 규제 앞두고 재고 축적 위한 선제 수요 창출로 예상보다 높은 이익 창출 예상.
- 2020년 영업이익이 전년 대비 100% 이상 급증할 것으로 기대.
- ROE의 경우 지난 2018년(3.9%)에 비해 2021년(21.4%) 5배 이상 상승 예상.
- 싱가포르 선박용 연료 판매량에서 IMO 효과 선명하게 확인. 2019년 9월 누적 평균 HSFO 판매량 −7.0%YoY, 반면 LSFO와 Marine Diesel은 각각 +222%, +13% 기록.

매출 및 영업이익

괄호 안은 영업이익률(%)

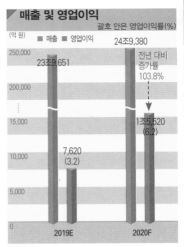

(억 원) ■ 매출 ■ 영업이익

- 2019E: 23조9,651 / 7,620 (3.2)
- 2020F: 24조9,380 / 1조3,520 (6.2) — 전년 대비 증가율 103.8%

자기자본 이익률(ROE) 추이 및 전망

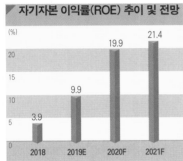

(%)
- 2018: 3.9
- 2019E: 9.9
- 2020F: 19.9
- 2021F: 21.4

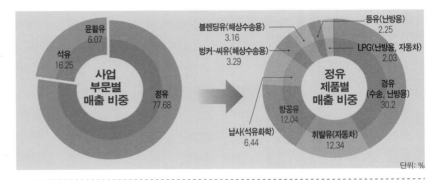

사업 부문별 매출 비중
- 윤활유 6.07
- 석유 16.25
- 정유 77.68

정유 제품별 매출 비중
- 블렌딩유(해상수송용) 3.16
- 벙커-씨유(해상수송용) 3.29
- 등유(난방용) 2.25
- LPG(난방용, 자동차) 2.03
- 경유(수송, 난방용) 30.2
- 휘발유(자동차) 12.34
- 납사(석유화학) 6.44
- 항공유 12.04

단위: %

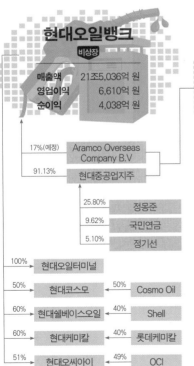

현대오일뱅크
비상장

매출액	21조5,036억 원
영업이익	6,610억 원
순이익	4,038억 원

- 17%(예정) Aramco Overseas Company B.V
- 91.13% 현대중공업지주
  - 25.80% 정몽준
  - 9.62% 국민연금
  - 5.10% 정기선
- 100% 현대오일터미널
- 50% 현대코스모 — 50% Cosmo Oil
- 60% 현대쉘베이스오일 — 40% Shell
- 60% 현대케미칼 — 40% 롯데케미칼
- 51% 현대오씨아이 — 49% OCI

투자포인트

- 현대중공업지주의 정유 사업 계열 회사로, 2010년 2월 석유화학 부문을 현대코스모에 매각한 뒤 정유 사업 위주 영위.
- 현대중공업지주는 현대오일뱅크 지분 매각 관련 아람코와의 주식인수계약(SPA) 체결 내용 공시 → 공시에 따르면 현대중공업지주는 현대오일뱅크 주식 41.7백만 주(17%)를 1조3,750억 원에 매각할 예정.
- 아람코는 현대오일뱅크 지분 7.1백만 주(2.9%)를 향후 5년 내에 추가 매입할 수 있는 콜옵션 보유.
- 현대중공업 측에 따르면, 해당 거래는 단순 지분 매매 계약이며, 현대오일뱅크의 경영(원유 조달 등)에 영향을 미칠 수 있는 내용은 포함되지 않음.
- 아람코의 지분 매입 가격으로 역산한 현대오일뱅크의 기업가치는 약 8.1조 원 추산.

매출 및 영업이익

괄호 안은 영업이익률(%)

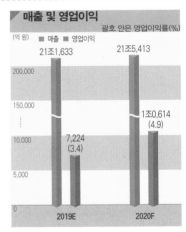

(억 원) ■ 매출 ■ 영업이익

- 2019E: 21조1,633 / 7,224 (3.4)
- 2020F: 21조5,413 / 1조0,614 (4.9)

정유 4사 설비 고도화율

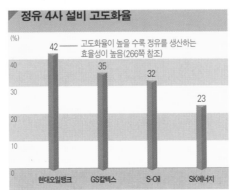

(%) 고도화율이 높을 수록 정유를 생산하는 효율성이 높음(266쪽 참조)
- 현대오일뱅크: 42
- GS칼텍스: 35
- S-에: 32
- SK에너지: 23

정유 4사 시가배당률

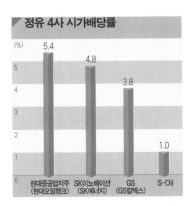

(%)
- 현대중공업지주(현대오일뱅크): 5.4
- SK이노베이션(SK에너지): 4.8
- GS(GS칼텍스): 3.8
- S-Oil: 1.0

벙커-씨유 수요 사라지니
국내 정유사가 춤춘다?!

'IMO 2020', 글로벌 정유 업계 달굴 핵심 키워드

IMO가 정유 업계에 뜨거운 감자로 회자되고 있다. IMO(International Maritime Organization, 국제해사기구)는 174개 국을 회원으로 둔 유엔전문기구로, 2020년부터 선주들이 선박연료유의 황 함유량을 최대 0.5%까지 낮춘 저유황유를 쓰게 하는 정책을 내놓았다. IMO가 고유황 선박연유(HSFO) 사용을 막는 이유는, HSFO에 함유된 산성비를 유발하는 황산화물 때문이다. 오래전부터 대기 오염에 골머리를 썩어온 IMO로서는 황산화물을 뿜어내며 전세계 바다를 횡단하는 거대한 선박들 때문에 여간 심기가 불편한 게 아니었다.

HSFO는 벙커-씨유(Bunker-C) 제품에 속하는 데, 벙커-씨유 수요의 70%를 차지한다. 벙커-씨유를 생산·판매하는 글로벌 정유사들로서는 이번 IMO 조치로 실적에 치명적인 타격을 입지는 않을까 노심초사한다. 반면, 벙커-씨유 매출 비중이 낮은 정유사들은 안도의 한숨을 몰아쉬면서 반사효과까지 노리고 있다.

글로벌 정유 업계는 IMO의 규제로 벙커-씨유 수요가 단기간에 50% 가까이 사라질 것으로 내다보고 있다. 지금까지 범용 정제제품의 글로벌 수요가 단기간에 50%나 사라진 경우는 없었다. 심지어 IEA(International Energy Association, 국제에너지기구)는 HSFO 수요가 2019년 4분기부터 급감하고 있다고 분석했다. 대란이 이미 시작된 것이다.

IMO의 조치가 전세계 원유 시장을 뒤흔들 엄청난 사건으로 보는 시각은 결코 지나치지 않다. 실제로 벙커-씨유 글로벌 시장은 IMO 규제 조치 영향뿐만 아니라 경기 둔화라는 이중고를 겪고 있다. IEA에 따르면, 2019년 1~7월 글로벌 벙커-씨유 수요가 경기 침체로 인해 전년 동기 대비 4.5% 감소했다고 발표했다. 여기에 IMO 규제 조치까지 이어지면 벙커-씨유 시장은 역사적으로 경험하지 못한 저점을 기록하게 된다. FACTS에 따르면, 2020년 벙커-씨유 마진을 -30달러/배럴로 관측했다. 2019년 벙커-씨유 평균 마진인 -1.8달러/배럴에 비해 무려 -28달러/배럴이나 마진 적자 폭이 커질 수 있다는 얘기다.

IMO 규제에 울고 웃는 정유사들

벙커-씨유 수요가 전세계적으로 50% 가까이 줄어들 경우 일부 정유사들의 정제 설비 가동률도 급격히 줄게 된다. 무엇보다 정제 설비 고도화 비율이 낮은 정유사의 채산성 악화로 인한 가동률 하락이 불가피하다. 채산성에 문제가 없더라도 부산물로 전락한 HSFO의 저장 시설이 부족해짐에 따라 벙커-씨유 정제 설비 가동률도 덩달아 떨어질 수밖에 없다. 당장 벙커-씨유 매출 비중이 큰 아시아 정유사의 실적 악화가 예상된다.

원유를 정제 제품으로 변환하는 첫 번째 기초 설비는 상압증류시설(CDU, Crude Distillation Unit)인데, 벙커-씨유 생산 비중이 30~50% 사이를 차지한다. 중동산 중질유를 주요 원료로 사용하는 아시아 CDU의 경우 40%를 초과하고 경질유를 사용할 경우에도 벙커-씨유 생산 비중은 30% 초반으로 여전히 높기 때문이다.

아시아 정유사들은 정제 설비 고도화 비율이 높지 않아 벙커-씨유 채산성이 악화될 경우 가동률 하락으로 이어지고 만다. 중국과 일본 및 인도네시아 정유사들의 정유 설비가 여기에 해당한다. '단순 정제 마진(Simple Refining Margin)'은 정유 설비의 채산성 지표가 된다. 예를 들어 벙커-씨유 정제 마진이 10달러/배럴 줄어들고 반대로 등·경유 마진이 10달러/배럴 상승한다면 평균 마진 폭이 3.9달러/배럴에서 2.5달러/배럴로 감소하게 된다. 업계에서는 정제 마진이 3~5달러/배럴을 하회할 경우 적자국면에 돌입해 가동률을 큰 폭으로 줄이거나 (적자국면이 장기화할 경우) 가동을 중단할 수밖에 없다고 한다.

한편, 추락하는 벙커-씨유 마진과 달리 등·경유 마진은 급등할 것으로 예상된다. IMO 규제로 감소할 HSFO 2.5mbpd는 친환경 선박유인 선박용 경유(MGO, Marine Gas Oil) 등으로 대체되기 때문이다. 따라서 IMO 규제로 늘어날 MGO 수요가 최소 1.0mbpd에서 2.0mbpd를 초과할 전망이다. IEA에 따르면, 이미 2019년 1분기 세계 등·경유 수요가 전년 동기 대비 429kbpd 증가했다고 발표했다. 지금도 타이트한 등·경유 수급을 감안할 경우, 마진이 30달러/배럴로 현재 대비 13달러/배럴 늘어날 전망이다.

휘발유 가격? 미국에게 물어봐

정유 시장에서 벙커-씨유와 등·경유만큼 중요한 게 휘발유다. 다행히 휘발유 마진은 빠르게 안정화에 접어드는 추세다. 지난 2019년 1월경 한때 마이너스까지 기록했던 휘발유 마진은 여름 비수기에 진입할 당시에도 16달러/배럴로 상반기 평균 대비 185%(10.4달러/배럴 상승) 상승했다.

미·중 무역분쟁과 지정학적 위험이 지속되는 가운데도 휘발유 마진이 떨어지지 않은 이유는 아시아 정유사의 원가경쟁력 때문이다. 휘발유 가격은 미국에 의해 좌우되는데, 다른 지역 대비 미국의 휘발유 생산 비중이 절대적으로 높기 때문이다. 미국은 휘발유에서 세계 생산 비중의 36%를 차지해 아시아 비중(26%)을 크게 앞지른다. 특히 2009년 이후 미국은 셰일원유(Shale Oil) 확대로 원유 생산량이 급격하게 증가한데 반해, 2015년 11월까지 미국 에너지 안보 차원에서 원유 수출이 금지되었다. 이로 인해 발생한 미국 내 원유 병목 현상이 WTI 가격을 상대적으로 저렴하게 만듦과 동시에 미국 정유사의 원가경쟁력을 높인 것이다.

아울러 미·중 무역분쟁 여파로 중국이 미국 원유 구매를 2018년 4분기부터 중단함으로써 WTI-Dubai 간극이 차익거래가 가능한 5달러/배럴 이상으로 크게 벌어졌다. 9달러/배럴 가까이 벌어진 유종간 간극

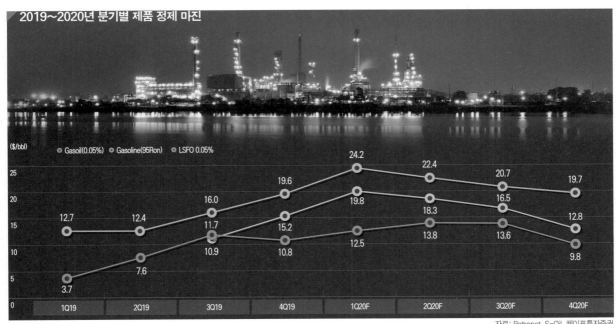

2019~2020년 분기별 제품 정제 마진

($/bbl)   ● Gasoil(0.05%)   ● Gasoline(95Ron)   ● LSFO 0.05%

	1Q19	2Q19	3Q19	4Q19	1Q20F	2Q20F	3Q20F	4Q20F
Gasoil	12.7	12.4	16.0	19.6	24.2	22.4	20.7	19.7
Gasoline			11.7	15.2	19.8	18.3	16.5	12.8
LSFO	3.7	7.6	10.9	10.8	12.5	13.8	13.6	9.8

자료: Petronet, S-Oil, 케이프투자증권

이 2019년 상반기까지 이어지면서 아시아 정유사의 원가경쟁력 약화 및 아시아 휘발유 마진 축소를 초래한 것이다.

이후 이란의 원유 수출 금지, 중동산 원유의 지정학적 위험성 상승으로 중국이 미국산 원유를 다시 구매하기 시작하면서 병목현상이 어느 정도 해소되었고, WTI-Dubai 간극도 다시 줄어들어 아시아 휘발유 마진이 개선된 것이다.

결국 정제 마진이 중요하다!

글로벌 정유사들이 IMO 규제에 따른 벙커-씨유 수요 급감에 촉각을 곤두세우고 있는 것은 저마다 이해관계가 갈리기 때문이다. 정유사가 주력으로 생산·판매하는 정제제품의 비중에 따라 희비가 갈릴 수밖에 없다는 얘기다. 쉽게 말해 등·경유 매출 비중이 높고 벙커-씨유 매출 비중이 낮으며, 아울러 상대적으로 가격이 떨어질 고유황 원유를 원재료로 사용할 수 있는 정유사가 향후 변화하는 시황에서 최대 우위를 점할 전망이다.

그런 이유로 국내 정유 4사(SK에너지, GS칼텍스, S-Oil, 현대오일뱅크) 모두 절대적 우위에 있음을 부정할 수 없다. 특히 앞으로 수요가 급증할 등·경유 비중은 국내 정유 4사 모두 50%를 초과한다. 반면 문제의 벙커-씨유 비중은 0%에 가깝다. 국내 정유 4사가 IMO 규제로 최대 수혜를 입을 것이라는 관측이 조심스레 제기되는 이유다.

실제로 변화의 조짐은 이미 차별화된 정제 마진에서 나타나고 있다. 아시아 정제 마진은 벙커-씨유 급등락으로 변동성이 높아진 반면, 국내 정유 4사의 내부마진(복합마진, Complex Refining Margin)은 상대적으로 낮은 변동성을 보이며 안정성을 이어가고 있기 때문이다. 머지않아 벙커-씨유 수요가 본격적으로 감소할 경우 아시아 정유사들의 정제 마진과 국내 정유 4사 내부마진 간의 격차는 더욱 벌어질 가능성이 높다.

국내 정유 4사의 정제 마진 전망이 긍정적으로 제기되면서 주식 시장에서 정유주에 대한 기대감도 높

아지고 있다. 그럼에도 불구하고 정유 4사는 실적 회복에 긴장을 늦추지 않는 눈치다. 급변하는 글로벌 경기 변동 때문에 국내 정유 4사의 정제 마진 개선이 언제까지 이어질지 가늠하기가 쉽지 않기 때문이다.

아무튼 2019년 3분기까지는 국내 정유 4사 모두 정제 마진 개선 효과를 톡톡히 누렸다. 2019년 2분기까지 역마진에 가까운 정제 마진 타격을 입은 정유 4사로서는 한 시름 놓은 것이다. 정제 마진은 정유사들의 실적에 막대한 영향을 미친다. 정유사들이 분기마다 발표하는 실적은 정제 마진에 따라 좌우되곤 한다.

고도화율 높은 정유사가 투자가치도 높은 이유

정유 업계에서 정제 마진만큼 중요한 게 바로 '고도화 설비'다. 고도화 설비는 원유 정제 과정에서 생산되는 값싼 중질유(벙커-씨유)를 부가가치가 높은 휘발유와 등·경유 등 경질유로 바꾸는 공정을 일컫는다. 원유를 정제 시설에 넣고 끓이면 끓는 온도(비등점)에 따라 휘발유, 등유, 경유, 중유 등이 나온다. 이 가운데 약 40%가 벙커-씨유 등의 중질유(重質油)가 된다. 중질유는 품질이 낮아 원유보다도 가격이 싸다. 이 때문에 손해가 컸던 정유사들이 고안해낸 것이 바로 고도화 설비다. 벙커-씨유에 수소나 촉매제를 첨가해 분해함으로써 휘발유, 납사, 윤활유 등의 고부가가치 경질유(輕質油)를 얻게 되었고, 이는 곧 정유사들의 실적 개선으로 이어졌다.

따라서 정유주 투자에 앞서 정유사들의 고도화 설비를 잘 살펴볼 필요가 있다. 고도화율이 높을수록 휘발유나 경유를 생산하는 데 있어서 비용 대비 효율성이 높기 때문이다. 현대오일뱅크는 국내 고도화율 1위 정유사다. 현대오일뱅크 고도화율은 42%에 달한다. 고도화율이 40%가 넘는 곳은 국내에서 현대오일뱅크가 유일하다. 경쟁사인 GS칼텍스가 35%, S-Oil이 32%에 머무르고 있다. 내수 경질유 시장점유율 및 주유소 시장점유율 1위인 SK에너지는 고도화율이 23%에 그쳐 대조를 이룬다.

현대오일뱅크는 세계 최초로 용제처리 방법을 적

용한 초저유황 선박유 생산 공정을 개발해 국내 특허 출원을 마쳤다. 초저유황 선박유는 경유를 베이스로 다른 제품을 혼합해 만든다. 현대오일뱅크는 고도화 설비 일부를 'VLSFO 생산 공정'으로 변경하고 시운전을 완료했다. 혼합유분의 안정성을 저해하는 아스팔텐 성분을 완벽히 제거한 것이다. VLSFO(Very Low Sulfur Fuel Oil)는 기존 선박유보다 30% 비싸다. IMO 규제 이후 VLSFO 수요 증가에 따라 현대오일뱅크의 매출이 큰 폭으로 늘어날 전망이다. 현재 VLSFO가 80달러/배럴 내외인 점을 감안할 때, 하루 1억 6,000만 달러 시장을 품게 되는 것이다.

사업다각화를 미루면 망한다!

글로벌 정유 시황은 매우 역동적이다. 미·중 무역분쟁, 중동의 복잡한 대외 정세 및 IMO 규제 조치와 같은 환경 문제 등 다양한 이슈에 직접적인 영향을 받는다. 정유사들로서는 한치 앞도 내다볼 수 없는 시장 상황이 부담스러울 수밖에 없다. 정유사의 주된 사업이 정유의 생산과 판매이지만 정유에만 의존할 수 없는 이유다. 결국 정유사로선 사업다각화가 매우 중요할 수밖에 없다.

국내 정유 4사는 정유 사업 외에 석유화학과 윤활유 사업을 병행한다. 국내 정유 4사 중 유일한 상장사인 S-Oil은 최대 주주인 사우디 아람코사가 개발한

'TC2C' 기술 도입 여부를 2021년 상반기까지 확정하겠다고 밝혔다. TC2C는 원유를 석유화학 물질로 전환하는 신기술이다. 기술 완성도가 상당히 높은 것으로 알려져 대규모 투자 유치가 가능하다는 게 업계의 평가다. SK에너지의 계열사인 SK루브리컨츠는 윤활유 제조에 심혈을 기울이고 있다. SK루브리컨츠가 개발 중인 윤활유 정제 기술은 시중에 나온 윤활유보다 최대 2% 연비를 개선할 수 있고, 황 함량이 0.03% 미만이어서 환경 규제가 엄격한 선진국에서 호응이 클 것으로 예상된다.

SK에너지는 모회사 SK이노베이션을 통해 2차전지 사업도 활발하게 진행 중이다. 화석연료 석유의 고갈 속도가 빨라질수록 전기차의 보편화 시기도 앞당겨질 수밖에 없다. 2차전지 시장 선점에 나선 SK이노베이션의 행보를 투자자들이 주목하는 이유다. SK이노베이션은 2020년에 헝가리 1공장과 중국 공장에서 연간 7.5GWh의 배터리 상업생산을 시작한다. 해외 생산거점에서의 수율 안정화를 빠르게 끌어올려 2021년에는 서산 공장 수준의 생산치를 달성한다는 게 SK이노베이션의 목표다.

주식 시장에서는 모든 산업의 투자가 다 어렵지만 정유주 투자는 살펴봐야 할 이슈들이 좀 더 복잡하고 다양하다. 투자자 입장에서는 시시각각 급변하는 국제유가에 일희일비하지 말고, 거시적인 안목으로 굵직한 이슈들이 시장에 미치는 영향을 다각도로 살펴봐야만 한다. 그러한 뜻에서 IMO 규제는 정유주 투자자들이 간과하지 말고 체크해 두어야 할 핫이슈임에 틀림 없다.

충남 서산 현대오일뱅크 대산공장 내 VLSFO 생산 설비. VLSFO는 기존 선박유보다 30% 비싸지만, IMO 규제 이후 VLSFO 수요 증가에 따라 현대오일뱅크의 매출이 큰 폭으로 늘어날 전망이다.

2024년까지는 전력에, 2025년부터는 가스에 투자를!

국내 전력 시장 규모 : GDP 성장률이 올라갈수록 전력 소비량도 증가한다! 전력 소비량 기준

- 국내 전력 소비량이 지속해서 증가하는 이유는 국내 GDP 성장률이 2020년 이후 회복할 것으로 전망되기 때문 → 전력 소비량의 70~80%는 산업용 및 상업용 전력 수요로 이뤄져 있어 경기와 동행하는 경향이 있음.
- 국내 GDP 성장률이 2020년 2.2%, 2021년 2.3%, 2022년 2.2%로 개선될 것으로 예상됨에 따라 전력 소비량도 각각 1.9%, 2.1%, 1.9% 증가할 것으로 전망됨.

국내 전력 수급 발전 비중 : 늘어나는 전력 소비량을 커버할 발전원은 어디? 단위: %, 괄호 안은 발전량(Twh)

기저발전 비중 추이 및 전망 단위: %

- 전력 수급 상황이 2024년까지는 한국전력에, 2025년부터는 한국가스공사에 긍정적으로 작용할 것으로 분석.
- 한국전력은 2024년까지 값싼 기저발전(석탄+원전) 비중이 높아짐에 따라 전력 믹스가 개선되면서 전력 조달 비용이 감소할 전망. 하지만 2025년부터는 노후 원전 가동 정지, 화력발전소 감축 운행 등 기저발전 규모를 줄이는 정책이 본격적으로 실현되면서 기저발전 수급이 감소하고 이를 LNG발전이 대체하면서 LNG 판매를 주도하는 한국가스공사 수혜 예상.
- 2024년부터 LNG 발전량이 증가하기 시작해(2024~2031년 CAGR +10.2%)해 LNG 수요가 늘어날 전망(2024~2030년 CAGR +6.8%).

한국전력 평균 전력 조달 단가 추이 및 전망 : 한전의 영업실적을 좌우하는 전력 조달 단가! 단위: 원/Kwh

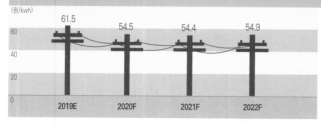

발전원별 연료 단가		2019E	2020F	2021F	2022F	2019~2022 CAGR(%)
GENCO	원자력	7.6	7.6	7.6	7.6	0
	석탄	54.8	44.4	43.4	43.4	-7.5
	LNG	113.6	109.3	113.5	117.2	1
	중유	202.3	228.6	243.4	253.3	7.8
	기타	38	33.1	32.3	31.3	-6.2
IPP 전력 구입 단가		108.3	103.1	104.4	102.4	-1.8

- 전력 조달 단가 하락은 2020년 한국전력 영업실적 턴어라운드(2020년 영업이익 3.9조 원, +428.0% YoY 예상)의 핵심 요인.
- 국제 석탄가격 및 유가 하락으로 인해 한국전력의 연료비 및 전력구입비는 2020년에는 전년 대비 3.1조 원, 2019~2022년 3년간 2.2조 원 감소할 것으로 추정.

공급 개시 후 22배 성장한 도시가스, 10년 후에는 1%대로 성장률 둔화

국내 도시가스용 천연가스 판매 추이
괄호 안은 전년 대비 증감률(%)

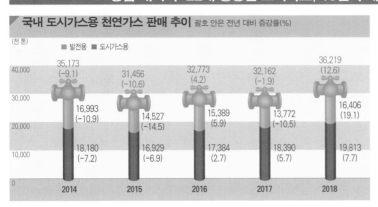

도시가스용 천연가스 총 수요 비중
단위: %, 2018년 기준, 괄호 안은 총 수요량(천 톤)

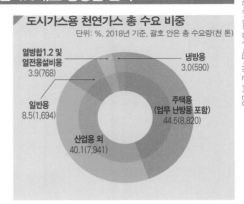

- 도시가스용 천연가스는 1987년 1,612천 톤이 공급된 이후 31년만인 2018년 36,219천 톤이 공급되어 약 22배 정도 성장 → 1987년 천연가스 공급 개시 이후 천연가스 판매는 연평균 10.6%의 증가세를 보였으며, 도시가스용 천연가스 판매는 연평균 19.7% 증가세 기록.
- 발전용 천연가스 판매는 수도권 지역 발전소에 대한 청정연료 사용 의무화, 신도시 지역난방 공급을 위한 열병합발전소 건설, 지속적인 경제 성장에 따른 전력 수요 증가 및 수도권 지역 천연가스 발전소 신·증설 등으로 연평균 7.9% 증가세 기록.
- 제13차 장기 천연가스수급계획에 의하면 도시가스용 수요는 2018~2031년간 연평균 1.24% 증가하여 2031년에 2,340만 톤 수준에 머무를 전망.

국내 도시가스 공급량 추이
괄호 안은 전년 대비 증가율(%)

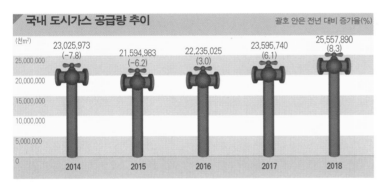

도시가스 시장점유율
단위: %, 2019년 상반기 기준

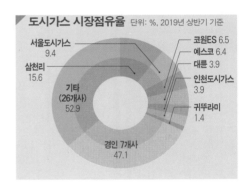

- 2015년까지 정부의 에너지 정책 변화 및 타연료와의 경쟁, 공급 비용 산정 기준 개정 등으로 도시가스 공급이 어려움을 겪었으나, 산업용 공급량이 증가하고 동절기 기온 하락 등의 이유로 난방공급량 증가 추세.
- 도시가스는 보급 촉진 및 공급시설의 중복 투자를 방지하기 위하여 정책적으로 지역독점성(공급권역)을 인정하여 동종 업계 간의 경쟁관계는 없지만, 초기 투자 비용이 많이 소요되고 사업의 허가에 대한 법적 규제로 진입장벽이 높은 편.

LPG 시장점유율
단위: %, 괄호 안은 판매량(천 톤), 2018년 판매량 기준

국내 LPG 수요 비중
단위: %, 2019년 상반기 기준

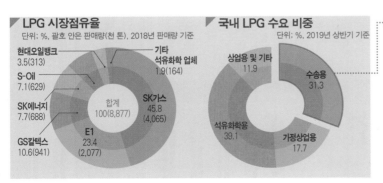

국내 LPG 차량 시장 성장 전망

- LPG는 국내 전체 1차 에너지 수요의 약 3.6%를 차지하고, 국내 정유사의 원유 정제 공정이나 석유화학 공정에서 부산물로 생산되는 LPG량은 국내 수요의 약 30.0% 수준으로 부족분은 전량 중동 등 해외에서 수입(국내 인가 수입 업체 : SK가스, E1).
- 2019년 3월 LPG 차량 구매 제한이 사라짐에 따라 LPG 차량이 2020년 213만 대에서 2030년 282만2,000대로 늘어날 것으로 전망 → LPG 업계 장기적인 수혜 기대.

한국전력
KP

매출액	60조6,276억 원
영업이익	-2,080억 원
순이익	-1조1,745억 원

32.9%	한국산업은행
18.2%	대한민국정부
7.18%	국민연금

계열사 및 타법인 출자

65.77%	한전기술
51%	한전KPS
100%	한전KDN
20.47%	한국가스공사
19.55%	한국지역난방공사
50%	한국전력거래소

각 100%

발전자회사	매출	영업이익
한국수력원자력	8조9,551	1조1,456
한국남동발전	5조5,425	1,567
한국남부발전	3조0,493	1,423
한국서부발전	4조8,691	1,405
한국동서발전	2조6,033	1,612
한국중부발전	4조5,582	221

▶ 투자포인트

- 동사의 2019~2022년 영업이익이 4조 원(CAGR +84.7%) 증가할 전망.
- 동사의 2019~2022년 매출액이 4.7조 원(CAGR +2.6%) 증가하는 반면, 영업비용은 7,571억 원(2019년 58.4조원 → 2022년 59.1조 원, CAGR +0.4%) 증가하는 데 그칠 전망. 영업비용 증가 속도가 같은 기간 매출액 증가 속도(CAGR +2.6%)를 하회하면서 큰 폭의 영업실적 개선이 가능할 전망.
- 영업비용 중 연료비가 2019~2022년에 3.2조 원 감소(CAGR -6.2%)하면서 비용 절감 효과 클 전망 → 전력구입비는 같은 기간 2.4조 원(CAGR +4.3%), 기타비용은 1.5조 원(CAGR +2.2%) 증가 전망.
- 전기요금 인상이 반영되지 않는다고 하더라도 동사의 영업이익은 2019~2022년 중에 2조 원 증가(CAGR+55.1%)하면서 견조한 실적 유지 예상.

▶ 영업이익 추이 및 전망

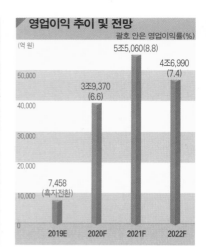

▶ 한전 영업이익 대비 주가 추이 및 전망

한국가스공사
KP

매출액	26조1,850억 원
영업이익	1조2,769억 원
순이익	5,267억 원

26.15%	대한민국정부
20.47%	한국전력
7.86%	국민연금

▶ 투자포인트

- 동사의 2020년 지배주주 당기순이익은 전년 대비 23.2% 감소한 4,976억 원(-1,507억 원)을 기록할 전망 → 순이익이 감소하는 주된 원인은 외환손익이 1,614억 원 악화되었기 때문. 동사의 연결기준 세전이익은 환율이 10% 하락할 때 1,289억 원 축소(2019년 상반기 말 기준)됨.
- 동사의 DPS는 2019년 1,600원에서 2020년~2021년 2,700원으로 증가할 전망 → 배당의 기준이 되는 별도기준 당기순이익이 향후 3년간 연평균 17.7%씩 늘어나기 때문.
- 동사의 별도 영업이익이 3년간 연평균 2.6%의 속도로 개선되는 가운데, 영업외손실 규모도 크게 줄어들 전망. 원/달러 환율이 2019년을 정점으로 떨어져 외화환산손익이 개선되면서 영업손실이 감소함.
- 정부출자 공공기관들의 배당성향 확대 정책에 따라 배당수익률 상승 예상.

▶ 순이익 추이 및 전망

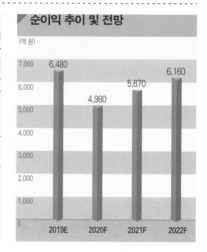

▶ 한국가스공사 별도 당기순이익, DPS 추이 및 전망

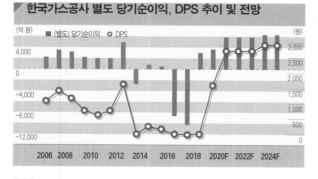

▶ 타업종 상장사 대비 배당수익률 비교

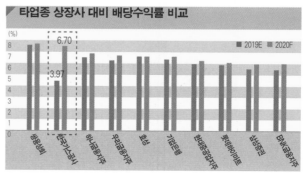

SK가스
KP

매출액	6조8,592억 원
영업이익	1,032억 원
순이익	598억 원

- 45.62% SK디스커버리
- 9.99% SK신텍
- 29% SK디앤디
- 45% SK어드밴스드
- 51% 당진에코파워

▶ **투자포인트**

- 액화석유가스(LPG)의 수입, 저장, 판매 등을 주요 사업으로 영위.
- 대부분의 LPG를 사우디, 쿠웨이트, UAE 등 중동 지역으로부터 장기 공급 계약을 통한 수입 및 SPOT 거래처로부터 수입하여 정유사, 석유화학 업체, LPG 충전소 등에 공급. 해당 수입 거래의 기준이 되는 국제 LPG 가격인 Contract Price(CP)의 변동이 동사의 수익성에 영향을 미침.
- 동사와 한국동서발전의 DEP(당진에코파워) 주식 매매 거래 완료 → 음성천연가스 51%를 1,447억 원에 매각, 울산GPS을 291억 원에 매입. 차액 1,156억 원 중 음성천연가스의 연결순자산가액을 제외한 +700억 원이 2019년 4분기에 인식.

▶ **매출 및 영업이익**
괄호 안은 영업이익률(%)

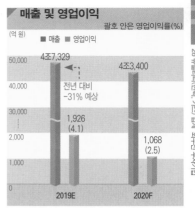

(억 원) ■ 매출 ■ 영업이익

- 2019E: 4조7,329 (전년 대비 −31% 예상), 1,926 (4.1)
- 2020F: 4조3,400, 1,068 (2.5)

▶ **SK가스 총 주당 수익률 추이**

(%)
- 2015: 3.7
- 2016: 3.1
- 2017: 3.8
- 2018: 5.1
- 2019E: 4.6

▶ **국내 LPG 사업 유통 경로**

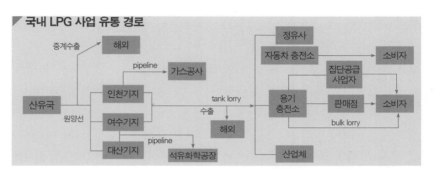

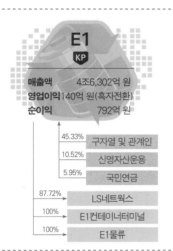

E1
KP

매출액	4조6,302억 원
영업이익	140억 원(흑자전환)
순이익	792억 원

- 45.33% 구자열 및 관계인
- 10.52% 신영자산운용
- 5.95% 국민연금
- 87.72% LS네트웍스
- 100% E1컨테이너터미널
- 100% E1물류

▶ **투자포인트**

- 동사는 국내 최초로 대규모 LPG 수입 사업을 추진하였으며, 연간 160만 톤 처리능력의 여수기지와 200만 톤 처리능력의 인천기지, 110만 톤 처리능력의 대산기지 보유.
- 2003~2018년(2009년 제외) 동안 평균 590억 원의 순이익 달성 → LPG 유통업체 특성상 외부 변수를 최소화하기 위해 파생상품으로 LPG 가격 변동을 헤지해 두었기 때문.
- 연결실적에서 주의해야 하는 자회사는 LS네트웍스로, 신발/의류(프로스펙스 등), 글로벌 유통 사업(LS전선), 임대업(LS용산타워) 등을 영위하며 2015~2016년에 강도 높은 구조조정을 단행해 흑자전환에 성공. 2018년 3분기에 LS용산타워 공실 부담으로 적자를 내기도 했지만, 현재는 정상화됨.

▶ **연결 영업이익 추이 및 전망**
괄호 안은 영업이익률(%)

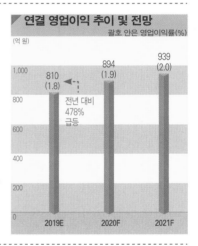

(억 원)
- 2019E: 810 (1.8) (전년 대비 478% 급등)
- 2020F: 894 (1.9)
- 2021F: 939 (2.0)

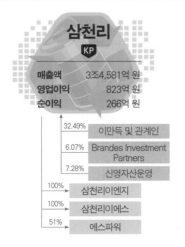

삼천리
KP

매출액	3조4,581억 원
영업이익	823억 원
순이익	266억 원

- 32.49% 이만득 및 관계인
- 6.07% Brandes Investment Partners
- 7.28% 신영자산운영
- 100% 삼천리이엔지
- 100% 삼천리이에스
- 51% 에스파워

▶ **투자포인트**

- 인천과 경기도 일대를 담당하는 국내 최대 도시가스 공급자로, 도시가스업은 보급률이 더 오르기 어려워 성장성은 제한적이나 필수재 성격상 수요는 안정적.
- 지자체 허가로 공급권역 내 독점적 지위가 보장되기 때문에 진입장벽 높음.
- 장기적으로 일정 수준의 공급 마진이 지켜지고 있어, 별도 기준 연간 영업이익은 지난 4년간 550억 ~ 620억 원 유지.
- 소매요금이 공공요금인 만큼 조정 시점에 실적 변동이 있지만, 여전히 다른 유틸리티 업체들에 비해 안정적임.
- 꾸준한 현금 흐름을 유지해 배당 역시 확고한 반면, 자회사들의 부진과 성장성이 떨어져 주가는 계속 하락하는 추세.

▶ **삼천리 도시가스 공급량 추이**

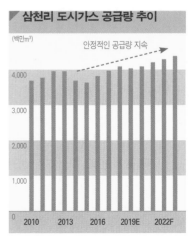

(백만㎥) 안정적인 공급량 지속
- 2010
- 2013
- 2016
- 2019E
- 2022F

한전과 가스공사의 엇갈린 운명

공익 사업의 투자매력도?

우리말로 '유용성'을 뜻하는 유틸리티(utility)의 사전적 의미는 다양하다. 수도와 전기, 가스 등의 공익 사업을 뜻하기도 하고, 컴퓨터 이용에 도움이 되는 각종 소프트웨어를 가리키기도 한다.

산업적 의미로 유틸리티, 즉 공익 사업은 주식 시장과는 어울리지 않아 보인다. 주식 시장이란 투자자의 지극히 사적인 이익을 기본으로 하기 때문이다. 하지만 유틸리티 업종은 우리나라를 비롯한 세계 각국의 주식 시장에 등장하는 섹터다. 공익을 도모하는 유틸리티가 사익을 추구하는 주식 시장에서 한자리를 차지하며 투자자들을 기다리고 있는 것이다.

유틸리티 업종은 주식 시장에서 대표적인 배당주로 통한다. 배당주는 현금을 배당하는 대신 주주들에게 무상으로 나눠주는 주식이다. 현재 주가에 비해 배당하는 금액이 커서 은행의 1년 만기 정기예금의 금리보다 유리한 수익이 기대되는 종목을 가리켜 배당주라 부른다. 배당은 각 회사들이 회계연도 안에 순이익을 내거나 내부 유보율이 많아서 주주들에게 돌려줄 재원이 있을 때 발생한다.

하지만 모든 유틸리티 기업들이 매력적인 배당주로서의 요건을 갖추고 있는 건 아니다. 매력적인 배당주로 인정받기 위해서는, 첫째 높은 실적 안정성을 유지해야 하고, 둘째 높은 배당성향과 배당 예측이 가능해야 하며, 셋째 미래 성장 모멘텀에 지속적인 투자가 이뤄져야 한다. 이 세 가지 요건을 갖춘 기업은 꼭 유틸리티 기업이 아니더라도 저금리 시대에 매력적인 투자처가 될 수 있다. 그런데 안타깝게도 우리나라에는 이 세 가지 요건을 두루 갖춘 유틸리티

기업이 존재하지 않는다. 국내 유틸리티 업종의 대표주자인 한국전력(이하 '한전')은 매력적인 배당주와 거리가 멀다. 그나마 한국가스공사(이하 '가스공사')가 배당주로서의 자격에 어느 정도 부합된다고 하지만, 글로벌 유틸리티 기업들에게는 미치지 못한다.

아무튼 배당률만 놓고 보면 국내 유틸리티 종목들은 투자 매력도가 떨어진다는 얘기인데 정말 그럴까? 지금부터 하나하나 살펴보자.

3년 사이 영업이익이 3조 원이나 오른다고?

우선 유틸리티 대장주 한전의 투자가치부터 짚어보자. 한전의 주가는 영업이익에 좌우된다. 2001년부터 2025년까지 한전 영업이익과 주가를 비교해 봤더니 둘은 비슷한 궤적을 유지하고 있다. 2008년경 한전이 영업손실이 났을 때 주가도 덩달아 곤두박질 쳤다. 그런가하면 2016년 영업이익이 크게 개선되자 주가도 크게 올랐다(270쪽 최우선 투자기업 한전 부분 참조). 이처럼 한전의 미래 주가를 알고 싶다면 영업이익부터 따져봐야 한다. 다행히도 증권사 애널리스트들은 대체로 한전의 영업이익이 2020년에 급증할 것으로 전망하고 있다. 당장 2018년 영업손실 2,080억 원에서 2019년 흑자전환이 확실시 되고, 2020년 들어서면 4조 원에 가까운 영업이익과 6%를 넘는 영업이익률이 전망된다. 2018년에서 2020년 사이 지옥과 천당을 오가는 모습이다. 도대체 한전에 무슨 일이 생기는 걸까?

한전의 영업이익을 결정짓는 핵심 요인으로는, 전기요금, 원전가동률, 석탄가격, 원/달러환율, 유가 등

이 있다. 이 가운데 전기요금과 원/달러 환율, 유가 등은 좀체 예측하기가 쉽지 않다. 전기요금은 한전이 함부로 올릴 수 있는 게 아니다. 한전이 정부에 제출한 요금제 개편 방향이 정책에 제대로 반영될지 장담할 수 없다. 폭염과 한파 등 기후 여건이 해마다 다르고, 국민 여론도 감안하지 않을 수 없다. 지난 2018년 여름에 역사적인 폭염이 덮쳐왔을 때 도입한 한시적인 누진제 폐지로 한전의 영업이익은 곤두박질 쳤다. 대외 요인인 환율과 유가의 예측이 훨씬 어려운 건 두 말할 필요도 없다.

그럼에도 불구하고 2020년 이후 한전의 영업이익 급등을 전망하는 이유는, 영업비용이 크게 줄어들기 때문이다. 60조 원이 넘는 연 매출을 올리는 한전으로서는 영업비용을 5%만 절감해도 3조 원이 넘는 영업이익을 얻는다. 한전의 영업비용 중에 가장 큰 비중을 차지하는 게 전력구입비이다. 전력구입비가 줄어들면 영업비용이 절감되고 이는 곧 영업이익으로 이어진다. 한전으로서는 전기요금을 올려 매출을 늘리는 것만큼 전력구입비를 줄여 영업비용을 절감하는 게 중요하다.

전력구입비를 줄이려면 무엇보다 전력 조달 단가가 떨어져야 하는데, 한전의 발전원 중에 높은 비중을 차지하는 원자력과 석탄 발전 연료 단가가 열쇠를 쥐고 있다. 원자력과 석탄은 LNG와 중유 및 신재생에너지에 비해 단가가 저렴하기 때문에(268쪽 '한국전력 평균 전력 조달 단가 추이 및 전망' 참조), 원자력과 석탄 발전 가동률이 높아 전력 생산량이 늘어날수록 한전은 상대적으로 저렴한 비용으로 전력을 공급받게 된다.

정부의 탈원전 및 화력발전을 줄이는 에너지 정책을 감안하면 장기적으로 원자력과 석탄발전의 가동률이 줄어들 전망인데, 한전 입장에서는 달갑지 않은 소식이다. 하지만 2023년까지는 원자력과 석탄발전 가동률이 증가할 것으로 예상된다. 발전원가가 가장 저렴한 원자력과 석탄발전을 의미하는 기저발전 설비가 2019년부터 2023년까지 신규 증설에 힘입어

연평균 2.6%의 속도로 증가해 59.4GW에서 68.2GW까지 확대될 예정이기 때문이다. 하지만 2023년부터 노후 원전 및 석탄화력발전소 운행 중단이 시작되면서 2024년부터 2031년까지 기저발전 설비가 연평균 1.7% 감소해 59.7GW로 줄어들 전망이다.

한편, 2024년부터 기저발전 가동률 하락으로 발생하는 전력 부족분은 LNG로 대체될 것으로 예상된다. 풍력, 태양광 등 신재생에너지가 기저발전 부족분을 메우기에는 설비 규모면에서 여전히 시간이 좀 더 필요해 보인다.

그런데 LNG의 발전 단가는 기저발전에 비해 훨씬 비싸다. 한전으로서는 전력구입비 부담이 커질 수밖에 없고, 이로써 영업비용이 증가해 실적 둔화로 이어질 수 있다. 2024년 이후부터 한전의 실적이 다시 하향세로 접어들 수도 있다는 얘기다. 따라서 투자적 관점에서 한전 주가의 정점은 2022년이 될 전망이다.

2024년부터 전력 부족분을 메워줄 LNG 수요가 증가할 경우, 2023년경에는 또 다른 유틸리티 대장주인 가스공사의 실적을 주목할 필요가 있다. 정리하자면 2023년까지의 전력 수급 상황은 한전에, 2024년 이후부터는 가스공사에 긍정적으로 작용할 것으로 예상된다. 2023년까지 한전은 값싼 기저발전 비중이 높아짐에 따라 전력믹스가 개선되면서 전력 조달 비용이 감소할 전망이다. 2024년 이후 발전용 LNG 수요가 증가하면 가스공사가 조달해야 하는 LNG 물량이 늘어나면서 요금기저의 증가 요인이 될 수 있다. 요

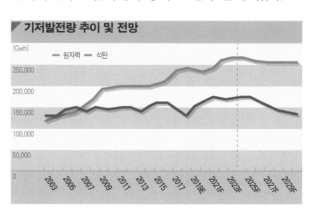

기저발전량 추이 및 전망

(Gwh)
— 원자력 — 석탄

250,000

200,000

150,000

100,000

50,000

0

2003 2005 2007 2009 2011 2013 2015 2017 2019E 2021F 2023F 2025F 2027F 2029F

금기저는 가스공사의 영업이익을 결정하는 핵심 요인 가운데 하나다.

대표 배당주 가스공사의 매력

LNG 수요와 관련해서 가스공사의 실적 이야기를 좀 더 이어가 보자.

가스공사의 영업이익을 결정하는 핵심 요소인 요금기저가 2019년 22.5조 원에서 2025년 21.4조 원까지 감소했다가 이를 저점으로 다시 증가할 것으로 전망된다. 이처럼 가스공사의 요금기저가 한동안 줄어들 것으로 예상되는 이유는, 요금기저에 대한 대규모 투자 프로젝트들이 거의 마무리 단계에 이르렀기 때문이다.

가스공사의 요금기저는 국내 LNG 도매 사업을 위한 유·무형 자산과 운전자본, 그리고 규제 광구로 분류되는 해외 E&P 광구 등으로 구성된다. 국내 설비 투자의 경우 인천 제4생산기지(총 2.3조 원 규모)에 대한 투자가 2020년 중에 마무리되고, 당진 제5생산기지(총 3.2조 원 규모) 투자가 시작(2020~2030년)될 전망이다.

가스공사의 규제 광구 중 가장 최근에 개발되었던 호주 Prelude 광구가 2019년 하반기부터 생산을 시작했다. 이에 따라 신규 규제 광구 개발에 나서지 않는 한, 해외 규제 광구에 대한 투자는 크게 늘어나지 않을 것으로 보인다.

한편, LNG 직도입 증가로 가스공사의 요금기저가 장기적으로 감소한다고 하기에는 무리가 있다. 발전사들의 LNG 직도입 물량은 2015년 190만 톤(LNG 전체 도입량 대비 5.7%)에서 2018년 611만 톤(13.9%)으로 연평균 47.6% 증가했다. 이런 이유로 가스공사의 요금기저가 장기적으로 유지될 수 있을 것인가에 대한 우려가 제기되었던 것이다.

하지만 이러한 우려가 곧 기우임을 방증하는 주장들이 하나 둘 나오고 있다. 우선 가스공사의 LNG 가격경쟁력이 개선될 전망이다. 현재 체결되어 있는 비싼 LNG 장기도입계약 기간이 2024년 집중해서 만료될 예정이다. 현재 글로벌 LNG 시장이 수요자 우위 시장이라는 점을 감안할 때, 더 싼 가격에 신규 장기도입계약을 체결하면서 가스공사의 도매 LNG 원가 구조가 낮아질 것으로 예상된다.

무엇보다 2025년 이후 국내 LNG 수요가 발전용 LNG를 중심으로 크게 늘어나면서 가스공사의 역할이 확대될 전망이다. 앞에서 발전원별 비중을 살펴봤듯이 기저발전을 대체할 LNG 발전량이 늘어남에 따라 발전용 LNG 수요는 2025~2030년 연평균 12.7% YoY 증가할 전망이다. 늘어난 LNG 수요에 대응하기 위해 가스공사의 요금기저는 2025년 21.4조 원에서 2030년 22.2조 원까지 확대(연평균 +0.8% YoY)될 것으로 예상된다.

요금기저가 장기적으로 증가함에 따라 가스공사의 투자보수도 늘어날 전망이다. 2024년 이후 발전용 LNG를 중심으로 LNG 수요가 빠르게 늘어날 것(2024~2030년 연평균 +6.8%)으로 예상됨에 따라, 같은 시기 가스공사의 LNG 장기도입계약이 갱신되면서 LNG 도입 원가가 하락해 LNG 판매가 늘어나게 되는 것이다.

가스공사가 장기적으로 증가하는 LNG 수요에 대응하기 위해서는 관련 설비에 대한 투자를 늘려야 하고, 이는 요금기저 증가로 이어질 전망이다. 적정투자보수율이 자본 비중 확대에 따라 상승한다는 사실을 감안할 경우, 가스공사의 적정투자보수도 요금기저 증가와 함께 확대될 것으로 예상된다.

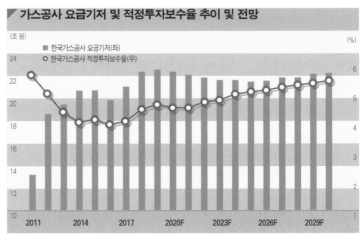

가스공사 요금기저 및 적정투자보수율 추이 및 전망

한편, 가스공사의 투자포인트 가운데 배당수익률을 빼놓을 수 없다. 글로벌 유틸리티 종목에 비하면 가스공사의 배당수익률은 다소 부족해 보이지만, 한전이나 다른 코스피 200 종목들과 견줘보면 꽤 양호한 수준이다. 가스공사는 별도 당기순이익을 기준으로 배당을 지급하며, 정부의 정책에 따라 2020년까지 배당성향을 40%로 확대할 계획이다.

증권가에서는 가스공사의 별도 당기순이익이 2019~2022년 연평균 17%를 넘길 것으로 예상하는데, 2019~2020년 DPS(주주에게 지급할 총 배당금을 발행주식의 수로 나눈 금액)는 각각 1,600원, 2,700원을 기록할 것으로 추산된다. 이때 배당수익률은 각각 3.9%, 6.7%에 달할 전망이다(270쪽 한국가스공사 투자포인트 참조). 이는 2019년 예상 배당수익률을 기준으로 했을 때 코스피 200 기업들 중 상위 30위, 2020년 예상 배당수익률 기준으로는 상위 2위에 해당하는 성적이다.

'이기는 투자'란 리스크를 읽어내는 안목

투자적 관점에서 좋은 얘기만 하는 것만큼 위험한 것도 없다. 명(明)이 있으면 암(暗)도 있기 마련이다. 유틸리티 대장주들도 마찬가지다.

한전의 경우 가장 위협 요소는 국제 석탄가격 반등 우려다. 한전의 2019~2022년 영업이익이 개선될 것으로 전망하는 이유는 국제 석탄가격의 하락을 반영했기 때문이다. 따라서 예기치 않게 국제 석탄가격이 반등할 경우 타격이 크다.

정부의 친환경 정책에 따른 환경 비용 증가도 한전으로서는 딜레마다. 정부는 '제3차 에너지 기본계획'에서 환경 비용 등을 평가해 에너지 가격 및 세제에 반영하겠다고 밝힌 바 있다. 이미 2019년 4월에 정부의 친환경 정책의 일환으로 유연탄 개별소비세가 인상된 바 있다. 향후 원전 사후처리 비용 또는 탄소배출 비용이 기저발전 단가에 전가될 경우 한전의 전력 조달 비용이 증가하게 된다.

탈원전 및 화력발전 감축 정책 역시 한전으로서는 고민거리다. 정부는 '제3차 에너지 기본계획'에서 석탄화력발전 가동률을 줄이는 방안을 내놨다. 석탄화력발전 설비 용량을 축소하는 신규 석탄발전소 건설 금지, 노후 석탄화력발전소 폐지 및 LNG 발전소로의 전환이 '제9차 전력수급 기본계획'에 반영될 전망이다. 아울러 국가기후환경회의에서 제시한 겨울철 노후 석탄화력발전소 가동 일시 중단 정책이 통과될 경우 석탄화력발전소의 가동률이 추가로 줄게 된다.

가스공사의 리스크 요인도 만만치 않다. 첫째, 직도입 LNG 증가가 문제다. 직도입 물량이 더 늘어나게 된다면 가스공사가 도입 및 도매판매를 담당하는 LNG 규모가 줄어들면서 장기적으로 요금기저 축소의 원인이 될 수 있다. 국내외 주요 설비 투자가 대부분 마무리되면서 대규모 Capex 집행은 점점 줄어들 전망이기 때문에, 가스공사의 요금기저에 영향을 미치는 것은 장기적인 LNG 판매 규모가 될 전망이다. 가스공사의 실질적인 영업에 대한 이익은 적정투자보수(요금기저×적정투자보수율)로 결정된다. 요금기저가 축소되면 가스공사의 미래 이익도 줄어들게 된다.

둘째, 국제유가 하락도 걱정거리다. 가스공사의 주가는 두바이유가와 동행하는 경향이 있다. 많은 해외 E&P 광구들의 가치가 유가에 연동되기 때문이다. 장기적으로 국제유가가 하향 조정될 경우, 주요 광구들에 대해 추가 손상차손을 인식해야 할 가능성도 있다. 손상차손은 시장가치의 급격한 하락 등으로 자산의 미래 경제적 가치가 장부가격보다 현저하게 낮아질 가능성이 있는 경우 이를 재무제표에 손실로 반영하는 것이다. 가스공사는 유가가 급락했던 2016~2017년 호주 GLNG 및 Prelude 광구에 대해서 1.5조 원의 손상차손을 반영한 바 있다.

셋째, 원/달러 환율 상승도 위험요소다. 원/달러 환율이 상승하면 가스공사의 별도 기준 외화환산순손익이 악화되면서 배당의 기준이 되는 별도 당기순이익이 감소한다.

세상이치가 그렇듯 불행은 늘 예기치 않게 닥친다. 주식 시장도 마찬가지다. 결국 '이기는 투자'란 리스크를 읽어내는 안목에 달렸다 해도 과언이 아닐 것이다.

바이오시밀러로 돈 버는 국내 제약 업계 대장주들

국내 주요 제약사 바이오시밀러 현황

업체명	제품명	오리지널 제품	적응증	단계
삼성 바이오 로직스	임랄디	휴미라	류마티스 관절염 등	유럽 시판
	플릭사비(유럽)/ 렌플렉시스(미국)	레미케이드	류마티스 관절염 등	유럽, 미국 시판
	베네팔리(유럽)/ 에티코보(미국)	엔브렐	류마티스 관절염 등	유럽 시판, 미국 허가 (19.04)
	온트루잔트	허셉틴	유방암	유럽 시판, 미국 시판 예정
	SB8	아바스틴	대장암, 폐암	유럽 허가 신청(19.07) / FDA 허가 신청(19.11)
	SB11	루센티스	황반변성	임상3상 진행 중
	SB12	솔리리스	발작성야간 혈색소뇨증(PNH)	임상3상 진행 중
LG화학	유셉트	엔브렐	류마티스 관절염 등	일본 출시
	LBAL	휴미라	류마티스 관절염 등	한국, 일본 임상3상 진행

업체명	제품명	오리지널 제품	적응증	단계
셀트리온	인플렉트라	레미케이드	류마티스 관절염 등	유럽, 미국 시판
	트룩시마	리툭산	만성 림프구성 백혈병 등	유럽, 미국 시판
	허쥬마	허셉틴	유방암	유럽 출시, 미국 시판 예정
	CT-P17	휴미라	류마티스 관절염 등	임상3상 진행 중
	CT-P16	아바스틴	대장암, 폐암	임상3상 진행 중
동아에스티	DA-3880	네스프	만성 신부전, 환자의 빈혈, 고형암의 화학 요법에 따른 빈혈	일본 허가, 유럽 임상3상
종근당	CKD-11101	네스프	만성 신부전, 환자의 빈혈, 고형암의 화학 요법에 따른 빈혈	일본 허가
	CKD-701	루센티스	황반변성	임상3상 진행 중
	GS071	레미케이드	류마티스 관절염 등	일본 허가
에이프로젠	AP052	리툭산	만성 림프구성 백혈 병 등	전임상
	AP062	허셉틴	유방암	미국 임상1상

지난 5년간 제약, 바이오 주가지수 History

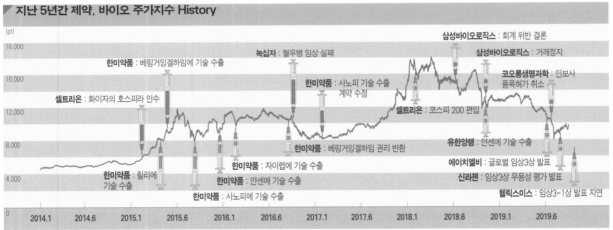

자료: 데이터가이드, SK증권

코스피 의약품 섹터 매출과 영업이익 및 영업이익률

자료: Quantwise, 메리츠종금증권

의약품 개발 비즈니스 특징

	제네릭	개량신약	신약	도입신약
개발기간	2~3년	3~5년	10~15년	없음
개발비용	2~3억 원	10~40억 원	1,000억 원	없음
임상시험	생물학적 동등성시험	1,2,3상 (일부 면제)	1,2,3상	–
약가 (신약 100% 기준)	59.5~68%	70%	100%	100%
성공률	100%	높음	낮음	–
이익성	낮음	중간	높음	낮음

자료: 식품의약품안전처, 건강보험심사평가원, 메리츠종금증권

- 제약, 바이오 산업은 R&D 기반의 신약 개발로 수익이 창출되는 수익 구조.
- 국내 개발 신약은 모두 30종이지만 실제 매출이 발생하는 의약품은 극소수.
- 국내 제약사들, 신약 부재로 제네릭 및 도입약품 위주로 영업이익률 두 자릿수 미만.
- 신약 개발 성공확률 1/10,000, 기술 수출 및 임상 통과 힘난 → 제네릭 및 바이오시밀러 시장 집중 → 미래 성장 비전 취약

글로벌 바이오의약품 시장 광폭 성장 : 2020년 이후 블록버스터급 의약품들 특허 만료 도래

글로벌 바이오의약품 매출 추이 및 전망

(십억 달러)
- ■ 바이오의약품 매출 규모(전망)
- ○ 전체 의약품 대비 바이오의약품 매출 비중(우)

연도	매출	비중(%)
2014	176	22
2016	199	25
2018	243	28
2019E	258	29
2020F	277	30
2021F	300	30
2022F	327	31
2023F	356	31
2024F	388	32

글로벌 전문의약품 매출 추이 및 전망

(십억 달러)
- ■ 전문의약품(희귀/제네릭 제외)
- ■ 제네릭의약품
- ■ 희귀의약품

2019~2024 CAGR +6.9%

연도	전문의약품	제네릭	희귀
2015	570	100	77
2016	583	109	80
2017	593	118	78
2018	623	130	75
2019E	630	135	79
2020F	659	150	84
2021F	698	169	88
2022F	744	191	92
2023F	788	216	96
2024F	842	239	100

자료: EvaluatePharma(2019), 생명공학정책연구센터 재인용

- 의약품은 제조 방식에 따라 합성의약품과 바이오의약품으로 나뉘는데, 최근 생명과학 기술 발전에 힘입어 바이오의약품 시장 급증 → 바이오의약품 시장은 미국이 세계 시장점유율 60%를 차지. 미국 바이오의약품 시장은 최근 5년간 연평균 15% 성장함.
- 의약품은 의사 처방이 필요한 전문의약품(ETC)과 의사 처방이 필요 없는 일반의약품(OTC)으로 나뉘는 바, 2018년까지는 연 매출액 10억 달러 이상의 블록버스터급 의약품의 특허 만료로 인해 전문의약품 시장이 침체했지만, 2019년부터 2024년까지 희귀의약품 성장에 힘입어 급성장 예상 → 희귀의약품은 2024년에 전체 전문의약품 매출의 20%를 차지할 정도로 성장.

▶ 글로벌 10대 의약품 매출 규모

순위	제품명	판매 기업명	매출(십억 달러)	구분
1	휴미라(Humira)	AbbVie(애브비)	18.4	단일클론항체
2	레블리미드(Revlimid)	Celgene(셀젠)	8.2	합성의약품
3	리툭산(Rituxan)	Roche(로슈)	7.5	단일클론항체
4	허셉틴(Herceptin)	Roche(로슈)	7.1	단일클론항체
5	아바스틴(Avastin)	Roche(로슈)	6.8	단일클론항체
6	레미케이드(Remicade)	Johnson&Johnson	5.8	단일클론항체
7	프리베나(Prevnar)	Pfizer(화이자)	5.6	백신
8	엔브렐(Enbrel)	Amgen/Pfizer(암젠/화이자)	5.4	융합단백질
9	란투스(Lantus)	Sanofi(사노피)	5.2	재조합단백질
10	리리카(Lyrica)	Pfizer(화이자)	5.1	합성의약품

자료: Nature Reviews Drug Discovery vol.17, 232(2018), 한국바이오의약품협회(2018), ■ 바이오의약품

- 전세계 매출 상위 10대 의약품 중 바이오의약품이 8종 차지.
- 2020년 이후 블록버스터급 바이오의약품 다수 특허 만료 도래 → 바이오시밀러 시장 확대 예상.

▶ 글로벌 전문의약품 매출 '톱10' 기업 실적 전망

순위	기업명	매출(십억 달러) 2018	2024F	CAGR
1	Pfizer(화이자)	45.3	51.2	2.1%
2	Novartis(노바티스)	43.5	49.8	2.3%
3	Roche(로슈)	44.6	46.7	0.8%
4	Johnson&Johnson(존슨앤존슨)	38.8	45.8	2.8%
5	Merck&Co(머크)	37.4	42.5	2.2%
6	Sanofi(사노피)	35.1	40.7	2.5%
7	GlaxoSmithKline(글락소스미스클라인)	30.6	38.7	4.0%
8	AbbVie(애브비)	32.1	35.0	1.4%
9	Takeda(타케다)	17.4	32.3	10.8%
10	AstraZeneca(아스트라제네카)	20.7	32.2	7.7%
	톱10 합계	345.4	414.8	
	그 외 기업	482.3	766.0	
	총계		827.8	

자료: EvaluatePharma

글로벌 CRO 시장 규모 추이 및 전망

(십억 달러)
- ■ CRO ○ 성장률(우)

연도	CRO	성장률(%)
2015	31.9	
2016	35.4	11.2
2017	39.6	11.9
2018	44.6	12.5
2019E	50.4	13.2
2020F	57.1	13.1
2021F	64.6	13.2

자료: Frost & Sullivan

글로벌 CMO 시장 규모 추이 및 전망

(십억 달러)
- ■ CMO ○ 성장률(우)

연도	CMO	성장률(%)
2012	58.6	
2013	62.8	7.3
2014	67.4	7.3
2015	72.7	7.8
2016	78.8	8.5
2017	84.9	7.7
2018	91.9	8.2
2019E	99.6	8.5
2020F	108.7	9.1

자료: Frost & Sullivan

- 바이오 제약사들이 효율적인 연구 개발(R&D)을 위해 학계 및 임상 대행 기업(Contract Research Organization, CRO)과의 제휴가 증가하면서 거대한 시장 형성.
- 연구 및 생산 시설이 없거나 부족한 중소 규모 기업들 뿐 아니라 사업의 효율성을 높이고 리스크를 낮추기 위해 대기업들도 아웃소싱 서비스에 대한 수요 증가.
- 바이오의약품 생산을 위해 의약품 위탁생산 기업(Contract Manufacturing Organization, CMO)과의 제휴도 확대.
- 제약사들은 CMO와 장기적인 파트너십을 구축하여 안정적이고 효율적인 공급망 확보 → 세포치료제 시장 확대에 따라 관련 CMO 기업 성장 기대.

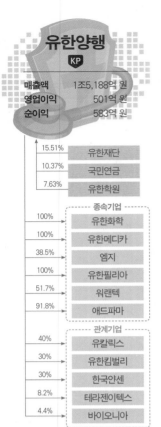

유한양행
KP

매출액	1조5,188억 원
영업이익	501억 원
순이익	583억 원

15.51%	유한재단
10.37%	국민연금
7.63%	유한학원

종속기업
100%	유한화학
100%	유한메디카
38.5%	엠지
100%	유한필리아
51.7%	워랜텍
91.8%	애드파마

관계기업
40%	유칼릭스
30%	유한킴벌리
30%	한국얀센
8.2%	테라젠이텍스
4.4%	바이오니아

▶ 투자포인트

- 주력 의약품 제네릭 출시와 약가 인하로 2019년 의약품 사업과 API 사업 역성장, 2020년에는 신규 오리지널 약품 도입과 API 계약 건으로 반등 예상.
- 3건의 기술료 계약금 총 83,000만 달러가 매 분기마다 약 86억 원으로 안분인식될 예정 → 기술이전된 파이프라인 임상 진전에 따른 추가 기술료 유입도 예상됨.
- 얀센 이중항체 JNJ-372와 레이저티닙 병용 임상 1/2상 결과 2020년에 기대 → 레이저티닙 임상에서 타그리소 대비 우월함이 증명될 경우 연간 최대 매출액 6조 원 시장의 가치 프리미엄 기대.
- 레이저티닙은 타그리소와 동일한 기전으로 타그리소 시장이 곧 레이저티닙 시장과 동일하다고 봐도 무방.
- 2020년에 대규모 마일스톤 유입이 예상되면서 큰 폭의 영업이익 상승 예상.

글로벌 타그리소 시장(=레이저티닙 시장) 규모 추이 및 전망

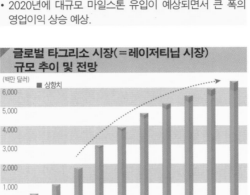

영업이익 추이 및 전망

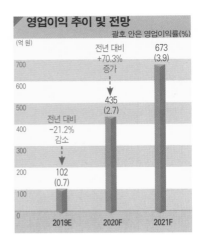

기술 수출료 추이 및 전망

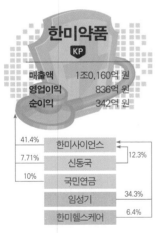

한미약품
KP

매출액	1조0,160억 원
영업이익	836억 원
순이익	342억 원

41.4%	한미사이언스
7.71%	신동국
10%	국민연금
	임성기
	한미헬스케어

12.3%
34.3%
6.4%

▶ 투자포인트

- 개량신약과 개량복합제 포트폴리오 강화로 2019년 전년 대비 성장률 +14.5%에 이어 2020년에도 +7.2% 성장 전망.
- 2019년 1분기 제넨텍 계약금 인식 완료 이후 기술료 공백에도 불구하고, 2019년과 2020년 영업이익 1,000억 원 (+19.9% YoY) 돌파 예상.
- EGFR 엑손20 삽입변이 치료제로 개발 중인 포지오티닙 (폐암 치료제) 임상2상 진행 중 → 임상에서 이미 긍정적 결과 확인했기 때문에 조건부 허가 가능성 높음.
- 경구용 항암제 오락솔이 FDA 허가 신청에 필요한 1차 유효성 평가지표를 이미 충족 → 2차 유효성 지표인 PFS와 OS에 대한 개선까지 확인된다면 동사 가치 상승 이끌 것으로 전망.
- 에페글레나타이드, 롤론티스, LAPS Triple Agonist 등 다양한 R&D 모멘텀이 유효해 투자가치 상승 예상.

영업이익 추이 및 전망

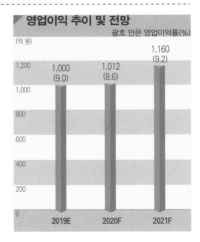

한미약품 R&D 모멘텀

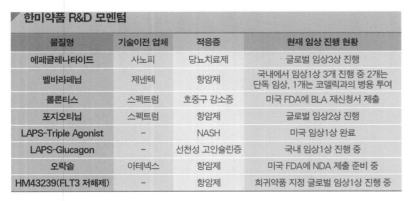

물질명	기술이전 업체	적응증	현재 임상 진행 현황
에페글레나타이드	사노피	당뇨치료제	글로벌 임상3상 진행
벨바라페닙	제넨텍	항암제	국내에서 임상1상 3개 진행 중 2개는 단독 임상, 1개는 코델릭과의 병용 투여
롤론티스	스펙트럼	호중구 감소증	미국 FDA에 BLA 재신청서 제출
포지오티닙	스펙트럼	항암제	글로벌 임상2상 진행
LAPS-Triple Agonist	–	NASH	미국 임상1상 완료
LAPS-Glucagon	–	선천성 고인슐린증	국내 임상1상 진행 중
오락솔	아테넥스	항암제	미국 FDA에 NDA 제출 준비 중
HM43239(FLT3 저해제)	–	항암제	희귀약품 지정 글로벌 임상1상 진행 중

기술 수출료 추이 및 전망

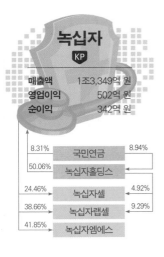

녹십자
KP

매출액	1조3,349억 원
영업이익	502억 원
순이익	342억 원

- 8.31% 국민연금 8.94%
- 50.06% 녹십자홀딩스
- 24.46% 녹십자셀 4.92%
- 38.66% 녹십자랩셀 9.29%
- 41.85% 녹십자엠에스

▶ 투자포인트

- 백신과 혈액제제를 주력 사업으로, 독감, 수두백신인 IVIG 등이 실적 견인 → 4가 독감백신 비중이 늘면서 독감백신 수익성 개선 예상.
- 2020년 PAHO 물량 4가 독감백신 비중 확대 및 국내 예방 접종 사업에 4가 독감백신 포함될 경우 수혜 기대.
- 차세대 수두백신으로 원가율 개선 → 2020년 영업이익 913억 원(+35.9% YoY) 전망.
- 희귀 질환 치료제로 해외 시장 진출 → 헌터라제와 그린진-에프로 중국 진출 및 뇌실투여(ICV) 헌터라제는 일본 PMDA 사키가케(희귀의약품)로 지정될 경우 조건부 허가 신청 가능.
- 헌터라제는 샤이어사의 엘라프라제보다 앞서 중국에서 시판 허가를 받는 최초의 헌터증후군 치료제가 될 전망 → 특히 동사가 자체 개발한 신약으로 마진율이 매우 높다는 점을 감안하면, 약 12,000명 정도로 추정되는 중국의 헌터증후군 환자를 대상으로 수익 기대.

▶ 영업이익 추이 및 전망
괄호 안은 영업이익률(%)

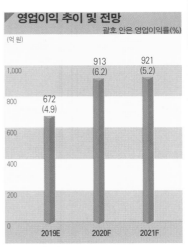

(억 원)

- 2019E: 672 (4.9)
- 2020F: 913 (6.2)
- 2021F: 921 (5.2)

▶ 헌터라제 장기 매출 전망

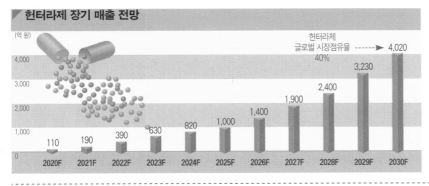

(억 원) 헌터라제 글로벌 시장점유율 ------→ 40%

2020F	2021F	2022F	2023F	2024F	2025F	2026F	2027F	2028F	2029F	2030F
110	190	390	630	820	1,000	1,400	1,900	2,400	3,230	4,020

▶ 수출 매출 추이 및 전망
괄호 안은 전년 대비 증감률(%)

(억 원)

- 2019E: 2,268 (-3.4)
- 2020F: 2,937 (29.5)

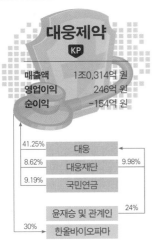

대웅제약
KP

매출액	1조0,314억 원
영업이익	246억 원
순이익	-154억 원

- 41.25% 대웅
- 8.62% 대웅재단 9.98%
- 9.19% 국민연금
- 윤재승 및 관계인 24%
- 30% 한올바이오파마

▶ 투자포인트

- 2002년 10월 주식회사 대웅이 사업 부문을 인적분할하여 설립 → 종속회사는 의약품 제조 및 판매업을 영위하는 주요 종속회사인 한올바이오파마를 포함한 총 13개 회사로 구성.
- 이익성이 높은 나보타(국내 첫 보툴리눔 톡신)가 미국에서 출시 및 캐나다와 유럽에서 출시 예정 → 2019년 나보타 매출액 460억 원에 이어 2020년 754억 원(+639% YoY) 전망.
- 세계 48개 국에서 나보타 품목허가 획득 및 추가로 20여 개 국에서 등록 진행 중 → 미국, 유럽, 캐나다, 호주, 중남미, 중동 등 약 80개 국 거래업체들과 판매 계약 체결.
- 나보타 단일 품목으로 지금까지 해외에서 500억 원 가량 매출 올림 → 나보타 글로벌 마케팅이 정상 궤도에 돌입하면 해외 매출이 1,000억 원을 넘길 것으로 전망.
- 나보타(미국명 '주보(Jeuveau)')는 2019년 5월 15일 미국에서 출시된 이후 미국 보톡스 시장점유율 3위 기록.

▶ 매출 비중 추이 및 전망
(억 원) ■ETC ■OTC ■나보타 ■수출 ■CMO

2019E: 9,969 (7,111 / 1,105 / 460 / 541 / 812)
2020F: 1조0,403 (7,193 / 1,076 / 754 / 492 / 821)
나보타 매출 전년 대비 1,681% 급증

▶ 주요 제품/상품 현황

매출 유형	품목	구체적 용도	주요 상표 등	매출(백만 원)	비율
제품	우루사	피로회복, 간장해독	복합우루사, 우루사	48,908	9.75%
	알비스	위염, 위궤양	알비스정, 알비스D정	29,333	5.85%
	올메텍	고혈압 치료제(ARB)	올메텍정, 올메텍 PLUS	16,518	3.29%
	임팩타민	종합 비타민	임팩타민파워정	16,187	3.23%
	가스모틴	기능성 소화제	가스모틴정, 가스모탄산	11,300	2.25%
	기타	-	-	181,717	36.23%
상품	크레스토	고지혈증 치료제	크레스토정	37,152	7.41%
	세비카	고혈압 치료제	세비카, 세비카 HCT	33,005	6.58%
	넥시움	위염, 위궤양	넥시움정, 넥시움주	22,152	4.42%
	기타	-	-	105,306	20.99%
합계				501,578	100.00%

▶ 영업이익 추이 및 전망
괄호 안은 영업이익 증감률(%)

(억 원)

- 2019E: 333 (3.3)
- 2020F: 686 (6.6)
- 2021F: 781 (7.1)

셀트리온 KP

- **매출액** 9,821억 원
- **영업이익** 3,387억 원
- **순이익** 2,536억 원

55.01% → 셀트리온제약
9.53% Ion Investments B.V
5.93% 국민연금
20.01% 셀트리온홀딩스
셀트리온엔터테인먼트
100% → 셀트리온스킨큐어
69.66% 서정진
35.71%
Ion Investments B.V.
9.38%
ONE EQUITY PARTNERS IV,L.P.
10.58%
1.40%

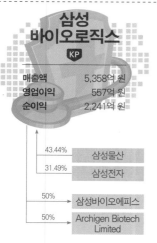

셀트리온헬스케어 KQ

- **매출액** 7,135억 원
- **영업이익** -252억 원 (적자전환)
- **순이익** 114억 원

▷ 투자포인트

- 생명공학기술 및 동물세포 배양기술을 기반으로 항암제 등 각종 의약품 생산.
- 아시아 최대인 140,000L 규모의 동물세포배양 단백질의 약품 생산 설비를 보유하고 있으며, 향후 개발 일정과 수요 등을 고려하여 3공장 신설 예정.
- 세계 최초로 개발한 자가면역질환 치료용 바이오시밀러 '램시마'는 2016년 미국 FDA로부터 판매 승인 받음.
- 유럽 EMA(유럽의약품청) 산하 CHMP(약물사용자문위원회)로부터 램시마SC에 대해 '판매승인권고' 의견을 받음 → 통상적으로 CHMP로부터 판매승인권고를 받게 되면 2개월 후에는 판매허가 가능성이 매우 높아짐에 따라 2020년 중으로 본격적인 판매에 돌입할 전망.
- 2019년 매출 1조 원 클럽 가입.

▷ 투자포인트

- 주요 계열사인 셀트리온과 공동 개발 중인 바이오의약품 (바이오시밀러, 바이오베터, 바이오 신약)들의 글로벌 마케팅 및 판매를 담당.
- 셀트리온이 제조한 바이오시밀러 및 기타 의약품에 대한 독점 판매권 보유.
- 글로벌 제약사인 Pfizer, Teva 등을 포함하여 110여개 국가에서 30개 파트너와 판매 및 유통 파트너십 구축.
- 2020년에 램시마 SC의 직판을 위한 유럽 법인 설립으로 판관비는 전년 대비 약 30% 가량 증가 예상 → 법인 설립이 완료된 이후 대부분의 비용은 고정비 성격으로 매출 규모가 증가할수록 고정비 비율은 감소하면서 이익 개선 효과가 빠르게 나타날 전망.

영업이익 추이 및 전망

괄호 안은 영업이익률(%)
(억 원)
- 2019E: 4,019 (36.8)
- 2020F: 5,681 (39.1)
- 2021F: 7,229 (41.1)

영업이익 추이 및 전망

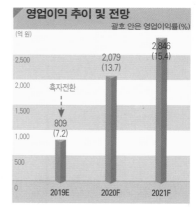

괄호 안은 영업이익률(%)
(억 원)
- 2019E: 809 (7.2) 흑자전환
- 2020F: 2,079 (13.7)
- 2021F: 2,846 (15.4)

삼성바이오로직스 KP

- **매출액** 5,358억 원
- **영업이익** 557억 원
- **순이익** 2,241억 원

43.44% 삼성물산
31.49% 삼성전자
50% 삼성바이오에피스
50% Archigen Biotech Limited

▷ 투자포인트

- 국내외 제약사의 첨단 바이오의약품을 위탁 생산하는 CMO 사업 영위.
- 2018년 GMP 생산을 시작하여 2019년 반기 말 기준 36.2만 리터 생산 설비를 가동 중이며, 글로벌 바이오시밀러 시장에서 선발업체를 추월해 생산 설비 기준 세계 1위 CMO로 도약.
- 2019년 상반기에 정기보수 작업으로 부진했던 공장가동률이 상승하면서 전체 실적 성장세를 견인하고 있음 → 1공장은 70%, 2공장은 60%, 3공장은 20% 이상으로 공장가동률이 상승 추세에 있음. 3공장의 경우, 대표이사 구속영장 청구로 지연되었던 수주가 다시 정상화되면서 매출 상승에 크게 기여.
- 회계 관련 이슈로 대표이사 구속영장 청구 등의 뉴스가 한동안 주가에 부정적이었으나, 그럼에도 불구하고 실적은 회복세를 보이고 있어 향후 성장성은 매우 긍정적으로 판단.
- 2020년 CMO 실적 고성장 및 항체 의약품 수요 증대 기대감이 주가 하방을 지지할 것으로 전망.

영업이익 추이 및 전망

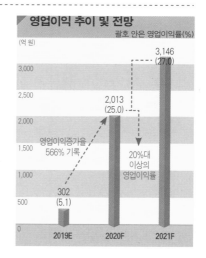

괄호 안은 영업이익률(%)
(억 원)
- 2019E: 302 (5.1) 영업이익증가율 566% 기록
- 2020F: 2,013 (25.0)
- 2021F: 3,146 (27.0) 20%대 이상의 영업이익률

상장 이후 매출 추이 및 전망

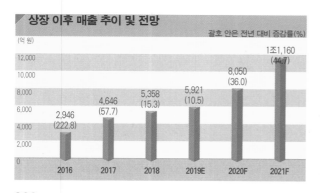

괄호 안은 전년 대비 증감률(%)
(억 원)
- 2016: 2,946 (222.8)
- 2017: 4,646 (57.7)
- 2018: 5,358 (15.3)
- 2019E: 5,921 (10.5)
- 2020F: 8,050 (36.0)
- 2021F: 1조1,160 (44.7)

공장별 매출 추이 및 전망

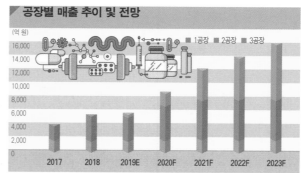

(억 원)
■1공장 ■2공장 ■3공장
2017, 2018, 2019E, 2020F, 2021F, 2022F, 2023F

동아에스티 (KP)

매출액	5,674억 원
영업이익	394억 원
순이익	80억 원

- 22.81% 동아쏘시오홀딩스 → 32.68% 에스티팜
- 13.27% 국민연금 / 100% 동아제약
- 8.22% Glaxo Group Ltd. / 49.99% 동아오츠카
- 6.18% 신영자산운용 / 51% 디엠바이오

투자포인트

- 옛 동아제약(주)에서 인적분할하여 2013년 설립, 자가개발의약품, 바이오의약품, 제네릭, 도입의약품 등 다양한 제품 포트폴리오 보유 및 다수의 블록버스터 제품을 바탕으로 시장지배력 영위.
- 글로벌 제약사인 AbbVie와 면역항암제 MerTK 저해제 개발 및 라이선스 계약 체결.
- ETC 부문의 양호한 성장세 및 박카스 해외 수출이 전체 실적 성장세 견인.
- R&D 자회사인 큐오라클을 설립해 당뇨병 치료제인 DA-1241(미국 임상1b상)과 비만 치료제인 DA-1726(전임상)의 파이프라인을 기술양도 받아 집중 개발·연구.
- 미국에서 임상1상 중인 당뇨병 치료제 DA-1241은 2020년 중으로 탑라인 결과가 나올 예정.

영업이익 추이 및 전망
괄호 안은 영업이익률(%)

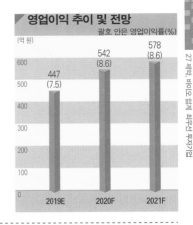

(억 원)

	2019E	2020F	2021F
영업이익	447 (7.5)	542 (8.6)	578 (8.6)

종근당 (KP)

매출액	9,562억 원
영업이익	757억 원
순이익	417억 원

- 9.5% 이장한 → 33.73%
- 23.1% 종근당홀딩스 → 37.21% 종근당바이오
- 11.77% 국민연금 / 5.24%
- 6.78% 고촌재단 / 43% 경보제약

투자포인트

- 2013년 투자 사업 부문을 담당하는 종근당홀딩스와 의약품 사업 부문을 담당하는 동사로 인적분할.
- 연간 매출액 대비 10% 이상의 연구 개발 투자 집행.
- 동사가 진행하고 있는 임상 연구 중에서 CKD-506(자가면역치료제)은 류마티스 관절염 환자 대상 유럽 임상2a를 완료한 뒤 2020년 미국 류마티스학회(ACR2020)에서 발표할 예정임.
- CKD-516(대장암치료제)은 이리노테칸과의 병용투여로 국내 임상3상 중이며, 면역관문억제제(PD-1)와의 병용투여는 임상1상 승인을 받아 개시할 예정.
- 이중항체 신약 CKD-702(EGFR&C-MET, 폐암), CKD-508(고지혈증 치료제), CKD-702(혈액암 치료제) 등이 2020년 중에 임상1상 개시 예정.

매출 추이 및 전망

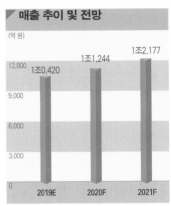

(억 원)

	2019E	2020F	2021F
매출	1조0,420	1조1,244	1조2,177

메디톡스 (KQ)

매출액	2,054억 원
영업이익	855억 원
순이익	698억 원

- 21.53% 정현호 및 관계인
- 5.08% Wasatch Advisors. Inc.
- 58.33% 하이웨이원

투자포인트

- A형, B형 보툴리눔 독소 단백질 치료제, 단일클론항체, 재조합 단백질 등 생산.
- 주력 제품인 보툴리눔 A형 독소 의약품인 메디톡신은 동사가 세계 네 번째로 독자적인 원천기술로 개발한 제품임.
- 2018년 10월 미국에서 임상3상에 진입한 이노톡스가 유럽에서도 임상3상 개시 → 이노톡스의 유럽 임상이 약 6개월 간의 시차를 두고 개시된 만큼 2023년 유럽에서도 시판이 가능할 것으로 예상.
- 뉴로녹스의 중국 승인과 더불어 이노톡스도 미국과 유럽에서 임상이 진행되고 있는 만큼 향후 고성장세 기대.
- 2019년 4월에 인수한 화장품 유통 회사 하이웨이원의 실적이 연결로 반영되면서 여전히 원가율이 크게 증가했고, 소송비용 등으로 2019년 영업이익 큰 폭으로 감소.

영업이익 추이 및 전망
괄호 안은 영업이익률(%)

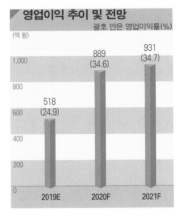

(억 원)

	2019E	2020F	2021F
영업이익	518 (24.9)	889 (34.6)	931 (34.7)

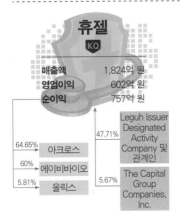

휴젤 (KQ)

매출액	1,824억 원
영업이익	602억 원
순이익	757억 원

- 64.65% 아크로스
- 60% 에이비바이오
- 5.81% 올릭스
- 47.71% Leguh Issuer Designated Activity Company 및 관계인
- 5.67% The Capital Group Companies, Inc.

투자포인트

- 보툴리눔 톡신제제 '보툴렉스(BOTULAX)', HA필러 '더채움(THE CHAEUM)', 바이오 코스메틱 '웰라쥬(WELLAGE)' 등 제품 보유.
- 동사의 톡신제제의 용도는 성형과 미용에 국한하지 않고, 눈꺼풀경련, 뇌졸중으로 인한 상지 근육 경직 및 소아 뇌성마비로 인한 첨족기형에까지 확대하여 폭 넓은 치료 시장에 진출.
- 국내 톡신 시장의 경우 2019년 3분기부터 성장세 진입, 동사 실적 상승 기대.
- 2019년부터 필러 사업에서 본격적인 영업에 돌입하는 등 신제품(더채움스타일) 출시 효과 기대.
- 2019년 10월 22일 기준 동사의 시가총액이 1조9,200억 원을 기록해 메디톡스의 1조8,260억 원을 넘어섬.

영업이익 추이 및 전망
괄호 안은 영업이익률(%)

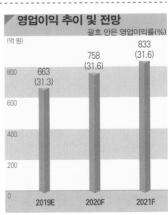

(억 원)

	2019E	2020F	2021F
영업이익	663 (31.3)	758 (31.6)	833 (31.6)

국내 제약, 바이오 회사 시가총액 및 주가상승률

구분	기업명	시가총액(십억 원)	상승률(%)				
			1개월	3개월	6개월	1년	YTD
지주 회사	한미사이언스	2,845	6.0	(5.6)	(41.6)	(32.9)	(44.4)
	녹십자홀딩스	983	0.5	7.2	(14.2)	(2.8)	(16.7)
	대웅	826	(6.9)	(11.3)	(34.4)	(3.7)	(20.2)
	동아쏘시오홀딩스	566	4.2	6.7	(14.6)	3.7	(15.4)
	JW홀딩스	405	2.8	8.1	(5.7)	7.8	(12.2)
	휴온스글로벌	331	3.9	(4.0)	(26.1)	(18.0)	(31.3)
	제일파마홀딩스	293	19.5	3.4	(26.6)	(9.2)	(28.9)
	종근당홀딩스	468	(1.3)	(5.9)	22.4	67.4	49.4
	일동홀딩스	124	3.2	(11.8)	(12.8)	(7.8)	(14.5)
상위 제약사	한미약품	3,878	15.8	12.7	(23.1)	(13.2)	(28.0)
	유한양행	2,805	(4.4)	(2.2)	(10.6)	35.7	7.3
	대웅제약	1,732	(4.8)	(7.1)	(26.4)	3.8	(20.7)
	녹십자	1,467	9.6	17.8	(12.9)	0.4	(7.7)
	종근당	977	11.1	7.4	(7.7)	13.7	(7.7)
	동아에스티	861	17.2	12.0	0.0	22.2	(2.4)
	종근당홀딩스	468	(1.3)	(5.9)	22.4	67.4	49.4
중소형 제약사	셀트리온제약	1,355	(1.2)	13.1	(33.1)	(27.5)	(37.4)
	영진약품	980	11.3	19.9	(18.3)	(2.9)	(9.8)
	삼천당제약	746	(6.3)	4.8	(26.2)	3.4	(11.2)
	부광약품	924	2.5	(8.5)	(20.7)	(14.7)	(41.3)
	JW중외제약	591	(0.5)	4.3	(20.7)	(10.5)	(28.6)
	제일약품	511	9.5	6.4	(18.4)	(19.7)	(25.4)
	삼진제약	356	(1.2)	(4.1)	(34.4)	(32.5)	(36.2)
	휴온스	420	8.1	(4.5)	(27.2)	(23.7)	(34.6)
	일양약품	415	4.8	(6.1)	(22.5)	(16.0)	(20.9)
	CMG제약	428	8.3	16.0	(34.8)	(28.1)	(23.6)
	동국제약	622	8.9	5.0	21.5	28.7	20.9
	일동제약	379	6.4	(2.3)	(25.1)	(9.6)	(18.3)
	보령제약	599	9.7	14.8	3.8	38.0	35.8
	하나제약	359	(5.9)	(5.9)	(15.5)	(1.1)	(1.6)
	신풍제약	358	5.5	8.2	(16.0)	3.4	5.5
	유나이티드제약	309	(3.3)	(5.7)	(27.4)	(14.0)	(17.0)
	한독	314	6.5	(4.2)	(26.6)	(6.9)	(25.7)
	JW생명과학	317	(8.5)	(11.7)	(17.3)	(8.9)	(8.7)
	광동제약	366	0.9	3.7	(5.0)	20.9	2.0
	환인제약	305	2.2	1.2	(15.0)	(4.4)	(14.4)
	대원제약	307	2.0	4.4	(11.6)	(2.4)	(0.6)
	이연제약	257	16.8	5.2	(19.7)	(6.4)	10.1
	안국약품	153	5.9	24.2	(11.4)	8.8	18.2
CMO	삼성바이오로직스	26,201	22.6	42.5	16.5	1.5	2.5
	에스티팜	366	9.2	40.0	(14.2)	(5.8)	(1.0)
	바이넥스	280	0.1	4.3	(25.7)	(18.8)	(3.8)
	경보제약	202	1.7	(0.5)	(17.5)	(16.7)	(17.5)
	에스텍파마	96	6.4	26.8	(9.0)	(6.7)	(1.7)
CRO	바이오톡스텍	103	15.8	8.6	(15.2)	(16.2)	(15.3)
	켐온	94	(1.0)	(11.1)	(11.9)	(15.2)	(9.0)
바이오시밀러	셀트리온	25,539	14.7	16.7	(6.1)	(11.0)	(10.6)
	셀트리온헬스케어	7,772	(1.5)	18.9	(28.6)	(16.6)	(28.3)
	에이프로젠제약	286	63.7	31.8	(45.5)	(45.0)	(39.9)
	이수앱지스	186	6.6	18.7	(13.7)	4.3	9.9
	셀루메드	131	4.6	(15.8)	(41.9)	(35.1)	(40.0)
	폴루스바이오팜	48	0.0	(14.3)	(50.8)	(87.6)	(79.6)
	팬젠	81	9.2	26.4	(21.2)	(23.4)	(19.7)

구분	기업명	시가총액(십억 원)	상승률(%)				
			1개월	3개월	6개월	1년	YTD
코스메슈티컬	메디톡스	1,929	(11.6)	(20.5)	(40.7)	(31.8)	(42.6)
	휴젤	1,877	(6.0)	(5.9)	(11.5)	30.9	(3.9)
	파마리서치프로덕트	324	2.6	(5.0)	(16.4)	3.5	0.9
	한스바이오메드	224	0.4	(1.5)	(19.0)	(7.9)	(9.6)
	휴메딕스	226	(4.2)	7.3	(16.1)	(4.5)	(17.8)
산업용 효소	아미코젠	444	(0.4)	7.4	(27.6)	(25.8)	(32.3)
	제노포커스	116	(6.0)	(11.2)	(26.3)	(27.2)	(24.3)
단백질신약 (항체신약 포함)	한올바이오파마	1,740	20.2	21.3	2.0	37.0	(8.0)
	제넥신	1,371	7.1	(0.3)	(21.3)	(20.4)	(18.9)
	에이비엘바이오	897	10.9	(6.2)	(41.4)		(1.0)
	유틸렉스	453	17.8	6.9	(39.7)		(28.6)
	지트리비앤티	626	20.7	3.7	(2.1)	10.9	(10.1)
	인트론바이오	398	13.3	7.3	(31.4)	24.4	(38.7)
	파멥신	269	6.0	5.4	(46.6)	0.0	(51.3)
	젬백스	957	121.3	125.1	43.0	114.2	120.4
	알테오젠	611	19.3	52.1	0.9	57.0	55.6
	펩트론	209	7.1	(3.2)	(38.7)	(37.4)	(44.1)
	앱클론	265	(7.2)	(8.8)	(38.4)	(11.5)	(9.1)
	바이오리더스	140	5.6	(5.0)	(35.2)	(24.3)	(36.0)
	셀리버리	418	26.5	58.9	(17.3)		138.4
	아이진	154	57.4	52.3	0.0	(19.0)	(3.1)
	유바이오로직스	172	3.6	(3.0)	(8.4)	28.4	7.0
	비피도	94	8.0	(5.2)	(33.7)		(22.4)
	진원생명과학	91	(2.1)	4.3	(13.4)	(10.2)	(4.8)
	애니젠	51	27.0	11.4	(34.1)	(22.1)	(25.7)
합성신약	에이치엘비	6,640	143.2	559.3	100.0	96.7	110.0
	코미팜	914	11.3	(25.9)	(25.6)	(19.8)	(22.7)
	메지온	1,748	49.9	56.3	67.3	131.1	118.3
	크리스탈	605	9.5	8.3	(12.1)	(22.9)	(13.6)
	오스코텍	610	12.1	20.6	(19.5)	(9.2)	(4.0)
	엔지켐생명과학	511	26.5	39.2	(27.1)	(29.3)	(34.3)
	레고켐바이오	509	(3.8)	9.6	(18.9)	(5.9)	(15.3)
	아이큐어	148	1.1	(15.7)	(42.0)	(44.2)	(30.3)
	큐리언트	199	(6.1)	31.1	(2.9)	16.9	16.6
	씨티씨바이오	126	(0.9)	10.7	(22.3)	(24.4)	(19.8)
	지엘팜텍	49	(32.7)	(31.7)	(55.8)	(59.9)	(61.9)
유전자치료제 (핵산치료제 포함)	신라젠	1,282	71.1	(59.5)	(72.4)	(73.8)	(75.4)
	헬릭스미스	2,054	32.3	(37.8)	(53.1)	(33.3)	(51.9)
	올릭스	224	(4.6)	(4.3)	(48.8)	(40.1)	(49.9)
세포치료제	코오롱티슈진	490	0.0	0.0	(50.7)	(78.3)	(81.4)
	차바이오텍	798	8.6	7.0	(20.6)	(18.5)	(24.8)
	코오롱생명과학	243	39.7	1.4	(49.2)	(65.8)	(71.4)
	파미셀	531	19.4	(3.1)	(21.7)	(30.3)	(27.5)
	안트로젠	428	19.7	24.8	(26.2)	(29.5)	(30.0)
	네이처셀	701	57.5	31.0	(6.0)	(13.1)	0.8
	메디포스트	506	12.9	14.1	(11.0)	(17.6)	(12.2)
	녹십자셀	516	11.1	14.5	(8.2)	(18.1)	(14.7)
	녹십자랩셀	370	7.5	17.0	(17.0)	(17.6)	(23.5)
	셀리드	235	25.9	1.9	(49.7)		0.0
	강스템바이오텍	162	(42.3)	(44.0)	(62.6)	(51.9)	(64.3)
	바이오솔루션	256	1.6	18.0	(35.3)	(29.5)	(2.5)
	테고사이언스	203	4.4	3.3	(29.1)	(40.1)	(29.3)
	프로스테믹스	184	1.9	(7.2)	(36.4)	(32.0)	(25.7)
	JW신약	189	2.6	(3.9)	(29.6)	(32.4)	(32.4)
	코아스템	145	(1.3)	(1.7)	(23.3)	(21.0)	(23.3)

자료 : 하나금융투자

임상시험으로 성패가 갈리는 제약, 바이오주

제약, 바이오주의 열쇠는 임상!

주식 시장에서 제약, 바이오 업종에 투자할 때 가장 염두에 두는 키워드는 '임상시험'이다. 임상시험이란 새로운 약을 시중에서 공식적으로 사용하기 전에 안전성과 약효를 검증하기 위해 실험 단계에서 사람에게 적용하는 절차로, 3단계로 진행된다. 1상시험에서는 소수의 건강한 사람을 대상으로 안전성과 내약성을 검사하고, 2상에서는 소수의 환자를 대상으로 보다 정교하게 용법과 용량 등을 평가한다. 2상까지 통과하면 신약 개발의 마지막 관문이라 할 수 있는 3상이 기다린다. 3상에서는 다수의 환자를 대상으로 안전성과 유효성을 종합적으로 점검한다.

임상시험은 대단히 복잡하고 변수가 많다. 또 나라마다 기준과 조건도 제각각이다. 글로벌 제약 업계에서 가장 영향력이 큰 시장인 미국의 임상시험은 까다롭기로 악명 높지만, 마지막 단계까지 통과하면 엄청난 수혜가 주어진다. 당장 해당 제약사의 주가가 천정부지로 치솟는다.

제약사로서는 비싼 로열티를 내고 복제약을 제조해 팔 수 만은 없는 노릇이다. 어떤 의약품이 특허가 끝나기만을 기다리는 데 몰두하는 제약사의 경우 당장의 이익을 실현하는 데 이로울지 모르지만 미래는 없다. 제약사들이 저마다 신약 개발을 위한 R&D에 절치부심하는 데는 그만한 이유가 있다.

험난하기만 한 임상의 길

업종 불문하고 주식 시장의 가장 큰 딜레마는 불확실한 미래다. 증권사들은 불확실성을 극복하기 위해 스스로 개연성이 높을 거라 믿는 보고서를 하루에도 수십 건씩 발표한다. 하지만 정답은 신(神)만 아는 노릇이다. 주식 투자가 어려운 이유다.

제약주는 더 어렵다. 주가에 엄청난 영향을 미치는 임상시험 결과가 매우 유동적이기 때문이다. 2019년 제약주가 침체에서 벗어나지 못한 이유는 임상3상을 수행하고 있는 제약사들조차 최종 결과를 속단할 수 없는 불확실성 때문이었다.

예를 들어, 신라젠의 임상3상 중단 소식은 제약주 전체의 가치를 떨어트렸다는 평가다. 신라젠은 임상 3상 중단으로 인해 3일 연속 하한가를 기록하며 임상 결과 발표 전 대비 3일 만에 주가가 무려 70%나 하락하는 참변을 겪었다. 당시 코스닥 제약지수는 12%, 코스피 의약품지수는 16% 동반 하락했다. 신라젠의 임상 중단 이슈는 해당 회사만의 문제로 끝나지 않았다. 제약주 전체의 신뢰를 반감시키는 결과를 가져온 것이다. 임상 결과가 제약주 등락에 얼마나 중요한지 방증하는 대목이다.

2016년 이후 높아진 임상실패율 및 기술 반환 등 신약 개발과 관련한 다양한 악재들이 쏟아져 나오면서 제약주를 향한 투자 심리가 크게 위축된 게 사실이다. 하지만 투자자들은 실패를 통해 학습효과를 얻기도 한다. 지난한 임상시험 과정에서 쏟아지는 가짜뉴스에 쉽게 현혹되지 않는 선구안을 투자자들 스스로 키워나가고 있다는 분석이다. 투자 심리 위축은 시장을 침체시키지만, 다른 한편으로는 시장의 왜곡을 바로 잡는 조정 과정이기도 하다.

2020년대 제약주, 오랜 만에 맑은 하늘 본다!

2020년대 제약 업종에 대한 평가는 의외로 긍정적이다. 심지어 대형 바이오시밀러 기업 및 전도유망한 R&D 바이오 기업들에 비해 오히려 제약주의 투자 가치를 높게 평가하는 애널리스트들도 적지 않다. 제약 업종의 최근 5년 동안 PER(Price Earning Ratio, 주가수익비율)은 low-mid band에 위치해 있고, PBR(Price Book-value Ratio, 주가순자산비율) 또한 10년 내 최저 수준으로, 밸류에이션 고평가 논란에서 자유로운 분위기다. 몇몇 제약사들의 펀더멘털 악화와 R&D 비용 증가로 고전했던 실적은 2019년 하반기를 기점으로 회복되어 2020년부터 어느 정도 안정세에 접어들 것이란 분석이다.

무엇보다 내수 ETC(Ethical The Count, 전문의약품) 시장에서 2012년 이후 처음 등장하는 약가 규제 정책은 상위 제약사들에게는 큰 영향이 없을 듯하다. 오히려 그동안 미뤄왔던 중소 제약사들의 구조조정을 통해 시장질서가 안정화될 것으로 보고 있다. 대형 제약사들의 R&D 파이프라인은 대체로 순조로운 임상을 진행 중인 것으로 파악된다. 2019년 한미약품의 예상치 못한 기술수출 반환 충격이 아직 가시지 않았지만, 대웅제약 나보타의 미국과 유럽 품목허가, 녹십자의 그린진F와 헌터라제 중국 품목허가 신청, 종근당과 동아에스티의 NESP 바이오시밀러 일본 허가 및 유한양행의 NASH향 치료제 2건 기술수출 등 알토란 호재들이 2019년 하반기 제약주의 가치를 끌어올렸다.

2020년에도 제약 업계에는 반가운 소식들이 줄을 잇는다. 유한양행의 레이저티닙 글로벌 임상2상을 시작으로 한미약품의 롤론티스 미국 허가, 녹십자의 헌터라제 중국 허가, 대웅제약 안구건조증치료제의 L/O 가능성 등 긍정적인 이슈들이 기다리고 있다.

바이오시밀러, 성장성 여전히 높다!

복제약이라는 명목 하에 바이오시밀러와 제네릭의 시장가치를 하나의 카테고리로 묶어 평가하는 경우가 있는데, 바이오시밀러로선 꽤 억울한 일이다. 바이오시밀러(biosimilar)가 생물의 세포나 조직 등의 유효물질을 이용하여 제조하는 약인 바이오의약품(생물의약품)의 복제약을 가리킨다면, 제네릭(generic)은 화학 합성의약품 복제약이다.

제네릭은 오리지널 약품의 화학식만 알면 쉽게 만들 수 있고, 화학반응에 이변이 없어 오리지널 의약품의 공정과 똑같이 생산된다. 반면, 살아있는 단백질 세포 등을 이용하여 만드는 바이오시밀러의 경우 아무리 염기서열이 동일한 의약품을 개발하려 해도 구조적 복잡성으로 인하여 특성 분석이 어렵고, 배양 온도와 크기에 따라 매우 민감하여 오리지널 약품과 똑같은 복제약을 제조하는 것은 불가능하며 단지 유사한(similar) 복제약을 개발할 수 있을 뿐이다. 무엇보다 제네릭은 임상시험이 생략되지만, 바이오시밀러는 비임상 · 임상 시험에 통과해야 한다.

바이오시밀러는 생산시설을 건립하거나 확보하는 데 천문학적 비용이 소요되는 자본집약적 산업이다. 따라서 바이오시밀러 업계의 주요 플레이어는 제한적일 수밖에 없다. 주요 오리지널 의약품에 대한 바이오시밀러 개발사들도 8~10개에 불과하다.

바이오시밀러 시장은 이제 막 개화한 초기단계에 있다. 즉 바이오시밀러 신제품이 출시될 때마다 해당 기업의 탑라인은 고성장이 가능하고 비교적 오랫동안 성장세를 유지할 수 있다. 국내 바이오시밀러 대장주인 셀트리온과 삼성바이오로직스의 성장성이 높은 이유다.

생산 설비 규모에서 세계 1위 CMD인 삼성바이오로직스가 회계 부정으로 회사의 신뢰성에 생채기를 입으면서도 안정적인 실적을 유지할 수 있었던 건 바이오시밀러 대장주라는 프리미엄 덕분이다. 셀트리온은 2020년에 바이오시밀러 신제품 3종이 출시되면서 가파른 성장세가 예상된다. 신제품 출시만으로 실적을 보장받는 것 역시 바이오시밀러 대장주의 프리미엄이 아닐 수 없다.

의식주의 '衣'와 '住'의 핵심 소재 산업, 인구 늘수록 시장도 커진다!

◤ 국내 화학섬유 시장 규모 2018년 제품별 생산량 기준, 단위 : 천 톤

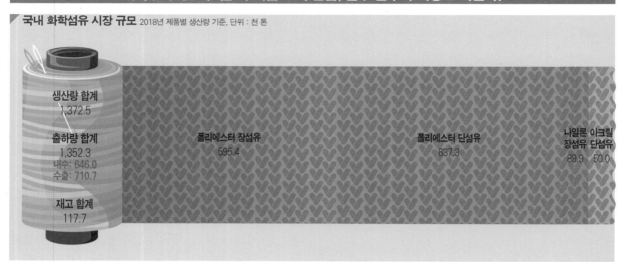

생산량 합계
1,372.5

출하량 합계
1,352.3
내수 : 646.0
수출 : 710.7

재고 합계
117.7

폴리에스터 장섬유
595.4

폴리에스터 단섬유
637.3

나일론 아크릴
장섬유 단섬유
89.9   50.0

◤ 국내 화학섬유 용도별 출하량 및 비중 2018년 기준, 단위 : 천 톤, %

구분	출하량				비중		
	의류용	산업용	홈텍스타일용	합계	의류용	산업용	홈텍스타일용
폴리에스터 장섬유	411.9	100.0	76.5	588.4	70.0	17.0	13.0
폴리에스터 단섬유	217.5	248.6	155.4	621.5	35.0	40.0	25.0
나일론 장섬유	67.0	12.6	12.8	92.4	72.5	13.6	13.9
아크릴 단섬유	35.0	7.5	7.5	50.0	70.0	15.0	15.0
합계	731.4	368.7	252.2	1,352.3	54.1	27.3	18.6

◤ 폴리에스터 장섬유 국내 '톱9' 생산능력 및 시장점유율

2018년 기준

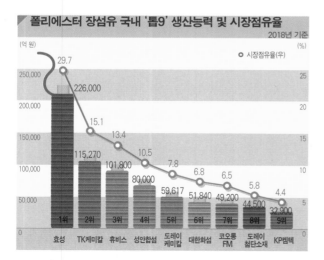

(억 원) (%)
○ 시장점유율(우)

	효성	TK케미칼	휴비스	성안합섬	도레이케미칼	대한화섬	코오롱FM	도레이첨단소재	KP켐텍
생산능력	226,000	115,270	101,800	80,000	59,617	51,840	49,200	44,500	32,900
시장점유율	29.7	15.1	13.4	10.5	7.8	6.8	6.5	5.8	4.4
순위	1위	2위	3위	4위	5위	6위	7위	8위	9위

◤ 폴리에스터 단섬유 국내 '빅3' 생산능력 및 시장점유율

2018년 기준

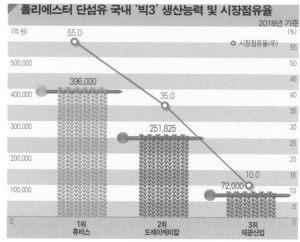

(억 원) (%)
○ 시장점유율(우)

	1위 휴비스	2위 도레이케미칼	3위 태광산업
생산능력	396,000	251,825	72,000
시장점유율	55.0	35.0	10.0

섬유로 자동차와 항공기도 만든다! : 탄소섬유 매직

글로벌 탄소섬유 시장 규모 추이 및 전망

(천 톤)

2009	2010	2011	2012	2013	2014	2015	2016	2017	2018	2020F	2022F
26.5	33.0	38.5	43.5	46.5	51.0	59.0	63.5	70.0	78.5	98.0	120.5

자료: Carbon Composites Market

글로벌 탄소섬유 제품별 수요 비중

단위: %

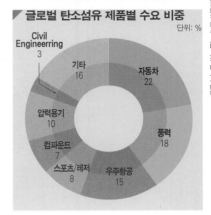

- Civil Engineerring 3
- 기타 16
- 자동차 22
- 풍력 18
- 우주항공 15
- 스포츠/레저 8
- 컴파운드 7
- 압력용기 10

- 글로벌 탄소섬유 시장 수요는 2010년 33,000톤에서 연평균 약 11%씩 성장해 2022년 120,500톤에 이를 전망.
- 탄소섬유 최대 수요처는 자동차 21.7%, 풍력 17.7%, 우주항공 14.6% 순이며, 압력용기 분야에 대한 수요도 크게 늘고 있음.
- 탄소섬유 지역별 수요처는 북미가 26,100톤으로 33%, 유럽이 27%(20,800톤), 아시아태평양/중국 24%(18,600톤), 일본 11%(8,900톤) 순으로, 북미와 유럽이 전세계 수요량의 약 60%를 차지.

글로벌 CFRP 시장 규모 추이 및 전망

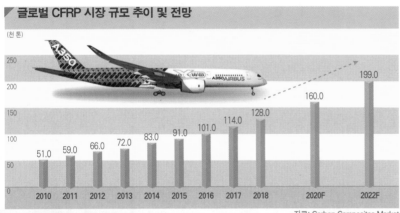

(천 톤)

2010	2011	2012	2013	2014	2015	2016	2017	2018	2020F	2022F
51.0	59.0	66.0	72.0	83.0	91.0	101.0	114.0	128.0	160.0	199.0

자료: Carbon Composites Market

글로벌 CFRP 응용 제품별 수요 비중

단위: %

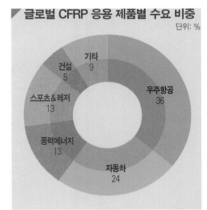

- 기타 9
- 건설 5
- 우주항공 36
- 스포츠&레저 13
- 풍력에너지 13
- 자동차 24

자료: Carbon Composites Market

- CFRP(Carbon Fiber Reinforced Plastics)는 탄소섬유를 강화재로 하는 플라스틱계 복합재를 가리킴 → 2010년 51,000톤에서 2018년 128,000톤으로 연평균 12.2%씩 성장해 2022년에는 199,000톤에 이를 전망.
- CFRP는 현재 항공기 구성품 및 구조물에 광범위하게 사용되고 있으며, 향후 자동차부품에까지 확장 적용 예상.

탄소섬유 글로벌 리딩 기업들

주요 그룹	주력 분야	주요 동향
Toray그룹	우주항공, 오일&가스 저장고, 자동차, 스포츠용품	• 미국 보잉사를 비롯 프랑스, 이탈리아 기업과 장기 공급 계약 • 토요타와 메르세데스 벤츠에 납품
Toho Tenax그룹	우주항공, 산업용, 자동차, 스포츠용품	• 항공기용, 유럽 에어버스의 차세대 중형기에 CFRP 납품 • 토요타 자동차의 고급 스포츠카에 공급
Mitsubishi Rayon그룹	우주항공, 산업용, 스포츠용품	• 미국에서 2018년까지 생산능력 2,000톤의 신공장을 건설하고, 탄소섬유를 사용한 자동차용 복합재료 제조 및 판매
Zoltek(Toray그룹)	풍력 블레이드, 자동차, 연료전지	• 도레이 자회사로 베스타스와 4년 간 30억 달러 공급 계약
SGL	자동차, 스포츠용품, 산업자재	• 블레이드 제조업체 인수
Hexcel	풍력블레이드, 자동차, 항공기, 산업자재	• 우주항공, 항공기부품 분야에 집중 • 영업이익의 약 70% 이상이 항공우주 사업에서 발생
Cytec(Solvay)	우주항공, 자동차부품	• Solvay그룹 자회사로 우주항공, 자동차 분야에 투자 확대
Formosa Plastic	스포츠용품, 전자제품(기기부품)	• 대만계 회사로, 자동차, 전자제품에 특화

탄소섬유는 대표적인 신재생에너지인 풍력발전의 터빈 소재로까지 활용됨에 따라 미국과 유럽 등 친환경 산업 선진국을 중심으로 수요가 가파르게 늘고 있음.

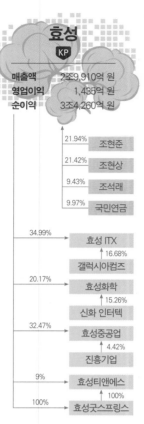

효성
KP

매출액	2조9,910억 원
영업이익	1,435억 원
순이익	3조4,260억 원

- 21.94% 조현준
- 21.42% 조현상
- 9.43% 조석래
- 9.97% 국민연금

- 34.99% 효성 ITX
- 16.68% 갤럭시아컴즈
- 20.17% 효성화학
- 15.26% 신화 인터텍
- 32.47% 효성중공업
- 4.42% 진흥기업
- 9% 효성티앤에스
- 100% 효성굿스프링스
- 100%

▶ 투자포인트
- 2018년 6월 인적분할하여 2019년 1월 1일자로 공정거래 법상 지주회사로 전환 → 동사가 영위하던 사업 중 섬유/무역 사업, 중공업/건설, 산업자재, 화학을 효성티앤씨, 효성중공업, 효성첨단소재, 효성화학에 분할하여 설립함.
- 분할 후 동사의 현금 흐름은 4개 상장사 배당 수익, 연결 계열사 배당 수익, 브랜드 로열티, 유동화 가능 자산 등에 기반하며 2018년 기준 800억 원 정도였음 → 인적분할 신설 4개 상장사는 정상화 과정을 통해 2019년 160억 원, 2020년 200억 원대 배당 수익 예상.
- 2019년부터 과거 배당이 없던 비상장사의 배당 지급이 가능할 것으로 예상 → 비상장사는 효성캐피탈, 효성TNS, 효성굿스프링스로 약 250억 원 배당 수익이 예상되며 기존 연결 계열사 배당 수익을 감안 총 450억 원 전후가 예상.
- 효성의 브랜드 로열티 수수료 수익은 500억 원이며, 기타비용을 제외한 순 현금 유입은 350억 원 전후로 추정.

▶ 영업이익 추이 및 전망
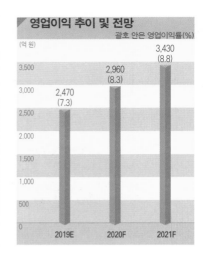
괄호 안은 영업이익률(%)
(억 원)
- 2019E: 2,470 (7.3)
- 2020F: 2,960 (8.3)
- 2021F: 3,430 (8.8)

▶ 효성 배당수익률 추이
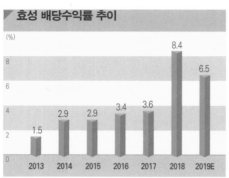
(%)
- 2013: 1.5
- 2014: 2.9
- 2015: 2.9
- 2016: 3.4
- 2017: 3.6
- 2018: 8.4
- 2019E: 6.5

▶ 효성 4개 상장사 배당수익
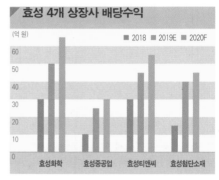
(억 원) ■ 2018 ■ 2019E ■ 2020F
효성화학 · 효성중공업 · 효성티앤씨 · 효성첨단소재

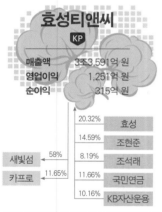

효성티앤씨
KP

매출액	3조3,591억 원
영업이익	1,251억 원
순이익	315억 원

- 20.32% 효성
- 14.59% 조현준
- 8.19% 조석래
- 11.66% 국민연금
- 10.16% KB자산운용
- 58% 새빛섬
- 11.65% 카프로

▶ 투자포인트
- 효성의 인적분할로 2018년 6월에 설립되어 유가증권 시장에 재상장됐으며, 섬유와 무역 사업 영위.
- 섬유 사업에서는 고부가가치, 고기능성 섬유 소재인 스판덱스(글로벌 시장점유율 32%로 세계 1위)와 나이론원사 등을 생산하고 있으며, 무역 사업에서는 철강, 화학 분야를 중심으로 물류, 유통 등 다양한 사업 진행. 매출 구성은 무역 54.46%, 섬유 45.54% 등으로 이루어져 있음.
- 동사 영업이익의 70% 비중을 차지하는 스판덱스 사업은 중국 로컬 회사들의 증설이 2018년 상반기부터 공격적으로 진행되면서 공급 과잉 등에 따라 판매가격 하락이 이어지다가 2019년 들어 일부 중국 업체들의 증설 작업이 지연돼 공급 과잉에 대한 부담이 다소 완화될 전망.
- 원재료 가격 하락 추세로 마진 개선 예상.

▶ 매출 및 영업이익
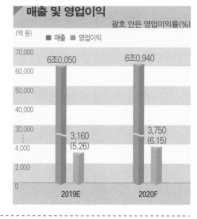
괄호 안은 영업이익률(%)
(억 원) ■ 매출 ■ 영업이익
- 2019E: 매출 6조0,050 / 영업이익 3,160 (5.26)
- 2020F: 매출 6조0,940 / 영업이익 3,750 (6.15)

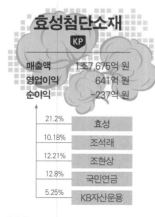

효성첨단소재
KP

매출액	1조7,675억 원
영업이익	641억 원
순이익	−237억 원

- 21.2% 효성
- 10.18% 조석래
- 12.21% 조현상
- 12.8% 국민연금
- 5.25% KB자산운용

▶ 투자포인트
- 효성의 인적분할로 2018년 7월 재상장됐으며, 분할 전 회사인 효성의 산업자재 사업을 영위.
- 주요 사업 부문은 제품군에 따라 타이어보강재 PU(타이어코드, 스틸코드, 비드와이어 등), 테크니컬 얀 PU(폴리에스터 원사, 나일론 66원사 등), 아라미드 및 탄소재료 등임.
- 동사의 타이어보강재 사업부는 세계에서 유일하게 타이어 보강 소재에 관한 일괄 생산 공급 체계를 갖춤.
- 타이어코드를 통한 수익성은 판매 단가와 원재료 가격 동향에 좌우 → 2018년 전방 교체타이어 수요 감소로 판가 상승이 제한되었고, 타이어보강재 원료 역시 상승 추세가 지속되면서 수익성이 악화되었다가 다시 주요 원재료인 PET Chip, Wire Rod 가격이 하향 안정화되면서 실적 회복 중.
- 신소재 사업 중 아라미드 사업 흑자전환 예상.

▶ 매출 및 영업이익

괄호 안은 영업이익률(%)
(억 원) ■ 매출 ■ 영업이익
- 2019E: 매출 3조0,820 / 영업이익 1,770 (5.74)
- 2020F: 매출 3조2,350 / 영업이익 2,030 (6.27)

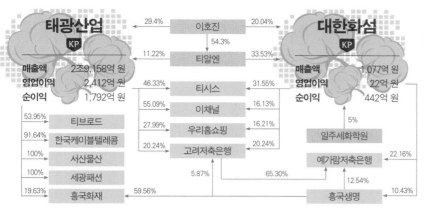

매출 및 영업이익

괄호 안은 영업이익률(%)
(억 원) ■매출 ■영업이익

- 3조1,340 (2019E)
- 2조7,750 (2020F)
- 2,730 (8.71) (2019E)
- 2,060 (7.42) (2020F)

투자포인트

- 주요 화섬 사업으로 PTA, AN 등을 생산하는 석유화학 부문과 원사, 직물 등을 생산하는 섬유 부문이 있음.
- 방송통신 사업에서 주요 연결법인인 티브로드가 2020년 1월로 SK 브로드밴드에 흡수합병 → 동사는 합병법인 지분 16.8%를 확보해 2020년부터 연결에서 제외되고 지분법으로 인식.
- 합병을 통해 약 780만 명 가입자 확보와 컨텐츠 제작 등이 가능해져 성장성이 제한적이었던 기존 케이블 사업의 한계에서 벗어나 긍정적 시너지 창출 기대 → 향후 5년 내에 IPO도 기대.
- 2019년 4월 최대주주 이호진 회장의 상속 차명주식 실명 전환으로 지분 15.8%에서 29.4%로 변경 공시 → 2019년 1분기 기준 내부 보유 지분 자사주 24.4%를 포함해 총 79.5%에 이르게 되어 향후 배당성향 증가 또는 자사주 소각 실행에 대한 기대감이 높아짐에 따라 기업가치와 주주 환원 측면에서 긍정적.

태광산업 vs. 코스피 평균 배당성향 추이

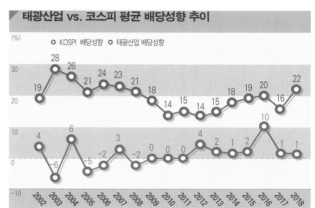

○ KOSPI 배당성향 ○ 태광산업 배당성향

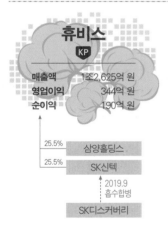

투자포인트

- 폴리에스터 장섬유와 단섬유 생산 및 판매를 주력 사업으로 영위.
- 전주와 울산에 생산공장, 대전에 R&D 시설 운영 → 폴리에스터 단섬유 제조업체 사천휴비스화섬유한공사와 해외 투자업체 휴비스글로벌 등 2개 기업을 연결대상 종속회사로 보유.
- 미·중 무역분쟁 여파로 중국향 해외법인인 사천휴비스의 실적 악화로 인해 영업이익이 당분간 부진한 추세를 이어 갈 것으로 예상 → 동사의 실적 회복은 사천휴비스의 실적 정상화 시점까지 지연될 가능성이 있음.
- 동사를 포함한 국내 폴리에스터 단섬유 생산능력은 2018년 기준 연산 72만 톤 수준이며, 이 기준으로 동사의 시장점유율은 약 55%를 차지 → 2위인 도레이케미칼 대비 절대적인 우위를 보이며 시장지배력 공고히 하고 있음.

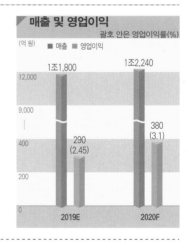

매출 및 영업이익

괄호 안은 영업이익률(%)
(억 원) ■매출 ■영업이익

- 1조1,800 (2019E)
- 1조2,240 (2020F)
- 290 (2.45) (2019E)
- 380 (3.1) (2020F)

투자포인트

- 나일론의 원료인 카프로락탐 및 기타 화학 제품 생산.
- 카프로락탐은 나일론 섬유나 수지를 제조하는 원료로, 국내에서는 동사가 독점적으로 생산 → 나일론 제조업체 등 국내 총 수요의 약 90%를 동사가 공급하고 있으며, 나머지 물량은 수입으로 대체함.
- 나일론 섬유는 의류, 타이어코드, 어망, 카펫 등의 원료로 사용되고, 수지는 자동차부품, 전기부품, 필름 등에 사용.
- 국내 최대 유안비료 생산 업체로서 전체 물량의 90% 이상을 수출하고, 나머지는 농업용, 원료용, 공업용으로 국내에 판매함.
- 최대주주로 효성티앤씨가 뒤를 받치고 있기 때문에 화섬 제품의 안정적인 거래선 확보.

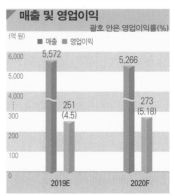

매출 및 영업이익

괄호 안은 영업이익률(%)
(억 원) ■매출 ■영업이익

- 5,572 (2019E)
- 5,266 (2020F)
- 251 (4.5) (2019E)
- 273 (5.18) (2020F)

화섬의 미래,
탄소섬유에 투자하라!

폴리에스터는 무한성장 중!

화학섬유(이하 '화섬')는 제조 기술이 석유화학과 밀접하며, 초기에 생산 설비 구축에 대규모 투자를 요하는 자본집약적 장치산업이다. 또한 차별화된 고부가가치 제품 개발능력을 반드시 갖춰야 하는 기술집약적 산업이기도 하다.

화섬은 제조 방식에 따라 석유, 석탄, 천연가스 등을 원료로 사용하여 나일론, 폴리에스터, 아크릴 및 스판덱스 등을 생산하는 합성섬유, 그리고 셀룰로이스 등을 화학처리하여 레이온 및 아세테이트 등을 생산하는 반합성섬유로 나뉜다. 이 가운데 대표적인 화섬 제품인 폴리에스터에는, 끊기지 않고 뽑아낸 섬유(모노 필라멘트)를 모아 하나의 원사로 만든 '장섬유'와 필라멘트 다발을 짧게 잘라서 솜처럼 만든 '단섬유'가 있다.

폴리에스터는 나일론에 비해 뒤늦게 개발됐지만 원료가 싸고 범용성이 넓어 합성섬유 중 가장 많이 생산된다. 폴리에스터가 합성섬유 중에서 가장 빠르게 성장할 수 있었던 것은, 합성섬유 특유의 미끄러움이 덜해 패션 업계로부터 큰 호응을 얻었기 때문이다. 뿐만 아니라 자동차 내장재, 위생재, 완구류, 신발류, 여과 필터 등 다양한 산업용 자재로 활용도가 넓어 '화섬 업계의 팔방미인'으로 불린다. 최근에는 수술용 봉합사 및 인조혈관 등 의료 제품의 원료로까지 수요처가 넓어지고 있다.

2017년 전세계 합성섬유 생산량 62백만 톤 가운데 87%에 해당하는 54백만 톤을 폴리에스터가 차지할 만큼 화섬 산업에서 그 위상은 견고하다. 지난 10년간 연평균 6.4%의 성장률을 기록한 폴리에스터 수요는 2020년에 다소 줄어 연평균 5.6%의 성장세를 이어갈 전망이다.

중국발 화섬 굴기에 맞선 신소재들

폴리에스터 산업의 꾸준한 성장에도 불구하고 글로벌 화섬 업체들은 늘 실적 압박에 시달린다. 시장이 큰 만큼 경쟁도 치열하기 때문이다. 특히 중국 화섬 업체들의 거센 도전에 수많은 글로벌 화섬 업체들이 몸살을 앓고 있다. 중국은 전세계 화섬 생산량의 75%를 차지할 정도로 거대한 블록을 형성하고 있다. 2000년대 이후 고도성장을 멈추지 않는 중국은, 화섬 산업에서도 고공행진 중이다. 무엇보다도 중국의 약진은 이웃나라인 한국의 화섬 업계에 적지 않은 부담으로 작용하고 있다.

하지만 중국의 화섬 업계는 2019년 들어 미·중 무역분쟁의 여파와 과도한 생산량 경쟁에 따른 부작용으로 구조조정에 직면해 있다. 이에 따라 제품 경쟁에서 밀린 화섬 업체들의 가동률을 줄이는 대신 한국을 비롯한 해외에서 양질의 제품 수입을 통해 수요를 맞추고 있다. 특히 스포츠 의류 소재로 사용되는 고기능성 폴리에스터 및 스판덱스 수요가 중국에서 급격히 증가하면서 품질경쟁력을 갖춘 한국산 제품이 각광받고 있다.

폴리에스터의 진화는 의류용 소재를 넘어 산업용 자재로 이어지고 있다. 특히 단섬유는 자동차 내장재 및 가구용 소재 등으로 폭넓게 활용되고 있다. 대표적인 석유화학 제품인 플라스틱 시장에 고기능성 합성섬유가 침투해 들어가고 있는 것이다. 과거 산업혁명기를 이끈 방적 산업의 유물로 취급받다가 곧 사라질 것만 같았던 섬유가, 어느덧 첨단 기술을 앞세워 인근 산업까지 잠식해나가고 있는 것이다.

전문가들은 화섬의 미래가 폴리에스터나 스판덱스의 진화만으로는 부족하다고 보고 있다. 자동차 내장재에 머물지 않고 가벼우면서도 고강도를 요하는 자동차 외장재에서 항공기 자재로까지 활용되기에 폴리에스터는 분명 한계가 있다는 것이다. 전문가들은 화섬 업계의 미래를 '탄소섬유(Carbon Fiber)'에서 찾고 있다.

글로벌 완성차 업체들의 탄소섬유 적용 현황

BMW	• M3, M6 모델에 카본 패턴을 외장재에 적용. • M3, M4 모델에 Roof 적용. • i3, i8 모델에 차체 적용.
Benz	• SLR 모델에 차체, 시트에 적용. • MP4 McLaren MP4-12C 모델에 Single-Piece로 성형된 탄소섬유 차체 Carbon MonoCell 적용.
VW	• Audi R8 Spyder 모델에 사이드 패널, 후드 적용.
GM	• Z06 모델에 후드 적용. • ZR1 모델에 루프, 후드, 프론트 스포일러, 펜더, 사이드 실 몰딩, 리어 스포일러 적용. • Corvette 모델에 바디 패널 적용 • Cadillac ATS-C, CTS-S 모델에 후드 적용.
Ford	• Mustang 모델에 바디 패널 적용.
Chrysler	• Viper 모델에 바디 패널 적용.
Toyota	• LFA 모델에 차체 적용. • 수요연료전지 차량 'MIRAI' 모델 부품(스택 프레임, 고압수소탱크, 연료전지 전극소재)에 Toray 탄소섬유 적용.
Tesla	• 스포츠카 Roadster 모델에 차체 적용.

전기차에 안성맞춤 신소재

탄소섬유란, 수많은 탄소 원자가 결정구조를 이뤄 길게 늘어선 분자 사슬로 이루어진 무기섬유로, 직경이 10㎛1 내외로 아주 가늘지만 인장강도와 강성도는 상상을 초월할 만큼 높은 소재다. 인장강도는 철의 10배, 강성도(탄성도)는 철의 7배로 알려져 있다. 여기에 내열성과 전기전도까지 뛰어나다. 물성만 봐서는 섬유라고 하기에는 믿어지지 않지만, 성분을 뜯어보면 섬유소재가 분명하다.

대부분의 소재들에서 나타나는 공통된 문제는, 철과 같이 단단하면 센 압력에 부러져버리고 탄성이 크면 클수록 강도가 약해 휘어져 변형되는 것이다. 이 두 가지 문제를 동시에 해결한 것이 바로 탄소섬유다. 탄소섬유는 항공우주 분야에서 두각을 나타내기 시작해 자동차 경량화 소재로 쓰이면서 시장이 급격하게 성장하고 있다. 글로벌 탄소섬유 수요는 2010년 33,000톤에서 연평균 약 11%씩 성장해 2022년에 120,500톤에 이를 전망이다. 시장조사기관 JEC는 이미 탄소섬유 최대 수요처로 자동차(21.7%) 산업을 꼽고 있다. 그 뒤를 풍력(17.7%)과 우주항공(14.6%)이 따를 전망이다.

글로벌 탄소섬유 공급능력을 살펴보면, 2018년 기준 총 생산능력은 149,300톤이다. 이 가운데 일본계 기업 Toray-Zoltek, Toho Tenax, Mitsubishi Rayon의 비중이 전체의 50.7%인 75,700톤을 차지한다. 지역에 따른 중량 기준으로 탄소섬유 수요를 살펴보면, 북미가 26,100톤(33%), 유럽이 20,800톤(27%), 아시아태평양/중국이 18,600톤(24%), 일본이 8,900톤(11%) 순이다(2018년 기준).

차체에 탄소섬유가 적용된 Tesla의 스포츠카 Roadster.

북미와 유럽이 전체 수요량의 60% 가량을 차지한다. 친환경 신소재에 주목하는 선진국 위주로 탄소섬유가 각광받고 있음을 알 수 있다.

최근 나라마다 이산화탄소 배출량 규제가 엄격해지면서 자동차 경량화를 위한 탄소섬유 복합소재(CFRP) 적용이 확대되고 있다. 실제로 탄소섬유를 사용해 자동차의 차체 구조를 30% 가볍게 하면 10년 수명 주기 기준, 탄소섬유 1톤당 50톤의 이산화탄소가 감소한다는 연구 결과가 나왔다. 항공기의 경우에도 동체 구조를 20% 가볍게 만들면 같은 조건에서 1,400톤의 이산화탄소가 줄어든다.

탄소섬유는 경량화에만 국한한 친환경 소재가 아니다. 미래 친환경차로 의심치 않는 전기차 제작에 탄소섬유는 더 없이 훌륭한 소재가 아닐 수 없다. 탄소섬유는 단순히 강하고 탄성이 있으면서 가벼운 성질만 지니고 있는 게 아니다. 탄소섬유의 또 다른 매력은 우수한 전기전도성에 있다. 전기차 프레임이 탄소섬유로 사용되면 무거운 리튬이온 배터리를 사용할 필요가 없다. 리튬이온 배터리의 가장 큰 문제점은 주행거리의 한계에 있는데, 탄소섬유로 프레임이 대체될 경우 주행가능 거리가 늘어나게 된다.

BMW는 세계 최초로 양산형 차량 프레임에 CFRP를 적용했다. 전기차 모델인 i3, i8 시리즈에 CFRP를 차체, 후드, 루프에 적용하고 있으며, 이로 인해 차체 무게를 기존 대비 17%(200~300kg)까지 줄여 연비를 개선했다. CFRP가 경주용 자동차나 최고급 스포츠카에만 사용되던 것을 BMW가 양산형 차량에까지 적용해 상용화에 성공한 것이다.

BMW 말고도 탄소섬유를 부품 등으로 활용하는 글로벌 자동차 메이커는 적지 않다. 벤츠, 폭스바겐, GM, 포드, 토요타, 테슬라 등은 아직 양산형 차량 프레임에까지는 탄소섬유를 적용하지 못하고 있지만, 차량 경량화와 배터리 문제 해결을 위해 BMW처럼 탄소섬유의 활용성을 높여가고 있다.

자동차용 CFRP 시장은 2016년 27,880톤, 2018년 37,130톤으로 수요가 크게 늘어나는 추세다. 2022년에는 72,000톤까지 증가할 것으로 업계는 내다보고 있다. 전기차에 CFRP를 사용할 경우 약 3,700만 대를 기준으로 추산해보면, 연간 이산화탄소가 1,900만 톤 감축되고, 연간 휘발유 소비량은 669만 톤 절감할 수 있다. 이로써 연간 8조 원의 연비를 절약할 수 있게 된다.

탄소섬유의 범용성이 더욱 넓어지기 위해서는 지금보다 가격이 더 많이 떨어져야 한다. 현재 탄소섬유 자체 가격은 1kg당 40달러 수준이다. 완성차 업체에서 차체 원가 비중을 살펴보면, 철을 사용할 경우 철 재료비는 전체의 20% 정도로 고정비, 변동비, 재료비를 합치면 고급차종 기준으로 900달러 정도가 소요된다. 반면, 탄소섬유를 사용하면 차체 총 비용 중 약 80%가 재료비가 되면서 무려 2,500달러까

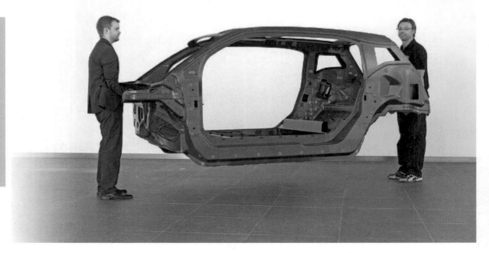

BMW는 세계 최초로 양산형 차량 프레임에 CFRP를 적용했다. 전기차 모델인 i3, i8 시리즈에 CFRP를 차체, 후드, 루프에 적용하고 있으며, 이로 인해 차체 무게를 기존 대비 17%(200~300kg)까지 줄여 연비를 개선했다. CFRP가 경주용 자동차나 최고급 스포츠카에만 사용되던 것을 BMW가 양산형 차량에까지 적용해 상용화에 성공한 것이다. 사진은 BMW i3의 프레임에 적용된 탄소섬유.

지 상승한다. 물론 수요가 늘어나면 가격은 어느 정도 떨어질 것이다. 하지만 탄소섬유의 경제성을 확보하기 위해서는 대량 생산을 위한 기술 개발도 반드시 이뤄져야 한다는 게 전문가들의 공통된 견해이다.

거대한 항공기 동체에도 쓰인다!

자동차와 함께 탄소섬유 시장을 이끌 중요한 수요처는 우주항공 산업이다. 엄청난 무게의 항공기 동체를 탄소섬유로 생산할 경우 얻을 수 있는 경제적 효과는 자동차와 비교할 수 없다.

기존 보잉777기는 탄소섬유 적용률이 12%이고 알루미늄이 50%를 차지하는데 비해 보잉787기는 탄소섬유 적용률을 50%까지 끌어올렸다. 에어버스 A350 XWB7기는 탄소섬유 적용률(53%)을 좀 더 높였다.

항공기 동체에 탄소섬유를 적용하면서 기존 알루미늄 동체 프레임에 5만 개 가량의 볼트 사용을 줄여 무게를 크게 낮췄다. 그 결과 연료 효율을 20% 이상 높일 수 있었다. 보잉787기 동체 부분에 탄소섬유를 적용하여 기존 무게 134톤 대비 9%인 12톤을 줄일 경우, 항공기 수명 20~25년 운항 시 연비 개선 효과가 항공기 구입 비용 수준으로 낮아진다.

우주항공용 탄소섬유 복합소재 시장은 2016년 37,930톤에서 2022년 65,000톤으로 연평균 9%의 고성장이 예상된다. 134톤의 무게가 나가는 보잉787 15,000대에 탄소섬유 복합소재를 동체 및 부품에 적용할 경우 연간 이산화탄소가 4,100만 톤 감축된다. 또 항공유 소비량을 연간 1,430만 톤 절감하여 14조 원을 절약할 수 있다.

자동차와 항공기에 이어 신재생에너지인 풍력발전에도 적용되는 등 탄소섬유의 활용 폭은 가늠할 수 없을 만큼 무궁무진하다. 화섬 업계를 넘어 소재 산업 전체가 탄소섬유에 미래를 걸 수밖에 없는 이유다.

자동차와 함께 탄소섬유 시장을 이끌 중요한 수요처는 우주항공 산업이다. 엄청난 무게의 항공기 동체를 탄소섬유로 생산할 경우 얻을 수 있는 경제적 효과는 자동차와 비교할 수 없다. 사진은 탄소섬유 적용률을 53%까지 높인 에어버스 A350 XWB7기.

건설 · 기계 · 철강

29 건설, 부동산 업계

2020년 건설 수주 180조 원, 완만한 하락세

▶ 국내외 건설 수주 연도별 추이

(조 원)

■ 해외 ■ 국내 민간 ■ 국내 공공

	2001	2002	2003	2004	2005	2006	2007	2008	2009	2010	2011	2012	2013	2014	2015	2016	2017	2018	2019F	2020F
합계	74	91	106	104	111	114	165	173	181	186	177	174	162	178	210	197	193	189	180	180
해외	6	8	4	9	11	16	37	53	63	83	66	73	71	70	52	33	33	35	35	40
국내 민간	38	52	70	61	68	78	91	78	60	65	74	67	55	67	113	117	113	112	101	90
국내 공공	30	31	32	34	32	30	37	42	58	38	37	34	36	41	45	47	47	42	44	50

자료: 대한건설협회, 해외건설협회

▶ 2020년 건설 업황 전망 매트릭스

	긍정적 변수	부정적 변수	성장 잠재력
국내 민간	• 저금리 시대, 부동산 투자 선호 • 새집 선호와 신규 분양 호조	• 정부 규제 강화 • 신규 사업 택지 부족 • 기업 구조조정, 고용 불안	• 30년 이상 노후화 주택 증가 • 도시개발 사업과 도시정비 사업 (재개발 · 재건축) 증가
국내 공공	• SOC 발주 예산 확대 • GTX 등 인프라 투자 요구 증대 • 노후화로 인한 유지, 보수 증가	• 공공기관 부채 부담 • 지방자치 재정 문제	• '광역교통 2030' 등 SOC 투자 확대
해외	• 유가 회복 가능성 • 아람코 IPO 후 투자 확대 기대 • 비중동 수주 확대, 지역 다변화	• 유가 하락, 플랜트 발주 위축 • 중동의 Localization	• 중동 가스 업스트림 발주 • 중동 화공 다운스트림 발주 • 글로벌 LNG 투자 확대

자료: 유진투자증권

2020년 건설주, Buy or Sell?

▶ 코스피와 건설업 상대주가 추이

(%)

━ KOSPI ━ KOSPI 건설

133.2
73.6

2012.1.2=100

2012 2013 2014 2015 2016 2017 2018 2019F 2020F

자료: Dataguide, 유진투자증권

▶ 대형 건설사 주택 사업 영업이익률 추이

(%)

부동산 시장 호황으로 분양가격 상승 주택 사업 영업이익률 상승

미분양 증가로 주택 사업 영업이익률 하락

2015년 이후 분양가 상한제 폐지로 주택 사업 수익성 개선

2020년 분양가격이 떨어지면서 주택 사업 영업이익률 하락 우려

2004 2006 2008 2010 2012 2014 2016 2018 2020F

자료: 매일경제

- 2016년 이래 건설주는 코스피 대비 저평가 상태로 거래되고 있음. 2019년에는 저평가 폭이 더욱 커짐.
- 2013년 해외 사업에서 대규모 영업손실이 발생한 이후로도 수 년 동안 실적을 회복하지 못함.
- 2017년 이후 이익 개선 폭이 컸음에도 불구하고 건설주는 그만큼 상승하지 못함.
- 2020년 건설주는 저평가 상태에서 이익 변동이 크지 않다면 수주 모멘텀이 발생할 때마다 상승 여력이 충분.
- 다만, 분양가 상한제 여파로 신규 아파트 물량 안정세에도 분양 가격 하락이 이어질 경우, 주택 사업 수익성에 빨간불 → 2020년 대형 건설사 주택 사업 영업이익률은 10%로, 전년 대비 0.5%p 하락할 것으로 예상.

296

국내 건설사들, 해외 사업 흑자전환

글로벌 액화 플랜트 투자 전망

2019~2023년 2,270MTPA 액화 플랜트 발주
2002~2017년 미국 셰일가스 수출 액화 플랜트
2007~2012년 호주 LNG 건설 붐

주요 건설사, 해외 플랜트 입찰 파이프라인

국가	프로젝트	공종	규모 (억 달러)	입찰 참여 기업					결과 예상시점
				삼성엔지니어링	현대건설	GS건설	대우건설	대림산업	
사우디	우나이자(Unayzah)	가스	12	○ (LOI 접수)	○				2019년 하반기
사우디	자푸라(Jafurah)	가스	25		○	○			2020년 상반기
UAE	헤일앤가샤(Hail & Ghasha)	가스	45	○	○				2020년 상반기
인도네시아	타이탄(Titan) LINE	석유화학	40	○	○	○			
멕시코	도스보카스(Dos Bocas)	정유	25	○					2020년 하반기
알제리	HMD	정유	18	○					2019년 하반기
미국	USGC	석유화학	5					○	
러시아	가즈프롬	정유	6					○	
카타르	North Field Expansion Pkg.1	가스	10		○		○		2020년 하반기
모잠비크	LNG Area #1	가스	5~7				○		
모잠비크	LNG Area #4	가스	5~10				○		
나이지리아	NUNG Train #7	가스	17				○		

자료: MEED, 각사, 유진투자증권

- 2020년 이후 해외 프로젝트 발주 다수 예정.
- 사우디 얀부 COTC, 쿠웨이트 알주르 등 중동의 대형 정유/석유화학 연계 콤플렉스 발주 기대.
- 2019년 계획했던 일부 프로젝트들의 계약이 다소 지연되면서 수주 부진 우려가 제기되었으나, 이로 인해 오히려 2020년 해외 수주 성장 가시성이 가장 높은 상황.
- 말레이시아 사라왁 메탄올 프로젝트, 멕시코 도스 보카스 정유공장 등 초기 설계에 참여한 후 EPC 계약 전환을 추진하는 프로젝트 등 여러 건 가시화.

2020년 정부 SOC 예산 22.3조 원+α(추가예산)

정부 SOC 예산 추이

자료: 국회예산정책처, 유진투자증권

정부 SOC 예산(안) 세부 분야별 내용

구분 (억 원, %)	2019 (A)	2019 (B)	증감 (B-A)	증감률 (%)	비고
도로	58,743	66,683	7,940	13.5	고속도로 건설(1.4→1.7조 원)
철도 및 도시철도	55,163	66,792	11,629	121.1	일반철도 건설(2.2조→2.9조 원)
해운·항만	17,172	18,658	1,486	8.7	항만개발 및 관리(1.3→1.6조 원)
수자원	17,311	12,753	-4,558	-26.3	하천관리(1.1→0.5조 원)
지역 및 도시	20,205	23,790	3,585	17.7	도시재생사업(0.5 → 0.7조 원)
물류, 항공, 신단	28,938	324,380	5,442	18.8	건설정책/기술지원(0.1 → 0.2조원)
합계	197,531	223,055	25,524	12.9	

자료: 기획재정부, 유진투자증권

- 건설 투자를 늘리지 않고서는 2020년 GDP 성장률 2% 달성은 어려울 전망.
- 2020년 예산안에 따르면, 정부는 국가 균형 발전 프로젝트 및 생활SOC 등 지역경제 활성화에 투자 발표.
- 국회예산정책처가 발표한 '2020년 및 중기 경제 전망'에서는 공공SOC 추진에 힘입어 건설 투자 개선.

2020년 아파트 시장, 신규 분양 줄지 않는다!

주요 건설사 신규 분양 추이

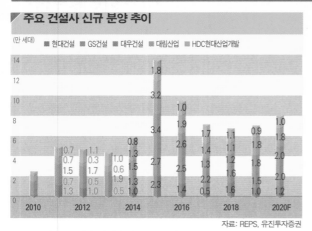

자료: REPS, 유진투자증권

주요 건설사 아파트 사업 매출 추이

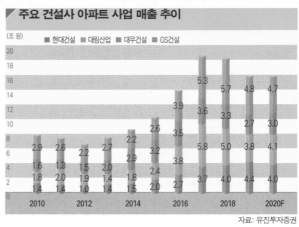

자료: 유진투자증권

- 2020년 주요 상장 건설사의 신규 분양은 2019년 대비 약 15% 증가할 전망.
- 2019년 분양을 계획했던 재개발/재건축 사업 일부가 2020년에 이연되면서 신규 분양 물량이 줄지 않을 것으로 예상.
- 분양가 상한제 적용을 회피하려는 사업장들이 분양 속도를 높일 것으로 보임.
- 2020년 주요 상장 건설사의 주택 사업 매출은 성장이 정체될 전망이지만, 신규 분양 실적에 따라 개선될 여지 있음.

아파트 신규 분양 추이

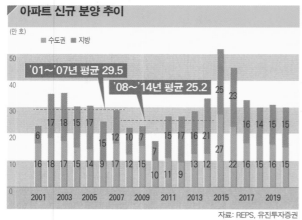

자료: REPS, 유진투자증권

아파트 입주 물량 추이

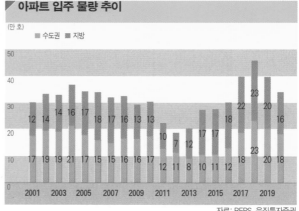

자료: REPS, 유진투자증권

- 2020년 아파트 시장이 크게 개선되기는 어려우나 업계의 우려보다는 양호할 것으로 전망.
- 2020년 신규 분양은 30만 호, 입주 물량은 34만 호로 추정 → 2019년보다 소폭 감소하는 수준이지만 2000년대 평균 대비 여전히 적지 않은 수준임.
- 지역별 신규 분양은 수도권과 지방이 거의 유사한 물량으로 추정되며, 수도권 입주 물량은 2019년 20만 호에서 2020년 18만 호로 약 2만 호 감소, 지방 입주 물량은 2019년 20만 호에서 2020년 16만 호로 약 4만 호 감소할 전망.

신규 분양 아파트 평균 분양가격 추이

자료: REPS, 유진투자증권

주택구매력지수(HAI) 추이

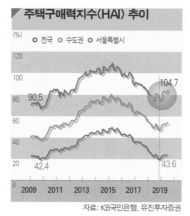

자료: KB국민은행, 유진투자증권

PIR 추이

자료: KB국민은행, 유진투자증권

- 금리 하락으로 원리금 상환능력을 감안한 주택구매력(HAI)은 상승 중 → 아파트 가격 상승에도 불구하고 저금리가 주택구매력 올림.
- 주택구매력을 논할 때 가장 많이 쓰는 지표인 PIR(소득 대비 아파트 가격)이 2019년 3분기에 서울 기준 10.8로 최고치 경신.

대도시 아파트들이 늙어간다! : 재건축/재개발 사업 꿈틀

▶ 도시정비 사업 절차

구역지정 → 추진위원회 → 안전진단 → 조합 설립인가 → 사업시행인가

사업시행인가 → 시공사 선정

최소 2년 소요

준공 ← 착공/분양 ← 이주/철거 ← 관리처분인가 ← 시공사 선정

▶ 재건축 사업 진행이 더딘 이유

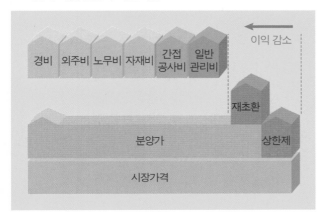

경비 | 외주비 | 노무비 | 자재비 | 간접 공사비 | 일반 관리비

이익 감소

재초환

분양가 | 상한제

시장가격

- 도시정비 사업(재건축, 재개발)이 시공사 선정부터 착공까지 시간이 많이 걸리는 이유는 지난한 사업 절차 때문 → 일반도급과 다르게 시공사 선정 후 '관리처분인가, 이주, 철거' 과정이 더 필요하기 때문.
- 재건축의 사업 진행이 더딘 이유는 규제 때문 → 건축초과이익환수제, 분양가상한제, 고분양가 관리 등이 조합들의 사업성을 떨어트리면서 사업 진행을 지연시킴.
- 재건축초과이익환수제(재초환)는 추진위가 설립된 날로부터 준공시점까지 재건축 개발을 통해 얻은 이익의 일부를 세금으로 내야하는 제도. 고분양가 관리 및 분양가 상한제는 시세보다 낮은 가격에 분양하는 제도로, 모두 조합원들의 이익을 감소시키는 원인이 됨.
- 아파트 가격이 급등한 서울과 수도권 일부 핵심 지역에 대한 정부의 재건축 규제는 당분간 이어질 전망.
- 수도권 외곽이나 지방 광역시에서는 도시정비 사업을 활성화하기 위해 재건축/재개발 적극 추진 예상.

▶ 30년 이상 노후 주택 전국 분포 현황 단위: 만 호, 2018년

🏢 아파트
🏠 단독주택

서울 27 · 15
인천 6 · 5
경기 17 · 10
강원 2 · 11
충북 10
충남 15 · 1
대전 2 · 4
경북 8 · 24 · 2
대구 20 · 5
전북 15 · 2
경남 4 · 20
광주 5 · 3
부산 9 · 14
울산 3 · 3
전남 24 · 4
제주 4

자료: 통계청, 국토교통부

▶ 사업 단계별 수도권 재개발 추진 단지 수

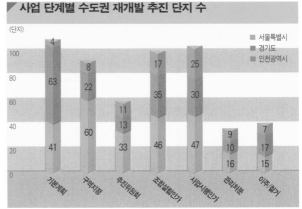

(단지)

■ 서울특별시
■ 경기도
■ 인천광역시

기본계획: 41, 63, 4
구역지정: 60, 22, 8
추진위원회: 33, 13, 11
조합설립인가: 46, 35, 17
사업시행인가: 47, 30, 25
관리처분: 16, 10, 9
이주·철거: 15, 17, 7

자료: REPS, 유진투자증권

▶ 사업 단계별 수도권 재건축 추진 단지 수

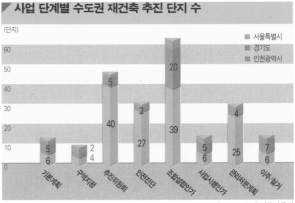

(단지)

■ 서울특별시
■ 경기도
■ 인천광역시

기본계획: 5, 6
구역지정: 2, 4
추진위원회: 40, 5
안전진단: 27, 2
조합설립인가: 39, 20
사업시행인가: 5, 6
관리처분계획: 25, 4
이주·철거: 6, 7

자료: REPS, 유진투자증권

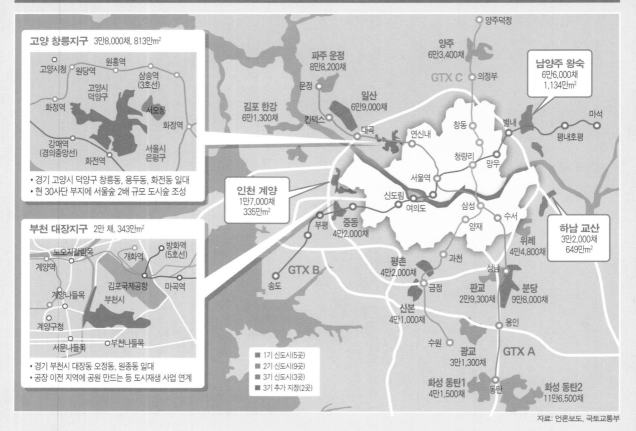

고양 창릉지구 3만8,000채, 813만㎡
- 경기 고양시 덕양구 창릉동, 용두동, 화전동 일대
- 현 30사단 부지에 서울숲 2배 규모 도시숲 조성

부천 대장지구 2만 채, 343만㎡
- 경기 부천시 대장동 오정동, 원종동 일대
- 공장 이전 지역에 공원 만드는 등 도시재생 사업 연계

인천 계양 1만7,000채 335만㎡

남양주 왕숙 6만6,000채 1,134만㎡

하남 교산 3만2,000채 649만㎡

- 1기 신도시(5곳)
- 2기 신도시(9곳)
- 3기 신도시(3곳)
- 3기 추가 지정(2곳)

파주 운정 8만8,200채 · 김포 한강 6만1,300채 · 양주 6만3,400채 · 일산 6만9,000채 · 중동 4만2,000채 · 평촌 4만2,000채 · 산본 4만1,000채 · 판교 2만9,300채 · 분당 9만8,000채 · 위례 4만4,800채 · 광교 3만1,300채 · 화성 동탄1 4만1,500채 · 화성 동탄2 11만6,500채

자료: 언론보도, 국토교통부

3기 신도시 개요

지구명	남양주 왕숙	고양 창릉	하남 교산	부천 대장	인천 계양
면적(만㎡)	1,134	813	649	343	335
주택수(만 호)	6.6	3.8	3.2	2	1.7
자족용지	32%	40%	29%	39%	49%
철도교통	• GTX-B, 진접선 연결 (2개역 신설) • 별내선 연장 • 경의중앙선역 신설	• 서부선 연결(7개역 신설)	• 3호선 연장(2개역 신설)		
도로교통	• 구리 토평사거리, 남양주시 가운사거리 • 삼패사거리 입체화 • BRT, 왕숫편변로 신설 • 수석대교 신설	• 제2자유로 연결 • 수색로 월드컵으로 입체화 • 통일로 - 중앙로 BRT 신설 • 시청 신촌까지 전용차로 연결	• 동남로 도로 및 황산 - 초이간 도로 신설 • 선동 IC 확장 개선 및 올림픽 대로 확장 • 단지내 BRT 신설	• 경명대로 신설 • 고강 IC 신설 • 서운 IC 신설 • BRT 연결 및 환승센터 신설	• 인천1호선 - 김포공항역 BRT 신설 • 청라 - 가양간 BRT와 사업지 간 BRT 신설 • 국도 39호선 확장 • 연계도로 신설
도심 접근성	• 서울역 15분: GTX B • 청량리역 10분: GTX B • 잠실 20분 도로	• 여의도 25분: 서부선 • 용산 25분: 경의선 • 강남 30분: GTX A	• 수서역 20분: 3호선 • 잠실역 30분: 3호선	• 마곡 10분: 도로 • 사당 30분: 도로	• 여의도 25분: BRT 및 주변 역사 • 마곡 15분: 도로
교통	• 서울역까지 15분	• 여의도까지 25분	• 수서역까지 20분	• 서울역까지 30분	• 여의도까지 25분

자료: 국토교통부

수도권 주택 30만 호 공급 계획 일정

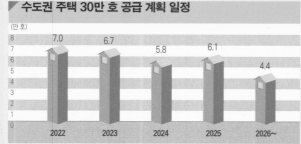

(만 호)
2022: 7.0 · 2023: 6.7 · 2024: 5.8 · 2025: 6.1 · 2026~: 4.4

자료: 국토교통부

수도권 30만 호 공급 계획 중 3기 신도시 비중

(만 호)
총 주택공급: 30 · 신도시(5곳): 17.3 · 중규모(20곳): 9.1 · 소규모(61곳): 3.8

자료: 국토교통부

수도권 '광역 교통 2030' 주요 노선 계획

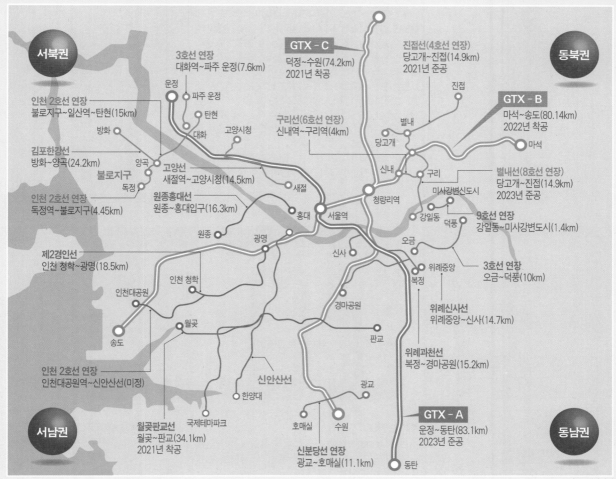

서북권

3호선 연장
대화역~파주 운정(7.6km)

인천 2호선 연장
불로지구~일산역~탄현(15km)

방화

김포한강선
방화~양곡(24.2km)

불로지구

인천 2호선 연장
독정역~불로지구(4.45km)

운정
파주 운정
탄천
대화
고양시청

고양선
새절역~고양시청(14.5km)

원종홍대선
원종~홍대입구(16.3km)

GTX - C
덕정~수원(74.2km)
2021년 착공

구리선(6호선 연장)
신내역~구리역(4km)

진접선(4호선 연장)
당고개~진접(14.9km)
2021년 준공

진접

동북권

GTX - B
마석~송도(80.14km)
2022년 착공

별내
당고개
신내
구리
마석

벌내선(8호선 연장)
당고개~진접(14.9km)
2023년 준공

청량리역
미사강변신도시
강일동
덕풍

9호선 연장
강일동~미사강변도시(1.4km)

3호선 연장
오금~덕풍(10km)

제2경인선
인천 청학~광명(18.5km)

인천대공원

광명

신사
오금
복정
위례중앙

위례신사선
위례중앙~신사(14.7km)

월곶

송도

인천 2호선 연장
인천대공원역~신안산선(미정)

인천 청학

경마공원

위례과천선
복정~경마공원(15.2km)

서남권

월곶판교선
월곶~판교(34.1km)
2021년 착공

국제테마파크
한양대

신안산선

호매실
수원
광교

GTX - A
운정~동탄(83.1km)
2023년 준공

신분당선 연장
광교~호매실(11.1km)

판교

동남권

동탄

자료: 매일경제

▶ '광역교통 2030' 주요 철도

사업명	사업 내용	비고
GTX-A	43.6km, 운정~동탄	2019년 착공, 2023년 개통 목표
GTX-B	80.1km, 인천 송도~남양주 마석	2019년 기본계획 착수, 2022년 착공
GTX-C	74.2km, 양주(덕정)~수원	2019년 예타 완료, 2021년 착공 목표
GTX-D	미정	
신안산선	44.6km, 안산, 시흥~여의도	2019년 목표
신분당선 연장	11.1km, 수원 광교~호매실	
7호선 연장	4.0km, 고읍~옥정	2024년 개통 목표
3호선 연장	7.6km, 대화역~파주 운정	

자료: 유진투자증권

- 2019년 10월 31일 국토교통부는 '광역교통 2030'을 발표
- GTX-A라인은 경기 서북부와 서울 도심, 경기 동남부를 가로지르는 노선으로 파주 운정부터 동탄까지 이어지는 라인. 2019년 말 착공을 시작했음에도 아직 구간마다 해결해야 할 이슈가 많아 본격적으로 공사를 추진하지 못하고 있음. 2020년 GTX-A라인이 본격적으로 추진되면 토목 부문 건설 투자가 증가할 뿐 아니라 파주 운정과 동탄 등 일대 수도권 주택 시장에도 긍정적일 전망.
- 신안산선은 2019년 8월 실시계획 승인 후 착공에 들어갔고 2020년 본격적으로 공사를 추진할 계획. 신안산선이 지나가는 안산/시흥부터 광명, 여의도까지 이어지는 구간에 주택 사업들이 호조세를 이어갈 전망.
- GTX-B라인과 C라인의 경우 착공 시점까지 상당한 시간이 걸릴 수 있음. 정부의 목표는 2020년 하반기까지 계획을 확정하는 것임.

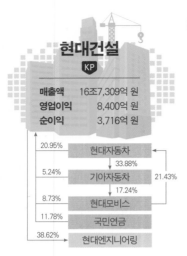

현대건설 KP

매출액	16조7,309억 원
영업이익	8,400억 원
순이익	3,716억 원

- 현대자동차 20.95%
- 현대자동차 → 기아자동차 33.88%
- 기아자동차 → 현대모비스 17.24%
- 기아자동차 21.43%
- 현대모비스 5.24%
- 현대모비스 8.73%
- 국민연금 11.78%
- 현대엔지니어링 38.62%

▶ 투자포인트

- 현대엔지니어링을 연결 자회사로 보유하고 있고, 연결매출 중 현대건설이 60%, 현대엔지니어링이 40%를 차지.
- 2020년 연결 매출액은 17.1조 원(+1.7% yoy), 영업이익 9,882억 원(+21.6% yoy)로 추정되는 바, 영업이익 증가의 기반은 동사의 플랜트와 토목 마진의 회복 및 현대엔지니어링의 실적 기여임.
- 2020년에는 카타르 노스필드 LNG, UAE 헤일앤가샤 등 가스 프로젝트에 입찰을 준비하고 있으며, 알제리와 이라크를 비롯한 CIS 국가에서 대규모 프로젝트 수주 추진 중.
- 우리나라 원전의 대부분을 시공했으며, 2009년에는 국내 최초로 UAE 원전 4기를 수주.
- 2020년 체크해야 할 포인트는, 주택 분양 스케줄 및 해외 수주 파이프라인, 그리고 도시정비 수주 및 분양 여부 등임.

▶ 영업이익 추이 전망

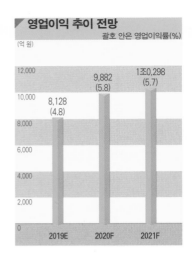

괄호 안은 영업이익률(%)

▶ 신규 수주 추이 및 전망

▶ 사업 부문별 매출 추이 및 전망(별도)

괄호 안은 전년 대비 증감률(%)

▶ 수주 잔고 추이 및 전망

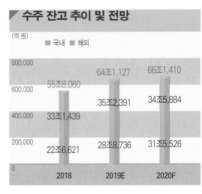

대림산업 KP

매출액	10조9,845억 원
영업이익	8,454억 원
순이익	6,781억 원

- 국민연금 12.24%
- 대림코퍼레이션 21.67%
- 이해욱 52.26%
- 대림씨엔에스 50.81%
- 삼호 72.91%
- 고려개발 44.07%
- 대림자동차공업 59.02%
- 대림오토바이 59.02%
- 글래드호텔앤리조트 100%
- 여천NCC 50%
- 대림에너지 70%
- 상주영천고속도로 22.57%
- 신분당선 9.71%

▶ 투자포인트

- 동사의 전체 매출 비중은 건설 70%, 유화 10%, 연결 20%로 구성되어 있으며, 건설 중 주택 65%, 플랜트 20%, 토목 15% 비중 차지.
- 여천NCC를 지분법으로 인식하며, 지분 50% 보유.
- 2020년 매출은 10.5조 원(+12.7% yoy), 영업이익 1조 원(+1.0% yoy)으로 예상되는 바, 실적 증가의 배경은 주택 사업에 있음 → 2019년에 전년 대비 82% 증가한 2.8만 세대를 분양할 계획으로, 2020년부터 주택 매출이 증가할 것으로 추정. 다만, 2020년 영업이익률은 2019년 1회성 정산이익이 있기 때문에 소폭 하락할 것으로 예상.
- 동사는 유화 사업에 투자를 집중하고 있는 바, Cariflex를 인수했으며, 2020년 이후 사우디 화학공장에도 대규모 투자 진행.

▶ 영업이익 추이 전망

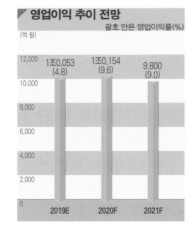

괄호 안은 영업이익률(%)

▶ 사업 부문별 매출 추이 및 전망

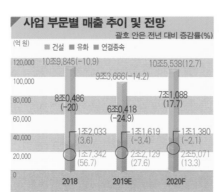

괄호 안은 전년 대비 증감률(%)

▶ 신규 수주 추이 및 전망

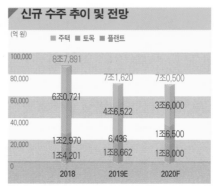

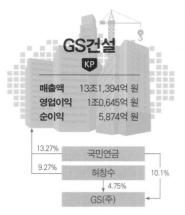

GS건설
KP

매출액	13조1,394억 원
영업이익	1조0,645억 원
순이익	5,874억 원

- 13.27% 국민연금
- 9.27% 허창수 → 10.1%
- 4.75% → GS(주)

▶ 투자포인트

- 동사의 매출 비중은 건축/주택 60%, 플랜트/전력 30%, 토목(인프라) 10%로 구성되어 있으며, 이익 중 주택 사업이 70%, 플랜트 사업이 25%를 차지.
- 동사는 2020년 매출액 9.8조 원(-2.7% yoy), 영업이익 7,613억 원(-5.6% yoy) 전망되는 바, 실적 감소의 배경은 주택 사업에 있음 → 2019년 동사 분양 물량은 약 1.8만 호가 될 것으로 전망되는 데, 2016년 2.8 만 호, 2017년 2.4만 호, 2018년 2.0만 호 등 감소 추세가 이어지기 때문. 이미 2019년 분양 감소의 영향으로 건축/주택 매출액이 전년 대비 18% 감소함.
- 동사의 2020년 핵심 전략은 분양 물량을 최대 2.5만 세대로 확대하는 것인데, 도시정비 비중이 클 것으로 예상.
- 동사는 실적 둔화가 끝나는 시점에 가장 매력적인 건설주가 될 것으로 기대.

▶ 영업이익 추이 전망

괄호 안은 영업이익률(%)

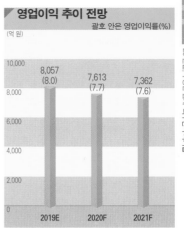

2019E	2020F	2021F
8,057 (8.0)	7,613 (7.7)	7,362 (7.6)

▶ 사업 부문별 매출 추이 및 전망

괄호 안은 전년 대비 증감률(%)
■ 건축/주택 ■ 플랜트/전력 ■ 인프라

	2018	2019E	2020F
합계	13조1,394 (12.5)	10조0,988 (-23.2)	9조8,296 (-2.7)
	7조1,400 (7.4)	5조8,573 (-18)	5조3,570 (-8.5)
	4조8,050 (31.5)	3조2,923 (31.5)	3조4,323 (4.3)
	1조1,160 (-14)	8,683 (-22.2)	9,604 (10.6)

▶ 신규 수주 추이 및 전망

■ 건축/주택 ■ 플랜트/전력 ■ 인프라

	2018	2019E	2020F
합계	10조9,220	11조3,290	9조3,500
	7조6,040	6조4,400	5조2,000
	1조9,860	3조7,230	3조0,000
	1조3,320	1조1,660	1조1,500

▶ 수주 잔고 추이 및 전망

■ 건축/주택 ■ 플랜트/전력 ■ 인프라

	2018	2019E	2020F
합계	38조7,930	41조1,542	40조6,745
	25조9,660	26조5,447	26조3,877
	8조6,190	9조8,397	9조4,075
	4조2,080	4조8,088	4조9,984

대우건설
KP

매출액	10조6,055억 원
영업이익	6,287억 원
순이익	2,973억 원

- 50.75% 케이디비인베스트먼트 제일호유한회사
- 5.95% 대림코퍼레이션
- 100% 대우에스티

▶ 투자포인트

- 동사의 매출액 중 주택/건축 사업이 70%로 가장 많은 비중을 차지하며, 이익에서도 85%를 차지.
- 토목과 플랜트는 해외 수주에서 성과를 내고 있는 바, 국내 건설사 최초로 LNG액화플랜트 EPC 원청 수주.
- 동사의 2020년 매출액은 9.9조 원(+16.4% yoy), 영업이익 6,104억 원(+29.7% yoy)으로 전망되는 바, 실적 증가의 배경은 주택 사업에 있음 → 2019년 초부터 경쟁 건설사와 다르게 적극적으로 분양을 하여, 2019년 2.3만 호 분양 추산됨.
- 2017년 1.9만 세대, 2018년 1.3만 세대, 2019년 2.3만 세대 분양으로 2020년 주택/건축 사업 매출액이 상승 턴어라운드 할 것으로 전망.
- 플랜트 사업의 경우, 해외 현장들의 종료가 가까워짐에 따라 마진 회복 시점 도래.
- 해마다 꾸준한 실적으로 주식 시장에서 중장기적으로 투자 매력이 높은 건설주로 평가.

▶ 영업이익 추이 전망

괄호 안은 영업이익률(%)

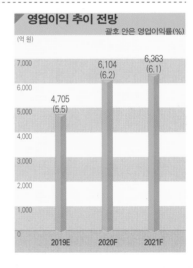

2019E	2020F	2021F
4,705 (5.5)	6,104 (6.2)	6,363 (6.1)

▶ 사업 부문별 매출 추이 및 전망

괄호 안은 전년 대비 증감률(%)
■ 건축/주택 ■ 플랜트 ■ 토목 ■ 기타

	2018	2019E	2020F
합계	10조6,055 (-9.9)	8조5,111 (-19.7)	9조9,076 (16.4)
	6조5,156 (-3.8)	5조2,925 (-18.8)	6조7,317 (27.2)
	1조9,445 (-25.8)	1조5,208 (-21.8)	1조5,825 (4.1)
	1조7,313 (-10.5)	1조3,168 (-23.9)	1조4,590 (-10.8)
	4,141	3,809	1,344

▶ 신규 수주 추이 및 전망

■ 건축/주택 ■ 플랜트 ■ 토목

	2018	2019E	2020F
합계	9조4,945	11조3,290	8조3,000
	6조6,754	6조7,802	4조0,000
	1조5,429	2조6,998	3조5,000
	1조2,762	1조6,189	8,000

▶ 수주 잔고 추이 및 전망

■ 건축/주택 ■ 플랜트 ■ 토목

	2018	2019E	2020F
합계	29조8,583	33조7,452	32조2,721
	22조1,410	23조5,219	20조7,902
	2조4,866	4조7,258	6조6,433
	5조2,307	5조4,976	4조8,366

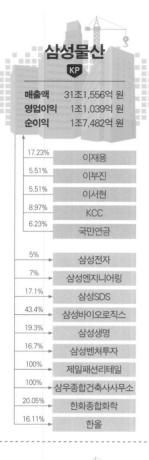

삼성물산
KP

매출액	31조1,556억 원
영업이익	1조1,039억 원
순이익	1조7,482억 원

- 17.23% 이재용
- 5.51% 이부진
- 5.51% 이서현
- 8.97% KCC
- 6.23% 국민연금

- 5% 삼성전자
- 7% 삼성엔지니어링
- 17.1% 삼성SDS
- 43.4% 삼성바이오로직스
- 19.3% 삼성생명
- 16.7% 삼성벤처투자
- 100% 제일패션리테일
- 100% 삼우종합건축사사무소
- 20.05% 한화종합화학
- 16.11% 한올

▶ 투자포인트

- 1963년 제일모직으로 설립되어 2015년 삼성물산과 합병하면서 상호를 삼성물산으로 변경.
- 주요 사업으로는 건설, 상사(자원개발과 국제무역), 패션, 리조트(에버랜드, 골프장, 식자재유통 등), 바이오시밀러 등이 있음.
- 건설 사업에서 이주 및 철거 지연 등의 이유로 연간 분양 계획을 수정하면서 2019년 동사의 주택 공급이 3,331세대로 마무리 됨(2018년 5,764세대).
- 래미안의 신규 수주 소식을 기다리고 있지만, 전반적으로 부진한 수주 흐름 보임.
- 동사의 실적 개선을 위해서는 해외 수주, 주택 신규 수주, 주택 공급 증가 등이 요구됨.
- 이재용 대주주의 대법원 판결 결과 및 삼성바이오로직스의 향후 실적 등이 동사의 단기 주가에 영향 미칠 전망.

▶ 사업 부문별 매출 비중 단위: %

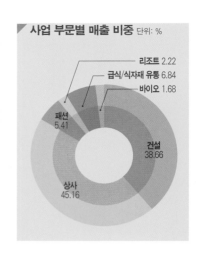

- 리조트 2.22
- 급식/식자재 유통 6.84
- 바이오 1.68
- 패션 5.41
- 건설 38.66
- 상사 45.16

▶ 건설 사업 매출 추이 및 전망

▶ 건설 사업 수주 잔고 추이

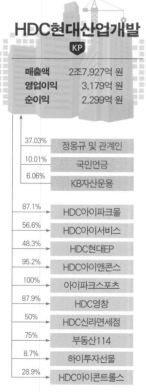

HDC현대산업개발
KP

매출액	2조7,927억 원
영업이익	3,179억 원
순이익	2,299억 원

- 37.03% 정몽규 및 관계인
- 10.01% 국민연금
- 6.06% KB자산운용

- 87.1% HDC아이파크몰
- 56.6% HDC아이서비스
- 48.3% HDC현대EP
- 95.2% HDC아이앤콘스
- 100% 아이파크스포츠
- 87.9% HDC영창
- 50% HDC신라면세점
- 75% 부동산114
- 8.7% 하이투자선물
- 28.9% HDC아이콘트롤스

▶ 투자포인트

- 외주주택, 자체주택, 토목, 일반건축 사업 영위 → '아이파크'라는 브랜드로 아파트 사업 수행.
- 2020년 동사의 매출액은 3.6조 원(-10.1% yoy), 영업이익 4,266억 원(-11.5% yoy)으로 예상되는 바, 실적 감소의 배경은 자체주택 현장 소멸과 2019년 분양 부진에 기인함.
- 동사의 분양 추이는 2017년 1.6만 세대, 2018년 1.2만 세대에 이어 2019년 1.0만 세대로 감소 추세 → 동사의 자체현장들은 대전 도안(2,560세대)만 있는 상황이고, 의정부 주상복합(1,243세대)이 있으나 실적 감소를 막기에는 역부족.
- 진행하고 있는 주요 개발(인천 용연학익, 용산병원, 광운대 역세권)은 2020년 하반기부터 착공 및 분양계획.

▶ 영업이익 추이 전망

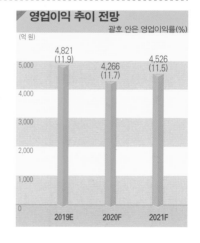

▶ 신규 수주 추이 및 전망

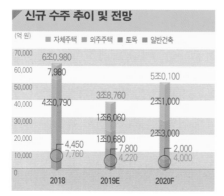

▶ 수주 잔고 추이 및 전망

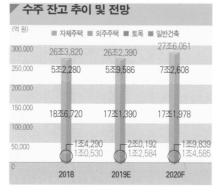

코오롱글로벌
KP

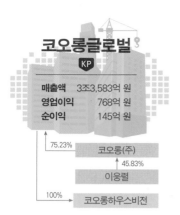

매출액	3조3,583억 원
영업이익	768억 원
순이익	145억 원

코오롱(주) — 75.23%
이웅렬 — 45.83%
코오롱하우스비전 — 100%

▶ 투자포인트
- 동사의 사업 부문은 크게 건설과 유통(수입차 매매), 무역(상사)으로 구분되며, 매출 비중은 건설 60%, 유통 30%, 무역 10%를 차지.
- 동사의 2020년 매출액은 3.8조 원(+11.2% yoy), 영업이익 1,195억 원(+4.9% yoy)로 추정 → 영업이익 증가는 주택 부문의 매출 증가에 기인함.
- 동사의 분양 규모는 2017년 1.1만 세대, 2018년 0.7만 세대, 2019년 1.0만 세대로 꾸준히 증가 추세.
- 동사의 분양 특징은 도시정비가 절반 정도 차지하는 데, 도시정비의 위치는 인천, 성남, 대구, 부천 등 대도시임.
- 동사의 건설 사업 전략은 수익성이 확보되는 주택 프로젝트 위주로 진행.

■ 건설 사업 매출 추이 및 전망
(억 원)

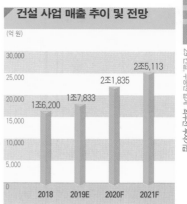

- 2018: 1조6,200
- 2019E: 1조7,833
- 2020F: 2조1,835
- 2021F: 2조5,113

서희건설
KQ

매출액	1조1,388억 원
영업이익	831억 원
순이익	369억 원

유성티엔에스 — 26.18%
이엔비하우징 — 4.18%
이봉관 — 3.94%
한일자산관리앤투자 — 50.41%
푸른경남 — 49.9%

▶ 투자포인트
- 동사 건축 사업의 대부분은 지역주택조합 사업이 차지.
- 동사가 지역주택조합 사업에 강한 이유는, 지역주택조합 사업 초창기부터 준공 후 사업 종료까지 원스톱 서비스를 제공하기 때문. 이러한 영업 방식은 수주(착공)까지 굉장히 오랜 시간이 걸리지만, 확실한 사업성을 보장받을 수 있음.
- 동사의 2020년 매출액은 1.4조 원(+11.6% yoy), 영업이익 1,012억 원(-1.5% yoy)으로 추정. 건축 부문 착공 증가에 따른 매출액 증가가 기대되지만, 2019년보다 마진이 낮을 것으로 예상.
- 동사의 강점은 미착공인 지역주택조합이 약 4.5만 세대를 착공한다고 가정하더라도 4년을 꾸준히 가져갈 수 있는 물량.

■ 영업이익 추이 전망
괄호 안은 영업이익률(%)
(억 원)

- 2019E: 1,028 (8.4)
- 2020F: 1,012 (7.4)
- 2021F: 1,103 (7.5)

한라
KP

매출액	1조3,210억 원
영업이익	602억 원
순이익	-121억 원

정몽원 — 17.06%
한라홀딩스 — 15.85% / 24.31%
KCC — 6.06%
만도 — 30.25%

▶ 투자포인트
- 동사의 사업은 건설(토목, 건축, 주택, 해외)과 연결자회사(골프장, 항만시설, 물류 등)로 구성 → 전체 매출 중 주택이 35%, 건축이 27%, 토목이 20%를 차지.
- 2020년 동사의 매출은 1.4조 원(+6.5% yoy), 영업이익 669억 원(+25.6% yoy)으로 전망.
- 실적 개선은 주택 사업이 주도 → 2018년 착공한 도급물량 1.2조 원에 의하는 바, 그 중 약 3,500억 원이 매출화되었으며, 8,000억 원 정도가 남아있음.
- 수주 잔고의 많은 부분이 2020년에 매출로 인식될 수 있을 것으로 전망.
- 2019년 2분기에 있었던 구조조정으로 판관비의 감소 효과가 2020년에도 이어질 것으로 추정.
- 2020년에 부천, 부산, 양평 3곳에 자체현장 착공 예정.

■ 영업이익 추이 전망
괄호 안은 영업이익률(%)
(억 원)

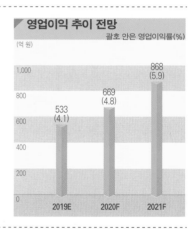

- 2019E: 533 (4.1)
- 2020F: 669 (4.8)
- 2021F: 868 (5.9)

금호산업
KP

매출액	1조3,767억 원
영업이익	423억 원
순이익	-5억 원

금호고속 — 45.3%
박삼구 및 3인 — 71.69%
아시아나항공 — 31.05%
금호티앤아이 — 20%

▶ 투자포인트
- 동사 매출의 60%가 관급을 차지할 정도로 관공사에 강함.
- 2020년 동사의 실적은 매출 1.8조 원(+12.8% yoy), 영업이익 765억 원(+39.8% yoy)으로 전망.
- 실적 개선의 배경은 건설 사업에서 꾸준한 수주와 착공이 매출로 이어졌기 때문. 주택의 경우 2017~2018년 각각 2,600세대를 분양한데 이어 2019년에 5,200세대를 분양함 → 이러한 분양 레코드가 2020년 매출에 기여할 전망.
- 민간 토목 발주 및 항공 발주 수혜 기대 → 인천국제공항 4단계, 제주 제2공항, 김해신공항 등 조 단위의 대규모 프로젝트 발주가 2020년에 기다리고 있음.
- 아시아나항공 매각을 통해서 영업외손실이 큰 폭으로 발생할 우려가 줄어든 것도 투자포인트.

■ 영업이익 추이 전망
괄호 안은 영업이익률(%)
(억 원)

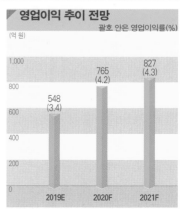

- 2019E: 548 (3.4)
- 2020F: 765 (4.2)
- 2021F: 827 (4.3)

건설 경기 어려워도 건설주 상승 여력 충분하다!

건설 경기를 알고 싶다면 건설 수주부터 살펴라!

건설주에 투자할 때 살펴야 할 여러 지표 중 가장 중요한 것 하나를 꼽으라면 아마도 '수주'가 될 것이다. '수주(受注)'는 말 그대로 주문을 받는다는 뜻으로, 주문을 하는 '발주(發注)'에 대한 개념이다.

건설 업계에서 수주란 발주자가 제시하는 건설공사물을 건설 업체가 완공해주기로 한 것에 대한 쌍방 간 계약으로 이뤄지며, 수주계약에는 금액과 납기 등이 표기된다. 건설 관련 지표 중에 건설 수주는 건설 시공에 앞서기 때문에 실제로 건설 수주 통계는 건설 경기를 가늠하는 중요한 선행성 지표로 활용된다.

2020년 국내 건설 시장은 완만한 하강세를 이어갈 전망인데, 그 이유는 바로 건설 수주 규모가 줄어들고 있기 때문이다. 국내 건설 수주는 2016년 165조 원으로 역대 최고치를 기록한 이후 2017년 160조 원, 2018년 154조 원, 2019년 145조 원으로 감소세를 면치 못하고 있다. 업계에서는 2020년에도 140조 원으로 감소세를 이어갈 것으로 전망하고 있다.

이처럼 신규 수주가 계속해서 주는 이유는, 민간 주택 시장에 만연한 건설 규제의 영향이 크다. 서울 등 대도시를 중심으로 30년 이상 노후 주택(아파트)이 늘어남에 따라 재건축/재개발 등 도시정비 사업이 유력한 대안으로 제시되고 있지만, 재건축과 재개발의 원활한 진행을 막는 복잡하고 까다로운 절차들이 도시정비 사업을 지연시킬 뿐 아니라 투자 심리까지 위축시키고 있다.

2020년에는 그나마 다행히 부진한 민간 주택 수주를 SOC 등 공공 토목 수주가 상쇄하면서 전체 건설 수주 감소 폭을 줄일 전망이다. 기획재정부 예산안에 따르면 2020년 SOC 예산은 2019년 대비 13% 오른 22.3조 원으로 책정됐는데, 국회 예산 심의 과정에서 24.6조 원까지 확대하는 방안을 논의 중이다. 이처럼 정부가 적극적으로 나서서 SOC 예산을 늘리는 것은 단지 건설 경기 활성화 때문만은 아니다. SOC 투자는 나라 전체의 GDP 성장률과도 밀접하게 얽혀있기 때문이다.

건설 수주가 줄면 건설 주가도 떨어질까?

국내 건설 시장이 민간 주택과 공공 토목 사업에 좌우된다면, 해외 시장은 중동 지역의 플랜트 발주가 중요하다. 업계에서는 2018년부터 유가가 회복국면에 접어들면서 중동의 플랜트 발주가 다시 증가할 것이라는 기대감이 돌고 있다. 2018년 321억 달러에 그쳤던 해외 플랜트 수주는 2019년 300억 달러 언저리를 맴돌다 2020년 350억 달러까지 회복할 것으로 업계는 내다보고 있다. 가스 업스트림과 LNG 액화 프로젝트 수주가 2020년 상반기부터 일어날 전망이고, 화공 다운스트림의 경우에는 해외 발주처들의 진행 상황을 감안하건대 2021년부터 본격적인 수주 사이클이 도래할 것으로 예상된다. 2020년 국내와 해외 사업을 합산한 건설 수주는 2019년과 유사한 180조 원으로 전망된다. 전반적인 건설사들의 실적 회복을 기대하기에 미흡한 수주 규모라는 게 업계의 해석이다.

하지만, 역설적으로 건설 수주의 저성장 기조는 주식 시장에서만큼은 다르게 작동하는 경우가 종종 있다. 이를테면 저평가가 지속될수록 악재보다 호재에 더 민감하게 반응하는 게 주가의 생리이다. 신규 수주가 저평가된 밸류에이션을 상회할 때, 주가는 오히려 긍정적으로 반응할 수 있다는 얘기다. 건설주는 지난 2016년 이래 코스피 대비 할인되어 거래되고 있는데, 2019년에는 할인 폭이 더욱 컸다. 2013년경 건설 시장에 불어 닥친 어닝 쇼크가 수년이 흐른 지금까지도 진정되지 않은 탓이다. 2019년 11월 말 기준 건설 업종의 12개월 선행 PER, PBR은 코스피 대비 각각 52%, 27% 할인되어 거래되었는데, 컨센서스가 다소 높게 반영되었음을 감안하더라도 할인 폭이 과하다는 게 증권가의 분석이다. 2020년에 수주 성장 가능성이 낮아졌고 이익 개선도 기대하기 어렵다는 전망이 주가에 이미 반영되었음을 알 수 있다. 이에 따라 2020년 건설 업종 주가는 상승 여력이 충분할 것으로 예상된다.

서울에 더 이상 아파트 지을 땅이 없다!

건설 산업을 진단하다 보면 부동산 시장으로까지 자연스럽게 시야가 확장된다. 그만큼 건설과 부동산은 긴밀하게 맞닿아 있다. 아파트 분양 시장이 침체하면 건설사들의 민간 주택 사업에도 경고음이 켜질 수밖에 없는 이치다.

2020년 국내 부동산 시장은 어떨까? 2020년 신규 분양은 30만 호, 입주 물량은 34만 호로 추정된다. 이는 2019년에 비해 소폭 감소한 수치이지만 2000년대 평균치를 감안하면 적지 않은 수준이다. 이로 인해 주요 상장 건설사들의 신규 분양은 2019년 대비 약 15% 가량 증가할 전망이다.

아파트로 대표되는 주택 사업에서 가장 중요한 것은 택지 공급이다. 땅이 있어야 아파트를 지을 수 있기 때문이다. 아파트를 건설할 택지 부족에 시달리는 대표적인 지역은 두 말할 것도 없이 서울이다. 서울에는 더 이상 아파트가 들어설 땅이 없다. 공급이 막혀버린 셈이다. 서울에 아파트를 지을 땅은 없는데, 서울에 아파트를 사려는 수요는 좀체 줄지 않는다. 수요가 공급을 월등히 앞지르니 가격이 오르는 일만 남았다. 서울 집값이 떨어지지 않는 이유다. 정부가 쏟아내는 부동산 시장 안정화 정책은 결국 서울 집값을 잡기 위한 것이라 해도 지나치지 않다.

그렇다면 가까운 미래에는 서울에서 새 아파트를 구경하는 것이 요원해지는 것일까? 해답은 재개발/재건축에 있다. 최근 신규 분양 시장의 특징 중 하나가 바로 도시정비 사업이다. 2019년 신규 분양 중 재개발/재건축이 차지하는 비중이 약 30%에 달한다. 분양가 상한제와 재개발/재건축 관련 규제 영향으로 일부 사업이 지연되거나 보류되고 있긴 하지만, 2020년에만 약 10만 호의 재개발/재건축 분양이 가능할 전망이다.

대표적인 도시정비 사업으로 꼽히는 재개발/재건축은 노후 아파트가 즐비한 서울에 딱 안성맞춤 프로젝트다. 서울에는 30년 이상 오래된 아파트가 2018년 기준 27만 호 가량 있다. 30년이 지난 연립과 다세대 주택도 15만 호가 있다. 정확한 집계가 곤란한 단독주택까지 합산할 경우 50만 호가 잠재적인 재개발/재건축 대상이다.

서울에서 재개발 사업이 활발했던 지역은 2002년부터 2006년 사이 시작된 뉴타운 지구다. 2002년경 서울시는 은평, 길음, 왕십리를 시작으로 30여 개의 뉴타운을 지정해 개발하기 시작했는데, 2006년 '도시재정비 촉진을 위한 특별법'(도시재정비법)이 시행되면서 뉴타운은 대부분 재정비촉진지구로 정식 명칭이 바뀌었다. 2008년 금융위기 여파로 사업이 정체되거나 일부 지역은 지정이 해제되기도 하는 부침을 겪었지만, 몇 년 전부터 서울 아파트 가격이 급등하면서 다시 주목받고 있다.

정부 규제가 갈수록 촘촘해지는 상황에서, 대형 건설사들이 서울에서 아파트 분양 사업을 추진하기 위한 해법은 재개발/재건축이 유일하다. 분양가 상한제가 핀셋 규제인 만큼 아직 해당되지 않는 지역에서 사업을 추진하는 건설사들이 적지 않은 이유다. 다만 도시정비 사업에 대한 투자는 10년 이상 장기적인 안목으로 접근해야 한다.

30 건자재, 시멘트, 가구 업계

건자재 주가, 반등할 수 있을까?

건자재 주가지수 추이: 건축 허가면적 및 착공면적 연동

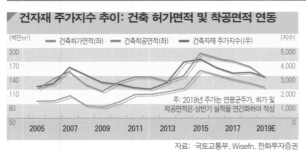

주: 2019년 주가는 연평균주가, 허가 및 착공면적은 상반기 실적을 연간화하여 작성

자료: 국토교통부, Wisefn, 한화투자증권

국내외 건설 수주 연도별 추이

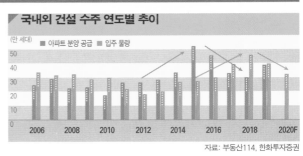

자료: 부동산114, 한화투자증권

- 건자재 주가지수를 살펴보면, 건축 허가면적 및 착공면적 추이와 밀접한 상관관계를 지님.
- 건자재의 발주 산업인 건설업이 아파트 분양 물량을 크게 늘리지 않는 상황에서 건자재 주가지수의 반등을 기대하기 어려움.

M&A로 재편된 시멘트 시장, 업계 최강자는?

시멘트 업계 M&A 이후 시장점유율 변화 단위: %

주: 2016년 생산량과 점유율 기준
자료: 전자공시시스템(Dart), 한화투자증권

시멘트 업계 M&A 히스토리

구분	시기	매각 대상	인수 주체	인수 대금
동양시멘트	2015년 9월	동양시멘트 지분 54.97%	삼표산업+산업은행PE	7,943억 원
쌍용양회	2016년 1월	쌍용양회 지분 46.14%	한앤컴퍼니	8,837억 원
라파즈한라	2016년 3월	라파즈한라 지분 99.7%	글랜우드-베어링 컨소시엄	6,300억 원
현대시멘트	2017년 4월	현대시멘트 지분 64.38%	한일시멘트-LK사모펀드	6,272억 원
한라시멘트	2017년 11월	라파즈한라 지분 99.7%	베어링PEA(우선협상자 아세아)	3,800억 원

자료: 케이프투자증권

- 시멘트 업계는 2018년 아세아시멘트의 한라시멘트 인수를 마지막으로 상위 3개 사의 시장 과점화가 완료됨.
- 2015년 삼표의 동양시멘트 인수, 2016년 사모펀드인 한앤코컴퍼니의 쌍용양회 인수, 2017년 한일의 현대시멘트 인수, 2018년 아세아의 한라시멘트 인수를 통해 시멘트 기업의 수는 2014년 8개에서 2018년 5개로 줄어듬.
- 시장점유율이 20% 이상을 차지하는 사업자는 한일+현대 29%, 쌍용양회 24%, 아세아+한라 20% → 상위 3개 사(아세아+한라 포함)의 시장점유율 합은 73%.
- 과거 대부분의 시멘트 기업들은 10%대의 점유율로 시장에 난립되어 있었으며 가격 경쟁을 통한 점유율 확대가 가능했지만, '빅3 시대'가 열리면서 가격 경쟁을 통한 점유율 확대 전략은 사라짐.

가구 시장, 패러다임 시프트

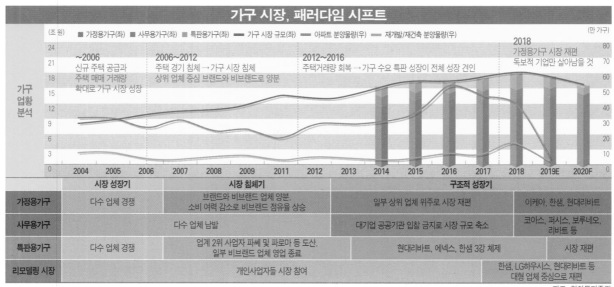

자료: 한화투자증권

308

건자재 업종별 실적 추이

괄호 안은 전년 대비 증감률(%)

시멘트 업종 실적 추이
(쌍용양회+아세아시멘트+성신양회+삼표시멘트+한일현대시멘트)

레미콘/콘크리트 업종 실적 추이
(유진기업+동양+대림씨엔에스)

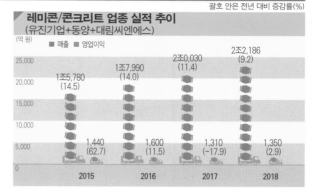

가구 업종 실적 추이
(한샘+현대리바트+에넥스+퍼시스+에이스침대+시디즈+코아스+하츠)

창호/내장재 업종 실적 추이
(KCC+LG하우시스+벽산+이건홀딩스)

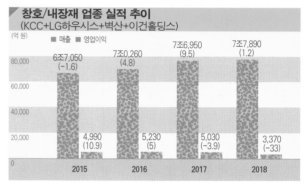

합판/마루 업종 실적 추이
(동화기업+선창기업+이건산업+한솔홈데코)

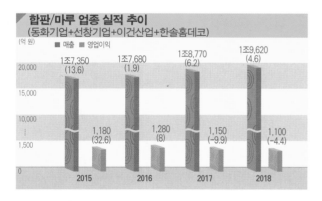

페인트 업종 실적 추이
(노루페인트+삼화페인트+강남제비스코+조광페인트)

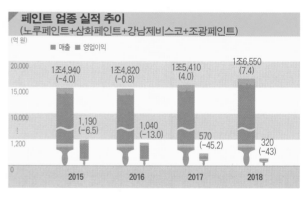

욕실 업종 실적 추이
(아이에스동서+대림B&Co)

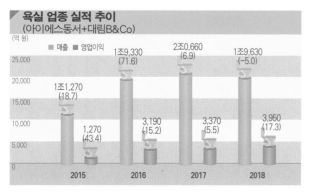

데크 업종 실적 추이
(제일테크노스+덕신하우징+원하이텍)

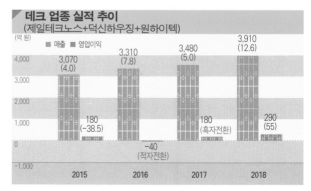

309

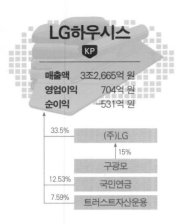

LG하우시스

KP

매출액	3조2,665억 원
영업이익	704억 원
순이익	-531억 원

- 33.5% → (주)LG
- 15% → 구광모
- 12.53% → 국민연금
- 7.59% → 트러스트자산운용

▶ 투자포인트

- 창호, 인테리어 장식재, 표면소재(인조대리석) 등 건축자재를 제조하면서, 산업용 필름, 자동차 원단, 플라스틱 부품 등 산업 자재도 함께 생산. 매출 비중은 건축자재 70%, 소재 30% 차지.
- 건축자재 특판 매출 감소에도 불구하고 원재료 가격 하락 효과, 판매 믹스 변화 등으로 마진 개선.
- 아파트 입주 물량 감소는 동사 실적에 여전히 불안 요인.
- 2020년 1분기부터 기저효과 작용.
- 단열재 PF 보드 3호 라인(Capa 약 1,200억 원) 및 미국 이스톤 3공장 약 1.000억 원의 증설에 따른 이익 예상.
- 다만, 향후 Capa 증설 외에 외형 성장을 이끌 모멘텀이 부재하다는 점은 아쉬운 부분.

▶ 매출 추이 및 전망

괄호 안은 전년 대비 증감률(%)

	2017	2018	2019E	2020F	2021F
(억 원)	3조2,094 (9.6)	3조2,665 (1.8)	3조0,902 (-5.4)	3조0,519 (-1.2)	3조0,252 (-0.9)

KCC

KP

매출액	3조7,822억 원
영업이익	2,435억 원
순이익	-231억 원

- 18.4% → 정몽진
- 8.8% → 정몽익
- 5.28% → 정몽열
- 5.05% → 정상연
- 10.94% → 국민연금

▶ 투자포인트

- 건자재와 도료 사업 영위 → 국내 최대 도료 생산 업체로, 자동차용, 선박용, 공업용, 건축용 도료를 생산하고, 건자재 사업은 유리 및 PVC 등 생산.
- 건자재 사업의 경우, 아파트 신규 분양 입주 감소로 인해 실적 하락 우려.
- 2020년 동사의 가장 큰 이슈는 인적분할 → 존속법인인 KCC에는 실리콘, 도료, 소재 사업부 등이 남게 되고, 신설법인인 KCC GLASS에는 유리, 홈씨씨인테리어 사업부가 편입.
- 분할 비율은 0.84 : 0.16(KCC : KCC GLASS)이며, 분할 후 존속회사, 신설회사의 자산은 각각 7.6조 원, 1.05조 원, 부채 규모는 각각 2.99조 원, 0.15조 원으로 대부분의 부채가 KCC(존속회사)에 남게 됨.

▶ 기업분할 후 지배구조도

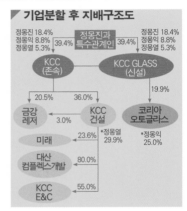

아이에스동서

KP

매출액	1조7,156억 원
영업이익	3,874억 원
순이익	2,438억 원

- 100% → 아이에스해운
- 100% → 중앙레미콘
- 100% → 영풍파일
- 54.7% → 한국렌탈
- 아이에스지주 44.5%
- 56.3% → 권혁운 7.93%

▶ 투자포인트

- 1975년 현대건설 토목사업부로부터 분리·독립한 뒤 2008년 아이에스동서로 상호를 변경하고 2008년 일신건설산업과 합병.
- 동사는 주력 사업으로 요업(타일, 위생도기, 비데) 및 콘크리트/건설(토목, 건축공사 및 분양공사) 등 영위.
- 요업 사업의 경우, 직영 온라인쇼핑몰인 '이누스몰'을 운영하고 홈쇼핑 판매 등으로 B2C 판매망 확대.
- 국내 최초로 욕실에 IoT 기술 적용한 스마트 욕실 론칭.
- 2019년 실적은 회계기준 변경에 인도 기준 매출 인식 및 대규모 자체 사업지 종료에 따른 건설 매출 공백으로 영업이익 급감.
- 2020년에는 분양 사업 호조, 대규모 자체 사업지 확보 및 수직계열화 완성에 힘입어 실적 회복 예상.

▶ 매출 및 영업이익

괄호 안은 영업이익률(%)

■ 매출 ■ 영업이익

	2019E	2020F	2021F
(억 원) 매출	1조0,580	1조5,090	1조6,770
영업이익	840 (7.9)	1,990 (13.2)	2,930 (17.5)

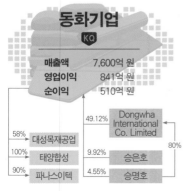

동화기업

KQ

매출액	7,600억 원
영업이익	841억 원
순이익	510억 원

- 58% → 대성목재공업
- 100% → 태양합성
- 90% → 파낙스이텍
- 49.12% → Dongwha International Co. Limited
- 80%
- 9.92% → 승은호
- 4.55% → 승명호

▶ 투자포인트

- 2013년 인적분할 방식으로 목재와 자동차 사업 부문으로 구조조정, 2018년 미디어 사업 부문 처분.
- MDF, PB, MFB, 화학, 건자재 등 사업 영위 → 국내 강화마루 시장점유율 1위(40%) 및 파티클보드 시장점유율 30% 상회.
- 2019년 8월 2차전지 전해액 제조업체인 파낙스이텍 인수 → 2020년부터 실적 반영 효과 기대.
- 동남아에서 풍부한 목재 원재료를 보유하고 기존 보드 사업이 발달한 태국의 보드 시장에 진출하기 위해 Dongwha Thailand 설립 → 베트남과 핀란드 등 다양한 지역에서의 글로벌 사업 활발.
- 건설 수요 감소로 인한 건자재 사업 실적 둔화는 걱정스러운 부분.

▶ 매출 추이 및 전망

괄호 안은 전년 대비 증감률(%)

	2017	2018	2019E	2020F	2021F
(억 원)	7,021 (1.6)	7,600 (8.2)	7,183 (-5.5)	7,908 (10.1)	8,559 (8.2)

한샘
KP

매출액	1조9,285억 원
영업이익	560억 원
순이익	900억 원

32.4%	조창걸 및 관계인
8.62%	TETON CAPITAL PARTNERS, L.P.
6.37%	국민연금
5.52%	한샘드뷰연구재단

▶ 투자포인트
- 부엌가구 및 인테리어 가구 제조, 유통 사업 영위.
- 국내 부엌가구 시장점유율 1위 영위.
- 토털 홈 인테리어 패키지를 제공하기 위한 리모델링(리하우스) 사업 진행.
- 2019년 4분기에 중국 직매장 매각 완료로 연결법인 적자가 20억 원대로 감소.
- 전반적인 실적 부진에도 불구하고 리하우스 매출 성장에 대한 기대감 매우 높음.
- 리하우스 대리점 수가 2018년 말 82개에서 2019년 말 500개로 급증.
- 리하우스 패키지 판매 수도 2019년 2분기 기준 월평균 380건에서 3분기 월평균 530건으로 급증.
- 2020년 1분기부터 리하우스 매출 가파르게 성장.

▶ 한샘리하우스 대리점 증가 추이

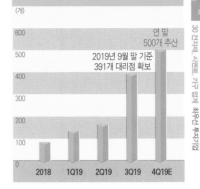

(개)

2019년 9월 말 기준 391개 대리점 확보

연말 500개 추산

2018 / 1Q19 / 2Q19 / 3Q19 / 4Q19E

현대리바트
KP

매출액	1조3,517억 원
영업이익	481억 원
순이익	389억 원

10.45%	국민연금
41.2%	현대그린푸드
23.5%	정교선
100%	현대리바트앰엔에스

▶ 투자포인트
- 2012년에 현대백화점그룹 편입 및 리바트, 이즈마인, 리바트키즈, 리바트키친 등 자체 브랜드 보유.
- 미국 유명 주방용품 기업인 윌리엄스소노마와 독점 계약을 통해 4개 브랜드(윌리엄스소노마, 포터리반, 포터리반 키즈, 웨스트 엘름) 온·오프라인 매장 운영.
- 2017년 현대H&S, 2018년 현대L&C 인수합병을 통해 건설자재, 법인영업, 수출포장, 유니폼 등 사업 다각화.
- 2019년 2월 이탈리아 세라믹 타일 제조기업 플로림과 독점 계약을 통해 프리미엄 제품에 세라믹 타일을 적용하는 등 품질 고급화 전략 추구.
- 생활 밀착형 컴팩트 매장인 리바트 스테이 등 직매장 및 대리점 점포 수 증가를 통해 유통망 확대.

▶ 사업 부문별 매출 비중 단위:%

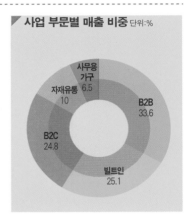

- 사무용 가구 6.5
- 자재유통 10
- B2B 33.6
- B2C 24.8
- 빌트인 25.1

노루페인트
KP

매출액	6,147억 원
영업이익	227억 원
순이익	127억 원

7.4%	국민연금
50.5%	노루홀딩스
35.08%	한영재
100%	노루코일코일

▶ 투자포인트
- 동사의 주력 사업인 도료는 다른 산업의 중간재로, 건설, 철강, 금속, 선박, 자동차, 전기전자 등의 광범위한 마감소재로 사용.
- 동사의 시장점유율은 20%로, 국내 시장 여건은 매출액 상위 5개 사가 약 80%의 과점 체제를 형성.
- 건축용 도료와 인테리어 방수재 매출액은 잦은 비로 인한 영업일수 부족에도 시장점유율이 상승.
- 매출원가와 판관비가 잘 통제되면서 고정비 레버리지 효과가 실적 개선에 기여.
- 주요 도료 경쟁사들이 어쩔 수 없이 건설 경기 하향 사이클에 종속된 실적을 시현 중인데 반해, 동사는 B2C 사업 확장, 그룹 공동 원재료 구매 등으로 인해 실적 방어.

▶ 매출 추이 및 전망
괄호 안은 전년 대비 증감률(%)

(억 원)

2017	5,510 (15.1)
2018	6,150 (11.5)
2019E	6,540 (6.4)
2020F	6,870 (5.1)
2021F	7,080 (3.0)

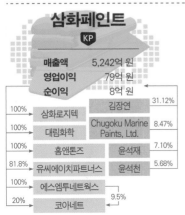

삼화페인트
KP

매출액	5,242억 원
영업이익	79억 원
순이익	8억 원

100%	삼화로지텍	김장연	31.12%
100%	대림화학	Chugoku Marine Paints, Ltd.	8.47%
100%	홈앤톤즈	윤석재	7.10%
81.8%	유씨에이치파트너스	윤석천	5.68%
100%	에스엠투네트웍스		
20%	코아네트	9.5%	

▶ 투자포인트
- 1946년에 설립된 도료 업체로, 중국, 베트남, 말레이시아, 인도 등에 총 11개 계열회사를 설립하여 페인트 생산을 주요 사업으로 영위.
- 건축용 도료 사업에서 800여 개 대리점 유통망 보유.
- 환경친화적 분체도료를 위한 전용 생산 시설 갖춤.
- 국내 건설 시장 부진으로 내수 사업은 부진한 반면, 해외법인들은 대부분 실적이 크게 개선.
- 플라스틱 도료 등을 제조하는 삼화비나 베트남, 삼화인디아 인도 법인은 2019년 상반기 매출액이 각각 39.0%, 206.3% 급증.
- 해외 법인 실적은 고객사 플라스틱 케이싱 스마트폰 판매량 증가 등에 힘입어 2020년에도 꾸준한 상승 기대.

▶ 매출 추이 및 전망
괄호 안은 전년 대비 증감률(%)

(억 원)

2017	4,881 (1.2)
2018	5,242 (7.4)
2019E	5,347 (2.0)
2020F	5,507 (3.0)
2021F	5,672 (3.0)

쌍용양회
KP

매출액	1조5,100억 원
영업이익	2,469억 원
순이익	1,470억 원

- 한앤코시멘트홀딩스 — 77.44%
- 쌍용레미콘 — 100%
- 한국레미콘 — 40%
- 영일레미콘 — 40%
- 대한시멘트 — 100%
- 쌍용로지스틱스 — 84.5%

▶ 투자포인트

- 국내 시멘트 업계 1위 업체로, 안정적인 출하량에 힘입어 이익 개선 전망.
- 매출액이 경쟁사 대비 평균 2~3배로 많기 때문에 규모의 경제 실현에 유리.
- 내수 수요가 부진할 때 수출로 대응이 가능한 만큼 상대적으로 고정비 커버가 수월.
- 업황 부진에도 불구하고 동사의 EBITDA 개선이 긍정적인 이유는, 유연탄 옵션, ESS 및 폐열발전설비 구축, 순환연료 비중 확대 등에 따른 확실한 원가 절감 효과가 이뤄지기 때문.
- 원가 절감 효과는 배당이익 상승으로 이어지는 바, 한앤컴퍼니 인수 이후 연간 총배당금이 꾸준히 늘어나고 있음.

▶ 매출 및 영업이익
(억 원) 괄호 안은 영업이익률(%)
■ 매출 ■ 영업이익

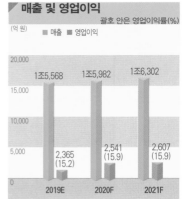

	2019E	2020F	2021F
매출	1조5,568	1조5,982	1조6,302
영업이익	2,365 (15.2)	2,541 (15.9)	2,607 (15.9)

한일시멘트
KP

매출액	5,120억 원
영업이익	561억 원
순이익	537억 원

- 한일홀딩스 — 34.67%
- 우덕재단 — 7.14%
- 국민연금 — 5%
- 한일대우시멘트 — 11.92%

▶ 투자포인트

- 2018년 (옛)한일시멘트가 한일홀딩스 지주회사와 한일시멘트 사업회사로 인적분할되면서 상장.
- 경쟁 시멘트사와의 차별점은 매출액에서 몰탈 비중이 높음 → 매출액 비중은 몰탈 43%, 시멘트 29%, 레미콘 25%이고, 몰탈의 영업이익률은 14%로 시멘트(2.9%), 레미콘(−0.2%)에 비해 높음.
- 단양에 포틀랜드시멘트 생산공장 1곳과 평택, 포항에 슬래그시멘트 생산공장 2곳을 운영하고 있고, 전국 각지에 10개 출하공장 및 저장소 보유.
- 2020년 시멘트와 레미콘 사업 부진에도 불구하고 몰탈 사업에서 소폭이나마 수익률 개선이 나타날 것으로 전망.
- 2020년에는 외형 및 이익률이 크게 개선되지는 않을 것으로 예상.

▶ 매출 및 영업이익
(억 원) 괄호 안은 영업이익률(%)
■ 매출 ■ 영업이익

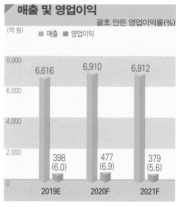

	2019E	2020F	2021F
매출	9,438	9,532	9,540
영업이익	913 (9.7)	982 (10.3)	962 (10.1)

성신양회
KP

매출액	6,881억 원
영업이익	298억 원
순이익	166억 원

- 김영준 — 11.39%
- 김태연 — 12.48%
- 성신레미컨 — 100%
- 성신엘엔에스 — 100%

▶ 투자포인트

- 시멘트 제조공장인 단양 및 부강 공장과 저장소인 전국 6개 출하기지를 통해 국내 200여 거래처로 판매.
- 2018년 12월 레미콘 사업 부문인 성신레미컨을 단순 물적분할하여 사업 전문성 보강.
- 동사는 시멘트 공장이 내륙에 있어 철도와 화물트럭으로 시멘트를 운송해야 하기 때문에 운송비가 해안에 위치한 시멘트 업체보다 비싼 편임.
- 레미콘 사업 확장을 통해 국내 레미콘 시장점유율 3위로 도약하면서 안정적인 포트폴리오 구성.
- 사업 부문별 영업이익 비중은 시멘트 59%, 레미콘 41% 차지.
- 해외 사업의 경우, 베트남에 있는 5개 레미콘 공장 외에 2개 공장을 추가로 확대할 계획.

▶ 매출 및 영업이익
(억 원) 괄호 안은 영업이익률(%)
■ 매출 ■ 영업이익

	2019E	2020F	2021F
매출	6,616	6,910	6,812
영업이익	398 (6.0)	477 (6.9)	379 (5.6)

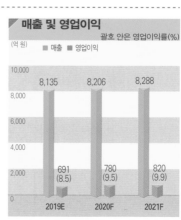

아세아시멘트
KP

매출액	8,438억 원
영업이익	792억 원
순이익	172억 원

- 한라시멘트 — 100%
- 아세아산업개발 — 100%
- 아농(주) — 88%
- (주)아세아 및 관계인 — 61.34%
- 국민연금 — 8.42%
- 신영자산운용 — 7.23%

▶ 투자포인트

- 충청북도 내륙에 위치한 시멘트 제조사로, 2018년 1월에 한라시멘트(옥계)를 인수.
- 쌍용양회, 한일시멘트에 이어 시장점유율 3위 업체로 부상.
- 한라시멘트(옥계) 인수로 쌍용양회와 같이 내륙과 해안 공장 모두를 가진 제조사가 됨.
- 연 760만 톤의 포틀랜드시멘트와 연 480만 톤의 슬래그시멘트를 생산할 수 있는 시설 갖춤.
- 시멘트 제조에 필수적인 석회석을 향후 145년 이상 채광할 수 있는 풍부한 매장량과 양질의 석회석 광산 보유.
- 2019년 강원도 산불 사건 및 현장 사고 등에 따른 생산 중단 사태 발생 → 2020년 생산 정상화에 들어갔지만, 재무구조 정상화 지연 불가피.

▶ 매출 및 영업이익
(억 원) 괄호 안은 영업이익률(%)
■ 매출 ■ 영업이익

	2019E	2020F	2021F
매출	8,135	8,206	8,288
영업이익	691 (8.5)	780 (9.5)	820 (9.9)

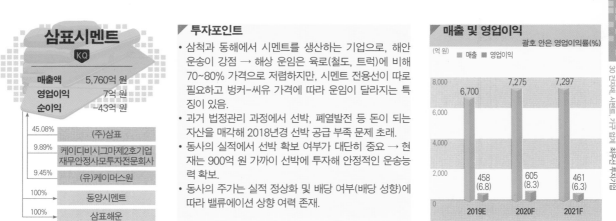

삼표시멘트

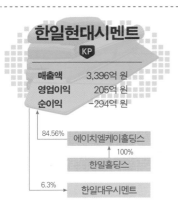

KQ

매출액	5,760억 원
영업이익	7억 원
순이익	-43억 원

- 45.08% (주)삼표
- 9.89% 케이디비시그마제2호기업재무안정사모투자전문회사
- 9.45% (유)케이머스원
- 100% 동양시멘트
- 100% 삼표해운

▶ 투자포인트

- 삼척과 동해에서 시멘트를 생산하는 기업으로, 해안 운송이 강점 → 해상 운임은 육로(철도, 트럭)에 비해 70~80% 가격으로 저렴하지만, 시멘트 전용선이 따로 필요하고 벙커-씨유 가격에 따라 운임이 달라지는 특징이 있음.
- 과거 법정관리 과정에서 선박, 폐열발전 등 돈이 되는 자산을 매각해 2018년경 선박 공급 부족 문제 초래.
- 동사의 실적에서 선박 확보 여부가 대단히 중요 → 현재는 900억 원 가까이 선박에 투자해 안정적인 운송능력 확보.
- 동사의 주가는 실적 정상화 및 배당 여부(배당 성향)에 따라 밸류에이션 상향 여력 존재.

▶ 매출 및 영업이익

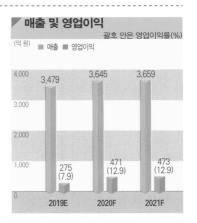

괄호 안은 영업이익률(%)

한일현대시멘트

KP

매출액	3,396억 원
영업이익	205억 원
순이익	-294억 원

- 84.56% 에이치엘케이홀딩스
- 100% 한일홀딩스
- 6.3% 한일대우시멘트

▶ 투자포인트

- 충청도 단양과 강원도 영월에 포틀랜드시멘트 공장을 보유한 내륙 시멘트 제조사로, 한일홀딩스 연결자회사.
- 2017년 7월 한일홀딩스가 참여한 에이치엘케이홀딩스로 최대주주가 변경.
- 한일홀딩스는 현대시멘트를 인수함으로서 한일시멘트 공장과의 시너지 기대.
- 2019년 6월 한일홀딩스는 손자회사인 동사에 대한 실질 지배력 강화와 지주사 체제의 안정성 제고를 위해 보유하고 있던 콜옵션을 행사해 자회사 에이치엘케이홀딩스 지분 100% 확보.

▶ 매출 및 영업이익

괄호 안은 영업이익률(%)

유진기업

KQ

매출액	1조4,510억 원
영업이익	1,309억 원
순이익	266억 원

- 27.3% 유진투자증권
- 23.8% 동양(주)
- 100% 유진홈데이
- 100% 한국통운
- 99.7% 나눔로또
- 11.54% 유경선
- 6.85% 유창수

▶ 투자포인트

- 서울 포함 수도권에만 17개 레미콘 공장을 보유한 레미콘 제조업체.
- 서울, 인천, 경기도가 전체 건축 착공 면적 중 34%를 차지 → 수도권의 물량에 따라 동사의 실적 좌우.
- 저축은행 인수에 이어 유진홈데이(홈인테리어)와 홈센터(공구백화점) 등 인테리어 및 자재 유통 사업에도 진출하는 등 사업다각화.
- 유진투자증권과 (주)동양(레미콘 업체)은 지분법으로 인식.
- 수도권광역철도, 고속철도, 예비타당성 면제 프로젝트 등 SOC들의 착공으로 인한 출하량 증가로 동사 수혜 기대.

▶ 매출 및 영업이익

괄호 안은 영업이익률(%)

벽산

KP

매출액	4,324억 원
영업이익	99억 원
순이익	84억 원

- 90.26% 벽산페인트
- 46.33% 하츠
- 36.19% 인스타워즈
- 28.03% 인희
- 25.49% 김희철 및 관계인
- 7.29% 소양제이차주식회사

▶ 투자포인트

- 단열재, 외장재, 천장재 등 건축자재 및 도료의 제조 · 판매 사업 영위.
- 익산공장을 비롯한 6개 공장에서 다양한 종류의 천장재, 단열재, 외장재 등 양질의 건축자재를 생산하며 본사를 비롯한 부산, 대구, 대전, 광주 등 4개 지점과 영업소를 통해 전국의 유통망을 확보.
- 건축법 개정으로 동사의 핵심 제품인 글라스울 사업이 2020년에 성장할 것으로 예상 → 연간 매출이 1,000억 원 수준으로 증가 기대.
- 글라스울과 미네랄울은 건축, 산업, 선박 등 다양한 분야에 널리 사용되며, 무기단열재이자 불연자재로 보온성과 안전성 호평.
- 벽산페인트와 하츠를 연결대상 종속회사로 둠.

▶ 매출 및 영업이익

괄호 안은 영업이익률(%)

저평가 건자재주에
투자하라!

숨은 보석 찾기

건자재 업계에게 2019년은 악몽 같은 사업연도로 기억될 듯하다. 실적 둔화를 호소하는 건자재 업체들이 한 둘이 아니었기 때문이다. 업체들마다 매출과 영업이익이 곤두박질쳤고, 신규 수주도 크게 줄었다.

건자재 업황은 2020년에도 크게 나아지기 어려울 전망이다. 건설 경기를 가늠하는 대표적인 선행지수인 건설 수주와 건축 허가면적이 2016년에 감소세로 접어든 이후 여전히 반등하지 못하고 있기 때문이다. 전방 산업인 건설 시장이 맥을 추지 못하니 건자재 업계도 별 수 없는 노릇이다.

상황이 이러하다보니 건자재 업체들의 주가에 대한 평가도 야박하기 그지없다. 과거 건자재 주가지수를 살펴보면, 건축 허가면적 및 착공면적 추이와 밀접한 상관관계를 나타내며 움직여왔다. 건축 허가면적과 착공면적 지표가 좋지 않은 상황에서 드라마틱한 건설 경기의 반등이 이뤄지지 않는 한 건자재 업체들의 주가 상승을 기대하는 건 부질없다는 게 증권가의 분위기다.

물론 모든 건자재 업체들이 다 그런 건만은 아니다. '흙 속의 진주'는 있는 법이다. 업황이 전반적으로 침체 국면에 빠졌다 하더라도 반짝이는 업종과 기업 들은 존재하기 마련이다. 업황이 침체기에 놓였으니 해당 기업들의 주가도 저평가 상태인 경우가 다반사다. 주식 시장에서 '저평가'란 해당 업종과 기업의 가치가 제대로 평가받지 못했다는 뜻이다.

인테리어 시장이 뜬다!

건자재 업황을 불황으로 빠트리는 가장 결정적인 시그널은 아파트 입주 물량 감소다. 불과 4~5년 전만 해도 아파트 공급이 50만 세대를 웃돌던 것이 2016년부터 꾸준히 줄더니 2020년 상반기에는 30만 세대에도 미치지 못할 전망이다. 대형 건설사들은 여전히 서울권의 신규 분양 사업에 미련이 많지만 안타깝게도 서울에는 대규모 아파트 단지를 조성할 땅이 더 이상 없다.

이처럼 녹록하지 않은 시장 상황에서 건자재 업계가 주목하는 건 인테리어 시장이다. OECD에 따르면, 우리나라 인테리어 시장 규모는 약 25조 원으로 추산된다. 국내에서 인테리어 시장이 성장하는 이유는 신규 분양 물량 침체와 관계가 깊다. 서울권에서 새 아파트로의 이주가 어려워지면서 기존의 노후 아파트 내부를 공사하는 수요가 늘어나고 있기 때문이다. 노후 아파트는 인테리어 시장의 잠재 수요를 형성한다고 할 수 있다. 통계청이 2017년에 실

국내 인테리어 시장 성장 추이

(조 원)　■ 인테리어 시장 규모(좌)　━ 1인당 GDP(우)　(달러)

인테리어 시장의 성장은 한 나라의 GDP 성장률과 비례한다.

2017년 기준 한국 인테리어 시장 규모 25.3조 원

자료: OECD 'Furnishings, households equipment and routine maintenace of the house', 한화투자증권

시한 주택총조사에 따르면, 우리나라 전체 주택(아파트 포함) 1,712만 가구 중에 2000년 이전에 지어진 주택이 53%에 이른다고 한다. 심지어 1990년 이전에 지어진 주택도 20%에 달한다.

국내 인테리어 시장은 대기업 자본이 득세하는 독과점 구조가 아니다. 소규모 개인사업자 비중이 크다. 상장 건자재 및 가구 업체 입장에서는 아직 블루오션이라 할 수 있다. 분양 시장 침체에 따른 입주 물량 감소, 노후 아파트 증가, 절차가 길고 까다로운 재개발/재건축 등 건설·부동산 시장 상황을 고려하건대, 25조 원 규모의 인테리어 시장은 아직 성장 여력이 충분하다. 상장 건자재 업체로서는 (시장 진출에) 주저할 이유가 없다.

그런 의미에서 토털 인테리어 브랜드 '리하우스'를 론칭한 가구 회사 한샘의 전략은 업계는 물론 투자자 입장에서도 주목할 만 하다. 한샘은 1970년 부엌가구로 창업해 가정용가구에서 마루와 욕실 등 마감재로까지 사업 영역을 확장하더니 2016년경 아예 토털 인테리어 패키지 브랜드를 만들어 인테리어 시장 선점에 나섰다. 리하우스는 가구와 욕실, 창호, 바닥재 등을 포함해 인테리어 전체를 리모델링하는 아이템이다.

한샘의 리하우스 브랜드 전략에서 특히 탁월한 것은, 기존 가구 제휴점들을 리하우스 대리점으로 전환시킨 것이다. 영세한 개인사업자 중심으로 편재된 인테리어 업계에 한샘이라는 브랜드를 지닌 대리점을 확산시켜 시장점유율을 선점하겠다는 전략이다. 한샘의 대리점 수는 2018년 말 80여 개 수준에서 2019년 3분기 기준 300개를 넘어섰다. 향후 500개까지 늘린다는 게 한샘의 계획이다. 늘어난 대리점 수만큼 인테리어 패키지 판매 수도 급증하고 있다. 월 300여 건에 머물던 것이 700건 이상으로 두 배를 훌쩍 뛰어넘었다. 토털 인테리어 패키지 매출은 식탁이나 책상 등 단품 가구 매출과는 규모가 다르다. 어두운 건자재 업황이지만 한샘의 사업 전략은 반짝거린다. 증권가에서 한샘을 주목하는 이유다.

시멘트 업황, 그리 나쁘지 않다!

시멘트 업황은 건자재만큼 암울하지 않다. 줄어드는 시멘트 출하량(Q)만 놓고 본다면 힘든 건 별 반 다르지 않지만, 시멘트 가격(P) 정상화와 원재료 가격(C) 하락 등 긍정적인 시그널이 감지되기 때문이다.

하지만 무엇보다도 2020년 시멘트 업계를 주목하도록 하는 핵심 이슈는 정부의 SOC 예산 증액이다. 정부는 2020년 SOC 예산을 2019년 19.8조 원에서 22.3조 원으로 약 13% 늘려 편성한다고 발표했다. 수요처별 시멘트 출하량을 살펴보면, SOC 관련 비중이 최근 5년 평균 16% 수준인데, 이는 결코 적은 수치가 아니다. 물론 민간 건축 사업 부문의 수요 감소를 상쇄시킬 수 있는 정도는 아니라 할지라도 업황 전체를 놓고 봤을 때 의미 있는 비중이다.

다만 투자적 관점에서는 선별적인 접근을 요한다. 모든 시멘트 업체에 긍정적인 투자 가치를 부여하긴 힘들다. 높은 시장점유율과 건전한 재무구조를 갖추고 있고, 꾸준히 안정적인 이익을 창출하며, 무엇보다 주주친화적인 배당성향을 지니고 있어야 한다.

시멘트 업계 1위인 쌍용양회는 2016년 한앤컴퍼니에 인수된 이후, 적자 계열사 정리와 적극적인 부채상환 노력 및 대한시멘트 합병 등을 통해 실적 안정세에 진입했다는 평가다. 경쟁사 대비 높은 배당수익률(6.6%)도 매력 포인트로 꼽힌다.

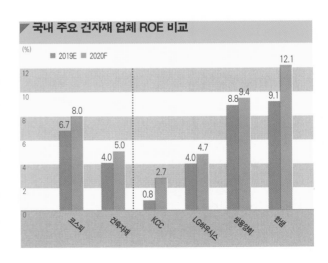

▟ **국내 주요 건자재 업체 ROE 비교**

(%) ■ 2019E ■ 2020F

업체	2019E	2020F
코스피	6.7	8.0
건축자재	4.0	5.0
KCC	0.8	2.7
LG하우시스	4.0	4.7
쌍용양회	8.8	9.4
한샘	9.1	12.1

31 철강, 비철금속 업계

China Steel Power : 전세계 철강 산업을 쥐락펴락

지역별 철강 시장 규모 2020년 수요량 기준, 단위 : 백만 톤

- 미국 101.2
- 브라질 22.7
- EU 168.6
- MENA 66.9
- CIS 59.2
- 한국 10.9
- 일본 64.1
- 인도 108.7
- 중국 909.1

글로벌 철강 시장 규모

(백만 톤)	2018	2019E	2020F
	1,798.6	1,775.0	1,805.7

- 글로벌 철강 시장은 중국의 제조업과 건설 경기에 좌우 → 중국의 철강 수요는 전세계 철강 수요의 절반 이상 차지.
- 중국 내 철강 수요가 줄어 수입량이 감소하면 중국향 철강 수출 비중이 높은 철강 업체 실적 마이너스.
- 중국 내 철강 수요가 줄어 중국 철강 업체들의 수출 규모가 증가하면 글로벌 철강 공급 과잉이 초래되어 철강가격이 떨어지면서 철강 업체 이익 마이너스.

중국 조강생산량 추이 및 전망

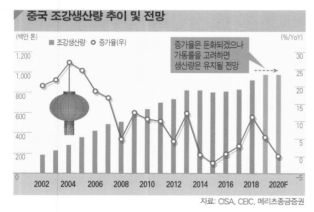

증가율은 둔화되겠으나 가동률을 고려하면 생산량은 유지될 전망

■ 조강생산량 ○ 증가율(우)

자료: CISA, CEIC, 메리츠종금증권

중국 철강 초과 공급에 따른 순수출 전망

○ 초과 공급
○ 순수출

2019년까지 크게 늘지 않았던 수출은 2020년부터 증가할 것으로 전망 2021년에는 2015년 수준에 달할 수 있음

자료: NBS, 중국해관총서, Bloomberg, CEIC, 메리츠종금증권

중국 철강재 수요 산업 비중 단위: %

- 기타 9.9
- 건설 8.1
- 금속제품 8.2
- 기계장비 18.8
- 건설 55

자료: SIPR, NH투자증권

중국 열연 유통 가격이 국내 철강 대장주 포스코 주가에 미치는 영향

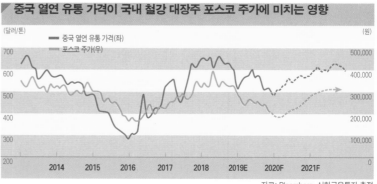

— 중국 열연 유통 가격(좌)
— 포스코 주가(우)

자료: Bloomberg, 신한금융투자 추정

유럽, 미국의 철강 산업 : 자국 철강사 중심 수급, 수입 규제 조치 발동

EU 산업별 철강 수요 비중 단위: %

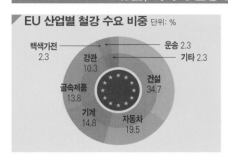

유럽 조강생산량 추이

- 유럽의 철강 수요는 건설과 자동차 산업이 견인 → 건설 경기 호조, 자동차 시장 둔화 → 견조한 건설 산업이 유럽의 철강 시황 버팀목.
- 유럽 철강사들의 선제적 감산 진행으로 조강생산량 하락 → 철강 공급 과잉 사태 미연에 방지.
- 미국의 수입 규제로 미국향 수출 물량이 유럽으로 유입되는 것을 막기 위해 세이프가드 발동 → 글로벌 철강 업체들의 유럽향 수출 실적 둔화.

미국 산업별 철강 수요 비중 단위: %

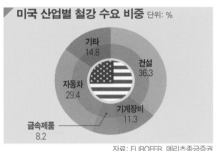

미국 조강생산량과 철강 순수입 추이

자료: EUROFER, 메리츠종금증권

자료: WSA, 메리츠종금증권

- 미국의 철강 시황도 유럽과 마찬가지로 건설과 자동차 산업이 주도 → 미국의 자동차 시장은 2020년에도 침체가 예상되기 때문에 건설 경기가 중요한데, 다행히 미국 건설 경기가 호황을 이어갈 것으로 예상됨에 따라 철강 시황이 안정세를 이어갈 전망.
- 무역확장법 제232조 발동으로 철강 수입 규제 및 자국 철강사 가동률 진작 → 글로벌 철강 업체들의 미국향 수출 실적 둔화.

국내 철강 시황 : 건설, 자동차, 조선 업황에 달렸다!

국내 아파트 분양 물량 추이 및 전망

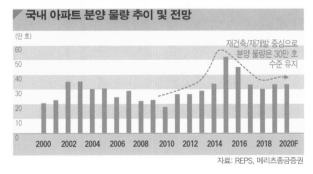

자료: REPS, 메리츠종금증권

국내 철근 수입과 명목수요 추이 및 전망

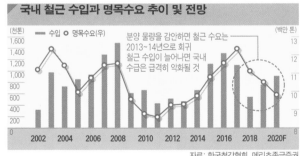

자료: 한국철강협회, 메리츠종금증권

국내 자동차 생산량 추이 및 전망

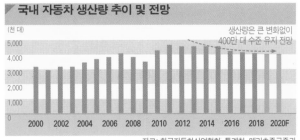

자료: 한국자동차산업협회, 통계청, 메리츠종금증권

국내 조선사 수주 및 수주 잔고 추이

자료: Clarkson, 메리츠종금증권

China Metal Power : 전세계를 압도하는 중국의 비철금속 생산과 소비

글로벌 6대 비철금속(구리, 알루미늄, 아연, 납, 니켈, 주석) 생산국/소비국 '톱10' 2017년 기준, 단위 : 천 톤

6대 비철금속 글로벌 소비 비중

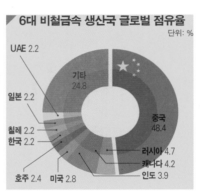

6대 비철금속 생산국 글로벌 점유율

6대 비철금속 소비국 글로벌 점유율

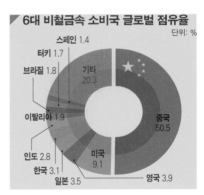

중국 비철금속 수요 비중 단위: %

자료: WBMS, Bloomberg, 대신증권

중국 6대 비철금속 생산/소비 규모 단위 : 천 톤

비철금속, 어디에 투자해야 하나?

비철금속 제품별 투자 전략

알루미늄 : 중립
2020년 하반기로 갈수록 하방압력이 높아질 전망. 투자 심리 개선되면서 알루미늄 수요 회복으로 이어지겠지만, 정제 알루미늄 공급량이 전년 대비 큰 폭으로 늘어날 것으로 예상.

니켈 : 선호
니켈 가격은 타이트한 수급으로 가격 상승 기대. 2020년 인도네시아의 니켈 원광 수출 금지에 따른 비용 상승과 공급 감소로 2019년보다 하방 지지선이 높아질 전망. 니켈은 견고한 스테인리스강 수요로 하방 지지선 높음.

구리 : 중립
알루미늄처럼 투자 심리 개선으로 제한적 반등을 보일 전망. 구리 수급이 타이트할 것으로 예상되는 가운데, 과거에 비해 낮은 구리 재고 수준은 투자 심리를 끌어올리고 실물 수요 턴어라운드 시 가격 상승으로 이어질 수 있음.

금 : 선호
장기적 관점에서 분할 매수 추천. 경기 및 자산 시장 불확실성은 안전자산 수요 증가로 이어질 가능성이 높음. 중국과 인도 시장에서 부호들을 중심으로 장신구 수요가 증가하는 것도 호재.

▼ 국내 비철금속 산업 수출입 국가 '톱5' 괄호 안은 전년 대비 증감률(%)

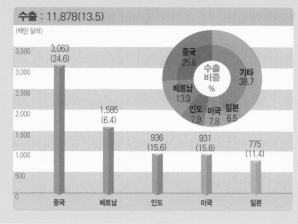

수출 : 11,878(13.5)
(백만 달러)
중국 3,063(24.6), 베트남 1,585(6.4), 인도 936(15.6), 미국 931(15.8), 일본 775(11.4)

수출 비중 % : 중국 25.8, 베트남 13.3, 인도 7.9, 미국 7.8, 일본 6.5, 기타 38.7

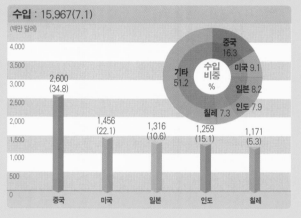

수입 : 15,967(7.1)
(백만 달러)
중국 2,600(34.8), 미국 1,456(22.1), 일본 1,316(10.6), 인도 1,259(15.1), 칠레 1,171(5.3)

수입 비중 % : 중국 16.3, 미국 9.1, 일본 8.2, 인도 7.9, 칠레 7.3, 기타 51.2

▼ 비철금속, 금, 은 가격 추이 및 전망

구리 (달러/ton)
2018: 6,545, 2019E: 6,004, 2020F: 6,010, 2021F: 5,900

알루미늄 (달러/ton)
2018: 2,114, 2019E: 1,811, 2020F: 1,773, 2021F: 1,800

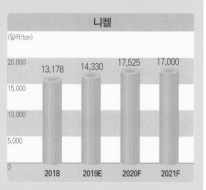

니켈 (달러/ton)
2018: 13,178, 2019E: 14,330, 2020F: 17,525, 2021F: 17,000

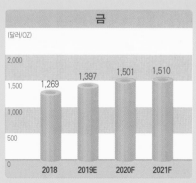

금 (달러/OZ)
2018: 1,269, 2019E: 1,397, 2020F: 1,501, 2021F: 1,510

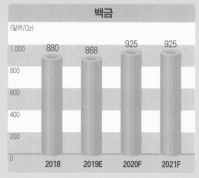

백금 (달러/Oz)
2018: 880, 2019E: 868, 2020F: 925, 2021F: 925

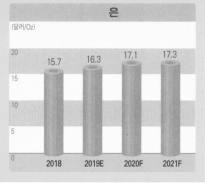

은 (달러/Oz)
2018: 15.7, 2019E: 16.3, 2020F: 17.1, 2021F: 17.3

포스코
KP

매출액	64조9,778억 원
영업이익	4조6,218억 원
순이익	2조9,735억 원

11.72%	국민연금
10.13%	CITIBANK.N.A
61.26%	포스코케미칼
56.87%	포스코강판
62.91%	포스코인터내셔널
65.38%	포스코아이씨티
48.85%	포스코엠텍
89.02%	포스코에너지
52.8%	포스코건설

▶ 투자포인트

- 철강 경기 부진과 원료 가격 상승에도 9분기 연속 1조 원 이상의 연결 영업이익 시현.
- 2016년부터 2018년까지는 중국의 공급 측 개혁과 글로벌 경기 회복에 힘입어 철강 경기 상승 사이클 경험. 그러나 철강 가격은 2018년부터 하락하기 시작했으며 2019년 하반기 들어 하락세는 더욱 가팔라짐.
- 2020년에도 중국의 공급량 증가가 부담되는 가운데, 약한 수요로 부진한 철강 업황 이어질 전망.
- 2019년에는 높은 원료 가격이 철강 가격을 지지했지만, 2020년은 원료 가격이 낮아지면서 자동차, 조선 등 수요 산업의 철강제품 가격 인하 요구가 커질 것으로 예상.
- 광산 공급 차질에 따른 철광석 가격이 급등할 경우 동사의 실적 악화 우려 → 다행히 2019년 이후 철광석 가격 하락 예상.

▶ 매출 및 영업이익

괄호 안은 영업이익률(%)
(억 원) ■ 매출 ■ 영업이익

- 2019E: 65조1,110 / 4조2,420 (6.5)
- 2020F: 64조9,020 / 3조7,210 (5.7)
- 2021F: 66조4,970 / 4조0,630 (6.1)

▶ 사업 부문별 매출 비중

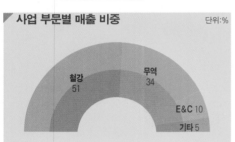

단위:%

- 철강 51
- 무역 34
- E&C 10
- 기타 5

▶ 조강생산량 추이 및 전망

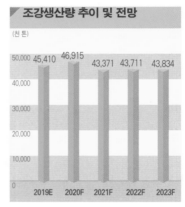

(천 톤)

- 2019E: 45,410
- 2020F: 46,915
- 2021F: 43,371
- 2022F: 43,711
- 2023F: 43,834

▶ 철광석 가격 전망

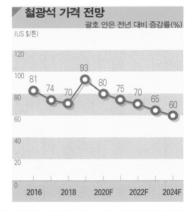

괄호 안은 전년 대비 증감률(%)
(US $/톤)

- 2016: 81
- 74
- 70
- 2018: 93
- 80
- 2020F: 75
- 70
- 2022F: 65
- 2024F: 60

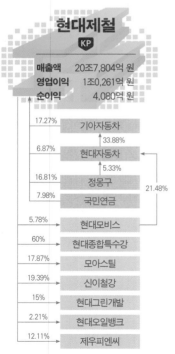

현대제철
KP

매출액	20조7,804억 원
영업이익	1조0,261억 원
순이익	4,080억 원

17.27%	기아자동차
6.87%	현대자동차 (33.88%)
16.81%	정몽구 (5.33%)
7.98%	국민연금 (21.48%)
5.78%	현대모비스
60%	현대종합특수강
17.87%	모아스틸
19.39%	신이철강
15%	현대그린개발
2.21%	현대오일뱅크
12.11%	제우피엔씨

▶ 투자포인트

- 수익 의존도가 높은 전방 산업(자동차 및 조선)의 수요 회복이 시급한 상황.
- 경기 불확실성으로 인한 수요 부진이 계속될 경우, 원가 상승 시에는 비용 증가에 따른 수익성 감소, 반대로 원가 하락 시에는 판매 가격 하락에 따른 매출 감소로 이어질 전망.
- 동사는 특히 현대기아차향 자동차 강판 판매에 대한 이익 의존도가 높아, 현대기아차의 판매가 부진하면 철강 업황이 개선되더라도 실적 회복에 어려움이 큼.
- 연료전지 핵심 부품 중 하나인 금속분리판 설비를 증설하는 등 현대기아차의 수소 연료 전지차 생산 확대에 맞춰 투자 진행 중 → 시장 성장에 따라 향후 1조 원 매출 규모의 사업 예상됨에 따라 중장기 투자포인트가 될 전망.

▶ 매출 및 영업이익

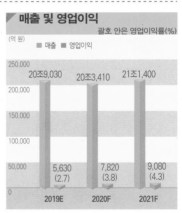

괄호 안은 영업이익률(%)
(억 원) ■ 매출 ■ 영업이익

- 2019E: 20조9,030 / 5,630 (2.7)
- 2020F: 20조3,410 / 7,820 (3.8)
- 2021F: 21조1,400 / 9,080 (4.3)

▶ 조강생산량 추이 및 전망

(천 톤)

- 2019E: 24,006
- 2020F: 24,126
- 2021F: 24,246
- 2022F: 24,368
- 2023F: 24,490

▶ 철근 ASP

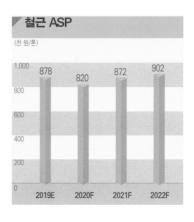

(천 원/톤)

- 2019E: 878
- 2020F: 820
- 2021F: 872
- 2022F: 902

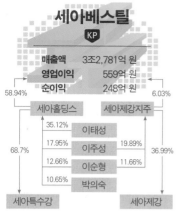

세아베스틸
KP

매출액	3조2,781억 원
영업이익	559억 원
순이익	248억 원

58.94% ← → 6.03%

세아홀딩스 　　 세아제강지주

35.12%	이태성	
17.95%	이주성	19.89%
12.66%	이순형	11.66%
10.65%	박의숙	

68.7% 　　 36.99%

세아특수강 　　 세아제강

▶ 투자포인트
- 2015년 3월 세아창원특수강을 인수하여 특수강 전제품을 생산하는 국내 유일한 업체.
- 동사의 주력 제품은 탄소합금 특수강이고, 종속회사 세아 창원특수강은 스테인리스 특수강을 주력 사업으로 영위.
- 동사의 특수강 판매량이 40.3만 톤으로 전년 대비 21.3% 감소함에 따라 고정비 상승 효과로 실적 부진.
- 종속회사인 세아창원특수강의 주요 제품(특수강봉강, STS 봉강, STS선재, STS무계목강관 등) 역시 내수 수요 부진 이어짐 → 특수강봉강의 경우, 현대기아차라는 캡티브 수요를 확보하고 있는 현대제철의 판매 확대로 어려움 가중.
- 알코닉코리아 인수로 포트폴리오 다각화 → 항공/방산 등 고부가가치 특수강 사업 시장 진출.

▶ 영업이익 추이 및 전망
괄호 안은 영업이익률(%)

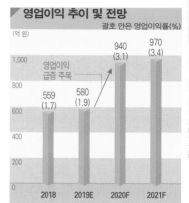

(억 원)

2018	2019E	2020F	2021F
559 (1.7)	580 (1.9)	940 (3.1)	970 (3.4)

영업이익 급증 주목

▶ 국내 특수강봉강 가격 추이

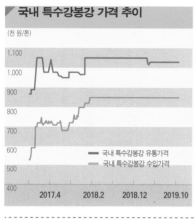

(천 원/톤)
- 국내 특수강봉강 유통가격
- 국내 특수강봉강 수입가격

2017.4 　 2018.2 　 2018.12 　 2019.10

▶ 국내 STS 봉강 가격 추이

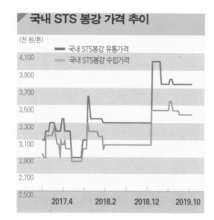

(천 원/톤)
- 국내 STS봉강 유통가격
- 국내 STS봉강 수입가격

2017.4 　 2018.2 　 2018.12 　 2019.10

▶ 세아창원특수강(종속회사) 실적
괄호 안은 영업이익률(%)

(억 원)　■ 매출　■ 영업이익

	2018	2019E	2020F
매출	1조2,298	1조2,030	1조2,350
영업이익	430 (3.5)	460 (3.8)	590 (4.8)

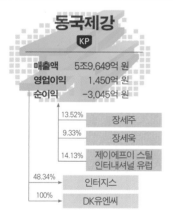

동국제강
KP

매출액	5조9,649억 원
영업이익	1,450억 원
순이익	-3,045억 원

13.52%	장세주
9.33%	장세욱
14.13%	제이에프이 스틸 인터내셔널 유럽
48.34%	인터지스
100%	DK유엔씨

▶ 투자포인트
- 1971년 국내 최초로 후판 사업에 진출하면서 봉형강류 및 판재류를 주력 사업으로 영위 → 동사 이익의 대부분 은 봉형강에서 발생.
- 2015년 1월 유니온스틸과의 합병으로 냉연강판 제조·판매업으로 사업다각화.
- 철근 가격 하락을 방어하기 위해 감산 효과로 롤마진이 유지되고 있지만, 고정비 부담이 증가할 전망.
- 후판 사업의 경우, 조선향 판매량 확대 속도는 기대보다 더딘 상황이지만, 판매 물량 기반을 구축하기 위해 강관 사 대형 프로젝트를 선점하고 있음 → 조선사 및 강관사 와 파트너십을 강화하고, 대만 풍력 프로젝트 등 고수익 제품 중심의 판매를 지속 추진함에 따라 2020년 이후부 터는 판매량 증가로 흑자전환 기대.

▶ 영업이익 추이 및 전망
괄호 안은 영업이익률(%)

(억 원)

2018	2019E	2020F	2021F
1,450 (2.4)	2,340 (4.1)	2,280 (4.2)	2,360 (4.3)

영업이익 급증 주목

▶ 생산실적 추이 및 전망

(천 톤)　■ 봉형강　■ 컬러/도금/냉연　■ 후판　■ 기타 중국법인

	2019E	2020F	2021F
봉형강	6,309	6,206	6,234
컬러/도금/냉연	3,718	3,569	3,569
후판	1,514	1,532	1,541
	950	975	990
기타 중국법인	126	130	133

▶ 제품별 매출 추이 및 전망

(억 원)　■ 봉형강　■ 컬러/도금/냉연　■ 후판　■ 기타 중국법인

	2019E	2020F	2021F
봉형강	5조2,520	5조1,580	5조2,140
컬러/도금/냉연	2조5,850	2조4,270	2조4,390
후판	1조6,500	1조6,900	1조7,050
	7,240	7,160	7,310
기타 중국법인	2,920	3,260	3,390

▶ 순수익 추이 및 전망

(억 원)

2018	2019E	2020F	2021F
-3,046	-270	810	1,020

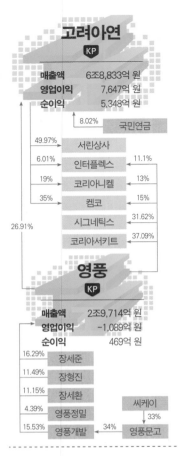

고려아연
KP

매출액	6조8,833억 원
영업이익	7,647억 원
순이익	5,348억 원

국민연금 — 8.02%

서란상사 — 49.97%
인터플렉스 — 6.01% / 11.1%
코리아니켈 — 19% / 13%
켐코 — 35% / 15%
시그네틱스 — 31.62%
코리아서키트 — 37.09%
26.91%

영풍
KP

매출액	2조9,714억 원
영업이익	-1,089억 원
순이익	469억 원

장세준 — 16.29%
장형진 — 11.49%
장세환 — 11.15%
영풍정밀 — 4.39%
영풍개발 — 15.53%
씨케이 — 33%
영풍문고 — 34%

☑ 투자포인트
- 2020년 계약 T/C(Treatment Charge, 제련수수료) 인상으로 원가 개선 예상.
- 2020년 달러 약세 전망으로 비철금속(아연) 및 귀금속 가격 완만한 반등 기대.
- 아연 spot T/C는 톤당 295달러로 2019년 3월 말 245달러에서 +20% 상승 → 정광 공급량 증가 영향 → 전세계의 약 35%를 차지하는 중국의 아연정광 생산량은 2019년 10월 +11% 증가하여 4개월 연속 두 자릿수 증가 추세.
- 순현금 재무 구조로 중장기적으로 투자력 보유.
- 2019년 동사 주가는 40만 원대 박스권 등락을 시현하여 왔으며, 40만 원 초반대 주가는 P/B 1.05배로 금융위기 이후 역사적 밴드의 하단 수준.

☑ 고려아연 주가 추이

☑ 투자포인트
- 아연 가격 하락에 따라 영업이익이 크게 나아지지 않고 있지만, PCB 자회사들(영풍전자, 인터플렉스)의 실적 개선에 따라 회복 기대.
- 인터플렉스, 영풍전자 등 PCB 자회사는 주요 고객이었던 애플과의 관계가 악화되면서 2018년 극심한 실적 부진을 경험하다 삼성전자를 중심으로 고객 다변화와 자체적인 원가 절감 노력으로 수익성 개선.
- 법적 공방이 진행 중인 석포제련소 조업정지 관련 판결에 따라 향후 본사 실적 추정치 변경 예상.
- 동사의 순현금 약 2,100억 원과 종로 영풍문고빌딩(장부가 약 4,000억 원), 논현역 영풍빌딩(장부가 약 670억 원) 등의 자산가치를 감안하건대 영업가치와 IT 자회사의 가치를 제외하더라도 동사의 주가는 저평가 상황.

☑ 매출 및 영업이익
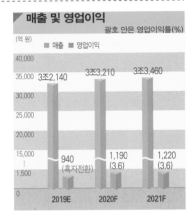

풍산
KP

매출액	2조7,745억 원
영업이익	1,075억 원
순이익	621억 원

풍산홀딩스 — 38%
류진 — 32.5%
국민연금 — 13.9%

☑ 투자포인트
- 동사는 동 및 동합금소재와 가공품을 제조/판매하는 신동(伸銅) 사업과 각종 탄약류를 생산하는 방산 사업 영위.
- 신동 사업 매출액이 출하량 증가와 전기동 가격 향상(톤당 5,886달러, +1.1% QoQ)에 따른 ASP(평균판매단가) 상승으로 개선될 전망.
- 2020년에는 전방 산업 회복에 따른 가공 마진 정상화, 재고평가 이익 발생 등의 영향으로 수익성 개선 기대.
- 해외 현지법인을 통하여 미국과 태국 등에 대규모 생산/판매 라인 구축.
- 2019년에 상장 이후 최저 PBR 수준까지 주가가 하락했다가 최근 전기동 가격 상승세 지속과 함께 주가 반등 → 2016~2017년 때의 주가 랠리는 기대하기 어렵지만, 주요 거래소에서의 전기동 재고 추이 등을 감안할 때 2019년 바닥을 찍고 2020년 완만한 회복 흐름 예상.

☑ 매출 및 영업이익

☑ 신동 사업 매출 추이 및 전망

☑ 신동 출하량 추이 및 전망
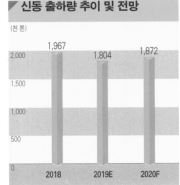

☑ 풍산 주가 추이

322

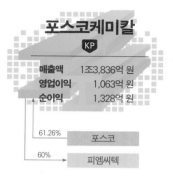

포스코케미칼
KP

매출액	1조3,836억 원
영업이익	1,063억 원
순이익	1,328억 원

61.26% → 포스코
60% → 피엠씨텍

📂 투자포인트
- 비철금속의 핵심 소재인 염기성내화물 제조업체로, 음극재 등 2차전지 소재 사업 진출.
- LG화학의 배터리 셀 출하량 증가로 동사의 양/음극재 사업부 직접적 호재.
- 2019년 EV향 소재 비중이 32%에서 2020년 82%로 상승 전망.
- 음극재 연산 2만 톤 규모 증설분은 2019년 11월 준공됐고, 양극재 연산 2.4만 톤 규모 증설분도 준공 예정.
- 비철금속 업계의 새로운 먹거리로 2차전지 소재 사업에서 의미 있는 이익 실현.

매출 및 영업이익
괄호 안은 영업이익률(%)

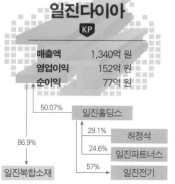

에코프로비엠
KQ

매출액	5,892억 원
영업이익	503억 원
순이익	369억 원

54.24% → 에코프로
12.72% → 이동채

📂 투자포인트
- 2016년 5월에 에코프로의 2차전지 소재 사업 부문이 물적분할되어 설립.
- 2013년 하이니켈계 양극활물질 중심으로 사업 재편 이후 NCA 분야에서 시장점유율을 꾸준히 높이고 있음.
- 테슬라사의 EV용 배터리 소재를 납품하고 있는 스미토모에 뒤이어 세계 2위 시장점유율 영위.
- 2020년 2분기 CAM5 가동으로 매출 고속성장기 진입 → CAM5 공장은 연 30,000톤 규모로 기존 전체 생산 규모 상회.
- 2021년 유럽 이산화탄소 규제 강화에 맞춰서 고객사인 SK이노베이션의 헝가리 1공장이 2020년 상반기 양산 예정으로 성장 모멘텀 매력적.

매출 및 영업이익
괄호 안은 영업이익률(%)

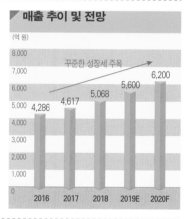

알루코
KP

매출액	5,068억 원
영업이익	121억 원
순이익	33억 원

100% → 고강알루미늄
100% → 현대알루미늄
19.55% → 케이피티유
15.92% → 알루텍
10.43% → 박도봉
50.43%

📂 투자포인트
- 알루미늄 압출 제품 등의 제조/판매를 주요 사업으로 영위.
- 동사에서 제조/판매하는 알루미늄 제품은 섀시, 거푸집, 철도차량 내/외장재, LCD-Frame, 커튼월, 자동차부품 소재 등으로 광범위하게 활용.
- 2020년부터는 알루미늄 TV프레임 성장과 함께 전기차용 배터리 커버 매출까지 신규 반영되어 실적 개선 예상.
- 2019년 6월에 운영자금 확보 목적으로 전환사채 320억 원 발행 → 전환 가능 주식 수는 현재 발행 주식 총 수의 14.3% 비중이나, 40%(128억 원)에 대해 콜옵션을 보유하고 있어 오버행 우려는 제한적.
- 전환사채 발행은 베트남 및 헝가리, 멕시코 공장 증설에 따른 자금 확보에 목적이 있는 만큼 중장기 성장성에 주목.

매출 추이 및 전망

일진다이아
KP

매출액	1,340억 원
영업이익	152억 원
순이익	77억 원

50.07% → 일진홀딩스
29.1% → 허정석
24.6% → 일진파트너스
57% → 일진전기
86.9% → 일진복합소재

📂 투자포인트
- 건설 등 다양한 산업에서 활용되는 공업용 합성다이아몬드 제조·판매 전문기업.
- 실적 규모는 크지 않으나, 꾸준한 매출과 10%대가 넘는 영업이익률 주목.
- 2012년에 인수한 연결자회사인 일진복합소재는 고압 CNG 탱크 및 수소탱크와 매연저감장치를 제작·판매하는 곳으로, 수소연료전지 자동차에 수소탱크를 공급하는 국내 유일의 업체 → 주요 고객사의 수소차 보급 확대 시 수혜 집중.
- 일진복합소재는 현대자동차의 양산형 수소버스 수소 저장 시스템 및 탱크 공급 업체로 선정되어, 정부의 수소경제 로드맵과 현대자동차의 수소차 라인업 확대 시 수혜 기대.
- 2019년 9월 720억 원 규모의 유상증자 마무리 → 유상증자로 조달된 자금 중 600억 원이 일진복합소재에 투자.

매출 추이 및 전망

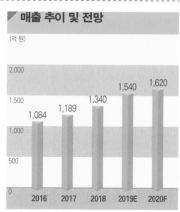

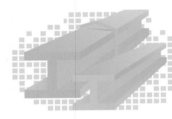

철강과 금속 시황, 중국에 달렸다!

철강 가격이 자꾸 떨어지는 이유

철강은 건설, 자동차, 조선 등 대규모 산업에 없어서는 안 될 핵심 소재다. 철강 시황이 전방 산업의 경기에 막대한 영향을 받을 수밖에 없는 이유다. 따라서 철강 시황을 읽기 위해서는 자동차 생산량과 아파트 분양 물량, 조선사들의 수주 잔고 추이 등 전방 산업 동향을 눈여겨봐야 한다.

철강은 대외적으로는 중국 시황이 매우 중요하다. 중국의 철강 수요가 전세계 철강 수요의 절반을 차지하기 때문이다. 중국 내 철강 수요가 줄어 수입량이 감소하면 중국향 철강 수출 비중이 높은 철강사들의 실적은 기대치를 밑돌게 된다.

문제는 중국 내 철강 수요가 줄면서 중국 철강사들이 해외로 눈을 돌려 수출 규모를 늘리는 것이다. 이는 곧 글로벌 철강 공급 과잉을 초래하면서 여지없이 철강 가격을 떨어트린다. 철강 가격이 떨어지니 전세계 철강사들의 이익도 줄어들기 마련이다. 이처럼 글로벌 철강 시황에서 중국의 영향력은 거의 절대적이라 해도 지나치지 않다.

2020년 이후 중국의 조강생산량은 줄지 않을 전망이다. 증가율은 예년에 비해 다소 떨어지는 추세지만 그렇다고 당장 전체적인 조강생산량까지 감소하지 않는다는 게 업계 전문가들의 진단이다. 철강 수요는 계속해서 줄어드는 데, 공급은 줄지 않으니 결국 과잉 공급 사태를 걱정하지 않을 수 없다.

세계철강협회(WSA)는 2020년 중국 철강 소비 증가율을 1.0%로 전망했는데, 이는 2019년 실제 철강 소비 증가율인 4.0%보다 크게 둔화한 수치다. 심지어 전세계 철강 소비 증가율인 1.7%에도 미치지 못하는 전망치다.

국내 철강사들의 이중고

철강 업계를 좀 더 어둡게 하는 건 철광석 가격이다. 2019년에는 철광석 가격이 크게 올라 전세계 철강사들을 힘들게 했다. 다행히 2020년부터 철광석 가격이 진정 기미를 보이고 있지만, 건설사와 자동차 제조업체들은 철광석 가격 하락을 빌미로 철강 가격 인상을 강하게 거부하고 있다. 2019년에 철광석 가격이 급등했지만, 철강사들은 중국발 공급 과잉 쇼크로 인해 철강 가격을 올리지 못했다. 그런데 2020년에는 원재료인 철광석 가격이 떨어질 것이라는 이유로 전방 업계로부터 철강 가격 인하 압박을 받고 있는 것이다.

철강사로서는 가격 인상 요인이 단지 원재료 가격에만 있는 게 아니다. 철강을 제조하고 유통·판매하기 위해 들어가는 비용총계는 해마다 늘어나지만, 이러한 부분까지 철강 가격 인상에 반영하기가 쉽지 않기 때문이다.

한편, 건설, 자동차, 조선 등 전방 산업들의 부진은 2020년에도 계속될 전망이다. 국내 건설 투자는 2017년 280조 원을 넘어선 이후 계속해서 내리막길을 걷고 있다. 2019년 260조 원에 이어 2020년 250조 원에 그칠 것으로 예상된다. 건설 시장이 좀체 회복하지 못하는 이유는 아파트 등 민간 건설 경기 둔화가 계속되고 있기 때문이다. 아파트 분양 물량은 2015년 52만 호를 기록한 이후 감소세로 돌아서서 2020년에는 그 절반에도 미치지 못하는 23만 호에 그칠 전망이다. 이에 따라 2020년 국내 철근 명목소비 규모는 전년 대비 8% 가량 줄어든 1천 만 톤 내외로 추산된다.

2017년과 2018년 국내 조선사들의 수주 증가로 2019년 건조량이 전년 대비 64% 가량 급증했던 조선 시황은 2020년에 다시 수주 감소세로 돌아설 전망이다.

업계에 따르면, 국내 후판 명목수요는 2018년 892만 톤에서 2019년 972만 톤으로 증가했다가 다시 2020년에 890만 톤 내외로 줄어들 것으로 추산하고 있다.

2020년에는 자동차 시황도 녹록치 않아 보인다. 국내 자동차 생산량이 2018년 181만 대에서 2019년 176만 대로 감소한 데 이어 2020년도 175만 대로 소폭 하락이 전망됨에 따라 자동차 강판용 철강 수요 역시 예년 수준의 회복이 어려울 전망이다.

미래 비철금속 시장의 블루칩

2019년 비철금속 시황이 부진했던 가장 큰 이유는 중국의 비철금속 수요가 둔화했기 때문이다. 중국은 철강과 함께 비철금속에서도 세계 최대 시장을 형성한다. 구리, 알루미늄, 아연, 납, 니켈, 주석 등 6대 비철금속을 중심으로 전세계 생산량과 소비량을 살펴보면, 중국이 생산량 비중 48.4%, 소비량 비중 50.5%로 독보적인 1위를 차지하고 있다.

2020년 중국정부의 정책 발표는 비철금속의 수요 향방을 좌우할만큼 중요하다. 중국정부는 구조적 성장을 목표로 하기 때문에 인프라 및 부동산 투자는 전년과 비슷한 수준을 유지할 것으로 보인다. 중요한 건 중국정부가 2019년에 다소 부진했던 민간소비를 늘리는 정책을 펼 가능성이 높다는 점이다. 중국의 민간소비가 증가할 경우, 가계마다 내구재 소비가 늘어나기 때문에 비철금속 중에서도 내구재 비중이 높은 구리가 가장 큰 수혜를 볼 것으로 예상된다.

구리 가격 회복을 위해서는 무엇보다도 투자자들의 위축된 심리를 회복하는 게 급선무다. 2020년에는 구리 수급이 타이트할 것으로 예상되는 가운데 구리 재고가 과거에 비해 낮은 수준을 유지하고 있어 투자자 심리 또는 실물 수요가 회복된다면 가격 상승으로 이어질 수 있다. 2020년 글로벌 정련동 수요는 전년 대비 1.4% 늘어날 것으로 예상되는 데 반해, 구리 광산 생산은 1.3% 증가하는 데 그칠 것으로 예상된다.

이처럼 수요와 공급이 안정세를 유지하는 가운데 투자 심리만 회복된다면 소폭의 가격 상승이 기대된다.

알루미늄 가격은 2020년 상반기에 일시적 반등을 보일 수 있으나, 하반기로 갈수록 가격이 하락할 전망이다. 2020년 상반기에 알루미늄 수요가 미국 중심으로 늘어날 것으로 예상되기 때문이다. 하지만 하반기에 접어들면서 캐나다, 브라질, 유럽을 중심으로 알루미늄 생산이 재개됨에 따라 알루미늄의 초과 공급은 당분간 이어질 것으로 보인다.

금 가격은 2022년까지 우상향하는 모습을 보일 전망이다. 글로벌 경기 불확실성, 통화 불안정과 정치적 불확실성 등이 금 수요 증가 요인으로 꼽힌다. 미·중 무역분쟁이 아직 끝나지 않았고, 미 연준의 금리인하 기조가 언제까지 이어질지 불확실하며, 북미관계도 한치 앞을 내다볼 수 없기 때문이다.

비철금속 중 가장 흥미로운 것은 니켈이다. 니켈은 6대 비철금속 글로벌 소비 비중이 1.7%로 미미하지만 성장 잠재력은 가장 높게 평가받는다. 실제로 니켈 가격은 2019년에 이어 2020년에도 계속해서 오를 것으로 예상된다. 이처럼 니켈 가격이 꾸준히 상승하고 시장 성장성도 높게 점쳐지는 이유는 전기차 영향 때문이다. 전기차에 들어가는 2차전지의 핵심 소재에 니켈이 비중 있게 활용되기 때문이다. 미세먼지 등 갈수록 대기오염이 심각해지면서 전기차는 더 이상 선택이 아닌 필수 아이템으로 굳어지고 있다.

한편, 최근 런던금속거래소(London Metal Exchange, LME)는 니켈의 전기차 배터리향 수요 증가에 대한 기대감이 다소 이르다는 리포트를 발표했다. 2019년 기준 니켈 수요 내 전기차향 수요가 차지하는 비중은 아직 4%에 불과하다는 것이다. 하지만 LME는 전기차 상용화 비율이 12.5%로 증가하는 2025년경에는 전기차향 니켈 수요 비중이 20%까지 급등한다는 분석도 함께 내놓은 바 있다. LME로서는 지나친 시장 과열을 우려하면서도 니켈이 향후 비철금속 시장의 블루칩임을 숨길 수 없었던 것이다.

광범위한 기계 산업, 이렇게 구성된다: 기계 분류 체계 및 시장 규모, 비중

2017년 출하량 기준, 단위: 억 원, 괄호 안은 비중(%)

수송기계 자동차용 엔진, 자동차, 자동차 차체 및 트레일러, 자동차부품, 자동차용 전기장치, 항공기 및 부품, 이륜자동차, 자전거, 선박, 전투용 차량

금속기계 금속구조물, 보일러, 금속제 탱크 및 용기, 금속 압형 용품, 공구, 기계요소, 무기·총포탄

정밀기계 의료용 기기, 측정분석·시험 기구, 안경, 사진 및 광학기기, 시계

일반기계 내연기관, 유압기기, 풍수력기계, 밸브, 동력전달장치, 산업용 용광로, 운반하역기계, 냉동공조기계, 액체가스 여과청정기, 포장 및 충전기, 가공공작기계, 농업용 기계, 건설광산기계, 섬유기계, 반도체 제조용 기계, 금형, 사무용 기계

전기기계 발전기, 전동기, 전기변환장치, 전기공급 및 제어장치, 전선 및 케이블, 전지, 전구 및 램프, 조명장치, 전기용접기, 가정용 기구

일반기계 119조4,760 (21.9)

수송기계 243조5,902 (44.7)

전기기계 78조7,018 (14.4)

금속제품 75조9,679 (13.9)

정밀기계 27조0,226 (5)

글로벌 건설기계 시장 규모 추이 및 전망 건설기계 판매대수 기준

(천 대)

	2013	2014	2015	2016	2017	2018	2019E	2020F	2021F	2022F
	869	823	691	702	893	997	989	953	994	1,031

자료: Off-highway Research

글로벌 건설기계 기업 '톱20' 연간 매출액 기준, 단위: 백만 달러, 괄호 안은 시장점유율(%)

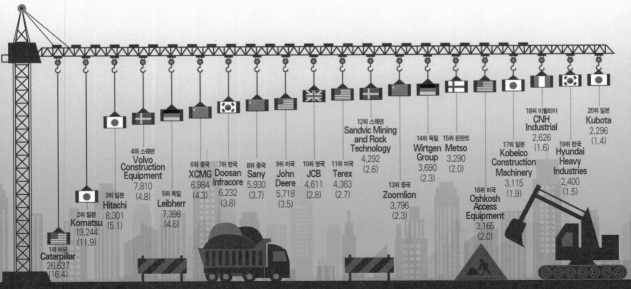

1위 미국 Caterpillar 26,637 (16.4)

2위 일본 Komatsu 19,244 (11.9)

3위 일본 Hitachi 8,301 (5.1)

4위 스웨덴 Volvo Construction Equipment 7,810 (4.8)

5위 독일 Leibherr 7,398 (4.6)

6위 중국 XCMG 6,984 (4.3)

7위 한국 Doosan Infracore 6,232 (3.8)

8위 중국 Sany 5,930 (3.7)

9위 미국 John Deere 5,718 (3.5)

10위 영국 JCB 4,611 (2.8)

11위 미국 Terex 4,363 (2.7)

12위 스웨덴 Sandvic Mining and Rock Technology 4,292 (2.6)

13위 중국 Zoomlion 3,796 (2.3)

14위 독일 Wirtgen Group 3,690 (2.3)

15위 핀란드 Metso 3,290 (2.0)

16위 미국 Oshkosh Access Equipment 3,165 (2.0)

17위 일본 Kobelco Construction Machinery 3,115 (1.9)

18위 이탈리아 CNH Industrial 2,626 (1.6)

19위 한국 Hyundai Heavy Industries 2,400 (1.5)

20위 일본 Kubota 2,296 (1.4)

국내 건설기계 : 내수 시장 고전, 수출로 현상 유지

▨ 국내 건설기계 등록 현황 단위: 대, 괄호 안은 비중(%)

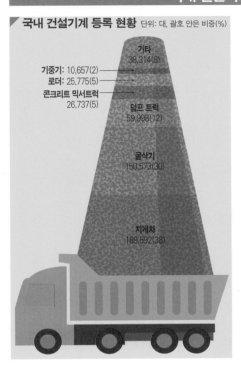

기중기: 10,657(2)
로더: 25,775(5)
콘크리트 믹서트럭 26,737(5)

기타 38,314(8)
덤프 트럭 59,998(12)
굴삭기 150,573(30)
지게차 189,592(38)

▨ 국내 건설기계 내수 추이

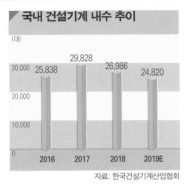

(대)

2016	2017	2018	2019E
25,838	29,828	26,986	24,820

자료: 한국건설기계산업협회

▨ 국내 건설기계 수출 추이

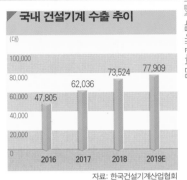

(대)

2016	2017	2018	2019E
47,805	62,036	73,524	77,909

자료: 한국건설기계산업협회

▨ 국내 건설기계 시장점유율 단위: %

굴삭기
현대건설기계 34.8
두산인프라코어 39.6
볼보건설기계 25.6
클라크 7.1

지게차
(주)두산 59.3
현대건설기계 33.5

▨ 국내 건설기계 수출 추이 단위: %

로더
두산인프라코어 26.2
현대건설기계 50
바우컴퍼니 19.8
기타 4
디와이 16.9
에버다임 31.7
전진중공업 17.6
KCP중공업 31.3

콘크리트 덤프

글로벌 건설기계 최대 시장 : 미국, 중국, 인도에 팔아라!

▨ 미국 건설기계 시장 규모 추이 및 전망

(백만 달러)

2016		2018		2020F		2022F	
8,758	9,478	10,127	10,606	11,449	12,000	12,322	12,604

▨ 중국 인프라 투자 수요 및 세계 비중

(십억 달러) ■ 인프라 투자 수요(좌) ○ 비중(우) (%)

	2018	2020F	2022F	2024F	2026F
인프라 투자 수요	877	928	980	1,031	1,083
비중	31.7	32.2	32.6	32.9	33.5

▨ 인도 건설기계 시장 규모 추이 및 전망

(대)

2014	2016	2018	2020F	2021F
11,872	19,498	27,880	32,430	34,705

▨ 미국 건설기계 국가별 수입 현황

순위	국가	금액(백만 달러)	점유율(%)
	전체	2,859	100.0
1	일본	2,004	70.1
2	한국	409	14.3
3	중국	103	3.6
4	독일	77	2.7
5	영국	60	2.1
6	프랑스	47	1.6
7	오스트리아	43	1.5
8	이탈리아	32	1.1
9	벨기에	30	1.1
10	태국	18	0.7

자료: Global Trade Atlas

▨ 중국 건설기계 시장점유율

순위	기업명	국가	점유율(%)
1	Sany 중공업	중국	20.7
2	Caterpillar	미국	12.3
3	쉬저우 공정기계	중국	10.5
4	두산인프라코어	한국	9.0
5	류궁기계	중국	6.8
6	산동린궁	중국	6.2
7	Komatsu	일본	6.1
8	Hitachi	일본	5.4
9	현대건설기계	한국	4.5
10	Volvo	유럽	3.9

자료: 중상산업연구원, KOTRA 재인용

▨ 인도 건설장비 시장 비중 단위: %

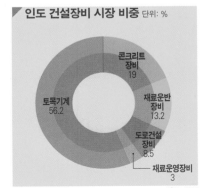

콘크리트 장비 19
토목기계 56.2
재료운반 장비 13.2
도로건설 장비 8.5
재료운영장비 3

자료: IBEF

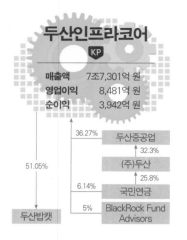

두산인프라코어 KP

매출액	7조7,301억 원
영업이익	8,481억 원
순이익	3,942억 원

51.05% → 두산밥캣

- 36.27% 두산중공업
- 32.3% (주)두산
- 25.8% 국민연금
- 6.14% / 5% BlackRock Fund Advisors

▶ 투자포인트

- 1937년 조선기계제작소로 시작해, 1963년 한국기계공업, 1976년 대우중공업, 2000년 대우종합기계를 거쳐 2005년 동사로 사명 변경.
- 2021년까지 매출액과 영업이익 등 꾸준한 실적 개선 예상.
- 특히 순이익은 지속적인 차입금 상환에 따른 이자비용 감소로 2020년 21.2% 급등 예상.
- 해외 사업 중 비중이 큰 중국 시장은 경기부양책 강화로 꾸준한 성장 예상. 다만, 중국 건설기계 시장의 치열한 경쟁으로 중국향 매출은 2019년을 기점으로 줄어들 것으로 예상.
- NA/EU 지역은 트럼프의 인프라 정책 시행, 부품 공급 센터, 조립 공장 준공으로 성장 기대.
- 4차 산업혁명 기술을 건설기계 부문에 접목하기 위해 3년 간 5,000억 원 기술 투자 확정.

▶ 매출 및 영업이익(두산밥캣 연결)
괄호 안은 영업이익률(%)

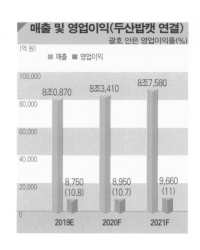

▶ 중국 시장 굴삭기 판매 추이

▶ 중국 사업 매출 추이 및 전망

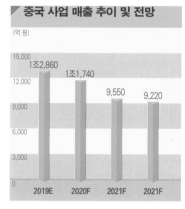

▶ 순이익 추이 및 전망
괄호 안은 전년 대비 증감률(%)

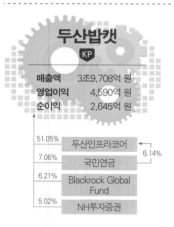

두산밥캣 KP

매출액	3조9,708억 원
영업이익	4,590억 원
순이익	2,645억 원

- 51.05% 두산인프라코어 ← 6.14%
- 7.06% 국민연금
- 6.21% Blackrock Global Fund
- 5.02% NH투자증권

▶ 투자포인트

- 두산 계열 소형(compact) 건설기계 제조업체로, 유럽 건설 경기 호조로 소형 건설기계 성장 지속 → 동사 수혜 예상.
- 동사의 주력 제품인 compact 장비는 주택 건설, 농업, 조경 시장을 주요 매출 타깃으로 삼고 있으며, 소형, 범용 제품의 특성상 Heavy 건설기계 제품에 비해 거시경제 지표의 변동에 상대적으로 덜 민감함.
- 동사의 체코 공장 생산량은 건설 경기 호조로 2014년 1.1만 대에서 2019년 2.1만 대로 연평균 14.7% 성장.
- 동사의 건설기계 신제품인 CWL, CT, BHL 출시를 통한 매출 급증 기대. 다만, 신제품들의 영업이익 기여는 2022년부터 가시화될 전망.
- CWL은 MEX 다음으로 많이 팔리는 제품으로, 기존 205개의 EMEA 지역 딜러망을 활용해 영업.

▶ 매출 및 영업이익
괄호 안은 영업이익률(%)

▶ 유럽 건설 생산, 주택가격지수 추이

▶ EMEA 지역 매출 추이 및 전망
괄호 안은 전년 대비 증감률(%)

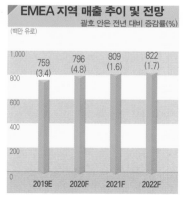

▶ 순이익 추이 및 전망
괄호 안은 전년 대비 증감률(%)

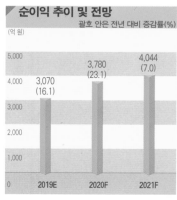

현대건설기계

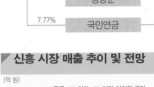

매출액	3조2,339억 원
영업이익	2,089억 원
순이익	1,411억 원

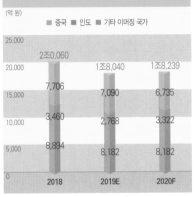

33.12% 현대중공업지주
25.8% 정몽준
10.66%
7.77% 국민연금

▶ 투자포인트

- 1987년 현대중공업 건설장비 사업부로 시작하여 2017년 4월 분할 신설된 건설장비 업체.
- 사업 부문별 매출 비중은 건설기계 78%, 산업차량 14%, A/S부품 8%로 구성.
- 지역별 매출 구성은 중국 24%, 한국 14%, 북미 16%, 유럽 12%, 인도 9%, 직수출 25%이며, 직수출은 중동/아프리카/러시아/남미/터키 및 기타 신흥국이 주요 대상임.
- 신흥국 및 중국 시장의 부진이 지속되고 있지만, 2020년에는 매출 둔화가 진정될 것으로 전망 → 인도 시장의 경우 2020년부터 성장세로 전환할 것으로 예상.
- 글로벌 경기 둔화로 인해 딜러들의 재고 확보 의지 부족 및 중국 로컬 업체와의 가격 경쟁력 심화, 달러 강세로 인한 신흥국 딜러 구매력 감소 등은 동사 실적에 위협 요인.

▶ 매출 및 영업이익
괄호 안은 영업이익률(%)

(억 원) ■ 매출 ■ 영업이익

	2019E	2020F	2021F
매출	2조9,580	2조9,780	3조0,550
영업이익	1,850 (6.3)	1,900 (6.4)	1,950 (2.6)

▶ 신흥 시장 매출 추이 및 전망

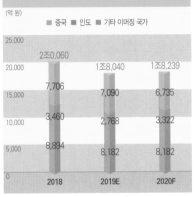

(억 원) ■ 중국 ■ 인도 ■ 기타 이머징 국가

	2018	2019E	2020F
합계	2조0,060	1조8,040	1조8,239
기타 이머징	7,706	7,090	6,735
인도	3,460	2,763	3,322
중국	8,894	8,182	8,182

▶ 굴삭기 사업 매출 추이 및 전망

(억 원)

2018	2019E	2020F	2021F
2조5,300	2조2,490	2조3,860	2조4,480

▶ 지역별 매출 비중 단위: %

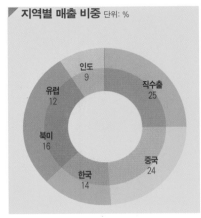

- 인도 9
- 직수출 25
- 중국 24
- 한국 14
- 북미 16
- 유럽 12

현대엘리베이터

매출액	1조8,772억 원
영업이익	1,432억 원
순이익	15억 원

73.9%
7.83%	현정은
7.67%	현대네트워크
5.5%	김문희
11.09%	국민연금
15.5%	Schindler Holding AG.

현대아산

▶ 투자포인트

- 엘리베이터, 에스컬레이터, 무빙워크 등의 운반기계류와 물류자동화설비, 승강장 스크린도어, 주차 설비 및 관련 분야 제품의 생산, 설치, 유지보수 사업 등을 영위.
- 에이블현대호텔앤리조트, 현대경제연구원, 현대아산 등을 연결대상 종속회사로 보유.
- 수요 산업인 건설 경기에 민감하고 건축 공사 공정 마무리 단계에 동사 제품이 투입되기 때문에 건설 경기에 비해 1~2년 정도 후행함.
- 국내 승강기 시장은 동사를 포함해 티센크루프엘리베이터코리아, 오티스엘리베이터 등 3대 업체가 독과점 형성 → 동사의 시장점유율은 40% 이상으로 꾸준히 업계 1위 유지.

▶ 매출 및 영업이익
괄호 안은 영업이익률(%)

(억 원) ■ 매출 ■ 영업이익

	2019E	2020F	2021F
매출	1조8,530	1조9,140	2조0,100
영업이익	1,350 (7.3)	1,480 (7.7)	1,960 (9.7)

▶ 국내 승강기 총 설치대수 추이
괄호 안은 점유율(%)

(대) ■ 현대엘리베이터 설치대수

	2016	2017	2018
총 설치대수	44,026	48,504	50,025
현대엘리베이터	18,202 (41.3)	21,397 (44.1)	21,842 (43.7)

▶ 국내 승강기 유지관리(A/S) 총 대수 추이
괄호 안은 점유율(%)

(대) ■ 현대엘리베이터 A/S 대수

	2016	2017	2018
총 대수	596,756	641,435	684,491
현대엘리베이터	132,229 (22.2)	145,889 (22.7)	155,366 (22.7)

▶ 국내 승강기 총 설치대수 전망

(대)

2019E	2020F	2021F	2022F
51,026	52,046	53,067	54,149

민간 건설보다
인프라 업황이 더 밝다!

발전기계와 공작기계, 녹록치 않은 상황

기계 · 중장비 업계는 지난 몇 년 동안 침체기에서 좀체 회복하지 못하고 있다. 전세계적으로 경기 둔화가 지속되면서 건축과 토목을 비롯한 제조 기업들의 투자 규모가 크게 줄었기 때문이다. 그 가운데 특히 공작기계와 발전기계 및 전력기기 시장 침체에 대한 우려의 목소리가 높다.

원자로와 발전기계, 변압기와 차단기 등 원전 관련 제품의 내수 환경은 2020년에도 부진을 면치 못할 전망이다. 정부의 탈(脫)원전 정책 기조에 따라 2020년에 원전 도입 계획이 아예 사라지면서 발전기계 업황은 더욱 어두워졌다. 정부는 원전 대신 LNG와 신재생에너지 비중을 확대할 계획이다. 현재 LNG 발전소의 평균 가동률은 60% 이하인 상황이다. 무엇보다 한전의 원가 관리가 엄격해지면서 발전기계 관련 제품 마진도 줄어들 전망이다. 이처럼 내수 시장의 수요가 제약을 받는 상황에서 해외 수출마저 신통치 않을 경우 해당 기업들의 실적 부진은 계속될 전망이다.

한편, 미 · 중 무역분쟁 리스크가 업황 악화로 직결된 업종은 공작기계다. 공작기계 업황을 진단하기 위해서는 글로벌 리더 일본 공작기계 시장과 중국 제조업 상황을 함께 살펴봐야 한다.

2019년 3분기 누계 기준 일본 공작기계 업계의 신규 주문액은 전년 동기 대비 31.1%나 감소했다. 같은 기간 일본 내수 주문량도 전년 대비 32.3% 줄었다. 해외 주문량마저 전년 대비 30.3% 감소하면서 공작기계 업황은 한마디로 초상집 분위기다. 해외 주문 지역별 기여도를 살펴보면, 유로존 -7.5%p, 중국

-9.5%p, 북미 -10.4%p로 전 지역에서 마이너스 성장률을 벗어나지 못했다.

그럼에도 불구하고 2019년 YTD 기준 일본 주요 공작기계 기업들의 주가는 THK +49.4%, FANUC +30.2%, Daifuku +26.1%로 상승했다. 이를 두고 공작기계 업황이 이미 저점을 확인했다는 주장도 나오지만, 좀 더 두고 볼 필요가 있다.

중국의 제조업 투자는 2018년 하반기에 12.5%(YoY) 증가했지만, 미 · 중 무역분쟁이 심화하면서 2.5% 수준으로 급격히 위축했고, 설비 투자는 마이너스로 전환했다. 2020년에 중국정부가 이렇다 할 추가 부양책을 내놓지 못할 경우 중국의 제조업 둔화는 당분간 계속될 전망이다. 공작기계는 제조업황에 직접적인 영향을 받기 때문에 여러모로 암울한 시그널이 아닐 수 없다. 중국향 수출 비중이 높은 국내 공작기계 기업들도 적지 않은 타격을 받을 전망이다.

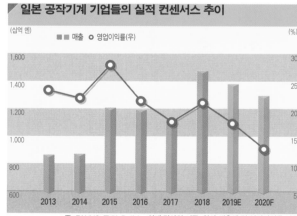

▼ 일본 공작기계 기업들의 실적 컨센서스 추이

(십억 엔) ■ 매출 ○ 영업이익률(우) (%)

주: FANUC, THK, Daifuku 회계 결산월 기준, 합산 매출액 및 영업이익률 기준

일본 공작기계 주요 업체들의 매출액 컨센서스가 2018년 이후 하향세를 이어간 반면, 2019년 YTD 기준 일본 주요 업체의 주가는 THK +49.4%, FANUC +30.2%, Daifuku +26.1%로 회복 → 이를 두고 공작기계 업황이 저점을 찍고 반등할 시기가 도래했다는 시그널로 분석하기도 함.

자료: Bloomberg, 메리츠종금증권

건설기계, 중국 인프라 시장을 주목해야

건설기계는 기계 산업 중 시가총액에서 가장 큰 비중을 차지한다. 국내 건설기계 기업들의 경우, 해외 사업 비중이 크기 때문에 글로벌 업황을 주목하지 않을 수 없다. 그 중에서도 특히 중국의 건설 경기가 우리 건설기계 업황에 미치는 영향은 절대적이다.

중국은 글로벌 건설기계 최대 시장으로 꼽힌다. 2010년 이후 중국의 건설 경기는 두 번의 호황기를 맞이했는데, 최고점을 찍은 2019년의 상황을 눈여겨 볼 필요가 있다. 2019년의 호황은 2016년부터 이어져온 토지 재고에 의한 착공 사이클 덕분이다. 건설기계 업황의 열쇠를 쥔 건설 경기의 핵심은 토지다. 땅이 있어야 건물을 지을 수 있기 때문이다. 다행히 2016년부터 2019년까지는 건물을 지을 토지가 남아있었다. 문제는 2020년부터다. 건물을 착공할 신규 토지 매입이 활성화되지 않을 경우 중국의 건설 경기 둔화를 우려하지 않을 수 없다. 2020년 하반기부터 중국에서의 주택 착공면적이 감소세로 전환하면서 준공면적과 역전현상이 일어날 것으로 예상된다.

실제로 중국에서 활발하게 사업을 전개해온 글로벌 건설기계 기업들의 2019년 YTD 기준 주가를 살펴보면, SANY +69.9%, Caterpillar +17.6%, Komatsu +15.8%를 기록하는 등 상승 폭이 컸지만, 중국의 건설 경기 전망이 불확실한 상황에서 2020년 이후에도 호조세를 이어갈 것이라고 단정할 수 없다.

중국정부의 인프라 투자 규모가 지속적으로 늘어나고 있는 점은 그나마 다행스러운 일이다. 중국 인프라 부문 고정자산 투자증가율은 2020년에 6~7%까지 회복될 전망이다.

최근 중국정부는 인프라 건설의 주요 추진 방식으로 '민관 협력 사업(Public-Private Partnership, 이하 PPP)' 모델을 적극 도입하고 있다. 지난 2017년 9월 중국 재정부 PPP센터에 등록된 프로젝트는 무려 14,220건이고, 투자 규모도 2조6,750억 달러에 이르는 것으로 발표됐다.

중국에서는 향후 상당기간 동안 도시화 추진을 위한 인프라 투자 수요 확대가 예상된다. 이에 따라 주요 수단인 PPP 시장 성장도 멈추지 않을 전망이다. 중국정부가 발표한 도시화 규획에 따른 인프라 투자 규모가 전세계 인프라 시장에서 차지하는 비중은 무려 33.5%를 차지하는 것으로 나타났다.

중국 건설기계 시장에서 가장 주목해야 할 국내 기업은 두산인프라코어다. 두산인프라코어의 2018년 중국 판매량은 15,630대로 전년 대비 44% 증가했다. 중국 시장에서 Sany, Caterpillar, XCMG에 이어 4위에 해당하는 성적이다. 두산인프라코어는 중국 시장에서 딜러 네트워크(판매망) 및 제조원가 혁신을 통해 안정적인 성장 기반을 마련했다는 평가다. 향후 중국 인프라 시장이 성장할 경우, 가장 큰 수혜주로 두산인프라코어를 꼽는 이유다.

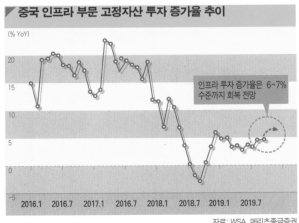

▶ **중국 주택 착공 및 준공 면적 증가율 추이**

(% YoY) ○착공 ○준공

착공과 준공 면적 증가율 역전 구간

2002 2004 2006 2008 2010 2012 2014 2016 2018 2020F 2022F

자료: OECD, 메리츠종금증권

▶ **중국 인프라 부문 고정자산 투자 증가율 추이**

(% YoY)

인프라 투자 증가율은 6~7% 수준까지 회복 전망

2016.1 2016.7 2017.1 2016.7 2018.1 2018.7 2019.1 2019.7

자료: WSA, 메리츠종금증권

33 방산 업계

전세계가 화약고 : 글로벌 투자자들이 방산주에 주목하는 이유!

글로벌 무력 분쟁 지도 : 최근 무력 분쟁으로 인명 피해가 발생한 지역

- 충돌 단계(전쟁)
- 국지전
- 대립 관계

유럽 2건
CIS 3건
중남미 3건
아프리카 24건
중동 8건
아시아 16건

주요 무력 충돌 및 피해 현황

분쟁국가	가해국/집단 (추정)	피해 규모	분쟁 원인
아프가니스탄	탈레반/미국	2,798명 사망, 5,252명 부상	탈레반의 영토 점령과 테러로 인한 정부 기능 마비
시리아	아사드정권/러시아/미국/터키 등	8년 동안 누적 사망자 37만 명, 난민 558만 명, 피해액 3,880억 달러 발생	시리아-러시아 동맹관계와 서방의 반대
미얀마	미얀마정부	약 70만 명 난민 발생	소수민족/반군 갈등
우크라이나	우크라이나/러시아	우크라이나 해군 함정 2척, 수병 24명 억류	흑해함대 소유권

국가별 국방비 지출 규모

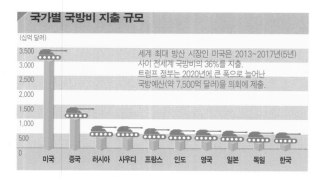

(십억 달러)

세계 최대 방산 시장인 미국은 2013~2017년(5년) 사이 전세계 국방비의 36%를 지출. 트럼프 정부는 2020년에 큰 폭으로 늘어난 국방예산(약 7,500억 달러)을 의회에 제출.

미국 중국 러시아 사우디 프랑스 인도 영국 일본 독일 한국

국가별 무기 수입 규모

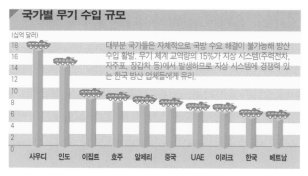

(십억 달러)

대부분 국가들은 자체적으로 국방 수요 해결이 불가능해 방산 수입 활발. 무기 체계 교역량의 15%가 지상 시스템(주력전차, 자주포, 장갑차 등)에서 발생하므로 지상 시스템에 경쟁력 있는 한국 방산 업체들에게 유리.

사우디 인도 이집트 호주 알제리 중국 UAE 이라크 한국 베트남

제품별 무기 거래 시장 비중 단위: %

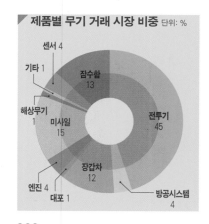

- 센서 4
- 기타 1
- 해상무기 1
- 미사일 15
- 엔진 4
- 대포 1
- 잠수함 13
- 전투기 45
- 장갑차 12
- 방공시스템 4

한국형 무기 체계 수출 비중 단위: %

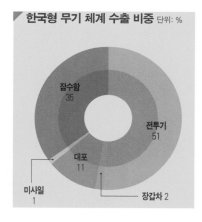

- 잠수함 35
- 전투기 51
- 대포 11
- 미사일 1
- 장갑차 2

국가별 인구 대비 병력 수

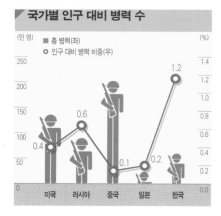

(만 명) (%)

- 총 병력(좌)
- 인구 대비 병력 비중(우)

0.4 0.6 0.1 0.2 1.2

미국 러시아 중국 일본 한국

국방예산이 방산주를 이끈다!

국방예산 추이 및 전망

(조 원)
■ 병력운영 ■ 전력유지 ■ 방위력개선비

연도	2015	2016	2017	2018	2019E	2020F	2021F	2022F	2023F
합계	37.6	38.8	40.4	43.2	46.7	50.2	53.4	56.4	59.5
방위력개선비	11.0	11.6	12.2	13.5	15.4	16.7			
전력유지	10.9	10.8	11.0	11.2	12.5	13.6			
병력운영	15.6	16.4	17.1	18.4	18.8	19.9			

자료: 국방부, 한화투자증권

무기 체계별 국방예산 추이

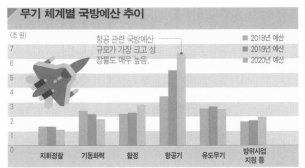

(조 원)
■ 2018년 예산 ■ 2019년 예산 ■ 2020년 예산

항공 관련 국방예산 규모가 가장 크고 성장률도 매우 높음.

지휘정찰 / 기동화력 / 함정 / 항공기 / 유도무기 / 방위사업 지원 등

자료: 국방부, 한화투자증권

국내 주요 방산 기업 매출 추이 및 전망

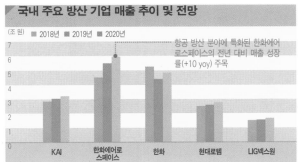

(조 원)
■ 2018년 ■ 2019년 ■ 2020년

항공 방산 분야에 특화된 한화에어로스페이스의 전년 대비 매출 성장률(+10 yoy) 주목

KAI / 한화에어로스페이스 / 한화 / 현대로템 / LIG넥스원

자료: Wisefn, 한화투자증권

국내 주요 방산 기업 영업이익 추이 및 전망

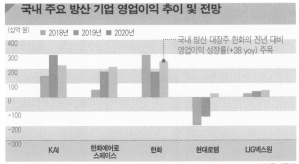

(십억 원)
■ 2018년 ■ 2019년 ■ 2020년

국내 방산 대장주 한화의 전년 대비 영업이익 성장률(+38 yoy) 주목

KAI / 한화에어로스페이스 / 한화 / 현대로템 / LIG넥스원

자료: Wisefn, 한화투자증권

국내 방산 기업들 내수/수출/민수 비중

단위: %

민수 40.3
방산(내수) 48.5
방산(수출) 11.2

자료: 각 사

국내 방산 기업들 민수 부문 사업별 비중

단위: %

기타 11.85
항공 34.09
철도, 차량 27.95
플랜트 13.95
시큐리티 12.16

자료: 각 사

국내 방산 업체들의 주요 수출국 비중

2014~2018년 합산, 단위: %

2014~2018 2,577mTIV

인도네시아 17.2
이라크 16.6
영국 15.5
태국 11.3
페루 9.8
기타 29.6

자료: SIPRI, 한화투자증권

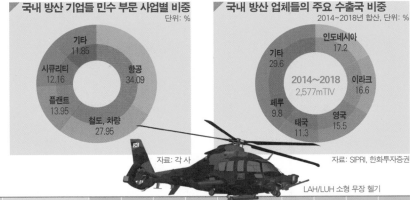

LAH/LUH 소형 무장 헬기

국내 방산 업체별 무기 개발 타임라인

무기 체계 명칭	기업	타임라인	2019E	2020F	2021F	2022F	2023F	2024F	2025F	2026F	2027F	2028F
LAH/LUH 소형 무장 헬기	한국항공우주	체계개발(2015~2022)	개발중				개발완료					
		신규양산(2022~)			양산결정	1차양산					2차양산	
KF-X 주력 전투기/ 항전장비/항공엔진	한국항공우주, LIG넥스원, 한화에어로스페이스	체계개발(2015~2026)	개발중							개발완료		
		신규양산(2025~)						양산결정	1차양산			
L-SAM 방공미사일	LIG넥스원	체계개발(~2023)	개발중		양산결정		개발완료					
		신규양산(2022~)			양산결정	1차양산				2차양산		
장거리 공대지 요격미사일	LIG넥스원	체계개발(~2028)	개발시작									개발완료
		신규양산(2027~)								양산결정	1차양산	
광개토-Ⅲ Batch-Ⅱ 선박 건조	현대중공업	선박건조(2019~2024)	설계시작	설계완료	제작시작		제작완료					
대형 수송함-Ⅱ 선박 건조	현대중공업	선행연구(2019~2020)	연구개시	연구완료	설계시작		설계완료	제작시작				제작완료

자료: 방위사업청, NH투자증권

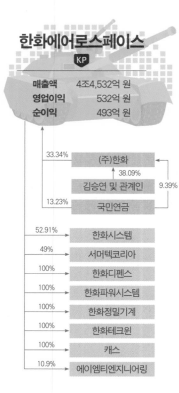

한화에어로스페이스
KP

매출액	4조4,532억 원
영업이익	532억 원
순이익	493억 원

33.34% (주)한화
38.09%
김승연 및 관계인 9.39%
13.23% 국민연금

52.91% 한화시스템
49% 서머텍코리아
100% 한화디펜스
100% 한화파워시스템
100% 한화정밀기계
100% 한화테크윈
100% 캐스
10.9% 에이엠티엔지니어링

투자포인트
- 동사 및 종속회사는 고도의 정밀기계 분야의 핵심 기술을 바탕으로 국내외에서 항공기 및 가스터빈 엔진, 자주포, 장갑차, CCTV, 칩마운터 등 사업 영위.
- 2020년 매출액 6조0,158억 원(+10% yoy), 영업이익 2,248억 원(30% yoy) 예상.
- 항공 사업 부문에서 RSP를 통한 입지 확대로 항공엔진 수주 납품 증가(최근 롤스로이스 1조 원대 수주, GE 3,500억 원 부품 공급 계약으로 글로벌 3대 엔진 제조사 파트너십 강화).
- 2019년 하반기 베트남 공장 본격 가동을 통한 원가 절감.
- 방산 사업 부문은 수출에서 2018년 1,700억 원 대비 2019~2020년 각각 3,800억 원, 4,300억 원 수준으로 급증.

매출 및 영업이익

괄호 안은 영업이익률(%)
(억 원) ■ 매출 ■ 영업이익

- 2019E: 5조4,510 / 1,730 (3.2)
- 2020F: 6조0,160 / 2,250 (3.7)
- 2021F: 6조5,220 / 2,700 (4.1)

수주 잔고 추이

(억 원)

- 2015: 12조3,000
- 2016: 21조7,000
- 2017: 23조3,000
- 2018: 23조9,000
- 3Q19: 26조6,000

항공방산 사업 매출 추이 및 전망

(억 원)

- 2018: 3조6,840
- 2019E: 4조5,420
- 2020F: 5조0,170

한국항공우주
KP

매출액	2조7,860억 원
영업이익	1,464억 원
순이익	555억 원

26.41% 한국수출입은행
29.4% 에스앤케이항공

투자포인트
- 정부의 방위력개선비 예산 중 항공기 관련 예산이 2019년 51.3% 증가한 데 이어 2020년에도 22.3% 늘어날 예정 → 항공방산 내수 시장 20% 이상 성장 전망.
- 2020년 영업이익이 소폭 줄어들겠지만, 2019년 영업이익이 전년 대비 90% 이상 급등했기 때문에 조정에 따른 것일 뿐 우려할 만한 사항은 아님.
- 2019년 ROE가 20%에 이를 것으로 보이는 데, 이는 연초 예상했던 12%를 크게 웃도는 수준임 → 2020년에도 ROE가 10% 이상 유지될 전망.
- KF-X 개발 사업이 본격적인 시제기 양산 과정에 돌입하면서 군수 사업 매출 상승 견인.

매출 및 영업이익
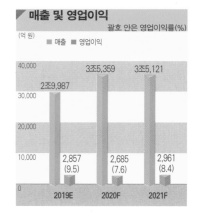
괄호 안은 영업이익률(%)
(억 원) ■ 매출 ■ 영업이익

- 2019E: 2조9,987 / 2,857 (9.5)
- 2020F: 3조5,359 / 2,685 (7.6)
- 2021F: 3조5,121 / 2,961 (8.4)

수주 잔고 추이 및 전망
(억 원)

- 2019E: 17조9,820
- 2020F: 17조6,610
- 2021F: 18조0,620
- 2022F: 20조0,150

군수 사업 매출 추이 및 전망
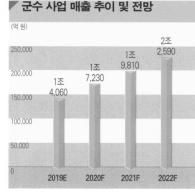
(억 원)

- 2019E: 1조4,060
- 2020F: 1조7,230
- 2021F: 1조9,810
- 2022F: 2조2,590

완제기 수출 매출 추이 및 전망
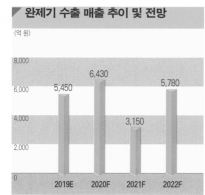
(억 원)

- 2019E: 5,450
- 2020F: 6,430
- 2021F: 3,150
- 2022F: 5,780

LIG넥스원

매출액	1조4,775억 원
영업이익	241억 원
순이익	45억 원

- 46.36% (주)LIG ← 56.2% 구본상
- 8.83% 국민연금
- 60% LIG풍산프로테크
- 100% LIG정밀기술
- 50% 엘엔지오트로닉스

투자포인트

- 동사는 2004년 7월 LG이노텍 시스템(방산) 사업부가 분사하여 넥스원퓨처로 출범한 뒤 2007년 LIG넥스원으로 사명을 변경함.
- 미사일을 비롯한 정밀타격 무기 개발을 주력 사업으로 영위.
- L-SAM(장거리 지대공 미사일 시스템), KF-X 탑재 전자장비 및 공대지 미사일 개발 등을 통해 2020년 하반기부터 빠른 매출 성장이 기대됨.
- 매출액 증가에 따른 고정비 비중 감소, 고마진 수출 비중 상승으로 영업이익 개선 기대.
- 2019년 수주 잔고 사상 최고치 기록. 2021년까지 최고치 경신 예상 → 동사는 특히 매년 4분기에 수주가 집중되는 계절성을 보임에 따라 분기에 따른 투자 전략 유효.

매출 및 영업이익

수주 잔고 추이 및 전망

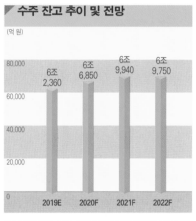

신규 수주 추이 및 전망

사업 부문별 매출 비중 단위: %

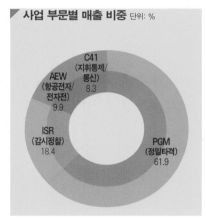

현대로템

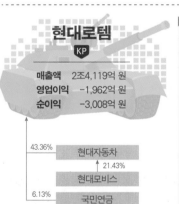

매출액	2조4,119억 원
영업이익	-1,962억 원
순이익	-3,008억 원

- 43.36% 현대자동차 ← 21.43% 현대모비스
- 6.13% 국민연금

투자포인트

- 철도, 방산 및 발전설비 사업 영위.
- 국내 유일의 전차 개발 및 생산 업체로, 독점적 지위 확보.
- 주요 방산 제품으로는, 육군 주력 전차 K-1, 차기 주력 전차 K-2 등이 있음.
- 매출액은 2019년에 회복세를 보이고 있으나, 영업이익은 적자지속 중 → 철도 사업 부문에서 일부 프로젝트(호주 수주) 설계 변경에 따른 추가 원가 부담으로 수익성 악화 영향.
- 3년 연속 적자에 따른 자본 감소로 부채비율이 상승하면서 재무구조 개선을 통한 신용등급 강등 우려.
- 만기 30년짜리 신종자본증권(영구채) 발행으로 부채비율 다소 진정될 것으로 예상.

매출 및 영업이익

휴니드

매출액	2,613억 원
영업이익	300억 원
순이익	217억 원

- 22.73% 김유진
- 11.76% The Boeing Company
- 8.44% Allianz Global Investors Asia Pacific Limited

투자포인트

- 1968년 12월 대영전자공업(주)으로 설립, 1991년 코스피 상장.
- 동사는 방산(전술통신용 무전기, 특수 장비 등), 해외(절충교역, 해외 수출 등), 민수(항공 시스템 통합, U-City 구축 등) 등 사업 영위.
- 동사는 국방부의 TICN 프로젝트에 관련 제품을 납품 → TICN은 군의 통신망 체계를 업그레이드하는 사업으로, 전체 사업비 5.4조 원 중 동사는 중계기 역할의 HCTRS를 납품하며, 관련 사업비는 1.4조 원 내외로 추정.
- 해외 사업에서 수출은 기존 계약된 보잉 치누크(H-47), 오스프리(V-22) 물량 증가로 2019년 관련 매출액이 317억 원(+15.4% yoy) 증가함 → 동사는 보잉이 2대 주주이며 전략적 파트너로 지속적인 발주 증가 기대.

매출 및 영업이익

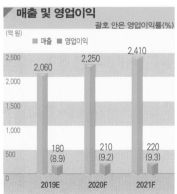

50조 원이 넘는 국방예산, 방산주 가치를 끌어올린다!

지도가 붉어질수록 성장하는 산업

국제 경제 평화 연구소(Institute for Economics and Peace, IEP)에서 해마다 발표하는 'Global Peace Index'를 보면, 지구촌 곳곳이 여전히 테러와 전쟁의 위험에 처해 있음을 알 수 있다. 전쟁이나 분쟁에 처한 상황이 심각한 지역일수록 지도 위에 붉게 표시되어 있다. 지도를 자세히 살펴보면, 탈레반과 미국의 싸움이 아직도 끝나지 않은 아프가니스탄, 시리아와 예멘 지역, 우크라이나 등 주변국과의 분쟁이 끊이질 않는 러시아/CIS, 아프리카의 여러 나라 및 북한 등이 핏빛 선홍색으로 새겨져 있다.

아이러니하게도 지도가 붉게 물들수록 성장하는 산업이 있으니 바로 무기를 제조하고 판매하는 방위 산업이다. 전세계 어떤 곳도 테러와 전쟁의 위협에서 자유로울 수 없기에 나라마다 국방예산을 늘릴 수밖에 없는데, 이는 곧 방위 산업의 성장을 이끈다.

글로벌 방위 산업은 강대국들의 군사 정책에 많은 영향을 받는다. 특히 전세계 방위력에서 'G3'로 불리는 미국과 중국, 러시아의 비중이 대단히 높다. G3 국가들은 전략 무기에 투자를 집중하고 있는데, 이들은 대개 항공 및 방공 무기들이다. 냉전시대에는 전략 폭격기와 탄도 미사일 등 핵 공격에 필요한 운송 수단에 투자가 모아졌다면, 최근에는 핵 공격 방어에 필요한 방공 무기 개발에 힘을 쏟고 있다.

미국과 러시아는 대부분의 무기를 수입에 의존하지 않고 자체적으로 해결하고 있지만, 그 밖의 여러 국가들은 무기를 스스로 조달할 정도로 방위력을 갖추고 있지 못하다. 따라서 무기 수입에 막대한 예산을 집행할 수밖에 없다. 글로벌 방산 시장 규모가 갈수록 커질 수밖에 없는 이유다. 실제로 국내 방산 업체들은 다양한 지역의 나라에 무기를 수출하고 있다. 무기 수출 규모가 큰 나라로는 인도와 터키, 사우디아라비아, 노르웨이 등이 꼽힌다.

전세계 무기 체계 교역량의 약 15%를 전차와 자주포, 자갑차, 대공차량, 재래식 전투기 등 지상 시스템이 차지하고 있는 것도 국내 방산 업체들에게는 호재가 아닐 수 없다. 오랜 세월 북한과 대치 중인 탓에 국내 방산 업체들은 지상 전략 무기 개발에 강점이 크기 때문이다.

비록 재래식 무기 체계에 속하지만 한국형 지상 무기는 세계 최고 수준의 성능을 갖춘 것으로 평가받는다. 이를테면 한화디펜스에서 제작한 K-9 자주포(천둥)는 북해에서 중동 지역에 이르기까지 다양한 곳

IEP가 매년 발표하는 'Global Peace Index'. 붉게 표시된 지역일수록 테러와 전쟁의 위험이 높다. 'Global Peace Index'는 본의 아니게 글로벌 방위 산업의 미래 성장 지표로 활용되기도 한다.

에서 수주가 꾸준히 이뤄지고 있다. 현대로템이 만든 K-2 전차(블랙팬서)도 세계 1위급 성능을 보유하고 있는 것으로 평가받는다. 블랙팬서는 2019년부터 2차 양산에 들어가 2020년 이후 본격적인 매출 성장이 예상된다.

최선호 종목은 항공방산주!

2020년대 국내 방산 업황은 대체로 긍정적이다. 무엇보다 새로운 국산 무기 체계가 여럿 개발될 예정이다. 주력 무기 개발 중 첫 포문을 여는 사업은 한국항공우주가 담당하는 LAH(소형무장헬기)로, 2022년이면 개발이 마무리된다. LIG-넥스원이 개발 중인 고고도 방공 미사일 L-SAM은 '한국형 THAAD'를 표방하면서 세간에 알려졌다. 개발비 1조 원이 투입되는 대규모 사업으로, 양산 단계에 들어가면 매출에 크게 기여할 전망이다.

방산 업계에서 가장 주목을 끄는 무기 체계는, 한국항공우주가 2026년까지 완성을 목표로 추진 중인 'KFX', 즉 한국형 전투기 개발 프로젝트다. 총 개발비 8조 원으로 가장 많은 투자비가 집행되고 있다. 국방부의 방위력개선비 가운데 연구개발비로 집행되는 예산 중 최대 규모다. 프로젝트 개발이 완료되면 약 20조 원 이상의 내수 수요가 발생할 것으로 추산된다. KFX 프로젝트는 2025년이 지나면 개발 사업이 양산 사업으로 전환되면서 본격적으로 이익을 낼 전망이다. 업계에서는 사업의 규모로 봤을 때 프로젝트에 참여한 기업 모두가 골고루 수혜를 입을 것으로 보고 있다.

방산 업황은 정부의 국방예산에 직접적인 영향을 받는다. 국방예산이 늘어날수록 방산 업황이 좋아지는 건 인지상정이다. 국방부가 공개한 2019~2022년 예산안을 살펴보면, 향후 4년 간 예산 규모가 대폭 증가하는 것으로 나타났다. 2019년 국방예산이 46.7조 원에서 2020년 50.2조 원으로 3.5조 원(7.4%)가량 늘어날 전망이다. 국방예산 속도는 전년(8.2%) 대비 다소 둔화하긴 했지만, 문재인정부 들어 해마다 7% 이상 꾸준히 증가하고 있다. 방산 업체의 매출과 직결되는 방위력개선비 예산은 16.7조 원으로 2019년에 비해 8.6% 늘었다.

국방예산을 무기 체계별로 살펴보면, 함정과 항공기 예산이 각각 2.8조 원(25.5%, YoY), 6.4조 원(22.3%, YoY)으로 크게 늘었다. 장보고III(잠수함) 건조 예산이 2019년에 비해 3,304억 원 증가했고, F-35A 도입 예산도 2,396억 원 늘었다. 반면, 북핵/미사일 위협 등으로 인해 비중이 높았던 유도무기 관련 예산은 2.6조 원으로 2019년보다 5.2% 감소했다.

2020년에도 2019년에 이어 전투기 관련 국방예산이 큰 폭으로 증가함에 따라 증권가에서는 방산 최선호 종목으로 한국항공우주와 한화에어로스페이스를 꼽고 있다.

한국항공우주가 2026년을 목표로 개발 중인 한국형 전투기 개발 프로젝트 KFX의 가상 모델 이미지. 프로젝트 개발이 마무리되어 양산에 들어가면 20조 원 규모의 내수 수요가 발생할 것으로 전망된다.

백화점, 편의점, 온라인 맑음 / 대형마트, 면세점, 홈쇼핑 흐림

▶ 소매 유통 업계 기상도

백화점

백화점 기존점 신장률 +3.0% 전망
• 지난 2년간 기록한 높은 기저에도 불구하고 최소 +3.0% 수준의 기존점 신장 추세 이어갈 전망.
• 핵심 소비층인 5분위 가구의 소득 증가, 밀레니얼 세대의 명품 인식 변화 및 구매력 증가 영향.
명품 이외의 카테고리는 기저가 높지 않음
• 2019년은 비우호적 날씨(기상) 탓에 의류 카테고리 판매 부진.
• 명품 이외 카테고리 매출 회복이 수익성 측면에서는 훨씬 긍정적 요인임.

면세점

매출 상승 이어가겠지만, 신종코로나 쇼크가 변수
• 국내 면세점 시장이 연간 25조 원 규모로 성장 → 시장 성숙기 도래했지만 견조한 보따리상 수요 및 인바운드 매출 회복으로 매출 성장 기대. 다만, 신종코로나 쇼크가 변수로 작용.
시내 면세점 경쟁 강도는 다소 완화
• 업계 1위 호텔롯데가 점유율 회복보다는 수익성 개선 전략 펼.
• 이미 대기업 3사로 업계가 재편된 상황에서 무리한 경쟁은 무의미함.

홈쇼핑

취급고 및 영업이익 회복 기대
• 2019년 낮은 기저(소비 부진, 일본 상품 불매운동 등)로 인해 2020년에는 취급고 신장률 기대 → 업황 상황 고려하건대 무리한 송출 수수료 인상 가능성 희박.
주가 측면에서는 업체별 개별 이슈가 더욱 중요
• GS홈쇼핑 : 유통 업종 내 가장 높은 배당수익률 기대.
• 현대홈쇼핑 : 현대L&C, 현대렌탈케어 등 자회사 실적 중요.

대형마트

낮은 기저 도래 / 식품 부문 경쟁력으로 기존점 판매 둔화 완화 전망
• 여전히 식품 부문에서는 온라인 침투율이 높지 않은 만큼 반등 기대.
온라인쇼핑몰 사업, 시장 평균 웃돌 전망
• SSG.COM 성장률은 최근 +20% 기록 → 온라인 전용 물류센터 완공에 따른 배송 CAPA 증가를 고려하건대 성장 예상.

편의점

대규모 재계약 시장 도래, '빅2' 점유율 강화
• 2020년부터 향후 3년간 나오게 될 재계약 물량은 10,804개로 추산(이마트24 제외).
최저임금 논란 더 이상 없을 전망
• 최저임금은 2018년 +16.4%, 2019년 +10.9%에 이어 2020은 +2.9%로 조정국면 → 추가 지원금 논란 해소.

온라인

2020년 온라인 침투율 29% → 35% 전망
• 특히 음식과 e쿠폰 서비스 카테고리 높은 성장률 기대.
업체간 경쟁 강도 완화
• 업계 선두주자인 쿠팡이 무리한 외형 확장보다는 수익성 개선에 초점을 맞출 것으로 예상.
• 오프라인 투자(물류, 콜드체인 등)가 필요한 식품의 경우 오프라인 업체들의 점유율 회복 기대.

▶ 국내 소매 유통 시장 규모 추이 및 전망 괄호 안은 전년 대비 성장률(%)

연도	시장 규모	성장률
2015	317조0,130	(3.5)
2016	334조2,090	(5.4)
2017	345조6,020	(3.4)
2018	362조9,860	(5.0)
2019E	375조8,780	(3.6)
2020F	390조4,130	(3.9)
2021F	406조9,360	(3.7)

(억 원)

* 국내 소매 유통 시장 = 백화점+대형마트+면세점+편의점+전문점+TV홈쇼핑+온라인쇼핑몰 / 자료: 통계청

▶ 국내 소매 유통 대장주 매출 성장률

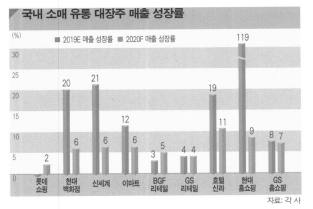

■ 2019E 매출 성장률 ■ 2020F 매출 성장률

롯데쇼핑 2 / 현대백화점 20, 6 / 신세계 21, 6 / 이마트 12, 6 / BGF리테일 3, 5 / GS리테일 4, 4 / 호텔신라 19, 11 / 현대홈쇼핑 119, 9 / GS홈쇼핑 8, 7

자료: 각 사

▶ 국내 소매 유통 대장주 영업이익 성장률

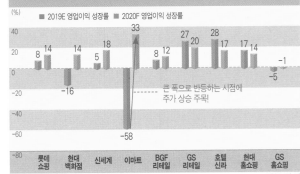

■ 2019E 영업이익 성장률 ■ 2020F 영업이익 성장률

롯데쇼핑 8, 14 / 현대백화점 14, -16 / 신세계 5, 18 / 이마트 33, -58 / BGF리테일 8, 12 / GS리테일 27, 20 / 호텔신라 28, 17 / 현대홈쇼핑 17, 14 / GS홈쇼핑 -1, -5

큰 폭으로 반등하는 시점에 주가 상승 주목!

자료: 각 사

국내 오프라인 소매 유통, 업종별 시장 전망

백화점 시장 규모 추이 및 전망 괄호 안은 전년 대비 성장률(%)

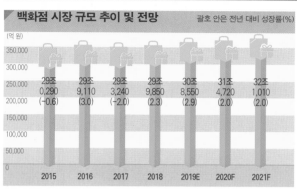

대형마트 시장 규모 추이 및 전망 괄호 안은 전년 대비 성장률(%)

면세점 시장 규모 추이 및 전망 괄호 안은 전년 대비 성장률(%)

슈퍼마켓 시장 규모 추이 및 전망 괄호 안은 전년 대비 성장률(%)

편의점 시장 규모 추이 및 전망 괄호 안은 전년 대비 성장률(%)

전문점 시장 규모 추이 및 전망 괄호 안은 전년 대비 성장률(%)

소매 유통 대장주 YTD 주가 수익률 추이

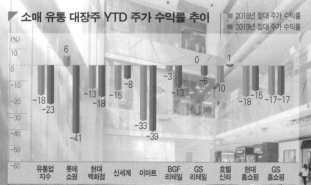

- 소매 유통 업종 주가는 2018년에 18% 하락한데 이어 2019년에도 YTD 23% 하락함.
- 2019년 주가 급락은 대표 업체들의 극심한 실적 부진과 오프라인 채널의 (소비자 이탈에 따른) 밸류에이션 디레이팅이 동시에 나타났기 때문.
- 주가가 가장 크게 하락한 종목은 롯데쇼핑(-41%)과 이마트(-39%)로, 모두 대형마트 실적이 시장 기대치를 하회했고, 오프라인 채널의 구조적 쇠퇴에 대한 우려가 불거지면서 주가가 큰 폭으로 하락함.
- 주가 수익률이 상대적으로 양호한 종목들은 호텔신라, GS리테일, BGF리테일 등으로 YTD 주가 수익률이 -10~+1% 내외임.

자료: 각 사, KB증권 추정

소매 유통 대장주들, 엎치락뒤치락 점유율 경쟁

백화점 시장점유율 단위: %

- 기타 6.9
- 신세계백화점 26.2
- 롯데백화점 38.6
- 현대백화점 28

자료: 금융감독원 전자공시시스템(각 사 사업보고서 기준)

백화점 카테고리별 매출 기여도 추이

범례: ■ 식품 ■ 잡화 ■ 여성의류 ■ 남성의류 ■ 아동스포츠 ■ 가정용품 ■ 해외 유명 브랜드 의류

(%)

	2012	2013	2014	2015	2016	2017	2018	2019
	13	12	12	13	14	16	19	25
	9	9	9	10	10	11	12	14
	14	15	14	14	14	15	12	14
	8	8	7	7	7	7	11	9
								4
	24	23	23	22	22	21	17	17
	18	20	20	19	19	16	14	12
	13	13	14	15	15	15	16	19

자료: 산업통상자원부

대형마트 시장점유율 단위: %

- 롯데마트 30.1
- 이마트 35.2
- 홈플러스 34.7

자료: 금융감독원 전자공시시스템(각 사 사업보고서 기준)

대형마트 '빅3' 매장 수 추이

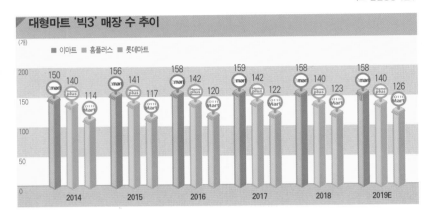

범례: ■ 이마트 ■ 홈플러스 ■ 롯데마트

(개)

	2014	2015	2016	2017	2018	2019E
이마트	150	156	158	159	158	158
홈플러스	140	141	142	142	140	140
롯데마트	114	117	120	122	123	126

편의점 시장점유율 추이

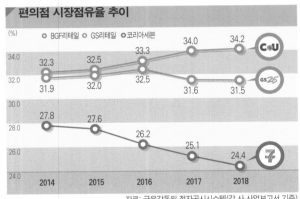

(%)

범례: ● BGF리테일 ● GS리테일 ● 코리아세븐

	2014	2015	2016	2017	2018
BGF리테일(CU)	32.3	32.5	33.3	34.0	34.2
GS리테일(GS25)	31.9	32.0	32.5	31.6	31.5
코리아세븐(7)	27.8	27.6	26.2	25.1	24.4

자료: 금융감독원 전자공시시스템(각 사 사업보고서 기준)

국내 편의점 점당 일매출액 비교

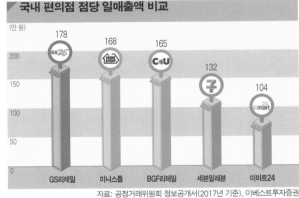

(만 원)

GS리테일	미니스톱	BGF리테일	세븐일레븐	이마트24
178	168	165	132	104

자료: 공정거래위원회 정보공개서(2017년 기준), 이베스트투자증권

면세점 시장점유율 추이 및 전망

범례: ■ 롯데 ■ 호텔신라 ■ 신세계 ■ 기타

	롯데	호텔신라	신세계	기타
2016	49	25	8	19
2017	42	24	13	22
2018	41	28	14	18
2019E	32	28	21	19
2020F	32	28	22	18

(0 10 20 30 40 50 60 70 80 90 100(%))

자료: 관세청

국내 면세점 시장 월별 총판매액

(백만 달러)

범례: ● 2017 ● 2018 ● 2019E ● 2020F

신종코로나 쇼크로 마이너스 성장률 불가피

2020년 -10%

2019년 +21%

2018년부터 중국 보따리상 중심으로 시장 개편

2018년 +35%

사드보복

2017년 +21%

(1월 2월 3월 4월 5월 6월 7월 8월 9월 10월 11월 12월)

국내 편의점 점포 수 증가 추이 : 2015~2017년 출점 집중

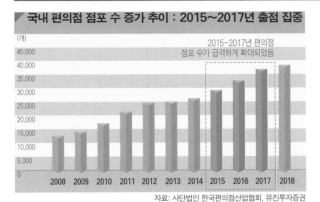

2015~2017년 편의점 점포 수가 급격하게 확대되었음

자료: 사단법인 한국편의점산업협회, 유진투자증권

편의점 대규모 재계약 물량 전망

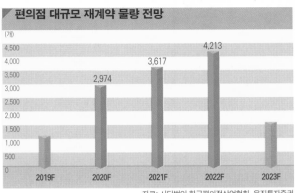

자료: 사단법인 한국편의점산업협회, 유진투자증권

- 국내 편의점 점포 수는 2015~2017년 동안 급격하게 출점이 이뤄짐 → 편의점 5년 계약 기간 만료가 2020~2022년에 걸쳐 도래함에 따라 해당 기간 동안 편의점 재계약 건 수 급증.
- 편의점 재계약 건 수 급증의 가장 큰 수혜자는 국내 편의점 업계 '빅2'에 해당하는 BGF리테일(CU)과 GS리테일(GS25)임.
- 편의점 왕국으로 꼽히는 일본의 경우, 지난 10년간 '빅3(세븐일레븐, 로손, 훼미리마트)' 체제가 더욱 견고해졌듯이 국내 편의점 업계 '빅2'의 시장지배력도 더욱 강화될 것으로 예상.

GS리테일 점포 수 추이

자료: GS리테일, 한화투자증권

BGF리테일 점포 수 추이

자료: BGF리테일, 한화투자증권

GS리테일 매출 구성 비중 단위: %

- 담배는 세금이 높아 마진율은 낮지만, 미끼상품으로 접객을 유도하는 편의점의 핵심 품목.
- 담배 소매인 지정 거리 제한으로 신규 출점이 어려워짐에 따라, 담배판매권은 편의점 시장을 장악하고 있는 GS리테일과 BGF리테일에게 진입장벽 역할을 함.

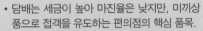

BGF리테일 매출 구성 비중 단위: %

자료: GS리테일, BGF리테일, 이베스트투자증권

GS리테일 vs. BGF리테일 매출액 추이 비교

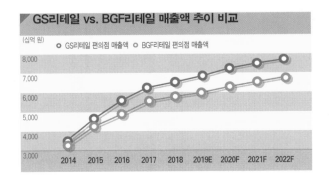

GS리테일 vs. BGF리테일 영업이익률 추이 비교

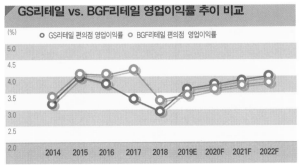

롯데쇼핑 KP

매출액	17조8,208억 원
영업이익	5,970억 원
순이익	-4,650억 원

- 40% 롯데지주
- 9.84% 신동빈 → 11.71%
- 8.86% 호텔롯데
- 5.42% 국민연금
- 53.03% 우리홈쇼핑
- 65.25% 롯데하이마트
- 86.37% 롯데컬쳐웍스
- 99.95% 씨에스유통
- 49% 에프알엘코리아 (유니클로)
- 50% 한국에스티엘
- 100% 롯데수원역쇼핑타운
- 54.9% 롯데인천타운
- 100% 롯데송도쇼핑타운
- 100% 롯데타운동탄

투자포인트

- 2017~2018년 사드 보복 조치에 따른 중국 할인점 영업정지 및 대규모 손상차손이 발생.
- 2019년 일본제품 불매운동 여파로 계열사 에프알엘코리아(유니클로) 매출 부진.
- 연간 1조 원에 달했던 영업이익이 반토막.
- 동사의 주가는 PBR 0.32배에 불과할 정도로 밸류에이션 매력도 높음.
- 배당수익률(+3.8%, 2019년 DPS 5,200원 기준)이 업종 내 최고 수준.
- 추가적인 주가 하락 가능성은 크지 않으며, 바닥권에서 주가 상승 여력 기대.

롯데쇼핑 연결 순이익 추이 및 전망

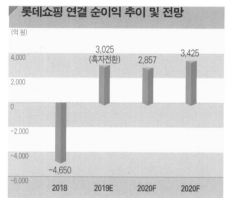

(억 원)

2018	2019E	2020F	2020F
-4,650	3,025 (흑자전환)	2,857	3,425

사업 부문별 매출 추이 및 전망

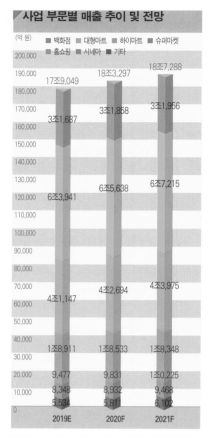

(억 원) ■ 백화점 ■ 대형마트 ■ 하이마트 ■ 슈퍼마켓 ■ 홈쇼핑 ■ 시네마 ■ 기타

	2019E	2020F	2021F
합계	17조9,049	18조3,297	18조7,288
백화점	3조1,687	3조1,858	3조1,956
대형마트	6조3,941	6조5,638	6조7,215
하이마트	4조1,147	4조2,694	4조3,975
슈퍼마켓	1조8,911	1조8,533	1조8,348
홈쇼핑	9,477	9,831	1조0,225
시네마	8,348	8,932	9,468
기타	5,534	5,811	6,102

신세계 KP

매출액	5조1,857억 원
영업이익	3,974억 원
순이익	2,849억 원

- 18.22% 이명희
- 14.37% 국민연금
- 9.83% 정유경
- 10.42% 광주신세계
- 45.76% 신세계인터내셔날
- 27.55% 신세계의정부역사
- 25% 신세계사이먼
- 60.02% 신세계센트럴시티
- 100% 신세계디에프
- 100% 대전신세계
- 95.68% 까사미아
- 26.9% 에스에스지닷컴
- 90% 인천신세계
- 14.5% 삼성라이온즈

투자포인트

- 백화점 사업에서 명품 매출 성장률이 최근 +30% 이상 확대.
- 명품 카테고리는 상대적으로 마진율이 낮아 수익성이 떨어질 수 있다는 우려가 있으나, 명품의 경우 판매촉진비가 거의 발생하지 않는 만큼 영업이익률 측면에서 유리.
- 면세점의 경우, 신종코로나 쇼크로 실적 전망치 조정 불가피.
- 동사의 주가는 2020년 실적 추정치 기준 PER 9.3배, PBR 0.6배에 불과 → 성장잠재력 측면에서 시장의 관심이 면세점에 집중될 수밖에 없음은 이해되지만, 본업인 백화점 사업이 지나치게 저평가 → 2020년 주가 상승 여력 충분

신세계디에프 매출

(억 원)

2018	2019E	2020F
2조0,090	3조0,550	3조4,810

매출 및 영업이익

괄호 안은 영업이익률(%)

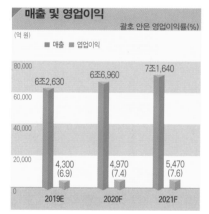

(억 원) ■ 매출 ■ 영업이익

	2019E	2020F	2021F
매출	6조2,630	6조6,960	7조1,640
영업이익	4,300 (6.9)	4,970 (7.4)	5,470 (7.6)

사업장별 면세점 분기 평균 일매출액

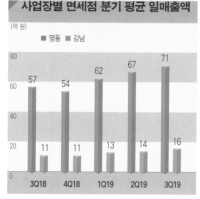

(억 원) ■ 명동 ■ 강남

	3Q18	4Q18	1Q19	2Q19	3Q19
명동	57	54	62	67	71
강남	11	11	13	14	16

현대백화점 KP

매출액	1조8,622억 원
영업이익	3,567억 원
순이익	2,874억 원

17.09%	정지선
12.05%	현대그린푸드
10.8%	국민연금
4.31%	현대A&I
2.63%	정몽근

투자관계

46.3%	한무쇼핑
100%	현대쇼핑
15.8%	현대홈쇼핑
11%	현대HCN
100%	현대백화점면세점

▶ 투자포인트

- 2020년 매출액과 영업이익이 전년 대비 10% 이상 상승 전망.
- 면세점 사업 초기 영업손실 반영으로 인해 감익을 기록했던 2019년과 달리 다시 영업이익 증가 사이클 진입.
- 백화점 부문 기존점 신장률은 +2.0%에 이를 전망 → 명품 카테고리 고성장 지속.
- 신규 출점 모멘텀 기대 → 대전 아울렛(2020년 6월), 남양주 아울렛(2020년 12월), 여의도 파크원 쇼핑몰(2021년), 동탄 아울렛(2021년).
- 면세점 부문의 영업손실이 점차 줄어들어감에 따라 실적 개선 → 기업가치 상승 → 주가 상승 견인. 다만, 신종코로나 쇼크 피해가 관건.

▶ 매출 및 영업이익

괄호 안은 영업이익률(%)

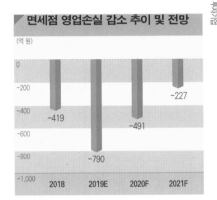

▶ 면세점 사업 매출

괄호 안은 전년 대비 증감률(%)

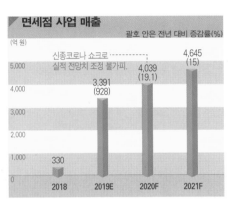

▶ 면세점 영업손실 감소 추이 및 전망

한화갤러리아 타임월드 KP

매출액	3,327억 원
영업이익	8억 원
순이익	95억 원

69.45%	한화갤러리아
100%	한화케미칼
36.88%	(주)한화
10%	한화이글스
3.86%	한화투자증권

▶ 투자포인트

- 2019년 4분기부터 면세점 사업 종료에 따른 실적 회복세 → 2019년 9월 말 면세점 사업 철수로 더 이상의 영업적자는 없을 전망.
- 면세점 사업 철수를 통한 성장성 훼손에 대해 우려하는 시각이 적지 않지만, 수익성 개선을 통한 기업가치 제고라는 측면에서 긍정적.
- 면세점 사업에서 영업손실은 2015년 144억 원에서 2016년 439억 원, 2017년 439억 원, 2018년 293억 원 기록.
- 2020년에는 297억 원으로, 면세점 사업을 영위하기 전인 2014년(영업이익 334억 원) 수준에 육박할 것으로 기대.
- 2020년 수익 예상 기준 P/E, P/B는 각각 6.6배, 0.7배 수준으로 밸류에이션 매력 양호.

▶ 매출 및 영업이익

괄호 안은 영업이익률(%)

면세점 사업 철수 후 매출 급감, 영업이익률 급증

(본문 차트) 2019E 2,620 / -20, 2020F 1,440 / 300(흑자전환), 2021F 1,470 / 300(20.6)

호텔신라 KP

매출액	4조7,137억 원
영업이익	2,091억 원
순이익	1,103억 원

12.91%	국민연금
7.68%	삼성생명
5.11%	삼성전자
100%	신라스테이
50%	HDC신라면세점

▶ 투자포인트

- 2020년 동사의 매출 및 영업이익이 각각 10% 이상 증가 예상.
- 동사의 국내 면세점 사업 부문이 역대 최고 매출을 갱신하고 있는 가운데, 해외 면세점 진출까지 이어지면서 매입 규모 및 소싱 능력이 날로 개선 추세.
- 인천국제공항, 제주국제공항 면세점 등 국내뿐만 아니라 싱가포르 창이국제공항, 홍콩 첵랍콕 국제공항, 마카오 국제공항 면세점 등 해외에서도 지속적인 사업 확장 중.
- 매출 증가와 동반된 수익성 개선이 확인될 경우 주가 상승 여력 충분.
- 다만, 신종코로나 쇼크 피해가 중요한 변수로 작용할 수도 있음에 유의.

▶ 면세점 사업 매출

괄호 안은 전년 대비 증감률(%)

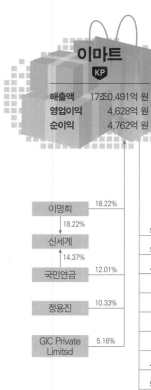

이마트
KP

매출액	17조0,491억 원
영업이익	4,628억 원
순이익	4,762억 원

이명희 → 18.22%
18.22%
신세계 ← 14.37%
국민연금 ← 12.01%
정용진 → 10.33%
GIC Private Limitsd → 5.16%

99.28% 이마트에브리데이
99.88% 신세계조선호텔 → 8.6%
46.87% 신세계푸드
50% 스타벅스코리아 — 99.98% 스타필드청라
42.7% 신세계건설 — 51% 스타필드하남
100% 신세계프라퍼티 — 51% 스타필드고양
100% 이마트24 — 51% 스타필드안성
47.83% 신세계TV쇼핑 — 50% 스타필드수원
50.06% 에스에스지닷컴
100% 제주소주

▶ 투자포인트
- 2020년 연결 영업이익 증가율이 전년 대비 30%를 웃돌 전망.
- 2019년 강도 높은 전문점 구조조정 및 할인점 판관비 효율화 작업 진행 → 2020년부터 결실.
- 적자점포 폐점 효과로 전문점 부문에서만 연간 200억 원 이상의 영업손실 감축 예상.
- 편의점 사업인 이마트24는 2021년 소폭의 흑자전환 예상.
- 온라인 사업인 SSG.COM(에스에스지닷컴)은 당분간 적자 이어질 것으로 예상되지만, 외형 성장률은 +25.0% 이상 전망 → 새벽배송 확대 효과.
- 지난 2년간 겪어온 최악의 국면 지난 것으로 평가 → 2020년 주가 반등 기대.

매출 및 영업이익
괄호 안은 영업이익률(%)

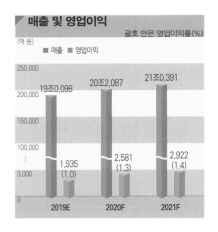

이마트 매출 및 영업이익(별도)
괄호 안은 영업이익률(%)

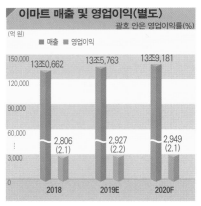

이마트24 매출 및 영업이익
괄호 안은 영업이익률(%)

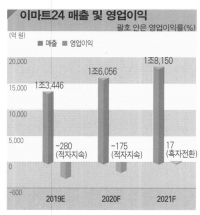

이마트 에브리데이 매출 및 영업이익
괄호 안은 영업이익률(%)

에스에스지닷컴 매출 및 영업이익
괄호 안은 영업이익률(%)

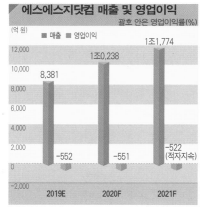

롯데하이마트
KP

매출액	4조1,127억 원
영업이익	1,865억 원
순이익	855억 원

61.01% 롯데쇼핑
↑ 40%
롯데지주
↑ 11.71%
신동빈
7.04% 국민연금

▶ 투자포인트
- 2019년 3월 말 기준 464개의 점포와 12개의 물류센터 운영.
- 스마트폰 및 태블릿 판매량은 회복되고 있지만, 백색가전 중 TV 판매량 부진이 이어지고 있고, 건조기의 경우 기저에 따른 부담과 함께 품질 이슈가 부각된 이후 판매량 회복이 이뤄지지 않고 있음.
- 계절성 가전 판매량 둔화까지 겹쳐 당분간 실적 회복은 쉽지 않을 전망.
- 동사의 가장 큰 문제는 구조적으로 펀더멘털이 약한 것 → 소비 시장 둔화에 따른 판매량 감소는 어쩔 수 없지만 판매 채널별 믹스 효과가 가속화되면서 마진율이 구조적으로 하락하고 있는 국면.

매출 및 영업이익
괄호 안은 영업이익률(%)

GS리테일
KP

매출액	8조6,916억 원
영업이익	1,803억 원
순이익	1,323억 원

65.75%	(주)GS
	↑4.75% 허창수
5.02%	국민연금
100%	후레쉬서브
100%	GS넷비전
67.6%	파르나스호텔
100%	피엔에쓰
77.5%	CVS넷
100%	GS네트웍스
50%	GS파크24
7.2%	케이뱅크
4.7%	Thrive Market
24.7%	펫츠비

▷ 투자포인트

- 2020년 동사의 영업이익은 10% 이상 상승 전망.
- F/F 카테고리 성장 및 낮은 기저효과를 중심으로 편의점 기존점신장률은 +2.0% 달성, 연간 점포 순증 규모는 800개로 추정.
- 비편의점 사업 부문의 영업손실 폭 축소가 기대되는 만큼 매출액 증가율보다 영업이익 개선 효과가 더욱 클 것으로 예상.
- 2020년부터 향후 3년간 시장에 나오게 될 편의점 재계약 물량은 10,804개로 추정 → 이미 국내 편의점 점포 수가 40,000개를 넘어선 만큼 신규 출점 여력이 크지 않지만, 재계약 물량 급증에 따른 동사 수혜 기대.
- 슈퍼마켓 사업의 경우, 손익 부담이 큰 직영점보다 가맹점 비율을 끌어올리며 적자 폭 줄임.

▷ 매출 및 영업이익(연결)

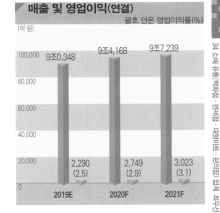

괄호 안은 영업이익률(%)

▷ 편의점 매출 및 영업이익

괄호 안은 영업이익률(%)

▷ 슈퍼마켓 매출 및 영업이익

괄호 안은 영업이익률(%)

BGF리테일
KP

매출액	5조7,759억 원
영업이익	1,895억 원
순이익	1,542억 원

30%	(주)BGF
	↑53.34%
7.36%	홍석조
5.33%	홍라영
4.97%	홍석준
3.17%	홍석현
100%	BGF로지스
100%	BGF푸드

▷ 투자포인트

- 편의점 브랜드 CU 운영 → 국내 편의점 시장점유율은 GS24에 이어 2위.
- 동사의 핵심 투자포인트는 상품 믹스 개선을 통한 수익성 회복.
- 튀김기 운영 점포 수를 공격적으로 확대하는 등 F/F 카테고리 매출 증가를 위한 투자 대폭 진행.
- 2020년에는 센트럴키친(CK) 오픈을 통해 품질 균일화 및 원가율 개선 기대.
- 2020년 동사의 점포 순증 규모가 700개로 전년 대비 증가 예상.
- 2020년부터는 서울 내 신규 출점 여력은 제한되겠지만, 기존점 성장률은 회복세에 접어들 전망.
- 부진한 매출액이 어느 정도 정상 궤도에 오를 경우 주가 상승 가능.

▷ 매출 및 영업이익

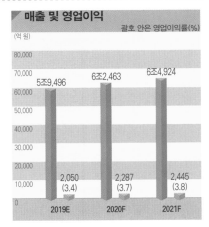

괄호 안은 영업이익률(%)

▷ 점포 수 추이 및 전망

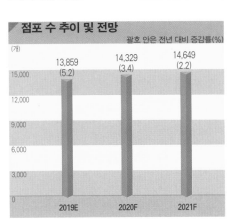

괄호 안은 전년 대비 증감률(%)

▷ 점포당 연간 매출

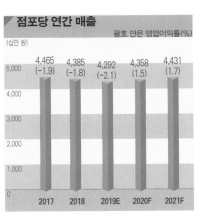

괄호 안은 영업이익률(%)

백화점과 편의점 맑음, 대형마트와 면세점 흐림

대형 할인마트가 위태롭다!

오프라인 소매 유통 업계는 크게 대형 할인마트와 백화점, 편의점, 전문점 그리고 면세점으로 구성된다. 재래시장도 소매 유통 산업에서 빼놓을 수 없는 곳이지만, 투자적 관점에서 다루기에는 다소 무리가 있다.

1990년대 이후부터 재래시장의 자리를 대신하고 나선 게 바로 대형 할인마트다. 소매 유통 업계에 백화점 위주로 진출해있던 대기업 자본이 대형 할인마트 업종을 형성하면서 순식간에 재래시장을 대체해버린 것이다. 그렇게 대형 할인마트는 수십 년 동안 소매 유통 시장을 장악하며 전성기를 구가해왔지만, 요 근래 들어 매우 힘든 시기를 보내고 있다.

2019년에도 대형 할인마트의 업황은 어두웠다. 롯데마트는 지난 몇 년간 실적 부진에서 헤어 나오지 못하고 있고, 업계 1위인 이마트도 2019년 2분기에 창사 이래 처음으로 분기적자를 기록했다. 2019년에 대형 할인마트가 유독 힘들었던 건 객단가(P)와 객수(Q) 모두 상황이 녹록치 않았기 때문이다. 2018년에만 하더라도 물가가 크게 오르면서 객단가 하락에 따른 마진 폭 부담에서 어느 정도 벗어날 수 있었지만, 2019년 들어 저물가 기저가 계속되면서 대형 할인마트마다 실적 압박에 시달려야 했다.

하지만 대형 할인마트들을 위기로 몰아넣은 건 따로 있었다. 쿠팡, 티몬, 위메프, 이베이코리아(옥션, G마켓) 등 비상장 전자상거래(이커머스, e-Commerce) 기업들의 공격적인 시장 침투다. 이들은 큰 폭의 손해를 감수하는 할인율 적용으로 대형 할인마트 시장을 잠식해 들어왔다. 2019년 쿠팡, 티몬, 위메프, 이베이코리아 등 이커머스 공룡들의 평균 매출 성장률이 전년 대비 무려 40%를 넘긴 것으로 추산된다.

이커머스 공룡들은 폭발적인 매출 성장에도 불구하고 시장 잠식을 위해 엄청난 출혈을 감내하고 있다. 파격적인 가격할인 뿐 아니라 무료배송을 위한 물류비로 인해 이커머스 공룡들의 연간 영업손실 합산액이 이미 1조 원을 넘어선 것으로 나타났다. 결국 쿠팡은 소프트뱅크 비전펀드로부터 20억 달러의 자금을 수혈해야만 했다.

공룡 이커머스 4사의 2019년 합산 매출액은 전년 대비 80% 증가한 8조 원에 이를 전망이다. 물론 합산 영업손실액도 1조6,000억 원에 육박할 것으로 추산되고 있다. 매출액이 급증할수록 영업손실도 함께 늘어나는 기형적인 현상이 계속해서 벌어지고 있는 것이다.

문제는 막대한 피해가 이커머스 공룡 4사에만 국한하지 않는다는 점이다. 대형 할인마트들은 이커머스 공룡 4사의 이른바 '닥치고 성장 전략'으로 심각한 시장 잠식을 당하고 있다. 대형마트마다 갈수록 방문객이 줄면서 매출 성장률도 크게 둔화하고 있는 것이다. 대형마트는 한때 재래시장을 밀어내고 소매 유통 업계를 장악했지만, 이젠 온라인쇼핑몰에게 자리를 내줘야 하는 신세가 되고 만 것이다.

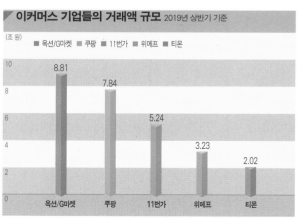

이커머스 기업들의 거래액 규모 2019년 상반기 기준

(조 원) ■ 옥션/G마켓 ■ 쿠팡 ■ 11번가 ■ 위메프 ■ 티몬

옥션/G마켓	쿠팡	11번가	위메프	티몬
8.81	7.84	5.24	3.23	2.02

자료: 언론보도

이커머스 기업들의 시장 잠식은 대형 할인마트의 온라인 사업에까지 적지 않은 영향을 미치고 있다. 이를테면 이마트의 온라인 매출액 성장률이 음식료품 온라인쇼핑 거래액 성장률에 뒤처지기 시작한 것이다. 마켓컬리, 헬로네이처, 오아시스 등이 공격적으로 신선식품 배송 경쟁에 뛰어들면서 온라인 신선식품 시장점유율을 키워가고 있기 때문이다. 온라인 신선식품 시장은 진입장벽이 높아 이마트가 경쟁 우위에서 쉽게 밀리지 않을 것으로 예상됐지만, 막상 뚜껑을 열어보니 상황이 뒤바뀐 것이다. 시장 성장 초기에 신규 경쟁사들이 적자를 감내하면서 출혈 경쟁에 나서고 있어 이마트의 고민은 갈수록 깊어지고 있다.

이마트는 2019년 6월 말부터 뒤늦게 새벽배송 서비스를 시작해 반격에 나섰지만, 지금처럼 경쟁 과열 양상이 지속된다면 온라인 사업 적자 폭도 줄지 않을 것이다. 2020년에 SSG.com의 총매출은 10% 이상 성장하겠지만, 동시에 영업적자도 500억 원 이상 발생해 여전히 쉽지 않은 한 해가 될 전망이다. 다만, 경기도 김포에 온라인 전용 물류 센터가 완공되어 배송 CAPA가 늘어나면서 장기적으로 영업손실을 줄일 수 있게 된 건 그나마 다행스런 일이다.

백화점, 명품 마케팅만이 살 길이다!

2020년 백화점 업황은 대형 할인마트만큼 어둡지는 않을 전망이다. 기존점 매출이 2019년에 1.5% 성장한 데 이어 2020년에는 1.0%로 성장 폭이 줄어들긴 하겠지만, 과거처럼 마이너스로 떨어지진 않을 것으

▶ 전국 백화점 점포 매출 현황 2018년 기준, 단위 억 원

순위	점포	매출
1	신세계 강남점	1조8,030
2	롯데 소공본점	1조7,465
3	롯데 잠실점	1조1,253
4	신세계 센텀시티점	1조0,952
5	롯데 부산본점	9,592
6	현대 판교점	8,770
7	현대 무역센터점	8,681
8	현대 압구정본점	8,196
9	신세계 대구점	7,276
10	신세계 회현본점	7,184

신세계 강남점은 2016년 리뉴얼을 통해 영업면적을 8만 6,500제곱미터로 넓히면서 지난 40여 년간 부동의 1위였던 롯데백화점 소공본점 매출액을 넘어섰다. 리뉴얼에 따른 매출 성장 효과가 5년 정도 이어지는 만큼 신세계는 2020년에도 강남점을 중심으로 호실적을 기대해볼 만 하다.

로 보인다. 2016년에 기존점 매출이 성장세로 전환한 이후 3년 연속 성장해온 탓에 높은 기저가 부담되긴 하지만, 2020년에도 안정세를 유지할 전망이다.

백화점은 각 지역별 핵심 상권의 대형 매장들 위주로 성장하기 때문에, 대형 매장 비중이 높은 신세계백화점의 기존점 성장률이 경쟁 업체들 대비 높게 나타난다. 전국의 모든 백화점 지점을 통틀어 가장 매출액이 높은 매장은 신세계 강남점이다. 신세계 강남점은 2016년 리뉴얼을 통해 영업면적을 8만6,500제곱미터로 넓히면서 지난 40여 년간 부동의 1위였던 롯데백화점 소공본점 매출액을 앞질렀다. 리뉴얼에 따른 매출 성장 효과가 5년 정도 이어지는 만큼, 신세계는 2020년에도 강남점을 중심으로 호실적을 기대해볼 만 하다.

현대백화점은 부진에서 벗어나 2020년에 반등이 조심스레 점쳐진다. 현대백화점은 신촌점과 천호점 등 몇몇 매장의 리뉴얼 공사가 마무리되지 못해 실적이 기대에 미치지 못했다. 대부분 2020년에 공사가 마무리됨에 따라 비로소 본격적인 실적 회복을 노려볼 만한 때가 온 것이다. 오랜만에 신규 출점 소식도 들린다. 2020년 6월 대전 아울렛을 시작으로 12월 남양주 아울렛, 2021년 여의도 파크원몰 및 동탄 아울렛 등이 출점을 준비 중이다.

롯데백화점은 2019년 고전을 면치 못했다. 무엇보다 일본 제품 불매 운동에 따른 여파가 컸고, 수도권 대형 매장 위주인 경쟁사들과 달리 지방 소형 매장 비중이 큰 탓에 매출 올리기가 쉽지 않았다. 롯데백화점은 2019년을 기점으로 바닥을 찍었기 때문에

2020년에는 더 이상 내려가지 않고 회복국면에 접어들 것이라는 분석이 제기되고 있지만, 좀 더 시간이 필요해 보인다.

한편, 백화점은 복합쇼핑몰과의 차이가 모호해지면서 해외 명품에 특화한 마케팅 전략으로 차별화에 나서고 있다. 실제로 백화점 매출액에서 해외 명품의 비중이 2013년 12%에서 2019년 25%까지 2배 이상 커졌다. 반면, 의류, 잡화, 아동스포츠 매출 기여도는 해마다 크게 줄고 있는 추세다.

면세점 주가의 운명, 따이공에 달렸다!
국내 면세점 시장은 어느새 연간 25조 원 규모로 급성장했다. 국내 면세점 업계는 지리적 접근성, 가격경쟁력, 상품구색력 등에서 강점을 유지하면서 2020년에도 16% 이상 성장할 것으로 보인다. 당분간 럭셔리 품목에 대한 중국 소비자들의 높은 수요 덕을 톡톡히 볼 전망이다.

하지만, 매출 호조에도 불구하고 국내 면세점 업종에 대한 투자 심리는 2019년 5월 이후 급격히 냉각됐다. 매출 성장에 대한 기대감이 주가에 상당 부분 미리 반영된 상황에서, 업체들 사이에 알선수수료 경쟁 우려가 부각됐기 때문이다. 실제로 2019년 3분기 들어 면세점 업체들이 중국의 기업형 보따리상(代工, 따이공)에게 지급하는 알선수수료율이 상승하면서, 사상 최대 분기 매출을 달성했음에도 수익성은 오히려 악화된 상황을 초래했다.

국내 면세점 시장은 2019년을 기점으로 따이공에

▶ **연도별 면세점 수익성 변동 요인 분석**

구분	2015년 이전	2016년	2017~18년	2019년	2020년F
주요 수요	인바운드 패키지	인바운드 패키지	소형 따이공	대형 따이공	대형 따이공+개별 여행객
협상력 우위	면세점	인바운드 여행사	면세점	대형 따이공	면세점
변동 요인	중국 인바운드 증가	면세점 과다 공급	인바운드 여행사 과다 공급	전자상거래법 개정 소형 따이공 철수	신종코로나 쇼크
마케팅비	알선수수료 15%	알선수수료 15% → 30%	알선수수료 35% → 20%	프로모션 증가 (매출 차감)	프로모션 감소
안정화 요인	균형	불균형	중소 여행사 도태	불균형	개별 여행객 비중 상승
핵심 쇼핑 종목	한국 화장품	한국 화장품	글로벌 화장품	글로벌 화장품	글로벌 화장품

국내 면세점 매출의 상당 부분은 중국의 글로벌 화장품 브랜드 수요가 차지한다. 글로벌 브랜드의 면세점 물량은 한정돼 있지만, 전세계 오프라인 점포 가운데 가장 다양한 카테고리를 가장 싸게 살 수 있는 곳이 한국 면세점이 유일하기 때문이다.

대한 의존도가 지나치게 높아졌다. 이 과정에서 알선 수수료율이 크게 오르며 국내 면세점들의 수익이 줄어들고 만 것이다. 실제로 지난 2019년 3분기 실적을 살펴보면, 호텔신라와 신세계디에프의 경우 매출 성장에도 불구하고 영업이익은 오히려 전분기 대비 감소했다. 후발주자로 면세점 사업을 시작한 현대백화점 역시 일매출액은 꾸준히 늘고 있지만, 영업손실 폭을 줄이지 못하고 있다.

다행히 2020년부터는 알선수수료율을 둘러싼 과도한 경쟁 구도가 어느 정도 완화될 조짐을 보이고 있다. 업계 1위인 호텔롯데가 시장점유율 경쟁보다는 수익성 개선으로 경영 전략을 수정하고 나섰기 때문이다. 호텔롯데의 용기 있는 결단이 면세점들의 실적과 주가를 동시에 끌어올릴 수 있을지 궁금하다.

편의점 주가, 앞으로 더 오른다!

소매 유통 업계에서 편의점 업종이 주식 투자자들에게 주목을 받기 시작한 건 GS리테일과 BGF리테일이 코리아세븐을 따돌리고 시장점유율에서 월등히 앞서나가면서부터다. 불과 5년 전만해도 편의점 3사의 시장점유율 격차는 5% 내외로 차이가 크지 않았다. 비상장사인 코리아세븐이 '빅3'의 한자리를 차지하면서 투자 매력을 떨어트렸던 것이다.

하지만 2018년부터 BGF리테일의 'CU'와 코리아세븐의 '세븐일레븐' 간 시장점유율 격차가 10% 이상 벌어지면서 국내 편의점 시장은 두 상장사인 BGF리테일과 GS리테일의 '빅2' 경쟁으로 시장 판도가 바뀌었다. 업계 1, 2위를 다투는 두 상장사의 점유율 싸움은 자연스럽게 주식 시장에서의 밸류에이션 경쟁으로 이어졌고, 두 회사의 주가가 투자자들에게 깊은 인상을 남기기 시작한 것이다.

최근 GS리테일과 BGF리테일이 투자자들로부터 더 주목을 끄는 이유는, 2020년부터 향후 3년간 나오게 될 편의점 재계약 물량 때문이다. 2015년부터 2017년까지 3년 동안 편의점 출점이 급증했는데, 5년 계약 만료시점인 2020년부터 재계약 건이 쏟아지고 있는 것이다. 앞으로 3년 간 체결될 재계

약 물량은, 2020년 2,900건, 2021년 3,600건, 2022년 4,400건으로 모두 9,900건에 이른다. 물론 모든 재계약 건이 업계 '빅2'인 GS리테일과 BGF리테일에게만 돌아가는 것은 아니지만, 두 회사가 재계약 물량의 상당 부분을 잠식할 것으로 업계는 전망하고 있다.

그 이유는 GS리테일과 BGF리테일의 계약 조건이 점주들에게 가장 매력적이기 때문이다. 2018년부터 시행 중인 가맹점 상생지원금 규모만 봐도 알 수 있다. GS리테일과 BGF리테일은 가맹점 상생지원책으로 전기료 지원을 포함해 연간 450억 원 규모의 비용을 지출하고 있는데, 다른 경쟁사와 차이가 크다.

편의점의 경쟁력은 결국 매장 수에 따라 좌우된다. '빅2' 업체가 재계약 물량을 독식할 경우 지금보다도 월등히 많아진 매장 수를 통해 하위권과의 점유율 격차를 더욱 벌릴 전망이다. 2020년 편의점 업체들의 매장 순증은 2019년보다 증가한 800개 수준으로 예상된다. 이는 신규 오픈 매장이 1,200개에서 예상 폐점 수 400개를 뺀 수치다.

다른 소매 유통 업종에 비해 편의점 업종의 성장성을 높게 평가하는 또 다른 이유는, 갈수록 다양해지는 취급 상품 수 때문이다. 국내 편의점이 취급하는 상품 수는 이미 5,000가지를 넘어섰다. 해마다 700가지가 넘는 상품이 추가되고 있는 것이다. 취급 상품 종류가 무조건 늘어나는 게 아니라 니즈에 맞는 상품들로 편의점 매대가 채워지고 있는 점이 중요하다. 2018년 한 해에만 판매가 중단된 상품(커트상품)은 2,900여 개였는데, 새롭게 도입된 상품이 3,700개에 이른다. 편의점은 과거 구멍가게처럼 담배나 파는 곳이 아니라 소비 트렌드에 적합한 상품을 취급하는 소매 시장의 최전선인 것이다.

▶ **편의점, 해마다 상품이 빠르게 변화**

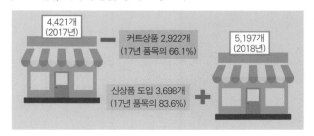

4,421개 (2017년)

커트상품 2,922개 (17년 품목의 66.1%)

5,197개 (2018년)

신상품 도입 3,698개 (17년 품목의 83.6%)

온라인 소매 유통, 모바일이 대세!

온라인 유통 시장의 구조

생산 → 소싱 → 판매 → 배송 → 소비

제조업체 (제품 및 서비스)

판매수수료

광고/마케팅 통한 고객 유인

Reseller (직매입, 재고관리)

종합몰/전문몰
GS SHOP · Hmall.com · CJmall · SHINSEGAE MALL

오픈마켓
AUCTION. · 11ST · ebay Gmarket

소셜커머스
위메프 · coupang Fulfillment Services · TMON

상품검색/구매

생산자 직배송
판매자 통합 배송

생산자 직접 운영/관리 → **제조사/브랜드 직영몰** → 고객 커뮤니케이션

온라인 소매 유통 시장 규모 추이 및 전망 괄호 안은 전년 대비 증감률(%)

(억 원)	모바일	PC	TV	합계
2019E	86조0,380(25.0)	48조3,380(12.1)	15조0,380(2.3)	149조4,590(18.0)
2020F	103조2,460(20.0)	53조7,030(11.1)	15조3,960(2.1)	172조3,450(15.3)
2021F	120조7,980(17.0)	59조1,270(10.1)	15조6,820(1.9)	195조6,070(13.5)

(억 원) 0 500,000 1,000,000 1,500,000 2,000,000

온라인 소매 유통 상품군별 거래 규모 및 비중 괄호 안은 전년 대비 증감률(%)

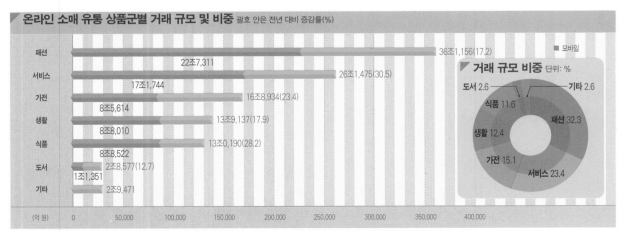

상품군	전체	모바일
패션	36조1,156(17.2)	22조7,311
서비스	26조1,475(30.5)	17조1,744
가전	16조8,934(23.4)	8조5,614
생활	13조9,137(17.9)	8조8,010
식품	13조0,190(28.2)	8조8,522
도서	2조8,577(12.7)	1조1,351
기타	2조9,471	

(억 원) 0 50,000 100,000 150,000 200,000 250,000 300,000 350,000 400,000

거래 규모 비중 단위: %

- 패션 32.3
- 서비스 23.4
- 가전 15.1
- 생활 12.4
- 식품 11.6
- 도서 2.6
- 기타 2.6

- 패션 의복, 신발, 가방, 액세서리, 화장품, 스포츠/레저 용품 등 · 서비스 여행/교통, 문화/레저, e쿠폰, 음식서비스 등
- 가전 컴퓨터, 통신기기 포함 · 생활 자동차용품, 가구, 애완용품 포함 · 식품 농축수산물 포함 · 도서 사무/문구 용품 포함

온라인 소매 유통, TOP PICK 회사들

▶ TV홈쇼핑 취급액 '톱7'

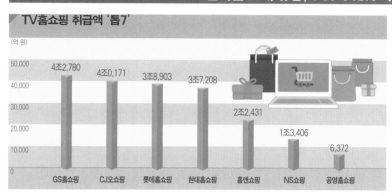

(억 원)

- GS홈쇼핑: 4조2,780
- CJ오쇼핑: 4조0,171
- 롯데홈쇼핑: 3조8,903
- 현대홈쇼핑: 3조7,208
- 홈앤쇼핑: 2조2,431
- NS쇼핑: 1조3,406
- 공영홈쇼핑: 6,372

▶ TV홈쇼핑 시장점유율 단위: %

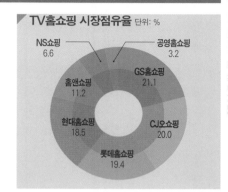

- NS쇼핑 6.6
- 공영홈쇼핑 3.2
- GS홈쇼핑 21.1
- CJ오쇼핑 20.0
- 롯데홈쇼핑 19.4
- 현대홈쇼핑 18.5
- 홈앤쇼핑 11.2

▶ TV홈쇼핑 송출수수료 추이 T-커머스 포함

(억 원)

- 2014: 1조0,412
- 2015: 1조1,445
- 2016: 1조2,535
- 2017: 1조3,873
- 2018: 1조6,337

▶ TV홈쇼핑 회사별 송출수수료 비교 2018년 기준

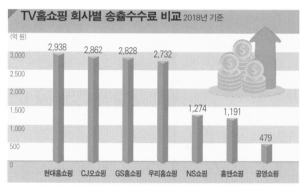

(억 원)

- 현대홈쇼핑: 2,938
- CJ오쇼핑: 2,862
- GS홈쇼핑: 2,828
- 우리홈쇼핑: 2,732
- NS쇼핑: 1,274
- 홈앤쇼핑: 1,191
- 공영쇼핑: 479

▶ 주요 유통 대기업 이커머스 투자 규모

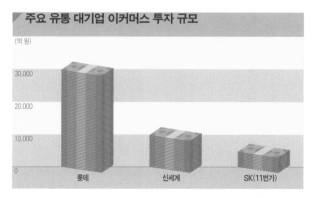

(억 원)

- 롯데
- 신세계
- SK(11번가)

▶ 소매 유통 업종별 판매수수료율

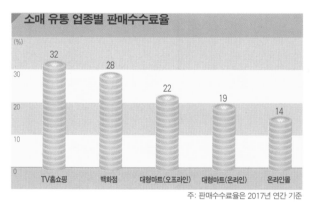

(%)

- TV홈쇼핑: 32
- 백화점: 28
- 대형마트(오프라인): 22
- 대형마트(온라인): 19
- 온라인몰: 14

주: 판매수수료율은 2017년 연간 기준

▶ 주요 플랫폼 방문자 비교

(백만 명)

- 네이버: 698
- 11번가
- G마켓
- 쿠팡
- 옥션
- 인터파크
- 다나와
- 티몬
- SSG.COM
- 롯데닷컴

주: 2018.7~12월 평균 방문자 수

▶ 주요 플랫폼 체류시간 비교

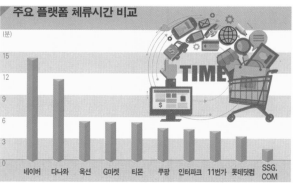

(분)

- 네이버
- 다나와
- 옥션
- G마켓
- 티몬
- 쿠팡
- 인터파크
- 11번가
- 롯데닷컴
- SSG.COM

비상장 이커머스 맏형 '쿠팡'의 영업손실, 언제까지 투자 유치로 감당할 수 있을까?

2019년 쿠팡 손익 추정

(억 원)	2018년	2019년 추정
취급고(추정)	7조8,062	13조0,000
상품 취급고	4조0,469	6조7,394
수수료 취급고	3조7,594	6조2,606
매출액	4조4,228	7조3,654
상품 매출액	4조0,469	6조7,394
수수료 매출액	3,759	6,261
상품 매입원가	3조6,727	6조1,163
매출총이익	7,501	1조2,492
상품 매출총이익	3,742	6,231
수수료 매출총이익	3,759	6,261
상품 매출총이익률	9.25%	9.25%
판매비와 관리비	1조8,471	2조4,911
로켓배송 비용	3,079	5,486
로켓배송 비용 제외 판관비	1조6,188	1조9,425
영업이익	-1조0,970	-1조2,419

자료: 이베스트투자증권

쿠팡의 연도별 투자 유치 내역

연도	투자자	금액
2010	• 매버릭 캐피탈 • 알토스 벤처스 • 파운더 콜렉티브, 런치타임, 로즈파크 어드바이저	100만 달러 비공개 400만 달러
2011	• 알토스 벤처스, 매버릭 캐피탈	1,800만 달러
2014	• 투자사 미상 • 그린옥스 캐피탈 매니지먼트, 런치타임, 로즈파크 어드바이저, 세쿼이아 캐피탈 • 로즈파크 어드바이저 • 블랙록, 그린옥스 캐피탈 매니지먼트, 하트포드 펀드 매니지먼트 그룹, 로즈파크 어드바이저, 웰링턴 매니지먼트	10만 달러 1억 달러 2,000만 달러 3억 달러
2015	• 소프트뱅크	10억 달러
2018	• 블랙록, 피델리티 인베스트먼트, 웰링턴 매니지먼트 • 소프트뱅크, 비전펀드	4억 달러 20억 달러
총합		38억 4,310만 달러

자료: 언론보도, 이베스트투자증권

비상장 이커머스 기업들의 닥치고 외형 성장, 영업이익은 마이너스!

매출 및 영업이익 : 추정치, 자산 및 부채 : 2018년 기준 추정치

쿠팡의 매출 및 영업이익

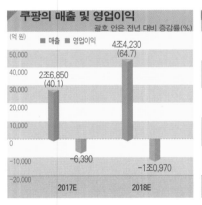

괄호 안은 전년 대비 증감률(%)

자산 및 부채

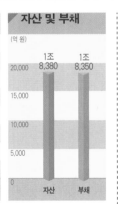

이베이코리아의 매출 및 영업이익

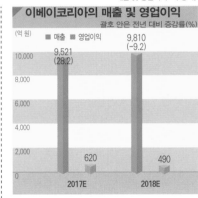

괄호 안은 전년 대비 증감률(%)

자산 및 부채

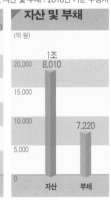

위메프의 매출 및 영업이익

괄호 안은 전년 대비 증감률(%)

자산 및 부채

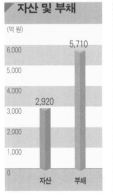

티몬의 매출 및 영업이익

괄호 안은 전년 대비 증감률(%)

자산 및 부채

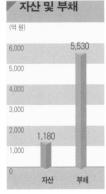

신선식품/새벽배송 업계 1위 마켓컬리, 2020년에는 흑자전환할 수 있을까?

▶ 마켓컬리 손익 추정

(억원)	2018년	2019년 추정치
매출액	1,571	3,600
상품매출	1,561	3,578
기타매출	9.6	21.6
직매입 비중	99.4%	99.4%
매출원가	1,143	2,619
상품매출 원가율	73.2%	73.2%
매출총이익	427.4	980.6
판매비와 관리비	764.1	1,242.7
운반비+포장비	327.4	750.2
기타 판관비	436.7	492.5
영업손실	336.8	262
주요 가정		
주문 건수(건)	7,300,000	15,611,868
주문 건당 운반비+포장비(원)	4,485	4,805
건당 평균 주문 금액(원)	21,522	23,059

자료: 이베스트투자증권

▶ 마켓컬리 투자 유치 내역

시점	투자사	금액 / 비고
2014년 12월	• 이상혁(옐로모바일 대표)	3억 원 / 설립자본금
2015년 2월	• DS자산운용, DSC인베스트먼트	50억 원 / 초기자금
2016년 11월	• 한국투자 파트너스, UTC인베스트먼트, LB인베스트먼트, 캡스톤파트너스, DS 자산운용, 세마트랜스링크 인베스트먼트	170억 원 / 시리즈A (기업가치 400억 원 기준)
2018년 3~8월	• SK네트웍스, 한국투자파트너스, UTC인베스트먼트, 미래에셋벤처투자, 캡스톤파트너스, 트랜스링크캐피탈, 세쿼이아캐피탈차이나, 디지털스카이테크놀로지	654억 원 / 시리즈C
2019년 4월	• 한국투자파트너스, UTC인베스트먼트, 미래에셋벤처투자, 캡스톤파트너스, 트랜스링크캐피탈, 세쿼이아캐피탈차이나, 디지털스카이테크놀로지	1,000억 원 / 시리즈D
합계		1,877억 원

자료: 언론보도, 이베스트투자증권

신선식품/새벽배송 관련 상장기업 실적 비교

■ 매출 ■ 영업이익 , 매출 및 영업이익 : 추정치

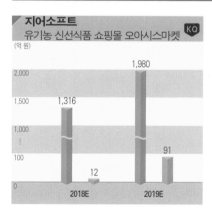

지어소프트 KQ
유기농 신선식품 쇼핑몰 오아시스마켓
(억 원)
1,316 / 12 (2018E), 1,980 / 91 (2019E)

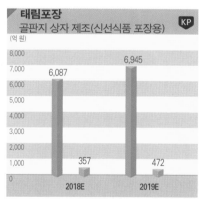

태림포장 KP
골판지 상자 제조(신선식품 포장용)
(억 원)
6,087 / 357 (2018E), 6,945 / 472 (2019E)

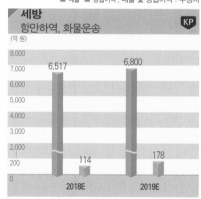

세방 KP
항만하역, 화물운송
(억 원)
6,517 / 114 (2018E), 6,800 / 178 (2019E)

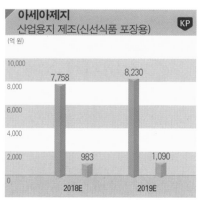

아세아제지 KP
산업용지 제조(신선식품 포장용)
(억 원)
7,758 / 983 (2018E), 8,230 / 1,090 (2019E)

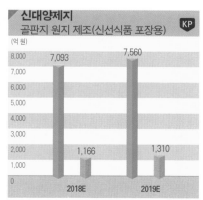

신대양제지 KP
골판지 원지 제조(신선식품 포장용)
(억 원)
7,093 / 1,166 (2018E), 7,560 / 1,310 (2019E)

오텍 KQ
특수 물류차량 제조(신선식품 배달용)
(억 원)
9,187 / 298 (2018E), 1조0,519 / 421 (2019E)

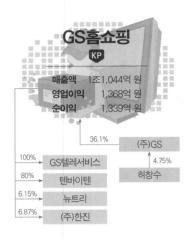

GS홈쇼핑 KP

매출액	1조1,044억 원
영업이익	1,368억 원
순이익	1,339억 원

- 36.1% → (주)GS
- 4.75% ← 허창수
- 100% GS텔레서비스
- 80% 텐바이텐
- 6.15% 뉴트리
- 6.87% (주)한진

▶ 투자포인트

- 2020년 취급고 4조4,766억 원으로 꾸준한 상승세 예상.
- TV홈쇼핑 부문 취급고는 감소 추세인데 반해 동사가 역량을 집중하고 있는 모바일쇼핑 부문 취급고는 고성장 지속 전망.
- 송출수수료율 하락세로 영업이익 성장세가 주춤한 것은 다소 아쉬움.
- 소매 유통 업종 내에서 가장 높은 수준의 배당수익률 기대.
- 물류 협력 강화 위해 한진 지분 6.87% 취득 → 투자 총액은 약 250억 원 규모로 블록딜 방식을 통해 고(故) 조양호 회장의 지분 인수.

▮ 매출 및 영업이익

괄호 안은 영업이익률(%)

▮ 사업 부문별 매출 비중 단위: %

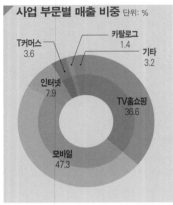

- T커머스 3.6
- 카탈로그 1.4
- 기타 3.2
- 인터넷 7.9
- TV홈쇼핑 36.6
- 모바일 47.3

▮ TV홈쇼핑 취급고 추이 및 전망

T커머스 포함

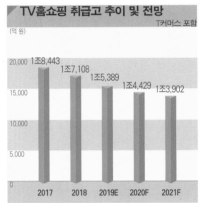

▮ 모바일/인터넷 쇼핑 취급고 추이 및 전망

현대홈쇼핑 KP

매출액	1조0,177억 원
영업이익	1,123억 원
순이익	1,666억 원

- 25.01% 현대그린푸드 12.8%
- 23.5% 정교선
- 12.7% 정지선
- 15.8% 현대백화점 17.09% / 10.8%
- 12.68% 국민연금
- 38.3% 현대에이치씨앤
- 34.6 (주)한섬
- 100% 현대렌탈케어
- 50% 에이치케이이엔에스
- 100% 현대L&C
- 7.7% 대원강업
- 4.8% 딜라이브 강남케이블TV

▶ 투자포인트

- 2020년 취급고는 전년 대비 +7.1% 증가한 5.4조 원, 영업이익은 +16.0% 증가한 1,563억 원으로 전망.
- 본업인 홈쇼핑 부문에서는 T커머스(+20.1% yoy)와 모바일쇼핑(+19.9% yoy)을 중심으로 견조한 성장세 지속.
- 홈쇼핑 업체 수익성 추정의 가장 큰 변수인 송출수수료는 +5.0% 내외 인상 예상.
- 자회사들의 전반적인 손익 개선 기대 → 현대렌탈케어는 누적 계정이 30만 개를 돌파하며 영업손실 규모가 월 10억 원 수준까지 개선.
- 동사의 주가가 부진한 이유는 자회사들의 실적 변동성이 큰 탓인데, 자회사들의 손익이 개선될 경우 주가 회복 기대.
- 동사가 보유하고 있는 순현금(3,000억 원) 규모를 고려건대, 당분간 경영 안정성에 큰 문제는 없을 전망.

▮ 매출 및 영업이익

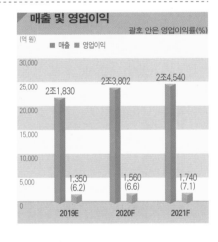

괄호 안은 영업이익률(%)

▮ TV홈쇼핑 취급고 추이 및 전망

T커머스 포함

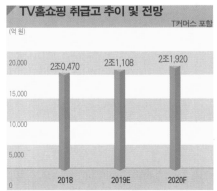

▮ 모바일/인터넷 쇼핑 취급고 추이 및 전망

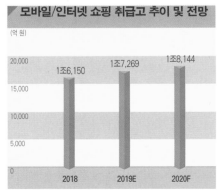

CJENM
KQ

매출액	3조4,268억 원
영업이익	2,510억 원
순이익	1,842억 원

- 6.01% 국민연금
- 40.07% (주)CJ
  - 44.55% CJ제일제당
  - 47.11% CJ프레시웨이
  - 96.02% CJ푸드빌

▶ 투자포인트

- 동사의 커머스 사업 브랜드인 CJ몰과 TV홈쇼핑 브랜드인 CJ오쇼핑 운영.
- 2010년부터 단독 판매 상품을 기획하여 경쟁사 대비 다양한 상품 포트폴리오 운영.
- 계열사인 CJ대한통운을 통해 탄탄한 물류 네트워크 보유.
- 해외 사업으로 중국 동방CJ의 성공에 이어 베트남, 태국, 필리핀, 말레이시아 시장 등에 차례로 진출하여 글로벌 네트워크 구축.
- CJ오쇼핑이 2017년 론칭한 패션&뷰티 프로그램 〈동가게〉의 누적 주문금액이 3,000억 원을 돌파하는 등 방송과 연계한 콘텐츠형 판매 채널 수익성 호조.

▶ CJ몰(커머스 사업) 매출 및 영업이익
괄호 안은 영업이익률(%)

(억 원) ■ 매출 ■ 영업이익

	2018	2019E	2020F
매출	1조2,957	1조3,903	1조4,767
영업이익	1,244 (7)	1,391 (6)	1,484 (8)

NS쇼핑
KP

매출액	4,741억 원
영업이익	612억 원
순이익	346억 원

- 40.7% 하림지주
  - 22.6% 김홍국
- 5.12% 김홍국
- 10.83% 한국투자밸류자산운용
- 5.13% 올품

▶ 투자포인트

- TV홈쇼핑을 매출 기반으로 카탈로그, 쇼핑몰, 모바일, T커머스 등 다양한 매체를 통해 사업 영위.
- 모바일/인터넷 쇼핑 사업의 고성장으로 취급고가 소폭 성장.
- 취급고는 줄지 않고 예년 수준을 이어갈 전망.
- 매출총이익률의 둔화와 판관비 부담 증가로 영업이익은 반등 어려울 전망.
- 사업다각화 및 경쟁력 강화를 위해 자회사 하림식품에 300억 원 출자 → 자회사들의 부진으로 인한 실적 영향 우려.
- 100% 자회사인 하림산업이 2020년에 HMR(가정간편식) 생산을 본격적으로 시작할 예정인데, 사업 초기 약 100억 원 적자 예상.

▶ 취급고 추이 및 전망

(억 원)

2018	2019E	2020F
1조3,410	1조3,501	1조4,290

예스24
KQ

매출액	5,064억 원
영업이익	−18억 원
순이익	−54억 원

- 50.01% 한세예스홀딩스
  - 25.9% 김석환
  - 17.61% 김동녕
- 59.65% 한국이퍼브
- 100% 예스24라이브홀
- 100% 와이앤케이미디어

▶ 투자포인트

- 2019년 2분기 말 기준 누적회원 수 약 1,500만 명 보유(회원 수 기준 온라인서점 1위).
- 온라인 도서 유통 시장은 매년 5~7% 성장 지속 중 → 전체 도서 시장은 2013년 이후 6.3조 원 규모를 유지하고 있지만, 오프라인에서 온라인으로 시장 이동이 지속되면서 온라인 도서 시장 규모는 꾸준히 성장 중.
- 공연/영화/음반 판매가 주업인 엔터테인먼트 사업부 실적도 BEP 진입.
- 인도네시아, 베트남 등 적자가 지속되던 해외 법인들의 적자 폭 감소 추세.
- 2020년 매출액 6,200억 원(YoY +10.7%), 영업이익 160억 원(YoY +28.0%) 달성 예상.

▶ 인터넷서점 업체 트래픽 현황

사이트명	일평균 방문자 수 (명)	일평균 페이지뷰	체류시간
예스24	298,323	3,122,053	0:10:58
인터파크 도서	47,397	312,483	0:02:09
교보문고	122,622	1,338,729	0:07:24
알라딘	97,642	1,251,387	0:06:50

인터파크
KQ

매출액	5,285억 원
영업이익	44억 원
순이익	−76억 원

- 67.82% 인터파크홀딩스
- 100% 인터파크씨어터
- 74.01% 인터파크송인서적
- 100% 인터파크렌터카
- 100% 인터파크씨엔이

▶ 투자포인트

- 전자상거래를 통해 여행업, 공연 기획/제작, 티켓 예매 및 판매대행업, 도서 판매 등 온라인에서 가능한 다양한 사업 영위.
- 여행 사업 부문에서 B2C 온라인 항공권 시장점유율 1위 영위.
- 인터넷 티켓 예매 시장점유율 압도적 1위 영위.
- 연결 대상 종속회사로 인터파크씨어터, 인터파크렌터카, 인터파크송인서적, 뉴컨텐츠컴퍼니 등 7개 사 보유.
- 순이익이 2019년 흑자전환한데 이어 2020년에는 200억 원 이상 발생 기대.

▶ 온라인 공연 티켓 예매 시장점유율

사이트명	티켓예매분야 점유율(%)	일평균 방문자 수 (명)	일평균 페이지뷰
인터파크 티켓	51.2	62,198	1,473,137
예스24 영화/공연	23.7	40,084	262,531
맥스무비	8.1	14,077	88,320
티켓링크	5.2	7,700	80,975

과연 쿠팡과 마켓컬리는 흑자전환할 수 있을까?

대형 소셜커머스들이 위태롭다!

온라인쇼핑몰의 성장세가 가파르다. 통계청이 발표하는 온라인쇼핑 거래액을 보면 매달 10조 원을 돌파하고 있다. 연간 100조 원이 넘는 규모다.

온라인쇼핑몰 시장의 유통 범위는 일반몰과 중개몰로 구성된다. 일반몰은 다양한 상품을 판매하는 온라인쇼핑 서비스를 통칭하고, 중개몰은 오픈마켓을 가리킨다. 오픈마켓은 다수의 판매자와 소비자가 온라인상에서 거래하는 가상의 장터를 마련하여 개인, 자영업자, 기업 등 누구나 판매자와 소비자가 될 수 있는 쇼핑몰이다. 대표적인 오픈마켓 사업자로 11번가, G마켓, 옥션 등이 있다. 쿠팡 및 티몬과 같은 사업자는 소셜커머스로 분류된다. 하지만 이들은 최근 들어 사업 형태를 오픈마켓으로 전환하면서 실제로 오픈마켓과 소셜커머스의 구별이 무의미해지고 있다.

오픈마켓은 시장에서의 경쟁 강도가 대단히 치열하다. 오픈마켓마다 엄청난 판촉비용을 감수하면서 방문자 수를 확보하는데 혈안이 돼 있다. 결국 쿠팡을 비롯한 거대 오픈마켓들이 수익성 악화에서 헤어나오지 못하고 있다. 쿠팡은 2018년 국내 이커머스 사상 최대 매출액인 4조4,428억 원을 기록했지만, 영업적자 역시 사상 최대치인 1조 원을 넘겼다. 쿠팡은 누적 적자 금액이 3조 원에 이르는 것으로 알려졌다.

대형 소셜커머스 기업들은 판매 카테고리 다양화와 멤버십 서비스 등으로 소비자를 유인해 몸집을 키우는 데까지는 성공했지만, 수익을 창출하기에는 시간이 좀 더 필요해 보인다. 도대체 그들은 몸집이 얼마나 더 커져야 이익을 낼 수 있을지, 그리고 시장 잠식 공세를 언제까지 이어갈 수 있을지 지금으로서는 그 누구도 예측하기가 쉽지 않다.

승자 없는 싸움

온라인쇼핑몰이 양적으로 팽창하는 또 다른 이유는, 백화점과 대형마트 등 전통적인 오프라인 유통 채널들이 온라인 유통 채널에 대한 투자를 늘리고 있기 때문이다. 신세계는 온라인쇼핑몰 사업에 1조 원 이상 투자를 계획하고 있다. SSG닷컴을 통해 그룹 내 계열사들의 온라인 채널을 통합하고 물류 센터도 재정비하는 등 이커머스로 사업의 무게중심을 옮기고 있다. 유통 라이벌 롯데 역시 이커머스 사업에 엄청난 자본을 쏟아 부을 예정이다. 계획된 투자 규모만 3조 원에 이른다.

하지만 온라인 유통 채널 참여자가 늘어나고 규모가 거대해지는 것이 바람직한 것만은 아니다. 시장은 공급과 수요가 동시에 늘어나야만 가격도 오르고 시장 참여자(기업)들의 수익도 향상된다. 하지만 지금처럼 경기 둔화가 좀체 풀리지 않아 소비 심리 위축이 지속된다면 수요 진작을 기대할 수 없다. 유통 채널이 지나치게 늘어나 과잉 공급을 초래할 경우 유통은 물론 제조까지 곤란해질 수 있다.

최근 유통 업계는 승자 없이 경쟁만 과열되는 치킨게임 양상으로 치닫는 분위기다. 백화점과 대형마트 등 오프라인 업체 뿐 아니라 제조업체들도 소비 패턴 변화에 대응하여 직접 자사몰을 론칭하고 공격적인 판촉에 나서고 있지만, 수익을 내는 데는 한계가 있다. 시장에 유통 채널만 더해졌을 뿐 수요가 늘어난 건 아니기 때문이다. 온라인 유통 메커니즘에 밝지 못한 제조업체가 전문적인 온라인쇼핑몰과 경쟁한다는 것 자체가 현실적으로 무리다.

새로운 유통 채널을 만들어 시장에 뛰어든 경우도 상황이 녹록치 않다. 이를테면 신선식품/새벽배송 시장에 공격적으로 진입한 마켓컬리의 행보에도 걱정 어린 시선이 적지 않다. 마켓컬리가 제아무리 업계 1위라 하더라도 4,000억 원 규모의 국내 신선식품/새벽배송 시장이 획기적으로 커지지 않고서는 흑자전환은커녕 영업손실을 줄이기도 어려운 일이다. 신선식품/새벽배송 시장은 마켓컬리가 시장에 막대한 광고비를 쏟아 부은 이후 시장 참여자들로 포화상태가 되고 말았다.

모바일로 향하는 홈쇼핑 업체들

TV홈쇼핑은 전체 온라인 소매 유통 시장에서 차지하는 비중이 10%에도 미치지 못한다. 2020년 전체 온라인 소매 유통 시장 규모가 172조3,450억 원인데, TV홈쇼핑은 15조3,960억 원이다. 성장률도 전체 온라인 소매 유통 시장이 전년 대비 15%가 넘었지만, TV홈쇼핑은 2% 언저리에 머무르고 있다.

TV홈쇼핑은 시장 규모 및 성장성과는 별개로 주식시장에서는 꽤 매력 있는 종목으로 평가받는다. TV홈쇼핑 업종의 대장주는 GS홈쇼핑과 현대홈쇼핑인데, 두 회사 모두 밸류에이션 지표가 높다. 또 안정적인 취급고 증가율을 기대할 수 있는 만큼 업종 내에서 방어주 역할을 하곤 한다.

하지만 두 회사 모두 2019년만큼은 방어주로서의 매력을 발산하지 못했다. 취급고 증가율은 나쁘지 않았지만 일본 제품 불매운동 여파로 소비 심리가 위축되면서 영업이익을 내는 데 어려움을 겪었다. GS홈쇼핑은 영업이익률이 10% 아래로 떨어졌고, 현대홈쇼핑도 6%대를 벗어나지 못했다.

결국 두 회사 모두 주가에 영향을 미치는 요인이 취급고보다는 수익성이라 할 수 있다. GS홈쇼핑의 경우 최근 2년 사이 일회성 이익이 많았는데, 이는 냉정한 투자자들에게 마이너스 요인으로 작용했다. 일회성 이익은 착시 효과를 가져다주기 마련이다. 일회성 이익을 걷어내고 정상적인 영업이익만 따져보면 오히려 실적이 악화됐다고 보는 게 맞다.

현대홈쇼핑의 경우 영업이익이 꾸준히 상승하고 있지만 기대에 미칠 정도는 아니다. 2019년 매출액이 전년 대비 2배 이상 늘었지만 매출 대비 영업이익은 오히려 줄었다. 문제는 현대홈쇼핑의 자회사들이 실적 회복에 어려움을 호소하고 있다는 점이다. 현대홈쇼핑이 100% 지분을 보유한 현대렌탈케어의 경우 누적 계정 수가 30만 개를 돌파하며 영업손실을 줄여나가고 있지만, 흑자로 전환하기에는 시간이 좀 더 필요하다. 2018년 인수한 현대L&C는 여전히 기대에 미치지 못하는 성과를 내고 있다.

GS홈쇼핑과 현대홈쇼핑 모두 미래 성장 모멘텀을 모바일과 T커머스에서 찾고 있다. GS홈쇼핑은 TV홈쇼핑의 취급고가 2017년을 기점으로 가파르게 줄고 있다. 현대홈쇼핑은 아직 감소세는 아니지만 성장률이 큰 폭으로 둔화하고 있다. 반면 두 회사의 모바일 취급고는 성장세가 가파르다. GS홈쇼핑의 경우, 2018년 2조3,444억 원이었던 모바일/인터넷 취급고가 2020년 3조 원을 넘어설 전망이다. 현대홈쇼핑은 GS홈쇼핑에는 미치지 못하지만, 2018년 1조6,150억 원이었던 모바일/인터넷 취급고가 2020년 1조8,000억 원 이상을 기록할 것으로 예상된다. 두 회사 모두 TV홈쇼핑 업계의 대장주라는 이미지가 무색할 정도로 모바일 사업으로 발걸음을 옮기는 중이다.

TV홈쇼핑의 취급고 비중이 줄어들면서 홈쇼핑 업체의 영업이익에 적지 않은 비중을 차지하는 송출수수료 인상 폭도 줄어들 전망이다. 송출수수료는 홈쇼핑 업체가 유료방송사에 내는 채널 사용료다. 송출수수료는 홈쇼핑 업체의 주 수익원인 판매수수료에서 차지하는 비중이 50%에 이른다. 이를테면 홈쇼핑 업체가 1만 원짜리 내의 한 벌을 팔아 버는 판매수수료 3,000원에서 약 1,500원이 송출수수료로 유료방송사에게 돌아간다. 홈쇼핑 업체로서는 TV홈쇼핑 대신 모바일 채널 취급고가 늘어날수록 송출수수료에 대한 부담이 크게 줄어 영업이익이 개선되는 것이다.

GDP 3만 달러 시대 FOOD TREND 'HMR'

�▌소득 수준에 따른 음식료 산업 발전 과정

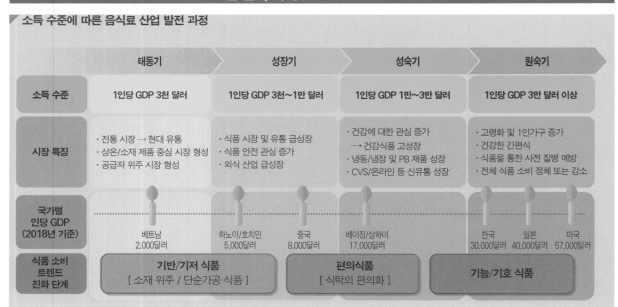

	태동기	성장기	성숙기	원숙기
소득 수준	1인당 GDP 3천 달러	1인당 GDP 3천~1만 달러	1인당 GDP 1만~3만 달러	1인당 GDP 3만 달러 이상
시장 특징	• 전통 시장 → 현대 유통 • 상온/소재 제품 중심 시장 형성 • 공급자 위주 시장 형성	• 식품 시장 및 유통 급성장 • 식품 안전 관심 증가 • 외식 산업 급성장	• 건강에 대한 관심 증가 → 건강식품 고성장 • 냉동/냉장 및 PB 제품 성장 • CVS/온라인 등 신유통 성장	• 고령화 및 1인가구 증가 • 건강한 간편식 • 식품을 통한 사전 질병 예방 • 전체 식품 소비 정체 또는 감소
국가별 인당 GDP (2018년 기준)	베트남 2,000달러	하노이/호치민 5,000달러 / 중국 8,000달러	베이징/상하이 17,000달러	한국 30,000달러 / 일본 40,000달러 / 미국 57,000달러
식품 소비 트렌드 진화 단계	기반/기저 식품 [소재 위주 / 단순가공 식품]	편의식품 [식탁의 편의화]		기능/기호 식품

자료: 미래에셋대우

▌HMR 밸류체인

HMR(Home Meal Replacement): 간편가정식

미리 가공한 식재료(식자재)를 간단한 조리를 거쳐 먹을 수 있도록 포장한 제품으로, 향후 첨단 과학 기술 및 온라인/모바일 발달, 1인가구 증가, 배송/물류 혁신, 편의점의 발전 등으로 2023년에는 10조 원 규모로 성장 전망.

즉석섭취식품 (Ready-to-Eat)	즉석조리식품 (Ready-to-Heat)	신선편의식품 (Ready-to-Cook)	사전준비식품 (Ready-to-Prepared)
• 추가조리과정 없이 섭취할 수 있는 식품 • 삼각김밥, 샌드위치, 도시락, 선식	• 가열 등 단순 조리과정을 거쳐 섭취할 수 있는 식품 • 국, 탕, 찌개, 스프, 만두, 냉동식품	• 유통기한이 짧고 그대로 또는 단순조리를 거쳐 섭취할 수 있는 식품 • 샐러드, 소스, 드레싱, 과일	• 간편하게 요리할 수 있도록 손질된 식재료 • 밀키트 등
• BGF리테일(편의점), GS리테일(편의점), 롯데푸드	• CJ제일제당, 오뚜기, 대상, 풀무원, 롯데푸드	• CJ제일제당, 풀무원, 오뚜기, 동원F&B	• CJ제일제당, 동원F&B, 한국야쿠르트

▌국내 HMR 시장 규모 식품 및 식품첨가물 생산실적 기준, 괄호 안은 비중(%)

(백만 원)
■ 즉석섭취식품 ■ 즉석조리식품 ■ 신선편의식품

연도	즉석섭취식품	즉석조리식품	신선편의식품
2013	942,160 (58.7)	585,275 (36.4)	78,340 (4.9)
2014	917,438 (59.4)	542,965 (35.2)	83,439 (5.4)
2015	992,165 (59.0)	594,559 (35.3)	95,566 (5.7)
2016	1,323,939 (58.4)	834,272 (36.8)	109,959 (4.8)
2017	1,427,981 (52.1)	1,151,122 (42.0)	163,041 (5.9)
2018E	1,628,898 (50.6)	1,392,858 (43.3)	195,649 (6.1)

합계: 2013 1,605,774 / 2014 1,543,843 / 2015 1,682,290 / 2016 2,268,170 / 2017 2,742,145 / 2018E 3,216,405

자료: 식품의약품안전처

▌국내 가공식품 업체들의 HMR 투자 규모

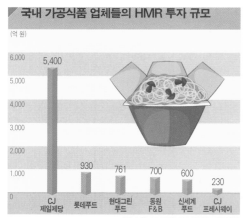

(억 원)

업체	투자 규모
CJ제일제당	5,400
롯데푸드	930
현대그린푸드	761
동원F&B	700
신세계푸드	600
CJ프레시웨이	230

자료: 각 사, 언론보도, 메리츠종금증권

국내 HMR의 핵심 '즉석조리식품' 시장의 지배자는 누구?

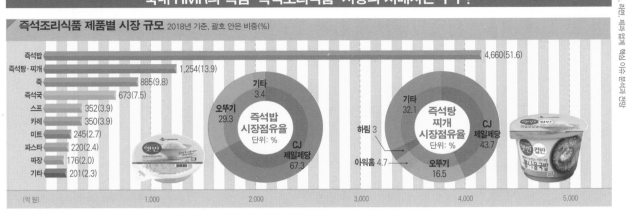

즉석조리식품 제품별 시장 규모 2018년 기준, 괄호 안은 비중(%)

즉석조리식품 시장점유율 단위: %, 억 원, 2018년 기준

즉석조리식품 유통 채널 비중 단위: %, 억 원, 2018년 기준

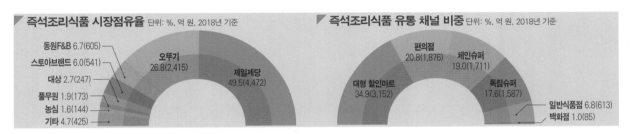

선진국은 이미 5세대 HMR, '밀키트'로 시장 이동 중!

국내 주요 밀키트 업체 현황 및 시장 규모

기업명	브랜드	밀키트 매출(억 원)			일 생산능력(개)	생산방식	시장 진출 시기
		2017	2018	2019F			
CJ제일제당	쿡킷	–	–	100	40,000	직접	2019년 4월
한국야쿠르트	잇츠온	12	60	120	–	위탁	2017년 9월
GS리테일	심플리쿡	–	50	180	10,000	위탁/직접	2017년 12월
프레시지	프레시지	15	218	400	20,000	직접	2016년 7월
마이세프	마이세프	11	45	260	20,000	직접	2016년 6월

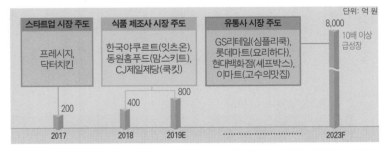

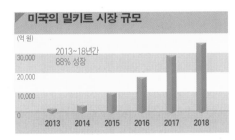

미국의 밀키트 시장 규모

일본의 밀키트 시장 규모

- 밀키트(Meal Kit)란 쿠킹 박스 또는 레시피 박스를 뜻하며, 손질이 끝난 식재료와 양념을 넣고 정해진 순서대로 조리만 하면 되는 가정편의식품.
- 전세계 밀키트 시장은 미국의 아마존과 월마트가 진출하면서 신성장 사업으로 두각 → 미국은 스타트업 기업들의 주도하에 밀키트 시장 규모가 2013년 1,500억 원에서 2018년 3조5,000억 원으로 연평균 88% 성장.
- 일본은 유통 업체 주도로 2013년 1,000억 원대에서 2018년에는 8,000억 원대로 성장.
- 국내 밀키트 시장은 2017년 200억 원대에서 2018년에는 400억 원대로 성장 후, 식품/유통 대기업 자본의 침투로 2023년에 8,000억 원 시장 성장 전망.

361

가공식품, 또는 사업과 회사는 어디?

▶ 향후 3년간 글로벌 음식료 업종별 성장 규모 2018년 전년 대비 시장 규모 증가액 기준

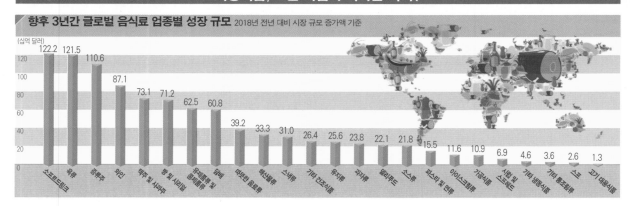

(십억 달러)

소프트드링크	122.2
육류	121.5
증류주	110.6
와인	87.1
맥주 및 사과주	73.1
빵 및 시리얼	71.2
유제품류 및 유제품류	62.5
담배	60.8
따뜻한 음료류	39.2
제과류	33.3
스낵류	31.0
기타 건조식품	26.4
유지류	25.6
과자류	23.8
밀리푸드	22.1
소스류	21.8
파스타 및 면류	15.5
아이스크림류	11.6
가공식품	10.9
사탕 및 스프레드	6.9
기타 냉동식품	4.6
기타 반조리류	3.6
스프	2.6
끼기 대용식품	1.3

▶ 2020년 매출액 증가율 '톱10' 음식료 업체

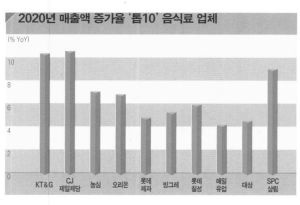

(% YoY)

KT&G, CJ제일제당, 농심, 오리온, 롯데제과, 빙그레, 롯데칠성, 매일유업, 대상, SPC삼림

▶ 2020년 영업이익 증가율 '톱10' 음식료 업체

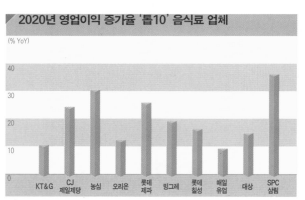

(% YoY)

KT&G, CJ제일제당, 농심, 오리온, 롯데제과, 빙그레, 롯데칠성, 매일유업, 대상, SPC삼림

▶ 글로벌 식품 시장 규모 '톱20' 국가 단위: 백만 달러, 2018년 기준
-'K-Food 열풍' 활용해 해외 사업에 적극적인 식품 회사일수록 투자가치 높다!

- 13위 캐나다 140,433
- 4위 독일 325,921
- 8위 러시아 212,209
- 15위 한국 104,629
- 7위 영국 236,125
- 16위 폴란드 81,445
- 1위 중국 1,321,183
- 2위 미국 1,156,570
- 12위 멕시코 148,341
- 5위 브라질 281,889
- 6위 프랑스 250,535
- 9위 이탈리아 204,295
- 17위 터키 74,864
- 11위 인도 156,645
- 3위 일본 393,135
- 19위 필리핀 67,786
- 10위 스페인 160,694
- 14위 호주 111,984
- 18위 인도네시아 72,839
- 20위 아르헨티나 63,369

▶ 전세계 식품 시장 규모 추이 및 전망 음료, 담배 제외

(십억 달러)

2018	3,193
2019E	3,317
2020F	3,442
2021F	3,564
2022F	3,689

▶ 국내 가공식품 업체 '빅4' 해외 사업 동향

CJ제일제당 : 미국	오리온 : 중국 / 러시아 / 베트남
・슈완스 M&A 이후, 사업 모델 안정화 주력. ・기존 해외 사업은 비비고 만두 중심으로 글로벌 매출 확대 목표.	・중국은 기존 유통망 활용하여 다양한 신제품을 론칭. ・러시아는 2020년부터 Capa 증설 효과 본격화. ・베트남은 MT 채널 확대 및 라인업 다양화 계획.

삼양식품 : 중국 / 동남아	농심 : 미국 / 중국
・중국은 기존 대리상 중심으로 매출 확대 지속. ・동남아는 거래선 정비 완료 후 외형 확대 본격화 → 향후 공장 증설 가능성 있음.	・미국은 2022년부터 Capa 증설 효과 본격화 전망. ・중국은 대형마트 중심으로 확대 계획.

■ 국내 주요 식품 품목별 시장 규모 소매점 매출액 기준

>>> 라면 시장 규모

(억 원)

CAGR 7.0%

- 2015: 1조7,592
- 2016: 1조8,441
- 2017: 2조0,976
- 2018: 2조1,475

>>> 식육가공품 시장 규모

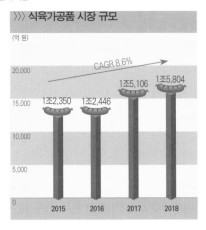

(억 원)

CAGR 8.6%

- 2015: 1조2,350
- 2016: 1조2,446
- 2017: 1조5,106
- 2018: 1조5,804

>>> 참치캔 시장 규모

(억 원)

CAGR 0.8%

- 2015: 3,918
- 2016: 3,122
- 2017: 3,878
- 2018: 3,829

>>> 비스킷 시장 규모

(억 원)

CAGR 7.7%

- 2015: 8,685
- 2016: 8,464
- 2017: 1조0,854
- 2018: 1조0,852

>>> 스낵 시장 규모

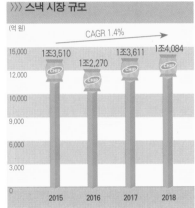

(억 원)

CAGR 1.4%

- 2015: 1조3,510
- 2016: 1조2,270
- 2017: 1조3,611
- 2018: 1조4,084

>>> 초콜릿 시장 규모

(억 원)

CAGR 2.8%

- 2015: 7,172
- 2016: 7,415
- 2017: 8,116
- 2018: 7,785

■ 국내 주요 식품별 시장점유율 2019년 상반기 기준, 단위: %

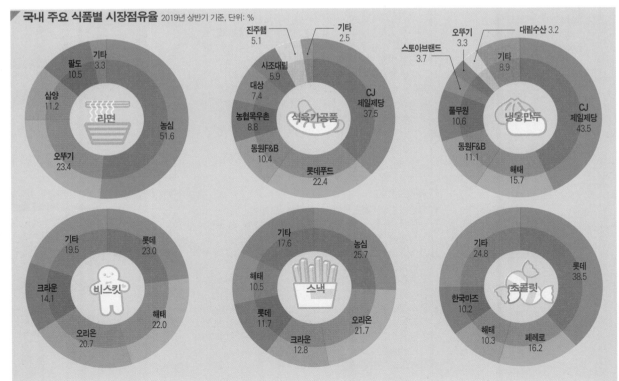

라면
- 기타 3.3
- 팔도 10.5
- 삼양 11.2
- 오뚜기 23.4
- 농심 51.6

식육가공품
- 진주햄 5.1
- 기타 2.5
- 사조대림 5.9
- 대상 7.4
- 농협목우촌 8.8
- 동원F&B 10.4
- 롯데푸드 22.4
- CJ제일제당 37.5

냉동만두
- 스토아브랜드 3.7
- 오뚜기 3.3
- 대림수산 3.2
- 기타 8.9
- 풀무원 10.6
- 동원F&B 11.1
- 해태 15.7
- CJ제일제당 43.5

비스킷
- 기타 19.5
- 롯데 23.0
- 크라운 14.1
- 오리온 20.7
- 해태 22.0

스낵
- 기타 17.6
- 농심 25.7
- 해태 10.5
- 롯데 11.7
- 크라운 12.8
- 오리온 21.7

초콜릿
- 기타 24.8
- 롯데 38.5
- 한국마즈 10.2
- 해태 10.3
- 페레로 16.2

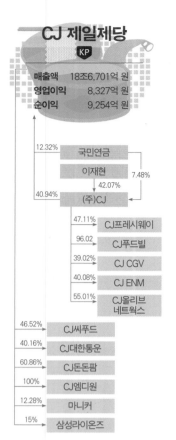

CJ 제일제당
KP

매출액	18조6,701억 원
영업이익	8,327억 원
순이익	9,254억 원

- 국민연금 12.32%
- 이재현 → 7.48%
- 42.07%
- (주)CJ 40.94%
  - CJ프레시웨이 47.11%
  - CJ푸드빌 96.02
  - CJ CGV 39.02%
  - CJ ENM 40.08%
  - CJ올리브네트웍스 55.01%
- CJ씨푸드 46.52%
- CJ대한통운 40.16%
- CJ돈돈팜 60.86%
- CJ엠디원 100%
- 마니커 12.28%
- 삼성라이온즈 15%

▶ 투자포인트

- '비비고' 브랜드를 통해 미국, 중국, 베트남 등 해외 식품 시장 진출 확대.
- 2019년 2월에 미국에서 전국적 사업 인프라를 확보한 냉동식품 가공업체 Schwan's Company 인수 → 미국 시장 본격화.
- 동사는 신용등급 하향에서 탈피하기 위해 재무 안정성 확보를 위한 자산 현금화를 본격적으로 추진 중 → 2019년 12월 9일 공시에 따르면, 서울 가양동 토지와 건물(8,500억 원), 구로구 공장(2,300억 원), 인재원 (528억 원) 자산 매각과 유동화를 통해 1조1,328억 원의 현금 유동성을 확보하여 차입금 상환에 사용.
- 이번 자산 매각 및 유동화를 통해 순차입금/EBITDA 비율이 5배 미만으로 낮아지게 됨(2019년 3분기 기준 5.8배).
- 순차입금 비율 또한 2019년 3분기(물류 포함) 105%에서 100% 미만으로 낮아지게 됨.

매출 및 영업이익 (CJ대한통운 포함)
괄호 안은 영업이익률(%)

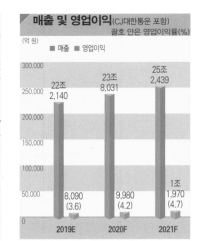

식품 사업 매출 및 영업이익
괄호 안은 영업이익률(%)

순차입금 추이 및 전망
괄호 안은 부채비율(%)

대상
KP

매출액	2조9,568억 원
영업이익	1,202억 원
순이익	654억 원

- 국민연금 11.8%
- 대상홀딩스 39.28%
  - 임상민 36.71%
  - 임세령 20.41%
  - 임창욱 4.09%
- 복음자리 100%

▶ 투자포인트

- 식품 분야에서는 종합식품 브랜드인 '청정원'을 중심으로 전통장류, 조미료류, 농수산식품, 육가공식품, 냉동식품 등과 '종가집김치'를 생산·판매.
- 소재 사업은 첨단 발효기술을 바탕으로 핵산, 글루타민 등의 바이오 제품과 제빵, 제과에 사용되는 국내 최대의 전분당 제품 생산.
- 2019년에 중국과 미국에 신규 제조법인을 설립하여 김치, 편의식, 소스, 고추장 등 다양한 제품의 현지 생산 확대.
- 베트남 제조법인에서는 육가공 제품을 육성하기 위하여 안테나숍 운영 등 다양한 현지 마케팅 진행.

매출 및 영업이익
괄호 안은 영업이익률(%)

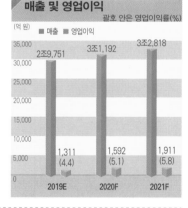

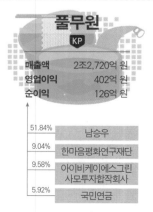

풀무원
KP

매출액	2조2,720억 원
영업이익	402억 원
순이익	126억 원

- 남승우 51.84%
- 한마음평화연구재단 9.04%
- 아이비케이에스-그린사모투자합작회사 9.58%
- 국민연금 5.92%

▶ 투자포인트

- 2008년 인적분할을 통해 순수지주회사로 출범.
- 풀무원식품, 풀무원푸드앤컬처, 풀무원건강생활, 풀무원녹즙 등 31개 연결 종속회사 보유.
- 2019년 3월 풀무원건강생활은 풀무원녹즙(존속법인)과 풀무원건강생활(신규법인)로 분할.
- 경영 효율성 제고를 위해 건강기능 사업부 내 신선택배 부문이 식품 및 식자재로 편입되고, 풀무원더스킨은 청산함.
- 국내 사업 부문에서 2019년을 기점으로 이익 방어가 가능하다면 해외 손익 개선에 따라 2020년과 2021년에 100억 원 이상의 증익 기대 → 이 경우 2020년 동사의 영업이익 50% 이상 증익 예상.
- 2019년 3분기 이후 미국과 중국 법인 매출액이 각각 +28%, +67% yoy로 크게 증가 → 향후 해외 사업 적자 폭 감소 예상.

매출 및 영업이익
괄호 안은 영업이익률(%)

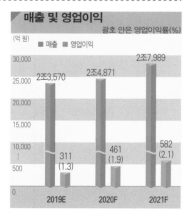

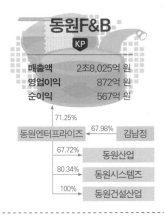

동원F&B
KP

매출액	2조 8,025억 원
영업이익	872억 원
순이익	567억 원

동원엔터프라이즈 —71.25%— / 67.98%— 김남정
동원엔터프라이즈 —67.72%— 동원산업
—80.34%— 동원시스템즈
—100%— 동원건설산업

▶ 투자포인트
- 2000년 동원산업으로부터 분할 설립.
- 일반식품, 조미유통, 사료 사업 영위 → 10개의 종속회사를 보유하고 있으며, 주요 제품으로는 동원참치, 비세프 등이 있음.
- 4대 전략 사업인 리챔(햄), 죽, 샘물, 펫푸드 집중 육성.
- 2019년 동사의 실적 부진 요인은, 이익 기여도가 가장 높은 참치캔 매출액이 기대에 미치지 못했고, 냉동식품 매출액도 전년 대비 소폭 하락했으며, 핵심 브랜드인 동원참치와 양반김 등 브랜드력 제고를 위한 매체 광고 비용 상승에 따른 판관비 증가 영향 때문.
- 식자재유통, 단체급식, 삼조쎌텍 사업에서 매출액 +10% yoy대의 성장세 기대.

매출 및 영업이익
괄호 안은 영업이익률(%)
(억 원) ■ 매출 ■ 영업이익

	2019E	2020F	2021F
매출	2조9,989	3조1,949	3조3,858
영업이익	921 (3.1)	1,062 (3.3)	1,104 (3.3)

사조대림
KP

매출액	9,371억 원
영업이익	363억 원
순이익	144억 원

흡수합병
사조해표

사조시스템즈 16% / 9.54%
사조산업 3.9% / 26.1% 10% / 13.78%
사조씨푸드 62.1% / 13.24%
케슬렉스제주 45.5% / 6.06%

▶ 투자포인트
- 어묵, 맛살, 햄, 소세지 등의 가공식품 제조 및 사조오양에서 생산하는 제품의 국내 판매 대행.
- 2019년 6월에 사조해표를 흡수합병함에 따라 사조씨앤씨, 사조바이오피드 등 3개 사가 종속기업에 추가되어 7개의 종속기업 보유.
- 사조그룹의 지배구조가 '주지홍 상무 → 사조시스템즈 → 사조산업 → 합병법인'으로 단순해지면서, 동사를 중심으로 엮여있던 순환출자 고리 해소.
- 이번 합병으로 B2C 영업력 강화 → 사조그룹 내 유일하게 B2C 영업력을 보유하고 있는 업체는 사조대림과 사조해표. 사조대림은 어묵, 맛살, 햄 등의 제품을 생산·판매. 사조해표는 대두박 수입을 통해 대두유 정제 및 판매. 양사는 영업망 통합을 통해 효율성 개선 및 B2C 시장 내 역량

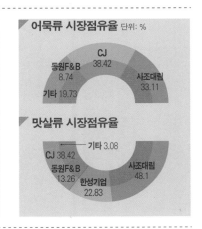

어묵류 시장점유율 단위: %
- CJ 38.42
- 동원F&B 8.74
- 사조대림 33.11
- 기타 19.73

맛살류 시장점유율
- CJ 38.42
- 동원F&B 13.26
- 사조대림 48.1
- 한성기업 22.83
- 기타 3.08

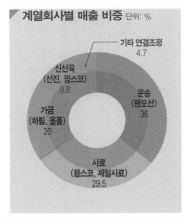

하림지주
KQ

매출액	7조3,571억 원
영업이익	3,549억 원
순이익	1,943억 원

김흥국 및 관계인 —50.8%
하림 47.9%
선진 50%
팜스코 56.3%
팬오션 54.7%
NS쇼핑 40.7%

▶ 투자포인트
- 2011년 물적분할을 통해 지주회사로 출범, 2018년 하림홀딩스를 흡수합병하여 단일지주회사가 됨.
- 80개의 계열회사를 보유하고 있으며, 순수지주회사로서 배당, 상표권 사용료 등을 주 수입원으로 함.
- 전북 익산에 2020년 완공을 목표로 하림푸드 콤플렉스 조성 중 → 완공 후 손자회사인 하림식품 등이 가정간편식(HMR)과 각종 소스, 면류, 즉석밥 등을 생산할 예정. 이를 통해 하림그룹이 축산육류 전문기업에서 종합식품 서비스 기업으로 변모하는 계기가 될 전망.
- 서울 양재동 화물터미널 부지 개발 사업 주목 → 용적률에 대한 서울시와의 의견 차이 등으로 사업이 지연 중이나 개발이 본격화될 경우 주가에 호재.

계열회사별 매출 비중 단위: %
- 기타 연결조정 4.7
- 신선육 (선진, 팜스코) 9.8
- 운송 (팬오션) 36
- 가금 (하림, 올품) 20
- 사료 (팜스코, 제일사료) 29.5

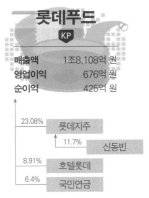

롯데푸드
KP

매출액	1조8,108억 원
영업이익	676억 원
순이익	425억 원

롯데지주 23.08% / 11.7%— 신동빈
호텔롯데 8.91%
국민연금 6.4%

▶ 투자포인트
- 파스퇴르, 웰가, 롯데후레쉬델리카 등의 회사를 합병한 종합식품 기업으로, 2013년 롯데삼강에서 롯데푸드로 상호 변경.
- 2017년 동사와 롯데칠성음료, 롯데쇼핑이 영위하는 사업 중 투자사업 부문을 각각 분할하여 롯데지주(옛 롯데제과)에 흡수합병.
- 주요 사업으로는 유지식품(그랜드마아가린 등), 빙과(구구콘, 빠삐코, 돼지바 등), 육가공(롯데햄, 로스팜 등) 등 생산·판매.
- 2020년에 가공유지 판가 인상 효과가 이어질 것으로 예상되고, 2019년 부진했던 빙과 사업이 기저효과로 작용함에 따라 실적 개선 기대.
- HMR 사업 확대에 따른 제조 역량 강화를 위해 김천공장 시설 증설 진행 → 투자금액은 930억 원으로 시설이 완공될 경우 HMR 사업 활기로 현재 저평가 상태인 동사 주가에 긍정적인 영향 기대.

매출 및 영업이익
괄호 안은 영업이익률(%)
(억 원) ■ 매출 ■ 영업이익

	2019E	2020F	2021F
매출	1조7,741	1조8,220	1조8,839
영업이익	501 (2.8)	582 (3.2)	554 (2.9)

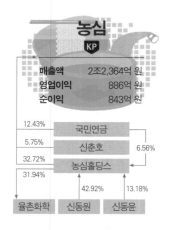

농심 KP

매출액	2조2,364억 원
영업이익	886억 원
순이익	843억 원

- 국민연금 12.43%
- 신춘호 5.75% → 6.56%
- 농심홀딩스 32.72%
- 31.94%
- 율촌화학 42.92% / 신동원 13.18% / 신동윤

▶ 투자포인트

- 2019년 동사의 별도 기준 영업이익률은 2.7%로 역대 최저치 기록 → 2020년에는 해외 사업에서의 이익 증대로 별도 영업이익 +10% yoy 증가 기대.
- 국내 라면 시장이 정체되는 동안 미국과 중국 등 해외 사업 급성장 → 2021년 해외 사업이 차지하는 매출 비중이 37%까지 상승할 것으로 예상.
- 유로모니터 기준 2010년 7.7%에 불과했던 동사의 미국 라면 시장점유율이 2019년 기준 13.0%로 확대. 3위 니신과의 격차가 크게 벌어지는 반면, 1위 도요수산과의 격차는 좁혀지고 있는 상태 → 2019년 기준 동사와 니신과의 점유율은 +2.2%p 차이, 동사와 도요수산과의 점유율은 -2.0%p 차이.
- 미국 주변 국가인 캐나다, 남미 지역으로의 시장 확장 가능성 매우 높게 평가.

매출 및 영업이익
괄호 안은 영업이익률(%)

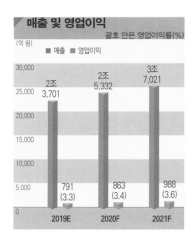

(억 원) ■ 매출 ■ 영업이익

	2019E	2020F	2021F
매출	2조3,701	2조5,332	3조7,021
영업이익	791 (3.3)	863 (3.4)	988 (3.6)

지역별 해외 매출

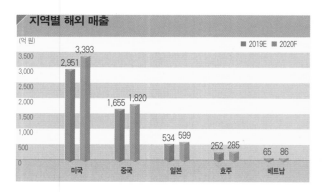

(억 원) ■ 2019E ■ 2020F

	미국	중국	일본	호주	베트남
2019E	2,951	1,655	534	252	65
2020F	3,393	1,820	599	285	86

미국 라면 시장점유율 추이

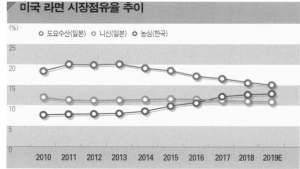

(%) ○ 도요수산(일본) ○ 니신(일본) ○ 농심(한국)

2010 2011 2012 2013 2014 2015 2016 2017 2018 2019E

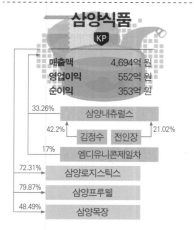

오뚜기 KP

매출액	2조2,468억 원
영업이익	1,517억 원
순이익	1,608억 원

- 함영준 및 관계인 59.07%
- 국민연금 5.01%
- 오뚜기라면 27.65%
- 풍림피앤피 100%
- 조흥 37.95%

▶ 투자포인트

- 15개의 연결 종속회사를 보유하고 있으며, 종속회사들은 건조식품류, 양념소스류, 유지류, 면제품, 농수산 가공품 등의 사업 영위.
- 카레 81.1%, 3분류 93.1%, 참기름 39.5%, 라면 26.2%의 시장점유율 차지.
- 면류 실적이 상승하지 못하는 이유는, 업계 1위 농심의 공격적인 프로모션이 지속되면서 점유율 정체 구간에서 나오지 못하고 있기 때문.
- 가공식품 기업으로서 탄탄한 업력, 면류 사업에서의 수익성 개선 가능성 및 2020년 기준 17배까지 하락한 PER(주가수익비율) 등을 감안하건대 동사의 현재 주가는 저평가된 상태.

매출 및 영업이익
괄호 안은 영업이익률(%)

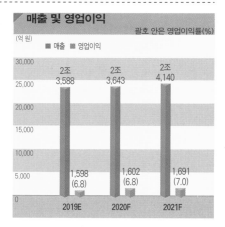

(억 원) ■ 매출 ■ 영업이익

	2019E	2020F	2021F
매출	2조3,588	2조3,643	2조4,140
영업이익	1,598 (6.8)	1,602 (6.8)	1,691 (7.0)

삼양식품 KP

매출액	4,694억 원
영업이익	552억 원
순이익	353억 원

- 삼양내츄럴스 33.26%
- 김정수 42.2% / 전인장 21.02%
- 엠디유니콘제일차 17%
- 삼양로지스틱스 72.31%
- 삼양프루웰 79.87%
- 삼양목장 48.49%

▶ 투자포인트

- 중국, 베트남, 말레이시아를 중심으로 불닭볶음면 수출 호조 → 2019년 4분기 라면 수출액 800억 원(+80% yoy) 이상 기록.
- 2020년에도 동사의 라면 해외 사업 매출은 호조세 지속 → 중국 시장의 경우 오프라인 유통망 중점적으로 확대, 동남아와 미주 지역 수출도 꾸준한 성장세.
- 내수 매출에서 신제품 비중이 10% 수준까지 증가하면서 경쟁사 대비 시장 경쟁력 강화.
- 동사의 2020년 예상 PER은 9배 수준으로 주요 음식료 업체 대비 크게 할인된 상황 → 동사의 상향된 어닝 파워와 매출 성장세를 감안하건대 주가 상승 기대.

매출 및 영업이익
괄호 안은 영업이익률(%)

(억 원) ■ 매출 ■ 영업이익

15%대 높은 영업이익률 주목

	2019E	2020F	2021F
매출	5,408	5,795	6,159
영업이익	822 (15.2)	921 (15.9)	1,029 (16.7)

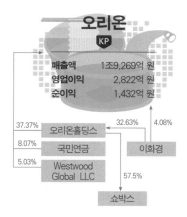

오리온
KP

매출액	1조9,269억 원
영업이익	2,822억 원
순이익	1,432억 원

- 37.37% 오리온홀딩스
- 32.63% → 4.08%
- 8.07% 국민연금
- 5.03% Westwood Global LLC
- 이화경
- 57.5% 쇼박스

▶ 투자포인트

- 2020년 중국 매출이 전년 대비 8.1% 상승 예상 → 오징어땅콩 및 타오케노이의 김스낵 판매 호조.
- 베트남에서는 2019년 하반기에 양산빵과 쌀과자의 생산능력이 각각 30%, 300% 증가해 2020년 전망 밝음.
- 러시아에서는 원재료비 관련 기저 효과 이외에도 다크 초코파이 및 초코보이 판매 호조 이어짐 → 환율 변화 없이도 매출액과 영업이익이 각각 11%, 21% 증가할 전망.
- 2020년 동사의 매출액 및 실적 개선의 폭이 경쟁 업체보다 크게 나타남에 따라 주가 상승 기대.
- 동사의 브랜드 파워를 바탕으로 한 해외 시장에서의 신제품 출시가 동사의 주가에 프리미엄 요인으로 작용.

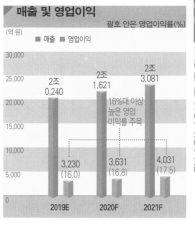

매출 및 영업이익 괄호 안은 영업이익률(%)

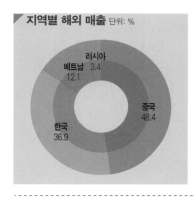

지역별 해외 매출 단위: %
러시아 3.4, 베트남 12.1, 한국 36.9, 중국 48.4

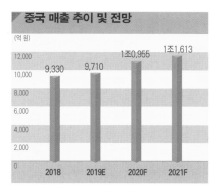

중국 매출 추이 및 전망

베트남 매출 추이 및 전망

롯데제과
KP

매출액	1조6,945억 원
영업이익	644억 원
순이익	84억 원

- 48.42% 롯데지주 — 11.7% 신동빈
- 10.03% 롯데알미늄
- 6.49% 롯데홀딩스
- 5.7% 롯데장학재단
- 4.48% 故신격호

▶ 투자포인트

- 2020년 매출액 증가율 9.8%, 영업이익 증가율 18.9% 예상.
- 국내 건과 사업 부진은 아쉬우나 2018년부터 진행해온 건강 및 제빵 부문의 구조조정 효과로 적자가 눈에 띄게 축소되고 있음.
- 2019년 비우호적인 날씨에 따른 빙과 부문의 실적 하락 또한 2020년 기저효과로 작용할 전망.
- 롯데지주로부터 인도 건과 법인(2018년 매출액 681억 원, 영업이익 42억 원, 영업이익률 6%)을 인수함으로써 베트남과 중국 법인을 제외하고 분할 과정에서 롯데지주로 넘어갔던 주요 해외 자회사의 지분 인수를 완료.
- 임금 인상 및 광고, 컨설팅 등 비용 증가로 인해 수익성이 하락했으나, 파이 및 캔디 제품 리뉴얼 효과로 외형 성장 전망.

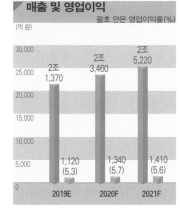

매출 및 영업이익 괄호 안은 영업이익률(%)

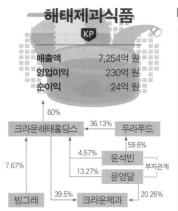

해태제과식품
KP

매출액	7,254억 원
영업이익	230억 원
순이익	24억 원

- 60% 크라운해태홀딩스 — 36.13% 두라푸드 — 59.6%
- 4.57% 윤석빈
- 7.67% 빙그레
- 13.27% 윤영달
- 39.5% 크라운제과 — 20.26%
- 부자관계

▶ 투자포인트

- 동사는 제과전문그룹 크라운해태홀딩스에 소속된 계열회사로, 식품 제조, 가공, 판매, 수입 등 모든 공정을 영위하는 종합제과 기업.
- 재무적 투자그룹인 UBS컨소시엄에 매각되어 운영되던 중 2005년 동종 업계 경쟁사인 크라운컨소시엄에 인수되어 현재에 이르고 있음.
- 크라운컨소시엄 인수 후 영업직 장기 파업 영향으로 2007년까지 부진한 영업 실적 이어옴.
- 2009년부터 크라운제과와 영업망을 공유하면서 비용 절감, 거래처 확장 등 시너지 효과 발휘.
- 에이스크래커, 누가바 등 베스트셀러 상품들을 다수 보유하고 있어, 장기적인 관점에서 수익성 회복 기대.

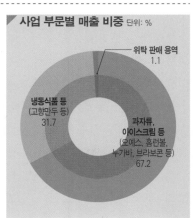

사업 부문별 매출 비중 단위: %
위탁 판매 용역 1.1, 냉동식품 등(고향만두 등) 31.7, 과자류·아이스크림 등(오예스, 홈런볼, 누가바, 브라보콘 등) 67.2

시장점유율보다
영업이익률이다!

식품株를 뒤흔드는 알파벳 3자

2020년대 가공식품 업계의 화두는 알파벳 스펠링 3자로 축약된다. 'H·M·R'! HMR은 'Home Meal Replacement'의 이니셜로 우리말로 풀어내면 '가정 간편식'이 된다. 미리 가공한 식재료(식자재)를 간단한 조리를 거쳐 먹을 수 있도록 포장한 상품이다. 어느 정도 조리가 된 상태에서 가공·포장되기 때문에 데우거나 끓이는 등의 단순한 조리 과정만 거치면 음식이 완성된다. 즉석조리식품, 즉석섭취식품, 신선편의식품, 사전준비식품 등이 HMR에 해당된다.

세계 HMR 시장은 2017년 약 200조 원에서 2023년 400조 원 규모로 엄청나게 커질 전망이다. 글로벌 시장 규모에 비하면 국내 시장은 아직 걸음마 수준이지만 성장 속도는 빠르다. 2010년 8,000억 원 수준에서 2019년 5조 원대로 커졌고, 2023년에는 10조 원에 이르는 거대 시장이 예상된다.

HMR 시장은 1인당 GDP가 높은 선진국을 중심으로 특히 성장 속도가 빠르다. 그 이유는 HMR 시장이 성장하기 위한 전제조건으로, IT/모바일 기기의 대중화, 1인가구 증가, 편의점 확산, 맞벌이가구 보편화 그리고 1인당 GDP 3만 달러를 요하기 때문이다. 한국사회는 이러한 조건들을 모두 충족한다.

그럼에도 불구하고 한국의 HMR 시장이 다른 선진국들에 비해 아직 개화하지 못한 이유는, 한국음식의 특수성 때문이다. 한끼 식사에 국과 여러 가지 반찬을 먹는 한식문화가 간편식을 추구하는 HMR과 조응하기 쉽지 않았다. 하지만 음식을 조리해 냉동·포장하는 기술이 HMR의 생산 과정 안으로 들어오면서 국/탕/찌개/볶음 등의 까다로운 한식들이 HMR 카테고리 안에 연착륙하고 있다. 실제로 음식의 조리/냉동/포장에 관한 특허와 실용신안 건 수가 2017년에 2,500건을 넘어섰다. HMR을 향한 식료품 기업들의 행보도 분주하다. HMR 전용 공장 설비와 R&D 투자에 적지 않은 돈을 쏟아붓고 있다. 가공식품 업계의 맏형 CJ제일제당은 HMR 관련 설비 및 R&D를 위해 이미 5,000억 원 이상을 투자했다.

HMR 시장은 국내에서는 아직 성장 초기 단계이기 때문에 다양한 프로모션 방법을 동원해 브랜드를 확산시켜 나가는 게 중요하다. 기업마다 HMR 시장을 선점하기 위해 적지 않은 광고/마케팅 비용을 책정해야 하는 이유다. 그런 이유로 HMR 사업에서 이익이 발생하기까지는 시간이 좀 더 필요해 보인다.

음식료품 산업은 품목별로 과점 체제를 형성해야만 이익을 낼 수 있는 구조적 특징을 지니고 있는데, 현재 국내 HMR 시장은 아직 과점 상태에 이르지 않았다. HMR 시장도 앞으로 2~3년 정도 지나면 상위 3~4개 기업만 이익을 내는 과점 시장이 될 가능성이 높다.

과점 시장을 형성할 3~4개 기업 중 가장 유력한 곳은 단연 CJ제일제당이다. 2018년에 국/탕/찌개, 비비고만두, 냉동면, 비비고죽 등 40여 종의 신제품을 출시하면서 단박에 HMR 연매출을 3,500억 원까지 냈다. 2019년에 밀키트(Meal Kit) 상품인 '쿡킷'에 이어 2020년 건강식 HMR인 케어푸드(Care Food)를 선보이는 등 진화와 성장을 동시에 이루고 있다.

롯데푸드의 HMR 사업도 주목을 끈다. 쉐푸드 브랜드(볶음밥, 스파게티 등)와 라퀴진 브랜드(만두, 떡갈비, 핫도그 등)로 라인업을 갖추고 김천공장에 900억 원 규모의 설비 투자를 계획하고 있다. 음식 관련 설비 투자로는 꽤 큰 규모다. 3년 안에 가시적인 이익을 거두는 게 목표인데, 가능할 듯하다.

제과와 라면 업계, 1위 기업의 고민

업계마다 우두머리는 좀체 1등자리를 내주는 일이 드물다. 반도체 업계의 삼성전자가 그렇고 자동차 업계의 현대자동차도 마찬가지다. 라면 업계도 다르지 않다. 농심의 국내 라면 시장점유율은 50%를 넘는다. 그냥 선두가 아니라 '독보적인' 1등이다.

업계 1등은 리더로서 프리미엄도 누리지만 우두머리로서 겪는 피해 또한 만만치 않다. 무엇보다 업황이 침체됐을 때 가장 많은 손해를 입는 기업은 대체로 시장점유율 1위 회사다. 라면과 제과 업계의 1등인 농심과 롯데제과가 동병상련인 이유다. 제과와 라면 시장은 십대와 이십대가 대부분의 수요를 차지하는데, 고령화와 저출산으로 젊은 층 인구가 줄어들면서 성장이 정체된 지 오래다.

시장 침체로 1등이 어려우니 2등과 3등은 두말할 것도 없을 거라 생각되지만, 뜻밖에도 그렇지 않은 경우도 있다. 라면 업계 3위 자리를 지키고 있는 삼양식품의 실적 상승세가 주목을 끈다. 삼양식품은 중국과 베트남, 말레이시아를 중심으로 '불닭볶음면'의 수출 호조가 이어지면서 15%대의 영업이익률을 유지하고 있다. 3%대를 벗어나지 못하는 업계 1위 농심의 영업이익률과 대조를 이룬다. '불닭볶음면' 같은 젊은 세대를 공략한 신제품 출시도 돋보인다.

제과 업계의 1등을 자처해온 롯데제과의 처지도 농심과 비슷하다. 롯데제과는 매출액만 놓고 보면 1위 자리를 놓고 오리온과 엎치락뒤치락 중이다. 하지만 영업이익을 들춰보면 롯데제과는 오리온에 한참 못 미친다. 롯데제과의 영업이익률은 5%대를 벗어나지 못하는 반면, 오리온은 16%대를 훌쩍 넘는다. 오리온은 중국향 매출 비중(48.4%)이 내수(36.9%)를 넘어섰다. 2020년 중국향 매출액이 1조 원을 돌파할 것으로 전망된다. 거칠 것 없는 '초코파이'의 위력이 대륙을 평정한 것이다. 이제 동남아(베트남) 시장까지 넘보고 있다.

한편, 농심과 롯데제과 등 수익성이 부진한 업체들이 위안을 삼는 우호적인 지표는 바로 시장점유율이다. 물론 시장점유율을 올리면 유통 매장에서 소비자들의 선택을 받는 데 유리하다. 따라서 1등 기업들은 시장점유율을 견고히 하기 위해 대형마트마다 대량 진열 매대 구매 비용을 아끼지 않는다. 1+1 같은 과감한 프로모션에도 익숙하다.

하지만 매출을 극대화해 시장점유율까지 끌어올렸다고 해서 영업이익까지 느는 건 결코 아니다. 오히려 과도한 판관비 지출로 영업이익이 더 떨어질 가능성이 높다. 매출과 영업이익의 간격이 벌어지면서 영업이익률까지 크게 훼손되고 마는 것이다.

롯데제과는 2018년을 기점으로 영업이익 1위 자리를 오리온에게 내준 상황이다. 더 놀라운 건 농심의 영업이익이 삼양식품보다 낮게 나올 가능성이 크다는 사실이다. 농심과 삼양식품의 국내 라면 시장점유율은 무려 다섯 배나 차이가 난다. 농심의 매출액은 2조 원이 넘지만, 삼양식품은 2018년 기준 5,000억 원이 채 안 된다. 그런데 2019년 기준 농심의 예상 영업이익이 791억 원인데 반해, 삼양식품은 822억 원이다. 심지어 두 회사의 영업이익은 2020년과 2021년 좀 더 벌어질 전망이다. 사업의 수익성만 놓고 봤을 때 농심이 정말로 업계 1위인지 반문하지 않을 수 없다.

영업이익의 상승은 매출의 상승을 이끈다. 이익이 증가하는 만큼 마케팅 비용을 늘려 순차적으로 매출을 증진시키는 것이다. 과도한 마케팅 비용 집행으로 인위적으로 매출을 늘리는 방식과는 다르다. 2018년 4,000억 원대에 머물던 삼양식품의 매출이 2021년 6,000억 원대까지 추산되는 것은 결코 과장이 아니다. 15%대가 넘는 영업이익률이 매출까지 향상시키는 선순환 구조를 가져다주는 것이다.

알토란 영업이익은 영양가 없는 매출이나 시장점유율보다 훨씬 투자 매력이 높다. 영업이익이 높을수록 주가 상승률도 덩달아 올라가기 때문이다. 실제로 삼양식품은 2020년 예상 PER(주가수익비율)이 9배 수준으로 경쟁사 대비 크게 할인된 상태다. 삼양식품의 투자매력도가 매우 높게 점쳐지는 이유다.

음료, 우유, 커피, 생수 업계

음료 시장을 지배하는 강자는 누구인가?

국내 음료 시장 규모 및 비중 단위: %, 억 원, 2018년 기준

- 에너지드링크 3.8(2,048)
- 액상차 6.1(3,332)
- 두유 7.3(3,982)
- 이온/비타민 음료 9.1(4,979)
- 과채음료 12.2(6,667)
- 생수 15.2(8,258)
- 탄산음료 22(1조1,997)
- 커피음료 24.2(1조3,190)
- 합계 5조4,459

한국은 커피 시장 UP!

세계는 탄산 시장 UP!

세계 음료 시장 규모 및 비중 단위: %, 백만 달러, 2020년 전망

- 스포츠음료 3.0(23,440)
- RTD커피 5.8(45,784)
- 과채음료 6.3(49,784)
- RTD차 8.5(67,012)
- 에너지음료 8.9(69,581)
- 생수 23.6(185,684)
- 탄산음료 43.5(341,709)
- 두유 0.4(3,118)
- 합계 786,020

국내 음료 업계 '톱5' 단위 : %, 억 원, 2018년 소매점 매출액 기준, 유제품 기업 제외

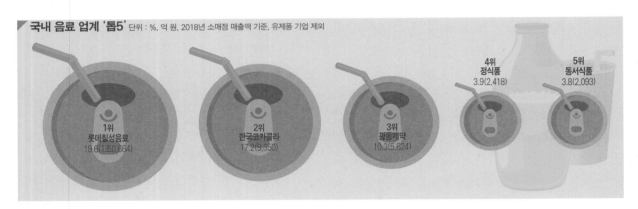

- 1위 롯데칠성음료 19.6(1조0,664)
- 2위 한국코카콜라 17.2(9,350)
- 3위 광동제약 10.3(5,624)
- 4위 정식품 3.9(2,418)
- 5위 동서식품 3.8(2,093)

음료 품목별 국내 시장점유율 단위 : %, 억 원, 2018년 소매점 매출액 기준, 유제품 기업 제외

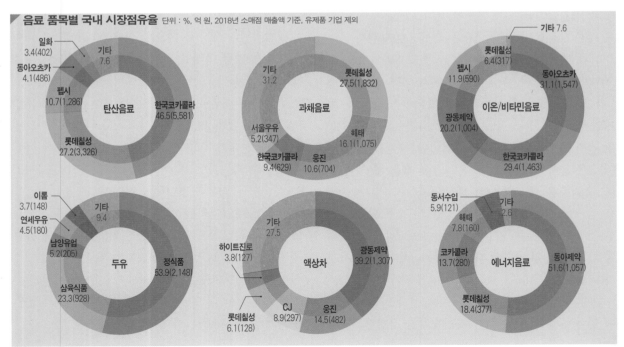

탄산음료
- 일화 3.4(402)
- 동아오츠카 4.1(486)
- 펩시 10.7(1,286)
- 기타 7.6
- 한국코카콜라 46.5(5,581)
- 롯데칠성 27.2(3,326)

과채음료
- 기타 31.2
- 롯데칠성 27.5(1,832)
- 해태 16.1(1,075)
- 웅진 10.6(704)
- 한국코카콜라 9.4(629)
- 서울우유 5.2(347)

이온/비타민음료
- 기타 7.6
- 롯데칠성 6.4(317)
- 펩시 11.9(590)
- 동아오츠카 31.1(1,547)
- 광동제약 20.2(1,004)
- 한국코카콜라 29.4(1,463)

두유
- 이롬 3.7(148)
- 연세우유 4.5(180)
- 남양유업 5.2(205)
- 기타 9.4
- 정식품 53.9(2,148)
- 삼육식품 23.3(928)

액상차
- 하이트진로 3.8(127)
- 롯데칠성 6.1(128)
- CJ 8.9(297)
- 기타 27.5
- 광동제약 39.2(1,307)
- 웅진 14.5(482)

에너지음료
- 동서수입 5.9(121)
- 해태 7.8(160)
- 코카콜라 13.7(280)
- 기타 2.6
- 동아제약 51.6(1,057)
- 롯데칠성 18.4(377)

유제품 업계, 서울우유 – 남양유업 – 매일유업의 점유율 경쟁 치열

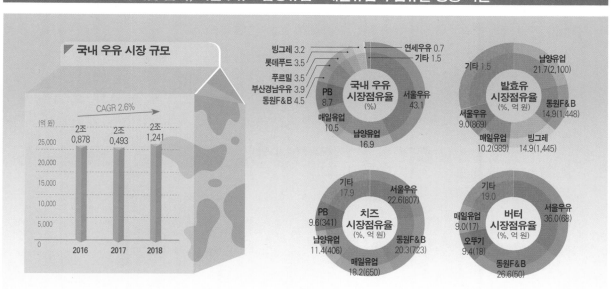

국내 우유 시장 규모

(억 원) CAGR 2.6%
25,000 / 20,000 / 15,000 / 10,000 / 5,000 / 0

2조 0,878 (2016) / 2조 0,493 (2017) / 2조 1,241 (2018)

국내 우유 시장점유율 (%)
빙그레 3.2 / 롯데푸드 3.5 / 푸르밀 3.5 / 부산경남우유 3.9 / 동원F&B 4.5 / 연세우유 0.7 / 기타 1.5 / PB 8.7 / 매일유업 10.5 / 남양유업 16.9 / 서울우유 43.1

발효유 시장점유율 (%, 억 원)
남양유업 21.7(2,100) / 동원F&B 14.9(1,448) / 빙그레 14.9(1,445) / 매일유업 10.2(989) / 서울우유 9.0(869) / 기타 1.5

치즈 시장점유율 (%, 억 원)
서울우유 22.6(807) / 동원F&B 20.3(723) / 매일유업 18.2(650) / 남양유업 11.4(406) / PB 9.6(341) / 기타 17.9

버터 시장점유율 (%, 억 원)
서울우유 36.0(68) / 동원F&B 26.6(50) / 오뚜기 9.4(18) / 매일유업 9.0(17) / 기타 19.0

국내 스타벅스 매출 2조 원 눈앞! 성장을 멈추지 않는 국내 커피 시장

국내 프랜차이즈 커피전문점 '톱10' 2018년 매출 기준

브랜드	기업명	매출	점포 수
이디야커피	이디야	2,004	2,408
스타벅스	스타벅스코리아	1조5,223	1,320
투썸플레이스	투썸플레이스	2,687	1,067
요거프레소	요거프레소	218	705
엔제리너스	롯데지알에스	8,310	642
커피에반하다	커피에반하다	140	589
빽다방	더본코리아	1,776	577
커피베이	사과나무	231	539
할리스커피	할리스에프엔비	1,548	537
커피빈	커피빈코리아	1,666	291

국내 커피류 품목별 시장 규모 및 비중 단위: %, 억 원, 2018년 소매점 매출 기준
합계 2조 4,812 / 커피음료 53.2(1조3,190) / 조제음료 35.2(8,730) / 인스턴트커피 9.8(2,424) / 원두커피 1.9(466)

액상커피 시장점유율 단위: %, 억 원, 2018년 소매점 매출 기준
롯데칠성 26.6(3,509) / 매일유업 16.7(2,198) / 동서 15.9(2,093) / 한국코카콜라 10.6(1,395) / 남양유업 6.9(916) / 기타 23.3

탄산 대신 맹물?! 국내 생수 시장 성장 지속!

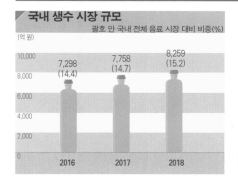

국내 생수 시장 규모 괄호 안 국내 전체 음료 시장 대비 비중(%)
(억 원) 10,000 / 8,000 / 6,000 / 4,000 / 2,000 / 0
7,298(14.4) (2016) / 7,758(14.7) (2017) / 8,259(15.2) (2018)

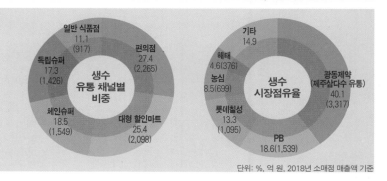

생수 유통 채널별 비중
일반 식품점 11.1(917) / 편의점 27.4(2,265) / 대형 할인마트 25.4(2,098) / 체인슈퍼 18.5(1,549) / 독립슈퍼 17.3(1,426)

생수 시장점유율
기타 14.9 / 광동제약(제주삼다수 유통) 40.1(3,317) / PB 18.6(1,539) / 롯데칠성 13.3(1,095) / 농심 8.5(699) / 해태 4.6(376)

단위: %, 억 원, 2018년 소매점 매출액 기준

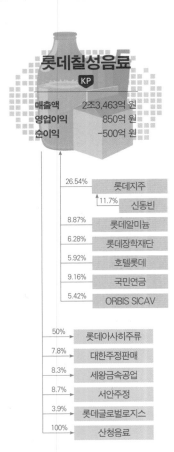

롯데칠성음료 KP

매출액	2조3,463억 원
영업이익	850억 원
순이익	-500억 원

- 26.54% 롯데지주
  - 11.7% 신동빈
- 8.87% 롯데알미늄
- 6.28% 롯데장학재단
- 5.92% 호텔롯데
- 9.16% 국민연금
- 5.42% ORBIS SICAV

- 50% 롯데아사히주류
- 7.8% 대한주정판매
- 8.3% 세왕금속공업
- 8.7% 서안주정
- 3.9% 롯데글로벌로지스
- 100% 산청음료

📌 투자포인트

- 동사의 음료 사업에서 탄산음료와 차, 생수의 성장세 돋보임 → 비용 절감 노력에 따라 가격 인상 없이도 마진 개선 이끌어냄.
- 특히 배달음식 시장 발달로 탄산음료(칠성사이다, 펩시콜라) 시장 성장 지속.
- 커피(매출 비중 9.4%), 생수(매출 비중 9.5%), 탄산수(매출 비중 2.5%)의 매출 증가 및 마진 상승 주목.
- 2020년 연결 매출액(음료+주류) 2조4,313억 원 (yoy -0.3%), 영업이익 1,167억 원(yoy +2.2%) 전망.
- 롯데리츠 상장으로 동사의 자산가치(서초동 부지 37,000제곱미터) 부각 가능.

음료 사업 매출 및 영업이익
괄호 안은 영업이익률(%)

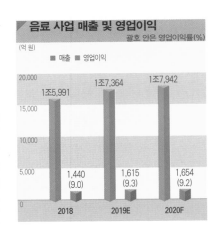

(억 원) ■ 매출 ■ 영업이익

	2018	2019E	2020F
매출	1조5,991	1조7,364	1조7,942
영업이익	1,440 (9.0)	1,615 (9.3)	1,654 (9.2)

음료 사업 부문별 매출 추이 및 전망

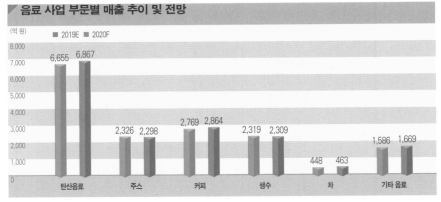

(억 원) ■ 2019E ■ 2020F

	탄산음료	주스	커피	생수	차	기타 음료
2019E	6,655	2,326	2,769	2,319	448	1,586
2020F	6,867	2,298	2,864	2,309	463	1,669

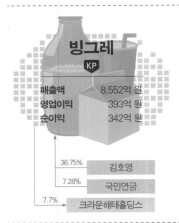

빙그레 KP

매출액	8,552억 원
영업이익	393억 원
순이익	342억 원

- 36.75% 김호영
- 7.28% 국민연금
- 7.7% 크라운해태홀딩스

📌 투자포인트

- 냉장 사업에서 바나나맛우유 가격 인상 효과와 컵커피(아카페라 사이즈업), 호상형 발효유 신제품 판매 증가로 매 분기 매출 호조.
- 냉동 사업의 경우, 손흥민을 광고 모델로 기용한 슈퍼콘의 판매량 증가 및 아이스크림 가격 정찰제에 힘입어 소폭 이익 개선.
- 아이스크림은 계절적 수요 편차가 심하여 하절기 제품 재고와 생산 CAPA 확보가 중요함에 따라 하절기 동사 주가에 영향을 미칠 수 있음.
- 2020년에도 성수기 날씨가 변수로 작용하겠지만 2019년 기저효과로 실적 개선 가능성이 높을 것을 감안하면 주가순자산비율(PBR) 1배 미만의 동사 주가 수준은 저평가 상태임.

매출 및 영업이익
괄호 안은 영업이익률(%)

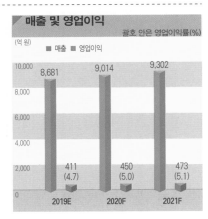

(억 원) ■ 매출 ■ 영업이익

	2019E	2020F	2021F
매출	8,681	9,014	9,302
영업이익	411 (4.7)	450 (5.0)	473 (5.1)

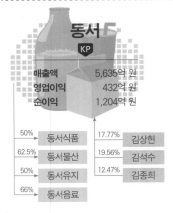

동서 KP

매출액	5,635억 원
영업이익	432억 원
순이익	1,204억 원

- 50% 동서식품
- 62.5% 동서물산
- 50% 동서유지
- 66% 동서음료

- 17.77% 김상헌
- 19.56% 김석수
- 12.47% 김종희

📌 투자포인트

- 지배회사인 동사는 식품, 포장, 다류, 수출입 및 구매대행업 등 사업 영위.
- 종속회사는 커피 및 제조업, 음료 도소매업 등의 사업 영위.
- 치즈류, 육가공품, 시럽류, 과채가공품, 냉동케익 등의 품목군에서 안정적인 매출 신장세 유지.
- 조제커피 시장에서 동사의 '맥심'이 80% 이상의 점유율로 독주 체제 형성.
- 2017년 '맥심 티오피'를 출시하며 페트병 커피 시장에 진출 → 출시 첫해인 2017년 매출은 59억 원에 불과했지만 2018년 163억 원으로 1년 만에 3배 가량 증가.
- '카누'를 통해 프리미엄 원두 조제커피 시장에서의 실적 상승세 이어감.

사업 부문별 매출 비중 단위: %

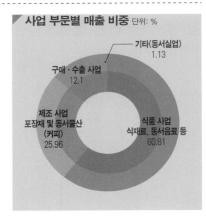

- 기타(동서실업) 1.13
- 구매·수출 사업 12.1
- 제조 사업 포장재 및 동서물산 (커피) 25.96
- 식품 사업 식재료, 동서음료 등 60.81

매일유업

매출액	1조3,006억 원
영업이익	744억 원
순이익	583억 원

- 31.06% 매일홀딩스
- 38.27% 김정완
- 9% 진암사회복지재단
- 7.96% VIP자산운용
- 6.18% 김정민

▶ 투자포인트

- 유음료와 셀렉스 판매 호조로 조제분유 매출 부진을 만회하는 이익 예상.
- 커피음료 및 아몬드브리즈 등 편의점 유음료 제품들의 매출 급상승.
- 중국향 분유 수출 정체와 신생아 수 감소에 따른 조제분유 매출 감소에도 불구, 전년 매출 성장률 +7% 수준 유지.
- 동사의 주요 제품으로는 매일우유, 상하목장 유기농우유, 앱솔루트 명작, 매일바이오, 뼈로 가는 칼슘두유 등이 있으며, 2019년 10월 말 기준 국내 업계 최다인 17품목의 특수분유 제조·판매.
- 동사의 예상 PER은 8배 수준으로 경쟁사 대비 현저한 저평가 상태.

매출 및 영업이익

괄호 안은 영업이익률(%)

제품별 매출 비중 단위: %

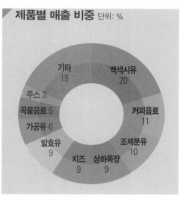

- 기타 18
- 백색시유 20
- 주스 3
- 곡물음료 5
- 가공유 6
- 발효유 9
- 치즈 9
- 상하목장 9
- 조제분유 10
- 커피음료 11

백색우유 매출 추이 및 전망

괄호 안은 전년 대비 증감률(%)

판관비 추이 및 전망

괄호 안은 판관비율(%)

매출 증가 대비 판관비율 안정세

남양유업

매출액	1조0,797억 원
영업이익	86억 원
순이익	20억 원

- 53.85% 홍원식 및 관계인
- 7.16% 신영자산운용
- 6.11% 국민연금
- 5.55% FIRST EAGLE GLOBAL FUND

▶ 투자포인트

- 분유, 시유, 발효유, 치즈 등 유가공 제품, 카페믹스, 음료제품 등을 생산 및 판매.
- 대표 우유류 제품은 맛있는우유GT, 아인슈타인GT 등이 있으며, 차음료로 몸이가벼워지는시간 17차가 유명.
- 2019년 3/4분기에 9억 원의 영업손실 기록해 2014년 4/4분기 이후 5년여 만에 처음으로 분기 기준 적자.
- 실적 악화 지속으로 경쟁사인 매일유업과 국내 우유 시장점유율 격차 더욱 좁혀질 전망.
- 실적 부활 위해 12가지 신제품 출시하는 등 이미지 개선 총력.

제품별 매출 비중 단위: %

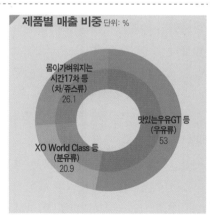

- 몸이가벼워지는 시간17차 등 (차/쥬스류) 26.1
- 맛있는우유GT 등 (우유류) 53
- XO World Class 등 (분유류) 20.9

흥국에프엔비

매출액	477억 원
영업이익	43억 원
순이익	28억 원

- 50.97% 오길영 및 관계인
- 100% 모닝듀에프엔비
- 100% 상해상하무역유유한공사 (중국법인)

▶ 투자포인트

- 주요 프랜차이즈 및 카페 사업자들의 원재료가 되는 음료 농축액, 커피 등 생산.
- 스타벅스, 이디야, 할리스, 파스쿠치 등에 원재료 납품.
- 주요 고객사인 스타벅스코리아와의 동반 성장 기대 → 스타벅스 매출 비중 25%.
- 사용자의 요구(레시피)대로 생산할 수 있는 설비, 기술력, 단가 경쟁력 보유.
- 마켓컬리 등에서 판매 중인 '라라스윗' 생산.
- 업계 유일의 동결농축 공정을 음료 제조에 접목하여 비열처리 커피 및 음료 생산.
- 음료 업계에서 드물게 10%대 영업이익률 주목.

매출 및 영업이익

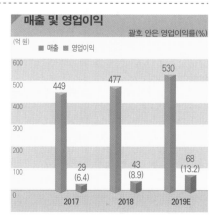

괄호 안은 영업이익률(%)

우유 시장 먹구름,
탄산과 커피, 생수 시장은 쾌청!

상장사 수 적지만 알토란株 숨어있다!

음료와 우유, 커피, 생수 관련 회사는 셀 수 없을 만큼 많지만 상장사는 손에 꼽을 정도로 적다. 탄산음료에서 주스, 커피, 생수에 이르기까지 거의 모든 음료 사업을 망라하는 롯데칠성음료가 대장주로 꼽힌다. 배달음식 시장이 커지면서 탄산음료('칠성사이다', '펩시콜라') 사업 실적 호조가 두드러진다. '코카콜라'와 '환타' 등을 제조·판매하는 LG생활건강(refreshing 사업부, 매출 비중 19%)도 있지만, 투자자들 사이에서 음료株로 분류되진 않는다.

우유 및 유제품 업계는 서울우유(협동조합)와 남양유업, 매일유업이 시장점유율 70% 이상을 차지하는 대표적인 과점 시장이다. 업계 맏형 서울우유가 비상장사라 주식 시장에서는 남양유업(코스피)과 매일유업(코스닥)이 대장주로 회자된다. 두 회사는 오랫동안 라이벌 관계를 유지해오고 있는데, 최근 상황은 매일유업의 실적이 앞선다. 중국향 분유 수출 정체와 신생아 수 감소로 우유 시장 전체가 침체기를 겪고 있지만, 매일유업은 7%대의 매출 성장률을 기록할 만큼 실적이 좋다. 매일유업의 예상 PER(주가수익비율)도 8배 수준으로 경쟁사 대비 현저하게 저평가된 상태로 투자매력이 높다. 대표적인 우유종목은 아니지만 '바나나맛우유'로 친숙한 빙그레의 실적도 주목해볼 만 하다. 축구스타 손흥민을 광고 모델로 기용한 '슈퍼콘'이 여름 성수기에 호조를 보였고, 아이스크림 가격 정찰제에 힘입어 이익이 꾸준히 오르고 있다.

커피 업계의 경우에는 투자적 관점에서 이렇다 할 상장사를 거론하기가 쉽지 않다. 커피믹스 '맥심'으로 조제커피 시장점유율 80% 이상의 독주를 이어가는 동서 정도가 눈에 띈다. 2017년 '맥심 티오피'를 출시하며 페트병 커피 시장에 진출했고, 영화배우 공유를 모델로 한 '카누'를 통해 프리미엄 원두 조제커피 사업에서 이익을 내고 있다.

한편, 커피와 음료 농축액을 제조해 스타벅스, 이디야, 할리스, 파스쿠치 등에 납품하는 흥국에프엔비라는 회사를 유심히 관찰해 볼 필요가 있다. 코스닥 상장사로 아직 규모는 작지만, 매출 비중의 25%가 스타벅스로 향할 만큼 거래처 라인이 탄탄하다. 커피전문점 시장이 커질수록 동반 성장이 기대되는 회사다. 한때 52주 신고가를 기록할 만큼 주식 시장에서 반응이 뜨겁다.

생수 시장은 지금 고공행진 중!

전국에 유통되는 식품 소매점에서 1년 동안 가장 판매량(킬로리터)이 많은 종류의 음료는 무엇일까? 시장조사기관 닐슨코리아에 따르면, 2018년 한 해 동안 가장 많이 팔린 음료는 생수로 조사됐다. 생수는 전년 대비 약 7% 증가한 183만5,823킬로리터가 판매됐는데, 우리나라 국민(약 5,100만 명 기준) 1인당 한 해에 약 36리터를 마신 셈이다.

편의점과 대형 할인마트 등 소매 시장에서 판매된 국내 RTD(Ready To Drink) 음료 중 생수는 판매액 기준으로 8,317억 원을 기록했다. 1조 원이 넘는 커피와 탄산음료보다는 적은 수치다. 생수의 판매액이 적은 것은 생수 판매가격이 상대적으로 다른 음료들에 비해 낮기 때문이다. 하지만 판매량을 기준으로 하면 얘기가 달라진다. 생수는 184만 킬로미터로 탄산음료(50만 킬로미터), 커피(26만 킬로미터), 주스(25만 킬로미터) 등을 크게 앞섰다.

국내 음료 시장에서 생수가 본격적으로 판매되기 시작한 건 1988년 서울올림픽부터다. 이때부터 생수를 구입해서 먹는 문화가 정착되면서 생수 시장은 서서히 커지기 시작했다. 생수 시장이 급격하게 성장한 것은 2015년과 2018년이다. 당시 판매량 기준으로 탄산음료 10%, 커피 24%의 성장률에 비해 생수는 무려 37%를 기록했다.

국내 생수 시장에는 60개 이상의 제조사에서 200여 개 브랜드가 치열하게 경쟁 중이다. 그 가운데 가장 주목을 끄는 상장사는 단연 롯데칠성음료다. 롯데칠성음료에서 출시하는 생수 브랜드 '아이시스'는 제주특별자치공사의 '제주삼다수'와 국내 생수 시장을 양분한다. 롯데칠성음료의 생수 판매량은 2017년과 2018년에 2년 연속 두 자릿수 성장률을 이어갔다. 주식 시장에서 생수 단일 품종으로 투자가치를 평가하는 건 무리가 있지만, 생수 사업에서 높은 성장률을 이어가는 동안 롯데칠성음료의 주가가 긍정적으로 반응한 사실을 기억해 둘 필요가 있다.

그런 이유 때문인지 롯데칠성음료는 소용량 트렌드에 맞춰 '아이시스 8.0'에 이어 '지리산산청수 300밀리리터' 등 신상품을 출시하면서 생수 사업에 힘을 쏟고 있다. 온라인 직영몰 '칠성몰'을 통해 200, 300, 500밀리리터 등 다양한 크기의 생수를 정기 배송하는 서비스도 운영 중이다. 칠성몰 이용자 수는 지난 2015년부터 2018년까지 연평균 40% 증가했다.

생수는 천연 미네랄을 함유한 '건강한' 음료라는 인식 확산, 까다로운 60개 항목의 먹는물 수질검사를 통과한 높은 품질 및 안전성, 다른 음료 대비 저렴한 가격, 정기배송 등 온라인을 통한 편리한 구매 절차 등이 강점으로 꼽힌다.

생수 사업은 성장성이 높게 평가되는 만큼 브랜드 사이에 경쟁도 치열하다. 상위 브랜드로 갈수록 소비자들의 충성도 또한 대단히 높기 때문에 당분간 '아이시스'와 '제주삼다수'의 아성은 쉽게 무너지지 않을 전망이다.

편의점, 커피의 새로운 핫플레이스

생수가 판매량에서 압도적인 1위라면, 판매액 1위는 단연 커피다. 국내 커피 시장은 커피전문점과 소매 채널을 합해 약 6조8,000억 원대를 형성하고 있다(농수산물유통공사 집계 2018년 기준). 오는 2023년에는 8조6,000억 원대 규모로 성장할 것으로 업계는 내다보고 있다. 아직은 커피전문점이 소매 채널에 비해 규모가 크지만, 갈수록 소매 채널 비중이 커지고 있음을 주목할 필요가 있다. 2023년에는 소매 채널 비중이 전체 커피 시장의 40%를 차지할 전망이다.

커피 시장에서 소매 채널의 비중을 늘리고 있는 것은 편의점이다. 편의점의 커피 매출 성장률은 2016년 35.8%에서 2018년에는 40.8%로 증가했다. 점유율 기준 생산액의 비중이 39%로 가장 높은 액상커피 제품을 보유하고 있는데다 테이크아웃으로 판매되는 편의점 자체 소비까지 증가한데 따른 결과다.

반면, 편의점을 제외한 대부분의 채널은 커피류 판매 규모가 감소하는 추세다. 대형 할인마트의 점유율은 2016년 24.2%에서 2018년 22.9%로 하락했고, 체인슈퍼도 15.9%에서 14.4%로 감소했다. 할인마트와 체인슈퍼는 조제커피와 인스턴트커피 판매 비중이 높은데, 두 품목 모두 성장률이 둔화했기 때문이다. 커피의 맛과 성분을 중요하게 생각하는 소비자들이 늘고 조제커피와 인스턴트커피 대신 액상커피를 선호하기 시작하면서 편의점 커피 매출이 크게 오르고 있는 것이다.

GS25(GS리테일), CU(BGF리테일) 등 편의점 기업들은 소비자들의 고급화된 입맛을 사로잡기 위해 직접 원두를 수입하고 블렌딩해 스페셜티급의 자체 브랜드 커피를 저렴하게 선보이면서 가격경쟁력까지 갖춰나가고 있다. 일부 편의점에서는 바리스타를 배치하거나 구독 서비스를 도입하는 등 커피전문점과의 경쟁에까지 뛰어들었다. 높은 접근성에 업그레이드된 품질 및 가격경쟁력까지 갖추면서, 편의점이 커피의 새로운 핫플레이스로 자리잡고 있는 것이다.

맥주와 소주, 끝없는 점유율 전쟁

▶ OB맥주와 하이트진로의 맥주 경쟁사

시기	내용
1930년대	조선맥주(현 하이트진로), 동양맥주(현 오비맥주) 설립
~1980년대	OB맥주 시장점유율 80% 육박하는 부동의 1위, 크라운맥주(조선맥주) 20%대
1993년	조선맥주, '지하 암반수' 하이트맥주 출시
1994년	진로쿠어스, 카스 출시
1996년	하이트, OB맥주 제치고 시장점유율 1위 기록
1998년	조선맥주에서 하이트맥주로 사명 변경
1999년	오비맥주, 진로쿠어스(카스) 인수
2012년	카스, 하이트 제치고 시장점유율 1위 기록
2018년	오비맥주 52%, 하이트진로 25%, 롯데주류 7%, 수입맥주 등 기타 16% 업계 추정치
2019년	하이트진로, 테라 출시

자료: 이베스트투자증권

▶ 대한민국 소주지도

▶ 맥주 제조사별 시장점유율 추이

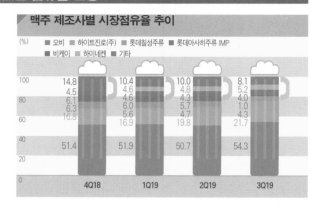

▶ 맥주 브랜드별 시장점유율 추이

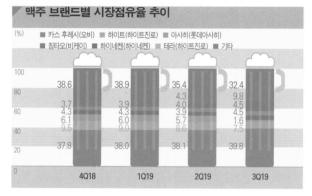

▶ 인기 소주 브랜드 시장점유율 단위: %

▶ 국내 주요 주류 업체 생산능력 추이

>>> 오비맥주
(만KI) ■ 맥주

155 155 155 155 155

2013E 2014E 2015E 2016E 2017E

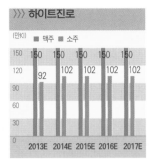

>>> 하이트진로
(만KI) ■ 맥주 ■ 소주

150 150 150 150 150
92 102 102 102 102

2013E 2014E 2015E 2016E 2017E

>>> 롯데칠성음료
(만KI) ■ 맥주 ■ 맥주 외(소주, 청주, 위스키 등)

31 31 34 49 49
4 10 10 20

2013E 2014E 2015E 2016E 2017E

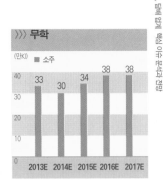

>>> 무학
(만KI) ■ 소주

33 30 34 38 38

2013E 2014E 2015E 2016E 2017E

▶ 국내 막걸리 출고량 추이

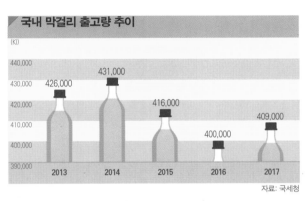

(KI)

426,000 431,000 416,000 400,000 409,000

2013 2014 2015 2016 2017

자료: 국세청

▶ 국내 위스키 출고량 추이

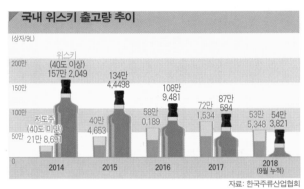

(상자/9L)

위스키
(40도 이상)
157만 2,049 · 134만 4,4498 · 108만 9,481 · 72만 1,534 · 53만 5,348

87만 584 · 54만 3,821

저도주
(40도 미만)
21만 8,691 · 40만 4,653 · 58만 0,189

2014 2015 2016 2017 2018
(9월 누적)

자료: 한국주류산업협회

담배, 세금 많고 건강에 해로워도 여전한 성장! : KT&G를 주목해야 하는 이유

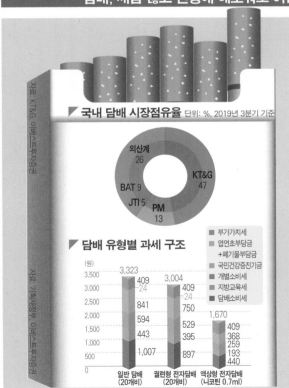

자료: KT&G, 이베스트투자증권

▶ 국내 담배 시장점유율 단위: %, 2019년 3분기 기준

외산계 26
KT&G 47
BAT 9
JTI 5
PM 13

▶ 담배 유형별 과세 구조

자료: 기획재정부, 이베스트투자증권

(원)
■ 부가가치세
■ 엽연초부담금 +폐기물부담금
■ 국민건강증진기금
■ 개별소비세
■ 지방교육세
■ 담배소비세

일반 담배 (20개비) 3,323
409 / 24 / 841 / 594 / 443 / 1,007

궐련형 전자담배 (20개비) 3,004
409 / 24 / 750 / 529 / 395 / 897

액상형 전자담배 (니코틴 0.7ml) 1,670
409 / 368 / 259 / 193 / 440

▶ 궐련형 전자담배 판매 비중

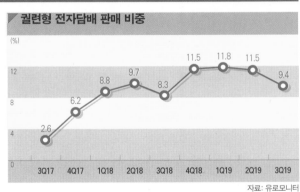

(%)

2.6 6.2 8.8 9.7 8.3 11.5 11.8 11.5 9.4

3Q17 4Q17 1Q18 2Q18 3Q18 4Q18 1Q19 2Q19 3Q19

자료: 유로모니터

▶ 일반담배 vs. 전자담배 판매 비교

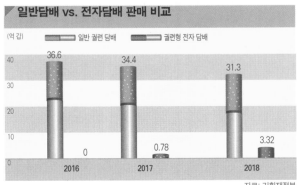

(억 갑) ■ 일반 궐련 담배 ■ 궐련형 전자 담배

36.6 / 0 · 34.4 / 0.78 · 31.3 / 3.32

2016 2017 2018

자료: 기획재정부

하이트진로 KP

매출액	1조8,856억 원
영업이익	904억 원
순이익	223억 원

- 100% → 하이트진로산업
- 100% → 하이트진로음료
- 100% → 진로양조
- 7.09% 국민연금
- 2.58% 박문덕
- 50.86% 하이트진로홀딩스
- 29.49% → 하이트진로홀딩스
- 100% → 진로소주

▶ 투자포인트

- 경쟁사의 판촉비 확대에도 불구하고 신제품 '테라'의 매출 호조에 힘입어 실적 향상 → 맥주 시장의 통상적인 계절성을 무시한 상승세가 이어짐.
- 소주 사업에서도 신제품 '진로(이즈백)'의 호조로 전년 매출 대비 +20% 이상의 성장 예상.
- 신제품 '테라'가 서울/수도권 업소용 시장을 장악하면서 전국 권역으로 확산 추세.
- 일본제품 불매 운동으로 일본산 맥주 판매가 급격하게 떨어지면서 동사의 제품이 반사이익 톡톡히 누림.
- 연결대상 종속법인으로 하이트진료음료 등 국내사 8개 사와 해외 7개 사를 보유하고 있기 때문에 투자에 앞서 자회사들의 실적까지 꼼꼼하게 살펴야 함.

▶ 매출 및 영업이익

괄호 안은 영업이익률(%)

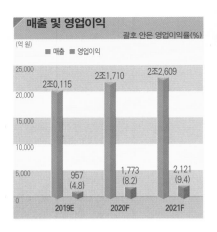

(억 원)

	2019E	2020F	2021F
매출	2조0,115	2조1,710	2조2,609
영업이익	957 (4.8)	1,773 (8.2)	2,121 (9.4)

▶ 하이트진로 맥주 브랜드별 매출 추이

(십억 원) ■필라이트 ■테라 ■하이트/맥스

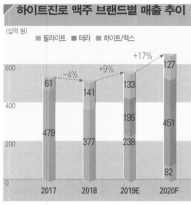

	2017	2018	2019E	2020F
하이트/맥스	479	377	238	451
테라			195	82
필라이트	61	141	133	127

-4% +9% +17%

▶ 소주 사업 매출 추이

괄호 안은 전년 대비 증감률(%)

(억 원)

	2018	2019E	2020F
	9,017 (1.5)	1조0,338 (14.6)	1조1,106 (7.4)

▶ 사업 부문별 매출 비중 단위: %

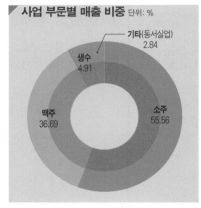

- 소주 55.56
- 맥주 36.69
- 생수 4.91
- 기타(동서실업) 2.84

롯데칠성음료 KP

매출액	2조3,463억 원
영업이익	850억 원
순이익	-500억 원

- 26.54% 롯데지주
- 50% 롯데아사히주류
- 7.8% 대한주정판매
- 8.7% 서안주정

▶ 투자포인트

- 맥주 '클라우드', 'Fitz', 소주 '처음처럼' 라인업 구축.
- 일본제품 불매운동 여파로 계열사인 롯데아사히주류 실적 급감 → 2021년 전년 대비 매출 증감률 -8.6%까지 하락, 영업이익은 적자 지속.
- 2020년 주류 사업 매출액은 YoY 5% 증가할 것으로 추산되지만, 판관비용 증가로 인해 감익 불가피.
- 2020년 주류 사업 적자는 YoY 200억 원 가량 확대 우려.
- 맥주 업계 내 가격 하락에 따른 피해 예상 → 경쟁사인 오비맥주의 경우 맥주 출고가 평균 4.7% 인하 단행.
- 동사의 주가는 역사적 밸류에이션 밴드 하단에 위치해 부담은 없지만, 이익 가시성이 낮아지는 국면인 만큼 긴 호흡의 접근 요함.

▶ 주류 사업 매출 및 영업이익

괄호 안은 전년 대비 증감률(%)

■매출 ■영업이익

(억 원)

	2019E	2020F	2021F
매출	7,567 (-1.0)	7,152 (-5.5)	6,539 (-8.6)
영업이익	-590	-473	-487

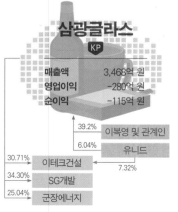

삼광글라스 KP

매출액	3,468억 원
영업이익	-280억 원
순이익	-115억 원

- 39.2% 이복영 및 관계인
- 6.04% 유니드
- 7.32%
- 30.71% 이테크건설
- 34.30% SG개발
- 25.04% 군장에너지

▶ 투자포인트

- 유리병과 유리용기(글라스락), 음료용 캔 등을 제조하는 식료품 용기 제조업체로, 논산, 천안, 대구에서 공장을 가동 중이며 연 생산능력은 유리병 약 25만 톤, 유리용기 약 6.6만 톤, 음료 캔 약 151만 개임.
- 지분법손익을 반영하는 관계사로 플랜트와 토건 전문 건설사 이테크건설(지분율 30.71%), 열병합 및 바이오매스 발전사 군장에너지(지분율 25.04%)를 둠.
- 유리 사업 부문에서 10% 내외의 매출 성장률 전망 →일반병은 하이트진로의 종속 제병업체인 하이트진로산업의 유리병 가동률 급등에 따른 반사효과 기대.
- 장기 적자에 시달리던 캔 사업 부문은 경쟁 업체인 한일제관에 510억 원에 매각할 예정.

▶ 주요 거래처

구분	세분	거래처
유리병	백색병	롯데칠성음료, 하이트진로, 배상면주가, 오뚜기 등
	갈색병	오비맥주, 동아제약, 일화, 하이트진로, 롯데제약, 광동제약 등
	녹색병	하이트진로, 롯데칠성음료, 금복주, 선양 등
캔	2PC Stubby	하이트진로, CJ 등
	2PC Slim	롯데칠성, 코카콜라, 동서식품, 해태음료, 매일유업, 일화 등
	3PC	매일유업, 그래미 등

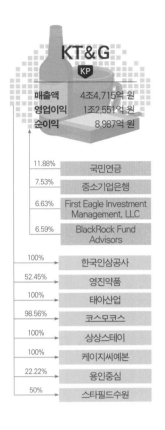

KT&G
KP

매출액	4조4,715억 원
영업이익	1조2,551억 원
순이익	8,987억 원

11.88%	국민연금
7.53%	중소기업은행
6.63%	First Eagle Investment Management, LLC
6.59%	BlackRock Fund Advisors

100%	한국인삼공사
52.45%	영진약품
100%	태아산업
98.56%	코스모코스
100%	상상스테이
100%	케이지씨예본
22.22%	용인중심
50%	스타필드수원

▶ 투자포인트

- 견조한 실적 지속될 전망이나 주가는 담배 수출 회복세에 좌우될 것으로 예상 → 기존 중동 시장의 경우 계약 지연 상황으로 회복 변곡점을 기대하기 어렵지만, 그 밖의 해외 사업에서는 가시적인 성과 기대. 중동 및 중앙아시아, 러시아 등 60여 개국에 수출.
- 일반 궐련형 담배 사업의 경우 시장점유율(60%대 이상)이 더 높아짐에 따라 당분간 안정적인 실적 예상.
- 향후 배당성향을 50%대를 유지할 것이라고 밝힘에 따라 배당 메리트가 높아진 점도 동사의 투자 매력 상승 요인으로 꼽힘.
- 양호한 한국인삼공사 매출(2020년 전년 대비 7.0% 증가)에 힘입어 2020년 영업이익이 13% 이상 상승할 전망.
- 현재 주가는 2019년 P/E 12.7배로, 글로벌 담배 업종 평균치 대비 20% 할인된 수준임.

▶ 매출 및 영업이익

괄호 안은 영업이익률(%)

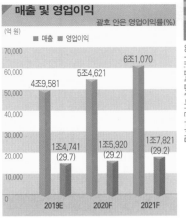

(억 원) ■ 매출 ■ 영업이익

- 2019E: 4조9,581 / 1조4,741 (29.7)
- 2020F: 5조4,621 / 1조5,920 (29.2)
- 2021F: 6조1,070 / 1조7,821 (29.2)

▶ 사업 부문별 매출 비중 단위: %

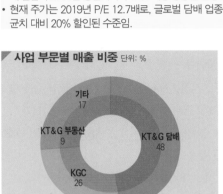

- 기타 17
- KT&G 부동산 9
- KGC 26
- KT&G 담배 48

▶ 담배 사업 수출 매출

(억 원)
- 2018: 5,371
- 2019E: 5,430
- 2020F: 5,383

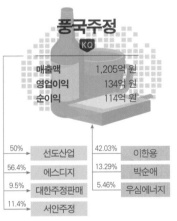

풍국주정
KQ

매출액	1,205억 원
영업이익	134억 원
순이익	114억 원

50%	선도산업	42.03%	이한용
56.4%	에스디지	13.29%	박순애
9.5%	대한주정판매	5.46%	우심에너지
11.4%	서안주정		

▶ 투자포인트

- 소주의 원료로 사용되는 주정을 생산 · 공급할 목적으로 1954년 설립.
- 주정과 탄산가스, 건조주정박의 제조 및 판매를 주요 사업으로 하고 있음.
- 효성, SK어드밴스드, 대한유화공업, 롯데BP로부터 수소 원료가스를 공급받아 양질의 최고순도 수소 생산.
- 동사의 자회사인 선도산업과 에스디지의 성장성 주목 → 특히 에스디지의 경우 초고순도 수소(99.9999%)를 생산 · 판매하는 회사로, 울산 스마트 수소시티 구축 사업에 참여 중이며, 향후 정부가 추진하는 수소 경제 활성화 정책의 수혜 기업으로 꼽힘.
- 주정 제조 사업에서 경쟁사 대비 시장점유율은 높지 않으나, 수소가스 등 신사업에서의 성장성이 높게 평가되면서 동사의 주가 상승 견인.

▶ 주정 제조 시장점유율 단위: %

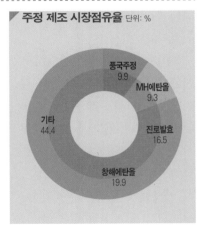

- 풍국주정 9.9
- MH에탄올 9.3
- 진로발효 16.5
- 창해에탄올 19.9
- 기타 44.4

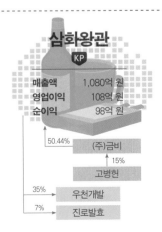

삼화왕관
KP

매출액	1,080억 원
영업이익	108억 원
순이익	98억 원

50.44%	(주)금비
15%	고병헌
35%	우천개발
7%	진로발효

▶ 투자포인트

- 주류 · 음료 · 제약 · 식품용기 등의 내용물(액체)을 보존하기 위한 병마개 제조 사업 영위.
- 국내 시장점유율은 57% 수준으로 추정(=2018년 생산실적 68억 개 / 국내 시장 규모 120억 개).
- 동사는 알루미늄캡(진로소주), 플라스틱캡(에너지 음료), 스틸캡(맥주) 등 모든 마개를 생산하며, 납세 병마개 제조사로 지정되어 국내 병마개 시장에서 과점적 지위에 있음.
- 동사는 과거 10년간 매출액이 매년 상승(CAGR 3.7%)중인 바, 성장성이 높지는 않지만 역성장이 없었다는 데 주목.
- 주류와 음료 시장 규모가 커질수록 동사 실적 동반 상승 가능.

▶ 매출 추이

괄호 안은 전년 대비 증감률(%)

(억 원)
- 2015: 970 (0.7)
- 2016: 1,016 (4.8)
- 2017: 1,049 (3.2)
- 2018: 1,080 (3.0)
- 2019E: 1,112 (2.8)

하이트진로와 KT&G,
이보다 더 좋을 수 없다!

맥주 1위가 뒤바뀔까?

국내 맥주 시장만큼 소비층의 충성도가 높은 업종도 드물다. "한 번 해병은 영원한 해병"이란 말이 무색할 정도로 국내에서 맥주 소비의 성향은 잘 바뀌지 않는다.

그런데 2019년부터 소비층의 충성도에 금이 가는 조짐이 일어나고 있다. 하이트진로가 출시한 신제품 '테라'가 소비층의 견고한 취향에 균열을 내고 있는 것이다. 하이트진로는 2011년 맥주 시장 1위를 오비맥주에게 빼앗긴지 8년 만에 신제품 '테라'로 왕좌 재탈환의 가능성을 열었다. 오비맥주 및 롯데칠성음료의 시장점유율이 줄어들면서 해당 부분을 하이트진로가 가져간 것이다.

하이트진로는 맥주 사업에서 오랫동안 부진을 겪어왔다. 한때 5년 연속 영업손실을 내기도 했다. 하이트진로는 신제품을 통한 턴어라운드가 여간 절실했던 게 아니다. 업계에서는 '테라'의 신드롬이 2020년 이후에도 한동안 지속될 것으로 보고 있다. 1억 병 돌파 이후 인기가 줄어들지 않고 오히려 판매 속도가 더 빨라졌기 때문이다. 시간이 지날수록 '테라'의 충성고객이 크게 늘어나고 있는 것이다. 국내 맥주 시장은 한번 올라간 시장점유율은 웬만해선 잘 내려가지 않는 특징이 있다. 이참에 하이트진로가 오비맥주를 제치고 다시 1위 탈환을 노리는 이유다.

맥주 시장이 전세계적으로 계속 커지고 있는 것도 하이트진로에게는 반가운 소식이다. 시장 성장의 호재는 시장점유율이 상승세에 있는 브랜드에 가장 크게 돌아가기 마련이다. 무엇보다 2020년 여름에는 도쿄올림픽이 열린다. 맥주 업계로서는 여름이라는 성수기에 더해 올림픽이라는 특수까지 누릴 수 있게 됐

다. 배달음식 시장이 커지고 있는 것도 맥주 시장의 성장을 부추기는 요인이다. '치맥(치킨과 맥주)'에서 '피맥(피자와 맥주)'에 이어 '햄맥(햄버거와 맥주)'까지 등장하면서 젊은 층을 중심으로 맥주 소비가 급격하게 늘어나고 있다.

하이트진로가 '테라'를 앞세워 쭉쭉 뻗어나가는 동안 경쟁사인 오비맥주(카스맥주)와 롯데칠성음료(클라우드)는 한마디로 쪼그라드는 형국이다. 아직(!) 국내 시장 1위인 오비맥주는 지금의 상황이 퍽 답답할 것이다. 모기업 AB인베브는 기업 전체에서 오비맥주가 차지하는 비중이 크지 않아 한국 시장 대응 전략 의지가 부족하다는 평가를 받고 있다. 오비맥주는 지난 2019년 4월에 4.7% 인상했던 '카스' 출고가를 원상 복귀시켰다. 원가 압박이라는 이유가 있었지만 6개월 동안 이례적으로 출고가를 네 번 변경한 것은 '테라'를 의식해서란 분석이 지배적이다. 오비맥주의 '카스' 출고가 인하 카드는 단기간 매출 신장에는 도움이 됐을지 모르지만, 장기적인 관점에서는 잃는 게 더 많았던 조처였다. 무엇보다 경쟁사이자 1위 회사인 오비맥주가 가격 인하를 단행한 상황에서도 하이트진로의 매출 성장률에 거의 영향을 끼치지 못했다는 사실에 주목하지 않을 수 없다.

업계 3위 롯데칠성음료는 대규모 공장을 증설하며 하이트진로의 '테라'에 정면 대응했지만, 대표 브랜드인 '클라우드'와 '피츠'가 기대했던 것만큼 성장하지 못하고 있다. '클라우드'와 '피츠'의 브랜드 파워가 '테라'에 맞서기에는 많이 부족하다는 것이 시장 관계자들의 전언이다.

한동안 국내 맥주의 자리를 위협했던 수입맥주의

기세가 일본제품 불매운동의 영향으로 한풀 꺾였던 것도 '테라'의 돌풍에 적지 않은 영향을 끼쳤다. 한국에서 크게 사랑받았던 일본산 맥주들이 철퇴를 맞으면서 그 커다란 빈자리를 상당 부분 '테라'가 채우고 있다고 업계는 보고 있다.

소주 도수를 더 낮춰야 하는 이유

소주 시장에서도 하이트진로의 약진이 돋보인다. 지난해 출시 7개월 만에 누적 판매량 1억 병을 돌파한 하이트진로의 '진로(이즈백)'의 인기가 2020년에도 이어질 전망이다. 두꺼비 캐릭터, 과거 소주병 디자인 등 '뉴트로' 감성을 담아 20~30대 젊은 세대 공략에 성공했다는 분석이다. '진로'는 '참이슬'과 함께 하이트진로 소주 브랜드를 대표하는 원투펀치로 자리매김할 전망이다. 반면, '참이슬'과 양강 구도를 형성했던 롯데주류의 '처음처럼'은 시장점유율 20% 턱걸이도 쉽지 않을 전망이다.

소주 시장도 맥주만큼 전망이 밝다. 국내 소주 산업 규모는 2019년 말 기준 2조 원대 초반에서 2020년 하반기에 2조 원대 중반을 넘어설 것으로 업계는 예상하고 있다. 인구 성장이 정체되고 주력 소비층인 20~30대 비중이 줄고 있지만, 최근 소주의 저도수화로 젊은 층과 여성 소비가 늘고 있기 때문이다. 외국 주류와 경쟁해야 하는 맥주와 달리 대체재가 없는 점도 소주 시장 성장을 뒷받침하는 요인이다. 업계에서는 소주 저변이 확대될수록 도수 인하가 통상 원가율 개선과 판매량 증가라는 선순환 구조를 가져오고 있다고 분석하면서, 향후 소주 업체들이 한두 번 더 도수를 낮출 가능성이 있다고 내다봤다.

한편, 주세법 개정안이 2019년 12월 27일 국회 본회의에서 통과됨에 따라 2020년부터 본격 적용된다. 기존 가격 기준에서 용량 기준으로 주세법 과세 체계가 변경됨에 따라 국산 맥주와 막걸리가 이점을 안게 됐다. 수입맥주의 경우 중저가 제품은 세금 부담이 늘어 가격경쟁력이 떨어지는 반면 원가가 높은 고가 제품은 세금 부담이 낮아지는 혜택을 입을 전망이다.

KT&G의 경이로운 실적

담배 산업은 국내외를 막론하고 고도의 독과점형 시장 구조를 형성한다. 담배는 규모의 경제가 요구되는 자본집약 산업으로서, 다량의 원료 구입과 장기간의 원료 숙성기간을 필요로 하는 등 자본의 회임기간이 길기 때문이다. 또 생산설비 구축과 전국적인 유통망 확보 등 대규모 투자비용을 필요로 하며, 브랜드 로열티 관리를 위해 막대한 마케팅 비용까지 감수해야 하는 까닭에 시장의 진입장벽이 매우 높을 수밖에 없다.

최근 국내 담배 업계는 정부의 액상형 전자담배 사용 중단 강력 권고 이후 시장이 급속도로 위축되고 있는 가운데 궐련형 전자담배 업체들이 고삐를 죄고 있다. 2017년 궐련형 전자담배가 국내에 첫 선을 보인 이후 담배 업체들은 차세대 디바이스와 다양한 맛을 원하는 소비자를 공략하기 위해 해마다 신제품을 선보였지만 시장 반응은 냉담했다.

2019년 담배 업황이 좋지 않았던 가장 큰 이유는, 수출 부진 탓이다. 수출 비중의 63%를 차지하는 중동에서 담배 판매 관련 법안이 계속 계류되면서 기존 수출 실적을 회복하지 못했다. 뿐 만 아니라 내수 시장에서는 전자담배의 유해성 논란이 불거져 나오면서 담배 산업 전체의 성장률을 둔화시켰다.

하지만 전반적인 업황 둔화에도 불구하고 KT&G의 실적 성장세는 계속됐다. KT&G의 궐련 시장점유율은 63.2%(+1.2%p)까지 상승했는데, 2020년에는 64%대를 넘어설 것으로 예상된다. 해마다 5,000억 원 이상 오르는 매출도 놀랍지만 영업이익률이 30% 가까이 진입한 KT&G의 실적은 한마디로 경이로운 수준이다. 그럼에도 불구하고 KT&G의 주가는 글로벌 담배 업종 평균치 대비 20% 할인된 수준이다. 거의 모든 증권가 애널리스트들이 KT&G를 'Top Pick'으로 꼽는 데는 다 이유가 있는 것이다.

패션株에 관심을 가져야 할 때가 도래했다!

■ 국내 주요 의류 업체 합산 매출액 증감률 및 평균 PER 추이와 전망

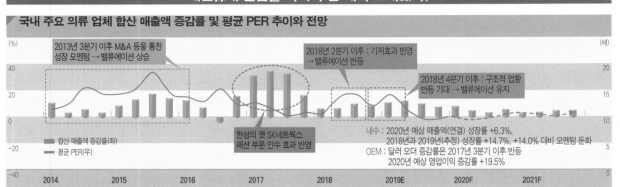

2013년 3분기 이후 M&A 등을 통한 성장 모멘텀 → 밸류에이션 상승

2018년 2분기 이후 : 기저효과 반영 → 밸류에이션 반등

2018년 4분기 이후 : 구조적 업황 반등 기대 → 밸류에이션 유지

한섬의 옛 SK네트웍스 패션 부문 인수 효과 반영

내수 : 2020년 예상 매출액(연결) 성장률 +6.3%, 2018년과 2019년(추정) 성장률 +14.7%, +14.0% 대비 모멘텀 둔화
OEM : 달러 오더 증감률은 2017년 3분기 이후 반등 2020년 예상 영업이익 증감률 +19.5%

■ 합산 매출액 증감률(좌)
— 평균 PER(우)

자료: 각 사, Quantiwise, 신한금융투자 추정

■ 소비재 업종별 매출 성장률

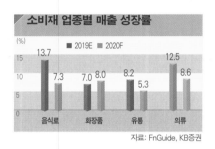

자료: FnGuide, KB증권

■ 소비재 업종별 영업이익 성장률

자료: FnGuide, KB증권

■ 소비재 업종별 12M PER

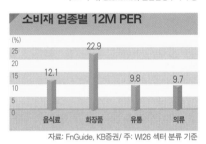

자료: FnGuide, KB증권/ 주: WI26 섹터 분류 기준

전세계 패션 시장도 꿈틀! : 중국과 미국이 성장 주도

■ 국가별 패션 산업 규모 단위: 억 달러

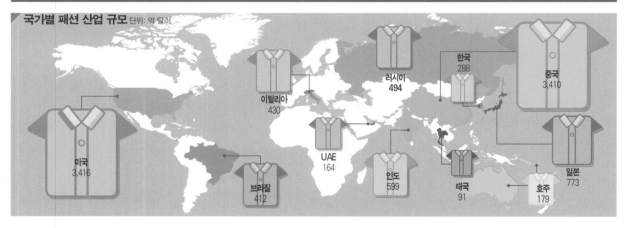

■ 글로벌 패션 시장 규모 추이 및 전망

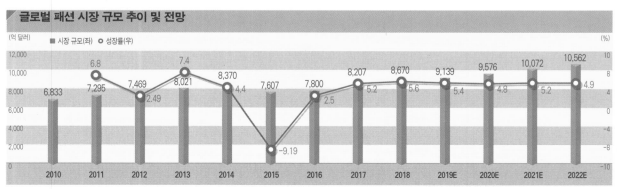

■ 시장 규모(좌) ○ 성장률(우)

국내 패션, 캐주얼웨어와 가방 시장 꾸준한 성장 주목

▶ 국내 패션 시장 규모 추이 및 전망

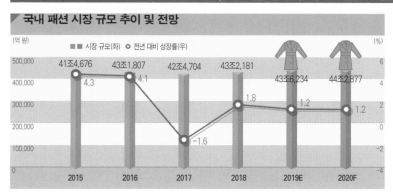

■■ 시장 규모(좌) ○ 전년 대비 성장률(우)

(억 원)

	2015	2016	2017	2018	2019E	2020F
시장 규모	41조4,676	43조1,807	42조4,704	43조2,181	43조6,234	44조2,877
성장률	4.3	4.1	-1.6	1.8	1.2	1.2

▶ 국내 패션 품종별 시장 비중 단위: %

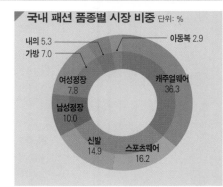

- 내의 5.3
- 가방 7.0
- 여성정장 7.8
- 남성정장 10.0
- 신발 14.9
- 스포츠웨어 16.2
- 캐주얼웨어 36.3
- 아동복 2.9

▶ 국내 패션 종복별 시장 규모 추이

≫ 남성정장

CAGR 2.4%

2015	2016	2017	2018	2019E
4조3,102	4조5,816	4조2,628	4조2,013	4조3,612

≫ 여성정장

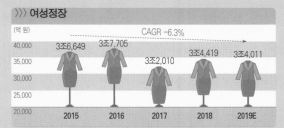

CAGR -6.3%

2015	2016	2017	2018	2019E
3조6,649	3조7,705	3조2,010	3조4,419	3조4,011

≫ 캐주얼웨어

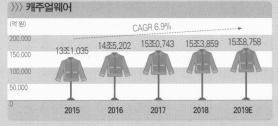

CAGR 6.9%

2015	2016	2017	2018	2019E
13조1,035	14조5,202	15조0,743	15조3,859	15조8,758

≫ 스포츠웨어

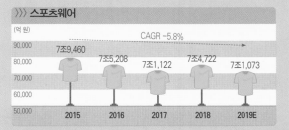

CAGR -5.8%

2015	2016	2017	2018	2019E
7조9,460	7조5,208	7조1,122	7조4,722	7조1,073

≫ 내의

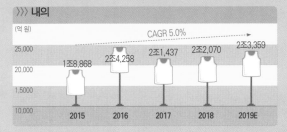

CAGR 5.0%

2015	2016	2017	2018	2019E
1조8,868	2조4,258	2조1,437	2조2,070	2조3,359

≫ 아동복

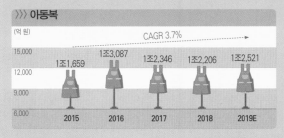

CAGR 3.7%

2015	2016	2017	2018	2019E
1조1,659	1조3,087	1조2,346	1조2,206	1조2,521

≫ 신발

CAGR -5.8%

2015	2016	2017	2018	2019E
6조8,803	6조4,191	6조6,344	6조4,076	6조3,475

≫ 가방

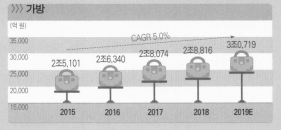

CAGR 5.0%

2015	2016	2017	2018	2019E
2조5,101	2조6,340	2조8,074	2조8,816	3조0,719

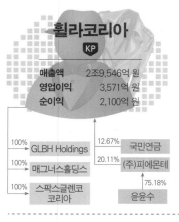

휠라코리아
KP

매출액	2조9,546억 원
영업이익	3,571억 원
순이익	2,100억 원

- 100% → GLBH Holdings
- 100% → 매그너스홀딩스
- 100% → 스팍스글렌코 코리아
- 12.67% 국민연금
- 20.11% (주)피에몬테
- 75.18% 윤윤수

▶ 투자포인트

- 'FILA', 'FILA GOLF', 'FILA KIDS', 'FILA INTIMO', 'filativa' 등 브랜드 보유.
- 중국 매출 성장이 가장 기대됨(+40.0% YoY) → 중국은 이익 기여도가 가장 큰 지역으로 지배순이익에서 중국이 차지하는 비중은 31.7%(+6.6%p YoY)까지 늘어날 전망.
- 미국향 실적도 상승 이어짐 → 매출 8,275억 원(+18.3% YoY), 영업이익 797억 원(+23.4% YoY) 추산.
- 로열티 수익으로 997억 원(+19.3% YoY) 예상 → 영업이익률 올리는 알토란 수익원.
- 국내 매출은 +11.7%, 영업이익은 +20.1% 증가 예상.
- 자회사 아쿠시네트 실적은, 매출 1조9,854억 원(+3.7% YoY), 영업이익 2,106억 원(+5.8% YoY) 예상.

▶ 매출 및 영업이익
괄호 안은 영업이익률(%)

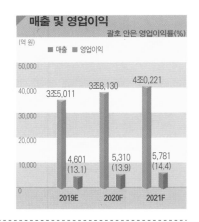

F&F
KP

매출액	6,687억 원
영업이익	915억 원
순이익	1,093억 원

- 58.82% 김창수 및 관계인

▶ 투자포인트

- 동사의 2020년 예상 매출은 1조0,017억 원(+19.0% YoY), 영업이익 1,448억 원(+21.1% YoY)으로, 창사 이래 최초로 1조 원대 매출 달성 전망 → 내수 판매 증가가 지속되는 가운데, 해외 사업 성장 두드러짐.
- 'MLB' 브랜드 2020년 예상 매출은 6,336억 원(+29.3% YoY)으로, 의류 및 신발 판매 증가에 따른 카테고리 확장 기대.
- 'Discovery'의 2020년 예상 매출은 3,426억 원(+4.2% YoY)으로 추정.
- 야구 모자 브랜드 'MLB'가 스트리트 패션 브랜드로 거듭나고 있고, 아웃도어 브랜드 'Discovery'의 경우 어글리 슈즈 판매 호조 주목.
- 2020년 증권가에서 패션 업종 내 가장 성장성이 높은 종목으로 평가.

▶ 매출 및 영업이익
괄호 안은 영업이익률(%)

영원무역
KP

매출액	2조1,013억 원
영업이익	2,010억 원
순이익	1,113억 원

- 50.52% 영원무역 홀딩스
- 16.77% 성기학
- 11.52% 국민연금
- 6.04% Hermes Investment Management Ltd

▶ 투자포인트

- 2009년 7월 영원무역홀딩스와 인적분할을 통해 설립 → 아웃도어 및 스포츠 의류, 신발, Backpack 제품 생산 및 수출.
- 방글라데시 KEPZ 공단 내에 여러 신규 공장을 설립하여 스포츠 의류소재 경편(Warp) 니트 등 생산.
- 전방 호조에 따른 낙수효과 기대 → 애슬레저 및 스트리트 패션 강세.
- 주요 거래선의 판매 호조 지속으로 2020년 매출 성장 폭 높을 전망.
- 신규 고객사(유니클로) 추가 효과는 플러스알파.
- 동사의 여유로운 현금 보유고도 투자 매력 중 하나 → 2020년 예상 순현금은 2,835억 원으로 늘어날 전망.

▶ 당기순이익 추이 및 전망

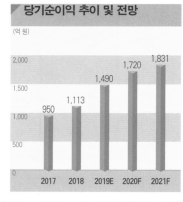

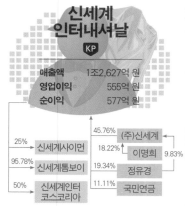

신세계 인터내셔날
KP

매출액	1조2,627억 원
영업이익	555억 원
순이익	577억 원

- 25% 신세계사이먼
- 95.78% 신세계톰보이
- 50% 신세계인터 코스코리아
- 45.76% (주)신세계
- 18.22% 이명희 9.83%
- 19.34% 정유경
- 11.11% 국민연금

▶ 투자포인트

- 동사는 국내 최대 유통 기업인 신세계그룹 내 글로벌 패션/화장품/생활용품 토털 기업으로, 해외 유명 패션 브랜드를 국내에 직수입하여 우량 유통 채널을 통해 판매.
- 동사의 해외 신규 시장 진입에 주목 → 2019년 4월 '톰보이'를 중국에 론칭('비디비치'가 T-mall 글로벌관에 입점)시켰고, 같은 해 6월 '자주'로 베트남에 진출, 같은 해 9월에는 싱가포르 창이 공항에 '비디비치' 입점.
- 밀레니얼 선호가 높은 스트리트 패션 위주로 카테고리 다변화('크롬하츠', '에드하디' 등) → 명품과 스트리트 패션 브랜드 출점은 확대하는 반면, 저가 캐주얼과 기성복 매장은 축소 전략.
- 유동 주식 수가 적어 주가의 부침이 큰 것은 아쉬운 요인으로 꼽힘.

▶ 매출 및 영업이익
괄호 안은 영업이익률(%)

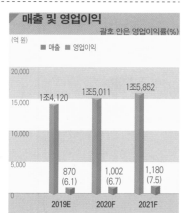

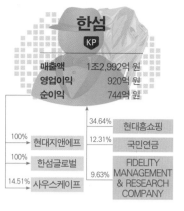

한섬
(KP)

매출액	1조2,992억 원
영업이익	920억 원
순이익	744억 원

- 100% 현대지앤에프 → 34.64% 현대홈쇼핑
- 100% 한섬글로벌 → 12.31% 국민연금
- 14.51% 사우스케이프 → 9.63% FIDELITY MANAGEMENT & RESEARCH COMPANY

▶ 투자포인트

- 여성 의류 제조·판매 사업을 주력으로 하며, 2016년 12월 설립된 현대지앤에프는 SK네트웍스의 패션 사업 부문을 양수하여 의류 도소매업 영위.
- 2019년 2분기부터 북미 및 유럽향으로 'System' 수출 개시.
- 중국 백련그룹과 'SJSJ' 수출 계약 체결.
- 자회사 한섬글로벌 자체 브랜드('오브제')의 정상 판매 증가에 따른 원가율 하락 예상.
- 신규 브랜드들의 손익분기점 돌파로 실적 개선에 기여 ('래트바이티' 브랜드 론칭 4년차 진입, '덱케' 온라인 전환 따른 비용 절감 등).
- 2018년~2020년 연평균 매출 성장률이 +1.1%로 추정 되는 바, 낮은 성장률이 동사 주가 상승의 걸림돌로 작용.

분기별 매출 성장률 추이

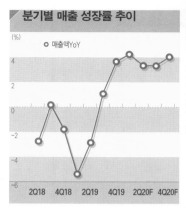

한세실업
(KP)

매출액	1조7,127억 원
영업이익	386억 원
순이익	-498억 원

- 42.32% 한세예스24홀딩스
- 11.53% 국민연금
- 5.49% 김동녕
- 2.78% 예스24
- 50.01% 한세드림
- 88% 동아출판 → 100%

▶ 투자포인트

- 미국 유명 바이어로부터 주문을 받아 OEM(주문자 상표 부착 생산), ODM(제조자 개발생산) 방식으로 수출하는 글로벌 패션 기업.
- 주요 고객으로 TARGET, OLD NAVY, GAP, KOHL'S, WAL-MART, PINK, H&M 등이 있으며, 주력 품목은 셔츠의류(니트), 숙녀복 정장, 캐쥬얼 의류 등 다양.
- 중국향 'NBA' 판매 호조에, 골프웨어 성장이 더해질 전망 → 2019년 2월 PGA Tour 상표권 확보(국내 라이선스)한 이후 LPGA와 PGA의 복합매장 오픈.
- 최근 무신사를 통해 신제품을 론칭하는 등 판매 채널 확대.

OEM 거래선별 매출 비중 단위: %

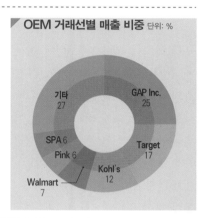

화승엔터프라이즈
(KP)

매출액	8,792억 원
영업이익	403억 원
순이익	171억 원

- 9.78% 국민연금
- 71.73% 화승인더스트리
- 10% 화승알앤에이 → 9.9%
- 37.9% 현석호 및 관계인 → 22.9%

▶ 투자포인트

- 동사는 ODM 생산 사업을 영위하는 화승비나 등을 자회사로 보유한 외국기업지배지주회사로서 신발 사업 부문을 관리함.
- 아디다스그룹 내 운동화 제조업체 중 시장점유율 2위 생산 업체임(2018년 기준).
- 아디다스그룹의 핵심 신발 벤더는 11개 사이며, 전체 물량의 92%를 전담(의류 벤더 8개 사, 전체 생산의 62% 담당).
- 아디다스그룹 내 지위 상승으로 강한 실적 성장 기대.
- 고단가 제품 생산을 통한 판가 인상 전망.
- 대만 경쟁사 Chingluh의 계약 만료에 따른 반사이익 기대.

신발 생산 규모 추이 및 전망
(완제품+반제품)

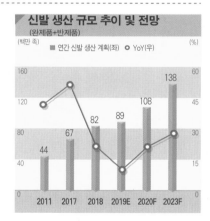

코웰패션
(KQ)

매출액	3,394억 원
영업이익	710억 원
순이익	534억 원

- 47.7% 대명화학
- 90.25% 권오일
- 21.45% 이순섭

▶ 투자포인트

- 패션 사업(매출 비중 90.6%)과 전자부품(9.4%) 사업 영위.
- 패션 사업의 경우, 특정 브랜드 의존도를 낮추고 경쟁력 강화를 위해 외형 성장 집중.
- 언더웨어 및 의류 브랜드의 판권 추가 → 언더웨어: 'CK', 'Armani', 의류: '밀레 골프', 'JDX 골프', '커밍스텝' 등.
- 'CK'와 'Armani'는 외형 성장과 마진 개선 모두에 기여 → 기존 제품 대비 ASP가 +20% 가량 높음.
- 2018년 하반기에 여성화 'H&K'와 여성 가방 '분크' 인수.
- 동사의 경우, 투자에 앞서 매출 대비 재고 자산 증가 반드시 체크 요함.

분기별 매출액 대비 재고자산 추이

밀레니얼과 스트리트 패션,
그리고 무신사

패션株가 심상치 않다

패션 업계는 증권가에서 투자 추천을 꺼리는 업종 가운데 하나다. 계절과 유행에 민감해 시장을 전망하는 게 쉽지 않고 대기업이나 중견기업보다는 영세한 중소기업들이 많다. 뿐만 아니라 투자매력이 있는 상장사도 다른 업종에 비해 적은 편이다.

국내 패션 시장은 2020년 성장률이 1%대 초반 수준으로, 예년만도 못할 것이란 분석이 지배적이다. 대표적인 필수소비재인 속성상 '성장'보다는 '성숙'이란 말이 익숙한 산업이다. IT나 디지털처럼 첨단 기술 개발이 활발히 진행되는 분야하고도 거리가 멀어서 바깥에서 거대 자본이 유입되는 경우도 좀체 일어나지 않는다. 주식 시장에서 투자자들의 환심을 사기에 여러 모로 불리한 업종인 것이다.

그럼에도 불구하고 최근 주식 시장에서 패션株가 각광을 받는 이유는, 몇몇 패션 상장사들의 실적이 눈부시게 오르고 있기 때문이다. 이들의 주도로 소비재 안에서 패션 업종의 2020년 평균 매출 증가율 (8.6%)은 음식료(7.3%)와 화장품(8.0%), 유통(5.3%)보다 높다. 패션 업종의 2020년 평균 영업이익 증가율 (16.4%)도 다른 소비재 업종에 뒤지지 않는다(음식료 13.3%, 화장품 16.4%, 유통 15.5%). 비록 일부 패션 상장사에 국한되지만 증권가에서 패션株가 이토록 주목을 받았던 적은 드물었다.

TOP PICK 패션株들

패션株의 투자매력도를 끌어올린 대표적인 회사는 휠라코리아다. 휠라코리아는 한국섬유산업연합회가 해마다 랭킹을 매기는 패션 상장사 경영실적에서 1위 자리를 고수하는 패션 업계의 대장주다. 휠라코리아는 최근 중국향 매출 성장률이 연 40%를 기록할 만큼 중국 사업 실적 오름세가 돋보인다. 2019년 3조 원대 매출 규모에서 2021년 4조 원대까지 오를 것으로 예상된다. 주가는 12MF PER 13배로 글로벌 스포츠웨어 브랜드 평균 대비 밸류에이션 매력도 매우 높은 편이다.

휠라코리아가 패션 업계 대장주라면 F&F는 업종 최선호주로 꼽힌다. F&F는 높아진 'MLB' 브랜드 인지도에 상품력이 더해지면서 카테고리별 매출 선순환이 진행 중이다. 2020년에도 중국 사업 확대, 아시아 9개 국 사업권을 활용한 시장 확장성 등 호재가 줄을 섰다. 빼놓을 수 없는 F&F의 투자매력은 14%대를 유지하는 높은 영업이익률이다. 2020년에는 매출 '1조 원 클럽' 가입을 눈앞에 두고 있어 투자자들의 관심이 더욱 뜨겁다.

국내에 '아디다스' 브랜드를 론칭 중인

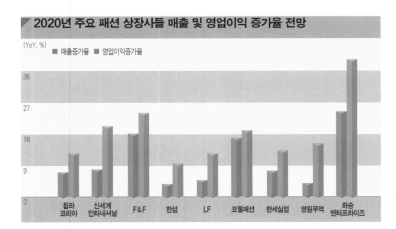

2020년 주요 패션 상장사들 매출 및 영업이익 증가율 전망

(YoY, %) ■ 매출증가율 ■ 영업이익증가율

휠라코리아 / 신세계인터내셔널 / F&F / 한섬 / LF / 코웰패션 / 한세실업 / 영원무역 / 화승엔터프라이즈

화승엔터프라이즈는 영업이익 증가율에서 가장 돋보인다. 화승엔터프라이즈는 2019년에 80% 이상이었던 영업이익 증가율이 2020년에 40%대로 떨어질 것으로 예상되지만, 그래도 패션株에서 가장 높은 수준이다. 국내에서 '아디다스'에 대한 인기가 당분간 식지 않을 전망이고, 아디다스그룹 내에서 화승엔터프라이즈의 점유율도 계속 상승하고 있다. 실적에 비해 밸류에이션이 저평가인 점도 투자가치를 높인다.

코웰패션은 매출 규모는 크지 않지만 최근 증권가 애널리스트들이 가장 많은 리포트를 쏟아내는 회사다. 회사의 이름은 생소하지만, 언더웨어 'CK'와 'Armani', 골프 캐주얼 '밀레 골프'와 'JDX 골프' 등이 유명하다. 코웰패션의 실적이 돋보이는 이유는 카테고리 다양화 전략에 기인한다. 브랜드 인수를 통해 멀티 브랜드 업체로서 거듭나고 있기 때문이다. 2018년 하반기에 여성화 'H&K'와 여성 가방 '분크'를 인수해 주목을 끌기도 했다. 화장품 브랜드 '참존' 인수 철회는 다소 아쉽기는 하지만, 패션과 화장품은 시장 자체가 달라서 너무 무리하지 않은 게 오히려 잘 된 일이라는 분석도 제기된다.

M세대 그리고 무신사

패션 시장에서 가장 중요한 키워드는 '밀레니얼(millennial)'이다. 밀레니얼은 1980년대 초반에서 2000년대 초반에 출생한 세대를 가리키는 말로, 'M세대'라고도 부른다. 세대이론의 권위자 닐 하우가 1991년에 출간한 책 『세대들, 미국 미래의 역사』에서 처음 사용했다. M세대는 글로벌 인구에서 가장 큰 비중을 차지하며(2020년 기준 약 31%), 소비와 생산의 주축으로 부상하고 있다. 디지털 환경에 익숙하고 오프라인보다 온라인, 텍스트보다 이미지를 선호한다. 트렌드 변화에 민감하고 자유분방한 라이프스타일을 추구한다.

전세계 패션 시장에서 M세대가 핵심 소비층이 되면서 성장이 기대되는 의류는 캐주얼 카테고리에 해당하는 '스트리트 패션'이다. 스트리트 패션은 브랜드보다는 유니크한 디자인을 강조하기 때문에 M세대의 성향과 맞아떨어진다.

M세대는 패션 산업의 유통 구조를 변화시키고 있다. 오프라인 매장은 제품 체험의 공간이고, SNS는 정보 공유의 장으로 활용되며, 온라인몰은 최종 구매처로 변모하고 있다. 패션 업체들은 단순히 온라인몰을 운영하는 것만으론 M세대의 니즈를 충족시킬 수 없다. 디지털 마케팅을 통해 '버즈 효과'를 일으키고, M세대가 자주 찾는 복합편집몰(멀티숍)에 적극적으로 입점해야 한다. 전통적인 패션 소비 유통 채널인 백화점과 아울렛에 의존해서는 M세대를 잡을 수가 없다.

패션 신상품 홍보와 광고 접근성에서도 M세대는 분명히 차별화된다. 유튜브의 중간광고와 SNS의 타깃광고, 인플루언서를 활용한 프로모션은 필수다. 무엇보다도 온라인 패션 플랫폼의 영향력이 갈수록 커지고 있다. '무신사(MUSINSA)'는 '무지하게 신발 사진이 많은 곳'이라는 프리챌 커뮤니티로 시작해 지금은 우리나라를 대표하는 온라인 패션 플랫폼 기업이 되었다. 여성 전용 스토어인 '우신사'를 비롯해 자체 브랜드인 '무신사 스탠다드'를 론칭했고, 패션 특화 공유오피스 '무신사 스튜디오'를 오픈했다. '무신사'는 회원의 80% 이상이 1020세대이며, 입점 브랜드 수가 3,500여 개에 달하는 것으로 알려져 있다. 공식 유튜브 채널 운용을 통해 패션 정보 수집 공간으로 활용되면서 M세대를 흡수하고 있다. 무신사는 2020년 예상 거래액이 무려 1조 원에 이를 전망이다.

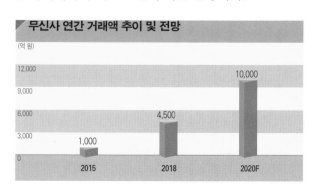

무신사 연간 거래액 추이 및 전망

경기 불황에도 줄지 않는 화장품 수요!

글로벌 화장품 시장 규모 추이 및 전망

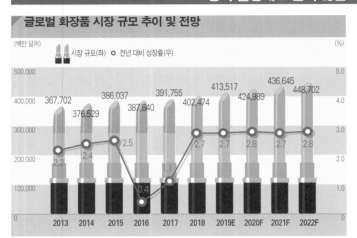

글로벌 화장품 품종별 시장 비중

단위: %, 백만 달러, 2018년 기준

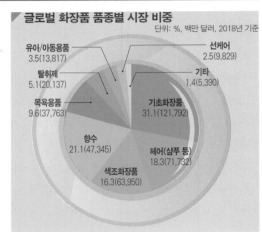

글로벌 화장품 시장 규모 나라별 '톱10' 단위: 백만 달러, 괄호 안은 전년 대비 성장률(%), 2018년 기준

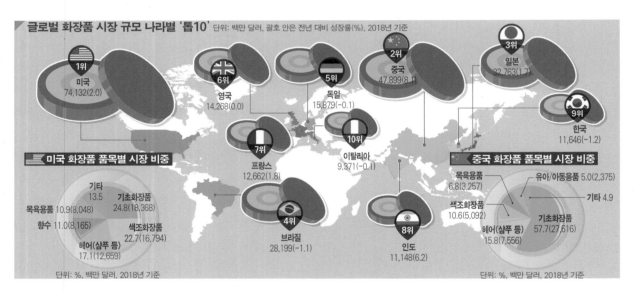

글로벌 화장품 회사 '톱15' 단위: 억 달러, %

순위	기업명	국가명	매출액	점유율	증가율
1	L'OREAL	프랑스	318.1	14.3	3.5
2	UNILEVER	네덜란드	223.9	10.0	-0.3
3	THE ESTEE LAUDER COS.	미국	142.0	6.4	11.0
4	PROCTER & GAMBLE	미국	132.0	5.9	6.4
5	SHISEIDO CO.	일본	96.6	4.3	7.6
6	COTY INC.	미국	90.6	4.1	-1.0
7	LVMH MOET HENNESSY LOUIS VUITTON	프랑스	71.9	3.2	9.6
8	BEIERSDORF	독일	66.5	3.0	1.6
9	CHANEL LIMITED	영국	65.1	2.9	7.0
10	KAO CORP.	일본	56.3	2.5	3.7
11	L BRANDS	미국	56.0	2.5	3.7
12	아모레퍼시픽	한국	53.1	2.4	0.4
13	HENKEL	독일	44.3	2.0	2.1
14	JOHNSON&JOHNSON	미국	43.8	2.0	4.3
15	LG생활건강	한국	38.5	1.7	16.5

중국 화장품 시장 브랜드별 점유율

순위	브랜드	제조사	국가	비중
1	로레알파리	로레알	프랑스	3.6%
2	바이췌링	바이췌링	중국	2.4%
3	헤드&숄더	P&G	미국	2.0%
4	랑콤	로레알	프랑스	1.9%
5	쯔란탕	JALA	중국	1.9%
6	올레이	P&G	미국	1.8%
7	메리케이	메리케이	미국	1.8%
8	에스티로더	에스티로더	미국	1.8%
9	칸스	샹메이	중국	1.4%
10	크리스티안 디올	LVMH	프랑스	1.4%
17	이니스프리	아모레퍼시픽	한국	1.1%
37	라네즈	아모레퍼시픽	한국	0.6%
46	후	LG생활건강	한국	0.5%

K-Beauty Power : 2020년 국내 화장품 시장, 수출이 살린다!

국내 화장품 시장 규모 추이

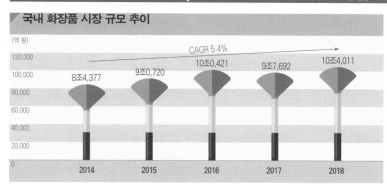

국내 화장품 품목별 시장 비중
단위: %, 억 원, 2018년 생산액 기준

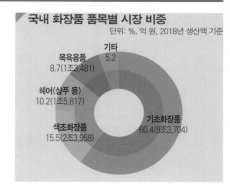

기타 5.2
목욕용품 8.7(1조3,481)
헤어(샴푸 등) 10.2(1조5,817)
색조화장품 15.5(2조3,958)
기초화장품 60.4(9조3,704)

화장품 주요 수출국 '톱10' 단위: 백만 달러, 괄호 안은 전년 대비 증감률(%), 2018년 기준

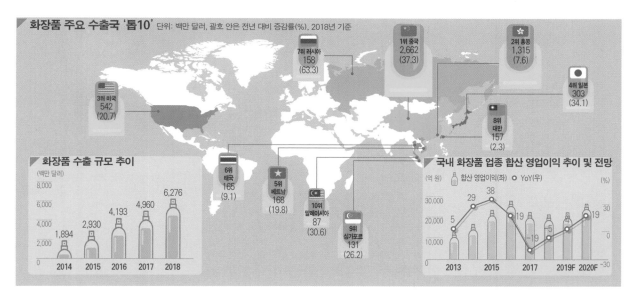

1위 중국 2,662 (37.3)
2위 홍콩 1,315 (7.6)
3위 미국 542 (20.7)
4위 일본 303 (34.1)
5위 베트남 168 (19.8)
6위 태국 165 (9.1)
7위 러시아 158 (63.3)
8위 대만 157 (2.3)
9위 싱가포르 131 (26.2)
10위 말레이시아 87 (30.6)

화장품 유통 채널 패러다임 변화

국내 화장품 채널별 상위 10개 브랜드 집중도 비교

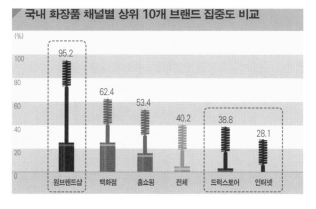

원브랜드샵 95.2, 백화점 62.4, 홈쇼핑 53.4, 전체 40.2, 드럭스토어 38.8, 인터넷 28.1

국내 화장품 시장 구성비 변화 추이

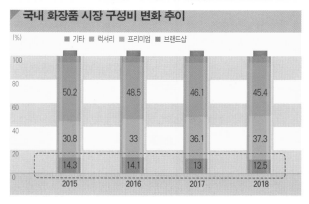

- 원브랜드샵으로 대표되는 화장품 유통 전문기업이 등장하면서 생산과 유통이 분리.
- 급변하는 소비 트렌드에 대응하는 화장품 아웃소싱이 일반화되면서 기술력과 생산효율성을 갖춘 화장품 OEM/ODM 기업 성장.
- 다만 온라인 중심으로 유통 채널 환경이 변화하면서 상위 브랜드에 대한 집중도 하락 → 다품종 소량 생산이 심화되고 시장 진입장벽이 낮아지면서 화장품 OEM/ODM의 '규모의 경제' 효과 약화됨.

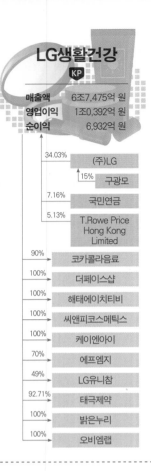

LG생활건강 KP

매출액	6조7,475억 원
영업이익	1조0,392억 원
순이익	6,932억 원

- 34.03% (주)LG
  - 15% 구광모
- 7.16% 국민연금
- 5.13% T.Rowe Price Hong Kong Limited

- 90% 코카콜라음료
- 100% 더페이스샵
- 100% 해태에이치티비
- 100% 씨앤피코스메틱스
- 100% 케이엔아이
- 70% 에프엠지
- 49% LG유니참
- 92.71% 태극제약
- 100% 밝은누리
- 100% 오비엠랩

☑ 투자포인트

- 중국과 면세점 채널을 중심으로 럭셔리 화장품 매출 비중이 77.4%(2019년 3분기 화장품 부문 기준)를 기록하면서 글로벌 화장품 시장의 트렌드인 럭셔리 스킨케어 중심의 브랜드 포트폴리오 구축.
- 대표 브랜드는 '후', '숨', '엘라스틴' 등으로, 이 가운데 특히 화장품 브랜드 '후'의 글로벌 매출이 2018년 기준 2조 원을 돌파함.
- 풍부한 현금을 바탕으로 New Avon 인수 → 미주 지역 매출에 기여.
- New Avon이 BEP 도달하기 전까지는 당분간 화장품 사업 영업이익률은 저조할 전망.
- 럭셔리 한방 화장품 시장에서의 성장성 또한 높게 예상됨.

☑ 매출 및 영업이익

괄호 안은 영업이익률(%)
(억 원) ■ 매출 ■ 영업이익

	2019E	2020F	2021F
매출	7조6,710	8조4,531	9조1,002
영업이익	1조1,631 (15.2)	1조2,609 (14.9)	1조3,960 (15.3)

☑ 화장품 사업 매출 추이 및 전망

괄호 안은 전년 대비 증감률(%)
(억 원)

	2018	2019E	2020F	2021F
	3조9,050 (19.1)	4조7,471 (21.5)	5조4,470 (14.8)	6조0,182 (10.5)

☑ 사업 부문별 매출 비중 단위: %

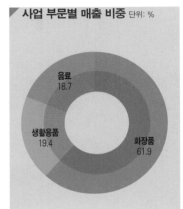

- 음료 18.7
- 생활용품 19.4
- 화장품 61.9

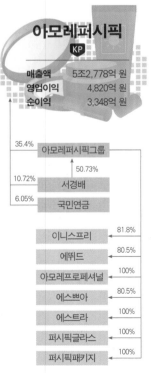

아모레퍼시픽 KP

매출액	5조2,778억 원
영업이익	4,820억 원
순이익	3,348억 원

- 35.4% 아모레퍼시픽그룹
  - 50.73% 서경배
- 10.72% 서경배
- 6.05% 국민연금

- 81.8% 이니스프리
- 80.5% 에뛰드
- 100% 아모레프로페셔널
- 80.5% 에스쁘아
- 100% 에스트라
- 100% 퍼시픽글라스
- 100% 퍼시픽패키지

☑ 투자포인트

- 2019년 3분기를 기점으로 면세점 채널의 호조로 2016년 4분기부터 매 분기 이어진 길고 긴 감익 추세에서 벗어남.
- 중국 온라인 채널 위주의 마케팅을 통해 수익성 중심의 성장 전략에 중점.
- '설화수'의 매출 비중이 지속적으로 증가하는 가운데 대표 제품을 윤조에센스에서 ASP가 높은 자음생에센스로 변경하여 럭셔리 브랜드로서의 입지 공고히 함.
- '헤라'는 브랜드 대표 콘셉트 매장을 오픈하여 공격적인 프로모션 진행.
- 사내 벤처를 통해 피부 전문 이너뷰티 브랜드 '큐브미' 및 프라그랑스 전문 브랜드 '프라도어'를 출시하는 등 경쟁사 대비 신제품 개발에 적극적.

☑ 매출 및 영업이익

괄호 안은 영업이익률(%)
(억 원) ■ 매출 ■ 영업이익

	2019E	2020F	2021F
매출	5조6,070	6조0,811	6조5,202
영업이익	4,590 (8.2)	5,621 (9.2)	6,503 (10.0)

☑ 아시아 시장 매출 추이 및 전망

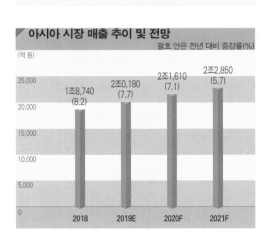

괄호 안은 전년 대비 증감률(%)
(억 원)

	2018	2019E	2020F	2021F
	1조8,740 (8.2)	2조0,180 (7.7)	2조1,610 (7.1)	2조2,850 (5.7)

☑ 사업 부문별 매출 비중 단위: %

- 해외 화장품 38.1
- 국내 화장품 52.8
- 국내 생활용품 9.1

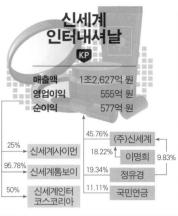

신세계 인터내셔날 KP

매출액	1조2,627억 원
영업이익	555억 원
순이익	577억 원

- 25% → 신세계사이먼
- 95.78% → 신세계톰보이
- 50% → 신세계인터코스코리아
- 45.76% → (주)신세계
- 18.22% → 이명희 9.83%
- 19.34% → 정유경
- 11.11% → 국민연금

투자포인트

- 국내 면세점 중심의 채널믹스에서 중국 티몰플래그십스토어(2019년 6월), 내수관(2020년 상반기), 해외 면세점(싱가포르 창이공항 2019년 9월) 입점을 통한 영업 주력.
- '연작'에 이어 '로이비'(2020년 상반기) 및 프리미엄 럭셔리 브랜드(해외 생산, 2020년 하반기)를 신규 출시해 자체 브랜드 포트폴리오 확대.
- 화장품 수직계열화(신세계인터코스)와 의류 브랜드 효율화(마트 브랜드 비중 축소)로 원가율 개선.
- 비디비치의 스킨 일루미네이션, 클렌징 폼에 이어 '히알루론7'을 히트 제품으로 육성해 수익성 증진.
- 화장품 부문의 매출 비중이 27.5%까지 확대되면서 영업이익 기여도 또한 81.6%까지 증가할 전망.

화장품 매출 및 영업이익

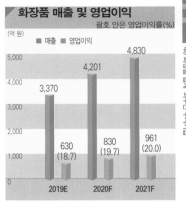

괄호 안은 영업이익률(%)
(억 원) ■ 매출 ■ 영업이익

	2019E	2020F	2021F
매출	3,370	4,201	4,830
영업이익	630 (18.7)	830 (19.7)	961 (20.0)

코스맥스 KP

매출액	1조2,597억 원
영업이익	523억 원
순이익	211억 원

- 13.03% → 국민연금
- 23.07% → 이경수
- 26.24% → 코스맥스비티아이
- 38.17% → 코스맥스엔비티

투자포인트

- 화장품 연구 개발 생산 ODM 전문기업으로, 국내 600여 개 브랜드 및 해외 100여 개 브랜드에 화장품 공급.
- 전체 인력의 약 25% 정도를 연구 개발 인력이 차지 → 복합 연구 조직인 코스맥스 R&I 센터를 운영하는 등 업계 최고 수준의 R&D 기술력 보유.
- 중국 고객사 세대교체 속 빠른 외형 성장 회복이 급선무 → 상해법인의 주요 고객사인 바이췌링, 쯔란당 등 전통 오프라인 고객사들의 성장이 정체되면서 동사의 수익성 둔화 → 상해법인의 매출 회복이 동사 주가에 가장 결정적인 영향 미칠 것으로 예상.
- 아울러 중국 고객사들로부터 단가 인하 압박을 어떻게 대처하느냐가 관건.

매출 및 영업이익

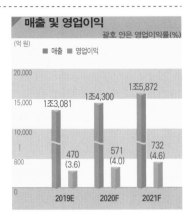

괄호 안은 영업이익률(%)
(억 원) ■ 매출 ■ 영업이익

	2019E	2020F	2021F
매출	1조3,081	1조4,300	1조5,872
영업이익	470 (3.6)	571 (4.0)	732 (4.6)

한국콜마 KP

매출액	1조3,579억 원
영업이익	900억 원
순이익	368억 원

- 9.39% → 국민연금
- 12.14% → NIHON KOLMAR
- 27.14% → 한국콜마홀딩스 7.46%
- 28.18% → 윤동한
- 17.43% → 윤상현
- 50.15% → 콜마비앤에이치

투자포인트

- 화장품 및 의약품 연구 개발·제조 업체로, 업계 최초로 국내에 ODM 방식 정착시킴.
- 아모레퍼시픽, LG생활건강 등 국내 600여 개 이상의 고객사와 거래.
- 동사의 주가 상승은 중국법인인 무석콜마의 가동률 회복이 관건.
- 무석콜마의 BEP는 분기 매출 100억 원 수준인데, 2020년 하반기는 되어야 BEP 수준에 도달할 것으로 예상.
- CJ헬스케어와 별도의 제약 사업이 안정적인 성장을 하고 있지만, 본업인 화장품 부문의 회복 없이는 주가가 상승 동력을 얻기 어려움.

매출 및 영업이익

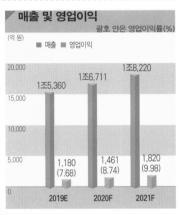

괄호 안은 영업이익률(%)
(억 원) ■ 매출 ■ 영업이익

	2019E	2020F	2021F
매출	1조5,360	1조6,711	1조8,220
영업이익	1,180 (7.68)	1,461 (8.74)	1,820 (9.98)

애경산업 KP

매출액	6,996억 원
영업이익	792억 원
순이익	608억 원

- 18.1% → AK아이에스
- 45.1% → AK홀딩스 10.37%
- 16.14% → 채형석 9.34%
- 채동석
- 8.55% → 애경개발 8.3%
- 채승석
- 7.43% → 장영신

투자포인트

- 화장품과 생활용품 사업 영위 → 주요 브랜드로 '루나', '포인트', '에이지투웨니스', '스파크', '2080', '케라시스' 등이 있음.
- 중국향 오프라인 채널(티몰플래그십스토어), 온라인 SNS 등을 통한 매출 성장 기대 → 2019년 2분기부터 전략적으로 시작한 채널 시프트(중국 도매 채널 → 직진출) 성장 예상.
- 2019년 광군제 당일 92억 원(+371% yoy)의 판매 기록을 세우면서 중국 소비자들의 견고한 수요 확인.
- 중국 직진출로 인한 마케팅 비용 증가로 과거처럼 20% 이상의 영업이익률을 기대하기는 어렵지만, 재고관리가 용이해지면서 안정적인 외형 성장과 중국 내 판가 방어 가능할 전망.

매출 및 영업이익

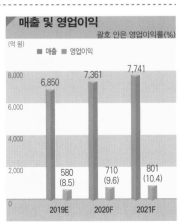

괄호 안은 영업이익률(%)
(억 원) ■ 매출 ■ 영업이익

	2019E	2020F	2021F
매출	6,850	7,361	7,741
영업이익	580 (8.5)	710 (9.6)	801 (10.4)

화장품 주가,
중국 사업 매출에 달렸다!

세계 화장품 업계가 여전히 중국을 주목하는 이유

화장품 업계에서 가장 중요한 키워드는 '중국'이다. 국내 화장품 회사들의 주요 수출국을 살펴보면, 수년간 중국이 독보적인 1위를 차지하고 있기 때문이다. 2018년 기준 중국향 화장품 수출액은 2,662백만 달러였는데, 놀라운 건 전년 대비 성장률이 37.3%나 된다는 사실이다. 중국에 이어 2위는 같은 중화 문화권인 홍콩(1,315백만 달러)이다.

결국 2020년대 들어 국내 화장품 업계가 살 길은 중국향 수출이 얼마나 살아나는가에 달렸다 해도 과언이 아니다. 실제로 중국에 진출한 국내 화장품 업체 현지 법인들의 실적에 따라 주가의 향방이 결정되기도 한다. 다행히 최근 국내 화장품 섹터에서 가장 먼저 회복 신호가 포착된 것은 중국향 화장품 수출 부분이다. 2019년 하반기부터 중국향 화장품 수출액이 꾸준히 늘고 있는데, 같은 해 9월에는 전월 대비 48.6%까지 급증하기도 했다.

중국은 세계 화장품 시장에서 미국(74,132백만 달러, 글로벌 시장점유율 12.2%) 다음으로 규모가 크다(47,899백만 달러, 글로벌 시장점유율 7.2%). 중국은 아직 미국과의 격차가 나긴 하지만, 미래 성장성만 놓고 보면 미국을 훨씬 앞지른다. 2018년 기준 미국 화장품 시장 성장률이 전년 대비 2%에 머문 것에 비해 중국의 성장률은 같은 기간 8.1%로 미국의 4배 이상을 기록했다.

중국에서도 화장품 시장의 성장 속도는 지역마다 갈린다. 베이징과 상하이 등 대도시에서는 화장품 수요가 성숙기에 접어들었지만, 이제 막 산업화에 들어선 지방의 작은 도시들의 경우 여성의 취업률이 급격히 증가하면서 화장품 수요가 크게 늘고 있다.

중국 시장점유율 1위 '로레알'의 탁월한 현지 전략

중국에서 화장품 시장점유율 1위 브랜드는 프랑스의 '로레알파리'다(2018년 기준). 로레알은 중국에서 이제 막 산업화가 진행된 중소도시(3~4선 도시)의 1990년대생을 핵심 소비층으로 공략해 마케팅 전략을 펴 온 것이 큰 효과를 봤다. 로레알은 중국의 중소도시일수록 대도시에 비해 생활비에 대한 부담이 적어 오히려 소비 여력이 높다는 사실을 간파한 것이다.

중국 자국 브랜드 기준 매출 규모 1위 브랜드는 '바이췌링'이다. 중국 1세대 화장품 회사인 '바이췌링'은 최근 소비 채널 변화에 적절하게 대응하지 못하면서 어려움에 봉착해 있다. '바이췌링'의 주요 유통 채널은 대형 할인마트이지만, 중국의 젊은 소비층은 대형 할인마트보다는 편집숍이나 온라인쇼핑몰을 주로 이용한다.

중국 2세대 화장품 회사를 대표하는 '퍼펙트 다이어리'는 온라인 유통 채널을 기반으로 젊은 소비층을 공략한다. 2016년 광저우에서 창업한 '퍼펙트 다이어리'는 현지 브랜드 대비 높은 원가율을 부담하며 고품질 제품을 생산하여 저렴한 가격으로 판매하는 박리다매가 특징이다. 전체 SKU 23개 중 상위 6개 제품이 전체 매출 비중의 78%를 차지할 만큼 고효율 판매가 인상적이다. '퍼펙트 다이어리'는 공격적인 마케팅 전략으로 마진보다는 매출 증대에 집중하고 있으며, 2019년 9월 기준 10억 달러의 기업 가치를 인정받고 있다.

K-Beauty의 부진, 광군제에서의 선전

한국 화장품 업계에게 있어서 중국은 수출 1위 시장이지만, 중국 대륙에서 한국 브랜드들의 점유율은 프랑스와 미국 그리고 자국(중국) 브랜드들에 밀려 성적이 신통치 않다. 비록 중국향 수출이 안정적인 성장을 이어가고 있지만, 글로벌 리딩 브랜드들에 비하면 아직 갈 길이 멀다. 전문가들은 한국 화장품 브랜드들이 중국 시장에서 'K-Beauty' 고유의 매력을 잃어가고 있다고 지적한다. K-Beauty는 한국 걸그룹 스타들을 한국 화장품 브랜드의 광고모델로 고용해 중국과 동남아, 일본에서 인상적인 반응을 이끌어냈다. K-Beauty는 한류 인기를 등에 업고 합리적인 가격, 혁신적인 제품, 빠른 신상품 출시를 강점으로 아시아 시장에서 경쟁력을 인정받았지만, 한 걸음 더 나아가지 못하고 한계를 드러내고 만 것이다. 무엇보다 세계 2위 규모를 자랑하는 중국 시장에서 괄목할만한 성과를 일궈내지 못한 것이 아쉽다.

중국 화장품 시장 브랜드별 점유율을 살펴보면, 한국 화장품 브랜드 중 아모레퍼시픽의 '이니스프리'가 가장 높은 순위인 17위에 올라있고, LG생활건강의 '후'는 46위로 한참 뒤로 밀려나 있다(2018년 기준). 로레알(프랑스), P&G(미국), SK-II(일본) 등 글로벌 브랜드와 격차가 크다.

다만 2019년 광군제에서 보인 LG생활건강의 성적은 그나마 고무적이다. 해마다 11월 11일에 열리는 광군제는 '중국판 블랙프라이데이'로 중국의 소비 트렌드와 경기 현황을 한눈에 볼 수 있는 최대 쇼핑 이벤트다. LG생활건강의 '후'는 예년 동안 이어져 온 부진을 불식시키듯 2019년 광군제 티몰 화장품 판매 랭킹에서 8위를 차지해 처음으로 10위권 안에 진입하는 쾌거를 이뤘다. LG생활건강의 중국 현지법인이 광군제에 맞춰 오랜 시간 치밀하게 준비해온 마케팅 전략이 결실을 맺은 것이다. 광군제는 1회성 단발 행사이지만 하루에 거래되는 엄청난 소비 규모를 감안하면 파급효과가 적지 않다. LG생활건강은 중국과 면세점 채널을 중심으로 한 럭셔리 화장품 매출 비중이 2019년 3분기에 77%를 상회할 정도로 상승효과를 보고 있다. 광군제 특수를 톡톡히 누리고 있는 것이다.

▶ 중국 광군제 기간 동안 티몰 뷰티 브랜드별 판매액 '톱10'

순위	2017년	2018년	2019년
1위	Pechoin	Lancome	Loreal
2위	Lancome	Olay	Lancome
3위	Estee Lauder	Loreal	Estee Lauder
4위	Chando	Estee Lauder	Olay
5위	SK-II	SK-II	SK-II
6위	Olay	Pechoin	Chando
7위	One Leaf	Chando	Pochoin
8위	Loreal	HomeFacialPro	Whoo(후)
9위	Innisfree(이니스프리)	Winona	Perfect Diary
10위	Mask Family	Innisfree(이니스프리)	Winona

매년 11월 11일에 열리는 광군제는 '중국판 블랙프라이데이'로 중국의 소비 트렌드와 경기 현황을 한눈에 볼 수 있는 최대 쇼핑 이벤트다. 2019년 광군제에서 LG생활건강의 화장품 브랜드 '후'는 티몰 화장품 판매 랭킹 '톱10'에 진입해 주목을 끌었다.

24:00:00 2019年天猫双11成交额 2684
The GMV of 2019 11.11 Global Shopping Festival has surpassed RMB 268.4 b
所有不可想象，绿作寻常；我们相信"相信"，一切都是新的
What was once unimaginable become the new normal. We trust in "Believing". A new journey begin

투자처가 한눈에 보이는
2020·2021 업계지도

초판 1쇄 발행 | 2020년 2월 28일
초판 5쇄 발행 | 2021년 1월 12일

지은이 | 한국비즈니스정보
펴낸이 | 이원범
기획·편집 | 어바웃어북 기획편집팀
마케팅 | 안오영
표지 및 본문 디자인 | 강선욱

펴낸곳 | 어바웃어북 about a book
출판등록 | 2010년 12월 24일 제313-2010-377호
주소 | 서울시 강서구 마곡중앙로 161-8 C동 1002호(마곡동, 두산더랜드파크)
전화 | (편집팀) 070-4232-6071 (영업팀) 070-4233-6070
팩스 | 02-335-6078

ⓒ 한국비즈니스정보, 2020

ISBN | 979-11-87150-66-4 03320